SEITE 36

REISEZIELE IN KROATIEN

ALLE ZIELE AUF EINEN BLICK
Fundierte Einblicke, detaillierte Adressen, Insider-Tipps und mehr

SEITE 347

PRAKTISCHE INFORMATIONEN

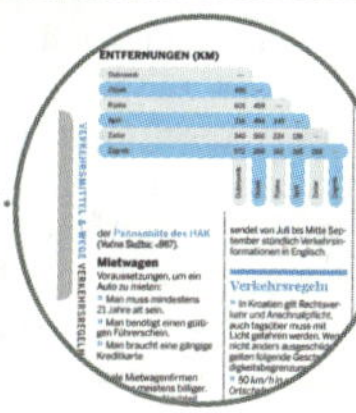

Anja Mutić und Vesna Maric

Willkommen in Kroatien

Tourismus in Kroatien

Obwohl Kroatien zu den angesagtesten europäischen Reisezielen zählt, ist man vom Massentourismus weit entfernt. In Regionen mit guter touristischer Infrastruktur scheint der Slogan der Tourismuszentrale „Das Mittelmeer, wie es früher war" zwar etwas unpassend, doch es gibt nach wie vor viele urtümliche Gegenden und Raum für echte Entdeckungstrips. Als Land im Umbruch, am Rand Mitteleuropas gelegen, ist es ebenso vielseitig und abwechslungsreich wie seine Landschaften und bietet für jeden Geldbeutel etwas: Während die Preise in beliebteren Gegenden der Adria im Sommer stark ansteigen, ist das Inland günstig. Die mondänen Küstenorte lassen einen leicht vergessen, dass hier in den 1990er-Jahren ein Bürgerkrieg wütete. Wie sich das Land seither entwickelt hat, ist der beste Beweis für die Unverwüstlichkeit seiner Bevölkerung. Die Kroaten sind fantastische Gastgeber, wenn man einmal die Barriere zwischen Touristen und Einheimischen überwunden hat.

Küstentraum

In Dubrovnik und Hvar gibt es reichlich Glamour, ein tolles Nachtleben, Designer-Cocktails und die Möglichkeit, Promis zu sichten, während im Hafen elegante Yachten schaukeln. Wer Erholung und Rückzugsorte sucht, entdeckt Oasen der Ruhe: einsame Leuchttürme, faszinierende

Ein seltener Mix aus Glamour und Authentizität verleiht Kroatien das gewisse Etwas. Neben Sonne und Strand locken Kulturschätze, historische Architektur und volkstümliche Traditionen.

KELLY CHENG TRAVEL PHOTOGRAPHY / GETTY IMAGES ©

links: Hvar (S. 250)
unten: Dubrovnik (S. 264)

ANGELO CAVALLI / GETTY IMAGES ©

Fischerdörfer, versteckte Buchten und Atolle im besten Robinson-Crusoe-Stil. Familien tummeln sich an sicheren Badestränden, und es werden Aktivitäten für alle Altersgruppen geboten.

Schönheit, die von innen kommt: das Hinterland

Alle besuchen die fast 2000 km lange Küste mit mehr als 1000 Inseln, nur wenige verschlägt es ins Inland. Dort kann man in Pensionen ein Stück unverfälschtes Landleben genießen, durch die raue Wildnis wandern, Rad fahren, paragliden, segeln, raften oder Kanu fahren. Zagreb spielt neben dem nahe gelegenen Wien nur die zweite Geige, doch die kleine Hauptstadt wartet mit einer ansprechenden Cafékultur, einem neuen Kunstmuseum, historischen Bauten und einem prallvollen Festkalender auf.

Feinschmecker

Langsam hat sich Kroatien zum europäischen Gourmetparadies gemausert. Seine lokale Küche gründet auf einheimischen, hochwertigen Zutaten, die von Spitzenköchen zubereitet oder in familienbetriebenen Tavernen nach bester Hausmacherart serviert werden. Manchmal liegen die Restaurants etwas abseits, doch für deren Speisen lohnt sich die Anfahrt. Auch die kroatischen Weinanbaugebiete sind auf dem Vormarsch, und Olivenöle (besonders istrische) finden immer mehr Liebhaber.

› Kroatien

Zagorje
Höhenburgen wie aus dem Bilderbuch (S. 72)
Zagreb
Stadt mit reizvoller Kaffeehauskultur (S. 38)
Istrien
Delikatessen und Wein garantieren das *Dolce Vita* (S. 102)
Kap Kamenjak
Wilde Landschaft und überwältigende Schönheit (S. 108)
Insel Cres
Sagenumwobenes Land und zahlreiche Tiere (S. 162)
Zadar
Hipp, antik und bodenständig (S. 183)
Nationalpark Paklenica
Hier ersteigt man hohe Alpengipfel (S. 194)
Biševo
Die geheimnisvolle blaue Grotte besuchen (S. 263)
Split
Den atemberaubenden Diokletianspalast erwandern (S. 212)
Ptuj
Čakovec
Varaždin
Zabok
ZAGREB
LJUBLJANA
SLOWENIEN
Novo Mesto
Monfalcone
Portogruaro
Triest
Portorož
Obruč
V. Planik (1272 m)
Rijeka
Višević (1428 m)
Pazin
Rovinj
Labin
Krk
Krk
Kupa
Karlovac
Sisak
Petrinja
Sava
Glina
45° N
Pula
Kvarner Golf
Cres
Rab
Otočac
Una
Bihac
Šatorina (1623 m)
Bosansko Petrovac
13° O
Pag
Vaganski (1623 m)
Gračac
Zadar
44° N
Pesaro
Knin
Peruća Jezero
Senigallia
ADRIA
Šibenik
Ancona
Split
Civitanova Marche
Macerata
14° O
43° N
Vis
Ascoli Piceno
ITALIEN
16° O
Teramo
15° O
Pescara

100 km
Nagykanizsa
Szeged
Koprivnica
UNGARN
Pécs
Subotica
Mohacs
Bjelovar
Virovitica
Kopački Rit
Ein Paradies für Ornithologen (S. 96)
Osijek
SERBIEN
Kapavac (790 m)
Našice
Kutina
Slavonska Pozega
Nova Gradiška
Đakovo
Vukovar
Vinkovci
Backa Palanka
Novi Sad
Slavonski Brod
Sremska Mitrovica
Prijedor
BELGRAD
Brčko
Sava
Šabac
Banja Luka
Nationalpark Plitwitzer Seen
Wasserflächen und üppiges Grün (S. 191)
Bol
Wellenreiten am Strand von Brač (S. 246)
BOSNIEN & HERZEGOWINA
Jajce
Travnik
Cacak
SARAJEWO
Livno
Insel Mljet
Herrliche Insel mit tiefblauen Seen (S. 285)
Goražde
Sinj
Konjic
Neretva
Mostar
Dubrovnik
Unglaubliche Schönheit und reichlich Geschichte (S. 266)
Brač
Hvar
Metkovic
HÖHEN
1500 m
1000 m
700 m
500 m
300 m
200 m
100 m
0
Korčula
Neum
17° O
MONTENEGRO
Nikšic
Mljet
Trebinje
Dubrovnik
18° O
Herceg Novi
Hvar (Stadt)
Buntes Partytreiben am Strand (S. 250)

17 TOP ERLEBNISSE

Plitvice – ein Paradies

1 Ein türkisfarbenes Band kristallklaren Wassers und rauschende Kaskaden in den Wäldern, das ist der Nationalpark Plitwitzer Seen (S. 191). Dieses überwältigende Naturereignis umfasst Dutzende von Gewässern – vom 4 km langen Kozjak bis zu winzigen, schilfgesäumten Teichen in allen Farbschattierungen. Moosbewachsene Travertinfelsen durchziehen die Wasserwelt, die dank Holzstegen aus nächster Nähe betrachtet werden kann. Wanderwege führen weg von den Massen an den Seeufern in Buchen-, Fichten-, Tannen- und Kiefernwälder.

Einzigartiges Dubrovnik

2 Die Hauptattraktion Kroatiens, Dubrovnik (S. 266) ist zu Recht Unesco-Welterbestätte. Während des Krieges in den 1990er-Jahren wurde die Stadt unbarmherzig beschossen, heute erstrahlen ihre mächtigen Mauern, Klöster, mittelalterlichen Kirchen, eleganten Plätze und faszinierenden Wohnviertel wieder in altem Glanz. Einen umwerfenden Blick auf die „Perle der Adria“ gewinnt man, wenn man mit der Seilbahn auf den Berg Srđ hinauffährt. Anschließend geht es bei einem Spaziergang entlang der Mauern auf Tuchfühlung mit der Stadtgeschichte.

1

CHRISTOPHER GROENHOUT / GETTY IMAGES ©

2

JEAN-PIERRE LESCOURRET / GETTY IMAGES ©

Koffeinkick in Zagreb

3 Eine Tasse Kaffee in einem der Straßencafés (S. 60) von Zagreb ist ein absolutes Muss. Zum Ritual gehören stundenlanges Leute-Beobachten, der neueste Klatsch und tiefgründige Diskussionen. Wer die ultimative europäische Cafékultur erleben möchte, sollte sich einen Tisch an der kopfsteingepflasterten Tkalčićeva, der Trg Petra Preradovića oder der Bogovićeva suchen. Auf keinen Fall verpassen darf man die *špica* – Leute beobachten und Kaffee schlürfen – am Samstagmorgen im Zentrum. Sie ist der allwöchentliche gesellschaftliche Höhepunkt der Einheimischen.

Himmlisches Mljet

4 In einen Mantel dichter Kiefernwälder gehüllt, präsentiert sich das unberührte Inselparadies Mljet (S. 285) . Der Legende nach wurde Odysseus hier sieben Jahre lang ausgesetzt, und es verwundert auch kaum, dass er von diesem Ort gar nicht mehr wegwollte. Den gesamten westlichen Inselteil bedeckt ein Nationalpark mit zwei kobaltblauen Seen, einem Inselkloster und dem idyllischen, verschlafenen Hafen Pomena. Ebenso sehenswert ist der Osten von Mljet mit seinen geschützten Stränden und dem kulinarischen Tempel Stermasi.

RICHARD I'ANSON / GETTY IMAGES ©

MARIJANA SOLIC / GETTY IMAGES ©

5
RACHEL LEWIS / GETTY IMAGES ©

6
ANDREW BURKE / GETTY IMAGES ©

7
RUDOLF ABRAHAM / ALAMY ©

Windsurfen in Bol

5 Bol (S. 246), an der Südküste der Insel Brač, lockt mit dem traumhaften Strand Zlatni Rat, geformt wie eine Zunge und voller goldener Kiesel. Die Stadt ist sehr beliebt bei Windsurfern, denn zwischen den Inseln Brač und Hvar sorgt der Mistral von Mai bis Ende September für optimale Bedingungen. Der Wind nimmt vormittags stetig zu; morgens ist deshalb die beste Zeit für Anfänger. Am Nachmittag weht dann eine wirklich steife Brise, genau richtig für Adrenalin-Junkies. Strand von Zlatni Rat (S. 246)

Partyzeit in Hvar

6 Im Hochsommer gibt es keinen besseren Ort zum Abtanzen als die Stadt Hvar (S. 250) . Scharen gut aussehender braun gebrannter Menschen gehen von Bord ihrer Yachten und feiern rund um die Uhr. Auf der glamourösen Insel steigen Après-Strand- und Vollmondpartys, man schlürft Designer-Cocktails am Meer und DJs legen brandaktuelle House-Tunes auf – genau das Richtige für partywütige Hedonisten! Daneben gibt es aber auch noch das prächtige Hvar, das vom Trubel des Touristenansturms weitgehend unberührt geblieben ist. Nachtclub Carpe Diem, Hvar (S. 255)

Gaumenschmaus in Istrien

7 *La dolce vita* wird in Istrien (S. 102) , der kroatischen Topadresse für Gourmets, groß geschrieben. Man labt sich an Meeresfrüchten, Trüffeln, wildem Spargel und *boškarin*, erlesenem istrischem Rindfleisch. Von besonderer Güte sind auch die regionalen Weine und das preisgekrönte Olivenöl. Slow Food ist hier ein echter Renner. Zubereitet wird es in edlen Restaurants in den Städten am Meer, in traditionellenTavernen in mittelalterlichen Dörfern und in umgebauten Olivenmühlen in den Bergen im dicht bewachsenen Inland der Halbinsel. Istrischer Schinken und Käse

LONELY PLANET / GETTY IMAGES ©

MARTIN MOOS / GETTY IMAGES ©

BORUT FURLAN / GETTY IMAGES ©

Plunder & Eiscreme

8 Kroatien ist ein Paradies für Naschkatzen. Überall im ganzen Land findet man *slastičarnas* (Konditoreien), in denen Sahnetorten nach österreichischem Vorbild, lokaltypische kremšnite (mit Pudding gefüllte Plunder) und hausgemachte Strudel verkauft werden. Im Sommer trumpfen die Eisdielen üblicherweise mit zehn bis zwanzig selbst gemachten Eissorten auf. Kroatisches *sladoled* (Eis) nimmt es locker mit italienischem *gelato* auf.

Wandern & Klettern in Paklenica

9 Was für ein Anblick: Den Nationalpark Paklenica (S. 194) betrachtet man am besten von der Nordküste der Insel Pag aus. Dort gewinnt man einen guten Eindruck, wie steil sich die Velebit-Berge hinter der Küste auftürmen. Zwei Schluchten schneiden sich in den majestätischen Gebirgszug und schaffen einen natürlichen Wanderweg zu den Gipfeln des Vaganski vrh (1757 m) und des Babin vrh (1741 m). Nicht abenteuerlich genug? Paklenica, Kroatiens Top-Kletterdestination, bietet Hunderte weiterer atemberaubender Routen.

Das blaue Wunder von Biševo

10 Unter den zahllosen Höhlen der entlegenen Kalksteininsel Biševo (S. 263) ist die Blaue Grotte (Modra Špilja) die spektakulärste. Dieses seltene Naturphänomen verzaubert mit einer umwerfenden Lichtershow: An klaren Morgen dringen Sonnenstrahlen durch ein Loch unter der Wasseroberfläche in die Höhle und tauchen sie in faszinierendes silberblaues Licht. Silberne und rosafarbene Steine schimmern in dem türkisfarbenen Wasser. Hier zu schwimmen ist ein surreales, unvergessliches Erlebnis – Grund genug für eine Fahrt zu dieser entlegenen Insel.

Die Seele von Split

11 Lebendiges Herz und Seele Splits ist der Diokletianspalast (S. 213), eine der imposantesten römischen Ruinen weltweit. Die irrgartenartigen Straßen dieses Viertels sind voller Bars, Geschäfte und Restaurants. Sich in dem Labyrinth aus engen Gassen, Durchgängen und Innenhöfen zu verlieren, zählt zu den Highlights jeder Kroatienreise. Trotzdem findet man hier jederzeit wieder hinaus. Außerhalb der Palastmauern lädt die mit Marmor gepflasterte und von Palmen gesäumte Riva am Ufer zu einer Pause ein. Kathedrale des hl. Domnius (S. 217), Diokletianspalast

Mit der Fähre durch die Adria

12 Ob es nun kurze Strecken zwischen benachbarten Inseln oder aber Übernachtfahrten entlang der malerischen kroatischen Küste sind, mit dem Boot (S. 357) kann man die Adria auf preiswerte, stimmungsvolle Art erkunden. Die traumhafte Szenerie umfasst insgesamt sage und schreibe 1244 Inseln, darunter beliebte Ziele wie Hvar und Brač oder Geheimtipps wie Vis. Wer ein bisschen mehr Geld zur Verfügung hat, kann ein Segelboot chartern und sich von Wind und Strömung tragen lassen.

RICHARD NEBESKY / GETTY IMAGES ©

TIM HUGHES / GETTY IMAGES ©

Entspannen auf Cres

13 Die Tramuntana im Norden von Cres verführt mit wilder, rauer Schönheit. Im Gänsegeierzentrum in Beli (S. 165) lernt man alles über die bedrohten Raubvögel. Anschließend kann man den zahlreichen Naturlehrpfaden folgen; sie führen durch uralte, unberührte Wälder und verlassene Dörfer. Beinahe meint man, hinter den alten Eichen Elfen wispern zu hören. Zurück in Beli, lädt die Pansion Tramontana (S. 165) zu einem herzhaften Abendessen ein. Wie wäre es mit Lamm, einem köstlichen Salat und einem Glas dalmatinischem Wein? Beli (S. 165), Insel Cres

Märchenburgen von Zagorje

14 Die mittelalterlichen Burgen von Zagorje sind perfekte Postkartenmotive. Die 1334 errichtete Burg Trakošćan (S. 80) wurde im neogotischen Stil restauriert. Im Museum erfährt man mehr über den kroatischen Adel. Dann spaziert man über das riesige Gelände mit seinen exotischen Bäumen und dem künstlichen See. Die stimmungsvolle Höhenburg Veliki Tabor (S. 83) beherbergt heute ein Museum und ist mit ihren Türmen und Türmchen und der bukolischen Landschaft ringsum auch von außen eine Augenweide. Veliki Tabor (S. 83)

EMANUELE CICCOMARTINO / GETTY IMAGES ©

ALEN GUROVIC / ALAMY ©

ERIN BABNIK / ALAMY ©

Zadar entdecken

15 Die Stadt Zadar (S. 183) mausert sich in rasantem Tempo zu einer der Topadressen Kroatiens. Überreich an Geschichte und Kultur, hat sie sich dennoch eine bodenständige Atmosphäre bewahrt. Zu den wichtigsten Sehenswürdigkeiten gehören zwei außergewöhnlich kunstvolle Installationen des Architekten Nikola Bašić: die betörende Meeresorgel und der ebenso faszinierende „Gruß an die Sonne". Reizvoll sind auch die hiesigen Musikfeste. Beim Gartenfestival auf der nahe gelegenen Insel Murter wird zum Beispiel erstklassige internationale Elektromusik gespielt. Sun Salutation (S. 183), Zadar

Kopački Rit – ein Traum für Naturfreunde

16 Das atemberaubend schöne Kopački Rit (S. 96), Teil eines brandneuen Unesco-Biosphärenreservats, zählt zu den besten Vogelbeobachtungsgebieten Europas. Auf einer Bootstour hält man nach See- und Kaiseradlern, Schwarzstörchen, Purpurreihern und Spechten Ausschau – und das sind nur einige der fast 300 hier heimischen Arten. Zu den hiesigen Säugetieren zählen Rothirsche und Wildschweine. Überschwemmte Wälder kann man per Kanu erforschen, man wandert auf Naturpfaden oder schwingt sich in den Pferdesattel.

Wildes Kamenjak

17 Ihre raue Schönheit und Abgeschiedenheit haben der kleinen Halbinsel südlich von Pula Kultstatus bei kroatischen Strandgängern eingetragen. Kamenjak (S. 108) ist ein unberührtes Naturschutzgebiet mit einem Teppich aus Heidepflanzen, Sträuchern und Wildblumen, überzogen von einem Netz unbefestigter Pfade. Von kristallklarem, blaugrünem Wasser umspülte Buchten und einsame Felsstrände säumen die Insel. Im Sommer kann es voll werden, doch zwischen den Strandbars mit Partystimmung findet sich stets irgendwo ein ruhiges Plätzchen.

Gut zu wissen

Währung
» Kuna (Kn)

Sprache
» Kroatisch

Reisezeit

Hochsaison
(Juli & Aug.)

» In der Hochsaison ist das Wetter am besten. Am sonnigsten ist die Insel Hvar, gefolgt von Split, der Insel Korčula und Dubrovnik.

» Die Preise steigen am höchsten und die Küstenregion ist sehr belebt.

Zwischensaison
(Mai–Juni & Sept.)

» Die Küste ist bezaubernd, die Adria warm genug zum Schwimmen, es gibt wenige Touristen und niedrigere Preise.

» Im Frühling und Sommeranfang kann man aufgrund des stetigen Maestral-Windes gut segeln.

Nachsaison
(Okt.–April)

» Die Winter auf dem Festland sind kalt und die Preise niedrig.

» Südostwinde führen zu Wolkenbildung; Nordostwinde bringen heftige Böen trockener Luft und vertreiben die Wolken.

Tagesbudget

Günstig – weniger als

450 Kn

» Privatunterkunft, Schlafsaalbett 150 Kn

» Viele Märkte für Selbstversorger

» Preiswerte Tavernen, Pizza und Eis

» Viele kostenlose Freizeitangebote

Mittelteuer

450–900 Kn

» Doppelzimmer im Mittelklassehotel

» Mahlzeiten in recht guten Restaurants plus Getränke am Abend

» Ein oder zwei Besichtigungen plus weitere Freizeitaktivitäten

Teuer – über

900 Kn

» Kleine Boutiquehotels und Einrichtungen mit vier Sternen

» Essen in Spitzenrestaurants

» Wellness

» Besichtigungen, Ausflüge und Mietwagen

Geld

» Geldautomaten sind weit verbreitet. Die meisten Hotels/Restaurants akzeptieren Kreditkarten. Kleine Lokale, Shops und Privatunterkünfte nehmen nur Bargeld.

Visas

» Nicht nötig für Aufenthalte bis zu 90 Tagen.

Handys

» Für Handys ohne SIM-Lock kann man eine lokale SIM-Karte kaufen (überall erhältlich). Ansonsten ist Roaming angesagt.

Straßenverkehr

» Es herrscht Rechtsverkehr.

Websites

» **Croatian National Tourist Board** (www.croatia.hr) Beste Informationsquelle zur Planung des Urlaubs.

» **Adriatica.net** (www.adriatica.net) Ein Online-Reiseführer voller Informationen.

» **Like Croatia** (www.likecroatia.hr) An information-packed online guide to Croatia.

» **Taste of Croatia** (www.tasteofcroatia.org) Hervorragende Website.

» **Lonely Planet.com** (www.lonelyplanet.com/croatia) Informationen zu verschiedenen kroatischen Reisezielen, Hotelbuchungen, Reiseforum und vieles mehr.

Wechselkurse

Eurozone	1 €	7,25 Kn
Schweiz	1 SFr.	6, 21 Kn

Aktuelle Wechselkurse unter www.xe.com.

Telefonnummern

Für einen Anruf nach Kroatien aus Mitteleuropa wählt man zunächst die 00, dann die Landeskennung von Kroatien, dann die Vorwahl für die Region (ohne die Anfangsnull) und zum Schluss die Rufnummer.

Pannenhilfe	☎1987
Internationale Landesvorwahl	☎00385
Internationale Telefonauskunft	☎11802
Nationale Telefonauskunft	☎11880
Allgemeine Informationen	☎18981

Ankunft

Zagreb Airport

» **Busse ins Zentrum** Fahren immer ungefähr zu den Ankunftszeiten der Flugzeuge, und zwar von 5 Uhr morgens bis 20 Uhr abends

» **Taxis ins Zentrum** 110 bis 300 Kn; etwa 20 Minuten

Split Airport

» **Busse ins Zentrum** Fahren ungefähr zu den Ankunfszeiten der Flugzeuge

» **Taxis ins Zentrum** 250 bis 290 Kn; etwa 30 Minuten

Private Unterkünfte

Kroatische Hotels sind fast immer zu teuer, besonders im Hochsommer entlang der Küste. In Privatunterkünften kann man viel sparen und erlebt zudem die ganz eigene Gastfreundschaft der Kroaten. Viele Eigentümer behandeln ihre Gäste wie lang vermisste Freunde. Einige bieten den Gästen sogar an, mit ihnen gemeinsam zu essen. Das ist eine unvergleichliche Art und Weise, die Kultur des Landes kennenzulernen.

Die Suche nach einer Privatunterkunft kann jedoch etwas mühsam sein. Am besten, man bemüht sich schon vor Antritt der Reise online oder verlässt sich auf Mund-zu-Mund-Propaganda. Wer Spontanbuchungen bevorzugt, sollte sich erst einmal einige Unterkünfte auf Empfehlung von Reisebüros anschauen, bevor er dort eincheckt.

Man sollte bedenken, dass viele Eigentümer von Privatunterkünften in der Hochsaison einen Zuschlag für Aufenthalte unter drei oder vier Nächten erheben..

Was gibt's Neues?

Für diese neue Ausgabe des Reiseführers Kroatien haben unsere Autoren an dieser Stelle das, was neu, verändert, aktuell oder einfach gerade angesagt ist, ausgewählt. Die allerneuesten Empfehlungen finden sich unter www.lonelyplanet.com/croatia.

Museum der gescheiterten Beziehungen, Zagreb

1 Im skurrilsten Museum von Zagreb kann man sich an den ergreifenden und trotzdem oft lustigen Überresten gescheiterter Beziehungen ergötzen. Die gestifteten Exponate stammen aus aller Herren Länder (S. 45).

Lauba, Zagreb

2 Seit diese ausgefallene Galerie in einem ehemaligen Lagergebäude eröffnet wurde, hat es sich mit seinen Ausstellungen zur zeitgenössischen Kunst und diversen sonstigen Veranstaltungen zu einem kreativen Zentrum der kroatischen Hauptstadt entwickelt (S. 49).

Hotel Lone, Rovinj

3 Kroatiens erstes Designerhotel ist schön – mit einem herrlichen Inneren, das von Kroatiens Stararchitekten entworfen wurde. Das Hotel überragt die Lonebucht nur wenige Gehminuten von Rovinjs Altstadt entfernt (S. 118).

Vela Vrata, Buzet

4 Dieses neue Boutique-Refugium auf einem Hügel der Altstadt von Buzet ist ein guter Ausgangspunkt für Ausflüge ins Hinterland von Istrien (S. 136).

Art Hotel Kalelarga, Zadar

5 Ein wunderschönes Designerhotel mit elegantem, exklusivem Akzent mitten in der alten Stadt Zadar. Ein idealer Platz, um sich so richtig verwöhnen zu lassen (S. 187).

Tisno, Norddalmatien

6 Ein neuer Standort für das berühmte großartige Gartenfestival (S. 188) mit eigenem Strand, gehobenem Camping und fantastischen Apartments. Die Partyangebote sind absolut vielfältig,

Terraneo, Šibenik

7 Bei diesem brandneuen Festival treten Spitzenkünstler aus dem In- und Ausland auf, und es verspricht zu dem Musikfestival Kroatiens schlechthin zu werden. Ein absolutes Muss. Schauplatz ist eine ehemalige Kaserne nahe am Strand (S. 207).

Goli + Bosi, Split

8 Das neue Designerhostel bietet im Herzen der Stadt Split und nur wenige Gehminuten vom Meer entfernt eine genau passende Unterkunft für Flashpacker (S. 224).

Oyster & Sushi Bar Bota Šare, Dubrovnik

9 Dies ist ein gehobenes, aber dennoch erschwingliches Restaurant, ein neuer Stern am Horizont der Gastronomie von Dubrovniks Altstadt, das man einfach ausprobieren muss – japanische Küche mit kroatischer Note (S. 279).

Kriegsmuseum, Dubrovnik

10 Das Museum liegt in einer napoleonischen Festung auf einem Hügel mit Blick auf Dubrovnik. Hier erfahren die Besucher viel über die harten Kriegszeiten der Stadt in den 1990er-Jahren (S. 271).

Wie wär's mit …

Inseln

Vor Kroatiens Küste liegen zahlreiche fantastische Inseln, von kleinen, grünen und unbewohnten bis zu großen, trockenen und sehr lebhaften.

Hvar Kroatiens beliebteste Insel bekommt die meiste Sonne und dank des glamourösen Hvar mit seinen Partys auch die meisten Besucher (S. 250).

Vis Fern, mysteriös, abseits touristischer Pfade und ca. 40 Jahre lang gesperrt für Fremde – Vis bietet großartige Strände, reizende Orte und beste Küche (S. 258).

Mljet Die lange, schmale, bezaubernde Insel Mljet mit einer Salzwasserlagune, einem Kloster und schöner Szenerie lässt sich auf einem Tagesausflug von Dubrovnik aus besuchen (S. 285).

Cres Das mit beeindruckenden Landschaften, mittelalterlichen Dörfern und einer hübschen Hafenhauptstadt gesegnete Cres gehört zu den untouristischsten Inseln Kroatiens (S. 162).

Brač Die größte Insel der Adria hat Kroatiens berühmtesten Strand, den verführerischen Zlatni Rat in dem schmucken Ort Bol (S. 242).

Outdoor-Aktivitäten

Kroatien bietet mehr als genug Möglichkeiten für alle, die gern draußen aktiv sind: Schwimmen in der Adria, Mountainbiken, Windsurfen, Kajakfahren, Klettern, Rafting und mehr.

Segeln Beim Inselhopping mit dem Segelboot (S. 231) kann man an beliebten Häfen wie Hvar anlegen und ferne Inseln wie die Kornaten oder Vis erkunden.

Wandern Die Nationalparks – darunter die Plitwitzer Seen (S. 191), Paklenica (S. 194) und Krka (S. 211) – sind ebenso wie die Landschaft um Zagreb Wanderparadiese.

Tauchen Die Inseln eignen sich ideal, um in die schöne Unterwasserwelt abzutauchen, etwa vor Hvar (S. 250), Brač (S. 243), Krk (S. 155) oder den Kornaten (S. 211). Auch die meisten Küstenstädte bieten Tauchmöglichkeiten.

Radeln Radeln kann man in der flachen Baranja (S. 96), auf der Parenzana-Route (S. 129) in Istrien oder auf den Adria-Inseln.

FKK Kroatien ist ein Top-Spot für Nudisten, seit Edward VIII. und Wallis Simpson 1936 an der Küste von Rab (S. 104) nacktbaden gingen.

Architektur

Kroatien hat alles – von Romanik über Barock und Renaissance bis zu venezianischer, gotischer und zeitgenössischer Architektur.

Dubrovnik Umgeben von der tiefblauen Adria, ist das mit gewaltigen Mauern umwehrte Dubrovnik eine der optisch atemberaubendsten Städte Europas (S. 264).

Trogir Das Städtchen glänzt mit gut erhaltenen Bauten aus Romanik und Renaissance und einer der anmutigsten Kathedralen der Küste (S. 234).

Zadar Die Architektur im kleinen, entspannten Zadar (S. 183) reicht von römischen Ruinen bis zu zeitgenössischen Meisterwerken wie der Meeresorgel und der Installation »Gruß an die Sonne«.

Diokletianspalast Er steht unter dem Schutz der Unesco und zählt weltweit zu den berühmtesten Überresten aus römischer Zeit. Dennoch pulsiert bis heute Leben in dem antiken Viertel Splits. Hier schlägt das Herz der Stadt (S. 213).

Varaždin Kroatiens einstige Hauptstadt mit mustergültig restaurierter Barockarchitektur ist dank ihrer hervorragend erhaltenen Altstadt ein Kandidat für das Unesco-Welterbe (S. 72).

STUART BLACK / GETTY IMAGES ©

» Lubenice (S. 166)

Strände

An den Stränden entlang der kroatischen Küste und auf den Inseln kann man die Hüllen fallen lassen oder die neueste Designer-Bademode vorführen.

Pakleni-Inseln Strände mit Schatten spendenden Pinien für FKKler und Badehosenträger (S. 252).

Bačvice Aktiv, lustig und mit jeder Menge lokalem Flair (S. 223).

Zrće Der Streifen aus goldenen Kieseln ist gut besucht und bietet viel Spaß (S. 246).

Lubenice Klein, abgeschieden, sensationell und schwer erreichbar (S. 166).

Zlatni Rat Der Streifen aus goldenen Kieseln ist gut besucht und bietet viel Spaß (S. 246).

Lokrum Ein Paradies für Nackte ist der felsige, immer friedliche Strand mit kristallklarem Wasser (S. 284).

Paradiesstrand Schöner Sandstrand unter Pinien (S. 179).

Stiniva Hohe Felsen umrahmen die spektakuläre, abgeschiedene Kieselsteinbucht (S. 259).

Brela Palmengesäumte Buchten mit feinen Kieseln (S. 242).

Rt Kamenjak 30 unberührte Kilometer aus Landzungen, Buchten, Kieselstrand und Felsen (S. 108).

Nationalparks

Kroatiens Reiz liegt in der Natur – seinen Wasserfällen, Wäldern, Gebirgen und der glitzernden Adriaküste. Zum Glück steht ein Großteil unter Schutz: Acht Nationalparks erstrecken sich über 961 km².

Plitwitzer Seen Diese Naturlandschaft bezaubert mit Wasserfällen, türkisfarbenen Seen und Wäldern (S. 191).

Krka Gewaltige Wasserfälle und ein abgeschiedenes Kloster (S. 209).

Paklenica Natur in großem Maßstab: Hier gibt es Schluchten und hervorragende Wander- und Klettermöglichkeiten (S. 194).

Risnjak Schattige Pfade durch dichte Wälder und Wiesen voller Wildblumen (S. 156).

Kornaten Überirdisch schöne Inseln ganz ohne Resorts – der ultimative Zufluchtsort der Adria (S. 211).

Mljet Die freundliche, unberührte Insel ist ein mediterranes Paradies (S. 285).

Brijuni Dieser Archipel vor der Küste Istriens zählt zu den gepflegtesten Nationalparks Kroatiens (S. 113).

Essen & Trinken

Kroatiens Gastronomie ist im Aufschwung. Man findet hier erstklassige einheimische Produkte wie Olivenöl, Trüffeln, Meeresfrüchte und geräucherten Schinken sowie eine aufstrebende Weinszene.

Slow food Kroatiens Slow-Food-Bewegung wirbt für lokale, frische und saisonale Produkte und ein bewusstes Genießen des Essens (S. 348).

Olivenöl Istrien ist ein Vorreiter in der Perfektionierung kroatischen Olivenöls. Auf beschilderten Olivenölrouten kann man lokale Produzenten besuchen und ihre Öle probieren (S. 329).

Wein In Istrien locken hervorragende Tropfen: weißer Malvazija, roter Teran und süßer Muškat. Dingač und postup von der Halbinsel Pelješac zählen zum Besten, was Kroatien zu bieten hat. Auch die Weinrouten von Slawonien und Međimurje (S. 332) darf man sich nicht entgehen lassen.

Trüffel Unbedingt die teuren Trüffeln aus den Wäldern Istriens probieren. Im Herbst kann man hier sogar auf Trüffelsuche gehen (S.136).

Monat für Monat

Top-Events

1. **Karneval in Rijeka** Februar
2. **Cest is D'Best** Juni
3. **Motovun-Film Festival** Juli
4. **Garden Festival** Juli
5. **Terraneo** August

Januar

Nach den Festtagen kehrt das Land zum Alltag zurück. Auf dem Festland erschwert Schnee das Befahren der Straßen, während an der Küste und auf den Inseln starke Winde den Fährverkehr einschränken.

Skifahren auf dem Sljeme

Vor den Stadttoren Zagrebs geht es auf den Sljeme (S. 51), den höchsten Punkt des Medvednica-Gebirges, mit seinen Pisten und Liften. Skifahren ist ein beliebter Zeitvertreib sportlicher Kroaten.

Günstige Küstentouren

Dies ist der perfekte Zeitpunkt, um Kroatiens Küstenstädte kostengünstig zu erkunden. Viele Hotels bieten nun Rabatte von bis zu 50 % an.

Februar

Im Inland kann man malerische Schneewanderungen unternehmen, auf den Straßen ist weiter Vorsicht angesagt. An der Adria weht die *bura* (Bora), die Fähren verkehren unregelmäßig und viele Hotels in den Küstenorten sind geschlossen.

Karneval

Bunte Kostüme, Tanzvorführungen und Feiern rund um die Uhr – das ist der Karneval von Rijeka (S. 147), Höhepunkt des Festkalenders der Stadt. Auch in Zadar und Samobor finden farbenfrohe Umzüge statt.

Fest des hl. Blasius, Dubrovnik

Jedes Jahr am 3. Februar wird auf den Straßen Dubrovniks der heilige Blasius, Schutzpatron der Stadt, mit Tanz, Konzerten, Essen, Umzügen und vielem mehr gefeiert (S. 274).

März

Die Tage werden länger, die Temperaturen steigen, besonders an der Küste. Die Zeit der Eisschmelze eignet sich bestens, um die Wasserfälle von Plitvice und Krka zu besuchen. Das Leben spielt sich größtenteils noch drinnen ab.

Zagrebdox

Beim internationalen Filmfestival Zagrebdox (www.zagrebdox.net) werden Dokumentarfilme aus der ganzen Welt gezeigt. Es findet jährlich von Ende Februar bis Anfang März in Zagreb statt.

April

Auf den südlichen Inseln und an der Küste kann man schon Sonne tanken und die Einsamkeit genießen. Im Inland ist es noch kühl, doch die Bäume beginnen zu blühen und die anschwellenden Flüsse laden zum Rafting und Kajakfahren ein.

Music Biennale Zagreb

Seit den 1960er-Jahren findet alle ungeraden Jahre im April Kroatiens bedeutendstes Festival für moderne Musik statt (S. 52). Modern heißt jedoch nicht Pop – auf der renommierten Veranstaltung dreht sich alles um zeitgenössische klassische Musik.

Spargelernte, Istrien

In der Vorfrühlingszeit gedeiht auf den Feldern und

Wiesen Istriens wilder Spargel. Am besten macht man es den Einheimischen nach, erntet ein paar und brät sich eine einfache Spargelfritaja (Omelett).

Mai

An der Küste ist es sonnig und warm und das Meer lädt zu einem kurzen Bad ein. Die Hotels sind günstiger, der Touristenansturm steht noch aus und die Cafés in Zagreb und Split brummen.

Subversive Festival

Bei diesem zweiwöchigen Festival im Mai (S. 52) erobern Aktivisten und Revolutionäre aus ganz Europa die Stadt Zagreb. Die erste Woche ist Filmen gewidmet, in der zweiten Woche finden Lesungen und Workshops mit Praxisbezug statt.

☆ Ljeto na Strossu, Zagreb

Bei der äußerst unterhaltsamen Veranstaltung (S. 52), die Ende Mai beginnt und den ganzen Sommer über andauert, stehen kostenlose Filme unter freiem Himmel, Konzerte lokaler Bands, verschiedene Kunst-Workshops, Hundewettbewerbe für Mischlinge und viele andere skurrile Events auf dem Programm, die allesamt auf der schattigen Strossmayer-Promenade stattfinden.

Tag der offenen Weinkeller, Istrien

Am letzten Sonntag im Mai öffnen renommierte Winzer in Istrien ihre Weinkeller für kostenlose, feuchtfröhliche Weinproben.

Juni

Eine tolle Zeit für noch geruhsame Badeausflüge an die Adria, tolle Festivals im ganzen Land und jede Menge Outdoor-Aktivitäten. Die Fähren folgen nun wieder dem Sommerfahrplan, aber die Hotelbelegungen und Preise haben noch kein Hochsaison-Niveau.

☆ INmusic Festival, Zagreb

Das dreitägige Spektakel ist Zagrebs bekanntestes Musikfestival (S. 52) und findet mitten im Grünen am Jarun-See auf mehreren Bühnen statt. Im Jahr 2012 gehörten New Order und Franz Ferdinand zum Programm. Besucher können während der Festivaldauer auf dem Gelände zelten.

☆ Cest is D'Best, Zagreb

Anfang Juni verwandeln sich Zagrebs Straßen für mehrere Tage in eine Bühne für Musik, Tanz, Theater und Sport. Das Straßenfestival (S. 52) erfreut sich bei Einheimischen und Touristen großer Beliebtheit. An verschiedenen Plätzen überall im Zentrum treten rund 200 Künstler aus der ganzen Welt auf.

☆ Eurokaz, Zagreb

In der zweiten Junihälfte zeigen innovative Ensembles und originelle Künstler aus aller Welt ihr Können auf dem Internationalen Festival des neuen Theaters (S. 52) in Zagreb. Die Veranstaltung widmet sich bereits seit 1987 dem experimentellen Theater.

☆ Hartera-Festival, Rijeka

Die besten aufstrebenden Rockbands Kroatiens und erstklassige Indie-Acts erlebt man bei diesem dreitägigen Festival (S. 147) in einer verlassenen Papierfabrik in Rijeka. Für Musikfans ist die Veranstaltung mittlerweile das Highlight des Jahres.

Juli

Nun erreicht die Saison ihren Höhepunkt und die Küstenhotels und Strände sind voller Menschen. Die Fähren laufen auf Hochbetrieb, außerdem gibt es jede Menge Festivals. Dies ist ein sehr guter Zeitpunkt, um das ruhige Landesinnere zu erkunden.

☆ Gartenfest, Zadar

Bei dieser gigantischen Strandparty (S. 188) in Tisno auf Murter ziehen renommierte Künstler der Elektromusik-Szene Scharen von Partywilligen in ihren Bann. Initiiert wurde das Festival von dem britischen Produzenten Nick Colgan und dem UB40-Schlagzeuger James Brown, den kreativen Köpfen der Garden Bar in Zadar.

☆ Dubrovniker Sommerspiele

Das von Mitte Juli bis Ende August dauernde Festival (S. 274) findet bereits seit den 1950er-Jahren mit großem Erfolg in Dubrovnik statt. Besucher können sich auf jede Menge klassische Musik, Tanzdarbietungen und Theater an Veranstaltungsorten in der ganzen Stadt freuen, darunter auch die Festung Lovrijenac.

Dance & Nonverbal Theatre Festival, Svetvinčenat

Die ansonsten eher verschlafene istrische Stadt Svetvinčenat wird Mitte Juli schlagartig zum Leben erweckt (S. 132): Mit zeitgenössischem Tanz, Straßentheater, Zirkus, Pantomime und anderen nonverbalen Ausdrucksformen wird das Publikum begeistert.

Motovun Film Festival, Istria

Das unterhaltsamste und glamouröseste Filmfestival (S. 138) des Landes präsentiert Ende Juli eine Reihe Independent- und Avantgarde-Filme auf den mittelalterlichen Straßen des Bergstädtchens Motovun. Es gibt Events sowohl drinnen wie auch draußen sowie begleitend zahlreiche Konzerte und Partys.

August

An der Adria ist nun die sommerliche Hochsaison in vollem Gange, die Bade- und Lufttemperaturen erreichen Höchstwerte, die Strände sind voll und die Preise in Hotels und Restaurants sind hoch. In Zagreb ist es heiß, aber leer, da die meisten Stadtbewohner an die Küste fliehen.

Terraneo, Šibenik

Kroatiens jüngstes Festival hat sich zu einem echten Sommer-Highlight entwickelt. Die riesige fünftägige Party (S. 206) in einer alten Kaserne lockt junge Leute aus dem ganzen Land an. Diese freuen sich besonders auf die vielen nationalen und internationalen Künstler und DJs.

Špancirfest, Varaždin

Ende August füllt das abwechslungsreiche Fest (S. 77) die Parks und Plätze von Varaždin mit internationaler Musik (afrokubanisch, Gypsy, Tango und mehr), Akrobaten, Theater, traditionellem Kunsthandwerk und Zauberern.

Vukovar-Filmfestival, Slawonien

Das Vukovar-Filmfestival (S. 100) Ende August zeigt Spiel-, Dokumentar- und Kurzfilme hauptsächlich aus den Donauländern. Mit einem Besuch unterstützt man die Stadt, die sich immer noch vom Krieg und den zerstörungen erholt.

September

Der Ansturm ist vorüber, es gibt noch reichlich Sonne, das Meer ist warm und die Touristen fahren nach Hause – es handelt sich also um eine tolle Zeit für einen Kroatienurlaub. Nach der Rückkehr seiner Bewohner kehrt in Zagreb wieder Leben ein.

World Theatre Festival, Zagreb

Jedes Jahr steht in Zagreb einige Wochen lang – meist bis in den Oktober hinein – erstklassiges modernes Theater (S. 53) auf dem Programm und entzückt Theaterliebhaber aus dem ganzen Land.

Barockmusikabende Varaždin

In der Barockstadt Varaždin gibt im September für zwei bis drei Wochen barocke Musik den Ton an. In der Kathedrale, den Kirchen und Theatern der Stadt spielen dann lokale und internationale Orchester.

Oktober

Die Kinder sind wieder in der Schule, die Eltern auf Arbeit, und alles läuft in gewohnten Bahnen. Die Fähren werden auf den Winterfahrplan umgestellt, das Wetter ist jedoch noch recht mild.

Filmfestival Zagreb

Zu diesem bedeutenden Kulturfestival (S. 53) Mitte Oktober gehören Filmvorführungen mit anschließenden Partys sowie die Verleihung des begehrten Golden Pram an Regisseure aus der ganzen Welt.

Trüffelsuche, Istrien

In den Wäldern um Motovun und Buzet im Landesinneren kann man nach den wertvollen weißen und schwarzen Trüffeln (S. 136) suchen. Diese Pilze veredeln Risotto, Pasta oder Omeletts.

November

Im Landesinneren wird es ruhig, die Küste ist noch sonnig, aber kalt. Viele Hotels am Meer sowie Restaurants schließen jetzt ihre Pforten.

Martinsfest

Martinje, der Martinstag, wird am 11. November in allen Weinanbauregionen des Landes begangen. Zu den feuchtfröhlichen Feierlichkeiten gehören jede Menge Essen sowie Weinverkostungen.

Reiserouten

Kroatien kompakt

Zwei Wochen

Diese zweiwöchige Reise führt zu einigen der schönsten Attraktionen Kroatiens, z. B. in die Hauptstadt Zagreb, in zwei Nationalparks und zu den Juwelen der dalmatinischen Küste.

1

» Die zweiwöchige Tour beginnt mit einem verlängerten Wochenende in der lebendigen Hauptstadt **Zagreb** (S. 38). Hier taucht man ins Nachtleben ein und besucht feine Restaurants und Museen.

» Dann geht es nach Süden zum **Nationalpark Plitwitzer Seen** (S. 191), einer Welterbestätte, wo man türkisfarbene Gewässer und beeindruckende Wasserfälle erkundet.

» Als Nächstes folgt das oft unterschätzte **Zadar** (S. 183). Die moderne, lebendige Stadt blickt auf eine reiche Geschichte zurück und lockt mit jeder Menge Sehenswürdigkeiten.

» Von dort lohnt sich ein Tagesausflug zur Insel **Pag** (S. 200), berühmt für ihren Käse und ausgelassene Strandpartys im Sommer.

» Toll sind auch die gewaltigen Wasserfälle im **Nationalpark Krka** (S. 209) und die großartigen, entspannten **Kornaten** (S. 211).

» Nicht entgehen lassen sollte man sich einen Bummel durch das idyllische **Trogir** (S. 233) und einen Besuch der römischen Ruinen in **Solin** (S. 233).

» Mit dem Diokletianpalast im lebhaften **Split** (S. 213) steht ein weiteres Highlight dieser Region auf dem Plan.

» Anschließend geht es auf der kurvenreichen Küstenstraße ins atemberaubend schöne **Dubrovnik** (S. 264).

Abbildungen

1 Dalmatinische Architektur, Trogir (S. 234) **2** Kirche St. Donat, Zadar (S. 183) **3** Skradinski Buk, Nationalpark Krka (S. 209)

2

EMANUELE CICCOMARTINO / GETTY IMAGES ©

3

HIROSHI HIGUCHI / GETTY IMAGES ©

Highlights der Küste

Zwei Wochen

Während dieser zweiwöchigen Tour erlebt man die Highlights der kroatischen Küste: von Istriens schönen Urlaubsorten über die Perlen des Kvarner bis zu Dalmatiens besten Sehenswürdigkeiten.

» Die Reise beginnt in **Poreč** (S. 121), wo die berühmte Euphrasius-Basilika steht.

» Weiter südlich wartet **Rovinj** (S. 114) mit venezianisch geprägter Architektur und Kopfsteinpflasterstraßen.

» Nach der Erkundung der römischen Ruinen und des Amphitheaters von **Pula** (S. 105) geht es an den Strand.

» Im Norden lohnt sich ein Halt im früheren österreichischen Ferienort **Opatija** (S. 151). Von der Strandpromenade genießt man schöne Blicke auf die Kvarner-Bucht.

» Von **Rijeka** (S. 144) gelangt man per Katamaran zur hübschen Stadt **Rab** (S. 174) auf der gleichnamigen Insel. Dort besucht man die alte Stadt Rab und den Paradiesstrand in **Lopar** (S. 179).

» Anschließend lockt **Zadar** (S. 183) mit Museen, Kirchen, Cafés und Bars.

» Südlich liegen das geschäftige **Split** (S. 213), die Strände von **Brela** (S. 242) und kleine Inseln vor der Küste.

» Auf Brač besucht man das hübsche Örtchen **Bol** (S. 246).

» Danach gönnt man sich ausgedehnte Sonnenbäder auf **Hvar** (S. 249) und dem **Pakleni-Archipel** (S. 257).

» Wem der Sinn nach Ruhe, großartigem Essen und Tauchen steht, der steuert die Insel **Vis** (S. 257) an.

» Zurück in Split führt die Route weiter gen Süden nach **Dubrovnik** (S. 264).

» Schließlich geht es zur Insel **Mljet** (S. 285), die mit jeder Menge Natur, Salzseen und einer friedlichen Atmosphäre besticht.

Abbildungen

1 Altstadt von Split (S. 213) 2 Tauchen vor der Insel Vis (S. 258) 3 Opatija (S. 151) 4 Euphrasiusbalisika (S.122), Poreč

FRANCO BANFI / GETTY IMAGES ©

STUART BLACK / GETTY IMAGES ©

Stadt & Land: Zagreb & Umgebung

Eine Woche

Zagreb ist der ideale Ausgangspunkt für Ausflüge in die Umgebung. Die Tour führt durch hübsche Landschaften, in alte Städte und zu Märchenburgen.

» Los geht es in Kroatiens dynamischer Hauptstadt **Zagreb** (S. 38), wo man die Museen, die Kunstszene und das Nachtleben genießt.

» Nächstes Ziel ist das bezaubernde **Samobor** (S. 68), bekannt für erstklassigen Kuchen und herrliche Wanderwege.

» Dann geht es in das selten besuchte **Zagorje** (S. 72), eine idyllische Landschaft mit Wäldern, Weiden und Bauernhöfen. Startpunkt der Entdeckungstour ist **Klanjec** (S. 85) mit seinem interessanten, dem Künstler Antun Augustinčić gewidmeten Stadtmuseum.

» Keinesfalls verpassen sollte man **Kumrovec** (S. 84), den Geburtsort von Kroatiens berühmtestem Sohn Josip Broz Tito. der kleine Ort ist ein wunderbares Beispiel für traditionelles Dorfleben.

» Wer sich für unsere Vorfahren interessiert, steuert das prächtige Neandertaler-Museum in **Krapina** (S. 81) an.

» Geschichtsfans kommen in der **Burg Trakošćan** (S. 80) auf ihre Kosten.

» Danach besichtigt man die aufwendig restaurierte Festung von **Varaždin** (S. 73) und bewundert den barocken Architekturstil der Stadt.

» Auf dem Weg Richtung Süden lohnt sich ein Abstecher zur Wallfahrtsstätte **Marija Bistrica** (S. 86) mit herrlichen Ausblicken auf die Umgebung.

Abbildungen

1 Samobor (S. 68) **2** Zagorje (S. 72) **3** Abendessen in Zagreb (S. 58) **4** Burg Trakošćan (S. 80)

2

KEN GILLHAM / GETTY IMAGES ©

3

TRISH PUNCH / GETTY IMAGES ©

Von Ost nach West: Slawonien & Istrien

Zehn Tage

Nach der Erkundung des ländlichen Slawoniens im Osten geht es nach Istrien im Südwesten, das mit Bergstädten, leckerem Essen und reizenden Unterkünften lockt.

» Die Reise beginnt in Slawonien am östlichen Rand von Kroatien. Als Zwischenstopp bietet sich die ungarisch geprägte Stadt **Osijek** (S. 90) am Fluss Drava an.

» Nächstes Ziel ist der **Naturpark Kopački Rit** (S. 96), an dessen Gewässern unzählige Vogelarten leben.

» Im Ethno-Dorf **Karanac** (S. 97) genießt man einen Tag lang das authentische Flair und kostet regionale Spezialitäten.

» Danach geht es Richtung Südwesten nach **Istrien** (S. 102), berühmt für seine Trüffeln, luftgetrockneten Schinken, Oliven und exzellenten Weinsorten. Hier plant man einen Stopp für eine Mahlzeit und einen Streifzug durch **Hum** (S. 137), die kleinste Stadt der Welt, ein.

» Toll sind auch das Trüffelzentrum **Buzet** (S. 135) und seine herrlich malerische Umgebung.

» **Pazin** (S. 133) lockt mit einer berühmten Schlucht, die schon den Schriftsteller Jules Verne inspiriert hat.

» Hinterher geht es durch die wunderschönen Höhensiedlungen **Motovun** (S. 138) und **Grožnjan** (S. 140).

» Auf dem Weg nach Süden kann man im hübschen **Svetvinčenat** (S. 131) mit seinem Hauptplatz im Renaissancestil umherschlendern.

» Zum Abschluss steht das entspannte **Bale** (S. 121) auf dem Programm.

Abbildungen
1 Bale (S. 121) **2** Motovun (S. 138) **3** Olivenöl und Eingemachtes aus Kroatien

Reisen mit Kindern

Top-Regionen für Kinder

Dubrovnik & Süddalmatien

In dieser Region gibt es Strände, Museen und die Chance auf Abenteuer. Zudem lockt die Fußgängerzone der Altstadt von Dubrovnik.

Split & Mitteldalmatien

In Split können Kinder wie in einem Labyrinth im Diokletianspalast umherwandern und auf der Flaniermeile (Riva) umherrennen. An der Makarska Riviera gibt es tolle Strände und Vergnügungsangebote.

Norddalmatien

Zadar bietet Lichtspiele bei Sonnenuntergang und die Klänge der Meeresorgel. In Šibenik findet ein Kinderfestival statt, und Inseln warten in der Nähe.

Istrien

Von Poreč und Rovinj aus kann man zur Erkundung der Höhlen, Dinosaurierparks, Fjorde und Strände aufbrechen.

Zagreb

Hier warten Standseilbahn, viele Museen, Spaß in Jarun und Bundek und Wanderungen auf den Gipfel des Sljeme.

Zagorje

In Vuglec Breg und Grešna Gorica können die Besucher kroatische Landluft schnuppern, das interaktive Museum in Krapina aufsuchen und Burgen erkunden.

Kroatien für Kinder

In Kroatien findet man geschützte Kiesstrände zum Baden in der Adria, viele ansprechende interaktive Museen für Regentage und einfache Wanderungen in mehreren Nationalparks. Schön sind auch Spaziergänge durch die verwinkelten Sträßchen alter Städte. Kroatien bietet insgesammt gute Möglichkeiten für Familien.

Kindern begegnet man in Kroatien mit Wohlwollen und Komplimenten, sodass niemand, der mit Kindern unterwegs ist, das Gefühl haben muss, zu stören. Kroaten sind sehr stolz auf ihre Kinder und freundlich gegenüber den Kindern anderer Leute – Kinder finden leicht Freunde unter den Einheimischen. Wer mit einer positiven Einstellung anreist und etwas improvisieren kann, dürfte einen tollen Familienurlaub erleben.

Highlights für Kinder

Strände

» Baška, Insel Krk: ein 2 km langer, sichelförmiger Strand am Rande karger Felsen.

» Mljet: drei Salzseen; das Wasser ist warm und ideal für Babys.

» Punta Rata, Makarska Riviera: Wunderschöner, von Pinien gesäumter Kieselstrand.

» Lapad, Dubrovnik: Wasserrutschen, Sonnenliegen und Schirme direkt bei der Altstadt.

» Crveni Otok, Rovinj: Zwei miteinander verbundene Inseln mit jeder Menge Kieselstrände.

» Lopar, Insel Rab: Sandstrände, seichtes Meer und gute Einrichtungen.

Tagesausflüge

» Nationalpark Krka: Hier kann man unter Wasserfällen in einem kühlen See baden.

» Nationalpark Plitwitzer Seen: Geboten werden türkisfarbene Seen, gewaltige Wasserfälle und dichte Wälder.

» Lokrum: Die üppige Insel ist mit ihrem botanischen Garten und dem mittelalterlichen Kloster eine friedliche Oase.

» Naturpark Medvednica: Auf grünen Wanderwegen geht es auf Zagrebs berühmten Berg.

» Zahnradbahn Dubrovnik: Etwas teuer, bietet aber ein Abenteuer für Kinder mit tollen Ausblicken und Wanderungen auf dem Berg Srđ.

Museen & Sehenswürdigkeiten

» Technisches Museum, Zagreb: Originelles Museum mit einem Planetarium und einer nachgebauten Mine.

» Neandertaler-Museum, Krapina: Hier kann man auf Tuchfühlung mit unseren Vorfahren gehen.

» Batana-Haus, Rovinj: Eine interaktive Multimedia-Ausstellung beleuchtet die Geschichte der Fischerei in Rovinj.

» Staro-Selo-Museum, Kumrovec: Zeigt auf unterhaltsame Weise ein Stück traditionelles kroatisches Dorfleben.

» Gruß an die Sonne, Zadar: Sonnenuntergang komm doch! Einheimische und Besucherkinder haben stundenlang viel Spaß an diesem großartigen Lichtspiel.

Reiseplanung

Kroaten helfen immer gerne, wenn man mit Kindern unterwegs ist.

Kinder lieben den Strand, aber man sollte bei der Auswahl umsichtig vorgehen – viele „Strände" sind felsig und haben steile Abgründe, die durchaus zu Verletzungen führen können. Die gute Nachricht ist jedoch, dass es an der Küste und auf den Inseln etliche Kies- oder Sandstrände gibt, die sich für Kinder wunderbar eignen.

Fast überall, vom Museum bis zur Hotelunterkunft, bekommt man Kinderermäßigungen. Die Alltagsgrenze liegt oft bei neun Jahren. Viele Sehenswürdigkeiten und andere Freizeitattraktionen lassen Kinder kostenlos hinein.

Privatunterkünfte

In den meisten Unterkünften sind Familien willkommen, es gibt jedoch nur wenige, die speziell auf Urlauber mit Kindern ausgerichtet sind. Zu den besten zählen das zur Falkensteiner Kette gehörende Familienhotel Diadora in der Nähe von Zadar und das Hotel Vespera in Mali Lošinj.

In den Hotels gibt es meist Kinderbetten, jedoch oft nur in begrenzter Zahl und gegen Aufpreis. Praktischer als ein Hotelzimmer und im gleichen Preissegment gelegen, sind privat vermietete Apartments. Dabei sollte man sich immer genau nach der jeweiligen Ausstattung und Lage erkundigen, beispielsweise nach einer Klimaanlage, einer privaten Terrasse oder der Entfernung zum Strand.

Für Kinder unter drei Jahren zahlt man oftmals gar nichts, und bis zum Alter von neun Jahren gibt es beträchtlichen Nachlass bei den Eintrittsgeldern.

Reisezeit

Ideal für Familien ist ein Aufenthalt in der letzten Juni- und erste Juliwoche. In der Küstenstadt Šibenik wird ein internationales Kinderfestival ausgerichtet – mit Workshops zum Anfertigen von kunsthandwerklichen Gegenständen, Musik, Tanz, Filmen, Theateraufführungen (auch Puppentheater) und Paraden.

Im Juli und August gibt es die meisten Freizeitangebote. Ruhiger und preiswerter ist es im Juni und September: Das Meer ist warm genug, um darin zu baden, und es gibt viel Sonne.

Reisegepäck

Wer einen Aufenthalt auf den Inseln, insbesondere einer der abgelegeneren, plant, sollte eine Grundausstattung aus der Apotheke dabei haben, da medizinische Einrichtungen dort eher rar sind.

Sonneschutz und Sonnenhüte oder -kappen sind unabdingbar, denn die Sonne an der Adria kann sehr stark brennen.

In den seichten Gewässern, besonders dort, wo der Meeresgrund eher felsig ist, leben Seeigel, sodass sich die Anschaffung von Plastiksandalen auf jeden Fall lohnt.

Vor der Reise

Für Reisen nach Kroatien sind keine Impfungen vorgeschrieben. Wer sich im Frühling, Sommer oder Frühherbst viel in der Natur aufhält, sollte seine Kinder nach Zecken absuchen. Mit einem Zeckenbiss sollte man rasch zum Arzt gehen, denn in den letzten Jahren gab es einen Anstieg der von Zecken übertragenen Krankheiten.

Babys

Das Stillen ist in der Öffentlichkeit hier eher unüblich, wird aber, wenn es nicht allzu offensichtlich geschieht, allgemein akzeptiert. Speziell auf kleine Kinder eingestellte Einrichtungen sind immer noch dünn gesät, die Zahl steigt aber allmählich an.

Babynahrung und Milchpulver gibt es in den meisten Supermärkten und Apotheken, sie werden nach Altersgruppen sortiert angeboten.

Einwegwindeln sind auch kein Problem, besonders in Supermärkten wie Konzum und dem Drogeriemarkt DM.

Nur ganz wenige Restaurants oder öffentliche Toiletten haben Wickeltische.

Elektrische Sterilisatoren für Babyfläschchen sind teuer und schwer zu finden.

Kleinkinder

In Kroatien gibt es viele Freiflächen, Spielplätze und Fußgängerzonen, wo absolut kein Verkehr droht. Die meisten Strandstädte haben eine Riva (Uferpromenade), die sowohl vom Meer als auch von der Straße weit genug entfernt liegen und sich daher ideal zum Bummeln und Herumrennen eignen.

Kinder

Die meisten Küstenorte, auch auf den Inseln, bieten je nach Saison Trampolin- und Bungeespringen – das bei Kindern ist extrem beliebt und daher oft mit langen Wartezeiten verbunden.

Teenies

Einige der kroatischen Küstenorte sind definitiv zu ruhig für erlebnishungrige Teenager. Sie (und damit auch ihre Eltern) fühlen sich meist in den lebendigeren Küstenorten mit Cafés und Bars sowie anderen Strandangeboten wohler.

Essen mit Kindern

Da es in Kroatien beim Essen im Allgemeinen eher lässig zugeht, kann man mit Kindern fast überall hingehen. Selbst gehobene Restaurants bieten kinderfreundliche Nudel-, Pizza- oder Reisgerichte. Einen Hochstuhl für die Kleineren findet man jedoch eher selten.

Die Einheimischen nehmen ihre Kinder gerne mit ins Restaurant, sodass man draußen oft Kinder toben sieht, während die Erwachsenen essen, trinken und plaudern. Kinder essen meist das Gleiche wie ihre Eltern, und alle schlecken danach noch ein köstliches Eis.

Verkehrsmittel & -wege

Für Familien ist der Mietwagen das beste Verkehrsmittel, um durchs Land zu reisen. Es gibt jedoch nicht immer Kindersitze. Deshalb sollte man solche Details vor der Ankunft ganz genau mit der Mietwagenfirma absprechen. Kindersitze sind in Kroatien keine Pflicht.

Busse und Züge eignen sich für größere Kinder und kürzere Reisen.

Die Küstenstraßen sind sehr kurvenreich. Deshalb kann es empfindlichen Kindern unterwegs leicht schlecht werden.

Kroatien im Überblick

Zagreb

Cafékultur ✓✓✓
Museen & Galerien ✓
Essen ✓

Cafékultur
Zagreb ist eine Bastion der berühmten europäischen Cafékultur, und seine Straßencafés sind (außer in den Wintermonaten) immer voll. Sie bieten richtig starken Kaffee und die Gelegenheit, sich dabei stundenlang die Zeit zu vertreiben. Die beste Gelegenheit, um bei einer Tasse Kaffee die Leute zu beobachten, ist die rituelle *špica* an warmen Samstagvormittagen, wenn alle mit Kind und Kegel auftauchen, um ihre neueste Garderobe vorzuführen.

Museen & Galerien
Zagrebs Aushängeschild, das noble Museum für Zeitgenössische Kunst, hat der Stadt einen künstlerischen Touch verliehen; hinzu kommt das enorm beliebte skurrile Museum der gescheiterten Beziehungen. Daneben gibt es ältere Häuser wie das Museum Mimara mit einer großen Sammlung an Gemälden und Skulpturen oder das wunderbare Kroatische Museum für Naive Kunst. Den Puls moderner Kunst, der in der Stadt schlägt, spürt man in den unabhängigen Galerien.

Essen
In Sachen Essen gibt es in der kroatischen Hauptstadt, die in den letzten Jahren zu einem lohnenden Reiseziel für Gourmets wurde, viel zu entdecken. Einige Restaurants kredenzen innovative Spezialitäten mit hochwertigen Zutaten aus dem ganzen Land. Viele preiswerte Tavernen servieren dagegen schlichte, traditionelle Kost, die auf typisch kroatische Weise zubereitet wird.

S. 38

Zagorje

Burgen ✓✓
Architektur ✓
Landschaft ✓

Mittelalterliche Burgen
Märchenburgen wie aus dem Bilderbuch krönen die bewaldeten Höhen dieser Region. Das neogotische Schloss Trakošćan bietet Einblicke in das einstige Leben des kroatischen Adels und die eindrucksvolle Burg Veliki Tabor mit Türmen und Erkern thront auf einem grünen Hügel.

Architektur
Varaždin beeindruckt mit seiner Barockarchitektur des 18. Jhs.: Die restaurierten Gebäude strahlen in alter Pracht, denn ihre Fassaden wurden in den ursprünglichen Pastelltönen gestrichen.

Landschaft
Die idyllischen Panoramen der weinbedeckten Hügel, Getreidefelder, dichten Wälder und Lebkuchenhäuschen scheinen aus einem Märchenbuch zu stammen. In Zagorje genießen Besucher das traditionelle kroatische Landleben fernab des touristischen Spektakels im Süden.

S. 72

Slawonien

Vogelbeobachtung ✓✓✓
Kultur ✓✓
Geschichte ✓✓

Vogelbeobachtung
Der Naturpark Kopački Rit, eines der wichtigsten Sumpfgebiete Europas, liegt in den Auen am Zusammenfluss von Donau und Drava. Am besten besucht man den für seine vielfältige Vogelwelt berühmten Park im Frühling oder Herbst zur Zugvogelzeit.

Kultur
Slawoniens Hauptstadt Osijek mit ihrer malerischen Flusspromenade und vielen Parks ist eine der grünsten Städte Kroatiens. Auch kulturell hat sie viel zu bieten. Im faszinierenden habsburgischen Viertel servieren unzählige authentische Restaurants lokale Küche mit viel Paprika, z. B. *fiš paprikaš*.

Geschichte
Ostslawonien hat während des kroatischen Bürgerkriegs entsetzlich unter dem schweren Beschuss gelitten. In Vukovar erinnern bewegende Gedenkstätten an den Krieg.

S. 87

Istrien

Essen ✓✓✓
Architektur ✓✓
Strände ✓

Essen
Istriens *dolce vita* lockt mit erlesenen Mahlzeiten. Die kulinarischen Genüsse reichen von weißen Trüffeln und Wildspargel bis zu preisgekrönten Olivenölen und Weinen. Sie sind ein Highlight jedes Besuchs in Istrien, der feinschmeckerfreundlichsten Region Kroatiens.

Architektur
Istrien zeigt einen bunten Architekturmix: römische Amphitheater, byzantinische Basiliken, venezianische Stadthäuser und mittelalterliche Bergstädte, alles dicht an dicht auf einer kleinen Halbinsel.

Strände
Von kieferngesäumten Kiesstränden bei Pula, Rovinj oder Poreč, die zu vielen Aktivitäten einladen, bis zur wilden Szenerie des Rt Kamenjak mit seinen einsamen Buchten: Istrien hat Strände für jeden Geschmack (außer für eingefleischte Sandstrand-Fans).

S. 102

Kvarner

Essen ✓✓
Tiere & Pflanzen ✓
Architektur ✓

Essen
Die winzige Bucht von Volosko ist ein Mekka authentischer kroatischer Küche: Hier befinden sich stimmungsvolle *konobas* (familiengeführte Lokale) und Restaurants, die Essen auf hohem Niveau bieten.

Tiere & Pflanzen
Auf den beiden miteinander verbundenen Inseln Lošinj und Cres gibt es hervorragende Tierschutzprojekte: Das winzige Veli Lošinj beherbergt ein faszinierendes Delfinzentrum, auf Cres widmet man sich den Gänsegeiern.

Architektur
Die Stadt Krk hat einen mittelalterlichen Kern. Im Städtchen Rab gibt es eine Reihe historischer Kirchen und Glockentürme. Venezianische Einflüsse zeigen die Rathäuser von Cres, Veli Lošinj und Mali Lošinj.

S. 142

Norddalmatien

Natur ✓✓✓
Städte ✓
Landschaft ✓✓

Natur
Die meisten Besucher kommen wegen der Küste hierher, doch ebenso reizvoll ist das Inland. Krka und Plitvice haben stille Seen und großartige Wasserfälle. In Paklenica kann man herrlich wandern oder Berge bezwingen.

Städte
Die beiden Städte Norddalmatiens bieten Kultur und Geschichte, ohne touristisch zu sein. In Šibenik findet man Kroatiens wohl eleganteste Kathedrale und eine bemerkenswerte Altstadt. Zadar wartet mit fesselnden Sehenswürdigkeiten und hippen Bars auf.

Landschaften
Auf der schmalen Insel Pag erheben sich karge, sonnenverbrannte Hügel in bleichen Grüntönen. Bezaubernd ist auch die Küste des Festlands mit der azurblauen Adria auf der einen Seite und einer Bergkette im Osten.

S. 181

Split & Mitteldalmatien

Strände ✓✓✓
Architektur ✓✓
Aktivitäten ✓

Strände
Die Strände Mitteldalmatiens gehören zu den schönsten in Kroatien – sei es der turbulente Bačvice, Splits vergötterter Stadtstrand, der kieferngesäumte Strand von Brela voller runder Kiesel oder der sichelförmige Zlatni Rat.

Architektur
Nur eine kurze Fahrt voneinander entfernt liegen zwei Unesco-Welterbestätten: der Diokletianpalast in Split, ein lebhaftes Viertel mit römischen Wurzeln, und das architektonische Medley der engen Altstadt von Trogir.

Aktivitäten
Ob Segeln, Mountainbike-Touren, Kajakfahrten, Tauchen, Rafting auf Flüssen oder Windsurfen – in den abwechslungsreichen Landschaften Mitteldalmatiens können sich aktive Reisende austoben.

S. 212

Dubrovnik & Süddalmatien

Geschichte ✓✓✓
Inseln ✓✓
Wein ✓

Geschichte
Dubrovnik, eine der am schönsten gelegenen und geschichtsträchtigsten Städte der Welt, ist traumhaft anzuschauen, herrlich zu erkunden und nur schwer zu verlassen. Ähnlich geht es Besuchern in der kleinen, aber prächtigen Stadt Korčula.

Inseln
Die dünn besiedelten, von Kiefern bestandenen Inseln Mljet und Korčula sind zu Recht berühmt für ihre Schönheit und versteckten Strände. Auch die winzige Insel Lokrum und die reizenden Elafiten sollte man nicht verpassen.

Wein
Die unberührte Halbinsel Pelješac ist eine der aufstrebenden Weinregionen des Landes. Von hier kommen kraftvolle Rotweine wie *postup* und *dingač*. Das benachbarte Korčula ist bekannt für seine Weißweine aus der *grk*-Traube.

S. 264

❯ **Alle im Buch vorgestellten Einrichtungen werden von unseren Autoren empfohlen; ihre Top-Empfehlungen stehen jeweils ganz vorn.**

❯ **Empfehlungen von Lonely Planet:**

LP TIPP Das empfiehlt unser Autor | umweltverträglich | GRATIS Hier bezahlt man nichts

Alle im Buch erwähnten Orte sind im Register aufgeführt.

Reiseziele in Kroatien

Zagreb

☎01 / 792 875 EW.

Inhalt

Gut essen

» Vinodol (S. 57)
» Lari & Penati (S. 57)
» Didov San (S. 58)
» Karijola (S. 57)

Schön übernachten

» Studio Kairos (S. 55)
» Esplanade Zagreb Hotel (S. 55)
» Hobo Bear Hostel (S. 56)
» Hotel Dubrovnik (S. 56)

Auf nach Zagreb!

Jeder kennt Kroatiens Küste und Inseln, doch was die Hauptstadt betrifft, wird immer wieder gefragt: „Ist Zagreb schön?" oder: „Lohnt sich ein Wochenende dort?" Ja! Zagreb ist ein tolles Reiseziel. Die Stadt bietet Kultur, Musik, Kunst, Architektur, Gastronomie und alles, was zu einer attraktiven Hauptstadt gehört.

Optisch ist Zagreb eine Mischung aus altmodischer österreichisch-ungarischer und kantiger kommunistischer Architektur. Die kleine Metropole ist wie geschaffen zum Bummeln, für Besuche im Café oder Streifzüge durch Museen und Galerien, Theater, Konzerte und Kinos. Dank ihrer schönen Umgebung hat die Stadt einen hohen Freizeitwert: Im Frühling und Sommer strömen die Einwohner zum Jarun-See im Südwesten. Dort gehen sie baden, paddeln oder tanzen in einer Diskothek die ganze Nacht durch. Im Herbst und Winter lädt die Medvednica zum Wandern oder Skifahren ein. Auch das nahe gelegene Samobor bietet tolle Wandermöglichkeiten.

Reisezeit

Zagreb

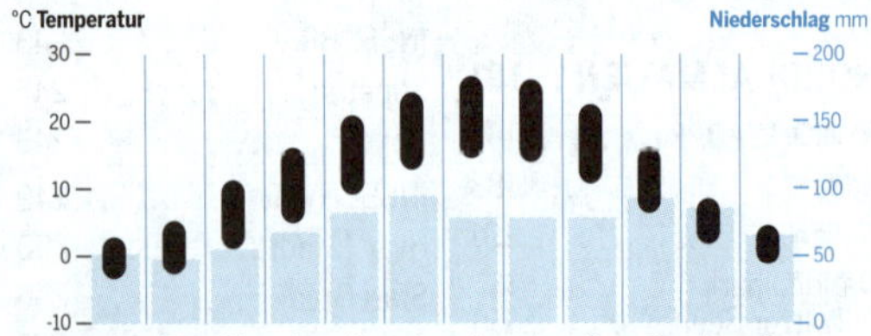

April & Mai Die Stadt legt den Wintermantel ab, in den Straßencafés pulsiert das Leben.

Juni Bei den besten Festivals von Zagreb geht es mit zahlreichen Kulturereignissen hoch her.

Sept. & Okt. Die Leute kommen aus dem Urlaub zurück, im Spätsommer geht es lebhaft zu.

Geschichte

Zagrebs Geschichte ist mit zwei Hügeln eng verbunden: dem Kaptol, auf dem heute die Kathedrale steht, und dem Gradec. Als die beiden Siedlungen auf den oben genannten Hügeln im Jahr 1850 zusammengefasst wurden, schlug ganz offiziell die Geburtsstunde von Zagreb.

Auf dem heute Trg Josipa Jelačića genannten Platz wurden einträgliche Handelsmessen abgehalten, rundherum entstanden neue Gebäude. Weiteren Aufschwung erlebte die Wirtschaft im 19. Jh., als sich ein florierender Textilhandel entwickelte und eine neue Eisenbahnlinie Zagreb mit Wien bzw. Budapest verband. Dank des Wohlstands konnte sich auch das kulturelle Leben der Stadt voll entfalten.

Zagreb wurde auch zum Zentrum der Illyrischen Bewegung. Graf Janko Drašković, Herr auf Burg Trakošćan, veröffentlichte 1832 ein illyrisches Manifest. Sein Aufruf zur nationalen Rückbesinnung hallte durch das ganze Land. Wahr wurde Draškovićs Traum, als sich Kroatien nach dem Ersten Weltkrieg dem Königreich der Serben, Kroaten und Slowenen anschloss.

Zwischen den beiden Weltkriegen entstanden Arbeitersiedlungen zwischen der Eisenbahnlinie und der Sava. Neue Wohnviertel wuchsen an den südlichen Ausläufern der Medvednica. Im April 1941 marschierten die Deutschen in Jugoslawien ein und besetzten Zagreb, ohne auf Gegenwehr zu stoßen. Ante Pavelić und die Ustaša beeilten sich, den unabhängigen Staat Kroatien (Nezavisna Država Hrvatska) mit Zagreb als Hauptstadt auszurufen. Obwohl Pavelić seinen faschistischen Staat bis 1944 von hier aus führte, fand er nur wenig Rückhalt in der Stadt, die weiterhin Titos Partisanen unterstützte.

Nach dem Zweiten Weltkrieg war Zagreb nach Belgrad nur die zweitgrößte Stadt Jugoslawiens, ließ sich aber im Wachstum nicht bremsen. Als Kroatien 1991 sich für unabhängig erklärte, wurde Zagreb die Hauptstadt des neu gegründeten Staates.

Sehenswertes

Im ältesten Stadtteil Zagrebs, der Oberstadt (Gornji Grad) mit den Vierteln Gradec und Kaptol, befinden sich bedeutende Gebäude und Kirchen aus der frühen Stadtgeschichte.

ZAGREB IN ...

... zwei Tagen

Der Tag beginnt mit einem Bummel über den Strossmayerov Trg, Zagrebs grüner Oase. Unterwegs lohnt ein Blick in die **Strossmayer-Galerie der Alten Meister**, dann geht es weiter zum **Trg Josipa Jelačića**, dem Stadtzentrum.

Am **Kaptol-Platz** angekommen, steht die Besichtigung der **Kathedrale** auf dem Programm – der Mittelpunkt des religiösen Lebens in Zagreb. In der Oberstadt besteht nun die Möglichkeit, am **Dolac-Markt** Obst zu kaufen oder auch im **Amfora** zu Mittag zu essen. Dann will das Werk des besten Bildhauers Kroatiens im **Meštrović-Atelier** bestaunt werden; das **Kroatische Museum für Naive Kunst** beeindruckt mit Arbeiten eines völlig anderen Genres; anschließend bietet sich noch der Besuch des kuriosen **Museums der gescheiterten Beziehungen** an. Das Stadtbild erschließt sich gut hoch oben vom **Lotrščak-Turm** aus, zur Abendunterhaltung warten die Bars in der **Tkalčićeva**.

Am zweiten Tag macht ein Bummel durch die Museen der Unterstadt Spaß; für das **Museum Mimara** sollte man eine Stunde einplanen, ebenso für das **Museum für Zeitgenössische Kunst.** Das Mittagessen mundet im **Vinodol**, anschließend bietet sich der **Botanische Garten** zu einem Verdauungsspaziergang an. Am frühen Abend gestaltet sich ein Bummel über den **Preradovićev Trg** besonders amüsant, dann geht es ab zum Abendessen und später ins **Nachtleben** von Zagreb.

... vier Tagen

Am dritten Tag sollte der Besuch des reizvollen Mirogoj-Friedhofs auf dem Programm stehen – mit einem Abstecher in den Medvedgrad- oder Maksimir-Park.

Am vierten Tag empfiehlt sich ein Ausflug nach **Samobor**, dort lockt eine beschauliche Kleinstadt mit viel Charme.

Highlights

1. In den Straßencafés der **Tkalčićeva** im Freien einen Kaffee oder Cocktail trinken
2. Im **Museum der gescheiterten Beziehungen** (S. 45) über fehlgeschlagene Romanzen nachdenken
3. Durch die verwinkelten Gassen der alten **Oberstadt** (S. 45) bummeln
4. Im **Museum für Zeitgenössische Kunst** (S. 49) die topaktuelle Kunstszene Kroatiens kennenlernen
5. Im weitläufigen **Maksimir-Park** (S. 50) ein Picknick machen und herumstreifen
6. Zwischen den Bäumen und Grabmonumenten des **Mirogoj** (S. 50) über die Vergänglichkeit des Lebens nachdenken
7. Nach einem Tag beim Wandern in **Samobor** (S. 68) eine köstliche *kremšnite* (Vanillecremeschnitte) genießen
8. Auf den Wanderwegen durch den **Naturpark Medvednica** (S. 68) trekken und unterwegs in einigen Berghütten einkehren

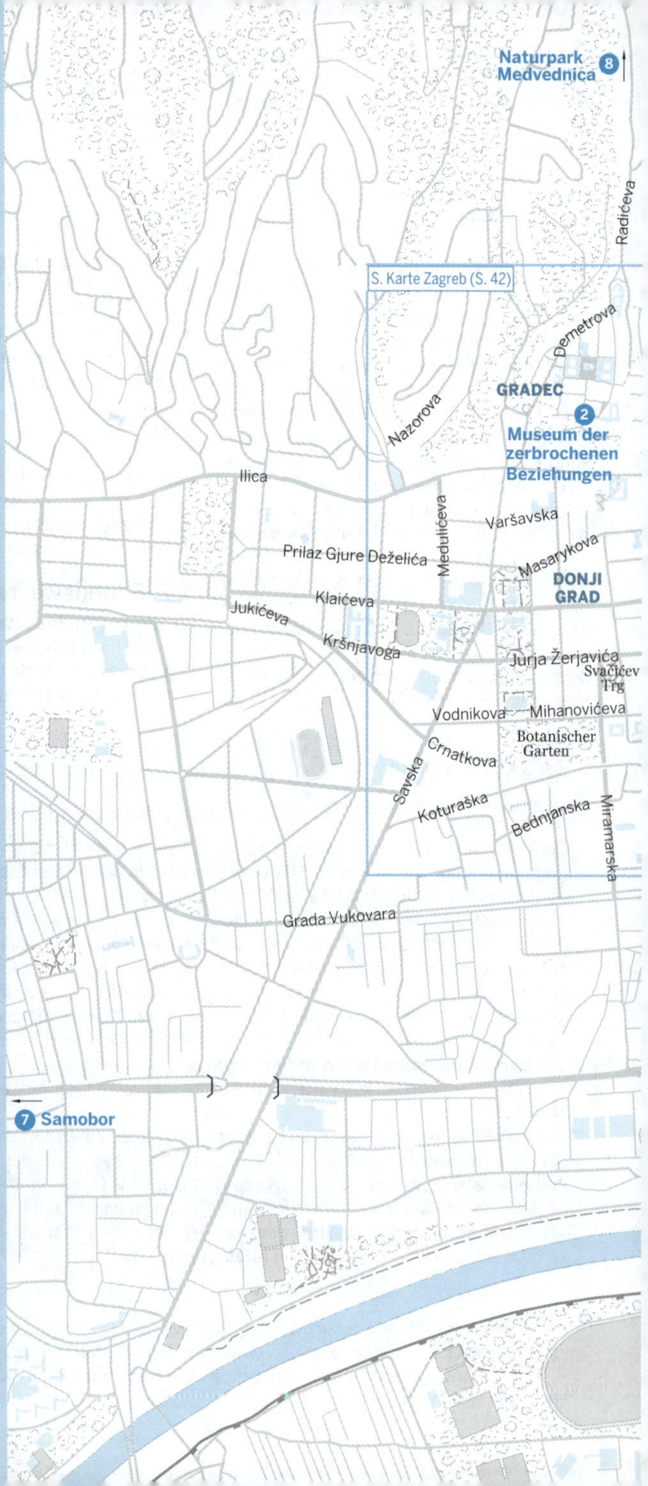

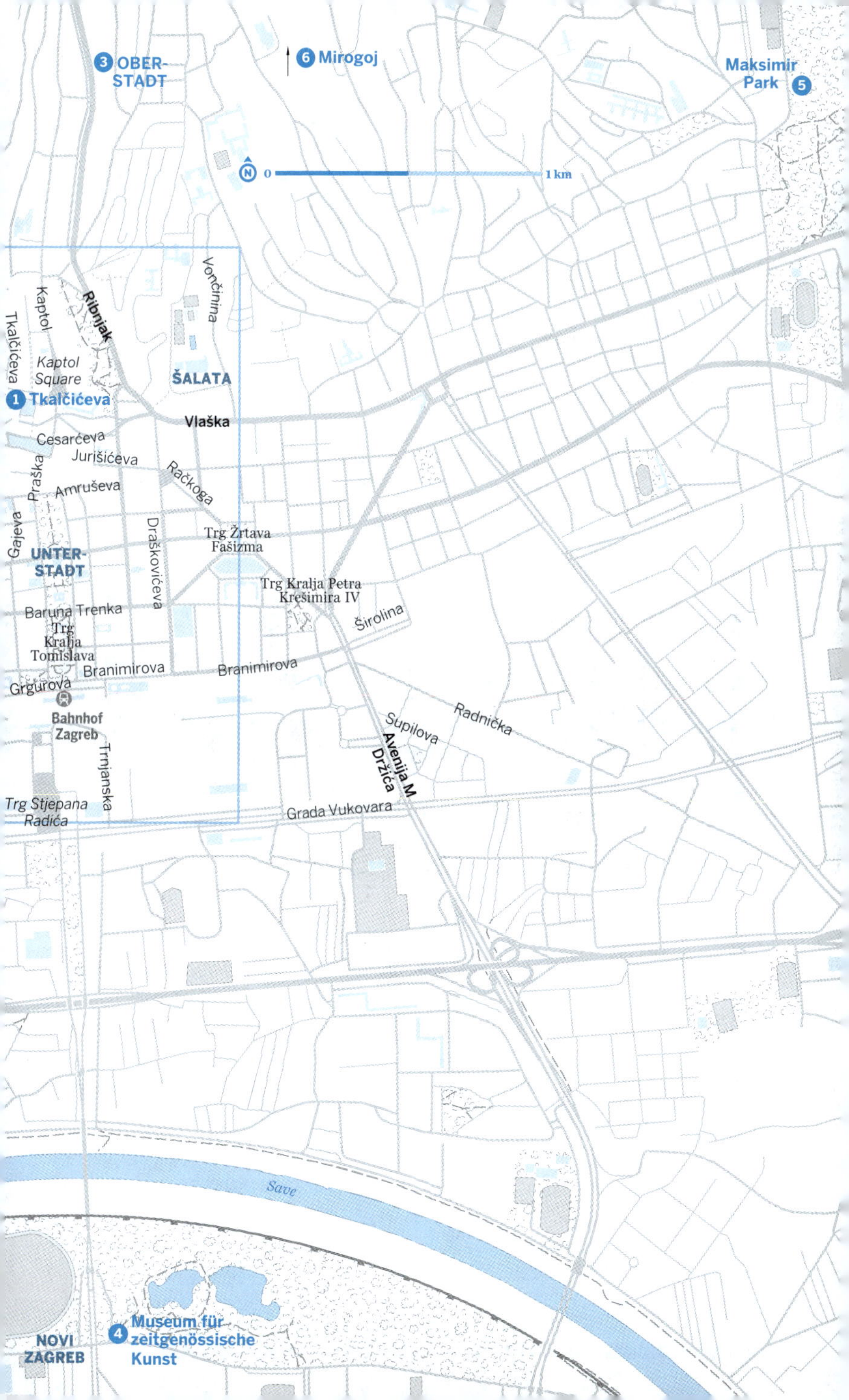

3 OBER-STADT
6 Mirogoj
Maksimir Park 5
0
1 km
Vončinina
Kaptol
Ribnjak
Tkalčićeva
Kaptol Square
ŠALATA
1 Tkalčićeva
Vlaška
Cesarčeva
Jurišićeva
Račkoga
Praška
Amruševa
Gajeva
Draškovićeva
Trg Žrtava Fašizma
UNTER-STADT
Trg Kralja Petra Krešimira IV
Širolina
Baruna Trenka
Trg Kralja Tomislava
Branimirova
Branimirova
Grgurova
Bahnhof Zagreb
Trnjanska
Radnička
Supilova
Avenija M. Držića
Trg Stjepana Radića
Grada Vukovara
Save
NOVI ZAGREB
4 Museum für zeitgenössische Kunst

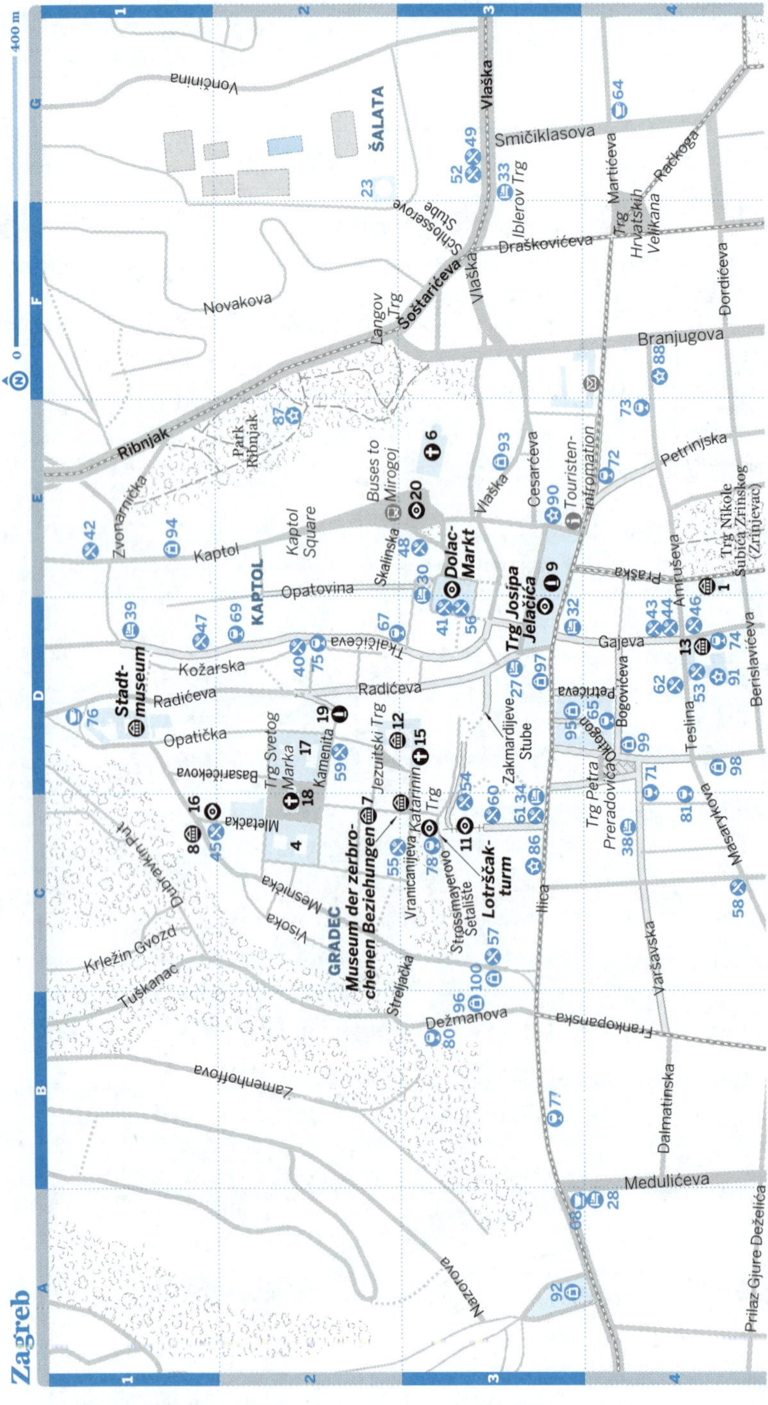
Zagreb
0
400 m
N
Vončinina
ŠALATA
Smičiklasova
Vlaška
Iblerov Trg
Schlosserove Stube
Šoštarićeva
Langov Trg
Novakova
Draškovićeva
Trg Hrvatskih Velikana
Martićeva
Račkoga
Đorđićeva
Branjugova
Ribnjak
Park Ribnjak
Buses to Mirogoj
Kaptol Square
Kaptol
KAPTOL
Zvonarnička
Opatovina
Skalinska
Dolac-Markt
Vlaška
Cesarčeva
Touristen-information
Petrinjska
Trg Josipa Jelačića
Praška
Amruševa
Trg Nikole Šubića Zrinskog (Zrinjevac)
Gajeva
Berislavićeva
Tkalčićeva
Kožarska
Radićeva
Stadt-museum
Opatička
Trg Svetog Marka
Kamenita
Jezuitski Trg
Basaričekova
Mletačka
Katarinin Trg
Zakmardijeve Stube
Petrićeva
Bogovićeva
Oktogon
Trg Petra Preradovića
Teslina
Masarykova
Dubravkin Put
Krležin Gvozd
Tuškanac
Mesnička
Visoka
GRADEC
Museum der zerbrochenen Beziehungen
Vranicanijeva
Strossmayerovo Šetalište
Lotrščak-turm
Ilica
Varšavska
Strelјačka
Dežmanova
Frankopanska
Zamenhoffova
Dalmatinska
Medulićeva
Nazorova
Prilaz Gjure Deželića

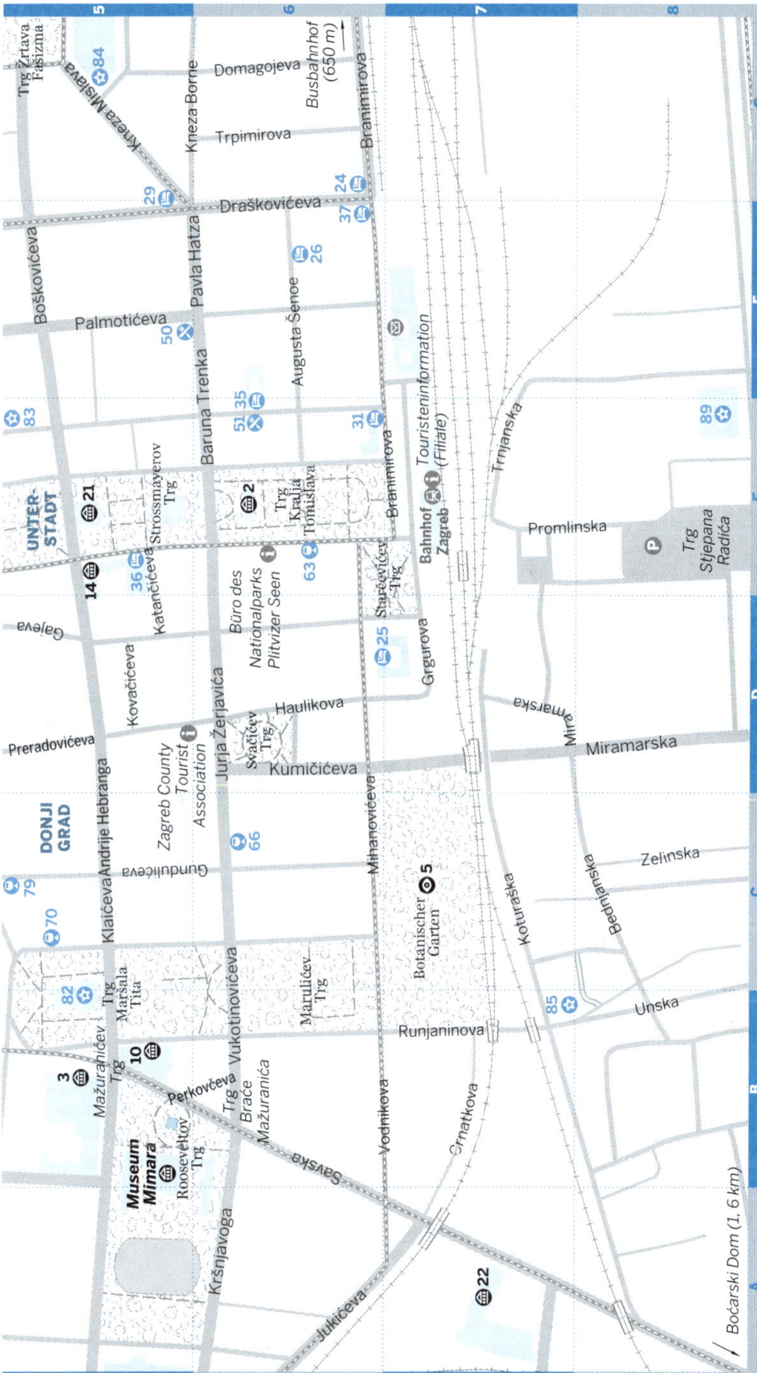

UNTER-STADT
DONJI GRAD
Trg Žrtava Fašizma
Kneza Mislava
Domagojeva
Trpimirova
Kneza Borne
Busbahnhof (650 m)
Branimirova
Draškovićeva
Boškovićeva
Pavla Hatza
Augusta Šenoe
Palmotićeva
Baruna Trenka
Strossmayerov Trg
Trg Kralja Tomislava
Touristeninformation (Filiale)
Bahnhof Zagreb
Trnjanska
Promlinska
Trg Stjepana Radića
Katančićeva
Büro des Nationalparks Plitvizer Seen
Starčevićev Trg
Gajeva
Kovačićeva
Grgurova
Haulikova
Svačićev Trg
Preradovićeva
Zagreb County Tourist Association
Jurja Žerjavića
Kumičićeva
Miramarska
Mira
Andrije Hebranga
Gundulićeva
Mihanovićeva
Zelinska
Botanischer Garten
Koturaška
Bednjanska
Klaićeva
Trg Maršala Tita
Vukotinovićeva
Marulićev Trg
Runjaninova
Unska
Mažuranićev Trg
Perkovčeva
Trg Braće Mažuranića
Museum Mimara
Rooseveltov Trg
Vodnikova
Crnatkova
Savska
Kršnjavoga
Jukićeva
Boćarski Dom (1, 6 km)

Zagreb

Highlights
- Stadmuseum.............. D1
- Dolac-Markt E3
- Lotrščak-Turm C3
- Museum Mimara........B5
- Museum der zerbrochenen Beziehungen.....C3
- Trg Josipa Jelačića D3

Sehenswertes
1 Archäologisches Museum.................. E4
2 Kunstpavilion............. E6
3 Museum für Kunst & Handwerk..B5
4 Banski Dvori C2
5 Botanischer Garten ... C7
6 Kathedrala Marijina Uznesenja (Kathedrale Mariä Himmelfahrt)........... E3
7 Kroatisches Museum für Naive Kunst C2
8 Kroatisches Geschichtsmuseum......C1
9 Reiterstatue................ E3
10 Ethnographisches Museum..................B5
11 Seilbahn......................C3
12 Galerija Klovićevi Dvori D2
13 Galerija Nova.............D4
14 Gallerie Moderner Kunst........................E5
15 Sveta Katarina (Katharinenkirche)..D3
16 Meštrović-Atelier C1
17 Sabor D2
18 St Mark's Church C2
19 Statue von Dora D2
20 Steintor...................... E3
21 Strossmayer-Gallerie Alter Meister E5
22 Technikmuseum........ A7

Aktivitäten, Kurse & Touren
23 Sports & Recreational Centre Šalata G2

Schlafen
24 Arcotel Allegra G6
25 Esplanade Zagreb Hotel D6
26 Evistas F6
27 Fulir Hostel D3
28 Hobo Bear Hostel A4
29 Hostel Day and Night G5
30 Hostel Nokturno E3
31 Hotel Central E6
32 Hotel Dubrovnik D3
33 Hotel Jadran..............G3
34 Hotel Jägerhorn C3
35 Omladinski Hostel E6
36 Palace Hotel E5
37 Palmers Lodge Hostel Zagreb F6
38 Shappy Hostel............C4
39 Taban Hostel.............. D1

Essen
40 Agava D2
41 Amfora........................D3
42 Baltazar E1
43 Boban D4
44 Čušpajz.......................D4
45 Didov San C1
46 Dinara D4
47 Ivica i Marica D1
48 Kaptolska Klet........... E3
49 Karijola........................G3
50 Konoba Čiho.............. F5
51 Lari & Penati............... E6
52 Mali Bar G3
Nokturno .... (siehe 30)
53 Pingvin D4
54 Pod Gričkim Topom ..C3
55 Prasac.........................C2
56 Rubelj..........................D3
57 Stari Fijaker 900 ....C3
58 Tip Top........................C4
59 Trilogija.......................D2
60 Vallis Aurea C3
61 Vincek C3
62 Vinodol........................D4
Zinfandel's..... (siehe 25)

Ausgehen
63 Bacchus..................... E6
64 Booksa........................G4
65 Bulldog D4
66 Cafe u Dvorištu C6
67 Cica D2
68 Eli's Cafe A3
69 Funk D2
70 Hemingway C5
71 Kino Europa................D4
72 Klub Kino Grič E4
73 Kolaž E4
74 Lemon.........................D4
75 Melin D2
76 Palainovka D1
77 Pivnica Medvedgrad ..B3
78 Stross C3
79 Tri Praščića C5
80 Velvet B3
81 Vimpi..........................C4

Unterhaltung
82 Kroatisches National-Theater B5
83 Hotpot......................... E5
84 Koncertna Direkcija Zagreb G5
85 KSET B7
86 Pepermint...................C3
87 Purgeraj E2
88 Rush Club F4
89 Konzerthalle Vatroslav Lisinski...................... E8
90 Vip Club E3
91 Zagrebačko Kazalište Mladih D4

Shoppen
92 Antiquitätenmarkt A3
93 Aromatica................... E3
94 Bornstein E1
95 Croata D3
96 I-GLE B3
97 Nama D3
98 Natura Croatica D4
99 Profil Megastore D4
100 Prostor.......................C3

Die Unterstadt (Donji Grad) zwischen der Oberstadt und dem Bahnhof beherbergt die interessantesten Kunstmuseen sowie schöne Architektur aus dem 19. und 20. Jh.

OBERSTADT

Museum der gescheiterten Beziehungen MUSEUM

(http://brokenships.com; Ćirilometodska 2; Erw./erm. 25/20 Kn; ⌚Juni–Mitte Okt. 9–22.30 Uhr, Mitte Okt.–Mai 9–21 Uhr) Im kuriosesten Museum von Zagreb können die Besucher die Relikte in Augenschein nehmen, die übrig bleiben, wenn eine Beziehung zu Ende ist. Die innovative Ausstellung ging um die ganze Welt, bevor sie in Zagreb in diesem Museum schließlich eine Heimat fand. Ausgestellt sind Spenden aus aller Welt in einer Reihe von komplett weißen Räumen mit Gewölbedecken und Epoxidharzböden. Die Exponate lösen vielerlei Emotionen aus – von einer Dose mit Liebesräucherstäbchen aus Indiana, die „nichts bringen", bis hin zu einem Bügeleisen aus Norwegen, mit dem einst ein Hochzeitsanzug geplättet wurde. Der reizende Laden gleich nebenan lohnt unbedingt einen Besuch – der „Radiergummi für negative Erinnerungen" ist ein Verkaufsschlager. Und auch das gemütliche Café mit Tischen auf dem Gehsteig ist überaus empfehlenswert.

Dolac-Markt MARKT

(⌚Mo–Fr 7–15, Sa bis 14, So bis 13 Uhr) Der bunte Obst- und Gemüsemarkt von Zagreb befindet sich gleich nördlich vom Trg Josipa Jelačića. Händler aus ganz Kroatien verkaufen im Gedränge ihre Waren. Der Markt existiert schon seit den 1930er-Jahren, als die Stadtverwaltung ihn auf der Grenze zwischen der Ober- und der Unterstadt ins Leben rief. Das Hauptareal erstreckt sich über einen etwas erhöht gelegenen Platz. Auf Straßenniveau stehen die Stände, an denen Fleisch und Milchprodukte feilgeboten werden; ein Stück näher am Platz sind Blumen erhältlich. In den Ständen am Nordrand des Marktes türmen sich Gläser mit Honig, handgemachte Dekorationsartikel und billige Esswaren.

Kathedrale Mariä Himmelfahrt KATHEDRALE

(Katedrala Marijina Uznešenja; Kaptol; ⌚Mo–Sa 10–17, So 13–17 Uhr) Der Kaptol-Platz wird von dieser Kathedrale beherrscht, die früher unter dem Namen St. Stefanskirche bekannt war. Die Doppeltürme – an denen es anscheinend ständig etwas zu reparieren gibt – ragen über der Stadt auf. Das originale gotische Bauwerk wurde im Lauf der Jahre zigmal umgestaltet; in der Sakristei hat sich dennoch ein **Freskenzyklus** aus dem 13. Jh. erhalten. Die Kathedrale wurde durch ein Erdbeben im Jahr 1880 schwer beschädigt; der Wiederaufbau im neugotischen Stil begann erst Anfang des 20. Jhs. Im Kirchenraum beeindrucken die barocken Marmoraltäre, diverse Statuen und die Kanzel sowie das **Grabmal von Kardinal Alojzije Stepinac**, ein Werk des berühmten Bildhauers Ivan Meštrović.

Steintor STADTTOR

Die mittelalterliche Oberstadt konzentriert sich um den Kaptol-Platz. Hier stammen die meisten Gebäude aus dem 17. Jh. Unbedingt sehenswert ist das **Steinerne Tor**, einst das Osttor zum mittelalterlichen Gradec und heute eine Gebetsstätte. Es heißt, dass nach dem Großbrand von 1731 von dem hölzernen Tor lediglich ein Bildnis von Maria und dem Jesuskind übrigblieb, das Werk eines unbekannten Künstlers. Dem Bild werden magische Kräfte zugeschrieben, und viele Gläubige kommen zum Gebet hierher, zünden Kerzen an oder legen Blumen nieder. Quadratische Steintafeln tragen Dankesworte und Huldigungen an die Heilige Jungfrau.

An der westlichen Fassade des Steinernen Tores erhebt sich eine **Statue von Dora**. Hierbei handelt es sich um die Heldin eines historischen Romans aus dem 18. Jh., die einstmals mit ihrem Vater neben dem Steinernen Tor lebte.

Lotrščak-Turm TURM

(Kula Lotrščak; Strossmayerovo Šetalište 9; Erw./erm. 10/5 Kn; ⌚9–21 Uhr) Der Turm wurde Mitte des 13. Jhs. als Wehrturm für das südliche Stadttor erbaut. Seit über 100 Jahren wird hier täglich um 12 Uhr ein Kanonenschuss abgefeuert, um an ein historisches Ereignis der Stadtgeschichte zu erinnern. Der Legende nach wurde einst um 12 Uhr eine Kanone auf die Türken abgefeuert, die am gegenüberliegenden Sava-Ufer lagerten. Unterwegs traf die Kugel einen Hahn und zerfetzte ihn in kleine Stücke. Dieser Anblick soll die Türken so demoralisiert haben, dass ihnen der Angriff auf die Stadt misslang. Eine andere Erklärung ist, dass die Kirchturmuhren der Stadt nach der Kanone gestellt werden.

Vom Turm genießt man einen Rundumblick über die Dächer der Stadt. In der Nähe verbindet eine **Standseilbahn** (5 Kn) seit 1888 die Unter- mit der Oberstadt.

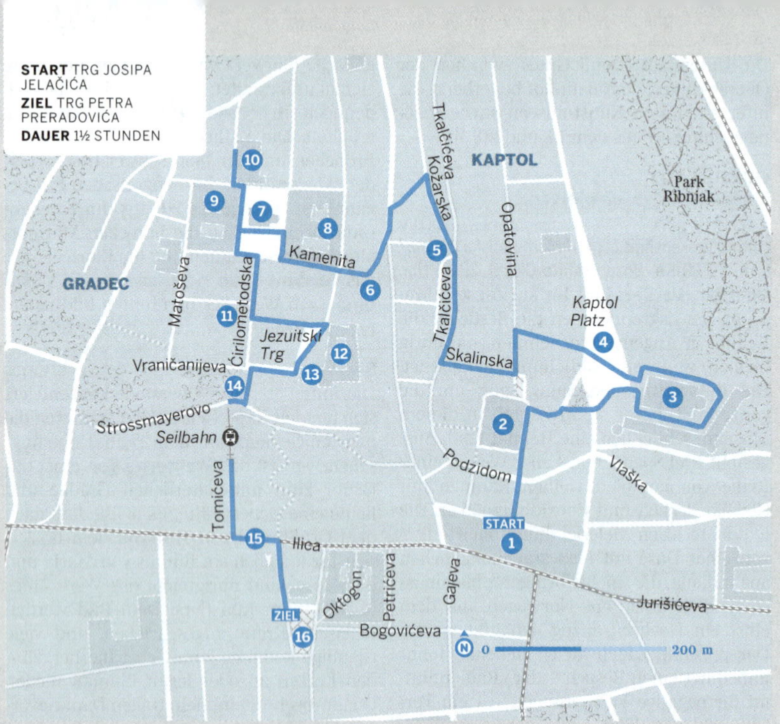

Stadtspaziergang

Architektur, Kunst & das Leben auf den Straßen

In allen Touristeninformationen ist die kostenlose Broschüre *Step by Step* mit zwei Vorschlägen zu Stadtspaziergängen erhältlich; beide führen durchs Zentrum und beinhalten die Besichtigung der Ober- und Unterstadt.

Der naheliegendste Ausgangspunkt für jeden Stadtbummel durch Zagreb ist der lebhafte 1 **Trg Josipa Jelačića**. Nach ein paar Schritten ist der 2 **Dolac-Markt** erreicht, wo man sich Obst oder einen kleinen Imbiss kaufen kann, bevor die Besichtigung der 3 **neugotischen Kathedrale** ansteht. Vom 4 **Kaptol-Platz**, den schöne Gebäude aus dem 17. Jh. säumen, geht es dann die Skalinska hinunter bis zur Tkalčićeva. Diese Straße spaziert man hinauf. Über ein paar Treppen neben der 5 **Melin Bar** mit Terrasse ist das 6 beeindruckende **Steintor** erreicht, heute eine Gebetsstätte. Die Kamenita führt dann zum Markov Trg mit der 7 **St. Markuskirche**, einem der Wahrzeichen Zagrebs, dem 8 **Sabor** (Parlamentgebäude) und dem 9 **Banski Dvori** (Präsidentenpalast). Durch die verwinkelten Gassen geht es weiter in die Oberstadt, wo im 10 **Meštrović-Atelier** diverse Aspekte der kroatischen Kunst zu bestaunen sind. Anschließend führt der Weg zurück über den Markov Trg und die Ćirilometodska hinunter mit einem Abstecher in eines der interessantesten Museen des Landes: das 11 **Kroatischen Museum für Naive Kunst**. Nach dem Überqueren des Jezuitski Trg steht der Besuch der 12 **Galerija Klovićevi Dvori** auf dem Programm mit Ausstellungen zeitgenössischer Kunst aus dem In- und Ausland. Nach so viel Kunstgenuss macht es Spaß, die herrliche 13 **Jesuitenkirche der hl. Katharina** zu besichtigen, bevor der 14 **Lotrščak-Turm** erreicht ist. Von oben wirkt die Stadtlandschaft besonders eindrucksvoll. Wer mag, fährt mit der Seilbahn nach unten oder aber nimmt die Treppen. In beiden Fällen kommt man an der Ilica heraus, der Haupteinkaufsstraße Zagrebs, die man nun überquert.

Von dort geht es weiter zum 16 **Trg Petra Preradovića**, wo man in einem der vielen Straßencafés eine kleine Pause einlegen kann.

St.-Markus-Kirche KIRCHE

(Crkva Svetog Marka; Trg Svetog Marka 5; ⏲7.30–18.30 Uhr) Die im 13. Jh. erbaute Kirche ist eines der symbolträchtigsten Bauwerke der Stadt. Ihr Schieferdach, geschaffen 1888, trägt auf der linken Hälfte das Wappen Kroatiens, Dalmatiens und Slawoniens, rechts das Stadtwappen von Zagreb. Das gotische Portal aus dem 14. Jh. wird von 15 Statuen in flachen Wandnischen geschmückt. Im Inneren stehen Skulpturen von Meštrović. Während der Öffnungszeiten kann man lediglich den Vorraum betreten. Die Kirche selbst wird immer nur zur Messe geöffnet.

Von Ende April bis Oktober findet samstags und sonntags um 12 Uhr vor der Kirche immer die Wachablösung statt, eine sehenswerte Zeremonie.

Kroatisches Museum für Naive Kunst MUSEUM

(Hrvatski Muzej Naivne Umjetnosti; www.hmnu.org; Ćirilometodska 3; Erw./erm. 20/10 Kn; ⏲Di–Fr 10–18, Sa & So 10–13 Uhr) Wer Kroatiens naive Kunst mag, kommt in diesem kleinen Museum voll auf seine Kosten. Diese Kunstform war hierzulande und weltweit vor allem in den 1960er- und 1970er-Jahren sehr in Mode. Gezeigt werden über 1000 Gemälde, Zeichnungen und Skulpturen bedeutender Künstler wie Generalić, Mraz, Virius und Smaljić.

Meštrović-Atelier KUNSTSAMMLUNG

(Mletačka 8; Erw./erm. 30/15 Kn; ⏲Di–Fr 10–18, Sa & So 10–13 Uhr) Kroatiens bekanntester Künstler ist Ivan Meštrović. Der Künstler lebte und arbeitete von 1922 bis 1942 in diesem Gebäude aus dem 17. Jh. Die ausgezeichnete Sammlung umfasst etwa 100 seiner Skulpturen, Zeichnungen, Lithografien und einige Möbelstücke. Meštrović arbeitete auch als Architekt und entwarf Teile des Hauses persönlich.

Stadtmuseum MUSEUM

(Muzej Grada Zagreba; www.mgz.hr; Opatička 20; Erw./erm. 30/20 Kn; ⏲Di–Fr 10–18, Sa 11–19, So 10–14 Uhr) Das Stadtmuseum ist im ehemaligen Klarissen-Konvent aus dem 17. Jh. untergebracht. Dieses beherbergte seit 1907 ein historisches Museum mit Dokumenten, Gemälden und Uniformen aus Zagrebs Geschichte. Dank der interaktiven Elemente gefällt es auch Kindern. Am interessantesten ist ein maßstabsgetreues Modell des alten Gradec. In jedem Raum gibt es auch eine kurze englische Zusammenfassung der ausgestellten Exponate.

Galerija Klovićevi Dvori KUNSTGALERIE

(www.galerijaklovic.hr; Jezuitski trg 4; Erw./erm. 30/20 Kn; ⏲Di–So 11–19 Uhr) Die Galerie – eine der renommiertesten der Stadt – befindet sich im ehemaligen Jesuitenkloster. Zu bewundern sind moderne Kunstwerke aus dem In- und Ausland. An Ausstellungen wurden bereits Picasso und Chagall präsentiert, aber auch Werke der bekanntesten Künstler Kroatiens. Im Museumsladen verlocken künstlerisch angehauchte Andenken, und ein nettes Café gehört auch noch mit dazu.

Ein Hinweis: Die Galerie hat in den Sommermonaten geschlossen, und zwar in der Regel im August und teilweise auch im September.

Jesuitenkirche der hl. Katharina KIRCHE

(Crkva Svete Katarine; Katarinin Trg; ⏲nur zur Messe, Mo–Fr 18, So 11 Uhr) Die barocke Kirche wurde zwischen 1620 und 1632 erbaut. Feuer und Erdbeben haben dem Gebäude stark zugesetzt, doch die Fassade erstrahlt noch in alter Pracht. Der schöne Altar stammt aus dem Jahr 1762, die Stuckarbeiten von 1720. Die Medaillons aus dem 18. Jh. an der Decke des Hauptschiffs zeigen Szenen aus dem Leben der heiligen Katharina.

Kroatisches Naturhistorisches Museum MUSEUM

(Hrvatski Prirodoslovni Muzej; Demetrova 1; Erw./erm. 20/15 Kn; ⏲ Di–Fr 10–17, Sa & So 10–13 Uhr) Das Naturkundemuseum zeigt eine Sammlung prähistorischer Werkzeuge und Fossilien aus der Krapina-Höhle und Exponate, die die Evolutionsgeschichte der Flora und Fauna Kroatiens erklären. Wechselausstellungen widmen sich einzelnen Regionen. Im Sommer schließt das Museum donnerstags erst um 20 Uhr und samstags um 19 Uhr.

Sabor HISTORISCHES GEBÄUDE

(Trg Svetog Marka 6) Die östliche Seite des Markov Trg nimmt der kroatische **sabor** (Parlament) ein. Er wurde 1910 an der Stelle barocker Stadthäuser aus dem 17. und 18. Jh. errichtet. Zwar harmoniert das neoklassizistische Gebäude nicht mit dem Platz, doch das mindert nicht seine historische und gegenwärtige Bedeutung. Im Revolutionsjahr 1918 wurde von seinem Balkon die Loslösung Kroatiens aus dem österreichisch-ungarischen Königreich ausgerufen.

Banski Dvori HISTORISCHES GEBÄUDE

(Palais des Banus; Trg Svetog Marka 2) Das Palais des Banus war einst Sitz des Vizekönigs und der Präsidentenpalast. Der Komplex besteht aus zwei barocken Stadthäusern und beherbergt heute Gerichte, Archive und Behörden. Im Oktober 1991 wurde das Gebäude von der jugoslawischen Volksarmee bombardiert, angeblich ein Attentat auf den Präsidenten Franjo Tuđman.

Unterstadt

Trg Josipa Jelačića PLATZ

Zagrebs Herz ist der Trg Josipa Jelačića. Der Platz ist ein beliebter Treffpunkt der Bevölkerung. Wer gerne Leute beobachtet, kann von einem der Cafés genüsslich zuschauen, wie die Menschen aus den Trams steigen, einander begrüßen und zwischen den Zeitungs- und Blumenständen miteinander plaudern.

Benannt ist der Platz nach dem Ban Jelačić. Im 19. Jh. führte dieser *ban* (Vizekönig oder Präsident) die kroatischen Truppen in einen erfolglosen Kampf gegen Ungarn. Das **Reiterstandbild** von Jelačić stand von 1866 bis 1947 auf dem Platz, dann ließ Tito es entfernen, weil er es als ein zu starkes Symbol des kroatischen Nationalismus empfand. Unter Franjo Tuđmans Regierung wurde das Monument 1990 wieder an seinem alten Standort aufgestellt.

Museum Mimara MUSEUM

(Muzej Mimara; www.mimara.hr; Rooseveltov trg 5; Erw./erm. 40/30KN; ⌚Juli–Sept. Di–Fr 10–19, Sa bis 17, So bis 14 Uhr, Juli–Sept. Di–Mi & Fr–Sa 10–17, So bis 14 Uhr) Die abwechslungsreiche Privatsammlung gilt als die beste Zagrebs. Ante Topić Mimara stiftete seiner Heimatstadt über 3750 unbezahlbare Objekte, obwohl er den Großteil seines Lebens in Salzburg verbrachte.

Das Museum befindet sich in einem ehemaligen Schulgebäude aus der Neorenaissance (1883). Die Sammlung umfasst zig Perioden und Regionen: eine Archäologieabteilung mit 200 Exponaten, antike Kunstwerke aus dem Fernen Osten sowie Glas, Textilien und eine Sammlung von Möbeln aus mehreren Jahrhunderten und auch 1000 Kunstobjekte aus Europa.

In der Gemäldesammlung beeindrucken Werke von Raphael, Caravaggio, Rembrandt, Bosch, Velázquez, Goya, Manet, Renoir und Degas.

Strossmayer Galerie der Alten Meister MUSEUM

(Strossmayerova Galerija Starih Majstora; Trg Nikole Šubića Zrinskog 11; Erw./erm. 30/10 Kn; ⌚Di 10–19, Mi–Fr 10–16, Sa & So 10–13 Uhr) Das Museum ist in der Kroatischen Akademie der Kunst und Wissenschaften untergebracht. Das schöne Gebäude aus dem 19. Jh. im Stil der italienischen Renaissance beherbergt eine beeindruckende Kunstsammlung, die Bischof Strossmayer 1884 der Stadt gestiftet hatte. Zur Sammlung gehören italienische Meister aus der Zeit vom 14. bis 19. Jh. (darunter Tintoretto, Veronese und Tiepolo), holländische und flämische Maler (Breughel der Jüngere), französische und spanische Künstler (Proudhon und El Greco) sowie die klassischen kroatischen Künstler Medulić und Benković.

Zu den bedeutendsten Exponaten zählt die im Innenhof ausgestellte **Tafel von Baška** (Bašćanska Ploča). Diese Steintafel von der Insel Krk stammt aus dem Jahr 1102 und trägt eine der ältesten Inschriften in glagolitischer Schrift. Die **Statue von Bischof Strossmayer** schuf Ivan Meštrović.

Archäologisches Museum MUSEUM

(Arheološki Muzej; www.amz.hr; Trg Nikole Šubića Zrinskog 19; Erw./erm. 20/10 Kn; ⌚Di, Mi & Fr 10–18, Do 10–20, Sa 10–18 & So 10–13 Uhr) Das Archäologische Museum zeigt Fundstücke aus prähistorischer Zeit. Zu den interessantesten zählt die **Taube von Vučedol** (Vučedolska golubica), eine 4000 Jahre alte Keramik, die bei Vucovar gefunden wurde. Der „Vogel" gilt seither als Symbol der Stadt Vukovar und des Friedens. Faszinierend sind auch die **ägyptischen Mumien**, die in einem Ambiente aus Lichtspielen und meditativen Klängen präsentiert werden. Die **Münzsammlung** gehört wohl zu den bedeutendsten Europas und besteht aus rund 260 000 Münzen, Medaillen und Medaillons.

Der Innenhof mit seiner Sammlung von **römischen Denkmälern** aus dem 5. und 4. Jh. v. Chr. verwandelt sich im Sommer in ein großes Freiluftcafé.

Ethnografisches Museum MUSEUM

(Etnografski Muzej; www.emz.hr; Mažuranićev trg 14; Erw./erm. 15/10 Kn, Do Eintritt frei; ⌚Di–Do 10–18, Fr–So 10–13 Uhr) In einem 1903 erbauten Kuppelbau wird das ethnografische Erbe Kroatiens dokumentiert. Zum Bestand zählen rund 70 000 Objekte. Rund 2750 davon sind in der Dauerausstellung zu sehen, darunter Keramiken, Schmuck, Musikinstrumente, Werkzeuge und Waffen sowie kroatische Trachten, goldbestickte Kopftücher aus Slawonien und Spitzenarbeiten von der

ZAGREBS GALERIEN FÜR ZEITGENÖSSISCHE KUNST

Zagrebs kreative Energie ist überall spürbar. Beflügelt wird sie von unzähligen jungen, ambitionierten Künstlern und Kuratoren jenseits jeglichen Schubladendenkens. Nachfolgend werden nun einige Galerien vorgestellt, in denen Kunst aus Kroatien zu bewundern ist, die sich überwiegend mit den gesellschaftlichen Veränderungen auseinandersetzt.

Lauba (www.lauba.hr; Baruna Filipovića 23a; Erw./erm. 25/10KN; ⏲Mo–Fr & So 15–23, Sa 11–23 Uhr) Die private Kunstsammlung in einer ehemaligen Stofffabrik in einem Industriegebiet westlich von Zagreb vermittelt Einblicke in die zeitgenössische kroatische Kunst von den 1950er-Jahren bis heute; die ausgestellten Werke wechseln häufig. Außerdem verlocken hier auch noch ein cooles Bistro (Essen von 12–16 Uhr, außer So) und ein spannendes Veranstaltungsprogramm.

Galerija Greta (www.greta.hr; Ilica 92; ⏲Mo–Sa 14–21 Uhr) Als Newcomer in der Kunstszene veranstaltet diese Verkaufsgalerie in einem alten Textilgeschäft am Montagabend immer Vernissagen ganz unterschiedlicher Kunstformen: Malerei, Video, Klanginstallationen, Skulpturen, Projektionen und Performances.

Galerija Nova (www.whw.hr/galerija-nova; Teslina 7; Eintritt frei; ⏲Di–Fr 12–20, Sa 11–14 Uhr) Der unabhängige Kunstraum untersteht WHW (What, How and for Whom). Das Kollektiv aus vier jungen Kuratorinnen ist für seine politisch und gesellschaftlich sensiblen Themen bekannt. Die kleine Galerie überzeugt mit ihrem abwechslungsreichen Programm mit Ausstellungen, Performances, Happenings und Diskussionen.

Galerija Studentski Centar (www.galerija.sczg.hr; Savska 25; Eintritt frei; ⏲Mo–Fr 12–20, Sa 10–13 Uhr) Gleich südwestlich vom Stadtzentrum sind Werke hoffnungsvoller, junger Künstler Kroatiens zu bewundern. Das Hauptgewicht liegt dabei auf konzeptioneller Kunst; präsentiert werden Installationen und Werke, die eigens für diese Location geschaffen wurden, außerdem gibt es Performances und interaktive Projekte, aber auch Theaterstücke, Konzerte und Festivals.

Galerija Galženica (www.galerijagalzenica.info; Trg Stjepana Radića 5, Velika Gorica; Eintritt frei; ⏲Mo–Fr 10–19 Uhr) Diese topaktuelle Galerie im nahen Velika Gorica ist die Anfahrt wirklich wert. Der Hauptakzent liegt auf Kunst, die aufgrund der gesellschaftlichen, politischen und kulturellen Veränderungen in den letzten 15 Jahren in Kroatien entstanden ist. Vorher anfragen, ob gerade eine Ausstellung läuft.

Galerija Miroslav Kraljević (www.g-mk.hr; Šubićeva 29; Eintritt frei; ⏲Mitte Sept.–Mitte Juli Di–Fr 12–19, Sa 11–13 Uhr) Diese 1986 gegründete Galerie für zeitgenössische Kunst widmet sich der visuellen Kunst im Rahmen eines dynamischen Programms mit Ausstellungen, Vorträgen, Präsentationen sowie Workshops mit Wohnmöglichkeiten für Künstler. Im Sommer ist geschlossen.

Insel Pag. Dank Schenkungen der kroatischen Forscher Mirko und Stevo Seljan gibt es auch interessante Artefakte aus Südamerika, Äthiopien, China, Japan, Neuguinea und Australien zu sehen. Im 2. Stock werden häufig Wechselausstellungen gezeigt.

Kunstgewerbemuseum MUSEUM

(Muzej za Umjetnost i Obrt; www.muo.hr; Trg Maršala Tita 10; Erw./erm. 30/20 Kn; ⏲Di–Fr 11–19, Sa & So 11–14 Uhr) Das zwischen 1882 und 1892 erbaute Museum besticht durch eine Sammlung von Möbeln, Textilien, Metall- und Keramikgegenständen sowie Glaskunst vom Mittelalter bis zur Neuzeit. Hier lassen sich gotische und barocke Skulpturen aus Nordkroatien, Gemälde und Drucke, Glocken, Öfen, Uhren, gebundene Bücher, Spielzeuge, Fotografien und Industriedesign bewundern. Im Museum werden außerdem häufig Wanderausstellungen präsentiert.

Kunstpavillon KUNSTGALERIE

(Umjetnički Paviljon; www.umjetnicki-paviljon.hr; Trg Kralja Tomislava 22; Erw./erm. 30/15 Kn; ⏲Di–Sa 11–19, So 10–13 Uhr) Der gelbe Kunstpavillon präsentiert zeitgenössische Kunst im Rahmen von Wechselausstellungen. Der beeindruckende, 1897 erbaute Jugendstilpavillon ist der einzige Ausstellungsraum in

Zagreb, der eigens für große Ausstellungen konzipiert wurde. Die Galerie schließt ihre Pforten Mitte Juli bis Ende August.

Galerie der Modernen Kunst KUNSTGALERIE
(Moderna Galerija; www.moderna-galerija.hr; Andrije Hebranga 1; Erw./erm. 40/20 Kn; ⌚Di–Fr 11–18, Sa & So bis 13 Uhr) Zu bewundern sind in dieser herrlichen Ausstellung die Werke kroatischer Künstler der letzten 200 Jahre, nämlich Meister des 19. und 20. Jhs. wie Bukovac, Mihanović und Račić. Die Galerie vermittelt einen spannenden Überblick über die pulsierende Kunstszene.

Botanischer Garten BOTANISCHER GARTEN
(Botanički Vrt; Mihanovićeva bb; ⌚April–Okt Mo & Di 9–14.30, Mi–So 9–19 Uhr) Wer nach den vielen Museen, Galerien und Sightseeingtouren einmal eine Abwechslung braucht, sollte in dieser herrlichen grünen Oase eine Pause einlegen. Der 1890 angelegte Garten beherbergt 10 000 verschiedene Pflanzenarten und kann mit vielen beschaulichen Ecken und Wegen aufwarten.

NOVI ZAGREB

Museum für Zeitgenössische Kunst MUSEUM
(Muzej Suvremene Umjetnosti; www.msu.hr; Avenija Dubrovnik 17; Erw./erm. 30/15 Kn, 1. Mi im Monat frei; ⌚Di–Fr & So 11–18, Sa bis 20 Uhr) Das hippe Museum in einem sagenhaften neuen Gebäude des hiesigen Stararchitekten Igor Franić ist bereits zum Wahrzeichen der Stadt avanciert. Präsentiert werden thematische Einzel- und Gruppenausstellungen von Künstlern aus dem In- und Ausland auf beeindruckenden 17 000 m². Die Dauerausstellung mit dem Namen *Sammlung in Bewegung* zeigt 620 topaktuelle Werke von 240 Künstlern – die Hälfte stammt aus Kroatien. Unbedingt einen Blick wert sind das interaktive Objekt *Doppelrutsche* des belgischen Künstlers Carsten Holler sowie die bewegende Installation *Ženska Kuća* der bedeutendsten kroatischen Künstlerin Sanja Iveković; es setzt sich mit dem Thema Gewalt gegen Frauen auseinander. Die Medienfassade am geschäftigen Boulevard ist die größte Mitteleuropas. Ganzjährig finden hier Filmvorführungen, Theater, Konzerte und andere Events statt.

NÖRDLICH VOM ZENTRUM

Mirogoj FRIEDHOF
(⌚April–Sept. 7–18 Uhr, Okt.–März 7.30–18 Uhr) Nach einer zehnminütigen Fahrt mit dem Bus 106 von der Kathedrale Richtung Norden (oder 30 Gehminuten über schattige Straßen) gelangt man am Fuß der Medvednica zu einer der schönsten Friedhofsanlagen Europas. Der Mirogoj wurde 1876 von dem österreichischen Architekten Herman Bollé entworfen, der auch zahlreiche Gebäude in Zagreb konstruierte. Ein majestätischer, von Kuppeln gekrönter Bogengang umrahmt den Friedhof und schottet ihn nach außen ab. Drinnen herrscht eine friedliche Atmosphäre. Die grüne Anlage wird von Wegen durchzogen, an denen schöne Skulpturen und kunstvolle Grabmäler stehen. Zu den Highlights zählen das beeindruckende Grab des Dichters Petar Preradović sowie eine Büste von Vladimir Becić, die von Ivan Meštrović stammt. Neu hinzugekommen ist ein **Gedenkkreuz** zu Ehren der Gefallenen im kroatischen Unabhängigkeitskrieg.

Medvedgrad FESTUNG
(Eintritt 15 Kn; ⌚Di–So 11–19 Uhr) Die Burg Medvedgrad gleich oberhalb der Stadt am Südwesthang der Medvednica ist Zagrebs bedeutendste mittelalterliche Ruine. Erbaut wurde sie von 1249 bis 1254, um die Stadt vor Tartarenangriffen zu schützen. Die Burg hatte zahlreiche aristokratische Besitzer, bis sie, durch Erdbeben stark geschädigt, schließlich aufgegeben wurde und verfiel. 1979 begannen erste Restaurierungsarbeiten, die ab 1994 intensiviert wurden, als sich das Land wieder auf seine eigene Geschichte besann. Heute kann man die dicken Mauern und Türme sowie eine kleine frühgotische **Kapelle** mit Fresken besichtigen. Vor der Burg befindet sich der **Altar des Heimatlandes**, eine Gedenkstätte für die Opfer des Unabhängigkeitskrieges. Bei gutem Wetter hat man von der Burg einen tollen Blick über Zagreb.

ÖSTLICH VOM ZENTRUM

Maksimir-Park PARK
(www.park-maksimir.hr; Maksimirska bb; ⌚Park 9–Sonnenuntergang, Infozentrum Mitte April–Mitte Okt. Di–Fr 10–16, Sa & So bis 18 Uhr Mitte Okt.–Mitte April Di–Fr 10–16, Sa & So 8–16 Uhr) Der Park, eine beschauliche, 18 ha große Oase mit viel Wald, lässt sich problemlos mit den Trambahnen 11 und 12 vom Jelačić-Platz aus erreichen. Der im Jahr 1794 eröffnete Maksimir-Park war die erste öffentliche Anlage Südosteuropas. Er ist im Stil eines englischen Landschaftsparks gestaltet mit Wegen, Rasenflächen und künstlichen Seen. Das sicherlich beliebteste Fotomotiv im Park ist sicher der wunder-

schöne **Bellevue-Pavillon** aus dem Jahr 1843. Außerdem befinden sich hier noch der **Echo-Pavillon** und ein Haus, das an eine rustikale Schweizer Hütte erinnert. Im **Tierpark** (www.zoo.hr; Erw./Kind 30/20 Kn; ⌚9–20 Uhr) ist eine eher bescheidene Auswahl an Tieren aus aller Welt zu sehen. Die Besucher des Zoos können täglich die Fütterung der Seehunde, Seelöwen und Ottern sowie Piranhas miterleben.

Aktivitäten

Sports Park Mladost SPORT
(Jarunska 5, Jarun; Tageskarte Erw./Kind./Fam. 30/25/100 Kn; ⌚Mo–Fr 12–19,Sa & So 10–19 Uhr) Der Park am Fluss Sava beherbergt ein Hallenbad und ein Freibad mit Olympiamaßen, dazu kleinere Kinderbecken, einen Fitnessraum und Tennisplätze. Die Trambahnen 5 und 17 fahren hinaus nach Jarun.

Sport- & Erholungszentrum Šalata SPORT
(Schlosserove Stube 2; Tagestickets am Wochenende Erw./Kind/Fam. 30/20/60 Kn; ⌚Mo–Fr 13.30–17.30, Sa & So 11–19 Uhr) In diesem Zentrum gibt es Tennisplätze im Freien und in der Halle, einen Fitnessraum, zwei Schwimmbecken im Freien und im Winter einen Eislaufplatz. Zur Eislaufbahn in der Halle für den Sommer gehört auch ein Schlittschuhverleih.

Sljeme SKIFAHREN, WANDERN
(www.sljeme.hr) Auch wenn man Zagreb nicht unbedingt mit Wintersport in Verbindung bringt, ist es bei guter Schneelage möglich, vor den Toren der Stadt Ski zu fahren. Der Sljeme ist der höchste Punkt der Medvednica, auf die Skifahrer warten hier vier Abfahrten, drei Skilifte und ein Sessellift. Die Schneebedingungen können telefonisch im **Skizentrum** (☎45 53 382) erfragt oder aber im Internet unter www.sljeme.hr nachgesehen werden.

Jarun-See WASSERSPORT
Der Jarun-See im Süden der Stadt ist ganzjährig ein beliebtes Ausflugsziel. Vor allem im Sommer lädt das klare Wasser zum Baden ein; ein Teil des Sees ist für Surfer und Kanuten abgeteilt. Zum Jarun fahren die Straßenbahnen 5 oder 17, ab der Haltestelle folgt man den Hinweisschildern zum *jezero* (See). Am See angekommen, kann man links am Malo Jezero **schwimmen** und **Kanus** oder **Paddelboote** ausleihen. Rechts geht es zum Veliko Jezero mit einem **Kiesstrand** und Möglichkeiten zum **Windsurfen**.

Geführte Touren

In Zagreb steht eine Fülle unterschiedlicher Touren zur Auswahl. Neben den hier aufgeführten Angeboten, finden sich weitere interessante Optionen auf der Homepage der Zagreber Touristeninformation unter dem Stichwort Zagreb City Tours (www.zagreb-touristinfo.hr).

ZET BUS
(www.zet.hr) Unter der Regie des öffentlichen Nahverkehrssystems kutschieren von April bis September **offene Sightseeingbusse** (Erw./Kind 70 Kn/frei) durch die Stadt. Dabei fahren die Autobusse am Kaptol-Platz ab und drehen eine Runde durch die Altstadt (rote Markierung) oder – weiter außerhalb – durch die Parks und Novi Zagreb (grüne Markierung).

Funky Zagreb GEFÜHRTE EXKURSIONEN
(www.funky-zagreb.com) Hier werden individuelle Touren mit einem breiten Themenspektrum angeboten – von Weinverkostung (200 Kn/3 Std.) bis hin zu spannenden Wanderungen in der naturnahen Umgebung von Zagreb (Tagesausflug ab 635 Kn pro Pers.).

Blue Bike Tours FAHRRAD
(www.zagrebbybike.com) Wer Zagreb mit dem Fahrrad kennenlernen möchte, sucht sich eine der Touren dieses Unternehmens aus: Sie führen entweder durch die Ober- und Unterstadt oder durch Novi Zagreb. Los geht es täglich um 10 Uhr. Die beiden angebotenen Fahrradausflüge dauern etwa zwei Stunden und kosten 170 Kn. Im Juli und August werden die Touren auch öfters durchgeführt.

Zagreb Talks STADTSPAZIERGANG
(www.zagrebtalks.com) An Touren wird beispielsweise „Sprechen Sie Kroatisch?" angeboten, ein Stadtspaziergang am Samstag um 10.30 Uhr, auf dem die Teilnehmer Grundkenntnisse des Kroatischen vermittelt bekommen. Der Preis beträgt 95 Kn für Erwachsene (75 Kn für Studenten). Die Touren werden nur von Mai bis September durchgeführt, ansonsten nach Vereinbarung.

Festivals & Events

Eine komplette Zusammenstellung aller Veranstaltungen in Zagreb findet sich unter www.zagreb-touristinfo.hr. Die größten internationalen Messen sind Zagreb Sping im Frühling (Mitte April) sowie mehrere Handelsmessen im Herbst (Mitte Sept.).

Musik-Biennale Zagreb MUSIK
(www.mbz.hr) Der bedeutendste Event zeitgenössischer Musik Kroatiens findet in jeweils ungeraden Jahren im April statt.

Urban Festival KUNST
(www.urbanfestival.hr) Das Festival für zeitgenössische Kunst steht jedes Jahr unter einem anderen Motto. Es wird an öffentlichen Plätzen abgehalten, und zwar im Frühling oder Herbst.

Subversive Festival KULTUR
(www.subversivefestival.com) Europas Aktivisten und Philosophen strömen in Scharen nach Zagreb, um zwei Wochen lang im Mai an Filmvorführungen und Vorträgen teilzunehmen.

INmusic Festival MUSIK
(www.inmusicfestival.com) Jedes Jahr im Juni findet drei Tage lang Zagrebs hochkarätigstes Musikfestival statt – ein wirklich extravagantes Spektakel. In den letzten Jahren traten auf der Hauptbühne am Jarun-See internationale Stars wie Massive Attack, Iggy Pop und Morrissey auf.

Weltfestival des Zeichentrickfilms FILM
(www.animafest.hr) Das renommierte Festival findet seit 1972 jeden Juni in Zagreb statt. In ungeraden Jahren werden Spielfilme gezeigt, in geraden Jahren Kurzfilme.

Cest is D'Best KULTUR
(www.cestisdbest.com) Das Straßenfest erfreut die Zagreber jedes Jahr aufs Neue. Anfang Juli treten ein paar Tage lang auf fünf Bühnen in der Innenstadt rund 200 Künstlern aus dem In- und Ausland auf. Auf dem Programm stehen Musik, Tanz, Theater und Sport.

Ljeto na Strossu KULTUR
(www.ljetonastrosu.com) In den Sommermonaten von Ende Mai bis Ende September werden bei diesem kuriosen Event alljährlich kostenlose Filme unter freiem Himmel gezeigt, es gibt Konzerte, Kunst-Workshops und sogar einen Wettbewerb der Mischlingshunde – alles in der begrünten Strossmayer Šetalište.

Eurokaz THEATER
(www.eurokaz.hr) Seit 1987 präsentieren beim Internationalen Festival des Neuen Theaters Ende Juni/Anfang Juli innovative Theatertruppen aus der ganzen Welt ihre topaktuellen Vorstellungen.

Internationales Folklorefestival FOLKLORE
(WWW.MSF.HR) Das Festival findet seit dem Jahr 1966 ein paar Tage lang im Juli statt. Zu bewundern sind Volkstänze und Sänger aus ganz Kroatien in traditionellen Trachten, aber auch aus anderen Ländern. Kostenlose

KUNST & GESCHICHTE IM CLINCH

Das **Haus des Kroatischen Verbands der Bildenden Künstler** (Hrvatsko Društvo Likovnih Umjetnika; www.hdlu.hr; Trg Žrtava Fašizma bb; Erw./erm. 15/10 Kn; ⌚Di–Fr 11–19, Sa & So 10–14 Uhr) östlich des Zentrums ist eines der wenigen Gebäude, die Ivan Meštrović entworfen hat. Seit seiner Entstehung hat es mehrere Metamorphosen erlebt, die die Geschichte der Region im Zeitraffer widerspiegeln.

Ursprünglich 1938 von Meštrović als Ausstellungspavillon entworfen, wurde das Haus zu Ehren von Peter I. (Petar Karađorđević), König der Serben, Kroaten und Slowenen, errichtet. Das war den kroatischen Nationalisten ein Dorn im Auge. Nachdem die Faschisten an die Macht gekommen waren, benannte man den Pavillon im Mai 1941 in „Künstlerzentrum Zagreb" um. Einige Monate später gab der kroatische Führer Ante Pavelić den Befehl, alle Kunstwerke zu entfernen und das Gebäude in eine Moschee zu verwandeln. So wollte er sicherstellen, dass sich Zagrebs Muslime hier zu Hause fühlten. Obwohl die Künstler sich darüber beschwerten, wurde das Haus umgebaut und sogar von drei Minaretten umgeben.

Nach der Gründung des sozialistischen Jugoslawiens jedoch wurde die Moschee sofort geschlossen und das Gebäude wieder seinem alten Zweck zugeführt, wenn auch unter dem neuen Namen „Museum der Volksbefreiung". 1949 ließ die Regierung die Minarette abreißen, und 1951 rekonstruierte der Architekt V. Richter den ursprünglichen Bau von Meštrović. Seitdem ist das Gebäude wieder ein Ausstellungsraum und wird von dem gemeinnützigen Verband kroatischer Künstler genutzt. Obwohl es seit 1991 wieder offiziell den Namen „Kroatischer Verband der Bildenden Künstler" trägt, nennen es die Zagreber immer noch „die alte Moschee".

INSIDERWISSEN

IVANA VUKŠIĆ: GRÜNDERIN & DIREKTORIN DES ZAGREBER MUSEUMS FÜR STRASSENKUNST

Das im Frühjahr 2010 ins Leben gerufene **Museum für Straßenkunst** (www.muu.com.hr) hat weder eine feste Bleibe noch regelmäßige Öffnungszeiten, und einen Kurator oder pompöse Vernissagen gibt es hier auch nicht – das Museum wurde vielmehr als Abfolge von Projekten konzipiert. So zumindest beschreibt Ivana Vukšić, die Direktorin des Museums, die Initiative. Das erste Projekt wurde mit Erfolg abgeschlossen, als über 80 Künstler eine etwa 450 m lange Mauer an der Branimirova-Straße zur Verfügung gestellt bekamen, um sich dort zu verewigen; sie dient als Abtrennung zu den Bahngleisen hin. Das letzte Projekt verschönerte die arg drögen Viertel Dugave und Siget in Novi Zagreb mit bunter Straßenkunst.

Und nun einige Tipps von Ivana zum aktuellen Geschehen in der Kunst- und Kulturszene Zagrebs.

Die besten Kunstgalerien

Die interessantesten Galerien, um aktuellen Trends in der kroatischen Kunst nachzuspüren, sind die Galerija Studentski Centar (S. 49), die Galerija Nova (S. 49), die Lauba (S. 49) sowie die Vereinigung kroatischer Künstler (S. 52). Die Programme dort überraschen mit immer neuen Konzepten und hochkarätigen Werken, die in schlichtem Ambiente präsentiert werden.

Die interessantesten Kulturevents

Für Cineasten gibt es in Zagreb drei wichtige Events, nämlich das Zagreber Filmfestival (siehe unten), **Zagrebdox** (www.zagrebdox.net) und 25 FPS, das Internationale Festival für experimentellen Film und Video (siehe unten).

Der amüsante Festival der Straßenkünstler mit dem Namen Cest is D'Best (S. 52) verwandelt Zagreb jeden Sommer in einen endlosen Zirkus. Wer zeitgenössische Konzeptionskunst an stadtspezifischen Locations schätzt, sollte das Urban Festival (S. 52) nicht versäumen.

Einen Blick wert sind auf alle Fälle das Programm von **Pogon Jedinstvo** (www.upogoni.org) mit interessanten Events sowie die Website von **Kontejner** (www.kontejner.org), einem anderen Kollektiv; geboten werden spannende, kuriose Kunstproduktionen; für Kunstfreunde ein Muss, aber auch für Laien lohnenswert.

Workshops sollen das Interesse an kroatischer Volkskunst wecken.

Zagreber Sommerabende MUSIK
Jedes Jahr im Juli wird bei diesem Festival in der Oberstadt ein Konzertzyklus gegeben. Das Atrium der Galerija Klovićevi Dvori (S. 47) am Jezuitski Trg und die Bühne im Viertel Gradec werden für die Musikveranstaltungen genutzt – zu hören und zu sehen gibt es alles von Klassik, über Jazz und Blues bis hin zu Weltmusik.

Internationales Festival des Marionettentheaters MARIONETTEN
(http://public.carnet.hr/pif-festival) Das renommierte Festival findet seit 1968 meist in der letzten Augustwoche oder in der ersten Septemberwoche statt. Geboten sind Auftritte von Starensembles, Workshops zum Thema Marionettenherstellung sowie Marionettenausstellungen.

World Theatre Festival THEATER
(www.zagrebtheatrefestival.hr) Jedes Jahr kommen ein paar Wochen im September, oft sogar bis in den Oktober hinein, hochkarätige zeitgenössische Theaterensembles in die kroatische Hauptstadt.

25 FPS – Internationales Festival für experimentellen Film und Video FILM
(www.25fps.hr) Das unkonventionelle Festival präsentiert mittlerweile im neunten Jahr Ende September eine Woche lang alternative Filme und Videos.

Zagreber Filmfestival FILM
(www.zagrebfilmfestival.com) Wer sich Mitte Oktober in Zagreb aufhält, sollte diesen bedeutenden Kulturevent mit Filmpräsen-

ZAGREB FÜR KINDER

Zagreb hält einige tolle Attraktionen für Kinder bereit. Sich mit den Kleinen in der Stadt fortzubewegen, gerät allerdings oft zur Geduldsprobe. Wegen der Trambahngleise, hohen Bordsteinkanten und der vielen Autos gestaltet es sich gar nicht so einfach, einen Kinderwagen zu schieben. Und die Busse und Trambahnen sind in der Regel derart überfüllt, dass ein Kinderwagen nicht mehr hineinpasst, obwohl zumindest in den Bussen ein eigener Platz dafür vorgesehen ist. Bis zum Alter von sieben Jahren dürfen Kinder kostenlos in den öffentlichen Verkehrsmitteln fahren. Wer ein Taxi nimmt, sollte sich vergewissern, dass die Sicherheitsgurte auch beim Junior funktionieren.

Kinder sind immer von der Insektensammlung im Kroatischen Museum für Naturgeschichte (S. 47) begeistert. Das **Technikmuseum** (Tehnički Muzej; www.mdc.hr/tehnicki; Savska 18; Planetarium 15 Kn, Sammlungen Erw/Kind unter 7 15 Kn/frei; ⌚Di–Fr 9–17, Sa & So bis 13 Uhr) mit einem Planetarium präsentiert ebenfalls spannende Sammlungen – eine Dampfmaschine, Lokomotiven, maßstabsgetreuen Modellen von Satelliten sowie ein Schaubergwerk (im Gebäude); das Planetarium ist für kleinere Kinder weniger ansprechend. Die Knirpse lassen sich eher von der Rutsche im Museum für Zeitgenössische Kunst (S. 49) begeistern sowie von den interaktiven Exponaten im Stadtmuseum (S. 47).

Für Freizeitvergnügen im Freien zum Austoben bietet sich vor allem der **Boćarski Dom** (Prisavlje 2) an. Dieser Park kann mit dem bestausgestatteten Spielplatz, Spielwiesen und einer Rampe für Skater aufwarten. Und die Eltern können sich über einen beschaulichen Weg am Fluss Sava entlang freuen. Die Tram 17 fährt hin; der Park erstreckt sich dann westlich der Haltestelle Prisavlje.

Ein weiteres schönes Ziel ist der **Bundek-See** in Novi Zagreb; hier kann man im Sommer schwimmen, außerdem gibt es zwei Spielplätze: einen für Kinder bis zu sieben Jahre, und einen für die älteren. Vom Jelačić-Platz fährt die Tram 14 hinaus.

Freizeitspaß für Aktive bietet die **Karting Arena Zagreb** (www.karting-arena.com) im Velesajam-Messegelände in Novi Zagreb. Am Wochenende können die Kids hier von 10 Uhr bis 13 Uhr Gokartfahren. Vom Trg Josipa Jelačića kommt man mit der Tram 14 hin.

Im Maksimir-Park (S. 50) befinden sich zwei Spielplätze und der Tierpark, die beide bei den Kleinen hoch im Kurs stehen. Kleine Wasserratten sind auch begeistert von den Schwimmbecken im Sports Park Mladost (S. 51) und Šalata (S. 51). Am Jarun-See (S. 51) bieten sich weitere Freizeitbeschäftigungen an wie Fahrradfahren und Skaten; Kinderparks sind auch vorhanden.

tationen und anschließenden Partys nicht verpassen. Die Regisseure wetteifern um die Verleihung des Golden Pram.

Schlafen

Seit Zagreb mit Billigfliegern erreichbar ist, macht sich in der Hotelszene ein erheblicher Wandel bemerkbar. Die Budgetunterkünfte haben kräftig zugelegt, es gibt inzwischen Hostels in Hülle und Fülle – von billigen Backpackerbleiben bis hin zu schickeren Quartieren. Neben den aufgeführten Hostels, lohnen auch noch folgende Bleiben einen Blick: das **Fulir Hostel** (☎48 30 882; www.fulir-hostel.com; ❄@☜), das **Hostel Day and Night** (www.hosteldayandnight.com), das **Buzz Hostel** (☎23 20 267; www.buzzbackpackers.com; ❄@☜) und das **Taban Hostel** (www.tabanzagreb.com). Mehrere Hostels tun sich immer zusammen, um an drei Abenden in der Woche Kneipentouren zu organisieren – mit freiem Eintritt in die Clubs und einem Glas Hochprozentigem zum Start in die heiße Nacht; am besten erkundigt man sich in dem Hostel, in dem man wohnt.

Wer etwas mehr Privatsphäre und ein anheimelndes Ambiente schätzt, logiert in einem Privatzimmer oder Privatapartment, die beide von verschiedenen Agenturen vermittelt werden. Die Business- und Nobelhotels der Stadt boomen nur so, seit sich Zagreb zu einem internationalen Konferenzzentrum entwickelt hat. Während der Recherchen zu diesem Reiseführer öffnete gerade ein DoubleTree von Hilton im Zagreber Geschäftsviertel seine Pforten.

Die Preise sind unabhängig von der Saison das ganze Jahr über gleich; auf einen

Aufschlag von 20% muss sich allerdings gefasst machen, wer während des Festivals oder einer bedeutenden Veranstaltung hier ist – vor allem die Herbstmesse ist heikel.

LP TIPP Studio Kairos B&B €€
(☎46 40 680; www.studio-kairos.com; Vlaška 92; EZ 380–440 Kn, DZ 560–660 Kn; ❄📶) Das reizende neue B&B – das erste seiner Art in Zagreb – bietet vier gut ausgestattete Zimmer in einer Wohnung im Erdgeschoss, die alle unter einem Motto stehen: Schriftsteller, Kunsthandwerk, Musik und Großmutter. Außerdem gibt es einen gemütlichen Aufenthaltsraum, in dem auch das Frühstück serviert wird. Der Hauptplatz der Stadt (Trg Josipa Jelačića) lässt sich zu Fuß in nur 15 Minuten erreichen; mit der Tram sind es fünf Minuten (Linie 11 und 12) und mit dem Fahrrad (Leihräder werden vermietet) auch. Die Räumlichkeiten weisen ein tolles Design auf, und die netten Besitzer helfen gerne mit Informationen aus.

LP TIPP Funk Lounge Hostel HOSTEL €
(☎55 52 707; www.funkhostel.hr; Rendićeva 28b; B 135–165 Kn, DZ 420 Kn; @📶) Der neue Außenposten des ursprünglichen Funk Hostel (südwestl. vom Zentrum) liegt nur ein paar Schritte vom Maksimir-Park entfernt. Die Mitarbeiter sind nett, die Zimmer ordentlich, und in den Genuss diverser kostenloser Angebote kommen die Gäste auch noch: das Frühstück, einen Schluck *rakija,* Toilettenartikel und Schließfächer. Mit zum Hostel gehören ein Restaurant und eine Bar; eine voll ausgestattete Küche ist auch noch vorhanden.

Esplanade Zagreb Hotel HISTORISCHES HOTEL €€€
(☎45 66 666; www.esplanade.hr; Mihanovićeva 1; EZ/DZ 1385/1500 Kn; P❄@📶) Das sechsstöckige Hotel wurde 1924 direkt neben dem Bahnhof erbaut, um die Passagiere des *Orient Express* im großen Stil willkommen zu heißen – ein geschichtsträchtiges Haus also. Hier logierten schon Könige, Künstler, Journalisten und Politiker. Das Meisterwerk des Jugendstils beeindruckt mit Marmorwänden, monumentalen Treppen und Aufzügen mit Holzvertäfelung. Einen Blick lohnt der sagenhafte smaragdgrüne Ballsaal; im exquisiten Restaurant Zinfandel's (S. 59) wird gespeist.

Arcotel Allegra DESIGNERHOTEL €€€
(☎46 96 000; www.arcotel.at/allegra; Branimirova 29; EZ/DZ ab 730/840 Kn; P❄@📶) Zagrebs erstes Designerhotel verfügt über 151 luftige Zimmer und eine Rezeption mit viel Marmor und exotischen Fischen. Die Bettüberwürfe sind mit den Konterfeis von Kafka, Kahlo, Freud und anderen Berühmtheiten bedruckt. Vom Orlando Fitness & Spa in der obersten Etage bietet sich ein toller Blick über die Stadt. Das zugehörige Restaurant Radicchio ist gut, die Joe's Bar ein heißer Tipp in Sachen lateinamerikanische Musik. Im Sommer sind Specials ab 450 Kn erhältlich.

Palace Hotel HISTORISCHES HOTEL €€€
(☎48 99 600; www.palace.hr; Strossmayerov trg 10; EZ/DZ ab 779/890 Kn; P❄@📶) Das stilvolle Hotel – übrigens das älteste in Zagreb – verströmt viel europäischen Charme. Das aristokratische Anwesen im Stil der Sezes-

EIN ZUHAUSE IN ZAGREB

Wer in einem Privathaus oder in einer Privatwohnung wohnen möchte, sollte nicht sonntags eintreffen – außer das Quartier wurde bereits im Voraus gebucht –, denn dann haben die meisten Agenturen geschlossen. Die Preise für ein Doppelzimmer liegen ab etwa 300 Kn, Apartments stehen ab 400 Kn pro Nacht zur Verfügung. Bei nur einer Übernachtung wird in der Regel ein Aufschlag erhoben.

Evistas (☎48 39 554; www.evistas.hr; Augusta Šenoe 28; EZ/DZ/Apt. ab 240/290/340 Kn) Diese Agentur wird von der Touristeninformation empfohlen. Sie befindet sich gleich beim Bahnhof und vermittelt Privatquartiere.

InZagreb (☎65 23 201; www.inzagreb.com; Remetinečka 13; Apt. 490-665 KN) Hier gibt es zentral gelegene Apartments mit WLAN, die Mindestaufenthaltsdauer beträgt allerdings drei Nächte. Im Preis inbegriffen sind Leihräder und der Transfer zum/vom Bahnhof oder Busbahnhof. Gebucht werden kann telefonisch oder über die Website.

Never Stop (Nemoj Stati; ☎091 637 8111; www.nest.hr; Trevoj 65; Apt. 450–500 Kn) Die Agentur vermittelt tolle Apartments in der Innenstadt. Einzelheiten verrät die Website; Auskunft zu den genauen Preisen erteilt Never Stop.

sion wurde im Jahr 1891 erbaut. Die insgesamt 118 eleganten Zimmer und Suiten sind mit modernstem Komfort ausgestattet. Die Zimmer nach vorne hinaus haben eine sagenhafte Aussicht auf den Park. Einen Blick sollte man auf die Fresken hinten im Erdgeschoss werfen – ein Ausbund an österreichungarischer Finesse.

Hotel Dubrovnik HOTEL €€€

(☎48 63 555; www.hotel-dubrovnik.hr; Gajeva 1; EZ/DZ ab 740/885 Kn; P ❄ ☎) Das – etwas gewollt wirkende – Glasgebäude direkt am Hauptplatz zeigt sich stark von New York inspiriert und ist bereits zu einem der Wahrzeichen Zagrebs avanciert. Es brummt hier nur so vor Geschäftsreisenden, die sich gern Mitten im Geschehen aufhalten. Die 245 eleganten, gut ausgestatteten Wohneinheiten sind klassisch eingerichtet. Wer ein Zimmer auf den Jelačića-Platz hinaus erwischt, kann sich das rege Treiben in Zagreb vom Fenster aus anschauen. Es lohnt sich anzufragen, ob das Hotel gerade ein gutes Pauschalangebot oder andere Specials offeriert.

Hobo Bear Hostel HOSTEL €

(☎48 46 636; www.hobobearhostel.com; Medulićeva 4; B 135–175 Kn, DZ ab 400 Kn; ❄ @ ☎) Das blitzblanke Hostel mit fünf Schlafsälen in einem Apartment auf zwei Etagen bietet unverputzte Ziegelwände, Hartholzböden, kostenlose Schließfächer, eine Küche mit kostenlosem Tee, einen Aufenthaltsraum, einen Büchertausch und einen freundlichen Service. Vom Trg Josipa Jelačića fahren die Trambahnen 1, 6 und 11 hin. Die drei Doppelzimmer liegen auf der anderen Straßenseite.

Hotel Jägerhorn HOTEL €€

(☎48 33 877; www.jaegerhorn.hr; Ilica 14; EZ/DZ/Apt. 598/749/1052 Kn; P ❄ @ ☎) Das reizende kleine Hotel direkt unterhalb vom Lotrščak-Turm (S. 45) mit nettem Service kann mit 18 geräumigen, klassischen Zimmern mit hübscher Aussicht aufwarten (von den Dachzimmern ganz oben reicht der Blick über das grüne Viertel Gradec).

Shappy Hostel HOSTEL €

(☎48 30 179; www.hostel-shappy.com; Varšavska 8; B 128–170, DZ ab 420 Kn; P ❄ @ ☎) Das neue Hotel mit sechs Zimmern ist eine Oase der Ruhe, denn es liegt etwas versteckt in einem Hof. Die Zimmer fallen unterschiedlich groß aus und sind auch unterschiedlich thematisch gestaltet – vom „Romantik für zwei" bis zum sogenannten „Happy Room", in dem sechs Personen übernachten können. Im Haus befindet sich eine Bar mit Terrasse, auf der man sein Frühstück bestellen kann.

Palmers Lodge Hostel Zagreb HOSTEL €

(☎88 92 686; www.palmerslodge.com.hr; Branimirova 25; B 120–150 Kn; @ ☎) Das neue Hostel ist praktisch, wenn jemand spät abends in Zagreb ankommt, denn es liegt bloß ein paar Schritte vom Bahnhof entfernt – und gehört übrigens zur britischen Hostelkette gleichen Namens. Die Schlafsäle sind nicht berauschend, verfügen aber alle über ein eigenes Bad. Außerdem gibt es hier noch einen Aufenthaltsraum, eine Gemeinschaftsküche, und es werden Exkursionen veranstaltet.

Hotel Jadran HOTEL €€

(☎45 53 777; www.hoteljadran.com.hr; Vlaška 50; EZ/DZ 440/560 Kn; P ☎) Das unlängst renovierte sechsstöckige Hotel liegt fantastisch nur ein paar Minuten vom Jelačić-Platz entfernt. Die 49 Zimmer wirken fröhlich, und der Service ist nett. Die Reise lassen sich – je nach Verfügbarkeit – aushandeln.

Chillout Hostel Zagreb Downtown HOSTEL €

(☎48 49 605; www.chillout-hostel-zagreb.com; Kačićeva 3b; B 135–180 Kn; ❄ @ ☎) Auch das Chillout ist ein Neuzugang in der Hostelszene von Zagreb. Das fröhliche Quartier besitzt sage und schreibe 100 Betten in zwei Gebäuden, die in einem Hof liegen und sich vom Trg Josipa Jelačića aus mit der Tram erreichen lassen. Annehmlichkeiten gibt es zuhauf – von kostenlosen Schließfächern bis zu einer 24-Stunden Bar. Man fährt mit der Tram 1, 6 oder 11 zum Britanski Trg.

Hotel Central HOTEL €€

(☎48 41 122; www.hotel-central.hr; Branimirova 3; EZ/DZ 600/700 Kn; ❄ @ ☎) Das Central ist das beste Mitteklassehotel, wenn jemand schnell seinen Zug erwischen muss – ein Betonklotz mit 76 komfortablen, aber etwas faden Zimmern. Die größeren in der obersten Etage gehen auf den begrünten Hof hinaus.

Ravnice Hostel HOSTEL €

(☎23 32 325; www.ravnice-youth-hostel.hr; Ravnice 38d; B/DZ 125/288 Kn; P @ ☎) Das Hotel lässt sich von der Innenstadt aus in 45 Minuten zu Fuß oder in 20 Minuten mit der Trambahn erreichen. Geboten sind saubere Zimmer, ein weitläufiger Garten und kostenlose Annehmlichkeiten wie Schließfächer, Frühstück und eine Suppe am Abend. Musiker und darstellende Künstler dürfen in dem Hostel einmal gratis übernachten, wenn sie als Gegenleistung eine Stunde lang die Gäste unterhalten.

Omladinski Hostel HOSTEL €
(☎48 41 261; www.hfhs.hr; Petrinjska 77; B 124–134 Kn, EZ/DZ 209/294 Kn) Das Hostel wurde zwar vor einer Weile aufgepeppt, doch sein altes, düsteres Flair aus vergangenen sozialistischen Zeiten lässt sich dennoch nicht gänzlich leugnen. Die Zimmer sind karg und sauber, in den Schlafsälen stehen drei oder sechs Betten. Da das Hostel zentral liegt und zahlreiche Zimmer aufweist, findet man hier meist ein Dach über dem Kopf, wenn sonst schon alle anderen Übernachtungsmöglichkeiten ausgebucht ist.

Essen

Man muss die kroatische und italienische Küche schon schätzen, um an den Restaurants in Zagreb Gefallen zu finden. Mittlerweile eröffnen jedoch auch allerlei neue Lokale mit internationaler Küche – sogar einen Japaner gibt es inzwischen. Generell geht der Trend in Richtung elegant präsentierte Haute Cuisine zu Preisen, die auch dementsprechend *haute* ausfallen.

Die Hauptstraßen der Innenstadt – darunter die Ilica, Teslina, Gajeva und die Preradovićeva – sind alle von Schnellimbissen und preiswerten Snackbars gesäumt.

Ein Hinweis: Viele Restaurants machen im August Sommerferien und haben zwei bis vier Wochen zu.

LP TIPP **Vinodol** KROATISCH €€
(Teslina 10; Hauptgerichte ab 57 Kn) Einheimische wie Urlauber lieben die gute mitteleuropäische Küche des Vinodol. Bei schönem Wetter wird im überdachten Innenhof aufgetischt, dieser ist durch eine efeubewachsene Passage von der Teslina aus erreichbar. Bei schlechtem Wetter dinieren die Gäste im riesigen Speisesaal unter gewölbten Steindecken. Highlights sind das saftige Lamm- oder Kalbfleisch mit Kartoffeln, gegart unter einer *peka* (Eisenhaube), oder die heimischen Pilze namens *bukovače*.

LP TIPP **Karijola** PIZZERIA €
(Vlaška 63; Pizzas ab 42 Kn; ⏲Mo–Sa) Die Einheimischen schwören auf die knusprige Pizza mit dünner Kruste aus dem Lehmbackofen, die in der besten Pizzeria Zagrebs in neuer Location auf den Tisch kommt. Die Zutaten wie Räucherschinken, Olivenöl, Mozzarella, Cherry-Tomaten und Austernpilze sind stets hochwertig.

Lari & Penati MODERN KROATISCH €
(Petrinjska 42a; Hauptgerichte ab 40 Kn; ⏲So geschl., Sa Abendessen) Das kleine schicke Bis-

TRAUTES HEIM IN DEN BERGEN

Wer das ländliche Kroatien kennenlernen möchte, hat es eigentlich nicht weit: Die **Kućica** (☎091 549 8118; www.kuchica.com; wochentags/Wochenende 450/750 Kn) liegt nur einen Steinwurf von Zagreb entfernt. Obwohl sich diese hübsche traditionelle Berghütte aus 120 Jahre altem Eichenholz in nur 30 Minuten von der Stadt aus erreichen lässt, wirkt dieses Refugium im Stil von Hänsel und Gretel wie aus einer anderen Welt. Vor der Tür warten Obst- und Weingärten, ein Biogarten, eine Hängematte unter einem Kastanienbaum, Vogelgezwitscher etc. Und innen: restaurierte antike Möbel, ein Holzofen und buntes, rustikales Dekor.

Diese reizende Bleibe ist das Traumprojekt von Vanja und Iva, zwei jungen Marketingspezialisten aus Zagreb – und kann einen Tag, eine Woche oder ganz nach Lust und Laune auch noch länger (Ermäßigung bei längeren Aufenthalten) gemietet werden. Besondere Sehenswürdigkeiten hat diese Region eigentlich nicht zu bieten, aber es gibt ein paar hübsche Wanderwege und ein reizendes Dorf mit einer Kirche, einem Laden und zwei Café-Bars. Der lange Holztisch vor dem Haus und der Grill haben „das kleine Häuschen" bei Familien und Gruppen so überaus beliebt gemacht. Gelegentlich finden hier Yogakurse, Foto-Workshops und andere vergnügliche Veranstaltungen statt.

Mit dem eigenen fahrbaren Untersatz lässt sich das Kućica auch problemlos im Rahmen eines Tagesausflugs besuchen. Für 365 Kn holen die Eigentümer ihre Gäste aber auch in Zagreb ab, bringen sie zu einem Markt vor Ort, wo sie sich mit Lebensmitteln eindecken können, und setzen sie dann am Haus ab. Auf Wunsch bringen sie sogar selbst gebackenes Brot, Pasteten, Kuchen und Gemüse aus dem Garten sowie auch einen Grappa mit.

tro serviert täglich wechselnde, innovative Mittags- und Abendspecials, die sich durch das Angebot der gerade auf dem Markt erhältlichen frischen Waren definieren. Das Essen ist superlecker, die Musik cool. Bei schönem Wetter können die Gäste an den netten Tischen vor dem Haus draußen Platz nehmen. Im August hat das Restaurant zwei Wochen geschlossen.

Tip Top MEERESFRÜCHTE €
(Gundulićeva 18; Hauptgerichte ab 55 Kn; ⌚Mo–Sa) Das Tip Top mit seinen Mitarbeitern, die immer noch alte sozialistische Uniformen tragen und eine mürrische Mine zur Schau stellen, die allerdings manchmal in ein Lächeln übergeht, ist schon ein Erlebnis. Der eigentliche Hit ist jedoch das hervorragende dalmatische Essen. Es gibt jeden Tag ein anderes Menü.

Mali Bar TAPAS €€
(☎55 31 014; Vlaška 63; Hauptgerichte ab 60 Kn; ⌚So geschl.) Das neue Lokal der Starköchin Ana Ugarković teilt sich die Terrasse mit dem Karijola (S. 57) in einer versteckten *veža* (Gasse). Die Räumlichkeiten in farbenfrohen Erdtönen haben etwas Gemütliches. Das Essen wird im Stil von international inspirierten Tapas serviert. Unbedingt einen Tisch reservieren.

Didov San DALMATINISCH €€
(☎48 51 154; Mletačka 11; Hauptgerichte ab 60 Kn) Die Taverne in der Oberstadt verfügt über eine rustikale Gaststube mit Balkendecke, hat aber auch ein paar Tische auf der Veranda stehen. Das Essen basiert im Wesentlichen auf der traditionellen Küche am Flussdelta der Neretva im Hinterland Dalmatiens, also beispielsweise in Schinken gewickelter Frosch vom Grill. Es empfiehlt sich, einen Tisch zu reservieren.

Amfora MEERESFRÜCHTE €
(Dolac 2; Hauptgerichte ab 40 Kn; ⌚Mittagessen) Das Lieblingslokal der Einheimischen, um gut zu Mittag zu essen, serviert frische Meeresfrüchte, die vom Markt gleich nebenan stammen, dazu wird verschiedenes Gemüse von den Ständen gereicht. Die Kneipe hat ein paar Tische im Freien stehen; von der Galerie oben bietet sich ein schöner Blick auf den Markt.

Trilogija MEDITERRAN €€
(Kamenita 5; Hauptgerichte ab 70 Kn; ⌚Mo–Sa) Die Restaurants am Steintor eröffnen und schließen nur so, doch das Trilogija konnte sich halten. Das Erfolgsgeheimnis? Das frische kroatisch-mediterrane Essen, das freundliche Personal und Preise, die dem Geldbeutel gut tun.

Mano INTERNATIONAL €€
(Medvedgradska 2; Hauptgerichte ab 100 Kn; ⌚Mo–Sa) Das schicke Steakhaus in einem wunderschönen Ziegelgebäude, nur wenige Schritte vom Kaptol Centar entfernt, lässt in seiner luftigen Gaststube das unverputzte Mauerwerk, Eisensäulen und eine verglaste Küche sehen. Die Beleuchtung wirkt stimmungsvoll, und die Hauptgerichte geben sich innovativ – beispielsweise Wildschwein-Polenta mit Gorgonzola.

Prasac MEDITERRAN €€
(☎48 51 411; Vranicanijeva 6; Hauptgerichte ab 87 Kn; ⌚Mo–Sa) Der kroatisch-sizilianische Küchenchef zaubert in diesem intimen Restaurant mit Balkendecke und ein paar Tischen im Freien kreative mediterrane Gerichte. Das Essen frisch vom Markt schmeckt ausgezeichnet, der schleppende Service stellt allerdings die Geduld auf die Probe, und die Portionen fallen recht klein aus. Das Prasac ist perfekt für ein romantisches Essen zu zweit. Tischreservierung empfehlenswert.

Stari Fijaker 900 TRADITIONELL KROATISCH €
(Mesnička 6; Hauptgerichte ab 50 Kn) Früher war diese Kombination aus Restaurant und Bierhalle die Topadresse für ein Abendessen und das Interieur mit Bänken und weißem Leinen verströmt noch immer schlichte Nüchternheit. In der Küche wird traditionell gekocht, z. B. hausgemachte Würstchen, Bohneneintopf und *štrukli* (mit Hüttenkäse gefüllte Teigtaschen). Ebenfalls gut: die günstigen Tagesgerichte.

Pod Gričkim Topom KROATISCH €€
(Zakmardijeve Stube 5; Hauptgerichte ab 90 Kn; ⌚Mo–Sa) Das charmante Restaurant mit einer Terrasse im Freien und guten kroatischen Fleischgerichten liegt versteckt in einer grünen Gasse unterhalb der Oberstadt. Im Winter ist es eine gemütliche Oase, im Sommer kann man unter dem Sternenhimmel dinieren.

Ivica i Marica TRADITIONELL KROATISCH €€
(Tkalčićeva 70; Hauptgerichte ab 70 Kn) Das kleine Restaurant mit Konditorei ist dem Knusperhäuschen aus Grimms Märchen *Hänsel & Gretel* nachempfunden, die Kellner tragen traditionelle Kostüme. Es

gibt eine große Palette an Gemüse- und Fischgerichten sowie einige Gerichte mit Fleisch. Großartig schmecken die Eiscremes, Kuchen und *štrukli*.

Kaptolska Klet TRADITIONELL KROATISCH €
(Kaptol 5; Hauptgerichte ab 50 Kn) Draußen gibt es eine riesige Terrasse, drinnen lockt hell erleuchtetes Bierhallen-Flair. Zwar ist das freundliche Lokal besonders berühmt für seine Grillspezialitäten, seine unter der *peka* gegarten Lamm- und Kalbsgerichte sowie die hausgemachten Würstchen. Aber auch Vegetarier werden hier satt.

Konoba Čiho MEERESFRÜCHTE €€
(Pavla Hatza 15; Hauptgerichte ab 80 Kn) Hier wird noch wie in einer echten dalmatischen *konoba* (einfaches familiengeführtes Lokal) gekocht. Es gibt Fisch (Preis pro Kilo) und Meeresfrüchte, gegrillt oder als Eintopf, wie die Einheimischen sie mögen. Freunde von *rakija* (Traubenbrandy) können hier auf eine große Auswahl zugreifen.

Vallis Aurea TRADITIONELL KROATISCH €
(Tomićeva 4; Hauptgerichte ab 37 Kn; ⏲Mo–Sa) Das authentische Lokal serviert die beste Hausmannskost der Stadt und lockt mit seinen *gableci* (traditionelle Mittagessen) ein breites Publikum ins Haus. Es liegt gleich am unteren Ende der Standseilbahn.

Žlica & Vilica KROATISCH €
(Kneza Mislava 13; Hauptgerichte ab 35 Kn; ⏲So geschl., Sa Abendessen) Das Bistro, ein Stück außerhalb vom Zentrum gelegen, serviert kroatische Hausmannskost in einer schicken, in Grüntönen gehaltenen Gaststube sowie an einigen Tischen vor dem Lokal. Die Gäste können unter fünf Gerichten wählen; Frühstück gibt es hier auch. Im August ist es drei Wochen lang geschlossen.

Boban ITALIENISCH €€
(Gajeva 9; Hauptgerichte ab 70 Kn) In diesem Kellerrestaurant, das dem kroatischen Fußballstar Zvonimir Boban gehört, dreht sich alles um die italienische Küche. Auf der Speisekarte steht eine dementsprechend ansehnliche Auswahl an Pasta, Risotto, Gnocchi und Fleischspeisen. Gleich nebenan befindet sich ein Schnellimbiss, das **Čušpajz** (Hauptgerichte ab 38 Kn; ⏲Mo–Sa Mittagessen). Hier kommen mittags leckere Eintöpfe auf den Tisch.

Nokturno ITALIENISCH €
(Skalinska 4; Hauptgerichte ab 40 Kn) Das Lokal in einer abschüssigen Straße unterhalb der Kathedrale kann mit guten italienischen Traditionsgerichten aufwarten, und eine lebhafte Terrasse ist auch noch vorhanden. Auf den Tisch kommen die üblichen Sorten Pizza (20–35 Kn), außerdem Riesenportionen Risotto – genau das Richtige, wenn der Magen knurrt. Das **Hostel Nokturno** (www.hostel.nokturno.hr; B/EZ 130/200 Kn; @) liegt direkt daneben.

Baltazar KROATISCH €€
(Nova Ves 4; Hauptgerichte ab 90 Kn; ⏲So abends geschl.) Fleisch – Ente, Lamm, Schwein, Rind und Truthahn – wird in diesem alteingesessenen, gehobenen Restaurant gegrillt und nach slawonischen oder zagorischen Rezepten zubereitet. Die Auswahl an mediterranen Gerichten und Weinen der Region ist gut. Es macht Spaß, in den Sommermonaten auf der Terrasse unter dem freien Sternenhimmel zu speisen.

Agava INTERNATIONAL €€
(Tkalčićeva 39; Hauptgerichte ab 80 Kn) Die eigentliche Attraktion dieses Restaurants direkt an der Hauptstraße ist die Terrasse. Die Essensauswahl reicht vom Schwertfisch-Carpaccio bis hin zu Steak und Trüffeln. Die Weinkarte bietet gute Tropfen aus Istrien und Slawonien.

Zinfandel's INTERNATIONAL €€€
(Mihanovićeva 1; Hauptgerichte ab 170 Kn) Die leckersten, kreativsten Gerichte der Stadt werden mit viel Flair im Speiseraum des Esplanade Zagreb Hotel (S. 55) serviert. Wer ein weniger pompöses Ambiente vorzieht, aber dennoch lecker essen möchte, besucht das französisch angehauchte **Le Bistro**; es befindet sich ebenfalls in diesem Hotel. Unbedingt den berühmten *štrukli* probieren, den kroatischen Quarkstrudel.

Rubelj SCHNELLIMBISS €
(Dolac 2; Hauptgerichte ab 25 Kn) Diese Zweigstelle ist eine von zig Rubeljs in der ganzen Stadt und befindet sich in der Dolac. Das Lokal bietet sich für eine schnelle Portion *ćevapčići* (kleine pikante Würstchen aus Rinder-, Lamm- oder Schweinehackfleisch) an. Sie entsprechen so ziemlich den *ćevapčići* aus Bosnien-Herzegowina, wo die Würstchen eigentlich beheimatet sind.

Pingvin SANDWICHES €
(Teslina 7; ⏲Mo–Sa 9–16, So 18–2 Uhr) Der Schnellimbiss ist schon seit etwa 1987 eine Institution. Hier gibt es leckere „Designer-Sandwiches" und auch Salate, die sich die

Einheimischen auf den Barhockern schmecken lassen.

Vincek GEBÄCK & KUCHEN €
(Ilica 18) Diese Bäckerei (*slastičarna*) ist in Zagreb eine Institution, denn die Kuchen sind hier so cremig wie nirgendwo sonst. Allerdings tauchte vor einer Weile ein ernsthafter Konkurrent auf: das **Torte i To** (Nova Ves 11, Kaptol Centar) im 2. Stock des Kaptol Centar.

Dinara BÄCKEREI €
(Gajeva 8) Die beste Bäckerei der Stadt kann mit einer beeindruckenden Vielfalt von köstlichen Backwaren aufwarten. Besonders empfehlenswert ist *bučnica,* ein Kürbisstrudel. Weitere Filialen befinden sich in der Ilica 71 und in der Preradovićeva 1.

Ausgehen

Auf der schicken Tkalčićeva in der Oberstadt drängen sich die Bars. In der Unterstadt lockt die Bogovićeva direkt südlich vom Trg Josipa Jelačića, Zagrebs Treffpunkt Nummer eins an Frühlings- und Sommertagen und in lauen Nächten. Der Trg Petra Preradovića (lokal als Cvjetni Trg bekannt) ist der beliebteste Szenetreff in der Unterstadt für Straßenkünstler und Musiker. In manchen Sommernächten verwandelt sich die Bar- und Cafélandschaft zwischen dem Trg Preradovića und der Bogovićeva in eine riesige Partyzone. Nach Mitternacht wird es jedoch in der Regel etwas ruhiger, und auch von Mitte Juli bis Ende August ist nicht mehr so viel los, weil dann halb Zagreb an der Küste Urlaub macht.

LP TIPP **Cica** BAR
(Tkalčićeva 18) Die kleine Bar gibt sich so alternativ, wie dies in der Tkalčićeva überhaupt möglich ist. In der flippigen Kneipe geben sich topaktuelle Werke einheimischer Künstler und Trophäen vom Flohmarkt ein Stelldichein. Wagemutige probieren eine der 25 Sorten *rakija,* für die das Cica berühmt ist. Ob mit Kräuter-, Nuss- oder Fruchtgeschmack – hier gibt es nichts, was es nicht gibt.

Booksa CAFÉ
(www.booksa.hr; Martićeva 14d; ⌚Di–So 11–20, ab Ende Juli 3 Wochen geschl.) Bücherwürmer und Dichter, Schriftsteller und darstellende Künstler, Exzentriker und Spinner – so ziemlich jeder, der sich in Zagreb für kreativ hält, kommt in dieses nette Café, um eine Runde zu quatschen, einen Kaffee zu trinken, in der Bibliothek zu herumzustöbern, kostenlos über WLAN im Internet zu surfen und Lesungen zu hören; es finden auch welche auf Englisch statt, Einzelheiten verrät die Website. Das Booksa hat ab Ende Juli drei Wochen geschlossen.

Stross OPEN-AIR-BAR
(Strossmayerovo Šetalište; ⌚Juni–Sept.) Von Juni bis September wird auf der Strossmayer-Promenade in der Oberstadt eine Open-Air-Bar eingerichtet, wo es günstige Getränke und abends (ab 21.30 Uhr) oft Livemusik gibt. Das gemischte Publikum, die großartige Aussicht und das grüne Ambiente machen die Bar zu einem herrlichen Ort, um die Abende zu verbringen.

Bacchus BAR
(Trg Kralja Tomislava 16; ⌚So geschl.) Wer im flippigsten Innenhof Zagrebs einen Tisch ergattert, kann sich wirklich glücklich schätzen – er liegt etwas versteckt in einer Passage und ist schön grün. Nach 22 Uhr spielt sich das Geschehen in den künstlerisch angehauchten Räumen im Souterrain ab; es stehen Dichterlesungen und altmodische Musikabende mit Klassik auf dem Programm. In den Sommermonaten dagegen geht es hier ruhiger zu.

Kino Europa CAFÉ-BAR
(www.kinoeuropa.hr; Varšavska 3; ⌚Mo–Sa) Zagrebs ältestes Kino aus den 1920er-Jahren beherbergt heute ein tolles Café mit Weinbar und Grapperia. In dem verglasten Lokal mit Außenterrasse kann man großartigen Kaffee trinken, über 30 verschiedene Sorten Grappa bestellen und kostenlos im Internet surfen (WLAN). Im Kino finden täglich Filmvorführungen und gelegentlich auch Tanzpartys statt.

Funk CAFÉ-BAR
(Tkalčićeva 52) In dieser kultigen Bar kann man tagsüber Kaffee trinken und Leute beobachten. Abends geht es die spiralförmige Treppe hinunter, hinein ins Vergnügen – dann versteht man, warum der Funk Club bei den Einheimischen so beliebt ist: In dem kleinen Keller mit gewölbten Steindecken spielen DJs House, Jazz, Funk und andere coole Beats für ein tanz- und feierwütiges Publikum (außer im Sommer).

Pivnica Medvedgrad BRAUEREI
(www.pivnica-medvedgrad.hr; Ilica 49) In dieser Bierkneipe können die Gäste eines der fünf

vor Ort gebrauten Biere probieren. Dazu gibt es stets preiswertes, leckeres Essen in quirliger Atmosphäre. Der Eingang zum Lokal befindet sich in einer Einkaufspassage an der Ilica. Im Hof steht ein großer Kastanienbaum, der Schatten spendet; Happy Hour ist von 17 Uhr bis 19 Uhr.

Cafe u Dvorištu CAFÉ-BAR
(Jurja Žerjavića 7/2; ⌚Mo–Sa) Die süße kleine Café-Bar liegt etwas versteckt in einem Hof. Serviert werden hervorragender Biokaffee und Biotee aus Fairem Handel. Gelegentlich finden Konzerte statt und auch Kunstausstellungen. Besonders beliebt ist die Milonga (Tangoball) am Samstagnachmittag.

Limb BAR
(Plitvička 16; ⌚Mo–Sa) Eine ruhige kleine Bar gleich beim KSET (S. 63), die nur die Einheimischen kennen – möglicherweise ist dies sogar die unauffälligste Bar in ganz Zagreb. In zwei bunten Räumen und auf der verglasten Terrasse (mit einem Baum in der Mitte) treffen sich etwas ältere, aber sehr unkonventionelle Leute.

Klub Kino Grič CAFÉ-BAR
(Jurišićeva 6) Das altmodische Kino hat man vor kurzem in eine bunte, zweistöckige Bar und einen kleinen Kellerclub umgewandelt (nur am Wochenende). Seitdem wurde es bei den Einheimischen sehr beliebt – in dem gemütlichen Kinosaal finden regelmäßig Kunstausstellungen und Filmvorführungen statt.

Sedmica BAR
(Kačićeva 7a) Diese bescheidene Bar liegt etwas versteckt in der Gasse Kačićeva; es weist nur ein großes Guinness-Schild auf den Eingang hin. Hier trifft sich das künstlerisch-intellektuelle Volk der Stadt. Das winzige Sedmica hat eine Art Zwischengalerie. An warmen Sommerabenden geht im Patio sprichwörtlich die Post ab.

Velvet CAFÉ-BAR
(Dežmanova 9; ⌚Mo–Fr 8–22, Sa bis 15, So bis 14 Uhr) In diesem stilvollen Café gibt es einen anständigen Koffeeinkick, der allerdings nicht gerade billig kommt, und dazu auch einen Happen zu essen. Das minimalistisch-schicke Ambiente gestaltete die Besitzerin Saša Šekoranja höchstpersönlich – eine der flippigsten Floristinnen der Stadt. Die Velvet Gallery nebenan ist auch unter dem Namen „Black Velvet" bekannt und hat bis 23 Uhr geöffnet (außer sonntags).

KAFFEEPAUSE

Die jüngsten Gerüchte, dass in Zagreb das erste Starbucks in Kroatien eröffnen soll, hielten sich nicht lange. Der Grund? Das Starbucks könnte es nie mit der *špica* aufnehmen, der typisch Zagreber Tradition, samstags von 11 Uhr bis 14 Uhr in der Innenstadt am Dolac-Markt nach dem Einkaufen einen Kaffee zu trinken. Dabei werden die neueste Mode und das Handy ausgeführt, und natürlich wird auch viel geplaudert. Dementsprechend groß ist der Ansturm auf die besten Tische in der Bogovićeva, Preradovićeva und Tkalčićeva. Hier kann man die kroatische Kapitale in ihrer ganzen Lebensfreude kennenlernen.

Melin CAFÉ-BAR
(Tkalčićeva 47) Hier ist Rock 'n' Roll wie zu den guten alten Zeiten angesagt, und das bedeutet: vergammelte Stühle, mit Graffiti verschmierte Wände und Musik, dass es einem beinahe das Trommelfell zerreißt. Das Melin ist ein Stück schäbiges altes Zagreb in einer Straße, die mittlerweile Stück für Stück aufgemöbelt wird; es besitzt sehr viel Flair und eine Terrasse, auf der man sich im Freien gerne den einen oder anderen Drink genehmigen kann.

Lemon CAFÉ-BAR
(www.lemon.hr; Gajeva 10) Ein wirklich tolles Lokal, um auf der Terrasse des Archäologischen Museum (S. 48) in den Sommermonaten einen Cocktail zu schlürfen, umgeben von uralten Steinplatten. Im Herbst und Winter wird im Club im Souterrain das Tanzbein geschwungen.

Eli's Cafe CAFÉ
(Ilica 63; ⌚Mitte Aug.–Mitte Juli Mo–Fr 8–19, Sa bis 16, So 9–14 Uhr, Mitte Juli–Mitte Aug. tgl. 8–14 Uhr) Der prämierte Kaffee aus 100% Arabica-Bohnen schmeckt hier super. Zu empfehlen sind auch der sanftere Cappuccino und das Frühstücksgebäck zum Einstippen.

Bulldog PUB
(Bogovićeva 6) An den Tischen auf dem Gehsteig draußen können die Gäste in dieser belebten Fußgängerzone prima Leute beobachten. Abends trifft man sich hier auf einen Drink – mit Livemusik im Kellerclub am Wochenende.

LOKALE FÜR SCHWULE & LESBEN

Die Schwulen- und Lesbenszene von Zagreb wird langsam offener, ist jedoch keinesfalls freizügig.

Weitere Informationen finden sich auf der Website www.zagrebgayguide.com. Interessant sind auch die Auftritte von **Le Zbor** (www.lezbor.com), einem Chor von Lesben und engagierten Feministinnen.

Kolaž (Amruševa 11) Diese Kellerbar im Stil einer Mondscheinkneipe hinter einer neutralen Tür ohne Namensschild richtet sich vor allem an schwule Gäste.

Rush Club (Amruševa 10) In diesem witzigen Club im Stadtzentrum trifft sich überwiegend ein jüngeres schwules bzw. lesbisches Publikum; es werden Themenabende veranstaltet, beispielsweise Karaoke.

Hotpot (Petrinjska 31) Der neue Club hat sich schnell zu einem der beliebtesten Treffs entwickelt.

Vimpi (Miškecov Prolaz 3) Hier versammelt sich die Damenwelt Zagrebs, die Damen schätzt.

Palainovka CAFÉ
(Ilirski trg 1) Das Café im Wiener Stil soll das älteste in Zagreb sein – es öffnete bereits im Jahr 1846 seine Türen. Serviert werden köstlicher Kaffee, Tee und Kuchen unter hübschen Deckenfresken.

Tri Praščića WEINBAR
(Gundulićeva 20; ⌚So abends geschl.) Die hervorragende Auswahl an edlen kroatischen Weinen – samt Tapas, die echt Appetit machen – wird in dieser schicken kleinen Weinbar an ein künstlerisch angehauchtes Volk um die 40 ausgeschenkt.

Hemingway LOUNGEBAR
(Trg Maršala Tita 1) Die wichtigsten Requisiten, die man in dieser feudalen Cocktailbar braucht, sind eine dunkle Brille und ein iPhone. Sehen und gesehen werden lautet hier die Losung.

☆ Unterhaltung

Zagreb erreicht für sein Nachtleben nicht die höchste Punktzahl auf der Richterskala, aber es hat eine lebendige Kunst- und Musikszene, und immer mehr feierfreudige Touristen stürmen die Stadt. Die Theater und Konzerthallen bieten das ganze Jahr hindurch ein vielfältiges Programm. Vieles wird in der Monatsbroschüre *Zagreb Events & Performances* genannt, die in der Touristeninformation erhältlich ist. Die Tageszeitungen *Jutarnji List* und *Večernji List* drucken auf der letzten Seite eine Übersicht mit kulturellen Veranstaltungen und Ausstellungen ab.

Viele Open-Air-Events in Zagreb sind kostenlos, für die Konzerte in den verschiedenen Locations wird in der Regel eine Eintrittsgebühr erhoben. Die Preise definieren sich durch das jeweilige Konzert; Tickets für die meisten Musikveranstaltungen sind bei **Koncertna Direkcija Zagreb** (☎45 01 200; www.kdz.hr; Kneza Mislava 18; ⌚Mo–Fr 9–18 Uhr) sowie in verschiedenen Musikläden in der ganzen Stadt erhältlich.

Nachtclubs

Der Eintritt in einen Nachtclub kostet 20 Kn bis 100 Kn, je nach Abend und Event. Die Clubs öffnen gegen 22 Uhr, die meisten Gäste kommen jedoch erst um Mitternacht. Viele Clubs sind nur von Donnerstag bis Samstag in Betrieb.

Vip Club NACHTCLUB
(www.vip-club.hr; Trg Josipa Jelačića 9) Dieser Neuzugang im Nachtleben von Zagreb ist schnell zu einem der beliebtesten Clubs avanciert. Das hippe Kellerlokal am Hauptplatz kann mit einem vielseitigen Programm aufwarten – von Jazz bis Balkan. In den Sommermonaten ist geschlossen.

Tvornica LIVEMUSIK
(www.tvornicakulture.com; Šubićeva 2) Eine hervorragende Multimedia-Location 20 Minuten östlich vom Trg Josipa Jelačića. Hier gibt es vielseitige Musikdarbietungen – vom bosnischen *sevdah* bis zum alternativen Punkrock. Was gerade auf dem Programm steht, verrät die Homepage.

Aquarius NACHTCLUB
(www.aquarius.hr; Jarun Lake) Der Nachtclub hat seine tollsten Tage schon gesehen, ist aber dennoch amüsant. Er liegt an einem See und besteht aus mehreren Räumen, die auf eine riesige Terrasse hinausgehen. Normalerweise werden House und Techno aufgelegt, aber es gibt auch Hip-Hop und R&B-Abende. Im Sommer eröffnet das Aquarius seine Zweigstelle am Partystrand Zrće (S. 204) auf der Insel Pag.

Pepermint NACHTCLUB
(www.pepermint-zagreb.com; Ilica 24) Der kleine, schicke, in weißem Holz gehaltene Club im Stadtzentrum nimmt gleich zwei Etagen ein. Hier amüsiert sich ein etwas älteres Publikum mit dem entsprechenden Kleingeld. Das Programm wechselt zwar wöchentlich, der Hit ist jedoch immer die nostalgische Rockabilly-, Twist- und Swing-Nacht am Mittwoch.

Močvara NACHTCLUB
(www.mochvara.hr; Trnjanski Nasip bb) Das „Sumpf" befindet sich in einer ehemaligen Fabrik am Ufer der Sava und besitzt einen etwas schäbigen Charme. Es zählt in Zagreb zu den Toplocations für alternative Musik vom Feinsten. Die Palette an Livemusik reicht von Dub und Dancefloor bis hin zu Weltmusik und Heavy Metal.

KSET NACHTCLUB
(www.kset.org; Unska 3) Das KSET ist Zagrebs Topmusikclub, in dem jeder von Rang und Namen auftritt – gespielt wird alles von Ethno bis Hip-Hop. Wenn am Samstagabend die DJs auflegen, tanzt das feierwütige Jungvolk bis zum frühen Morgen ab. Jedenfalls finden hier Events und Konzerte statt, die so ziemlich für jeden Geschmack etwas bieten.

Jabuka NACHTCLUB
(Jabukovac 28) Das „Apfel" ist schon seit ewigen Zeiten der Renner. Hier werden Hits aus den 1980er-Jahren für ein Publikum in den 30ern gespielt, das sich möglicherweise noch dumpf an die guten alten Zeiten erinnern kann, als es jung und alternativ war. Der Club liegt in einem noblen Viertel und lässt sich mit dem Taxi erreichen – oder mit einem Fußmarsch durch den Wald.

Medika NACHTCLUB
(www.pierottijeva11.org; Pierottijeva 11) Der künstlerisch angehauchte Club in einer alten Pharmafabrik nennt sich „autonomes Kulturzentrum" und ist das erste Haus, dessen Besetzung legalisiert wurde. Hier finden Konzerte, Kunstausstellungen und Partys statt, auf denen Billigbier und *rakija* in Strömen fließen.

Purgeraj NACHTCLUB
(www.purgeraj.hr; Park Ribnjak 1) Auf dem Musikprogramm dieses hippen Clubs für ein überwiegend junges Publikum stehen Live-Rock, Blues und Avantgarde-Jazz. Das Programm bietet eine Mischung aus Disco, House, Breakbeat, Pop und Musik der 1980er-Jahre. Das neue **Park** fusionierte unlängst mit dem Purgeraj und lockt seitdem auch Bands mit einem größeren Bekanntheitsgrad an.

Sirup NACHTCLUB
(www.sirupclub.com; Donje Svetice 40) Der große Club außerhalb vom Stadtzentrum mit seinem Glitzerambiente und erstklassigen Lokal lockt viele Feierfreudige an (überwiegend Männer). DJs aus dem In- und Ausland legen Techno auf.

MARKTTAGE

Zagreb hat nur wenige Märkte, doch die sind wirklich vom Feinsten. Der **Antiquitätenmarkt** (⌚So 9–14 Uhr) am Sonntag auf dem Britanski Trg gehört zu den größten Vergnügungen in der Innenstadt. Wer einen Flohmarkt kennenlernen möchte, der in ganz Kroatien seinesgleichen sucht, sollte dem **Hrelić** (⌚Mi & So 7–15 Uhr) einen Besuch abstatten. In einem gigantischen Areal wird wirklich alles verkauft – von Autoersatzteilen und antiken Möbeln bis hin zu Schallplatten und Küchenartikeln; es ist einfach unglaublich. Alle Sachen sind natürlich aus zweiter Hand, und gefeilscht wird, was das Zeug hält. Vom Einkaufen abgesehen ist dieser Flohmarkt an sich schon ein Erlebnis und zeigt eine Seite von Zagreb, die man sonst nirgendwo zu sehen bekommt – hier gibt es jede Menge Roma, Musik und Trubel; über der kulinarischen Ecke mit zig Imbissbuden hängt der Geruch von gegrilltem Fleisch. Wer im Sommer den Flohmarkt besucht, sollte sich eine Kopfbedeckung aufsetzen und sich mit Sonnencreme einschmieren, denn Schatten gibt es hier keinen. Wie man hinkommt? Die Busse 295 (15 Kn, 20 Min., nur sonntags) fahren hinter dem Bahnhof nach Sajam Jakuševac. Mit der Trambahn lässt sich der Markt auch erreichen: Man nimmt die Linie 6 in Richtung Sopot, steigt in der Nähe der Brücke aus und spaziert dann noch 15 Minuten an der Sava entlang zum Hrelić. Eine Alternative ist die Tram 14; in diesem Fall steigt man an der Endhaltestelle in Zapruđe aus und legt die Viertelstunde zum Markt von dort zurück.

Theater

Theaterkarten sind in der Regel auch noch in letzter Minute erhältlich, selbst bei Vorstellungen, die wirklich gefragt sind.

Zagrebačko Kazalište Mladih THEATER
(☎48 72 554; www.zekaem.hr; Teslina 7) Das Zagreber Jugendtheater, besser bekannt unter der Abkürzung ZKM, gilt als Wiege des zeitgenössischen Theaters in Kroatien. Auf dieser Bühne finden diverse Festivals statt, und es treten Ensembles aus der ganzen Welt auf.

Kroatisches Nationaltheater THEATER
(☎48 88 418; www.hnk.hr; Trg Maršala Tita 15) Das im Jahr 1895 gegründete, neubarocke Theater präsentiert Opernaufführungen und Ballett. Einen Blick lohnt die Skulptur *Der Brunnen des Lebens* (1905) von Ivan Meštrović vor dem Haus.

Vatroslav Lisinski Concert Hall KONZERTSAAL
(☎6121166; www.lisinski.hr; Trg Stjepana Radića 4) Im renommiertesten Konzertsaal der Stadt werden Symphoniekonzerte, Jazz und Weltmusik gegeben, aber es sind auch Theateraufführungen zu sehen.

Sport

Auf dem Jarun-See finden im Sommer Ruder-, Kajak- und Kanuwettbewerbe statt; Einzelheiten lassen sich telefonisch unter ☎30 31 888 erfragen; Informationen zu Sportveranstaltungen bekommt man unter ☎18 841.

Dražen Petrović-Gedenkmuseum MUSEUM
(☎48 43 146; Savska 30; Tickets 100–200 Kn) In Zagreb steht Basketball als Sportart hoch im Kurs – hier ist auch die Heimat der Basketballmannschaft Cibona. Das Dražen Petrović-Gedenkmuseum (neben dem Technikmuseum) huldigt dem berühmtesten Spieler dieser Mannschaft. Die Spiele werden regelmäßig im Cibona-Turm gleich in der Nähe ausgetragen; Eintrittskarten (30–100 Kn) können am Eingang oder übers Internet unter www.cibona.com gekauft werden.

Maksimir-Stadion SPORT
(☎23 86 111; Maksimirska 128; Tickets 1–200 Kn) Die berühmteste Fußballmannschaft von Zagreb ist natürlich Dinamo. Heimspiele finden bei fanatischer Stimmung im Maksimir-Stadion statt, am östlichen Stadtrand. Die Trambahnen 4, 7, 11 und 12 nach Mksimirska fahren hin. Weitere Informationen siehe unter www.gnkdinamo.hr.

Shoppen

Die Haupteinkaufsstraße von Zagreb heißt Ilica. Hier sind in den stattlichen Gebäuden schicke internationale Labels zu Hause. Die meisten Geschäfte haben sonntags geschlossen.

Prostor MODE
(www.multiracionalnakompanija.com; Mesnička 5; hMo–Fr 12–20, Sa 10–15 Uhr) Eine fantastische kleine Kunstgalerie und zugleich eine Modeboutique, in der die besten unabhängigen Künstler und Jungdesigner Zagrebs vertreten sind. Auf der Website stehen Termine für Ausstellungseröffnungen, auf denen man die örtliche Kunstszene trifft. Die Galerie liegt in einem kleinen Innenhof abseits der Mesnička.

Natura Croatica FEINKOST
(www.naturacroatica.com; Preradovićeva 8) In diesem Geschäft sind über 300 kroatische Produkte und Andenken erhältlich – von *rakija*, Wein und Schokolade bis hin zu Marmelade, Gewürzen und Brotaufstrich mit Trüffeln. Die perfekte Anlaufstelle für Souvenirs.

Profil Megastore BUCHLADEN
(Bogovićeva 7) Die stimmungsvollste Buchhandlung Zagrebs in einer Einfahrt bietet eine super Auswahl an Büchern – auch auf Englisch – sowie ein nettes Café in der Galerie oben.

Aromatica KOSMETIK
(www.aromatica.hr; Vlaška 7) Der Flagschiff dieser kleinen Kosmetikkette bietet ausschließlich natürliche Produkte zur Hautpflege – von handgefertigten Seifen bis hin zu Duftölen, wobei der Hauptakzent auf einheimischen Kräutern liegt. Hier sind auch hübsche Geschenkkörbe erhältlich.

Bornstein WEIN
(www.bornstein.hr; Kaptol 19) Wem die kroatischen Weine und Schnäpse nicht mehr aus dem Sinn gehen wollen, sollte sich hier eindecken. Erhältlich ist eine erstaunliche Auswahl an Brandys, Weinen und auch Gourmetprodukten.

I-GLE MODE
(www.i-gle.com; Dežmanova 4) Hier kann man die beinahe schon plastische, aber dennoch tragbare Kreationen von Nataša Mihaljčišin und Martina Vrdoljak-Ranilović erstehen – zwei Designerinnen, die schon seit den 1990er-Jahren wesentlich die kroatische Modeindustrie prägen.

Croata SCHNEIDEREI
(www.croata.hr; Oktogon Passage, Ilica 5) Ein authentischeres Mitbringsel als eine Krawatte gibt es sicher nicht, denn schließlich wurden die edlen Stücke in Kroatien erfunden – und in diesem Geschäft sind sie zu haben. Die in Zagreb hergestellten Seidenkrawatten kosten 249 Kn bis 2000 Kn.

Nama KAUFHAUS
(Ilica 4) Zagrebs unsterbliches Kaufhaus.

Praktische Informationen

Geld

Geldautomaten gibt es am Busbahnhof und Bahnhof, am Flughafen und überall in der Stadt. Einige Banken in den Bahnhöfen akzeptieren Travellerschecks. Wechselstuben findet man im Importanne Centar auf dem Starčevićev Trg und in der Stadt.

Internetzugang

In der Preradovićeva gibt es gleich mehrere kleinere Internetcafés.

Sublink (☎48 19 993; www.sublink.hr; Teslina 12; 15 Kn pro Std.; ⏲Mo–Sa 9–22, So 15–22 Uhr) Das erste Cybercafé der Stadt, das noch immer Furore macht.

Medizinische Versorgung

Zahnärztlicher Notdienst (☎48 28 488; Perkovčeva 3; ⏲22–6 Uhr)

KBC Rebro (☎23 88 888; Kišpatićeva 12; ⏲24 Std.) Östlich der Stadt; hilft bei Notfällen.

Pharmacy (☎48 16 198; Trg Josipa Jelačića 3; ⏲24 Std.)

Notfall

Polizei (☎45 63 311; Petrinjska 30)

Post

Post (☎66 26 453; Jurišićeva 13; ⏲Mo–Fr 7–20, Sa bis 13 Uhr) Mit Telefonzentrum.

Hauptpost (☎49 81 300; Branimirova 4; ⏲24 Std.) Hier kann man sich postlagernd seine Briefe herschicken lassen; direkt am Bahnhof.

Reisebüros

Atlas Travel Agency (☎48 07 300; www.atlas-croatia.com; Zrinjevac 17) Veranstaltet Touren in ganz Kroatien.

Croatia Express (☎49 22 237; Trg Kralja Tomislava 17) Umfassender Service: Zugreservierung, Mietautos, Flug- und Schiffstickets, Hotels im ganzen Land und Tagesausflüge an den Strand von Juni bis September (90 Kn nach Crikvenica und zurück).

CYHA Travel Section (☎48 47 474; www.hfhs.hr; Grada Mainza 6; ⏲Mo–Fr 8.30–16.30 Uhr) Die Reiseabteilung des kroatischen YHA verfügt über vielfältige Informationen zu HI-Hostels in ganz Kroatien und nimmt auch noch Buchungen vor.

Zdenac Života (☎48 16 200; www.zdenac-zivota.hr; 2nd fl, Vlaška 40) Neben thematischen Sightseeingtouren durch Zagreb hat dieses kleine lokale Reisebüro auch Tagesausflüge sowie mehrtägige Abenteuertrips in ganz Kroatien im Angebot.

Touristeninformationen

Haupttouristeninformation (☎info line 800 53 53, Büro 48 14 051; www.zagreb-touristinfo.hr; Trg Josipa Jelačića 11; ⏲Juni–Sept. 8o–Fr 8.30–21, Sa & So 9–18 Uhr Okt.–Mai Mo–Fr 9–18, So 10–16 Uhr) Hier sind kostenlose Stadtpläne und Broschüren erhältlich; Verkaufsstelle der Zagreb Card.

Touristeninformation am Flughafen (☎62 65 091; ⏲Juni–Sept. Mo–Fr 8.30–21, Sa & So 9–18 Uhr, Okt.–Mai Mo–Fr 9–21, Sa & So 10–17 Uhr) Praktisch, wenn man gerade mit dem Flugzeug angekommen ist.

Touristinformation im Nebengebäude (Bahnhof; ⏲Juni–Sept. Mo–Fr 8.30–21, Sa & So 9–18 Uhr, Okt.–Mai Mo–Fr 8.30–20, Sa & So 12.30–18.30 Uhr) Bietet den gleichen Service wie die Haupttouristeninformation.

Touristenverband des Bezirks Zagreb (☎48 73 665; www.tzzz.hr; Preradovićeva 42; ⏲Mo–Fr 8–16 Uhr) Hier gibt es Informationen und Material zu den Sehenswürdigkeiten in Zagreb und Umgebung, darunter auch Weinrouten und Fahrradwege.

Büro des Nationalparks Plitvice (☎46 13 586; Trg Kralja Tomislava 19; ⏲Mo–Fr 8–16 Uhr) Hier sind vor allem Broschüren und Infos zu den Plitvicer Seen und zum Naturpark

> **ZAGREB CARD**
>
> Wer für einen oder drei Tage in Zagreb bleibt, kann mit der Zagreb Card gut sparen. Sie gilt 24 bzw. 72 Stunden (60 bzw. 90 Kn) für freie Fahrten in allen öffentlichen Verkehrsmitteln. Dazu kommt eine Ermäßigung von 50 % in allen Museen und Galerien, darüber hinaus geben auch Bars, Restaurants und Mietwagenfirmen Rabatte. In einer Informationsbroschüre stehen alle Partner. Details gibt es auf der Homepage www.zagrebcard.fivestars.hr. Die Karte ist an der zentralen Touristeninformation und in vielen Pensionen, Jugendherbergen, Hotels, Bars und Geschäften erhältlich.

Velebit erhältlich, aber auch zu anderen Nationalparks in Kroatien.

Waschsalon

Wer in einer Privatunterkunft wohnt, kann die Wirtsleute bitten, die Wäsche zu waschen – es kommt billiger als in einem Waschsalon.

Petecin (Kaptol 11; ⏲Mon-Sat) Verlangt 60 Kn für 5 kg Wäsche.

An- & Weiterreise

Bus

Der **Busbahnhof** (☎060 313 333; www.akz.hr; Avenija M Držića 4) von Zagreb liegt 1 km östlich vom Bahnhof entfernt und verfügt über eine Gepäckaufbewahrung, die **Garderoba** (die ersten 4 Std. 20 Kn, dann 2,50 Kn pro Std.; ⏲24 Std.). Die Trambahnen 2 und 6 fahren vom Busbahnhof zum Bahnhof. Die Tram 6 verkehrt zum Trg Josipa Jelačića.

Vor dem Kauf eines Bustickets sollte man sich nach der Ankunftszeit erkundigen – mache Busse verkehren auf Nebenstraßen und halten in jedem Kaff.

Hinweis: Die angegebenen Fahrpläne sind außerhalb der Hochsaison etwas reduziert.

Flugzeug

Croatia Airlines (☎66 76 555; www.croatiaairlines.hr; Zrinjevac 17) Die nationale Fluglinie führt Inlandsflüge und internationale Flüge von und nach Zagreb durch.

Zagreb Airport (☎45 62 222; www.zagreb-airport.hr) Dieser Flughafen, 17 km südöstlich von Zagreb, ist der wichtigste Airport Kroatiens mit einer Fülle von Verbindungen im Inland wie auch ins Ausland.

BUSSE AB ZAGREB

REISEZIELE IM INLAND	FAHRPREIS (KN)	FAHRZEIT	VERBINDUNGEN PRO TAG
Dubrovnik	205–250	9½–11 Std.	9–12
Korčula	264	11 Std.	1
Krk	113–219	3–4½ Std.	8–10
Makarska	175–230	6½ Std.	12–15
Mali Lošinj	287–312	5–6 Std.	3
Osijek	131–144	4 Std.	10
Plitvice	92–106	2–3 Std.	11–15
Poreč	156–232	4–4½ Std.	11
Pula	105–196	3½–5½ Std.	17–20
Rab	207-219	4–5 Std.	5
Rijeka	91–155	2½–4 Std.	20–25
Rovinj	150–195	4–6 Std.	9–11
Šibenik	151–165	4½–7 Std.	20–22
Split	115–205	5–8½ Std.	32–34
Varaždin	65–87	1–2 Std.	19–23
Zadar	105–139	3½–5 Std.	31

REISEZIELE IM AUSLAND	FAHRPREIS (KN)	FAHRZEIT	VERBINDUNGEN
Belgrad	220	6 Std.	5-mal tgl.
Florenz	481	10½ Std.	1-mal wöchentl.
München	375	9½ Std.	2-mal tgl.
Paris	798	10 Std.	2-mal tgl.
Sarajevo	160–210	7–8 Std.	4–5-mal tgl.
Wien	225–247	5–6 Std.	3-mal tgl.

ZÜGE AB ZAGREB

REISEZIELE IM INLAND	FAHRPREIS (KN)	FAHRZEIT	VERBINDUNGEN PRO TAG
Osijek	115–137	5–6 Std.	6–7
Ploče	320	13½ Std.	1
Rijeka	97	4–6 Std.	6
Šibenik	156	8 Std.	1
Split	179–189	5–7 Std.	3
Varaždin	57	2–3 Std.	11

REISEZIELE IM AUSLAND	FAHRPREIS (KN)	FAHRZEIT	VERBINDUNGEN PRO TAG
Banja Luka	105	4½–5 Std.	2
Belgrad	169	6½ Std.	4
Budapest	230	6–7 Std.	2
Ljubljana	130	2½ Std.	6
Mostar	292	11½ Std.	1
München	726	7–8½ Std.	2
Sarajevo	231	8–9½ Std.	2
Venedig	450	11½ Std.	2
Wien	465	6–7 Std.	2

Zug

Der **Bahnhof** (☎060 333 444; www.hznet.hr) liegt im südlichen Stadtzentrum. Beim Herauskommen sieht man direkt vor sich mehrere Parks mit Pavillons, die ins Stadtzentrum führen. Es empfiehlt sich, Fahrkarten für den Zug im Voraus zu buchen, da das Platzangebot begrenzt ist. Im Bahnhof befindet sich auch eine **Garderoba** (Schließfächer 24 Std. 15 Kn; ⏲24 Std.), falls jemand sein Gepäck nicht mitschleppen möchte.

Unterwegs vor Ort

Auto

Zagreb ist eine Stadt, in der man mit dem Auto recht gut herumkommt: Die Boulevards sind breit, und das Parken in der Innenstadt schlägt mit nur 10 Kn die Stunde zu Buche – wobei Parkplätze Mangelware sind. Ein Auge sollte man allerdings auf die Trambahnen haben.

Es sind in Zagreb mehrere internationale Mietwagenfirmen vertreten. Die einheimischen Unternehmen sind in der Regel günstiger.

Avis-Budget (☎46 73 603; www.budget.hr; Oreškovićeva 27) Auch am Flughafen.

H&M (☎37 04 535; www.hm-rentacar.hr; Grahorova 11) Einheimische Mietwagenfirma; auch am Flughafen.

Hertz (☎48 46 777; www.hertz.hr; Vukotinovićeva 4)

Hrvatski Autoklub (HAK, Croatian Auto Club; ☎46 40 800; www.hak.hr; Avenija Dubrovnik 44) Autofahrer bekommen unterwegs Pannenhilfe unter der Nummer ☎987.

Oryx (☎61 15 800; www.oryx-rent.hr; Grada Vukovara 74) Einheimische Mietwagenfirma; auch am Flughafen.

Zum/Vom Flughafen

Bus Der Bus von Croatia Airlines zum Flughafen (30 Kn) fährt im 30-Minutentakt vor dem Busbahnhof ab, und zwar von etwa 5 Uhr morgens bis 20 Uhr; diese Angaben gelten auch für die Fahrten zurück in die Stadt.

TAXI Für ein Taxi sind 110 Kn bis 300 Kn einzukalkulieren.

Taxi

Bis vor kurzem gab es in Zagreb nur ein Taxiunternehmen, das selbst für kurze Strecken astronomische Preise verlangte. Das änderte sich, als zwei weitere Firmen für Konkurrenz sorgten; alle Wagen sind jetzt mit einem Taxameter bestückt und nehmen Wettbewerbspreise. **Radio Taxi**

(☎060 800 800, 1777) verlangt 10 Kn Grundgebühr und 5 Kn pro Kilometer; die Wartezeit kostet pro Stunde 40 Kn. **Ekotaxi** (☎060 77 77, 1414) nimmt ähnliche Tarife.

Ein freies Taxi aufzutreiben bereitet kein Problem; erkennen lassen sie sich in der Regel an ihren blauen Taxischildern. Die Taxistände gehören zu Radio Taxi.

Für kurze Fahrten durch die Stadt empfiehlt sich **Taxi Cammeo** (☎060 71 00, 1212), das meist am billigsten kommt. In den 15 Kn Grundgebühr sind die ersten zwei Kilometer enthalten (jeder weitere Kilometer kostet dann 6 Kn).

Trambahn

Der öffentliche Nahverkehr (www.zet.hr) basiert auf einem effizienten Trambahnnetz. Die Innenstadt ist allerdings so kompakt, dass die Wege auch zu Fuß gut zu bewerkstelligen sind. Da an den meisten Haltestellen die Linienführung aushängt, lässt sich das System problemlos nutzen.

Fahrkarten sind an den Kiosken zu 12 Kn erhältlich. Das Ticket ist 90 Minuten lang gültig, man darf auch umsteigen, jedoch nur in eine Richtung fahren.

Ein Tagesticket (*dnevna karta*) ist bis 4 Uhr früh des nächsten Tages in allen öffentlichen Verkehrsmitteln gültig; es kostet 40 Kn und ist an den meisten Zeitungsständen zu haben.

Aber Achtung: Die Fahrkarte muss beim Einsteigen in die Tram auch entwertet werden (gelber Kasten).

RUND UM ZAGREB

Das Umland von Zagreb bietet viele schöne Ausflugsziele, die sich auch schnell erreichen lassen – vom malerischen Samobor mit seiner reizenden Innenstadt (und den köstlichen Kuchen!) bis hin zu beschaulichen Wanderungen in den Hügeln.

Naturpark Medvednica

Der **Naturpark Medvednica** (www.pp-medvednica.hr) im Norden von Zagreb bietet mit seinen beliebten, gut markierten Wegen hervorragende Bedingungen zum **Wandern**. Man fährt mit der Trambahn 14 bis zur Endhaltestelle und nimmt dort die Tram 15 bis zur Endhaltestelle. Dann geht man durch einen Tunnel, der direkt zum Eingang des Dolje-Parks führt. Dort beginnt der beliebte, einfache Lojstekova-Weg; er endet auf dem Sljeme, dem Gipfel des Berges Medvednica. Unterwegs kann man eine Rast in einer der ältesten Berghütten des Sljeme einlegen, der **Runolist** (www.runolist-sljeme.com); von hier bietet sich ein herrlicher Blick auf die Stadt bei traditionellem Essen und Getränken.

Eine andere Möglichkeit ist, in Richtung der beiden Berghütten **Puntijarka** (www.puntijarka.com) und **Hunjka** zu wandern. Beide sind wegen ihrer traditionellen kroatischen Hausmannskost in rustikalem Ambiente ein beliebtes Wochenendziel. Dieser – zweite – Wanderweg heißt Bikčevićeva-Pfad und beginnt am Bliznec-Eingang zum Naturpark Medvednica. Man folgt dem Tunnelweg, wechselt dann aber an der ehemaligen Seilbahnstation auf die linke Straßenseite hinüber. Dieser Wanderweg ist kürzer, dafür aber steiler und anstrengender.

Eine Alternative ist es, mit dem Bus 102 vom Britanski Trg, westlich vom Zentrum in der Ilica, zur Kirche in Šestine zu fahren und von hier aus die leichtere Route zu wandern. Unterwegs kommt man an zwei Berghütten vorbei: **Risnjak** und **Grafičar**. Für nähere Informationen zu diesen Hütten siehe die Website des Parks.

Etwa drei Stunden sind für die obigen Wanderungen jeweils einzuplanen (hin- & zurück). Da der Berg stark bewaldet ist, kann man sich leicht verlaufen. Es empfiehlt sich, warme Kleidung und ausreichend Wasser mitzunehmen und die Zeit so einzuteilen, dass man vor Sonnenuntergang wieder zurück ist. Im Frühling sollte man sich hier vor gefährlichen Zecken schützen, die Krankheiten übertragen. Man besten zieht man lange Hosen und ein Hemd mit langen Ärmeln an; am Ende der Tour macht es Sinn, den Körper nach Zecken abzusuchen. Weitere Informationen erteilt die Touristeninformation in Zagreb (S. 65).

Skifahrer kommen im **Skiresort Sljeme** (www.sljeme.hr) mit fünf Abfahrten unterschiedlichen Schwierigkeitsgrads auf ihre Kosten. Die Website verrät den aktuellen Zustand der einzelnen Pisten.

Samobor

☎01 / 19 000 EW.

Samobor ist ein Paradies für gestresste Städter, die sich hier erholen, dem herzhaften Essen und den Sahnetorten zusprechen und sich an der malerischen Landschaft erfreuen. Durch das Städtchen mit schmucken pastellfarbenen Häusern und mehreren alten Kirchen schlängelt sich ein seichter Bach.

Um das Flair der guten alten Zeit zu bewahren, dreht sich der Broterwerb der

NATURPARK LONJSKO POLJE

Lonjsko Polje bietet Erlebnis und Abenteuer in allen Facetten: Es gibt traditionelle Architektur aus dem 19. Jh. zu sehen, Vogelbeobachter kommen wegen der Störche, Pferdeliebhaber zum Reiten. Interessierte erfahren viel über den Zweiten Weltkrieg und können eines der ergreifendsten Monumente zur Geschichte des ehemaligen Jugoslawien besichtigen. Der Naturpark wurde im Januar 2008 zum Unesco-Weltnaturerbe erklärt. **Lonjsko Polje** (☎044-672 080; www.pp-lonjsko-polje.hr; Čigoć; Erw./erm. 40/30 Kn; ⏲8–16 Uhr) ist ein 506 km² großes Feuchtgebiet (polje heißt wörtlich „Feld") in der Region Posavina zwischen der Sava und dem Berg Moslavačka Gora. Seinen Namen verdankt der Naturpark der Lonja, einem Nebenfluss der Sava. Das riesige Überschwemmungsgebiet der Sava ist für seine vielfältige Flora und Fauna berühmt.

In der Region liegen mehrere Dörfer, das interessanteste ist **Čigoć**, das als „Treffpunkt der Störche" weltberühmt wurde: Sie nisten auf den Dächern der hübschen Holzhäuser. Das Sumpfgebiet bietet ihnen ab Anfang April genug Nahrung. Gegen Ende August treten die Störche ihre zwei- bis dreimonatige Winterreise ins südliche Afrika an. Wer im Herbst oder Winter die Gegend besucht, sieht womöglich trotzdem einige dieser Vögel: Diese verbringen das ganze Jahr hier und werden von den Dorfbewohnern gefüttert. In Čigoć befinden sich auch eine Informationsstelle des Parks, das Ticketbüro und die kleine ethnografische Sammlung der Familie Sučić.

Das denkmalgeschützte Dorf **Krapje** ist für seine traditionellen Holzhäuser und die tollen Angel- und Jagdgebiete berühmt. Die Häuser mit ihren überdachten Außentreppen, Veranden und Säulen sind ein Augenschmaus, ebenso sehenswert sind die Bauernhöfe mit ihren Scheunen, Schuppen und Ställen. Von April bis Oktober öffnet in einem der Holzhäuser ein Informationszentrum; die Angestellten bringen den Besuchern gern das kulturelle Erbe der Region näher. Es gibt auch tolle Reitmöglichkeiten – Genaueres erfährt man im Informationsbüro in Čigoć.

Einen Besuch lohnt auch das Dorf **Mužilovčica**, das für seine Schwalben bekannt ist. Eine leckere Mahlzeit auf dem Bauernhof der Familie Ravlić sollte man sich keinesfalls entgehen lassen.

In dieser Gegend liegt auch **Jasenovac**, das berüchtigte Konzentrationslager aus dem Zweiten Weltkrieg. Es unterstand damals der NS-freundlichen Regierung Kroatiens und der faschistischen Bewegung Ustaše; schätzungsweise 80 000 Serben, Juden, Roma und antifaschistische Kroaten sollen hier ums Leben gekommen sein. Das **Jasenovac-Gedenkmuseum** (www.jusp-jasenovac.hr; Eintritt frei; ⏲Di–Fr 9–17, Sa & So 10–16 Uhr) erinnert auf bewegende Weise an die Gräuel des Krieges.

Der Naturpark Lonjsko Polje liegt ungefähr 50 km südöstlich von Zagreb entfernt. Am besten kommt man mit dem eigenen Wagen oder im Rahmen einer organisierten Exkursion hin; mit öffentlichen Verkehrsmittel gestaltet sich die Anfahrt dagegen etwas schwieriger, zudem ist die Fortbewegung im Park ein Problem. Privatunterkünfte gibt es in mehreren Holzhäusern im Park.

kleinen Familienbetriebe hauptsächlich um Kunsthandwerk, Restaurants und die Herstellung von Spirituosen und Senf. Die literarischen und musikalischen Traditionen des Ortes spiegeln sich in mehreren Festivals wider, die jedes Jahr stattfinden; am berühmtesten ist der **Fašnik**, der Karneval von Samobor.

Sehenswertes & Aktivitäten

Stadtmuseum MUSEUM

(Gradski Muzej; Livadićeva 7; Erw./erm. 8/5 Kn; ⏲Juli & Aug. Di–Fr 9–15, Sa bis 13, So 10–17 Uhr, Sept.–Juni Di–Fr 9–15 Uhr) Das Museum in einem historischen Gebäude nimmt zwei Etagen ein. Zu sehen sind halbwegs interessante Exponate zur Kultur der Region, darunter auch eine ethnografische Sammlung.

Museum Marton MUSEUM

(☎33 26 426; Jurjevska 7; 10 Kn; ⏲Sa & So 10–13, sonst nur nach Vereinb.) Einen Zwischenstopp lohnt diese private Kunstsammlung, in deren Mittelpunkt Gemälde aus der Biedermeierzeit stehen. Außerdem sind Porzellan, Glas und Möbel zu bestaunen. Wer nicht am Wochenende vorbeikommt, muss vorher einen Termin vereinbaren.

AUF ZUM WANDERN!

Samobor gibt einen guten Ausgangspunkt für Wanderungen in der Bergregion **Samoborsko Gorje** ab; sie gehört mit zum Žumberak-Gebirge, das die höchsten Alpengipfel mit den Karsthöhlen und Schluchten des Dinarischen Gebirges verbindet. Hier befindet sich seit 1875 auch die Wiege des organisierten Bergsports in Kroatien (s. www.plsavez.hr). 1999 wurde das gesamte Gebiet von 333 km² aufgrund seiner Artenvielfalt, Karsthöhlen, steilen Flusstäler und vier Wasserfälle zum Naturpark erklärt. Der mit Wiesen und Wäldern bedeckte Gebirgszug ist das beliebteste Wanderparadies der Region. Die meisten Touren sind einfach, mehrere Berghütten laden zu einer netten Rast ein – allerdings meist nur am Wochenende (außer in der Hochsaison).

Das Gebirge teilt sich in drei Bergmassive auf: die Oštrc-Gruppe in der Mitte, die Japetić-Gruppe im Westen sowie die Plešivica-Gruppe im Osten. Die Berge der Oštrc- wie auch der Japetić-Gruppe lassen sich von der Berghütte Soićeva Kuća (bewirtschaftet), 10 km westlich von Samobor aus erreichen; der Bus 144 fährt hin. Von dort geht es recht steil eine halbe Stunde zur mittelalterlichen Festung Lipovac hinauf und dann noch eine Stunde auf den Gipfel des Oštrc (752 m), wo eine weitere Berghütte wartet.

Eine andere beliebte Tour ist der 1½-stündige Aufstieg von der Berghütte Šoićeva Kuća auf den Japetić (879 m), dem höchsten Gipfel der Samobor-Berge, der auch bei Paraglidern hoch im Kurs steht (www.parafreek.hr). Es besteht zudem die Möglichkeit, vom Oštrc zum Japetić zu wandern (2 Std.). Die Plešivica-Gruppe kann mit den Ruinen einer mittelalterlichen Festung und einem Waldgebiet aufwarten, das unter Naturschutz steht; auch zum Klettern ist dieses Gebiet beliebt. Es lässt sich vom Dorf Rude (Bus 143 nach Rude und Braslovje) aus erreichen. Von Rude wandert man in Richtung Osten zur Jagdhütte Srndać auf dem Bergsattel Poljanice (12 km); von hier geht es dann noch 40 Minuten steil bergauf zum Gipfel der Plešivica (779 m). Die städtische Touristeninformation hält Wanderkarten und Informationen zu den Touren in dieser Region bereit.

Schlafen

Die meisten Leute statten Samobor im Rahmen eines Tagesausflugs von Zagreb einen Besuch ab, es gibt jedoch auch einige Übernachtungsmöglichkeiten, falls jemand den Aufenthalt gleich auf mehrere Tage ausweiten möchte.

Hotel Livadić HOTEL €€
(☎33 65 850; www.hotel-livadic.hr; Trg Kralja Tomislava 1; EZ/DZ/Suite 360/465/700 Kn; P❄📶) Das familiengeführte Hotel ist im Stil des 19. Jhs. eingerichtet und verfügt über geräumige, komfortable Zimmer, die sich um einen blumenreichen Innenhof reihen. Da die hervorragende Küche einer der Hauptgründe für einen Besuch Samobors ist, kann man sich auf die gute Qualität des Restaurants und Cafés verlassen. In Letzterem werden leckere Torten und köstliche Kuchen serviert.

Hostel Samobor HOSTEL €
(☎33 74 107; www.hostel-samobor.hr; Obrtnička 34; 127 Kn pro Pers.; P@) Ein Hostel mit insgesamt 82 Betten und sauberen, hellen, aber winzigen Zimmern. Im Speisesaal und in den Fluren gibt es eine Fotoausstellung zu sehen, das Personal ist freundlich. Der Besitzer bietet geführte Motorradtouren durch das Umland von Žumberak und in andere Regionen Kroatiens an.

Essen

OU Prolazu GEBÄCK & KUCHEN
(Trg Kralja Tomislava 5) Die beste *kremšnite* (Vanillecremeschnitte) der ganzen Stadt können hier verzehrt werden.

Gabreku 1929 RESTAURANT €
(Starogradska 46; Hauptgerichte ab 55 Kn) Das klassische Restaurant liegt unweit vom Stadtzentrum und wird seit den 1920er-Jahren von derselben Familie geführt. Es ist berühmt für seine insgesamt 35 Sorten an schmackhaften, süßen und herzhaften *palačinke* (Crèpes).

Pri Staroj Vuri RESTAURANT €
(Giznik 2; Hauptgerichte ab 55 Kn) In dieser gemütlichen Hütte etwa 50 m vom Trg Kralja Tomislava hügelaufwärts werden traditionelle Gerichte serviert. Besonders empfehlenswert ist das *pisanica* (Rindersteak mit würziger Sauce aus Pilzen, Zwiebeln, Tomaten und Rotwein).

Praktische Informationen

Touristeninformation (☎33 60 044; www.tz-samobor.hr; Trg Kralja Tomislava 5; ⏲Mo–Fr 8–17, Sa 9–17, So 10–17 Uhr) In der Innenstadt; es verfügt über eine Fülle von Broschüren, Stadtpläne von Samobor und Landkarten zu den Bergregionen Samoborsko Gorje und Žumberačko Gorje.

An- & Weiterreise

Der Busbahnhof (keine Gepäckaufbewahrung) befindet sich in der Ulica 151 Samoborske Brigade HV 1, 20 Minuten zu Fuß vom Hauptplatz entfernt. Samobor lässt sich mit öffentlichen Verkehrsmitteln erreichen. Vom Busbahnhof in Zagreb fahren die Busse nach Samoborček her (28 Kn, 30 Min., 30-Minutentakt).

Zagorje

Inhalt »

Gut essen

» Vuglec Breg (S. 84)
» Grešna Gorica (S. 83)
» Verglec (S. 79)
» Zlatne Gorice (S. 80)

Schön übernachten

» Vuglec Breg (S. 84)
» Villa Magdalena (S. 85)
» Spa & Sport Resort Sveti Martin (S. 81)
» Hotel Well (S. 85)

Auf nach Zagorje!

Trotz der Nähe zu Zagreb fahren selbst in der Hochsaison nur wenige Urlauber in diese ländliche Region. Kaum verständlich angesichts der zauberhaften Dörfer, Burgen, Thermalquellen und Weinberge. Die fruchtbare Landschaft mit ihrer österreichisch beeinflussten Küche und Architektur (und ganzjährig festen Preisen) ist eine angenehme Alternative zum lebhaften mediterranen Süden und eine Zuflucht vor der Sommerhitze. Außer an Wochenenden, wenn Zagreber Familien hierher strömen, ist Zagorje eine wunderbar „touristenfreie" Region.

Die Region Zagorje beginnt nördlich des Zagreber Hausbergs Medvednica. Im Westen reicht sie bis zur slowenischen Grenze, im Norden bis Varaždin, eine Stadt mit wundervoller barocker Architektur. Egal, ob man sich für die herzhafte Küche in einem der rustikalen Restaurants, für ein Bad in den heißen Quellen, eine Einführung ins dörfliche Leben oder die Besichtigung uralter Burgen entscheidet: Man ist immer abseits ausgetretener Pfade unterwegs.

Reisezeit

Varaždin

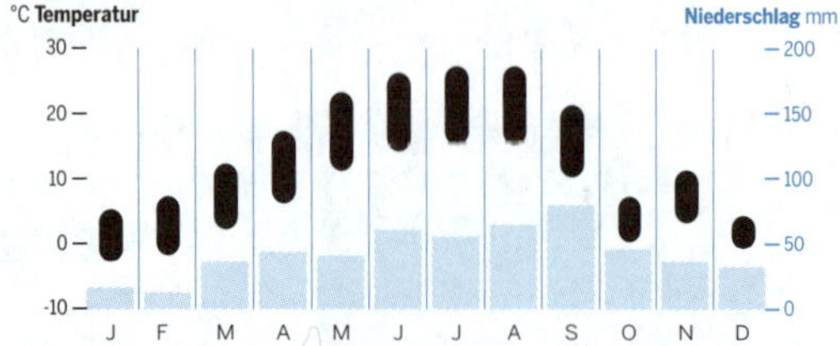

Juni Ideal für Wanderungen, Schlossbesichtigungen und Pausen in Thermalbädern.

August Varaždin feiert das Špancirfest – mit Musik, Straßentheater und anderen Events.

September Beim Kajkavischen Liederfestival in Krapina gibt es Gesang, Folklore und Essen.

Anreise & Unterwegs vor Ort

Städte und touristische Highlights des Zagorje sind zwar per Bus und Bahn an Zagreb angebunden, doch die Verbindungen sind spärlich. Wer die Region wirklich kennenlernen will, verlässt sich besser auf einen eigenen fahrbaren Untersatz. In Zagreb kann man für ein oder zwei Tage einen Mietwagen nehmen und selbst über die kurvigen Landstraßen steuern, um dem ländlichen Zauber der Gegend nahezukommen. Eine Alternative sind z. B. die Angebote von **Viatica Travel** (www.viatica-travel.hr), einer Internet-Reiseagentur, die sich auf Kultur-, Bäder- und Abenteuertourismus im Zagorje spezialisiert hat. Auf dem Programm stehen romantische Wochenenden ebenso wie geführte Touren zu Schlössern, Ausgrabungsstätten, Weingütern und ländlichen Tavernen. Andere Zagreber Reisebüros wie Funky Zagreb (S. 51) und Zdenac Života (S. 65) organisieren ebenfalls Tagesausflüge ins Zagorje.

Sprache

Viele alteingesessene Einwohner des Zagorje sprechen den regionalen kroatischen Dialekt Kajkavski, der nach dem Fragewort *kaj?* („was?") benannt ist – andere eher „richtiges" Kroatisch. Unter den Fremdsprachen rangiert Deutsch an erster Stelle, noch weit vor Englisch, das nur bei jüngeren Einheimischen bei der Verständigung hilft.

Varaždin

☎042 / 47 055 EW.

Varaždin liegt 81 km nördlich von Zagreb und ist für viele Reisende lediglich eine Durchgangsstation auf der Fahrt von oder nach Ungarn. Das ist schade, dabei lohnt die Stadt durchaus einen Besuch: Denn das Zentrum von Varaždin ist eine wahre Schatzkiste voller hervorragend restaurierter Barockgebäude sowie gepflegter Gärten und Parkanlagen.

Varaždin war in der zweiten Hälfte des 18. Jh. 20 Jahre lang Hauptstadt Kroatiens und gleichzeitig die reichste Stadt des Landes. Das erklärt auch die außergewöhnliche Qualität der Architektur. Krönung der barocken Pracht ihrer Gebäude ist die strahlend weiße Burg Stari Grad (wörtlich: Altstadt) mit ihren Türmen, die heute ein Stadtmuseum beherbergt.

Die Fußgängerzone begeistert mit zahlreichen schönen Gebäuden aus dem 18. Jh. Mittelpunkt ist der Hauptplatz Trg Kralja Tomislava, von dem die alten Straßen sternförmig wegführen.

Geschichte

Die Stadt Garestin (heute Varaždin) spielte eine wichtige Rolle in Kroatiens Geschichte. Unter König Bela III. wurde sie 1181 zunächst ein regionales Verwaltungszentrum. Im Jahr 1209 erhielt sie von König Andreas II. den Status einer freien königlichen Stadt, zusammen mit einem eigenen Siegel und Wappen.

Während Kroatien von den Türken belagert wurde, war Varaždin die stärkste Festungsanlage und das bevorzugte Quartier der Generäle. Als die Bedrohung aus dem Osten nachließ, florierte Varaždin als kulturelles, politisches und wirtschaftliches Zentrum Kroatiens. Die Nähe der Stadt zu Mitteleuropa erklärt die Vorliebe für barocke Architektur, die zu dieser Zeit in Europa ihre Blütezeit erlebte. Die besten Handwerker und Baumeister Europas kamen nach Varaždin und entwarfen hier Villen, Kirchen und öffentliche Gebäude.

Im Jahr 1756 wurde die Stadt zur Hauptstadt Kroatiens ernannt. Doch nach dem verheerenden Stadtfeuer 1776 verließ der kroatische *Ban* (Repräsentant des Königs) die Stadt und verlegte seinen Sitz (und die Verwaltung) nach Zagreb. Die weiterhin florierende Stadt wurde in kurzer Zeit im barocken Stil (der noch immer ihren Reiz ausmacht) wieder aufgebaut.

Heute ist die angenehme Stadt ein Zentrum der Textil-, Schuh- und Möbelindustrie und der Landwirtschaft. Immer häufiger kommen auch Tagesausflügler nach Varaždin. Der historische Stadtkern wurde vor kurzem umfassend restauriert.

Sehenswertes

Im Stadtzentrum steht eine Reihe sehenswerter Barockgebäude, von denen einige inzwischen als Museen genutzt werden. Viele der Adelsvillen und eleganten Kirchen werden derzeit restauriert, denn die Stadt bemüht sich um die Aufnahme in die Liste des Unesco-Welterbes. Sehr angenehm für ausländische Besucher sind die an den meisten Gebäuden angebrachten Tafeln, die über Architektur und Geschichte des jeweiligen Bauwerks informieren – in Englisch, Deutsch und Kroatisch.

Stadtmuseum MUSEUM

(Gradski Muzej; www.gmv.hr; Strossmayerovo Šetalište 7; Erw./erm. 25/15 Kn; ⏲Di–Fr 9–17, Sa & So 9–13 Uhr) Das weiß getünchte Stadtmuseum, Teil des Stari Grad, ist ein Juwel mittelalterlicher Befestigungsarchitektur,

Highlights

1. Die fantastisch gut erhaltene Barockarchitektur von **Varaždin** (S. 73) bewundern
2. Auf **Burg Trakošćan** (S. 80) dem Flair des kroatischen Adels nachspüren
3. Im **Museum Staro Selo**(S. 84) in Kumrovec erleben, wie es früher in einem kroatischen Dorf zuging
4. Im Landgasthof **Vuglec Breg** (S. 84) bei Krapinske Toplice kroatische Kochkunst vom Feinsten probieren
5. Im **Neandertalermuseum** (S. 82) von Krapina Neues über unsere prähistorischen Vettern erfahren
6. Beim **Špancirfest** (S. 78) das bunte Treiben auf den Straßen von Varaždin miterleben
7. Nordöstlich von Varždin auf den Weinstraßen durch die Region **Međimurje** (S. 81) touren

Beltinci
Mura
0
30 km
Lendava
UNGARN
Bučkovci
Ljutomer
Sv Martin
Na Muri
Mursko
Središće
7
Međimurje
Region
Jeruzalem
Sveti
Urban
Ivanjkovci
Podturen
Domašinec
Ormož
Belica
Središče
ob Dravi
Čakovec
Nedelišće
Ivanovec
M Subotica
Goričak
E65
Vinica
2
Prelog
Sračinec
A4
Drava
Varaždin
1
6
Ladanje
2
Koprivnica
(13 km); Hlebine
(43 km)
Bednja
Tužno
Ludbreg
Beletinec
Varaždinske
Toplice
Bednja
Ivanec
Lepoglava
I v a n ø i c a
(1059 m)
Ljubešćica
K a l n i ø k o
(642 m)
Hraščina
Zlatar
E65
Krapina
A4
Križevci
Marija
Bistrica
Zagreb
(30 km)
41

eingefasst von einem wunderschön gepflegten Park. Mit dem Bau der Festung wurde im 14. Jh. begonnen. Im 16. Jh. entstand schließlich die heutige Form im Stil der Gotik und Renaissance, damals diente sie als Befestigungsanlage der Region gegen die vorrückenden Türken. Bis zum Jahr 1925 war der Bau in Privatbesitz. Inzwischen ist er ein Museum, das in zehn Ausstellungsräumen Möbel, Gemälde, dekorative Gegenstände, Insignien und Waffen zeigt, die sich über Jahrhunderte angesammelt haben. Viel interessanter als die historischen Sammlungen ist jedoch die Architektur der weitläufigen Burganlage. Über eine Zugbrücke geht es hinein in eine mittelalterliche Welt aus Bogengängen, Innenhöfen, Kapellen und Türmen.

Friedhof FRIEDHOF

(Hallerova Aleja; ⌚Mai–Sept. 7–21 Uhr, März–April 7–20 Uhr, Jan.–Feb. & Nov.–Dez. 7–17 Uhr) Der Varaždiner Friedhof liegt zehn Gehminuten westlich der Altstadt und ist ein Meisterwerk der Gartenbaukunst, entworfen 1905 vom Wiener Architekten Hermann Helmer. Wer sich das ruhige Gelände mit seinen Grabdenkmälern, Alleen, Spazierwegen und über 7000 Bäumen einmal näher angesehen hat, möchte vermutlich selbst gern hier begraben liegen.

Galerie Alter und Neuer Meister MUSEUM

(Galerija Starih i Novih Majstora; Trg Miljenka Stančića 3; Erw./erm. 25/15 Kn; ⌚Di–Fr 9–17, Sa & So 9–13 Uhr) Der Sermage-Palast, der die Galerie der Alten und Neuen Meister beherbergt, wurde 1759 im Rokokostil erbaut, seine Fassade schmücken sehenswerte Medaillons. Innen werden Porträts und Landschaftsgemälde von kroatischen, italienischen, niederländischen, deutschen und flämischen Malerschulen gezeigt. Wichtig zu wissen: Ab und zu wird die Dauerausstellung für Präsentationen zeitgenössischer Kunst geschlossen.

Insektensammlung MUSEUM

(Entomološka Zbirka; Franjevački trg 6; Erw./erm. 25/15 Kn; ⌚Di–Fr 9–17, Sa & So 9–13 Uhr) Diese faszinierende entomologische Sammlung, untergebracht im klassizistischen Palast Herzer, umfasst über 4500 Exponate aus der Welt der Gliederfüßer, darunter 1000 verschiedene Insektenarten. Die gezeigten Beispiele von Insektennestern, Lebensräumen und Fortpflanzungsarten werden informativ und anschaulich präsentiert. Es gibt interaktive Exponate und kostenlose Audioführer.

Franziskanerkirche & Kloster des hl. Johannes des Täufers KIRCHE

(Crkva Svetog Ivana Krstitelja; Franjevački trg 8; ⌚6.30–12 & 17.30–19.30 Uhr) Diese Kirche wurde 1650 im Barockstil auf den Ruinen eines älteren Gebäudes erbaut und besitzt den höchsten Turm der Stadt (54,5 m). Hier ist auch eine antike Apotheke mit Deckenfresken aus dem 18. Jh. untergebracht. Gleich nebenan steht eine Kopie der **Bronzestatue des Bischofs Grgur Ninski**, die Ivan Meštrović für Split entwarf. Es heißt, wenn man den großen Zeh der Statue berührt, hat man ein glückliches Leben.

Kathedrale Mariä Himmelfahrt KATHEDRALE

(Katedrala Uznesenja Marijina; Pavlinska 5; ⌚7–12.30 & 15.30–19.30 Uhr) Die einstige Jesuitenkirche gleich südlich des Trg Kralja Tomislava wurde im Jahr 1646 erbaut. Ihre Fassade zeichnet sich durch ein altes Barockportal aus, welches das Wappen der Adelsfamilie Drašković trägt. Das Hauptschiff der Kathedrale wird vom Altar dominiert, der mit kunstvollen Schnitzereien und einem vergoldeten Gemälde mit der Himmelfahrt der Jungfrau Maria geschmückt ist. Die Kathedrale ist für ihre großartige Akustik bekannt; an den Barockabenden finden hier Konzerte statt.

Rathaus HISTORISCHES GEBÄUDE

(Gradska Vijećnica; Trg Kralja Tomislava 1) Zu den eindrucksvollsten Bauwerken der Stadt zählt dieses schöne Gebäude im romanisch-gotischen Stil, das seit dem 16. Jh. als Rathaus genutzt wird. Sehenswert sind das Stadtwappen am Fuße des Turms und das gemeißelte Portal, das im Jahr 1792 entstanden ist. Von Mai bis September findet jeden Samstag um 11 Uhr eine zeremonielle Wachablösung statt.

Markt des Traditionellen Handwerks MARKTPLATZ

(Trg Tradicijskih Obrta; ⌚April–Okt. Mo–Sa 10–18 Uhr) Der traditionelle Marktplatz ist die neueste Attraktion der Stadt. Hier führen Töpfer, Weber, Imker und Hutmacher ihre Handwerkskünste vor und lassen so die „gute alte Zeit" wieder lebendig werden.

Palais Patačić-Puttar PALAST

(Palača Patačić-Puttar; Zagrebačka 2) Mit seiner Mischung aus barocken und frühklassizistischen Stilelementen ist dieser Bau ein echter Blickfang. Über dem kunstvoll gestalteten Steinportal ist das Wappen der Familie Patačić zu sehen.

Varaždin

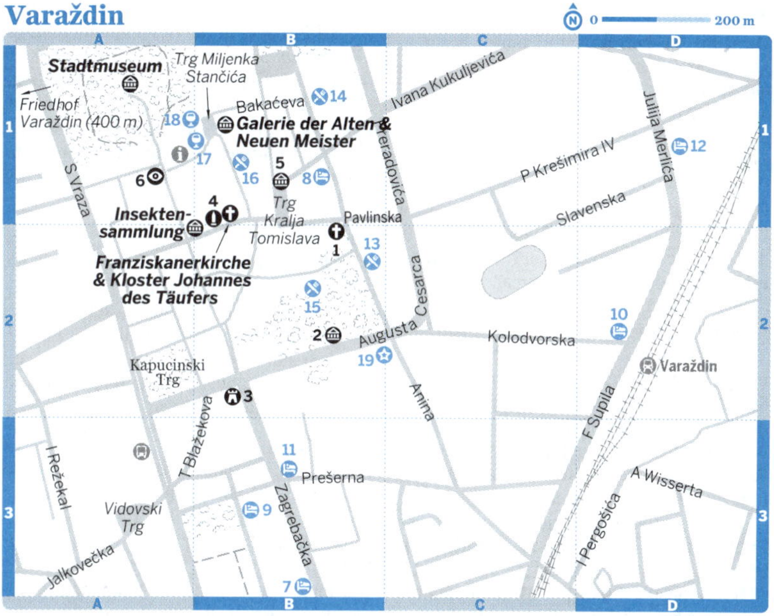

Varaždin

Highlights

Franziskanerkirche & Kloster des hl. Johannes des Täufers B1
Galerie der Alten und Neuen Meister B1
Stadtmuseum A1
Insektensammlung B2

Sehenswertes

1 Kathedrale Mariä Himmelfahrt B2
2 Kroatisches Nationaltheater B2
3 Patačić-Puttar-Palast B2
4 Statue von Bischof Grgur Ninski B1
5 Rathaus B1
6 Markt des Traditionellen A1

Schlafen

7 Garestin B3
8 Hotel Istra B1
9 Hotel Turist B3
10 Hotel Varaždin D2
11 Maltar B3
12 Studentski Centar Varaždin D1

Essen

13 Angelus B2
14 Markt B1
15 Park B2
16 Verglec B1

Ausgehen

17 Mea Culpa B1
18 Soho A1

Unterhaltung

19 MMC Kult B2

Information

Konzertbüro Varaždin ..... (siehe 2)

Kroatisches Nationaltheater BAUDENKMAL
(Hrvatsko Narodno Kazalište; Augusta Cesarca 1) Das eindrucksvolle Schauspielhaus wurde 1873 im Stil der Neorenaissance errichtet. Entworfen hat es der deutsche Architekt Hermann Helmer (1849–1919), der hauptsächlich in Österreich-Ungarn tätig war. Von ihm stammt auch der Varaždiner Friedhof.

Drauufer UFERPROMENADE
Nordöstlich des Stadtzentrums und von dort zu Fuß in lediglich 15 Minuten bequem zu erreichen, bietet das Flussufer ein ruhiges Ambiente im Grünen mit Spazierwegen und mehreren Cafés, die ihre Tische bei schönem Wetter natürlich auch im Freien aufgestellt haben.

Feste & Events

Varaždin ist berühmt für seine **Barockabende** (www.vbv.hr). Das Barockfestival findet alljährlich im September statt und dauert zwei Wochen. In der Kathedrale, den Kirchen und Theatern der Stadt spielen dann regionale und internationale Orchester (Eintrittspreise je nach Konzert 75–250 Kn). Eintrittskarten sind jeweils eine Stunde vor Beginn der Konzerte erhältlich, und zwar in den örtlichen Reisebüros oder im **Konzertbüro** (212 907; Augusta Cesarca 1, Kroatisches Nationaltheater).

Bereits Ende August bringt das **Špancirfest** (www.spancirfest.com) Leben in die Stadt. Weltmusik, Straßentheater, Schauspiel, Kreativwerkstätten, traditionelles Handwerk und moderne Kunst verwandeln mit ihrem vielfältigen Angebot die Parks, Straßen und Plätze in bunte Märkte und Bühnen unter freiem Himmel.

Ein wenig ausgefallener ist das **Trash Film Fest** (www.trash.hr), eine ziemlich extravagante Hitparade billig produzierter Actionfilme, die alljährlich Mitte September zwei Tage lang im Kulturzentrum **MMC Kult** (Anina 2) stattfindet.

Schlafen

In Varaždin sind Unterkünfte billiger als in Zagreb. Die meisten Hotels sind sauber, gut geführt und bieten ein gutes Preis-Leistungs-Verhältnis. Weil die Zimmer mehrheitlich von Geschäftsreisenden aus Zagreb und aus den benachbarten Ländern gebucht werden, sind sie meist nur unter der Woche belegt und stehen am Wochenende leer.

Wer eine privat geführte Unterkunft sucht, findet bei der Touristeninformation eine Liste von Häusern mit Einzel- und Doppelzimmern zu Preisen ab 180 bzw. 260 Kn. Ein Aufpreis für Gäste, die nur eine Nacht bleiben, ist nicht üblich, ebenso wenig wie Auf- oder Abschläge zu bestimmten Jahreszeiten – die angegebenen Preise gelten für das ganze Jahr.

Hotel Varaždin HOTEL €€
(290 720; www.hotelvarazdin.com; Kolodvorska 19; EZ/DZ 388/576 Kn; P ❄ @ ᯤ) Das wohl sympathischste Hotel der Stadt befindet sich unmittelbar gegenüber dem Bahnhof. Die überaus modernen Zimmer und Räumlichkeiten überraschen mit Minibar und zahlreichen anderen Annehmlichkeiten. Ein Restaurant mit Bar und Terrasse befindet sich ebenfalls im Haus.

Maltar PENSION €
(311 100; www.maltar.hr; Prešernova 1; EZ/DZ 248/488 Kn, Suite 465–595 Kn; P ❄ @) Zentrumsnah gelegen, bietet der freundliche kleine Familienbetrieb guten Komfort fürs Geld. Die Zimmer sind gepflegt und mit Fernsehern ausgestattet, die vier Suiten (für jeweils zwei oder drei Gäste) zusätzlich mit Kochnischen.

Garestin PENSION €€
(214 314; Zagrebačka 34; EZ/DZ 300/460 Kn; P ❄) Vom Stadtzentrum nur ein paar Gehminuten entfernt, ist das Restaurant des Hauses ein Lieblingstreffpunkt der Einheimischen. Für Übernachtungsgäste gibt es im Obergeschoss 13 gemütliche Räume, die mit über eine Minibar verfügen.

Hotel Turist HOTEL €€
(395 395; www.hotel-turist.hr; Kralja Zvonimira 1; EZ/DZ ab 380/580 Kn; P @) Eine gediegene Ausstattung und fast 40 Jahre Serviceerfahrung entschädigen für das etwas unpersönliche Ambiente. Die teureren Zimmer der „Businessklasse" sind mit Minibars und Klimaanlagen bestückt.

Hotel Istra HOTEL €€€
(659 659; www.istra-hotel.hr; Ivana Kukuljevića 6; EZ/DZ ab 460/720 Kn; P ❄ @ ᯤ) Varaždins einziges 4-Sterne-Hotel punktet mit einer unschlagbaren Lage, seine elf Gästezimmer sind mit allem Drum und Dran ausgestattet, und der Zimmerservice ist tadellos. So richtig toll ist es hier trotzdem nicht.

Studentski Centar Varaždin HOSTEL €
(332 910; www.hostel.hr; Julija Merlića bb; EZ/DZ 199/298 Kn; @) Wie der Name verrät, logiert hier hauptsächlich ein eher junges Publikum. In den vor kurzem renovierten Zimmern gibt es Fernseher, Kühlschränke und Anschluss ans Internet. Frühstück für 25 Kn und ein Wäschedienst gehören ebenfalls zum Angebot.

Essen & Ausgehen

Varaždins Gastronomie ist in Feinschmeckerkreisen zwar weder berühmt noch ein Geheimtipp, doch wer die Küche des kroatischen Binnenlands kennenlernen möchte, findet hier eine Vielfalt von Gelegenheiten, und das in jeder Preisklasse. Eine Spezialität der Stadt ist das herzhafte fingerförmige Brot, *klipić* genannt, das in den meisten Bäckereien zum Sortiment gehört. Der örtliche **Markt** (Augusta Šenoe 12) ist täglich bis 14 Uhr geöffnet.

BUSSE AB VARAŽDIN

REISEZIEL	FAHRPREIS (KN)	FAHRZEIT	HÄUFIGKEIT
Berlin (Deutschland)	851	15 Std.	2-mal wöchentl.
München (Deutschland)	380	8 Std.	1-mal tgl.
Wien (Österreich)	219	5 Std.	1-mal tgl.
Schloss Trakošćan	36	1¾ Std.	9-mal tgl.
Varaždinske Toplice	21	30 Min.	stündl.
Zagreb	81	1¾ Std.	stündl.

Verglec TRADITIONELL KROATISCH €
(Kranjčevića 12; Hauptgerichte ab 35 Kn) Die Einheimischen schätzen das einfache, bodenständige Lokal im Stadtzentrum für seine große Auswahl an traditionellen Gerichten. An den Werktagen stehen hier appetitliche *gableci* auf der Speisekarte – das sind sättigende Mittagsmahlzeiten zu absolut günstigen Preisen.

Palatin KROATISCH
(Braće Radića 1; Hauptgerichte ab 35 Kn) Varaždins neuestes Restaurant lockt mit einer eindrucksvollen Speisekarte, dem gut bestückten Weinkeller (zur Auswahl stehen über 50 Weine) und einem täglich wechselnden köstlichen Mittagstisch. Die Gäste sitzen teils im urigen Kellergewölbe, teils auf der überdachten Außenterrasse.

Angelus ITALIENISCH €
(Alojzija Stepinca 3; Pizzas/Hauptgerichte ab 30/45 Kn) In ihrem gemütlichen Kellergewölbe servieren die Kellner dieser Pizzeria und Trattoria ein exzellentes Sortiment wohlbekannter italienischer Standardgerichte: Pizza, Pasta (von Gnocchi bis Tagliatelle) und Risotto sowie verschiedene Fleischgerichte.

Park KROATISCH €
(Jurja Habdelića 6; Hauptgerichte ab 48 Kn) Die Grillteller und Salatbüfetts sind nichts Außergewöhnliches. Doch das Lokal zeichnet sich durch die Terrasse mit „grünem Blick", ein traditionelles Ambiente und preiswerte Mittagessen aus.

Mea Culpa BAR
(Ivana Padovca 1) Wer Koffein- oder Cocktailnachschub benötigt, ist in dieser schicken Lounge-Bar genau richtig. Das Lokal verfügt über zwei Etagen, und bei schönem Wetter reichen die Tische bis auf den Trg Miljenka Stančića hinaus.

Soho CAFÉ
(Trg Miljenka Stančića 1) So wie Mea Culpa hat auch diese Café-Bar Tische auf dem Platz stehen, innen geht es etwas ruhiger und weniger schrill zu.

Praktische Informationen

Internetzugang

Freier WLAN-Zugang ist in der ganzen Stadt verfügbar.

Caffe Bar Aquamarin (Gajeva 1; Mo–Do 7–24, Fr & Sa 7–2, So 7–1 Uhr) Wer ein Getränk bestellt, kann gratis die Computer nutzen.

Reisebüros

Horizont Travel (395 111; www.horizont-travel.hr; Kralja Zvonimira 1) Die Agentur gleich neben dem Hotel Turist bietet Rundgänge durch die Stadt und Touren durch die Region Zagorje an.

Touristeninformation

Touristeninformation (210 987; www.tourism -varazdin.hr; Ivana Padovca 3; Juni–Sept. Mo–Do 8–18, Fr 8–19, Sa 10–17 Uhr, Okt.–Mai Mo–Fr 8–16, Sa 10–13 Uhr) Hier gibt es nicht nur Informationen in Hülle und Fülle, sondern auch jede Menge bunter Broschüren und Infoblättchen.

An- & Weiterreise

Der **Busbahnhof** (Zrinskih i Frankopana bb) liegt an der südwestlichen Ecke des Stadtzentrums, der **Bahnhof** (Kolodvorska 17) dagegen im Osten, ein wenig abseits der Innenstadt und von der Busstation etwa 1 km entfernt. Zwischen den beiden verkehrt ein Minibus (5–15 Kn), der auch andere Haltestellen in der Stadt sowie die Dörfer der Umgebung anfährt (nicht am Sonntag). Zum Aufbewahren von Gepäck gibt es eine *garderoba*, und zwar sowohl am Busbahnhof (pro Gepäckstück 7 Kn; 4.30–20.30 Uhr) als auch am Bahnhof (pro Tag 15 Kn; 5–20.20 Uhr).

Für die Regionen nördlich der Hauptstadt ist Varaždin der wichtigste Verkehrsknotenpunkt mit Bus- und Bahnverbindungen in alle Himmelsrichtungen. Busse nach Norden starten zumeist in Zagreb und legen in Varaždin nur einen Zwischenstopp ein; die Fahrkarten kosten in beiden Städten den gleichen Preis. Umgekehrt verlaufen fast alle Busverbindungen von Varaždin an die Küste ebenfalls über Zagreb.

Fahrten nach Trakošćan und Varaždinske Toplice sind am Wochenende deutlich günstiger als an normalen Werktagen.

Züge nach Zagreb fahren täglich 14-mal (57 Kn, 2½ Std.). Wer von Varaždin an die Adriaküste will, muss dort umsteigen. Zweimal am Tag gibt es auch eine Verbindung nach Budapest in Ungarn (251 Kn, 6–8 Std., mit Umstieg in Koprivnica).

Varaždinske Toplice

☎ 042 / 6973 EW.

Die schwefligen 58 °C heißen Thermalquellen von Varaždinske Toplice sind eine Pilgerstätte für erholungsbedürftige Besucher, seit die Römer hier im 1. Jh. n. Chr. das Thermalwasser nutzten. Umgeben von bewaldeten Hügeln, hat der schmucke Kurort zudem mehrere Kirchen und historische Gebäude vorzuweisen wie das barocke Schloss **Stari Grad**. Hinter seiner neugotisch umgestalteten Fassade ist die **Touristeninformation** (☎633 133; www.toplice-vz.hr; Trg Slobode 16; ⏲Mo–Fr 7.30–15.30 Uhr) untergebracht, die Broschüren und wertvolle Tipps über das Angebot an entspannenden Therapien bereithält und zudem bei der Suche nach Privatunterkünften helfen kann.

Unmittelbar nebenan liegt das **Stadtmuseum** (Trg Slobode 16; Erw./ermäßigt 20/15 Kn; ⏲Mo, Mi & Fr 9–13, Di & Do 9–13 & 15–17, Sa 9–14 Uhr), dessen Schmuckstück eine Skulptur der Göttin Minerva aus dem 3. Jh. n. Chr. ist. Zurück ins Altertum führt auch ein Spaziergang um die **Aqua Iasae**, die Überreste des römischen Bades aus dem 1. bis 4. Jh. n. Chr., ein paar Schritte oberhalb des Schlosses Stari Grad.

Varaždinske Toplice liegt 69 km nordöstlich von Zagreb und 12 km südöstlich von Varaždin. Von dort aus ist es mehrmals täglich mit dem Bus zu erreichen.

Schlafen & Essen

Hotel Minerva HOTEL €€

(☎630 831; www.minerva.hr; Trg Slobode 1; EZ 340–440 Kn, DZ 420–720 Kn; P) Das Hotelgebäude wurde rund um die Thermalquellen errichtet. Dem Thermalwasser wird heilende Wirkung insbesondere bei verschiedenen rheumatischen Erkrankungen zugeschrieben. Das leider wenig ansprechende Gebäude verfügt allerdings über Zimmer mit Balkon, einen Innen- und Außenpool, einen Aquapark sowie einen Fitnessraum. Die Gäste können die Schwimmbäder kostenlos nutzen. Tagesbesucher zahlen 35 Kn (unter der Woche) bzw. 40 Kn (am Wochenende). Außerdem gibt es hier eine Sauna (45 Kn pro Std.) sowie Massagen (90 Kn) und auch verschiedene Antistressprogramme im Angebot.

Ozis PENSION €

(☎250 130; www.ozis.hr; Zagrebačka 7; EZ/DZ 180/300 Kn; P@) Der freundliche Familienbetrieb mit einem hübschen Innenhof liegt am Ortseingang und hält für seine Gäste insgesamt zehn saubere Zimmer und drei Suiten bereit.

Zlatne Gorice MITTELEUROPÄISCH €€

(www.zlatne-gorice.com; Banjščina 104, Gornji Kneginec; Hauptgerichte ab 42 Kn) Wer motorisiert ist, sollte sich ein Mittagessen im Zlatne Gorice gönnen, das etwa 3 km außerhalb von Toplice an der alten Straße nach Varaždin liegt. In der wunderschön restaurierten Villa inmitten von Weinbergen kommen mitteleuropäische Gerichte wie Schnitzel, Gulasch und Kalbsmedaillons auf den Tisch. Gespeist wird in vier Räumen oder auf einer Terrasse mit schönem Ausblick in die Umgebung. Es gibt einen Weinpfad, ein Gartenlabyrinth und Weinproben. Zum Übernachten stehen Gästen drei gemütliche Doppelzimmer im Obergeschoss (300 Kn) zur Verfügung.

Burg Trakošćan

Die **Burg Trakošćan** (☎796 281; www.trakoscan.hr; Erw./erm. 30/15 Kn; ⏲April–Okt. 9–18 Uhr, Nov.–März 9–16 Uhr) liegt 80 km nordwestlich von Zagreb und ist eine der beeindruckendsten Burgen des kroatischen Festlands. Sowohl das ansprechende Museum als auch der attraktive Park lohnen einen Besuch. Das genaue Entstehungsdatum ist unbekannt, erstmals erwähnt wird die Burg 1334. Nur wenige der ursprünglich romanischen Elemente blieben erhalten, als die Festung Mitte des 19. Jhs. im neogotischen Stil restauriert wurde. Zeitgleich wurde das Burggelände (über 8 ha) in einen romantischen Park im englischen Stil umgestaltet – inklusive exotischer Bäume und einem künstli-

AUF DEM WEG NACH UNGARN: MEĐIMURJE

Die sanft gewellte Landschaft von Međimurje erstreckt sich nordöstlich von Varaždin in Richtung ungarischer und slowenischer Grenze. Diese fruchtbare Gegend, geprägt von Weinbergen, Obsthainen, Weizenfeldern und Gärten, zog bisher nur wenige Besucher an. Doch das ändert sich, seitdem immer mehr Menschen von ihren Attraktionen – aufstrebenden Weingütern und dem Kurort Sveti Martin – erfahren haben.

Um den besten Wein der Region in einem Familienbetrieb zu verkosten, bietet sich das **Weingut Lovrec** (☎040 830 171; www.vino-lovrec.hr; Sveti Urban 133, Štrigova; ⏲mit Voranmeldung) an. Es liegt im Dorf Sveti Urban, rund 20 km nordwestlich von Čakovec, der größten Stadt der Region. Bei der Führung (auf Englisch, Französisch oder Deutsch) erfährt man viel über den Weinbau in diesem kleinen Weingut und dessen faszinierende Geschichte, die auf sechs Winzergenerationen zurückblicken kann. Dabei wird auch der 300 Jahre alte Weinkeller mit uralten Weinpressen und Fässern gezeigt. Im Schatten zweier riesiger Platanen genießt man den Blick über das 6 ha große Gelände und darf als Krönung um die zehn verschiedene Weine probieren – vom Chardonnay bis zum hiesigen *graševina*. Der Besuch dauert bis zu zwei Stunden und kostet 80 Kn (für 20 Kn extra gibt es einen leckeren Imbiss mit Käse, Salami und Brot). Im Preis inbegriffen ist eine Flasche Wein, doch es wird gern gesehen, wenn man eine zusätzlich kauft.

Einige Kilometer weiter nordöstlich führt der Weg durch die grüne Hügellandschaft in das hübsche Dörfchen Sveti Martin na Muri. Hier liegt frisch renoviert und umbenannt der 4-Sterne-Komplex **Spa & Sport Resort Sveti Martin** (☎ 040 371 111; www.spa-sport.hr; Grkaveščak bb; EZ/DZ 413/826 Kn) mit mehreren Außen-, Innen- und Thermalschwimmbecken, einem Wasserpark, Tennisplätzen, Waldwegen, Läden, Restaurants und einem Golfplatz. Die Übernachtungsgäste logieren in luxuriösen apartmentähnlichen Suiten mit Schlaf- und Wohnraum, Küche und Balkon (ab 400 Kn). Wer nicht im Hotel wohnt, muss für den Zutritt zu den Pools mindestens 50 Kn zahlen (am Wochenende ab 60 Kn), aber ab 13 Uhr jeweils 10 Kn weniger. Zum Angebot gehören ferner ein Fitnessraum (25 Kn pro Tag), ein Saunakomplex (105 Kn für 3 Std.) und verschiedene Wohlfühltherapien wie Schlammpackungen (320 Kn pro Std.) sowie Schokoladenmassagen (300 Kn für 45 Min.).

Der Bauernhof **Goričanec** (☎ 040 868 288; Dunajska 26) ist vom Dorf Sveti Martin etwa 4 km entfernt. Statt Wellness stehen hier Reiten, Angeln und Jagen auf dem Freizeitprogramm. Und 1 km oberhalb des Resorts kommt im Gasthof **Potrti Kotač** (☎ 040 868 318; Jurovčak 79; Hauptgerichte ab 50 Kn) leckere regionale Hausmannskost auf den Tisch; zum Übernachten steht Gästen ein Apartment (250 Kn) zur Verfügung.

chen See. Bis 1944 wurde Trakošćan von der Adelsfamilie Drašković bewohnt. Auf drei Stockwerken sind Ausstellungsstücke zu sehen, darunter persönliche Möbel der Familie und zahlreiche Porträts. Stilistisch reichen die Zimmer von Neorenaissance bis Gotik und Barock. Außerdem gibt es eine Waffensammlung mit Schwertern und Feuerwaffen und eine original eingerichtete Küche im Keller.

Wer nun genug von der Historie hat, kann die grünen Wege zum Holzsteg am See hinunterwandern. Hier werden bei schönem Wetter Paddelboote für zwei Personen vermietet (50 Kn pro Std.).

Zwischen Zagreb und Trakošćan besteht keine Busverbindung, aber an Werktagen fahren Busse ab Varaždin dorthin, sodass ein Tagesausflug möglich ist.

Krapina

☎ 049 / 12 950 EW.

Krapina ist eine lebhafte Provinzstadt in einer schönen ländlichen Gegend. Hauptgrund für einen Besuch ist eine der größten europäischen Neandertaler-Ausgrabungsstätten, die inzwischen als Museum zugänglich ist – kürzlich wurde dieses in einem mondänen Neubau wieder eröffnet.

Im Jahr 1899 entdeckte man bei archäologischen Ausgrabungen auf dem Hügel Hušnjakovo neben Tierknochen auch menschliche Überreste, und zwar die von Neandertalern, die die Höhle in der langen Zeitspanne von 100 000 bis 35 000 v. Chr. bewohnt hatten. Zusätzlich zu steinernen Werkzeugen und Waffen aus dem Paläolithikum (Altsteinzeit) wurden Knochen und

NAIVE MALEREI AUS KROATIEN

Aus Kroatien stammt eine eigene Form der naiven Kunst, ein Malstil des 20. Jhs., der fantastische, farbenfrohe Darstellungen des ländlichen Lebens zeigt.

Der Maler Krsto Hegedušić (1901–1975) gründete die Hlebine-Schule im gleichnamigen Dorf in der Region Podravina (13 km östlich der Provinzhauptstadt Koprivnica). Nachdem er vom Studium in Paris zurückgekehrt war, sammelte er in den 1930er-Jahren eine Gruppe Autodidakten um sich und gab ihnen die Möglichkeit, ihren eigenen Stil zu entwickeln. Zu dieser ersten Generation kroatischer naiver Künstler gehörten Ivan Generalić (1914–1992), der heute international am bekanntesten ist, Franjo Mraz (1910–1981) und Mirko Virius (1889–1943). Alle waren Amateure und malten leuchtend bunte und lebendig gestaltete Szenen des dörflichen Lebens.

Auch heute noch arbeiten Maler und Bildhauer in Hlebine. Sie stellen ihre Werke in der **Galerie Hlebine** (Trg Ivana Generalića 15, Hlebine; Erw./erm. 10/5 Kn; Di–Fr 10–16, Sa & So 10–14 Uhr) aus. In Hlebine gibt es außerdem die **Galerija Josip Generalić** (048 836 430; Gajeva 75; Erw./erm. 10/5 Kn; Mo–Fr 10–17 Uhr) im Haus der Familie Generalić. Benannt ist sie nach dem Sohn des berühmten Ivan, ebenfalls ein bekannter Maler. Am besten ruft man vorher an und fragt, ob sie geöffnet hat.

Naive Kunst findet man außerdem im **Kroatischen Museum für Naive Kunst** (S. 47) in Zagreb und in der **Galerie Koprivnica** (Zrinski trg 9, Koprivnica; Di–Sa 8–18 Uhr), die auch eine kleine Kunsthandwerksecke hat.

Siedlungsspuren von insgesamt 876 Menschen gemacht, darunter auch 196 Zähne, die von mehreren Dutzend Individuen stammen. Diese Fundstücke stehen im Mittelpunkt des neuen Museums.

Mit dem Besuch dieser beachtenswerten Ausgrabungsstätte und einem kurzen Bummel durch das Städtchen erschöpfen sich allerdings schon die wenigen Sehenswürdigkeiten des Ortes.

Die Hauptstraße, die durch die Stadt verläuft, heißt zunächst Zagrebačka Ulica, ab der Stadtmitte wird sie Ljudevita Gaja genannt und an ihrem Nordende trägt sie schließlich den Namen Magistratska. Das Zentrum der Stadt bildet der Trg Stjepana Radića, er befindet sich zwischen der Zagrebačka und der Ljudevita Gaja.

Sehenswertes

Neandertalermuseum MUSEUM
(Muzej krapinskih neandertalaca; Šetalište Vilibalda Sluge bb; Erw./ermäßigt 50/25 Kn; April–Sept. 9–19 Uhr, Nov.–Feb. 9–17 Uhr, März & Okt. 9–18 Uhr) Das neu errichtete Museum liegt gleich westlich des Stadtzentrums und ist die Attraktion des Ortes. Errichtet in einer Senke zwischen zwei Hügeln, beherbergt das höhlenartig gestaltete zweistöckige Gebäude mit gläserner Eingangsfront vor allem ultramoderne Hightech-Exponate mit Erläuterungen in drei Sprachen, die die Geschichte und Geologie der Gegend vorstellen. Nach einem einführenden Video in der Eingangshalle sollen die Besucher den Rundgang als eine Art Entdeckungsreise bis zu den Anfängen des Siedlungsplatzes erleben. Düstere unterirdische Kammern, hyperrealistische Dioramen des Neandertalerlebens und jede Menge interaktiver Bildschirme sorgen dabei für die richtige Stimmung. Ein besonderer Clou ist der Eingang zum Obergeschoss durch einen dunklen Gang mit schrillen Lichteffekten.

Auch den grünen Hügel, wo die prähistorischen Überreste gefunden wurden, kann man besichtigen. Hier sieht man lebensgroße Figuren von Neandertalern bei „alltäglichen" Beschäftigungen wie Knüppelschwenken und Steinewerfen.

Achtung: Letzter Einlass ins Museum ist eine Stunde vor Schließung.

Franziskanerkloster KLOSTER
Das sehenswerte Barockkloster war in früheren Zeiten mit einer philosophisch-theologischen Lehranstalt verbunden. In der Sakristei der angrenzenden Kirche sind ausdrucksstarke Fresken des Paulinermönches und Barockmalers Ivan Ranger (1700–1753) erhalten.

GRATIS **Städtische Kunstgalerie** KUNSTGALERIE
(Magistratska 25; Mo–Fr 10–15, Sa 10–18, So 11–18 Uhr) Arrivierte und auch junge talentierte kroatische Künstler zeigen in dieser Galerie ihre Werke im Rahmen wechselnder Ausstellungen.

Feste & Events

Das **Kajkavische Liederfestival** (Festival Kajkavske Popevke) präsentiert jedes Jahr Anfang September folkloristische Darbietungen aller Art, Dichterlesungen; traditionelle Speisen und Spezialitäten des Zagorje dürfen dabei natürlich nicht fehlen.

Schlafen

Pod Starim Krovovima PENSION €

(Trg Ljudevita Gaja 15; EZ/DZ 205/326 Kn) In der gastlichen *pansion* mitten in der Ortschaft stehen den Gästen acht schlichte, dafür aber saubere und gepflegte Räumlichkeiten mit Badezimmer zur Verfügung. Das Restaurant im Erdgeschoss serviert werktags einen günstigen und leckeren *gablec* (Mittagsimbiss) für 25 Kn.

Essen & Ausgehen

Neandertal Pub BARBECUE €

(Šetalište Vilibalda Sluge bb; Hauptgerichte ab 50 Kn) Das Café und Restaurant am Eingang zum Neandertalermuseum steht ganz im Zeichen der urzeitlichen Einwohner. Das Grillfleisch wird angeblich nach einem 130 000 Jahre alten – „steinzeitlichen" – Rezept zubereitet.

Ilir CAFÉ

(Trg Ljudevita Gaja 3) In lässiger Atmosphäre können die Gäste hier eine Kaffeepause an einem Tisch im Freien, womöglich bei herrlichem Sonnenschein, verbringen oder aber drinnen ganz den altmodischen Charme des Hauses genießen.

Praktische Informationen

Touristeninformation (☎371 330; www.tz-zagorje.hr; Magistratska 28; ⏲Mo–Fr 8–15, Sa 8–12 Uhr) Mehr als ein paar Broschüren und spärliche Auskünfte gibt es hier leider nicht – das ist zwar besser als gar nichts, aber doch eher dürftig.

An- & Weiterreise

Montags bis samstags fährt am frühen Morgen ein einziger Bus von Zagreb nach Krapina (45 Kn, 1 Std.); am Sonntag bleibt auch der aus. Besser ist das Angebot der Eisenbahn: Bis zu elf Zugverbindungen gibt es an Werktagen von und nach Zagreb (35 Kn, 1½ Std.), davon jedoch nur zwei auf direktem Weg; bei den meisten heißt es in Zabok umsteigen. Am Wochenende fahren die Züge seltener.

Der Bahnhof liegt 300 m südlich des Stadtzentrums an der Frana Galovića, der Busbahnhof weitere 600 m außerhalb an derselben Straße.

Burg Veliki Tabor

Zur Burg Veliki Tabor, die etwa 57 km nordwestlich von Zagreb auf einem Hügel steht, fährt man durch eine einladende Landschaft aus Hügeln, Getreidefeldern, Weinbergen und Wäldern. Schon allein wegen der Fahrt lohnt sich der Besuch – ein weiterer Anreiz sind die guten traditionellen Lokale.

Der kroatische Adel begann Ende des 16. Jhs. mit dem Bau befestigter Burgen, um die wiederholt ins Land drängenden Türken abzuwehren. Die goldgelbe, in den letzten Jahren restaurierte **Burg Veliki Tabor** (www.velikitabor.com; Košnički Hum 1, Desinić; Erw./ermäßigt 20/10 Kn; ⏲April–Sept. Di–Fr 9–17, Sa & So 9–19 Uhr, Okt. & März Di–Fr 9–16, Sa & So 9–17 Uhr, Nov.–Feb. Di–Fr 9–16 Uhr) entstand bereits im frühen 16. Jh. als fünfeckig angelegte Konstruktion auf den Grundmauern eines mittelalterlichen Bauwerks. Die vier halbrunden Türme kamen erst später hinzu. Strategisch gut positioniert auf einem Hügel mit weitem Ausblick, besitzt die Anlage alles, was sich ein Burgherr seit dem Mittelalter wünschen konnte: Wehrtürme, Mauertürmchen und Gusslöcher, um Teer und heißes Öl auf anstürmende Feinde zu schütten. Heute ist die Burg ein Museum, dessen skurrilstes Ausstellungsstück ein Totenschädel ist – der Kopf von Veronika Desinić, einer armen jungen Dorfbewohnerin, die der Sage nach zur Strafe für eine Liebschaft mit dem Sohn des Burgherren lebendig eingemauert wurde.

Alljährlich im Juli findet auf der Burg und an verschiedenen Stätten im nahen Kumrovec das **Tabor Film Festival** (www.taborfilmfestival.com) statt, eine bunte Schau internationaler Kurzfilme. Ein Erlebnis ist außerdem der eintägige **Mittelaltermarkt** im September, bei dem Schwertkämpfe, Falkenjagden und Tänze der Renaissance vorgeführt werden.

Die Burg lässt sich bequem aus der Ferne bewundern, und zwar von einem der Außentische des **Grešna Gorica** (www.gresna-gorica.com; Taborgradska Klet 3, Desinić; Hauptgerichte ab 50 Kn). Das rustikale Lokal wird am Wochenende gerne von Zagreber Familien bei ihrem Tagesausflug angesteuert. Es ist zwar etwas kitschig eingerichtet, aber ein Paradies für Kinder: Hier laufen Tiere wie auf einem Bauernhof frei herum, es gibt einen Spielplatz und viel Platz zum Toben. Erwachsene genießen die Aussicht und köstliche klassische Zagorje-Gerichte, beispielsweise *štrukli* (mit Hüttenkäse gefüllte Teigtaschen) und

LANDPARTIEN FÜR GENIESSER

Ländliche Gasthöfe und Übernachtungsangebote auf dem Bauernhof haben sich in den letzten Jahren überall im Zagorje sprunghaft vermehrt. An Wochenenden werden diese Refugien regelmäßig von Ausflüglern aus Zagreb überrannt, unter der Woche aber herrscht die freie Auswahl und die vereinzelten Gäste können die ungeteilte Aufmerksamkeit der Wirtsleute genießen. Die folgenden Häuser bieten durchweg nicht nur Speis und Trank, sondern auch Betten für die Nacht an; sie sind am besten mit einem eigenen Fahrzeug zu erreichen.

Der wundervolle Gasthof **Vuglec Breg** (☎ 345 015; www.vuglec-breg.hr; Škarićevo 151; EZ/DZ 390/550 Kn, Hauptgerichte ab 75 Kn; P@Wi-Fi) liegt 4 km von Krapinske Toplice entfernt im Dorf Škarićevo. Umgeben von einer herrlichen Landschaft aus Hügeln, Weingärten und Wäldern, übernachten die Gäste hier in vier Hütten traditioneller Bauart mit insgesamt sieben Zimmern und drei Suiten. Im Restaurant stehen köstliche Leckereien der Region wie *purica s mlincima* (langsam gebratener Truthahn mit gebackenen Nudeln) und *štrukli* auf der Karte, die in einem großen Ofen zubereitet und bei schönem Wetter auf der Aussichtsterrasse serviert werden. Weinkeller, Tennisplatz, Wanderwege und der Verleih von Mountainbikes gehören ebenso zum Angebot wie Ponys zum Ausreiten, ein Spiel- und ein Badmintonplatz für die Kleinen.

Weinproben mit preisgekrönten Tropfen sind die Besonderheit des Hauses **Bolfan Vinski Vrh** (www.bolfanvinskivrh.hr) im Dörfchen Hraščina bei Zlatar. Der schöne *klet* (regionaltypisches Bauernhaus im Zagorje) steht am höchsten Punkt eines Hügels mit Weingärten und einem der großartigsten Ausblicke der Region. Neben ein paar rustikalen Gästezimmern beherbergt es ein erstklassiges Restaurant (Mi–So). Wer dessen Kochkünste genießen möchte, z. B. den unter der *peka* gegarten Kalbsbraten, muss allerdings mindestens einen Tag im Voraus ordern; Käse- und Wurstplatten sowie Wein gibt es auch ohne Vorbestellung. Von Zeit zu Zeit finden hier tolle Bluesabende statt, die vorab auf der Website angekündigt werden.

Auch der **Klet Kozjak** (www.klet-kozjak.hr) in Sveti Križ Začretje südöstlich von Krapina ist einen Ausflug wert. Das zauberhafte kleine Bauernhaus gehört einer einheimischen Familie, die seit Generationen Ziegen züchtet. Zickleinbraten aus dem Ofen und ein hervorragender Ziegenkäse gehören daher zu den Markenzeichen des Hauses. Auf der Speisekarte finden sich auch andere traditionelle Gerichte der Region wie hausgemachte Brennnesselnudeln mit Käse und Gemüsesauce oder eine *Štrukli*-Suppe. Von der Terrasse aus gibt es dazu einen weiten Ausblick über die Hügel und Täler der Umgebung.

Einer alten Mühle, die auf dem Anwesen bis heute Maismehl produziert, verdankt der hübsche Gasthof **Majsecov Mlin** (www.majsecov-mlin.com) in der Nähe des Dorfes Donja Stubica seinen Namen. Zum Übernachten stehen hier zwei traditionelle Bauernhäuser zur Verfügung, und in der Küche bereitet einer der besten Chefköche des Zagorje je nach der Jahreszeit verschiedene regionale Spezialitäten zu, z. B. ein köstliches Steak mit gebackenen Brennnesselblättern und einem Pesto nach Art des Zagorje. Gleich nebenan verkaufen in den Sommermonaten die Bauern aus der Umgebung auf einem kleinen Markt ihre Lebensmittel.

srneći gulaš (Wildgulasch). Das Restaurant liegt etwa 2 km östlich von Veliki Tabor; ein ausgeschilderter Pfad führt von der Rückseite der Burg aus dorthin, wofür man ungefähr 40 Gehminuten benötogt.

Montags bis samstags fahren mehrere Busse von Zagreb nach Desinić (62 Kn, 1½–2 Std.), sonntags immerhin noch vier. Dann bleibt aber immer noch ein etwa 3 km langer Fußmarsch nach Veliki Tabor, das im Nordwesten liegt.

Kumrovec

☎ 049 / 1854 EW.

In Zagorje wurden einige berühmte Kroaten geboren, zu den bekanntesten zählt sicherlich Tito, der als Josip Broz in Kumrovec zur Welt kam. Das hübsche Dorf, das sich in das Tal der Sutla unweit der slowenischen Grenze schmiegt, ist behutsam in ein Freilichtmuseum verwandelt worden. Das **Museum Staro Selo** (www.mdc.hr/kumrovec; Kumrovec bb; Erw./erm. 20/10 Kn; ⌚April–Sept. 9–19 Uhr, Okt. & März Mo–Fr 9–16 Uhr, Nov.–Feb. 9–16 Uhr), der Nachbau eines Dorfes aus dem 19. Jh., besteht aus 40 restaurierten Häusern und Scheunen aus gestampftem Lehm und Holz. Diese *hiže* (Zagorje-Hütten) sind nun mit Möbeln, Figuren, Spielzeug, Weinpressen und Bäckerwerkzeug (alles mit englischer Beschriftung) ausgestattet. Besucher bekommen so einen guten Eindruck vom traditionellen Kunsthandwerk und Handwerk sowie vom Brauchtum der Region.

Ein Bach plätschert durch das idyllische Dorf, das Museum vermittelt einen lebendigen Eindruck der bäuerlichen Traditionen und des Dorflebens. Eine lebensgroße Bronzestatue von Marschall Tito steht vor seinem bescheidenen Geburtshaus, in dem sich das Original-Mobiliar, Briefe von ausländischen Staatsoberhäuptern und verschiedene Erinnerungsstücke befinden. An einigen Wochenenden zwischen April und September wird im Museum gezeigt, wie Pferde beschlagen, Kerzen gezogen, Keramik getöpfert und Flachs gewebt werden.

An Werktagen fahren täglich zwei Busse zwischen Zagreb und Kumrovec (52 Kn, 1¼ Std.), samstags verkehrt dagegen nur einer und sonntags leider gar keiner.

Klanjec

☎ 049 / 3234 EW.

Ein weiterer berühmter Kroate aus der Region Zagorje war der Bildhauer Antun Augustinčić (1900–1979). Er schuf das berühmte Friedensdenkmal vor dem UN-

ABSTECHER

KURBÄDER IM KAJKAVSKI-LAND

Das Standardpublikum der Heilbäder im Zagorje besteht zumeist aus älteren Semestern mit den entsprechenden Wehwehchen, doch wer den Reisestress einmal in heißem Quellwasser verdampfen lassen und/oder die Relikte des sozialistischen Jugoslawien bestaunen möchte, sollte nicht bis ins hohe Alter warten. Die Entdeckung von Thermalquellen mit möglicherweise heilsamer Wirkung hat zwar in den betroffenen Orten oft auch recht unansehnliche Bauten entstehen lassen, doch selbst die besitzen einen gewissen Zauber, und ein Verwöhnprogramm mit jeder Menge warmem Wasser macht den Ausflug in einen Kurort zu einer reizvollen Abwechslung.

Stubičke Toplice (www.stubicketoplice.net) ist von Zagreb aus das nächstgelegene Heilbad überhaupt und zieht deswegen nicht nur die üblichen Senioren an, sondern auch eine Schar treuer Stammgäste, die den altmodischen Flecken ins Herz geschlossen haben. Das 69 °C heiße Quellwasser, das aus unterirdischen Felsschichten an die Oberfläche steigt, hält den Tourismus schon seit dem 18. Jh. in Gang. In den acht Außen- und einem Innenbecken ist es stets zwischen 32 und 36 °C warm und dient der Behandlung verschiedener rheumatischer und Muskelbeschwerden.

Krapinske Toplice (www.krapinsketoplice.com) liegt etwa 17 km südwestlich von Krapina in den sanften Hügeln des ländlichen Zagorje. Hauptanziehungspunkt des Ortes sind vier magnesium- und kalziumreiche Thermalquellen, deren Temperatur nie unter 39° C sinkt. Ein neues Kurzentrum mit Innenbecken, Saunas und anderen Wellness- sowie Fitnesseinrichtungen wird zurzeit gebaut und soll bald seine Tore öffnen. Bereits in Betrieb ist die neu errichtete **Villa Magdalena** (☎ 233 333; www.villa-magdalena.net; Mirna Ulica 1; EZ/DZ 690/960 Kn; P❄@📶), ein feudaler Bau in Rosatönen einschließlich À-la-carte-Restaurant und Schwimmbad im Freien, dessen schicke, geräumige Suiten mit Whirlpools und Balkons ausgestattet sind.

Tuheljske Toplice (www.tuheljsketoplice.com) gehört zum hübschen Dörfchen Tuhelj, das von Zagreb aus auf der Straße nach Kumrovec in kurzer Zeit zu erreichen ist, und steht deshalb bei den Hauptstädtern seit langer Zeit hoch im Kurs. Das kürzlich eröffnete Hotel Well (www.terme-tuhelj.hr), ein 4-Sterne-Komplex mit mehreren Schwimmbecken, aufwendigem Wellnesszentrum und Abenteuerpark, hat dem Ort zusätzlichen Auftrieb gegeben.

Ein lohnendes Ziel für Freunde von Thermalbädern ist schließlich auch das **Hotel Terme Jezerčica** (www.terme-jezercica.hr) am Rande des Städtchens Donja Stubica. Seine neueste Errungenschaft ist eine großzügige Swimmingpoolanlage.

dem UN-Gebäude in New York. Seine hübsche Heimatstadt Klanjec hat die **Galerie Antun Augustinčić** (www.mdc.hr/augustincic; Trg Antuna Mihanovića 10; Erw./erm. 20/10 Kn; April–Sept. 9–17 Uhr, Okt.–März Di–So 9–15 Uhr) eingerichtet, die sich seinem Werk widmet – einschließlich zahlreicher kopfloser Bronzetorsi und einer riesigen Nachbildung seines New Yorker Friedensdenkmals. Draußen existiert ein kleiner Skulpturengarten; gleich in der Nähe befindet sich ein Denkmal für die im Zweiten Weltkrieg gefallene Partisanen.

Außer der Galerie gibt es hier allerdings nicht allzu viel zu besichtigen. Es lohnt jedoch ein Bummel durch das bezaubernde Städtchen, um die im 17. Jh. erbaute **Barockkirche** und das **Franziskanerkloster** gegenüber der Galerie zu besuchen und den Ausblick auf die umgebende Hügellandschaft zu genießen.

Täglich halten zwei Busse auf der Fahrt von Zagreb nach Kumrovec in Klanjec (51 Kn, 1–1½ Std.). Wichtig zu wissen: An Samstagen verkehrt lediglich ein Bus, an Sonntagen gar keiner.

Marija Bistrica

049 / 6612 EW.

Das größte Wallfahrtszentrum Kroatiens, das Dorf Marija Bistrica, liegt 37 km nördlich von Zagreb an den Hängen der Medvednica. Im Mittelpunkt steht die **Wallfahrtskirche Marija Bistrica** (Hodočasnička Crkva Marije Bistričke), in der eine gotische Holzstatue der Schwarzen Madonna aus dem 15. Jh. steht. Seit sie die Angriffe der Osmanen im 16. Jh. überstand, wird ihr Wunderkraft zugesprochen. Bestärkt wurde dies, als ein verheerendes Feuer 1880 alles bis auf die Madonna zerstörte.

Hinter der Kirche beginnt der **Kreuzweg**, der den Kalvarienberg hinaufführt. Die 14 Stationen wurden mit Werken kroatischer Bildhauer gestaltet und bieten neben dem Gebet wunderbare Aussichten. Ernsthafte religiöse Hingabe erlebt man am 15. August bei der beliebten Pilgerfahrt an **Mariä Himmelfahrt** (Velika Gospa).

Werktags fahren bis zu 20 Busse von Zagreb nach Marija Bistrica (36–44 Kn, 40 Min.–1 Std.), am Wochenende sind es weniger.

Slawonien

Inhalt »

Gut essen

- » Kod Ruže (S. 94)
- » Baranjska Kuća (S. 98)
- » Josić (S. 98)
- » Zelena Žaba (S. 98)

Schön übernachten

- » Maksimilian (S. 94)
- » Zdjelarević (S. 91)
- » Ivica Marica (S. 98)
- » Stari Podrum (S. 101)

Auf nach Slawonien!

Flache, flussreiche Landschaften, einzigartige Naturwunder und eine köstliche Küche – Slawonien hat viel zu bieten und ist doch vom Tourismus so gut wie unberührt. Die Sumpfgebiete von Kopački Rit zählen zu den bedeutendsten Vogelschutzgebieten Europas und sind das perfekte Terrain für Boots-, Rad- und Wandertouren. Osijek, Slawoniens größte Stadt, liegt malerisch am Fluss, die Region Baranja hingegen ist bekannt für ihre Weingüter.

Slawoniens Südosten litt schwer unter dem Krieg, doch Vukovar schickt sich an, seine Rolle als Zentrum der Region wiederzuerlangen. Ilok an der Grenze zu Serbien zieht mit seinen Weinkellern und der Altstadt wieder Besucher an.

Diese Region wird von den drei großen Flüssen Save, Drau und Donau begrenzt. Über viele Jahrhunderte gab es enge Verbindungen zu Ungarn, Serbien und Deutschland – und in dieser kulturellen Vielfalt liegt einer der wichtigsten Reize Slawoniens, denn die Beziehungen zu Mitteleuropa sind viel enger als in den Adria-Provinzen Kroatiens.

Reisezeit

Osijek

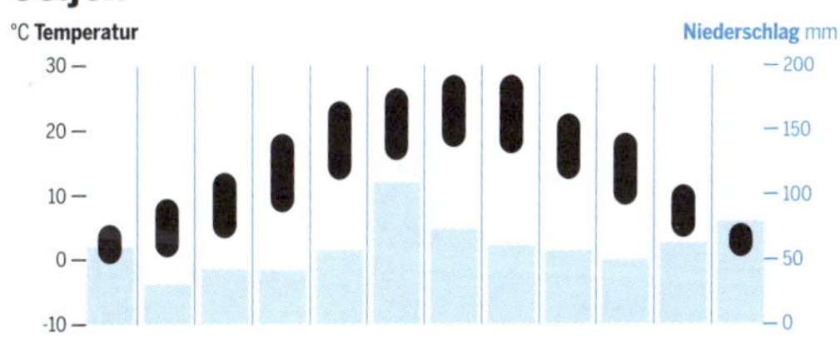

April–Mai Das Frühjahr ist in Slawonien angenehm, es ist mild und es gibt keine Stechmücken.

Juni–Sept. Der Sommer ist Festivalzeit. Im Angebot steht alles von Musik bis zu Skulpturen.

Okt.–März Die kurzen Tage sind ideal, um slawonische Eintöpfe und Wildgerichte zu genießen.

Highlights

1. Den **Naturpark Kopački Rit** (S. 97) erkunden – eines der größten europäischen Feuchtgebiete und ein Paradies für Vogelliebhaber
2. Slawonische Leckereien in Osijeks Festungsviertel **Tvrđa** (S. 91) genießen
3. Die beklemmenden Kriegsdenkmäler in **Vukovar** (S. 99) besuchen
4. Die Weinstraße der **Baranja** (S. 96) bereisen
5. Die beeindruckenden kulturellen Sehenswürdigkeiten von **Osijek** (S. 90) besichtigen
6. Ein besonderes Museum besuchen und dann die einheimischen Gerichte im schönen **Ilok** (S. 100) probieren
7. Das Landleben im multiethnischen Dorf **Karanac** (S. 98) kennenlernen
8. Den Blick vom mächtigen Kriegsdenkmal in **Batina** (S. 99) über die Donau schweifen lassen

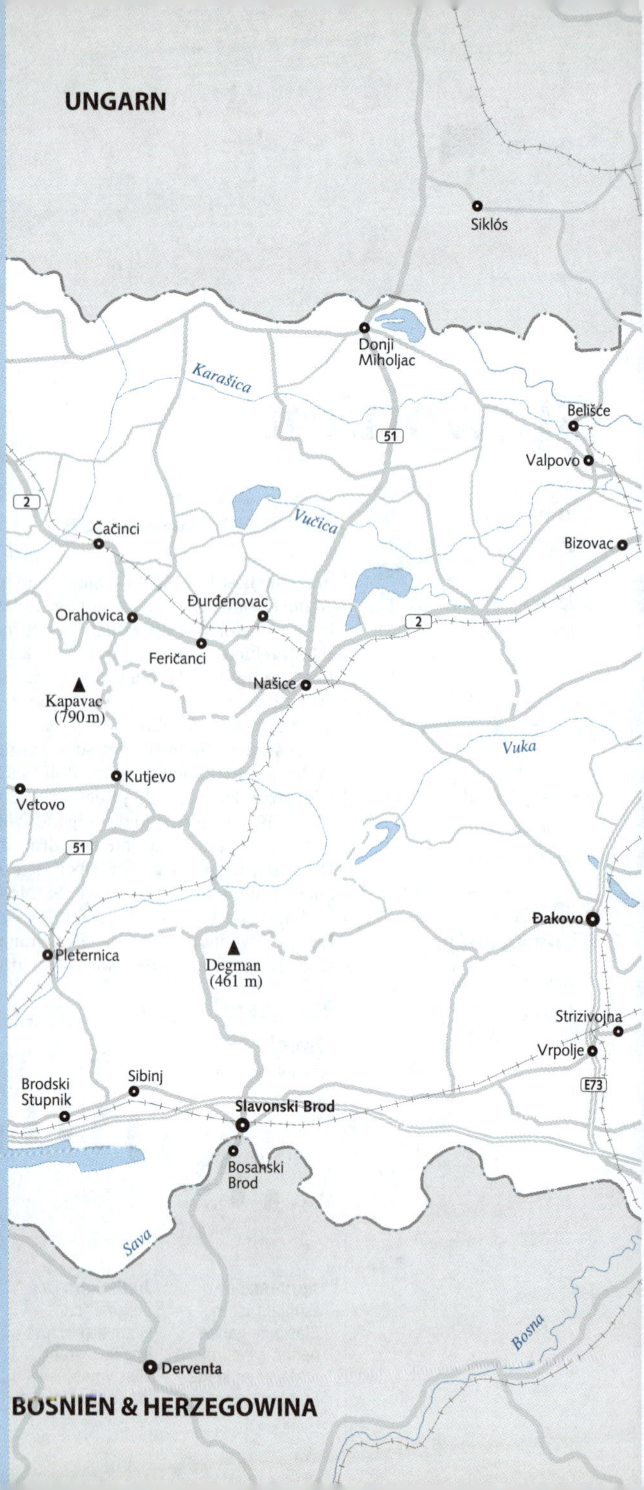

SERBIEN
0
30 km
Bezdan
Batina 8
E662
Sombor
Beli Manastir
Karanac 7
Kneževi Vinogradi
Naturpark Kopački Rit
1
E73
4 Baranja
Petrijevci
Bilje
Kopačevo
Višnjevac
2 5
Osijek
Drava
Donau
Čepin
2
Bijelo
Dalj
Antunovac
E73
Trpinja
Borovo
55
3
Vukovar
Nuštar
Donau
Ivankovo
Vinkovci
St Jankovci
Bač Palanka
2
Ilok 6
Andrijaševci
Privlaka
Gundinci
55
Gradište
Otok
Šid
Sikirevci
SERBIEN
Županja
E70
A3
Bosanski Šamac
Bošnjaci
Bosut
Vrbanja
Drenovci
Save

Geschichte

Bevor der Bürgerkrieg im Jahr 1991 Zehntausende aus Slawonien vertrieb, zählte die Bevölkerung zu jenen mit der größten ethnischen Vielfalt in Europa. Seit dem 7. Jh. siedelten slawische Stämme in der Region, im 16. Jh. wurde sie von den Türken erobert. Als die katholische Bevölkerung floh, zogen orthodoxe Serben in das Gebiet, denen die Türken erheblich aufgeschlossener gegenüber-standen.

Im Jahr 1690 verließen die serbischen Anhänger des Habsburgerreiches den Kosovo, um sich in der Region Srijem rund um Vukovar niederzulassen. Nach dem Frieden von Karlowitz im Jahr 1699 mussten die Türken das Land den Habsburgern abtreten; diese verwandelten den Süden der Region in eine Militärgrenze (Vojna Krajina) zum Osmanischen Reich.

Immer mehr Serben kamen nach Slawonien, aber auch deutsche Kaufleute, Ungarn, Slowaken, ukrainische Bauern, katholische Albaner und Juden. Große Ländereien wurde an deutsche und ungarische Adlige verkauft, die in Osijek, Vukovar und Ilok prächtige barocke und klassizistische Häuser errichteten.

Die große serbische Gemeinde in Slawonien forderte von Präsident Slobodan Milošević, die Region seinem „Großserbien" anzugliedern. Der Übergriff begann 1991 mit der Zerstörung Vukovars und der Bombardierung Osijeks. Im jahr 1992 wurde ein Waffenstillstand vereinbart, doch erst im Januar 1998 wurde die Region in Folge des Daytoner Friedensabkommens an Kroatien zurückgegeben.

Jedoch die Kriegswunden sitzen tief. In Städten wie Vukovar leben Serben und Kroaten quasi in Parallelwelten. Versuche, beide Volksgruppen einander anzunähern, sind bisher von wenig Erfolg gekrönt.

Gefahren & Ärgernisse

Osijek und Umgebung wurden während des Krieges in den 1990er-Jahren vermint. Mittlerweile sind die Stadt sowie die Vororte entlang der Hauptstraße aber wieder geräumt. Gefährlich bleiben die Sümpfe nördlich der Drava, die in den Naturpark Kopački Rit übergehen. Die meisten Minengebiete sind gekennzeichnet, deshalb sollte man auf Schilder achten.

Im Sommer wird der Kopački Rit von Mücken heimgesucht. Lange Hosen und Ärmel oder jede Menge Insektenschutzmittel sorgen für Abhilfe.

Osijek

☎031 / 107 784 EW.

Die grüne historische Universitätsstadt Osijek mit ihrer eindrucksvollen Promenade entlang der Drava und der imposanten Festung aus dem 18. Jh. lohnt einen Besuch.

In den 1990er-Jahren stand die Stadt unter starkem serbischem Beschuss, Spuren sind heute noch zu sehen. Die meisten bedeutenden Gebäude, darunter einige im Stil der Wiener Secession, wurden jedoch inzwischen restauriert.

Allmählich findet die elegante regionale Hauptstadt zu alter Größe zurück, dafür sorgen Rückkehrer, boomende Studentenzahlen, neue Hotels und Restaurants sowie ein zunehmend regerer Besucherandrang. Das faszinierende, kosmopolitische Osijek hat sich zum perfekten Ausgangspunkt für Ausflüge ins ländliche Slawonien und den schönen Naturpark Kopački Rit entwickelt.

Geschichte

Osijeks Lage an der Drava, unweit ihrer Mündung in die Donau (kroatisch Dunav), verlieh dem Ort mehr als 2000 Jahre lang strategische Bedeutung. Seinen Namen erhielt Osijek von slawischen Siedlern. Im 12. Jh. war es bereits eine florierende Marktstadt. 1526 wurde Osijek von den Türken zerstört, im osmanischen Stil wieder aufgebaut und zum Verwaltungszentrum erhoben.

1687 wurden die Türken schließlich von den Österreichern vertrieben. Die muslimischen Bewohner flohen nach Bosnien, stattdessen kamen Serben, Kroaten, Deutsche und Ungarn. Da die Österreicher weiterhin türkische Angriffe fürchteten, errichteten sie Anfang des 18. Jhs. die Festung Tvrđa, die bis heute das Stadtbild prägt.

Bis zum Bürgerkrieg in den 1990er-Jahren war Osijek ein bedeutendes Industriezentrum im ehemaligen Jugoslawien. Im Jahr 1991 fielen die jugoslawische Armee und paramilitärische Truppen aus Serbien in die Region Baranja nördlich von Osijek ein. Aus serbischen Stellungen wurden im Juli 1991 die ersten Granaten über die Drava geschossen. Nachdem Vukovar im November gefallen war, wurde Osijek Ziel der jugoslawischen und serbischen Streitkräfte. Die Stadt wurde unter Artilleriebeschuss genommen, Tausende Einwohner flohen. Bis Mai 1992 dauerten die verheerenden Bombenangriffe, aber die Stadt konnte nicht eingenommen werden.

Osijeks Wirtschaft litt schwer unter den hohen Kosten des Wiederaufs und den Flüchtlingsströmen, ebenso unter dem Verlust seiner Absatzmärkte. In den letzten Jahren geht es aber wieder bergauf und neuer Optimismus macht sich breit.

Sehenswertes

TVRĐA
Die Zitadelle wurde unter den Habsburgern im 18. Jh. zur Abwehr türkischer Angriffe erbaut und blieb im Bürgerkrieg 1991 weitgehend verschont. Die barocke Anlage mit kopfsteingepflasterten Straßen, weitläufigen Plätzen und stattlichen Bürgerhäusern weist eine bemerkenswerte architektonische Geschlossenheit auf. Sie mutet beinahe schon wie ein Freiluftmuseum an.

Den Hauptplatz Trg Svetog Trojstva dominiert das kunstvolle **Dreifaltigkeitsmonument**, eine Barocksäule, die im Jahr 1729 errichtet wurde. Sie gedenkt der zahlreichen Menschen, die im 18. Jh. der verherrenden Pestepidemie zum Opfer fielen.

WEINPROBEN IN SLAWONIEN

Wein wird in Slawonien schon seit Jahrtausenden kultiviert. Es wird angenommen, dass der Name Baranja aus dem Ungarischen abstammt und „Weinmutter" bedeutet. Nach einer Phase der Stagnation sind in der Region Zeichen für eine ernsthafte Renaissance des Weinanbaus spürbar. Die lokalen Weißweinsorten, wie z. B. *graševina*, sind zu Recht berühmt. Doch es werden auch robuste Rotweine produziert, vor allem *frankovka* (Blaufränkischer), Merlot und Cabernet Sauvignon. Vor einem Besuch sollte man unbedingt bei jedem Weingut anrufen, um die Details für eine Weinprobe zu klären.

Das Weingut **Kutjevo** (☎800 600 006; www.kutjevo.com; Kralja Tomislava 1, Kutjevo; hnach Voranmeldung) liegt in der gleichnamigen Stadt und verfügt über einen mittelalterlichen Weinkeller von 1232, der früher zu einer Zisterzienserabtei gehörte. Man kann sich einer Führung anschließen (20 Kn) und dabei die preisgekrönten De-Gotho-Weine probieren, darunter sind auch Rotweine.

Ganz in der Nähe befinden sich zwei der besten Weingüter Slawoniens: Bei **Krauthaker** (☎034-315 000; www.krauthaker.hr; Ivana Jambrovića 6, Kutjevo; Weinprobe & Führung 40 Kn) werden der *graševina* und die süßen Weine regelmäßig ausgezeichnet. **Enjingi** (☎034-267 200; www.enjingi.hr; Hrnjevac 87, Vetovo; Weinprobe & Führung 50 Kn) ist einer der führenden kroatischen Ökowinzer, dessen Familientradition bis 1890 zurückreicht. Den preisgekrönten weißen Venje-Verschnitt sollte man unbedingt probieren. Man kann auf dem Weingut sogar mit Blick auf die Weinberge übernachten. Für eine komplette Auswahl der Kutjevo-Weine empfiehlt sich ein Besuch des neuen Weinladens **Kolijevka Graševine** (☎098 363 312) im Stadtzentrum. Angeschlossen ist eine Probierstube.

In der Baranja wurde der Weinanbau an den sanften Hügelhängen rund um Kneževi Vinogradi wiederbelebt. Aufstrebende Winzer vor allem aus den Orten Zmajevac und Suza arbeiten an gut ausgeschilderten Weinstraßen. Der eher traditionell arbeitende **Winzer Gerštmajer** (%031-735 276; Šandora 31, Zmajevac) bietet Führungen über sein 11 ha großes Weingut mit Weinproben im Weinkeller an. Weiter unten am Hang besitzt der größte Weinproduzent der Region, **Josić** (☎098 252 657; www.josic.hr; Planina 194, Zmajevac), auch ein gutes Restaurant. **Kolar** (☎031-733 184; Maršala Tita 141; h9-17 Uhr) verfügt an der Hauptstraße bei Suza ebenfalls über ein Restaurant sowie einen Verkaufsladen. In dem 100 Jahre alten Weinkeller kann man an Weinproben teilnehmen.

Slawonien ist auch für die historischen Weinkeller in Ilok bekannt sowie für Kroatiens erstes Weinhotel: Das **Zdjelarević** (☎035-427 775; www.zdjelarevic.hr), liegt umgeben von Fischteichen und einer wunderbaren Hügellandschaft in Brodski Stupnik bei Slavonski Brod. Das Hotel verfügt über markierte Radwege und Lehrpfade durch die Weinberge. Angeboten werden zudem Führungen mit einem Fachmann, der die unterschiedlichen Böden und Rebsorten erläutert. Das Terrassen-Restaurant serviert bei schönem Panoramablick über die Weinberge Haute Cuisine, begleitet von den örtlichen Weinen. Die Zimmer sind anspruchsvoll und es gibt Führungen durch den Weinkeller. Bodenständiger geht es bei **Sobe Tonkić** (☎035-273 408; www.sobe-tonkic.hr) zu, einer rustikalen, familiengeführten Pension mit Restaurant. Auf der Speisekarte finden sich regionale Spezialitäten und Weine aus Eigenanbau.

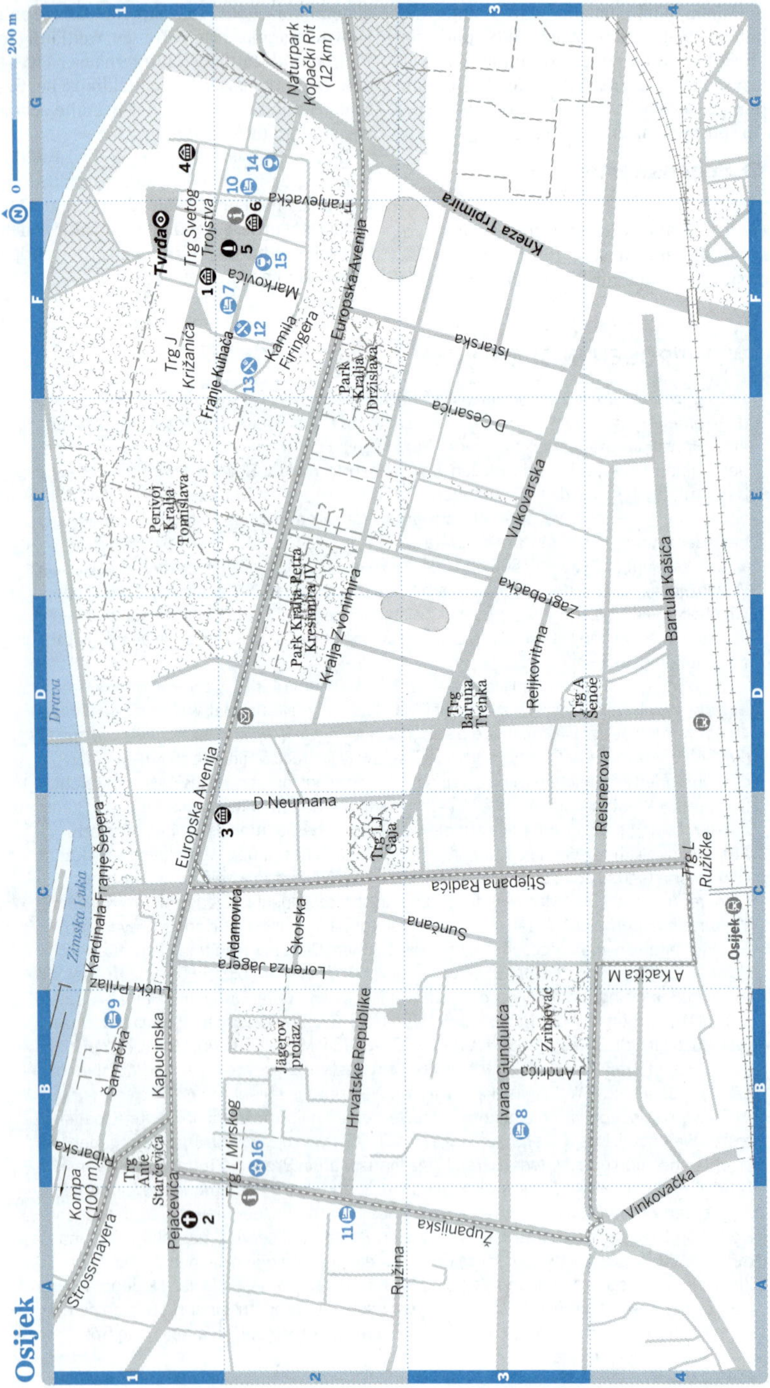

Osijek
200 m
Tvrđa
Trg Svetog Trojstva
Franjevačka
Markovića
Trg J Križanića
Franje Kuhača
Kamila Firingera
Naturpark Kopački Rit (12 km)
Kneza Trpimira
Europska Avenija
Istarska
Park Kralja Držislava
D Cesarica
Perivoj Kralja Tomislava
Vukovarska
Zagrebačka
Park Kralja Petra Krešimira IV
Kralja Zvonimira
Drava
Bartula Kašića
Reljkovitna
Trg Baruna Trenka
Trg A Šenoe
Reisnerova
D Neumana
Trg LJ Gaja
Kardinala Franje Šepera
Zimska Luka
Stjepana Radića
Trg L Ružičke
Adamovića
Školska
Sunčana
Lorenza Jägera
Lučki Prilaz
Osijek
A Kačića M
Šamačka
Kapucinska
Jägerov prolaz
Hrvatske Republike
Ivana Gundulića
Zrinjevac
J Andrića
Trg L Mirskog
Ribarska
Trg Ante Starčevića
Kompa (100 m)
Strossmayera
Pejačevića
Županijska
Vinkovačka
Ružina

Osijek

Highlights
Tvrđa F1

Sehenswertes
1 Archäologisches Museum F1
2 Peter-& Paulskirche A1
3 Kunstgalerie C2
4 Gloria-Maris-Museum G1
5 Dreifaltigkeitsmonument F2
6 Museum von Slawonien F2

Schlafen
7 Hostel Tufna F2
8 Hotel Drava B3
9 Hotel Osijek B1
10 Maksimilian G2
11 Waldinger A2

Essen
Kavana Waldinger .... (siehe 11)
12 Kod Ruže F2
13 Slavonska Kuća F2

Ausgehen
14 Old Bridge Pub G2
15 St Patrick's Pub F2

Unterhaltung
16 Kroatiasches Nationaltheater B2
Tufna .... (siehe 7)

Gloria-Maris-Museum MUSEUM
(www.gloria-maris.hr; Svodovi bb; Erw./erm. 20/15 Kn; ⌚Di-Mi, Fr 10–16, Do 10–20, Sa–So 10–13 Uhr) In den Kellergewölben der alten Zitadelle widmet sich dieses außergewöhnliche Museum der Meereswelt und den Muscheln. Vladimir Filipović hat in liebevoller Kleinarbeit in 48 Sammlerjahren rund 1 Mio. Muscheln aus allen Ecken der Welt zusammengetragen. Zu den außergewöhnlichen Exponaten gehören beispielsweise die wohl giftigste Kreatur der Ozeane – ein philippinischer Oktopus –, rund 650 Mio. Jahre alte Fossilien, ein Megalodon-Zahn sowie die schöne Muschelsammlung – von gigantischen Venusmuscheln bis zu winzigen Exemplaren.

Weil es praktisch keinerlei Informationen auf Englisch oder in anderen geläufigen Sprachen existieren, sollte man sicherheitshalber vorher anrufen, um nach einem Übersetzer (zumindest für Englisch) zu fragen. Der Eingang befindet sich in der Straße zur Rechten der Kirche.

Slawonisches Museum MUSEUM
(Muzej Slavonije Osijek; www.mso.hr; Trg Svetog Trojstva 6; Erw./erm. 15/10 Kn, So Eintritt frei; ⌚Di–Fr 9–19, Sa 17–21, So 10–14 Uhr) Das Regionalmuseum beherbergt eine große Sammlung an Exponaten zur slawonischen Geschichte, darunter Fundstücke aus der Bronzezeit und aus der Römersiedlung Mursa. Sehenswert sind auch die wunderbaren Textilien und gewebten Produkte sowie der Schmuck und die schönen Möbelstücke. Die Ausstellung wechselt alle paar Monate. Von Juni bis September ist das Museum donnerstags auch abends geöffnet.

Archäologisches Museum MUSEUM
(Arheološki Muzej Osijek; Trg Svetog Trojstva 2; Erw./erm. 10/5 Kn; ⌚Di–Fr 9–19, Sa 17–21, So 10–14 Uhr) Schon das Gebäude – ein renoviertes Haus der Stadtwache – ist großartig. Die Böden sind aus herrlichem Eichenholz und der Arkadenhof wurde mit einer Glaskuppel gekrönt. Zu sehen sind u. a. römische Steine und keltische Helme. Erklärungen gibt es auch auf Englisch. Von Juni bis September ist das Museum donnerstags auch abends geöffnet.

Ein Kombiticket für das Slawonische Museum, das Archäologische Museum und die Kunstgalerie kostet 25 Kn.

OBERSTADT

Peter-und-Paulskirche KIRCHE
(⌚Sept.–Juni Mo–Fr 8–12, 15–18 Uhr, Juli–Aug. Mo–Fr 8–12, 16–18, Sa 11–12 Uhr) Die in den 1890er-Jahren errichtete neugotische Peter-und Paulskirche überragt den Platz Trg Ante Starčevića. Der rund 90 m hohe Turm der roten Backsteinkirche wird nur noch von der Kathedrale in der kroatischen Hauptstadt Zagreb übertroffen. Im Inneren beeindrucken 40 Buntglasfenster im Wiener Stil sowie farbenfrohe Fresken des kroatischen Malers Mirko Rački.

Kunstgalerie KUNSTGALERIE
(Galerija Likovnih Umjetnosti; www.gluo.hr; Europska Avenija 9; Erw./erm. 10/5 Kn, Do, So Eintritt frei; ⌚Di–Mi, Fr 10–18, Do 10–20, So 10–13 Uhr) In einer eleganten neoklassizistischen Villa präsentiert die Kunstgalerie beachtenswerte Gemälde und Skulpturen von slawonischen Künstlern vom 18. Jh. bis zur Gegenwart.

AUSSERHALB DES STADTZENTRUMS

Zoo Osijek ZOO

(www.zoo-osijek.hr; Sjevernodravska Obala 1; Erw./erm. 20/10 Kn; ⌚März-Aug. 9–19 Uhr, Sept.-Feb. 9–17 Uhr) Als Abwechslung zu den Museen und Kirchen lohnt die kostenlose Fahrt vom Ufer der Gornji Grad mit der hölzernen Fußgängerfähre *kompa*, die von der Wasserströmung angetrieben wird. Am anderen Ufer der Drau liegt der mit 11 ha Fläche größte Zoo Kroatiens. Zu sehen sind 80 Tierarten und ein Reptilienbecken.

Die *kompa* verkehrt von April bis Oktober von 9 bis 19 Uhr.

Feste & Events

Urban Fest Osijek MUSIK

(www.ufo.com.hr) Bei dem Musikfestival im Juni treten Hip-Hop-, Rock- und Electronic-Künstler auf.

Pannonian Challenge SPORT

(www.pannonian.org) Extremsport sowie Musikfestival im August.

Schlafen

Osijek verfügt nur über wenige Hotels. Adressen von Privatvermietern gibt es bei der Touristeninformation oder bei OK Tours.

LP TIPP **Maksimilian** PENSION €

(☎497 567; www.maksimilian.hr; Franjevačka 12; EZ/DZ ab 220/320 Kn; ❄@📶) Im Herzen der Altstadt wird diese hervorragende Pension von einem englischsprachigen Team geführt. Die neun geräumigen Zimmer in dem historischen Gebäude von 1860 verfügen über Satelliten-TV, hohe Decken und eine gute Ausstattung, darunter in den meisten Zimmern eine Klimaanlage. Es gibt eine Küche mit kostenlosem Tee und Kaffee sowie einen Fahrradverleih. Das umfangreiche Frühstück ist im Übernachtungspreis enthalten. Die riesigen Deluxe-Zimmer mit Ausblick sind den Zuschlag wert.

Waldinger HISTORISCHES HOTEL €€€

(☎250 450; www.waldinger.hr; Županijska 8; Pension EZ/DZ 340/440 Kn, Hotel EZ/DZ 650/950 Kn; P❄@📶) Dieses charmante kleine Hotel hat zwei Bereiche. Die Zimmer im Hauptgebäude verströmen üppigen traditionellen Charme mit viel Plüsch und dicken Teppichen. Die Pension im Hinterhaus ist etwas bescheidener mit funktionalen Zimmern. In dem gehobenen Esszimmer wird ein gutes Frühstück serviert und im obersten Stock gibt es einen Fitnessbereich mit Sauna. Das Restaurant ist gehoben und das Café ist stimmungsvoll. Im Hochsommer gewährt das Hotel spürbare Preisnachlässe.

Hotel Osijek HOTEL €€€

(☎230 333; www.hotelosijek.hr; Šamačka 4; EZ/DZ 840/910 Kn; P❄@📶) Direkt am Fluss ist der Betonkasten das luxuriöseste Hotel der Stadt, das vor allem Geschäftsleute anzieht. Die 147 schicken Zimmer und Suiten sind eher modernistisch eingerichtet. Die meisten genießen einen spektakulären Ausblick. Das Wellnesscenter im 14. Stockwerk bietet ein türkisches Bad sowie Whirlpool und Sauna. Bei telefonischen Reservierungen gibt es einen Rabatt von 10 %.

Hostel Tufna HOSTEL €

(☎215 020; www.tufna.com.hr; Franje Kuhača 10; B pro Pers. 100 Kn; @📶) Osijeks einziges Backpacker-Hostel hat zwei kleine Schlafsäle mit je zehn Betten sowie ein Wohnzimmer und eine Küche im stillosen Dekor der 1970er-Jahre. Das Hostel befindet sich direkt über einer Club-Bar, sodass man an Wochenenden nachts Ohrenstöpsel braucht. Falls niemand aufmacht, muss man die Telefonnummer an der Tür anrufen.

Hotel Drava HOTEL €€

(☎250500; www.hotel-drava.com; Ivana Gundulića 25a; EZ/DZ 421/622 Kn; P❄@📶) Das einladende Hotel befindet sich in der Nähe des Bahnhofs und des Busbahnhofs. Die elf bunten Zimmer sind gut ausgestattet, allerdings ein wenig auf der kitschigen Seite. An Wochenenden und bei Barzahlungen gibt es Rabatt.

Essen

Osijek ist der Ort, um die herzhafte und gut gewürzte slawonische Küche zu kosten. Die regionalen Gerichte sind stark vom benachbarten Ungarn beeinflusst, sodass z. B. fast jedes Gericht mit Paprika gewürzt wird. Auf dem Speisezettel finden sich vor allem Fleisch und Süßwasserfische. Die bekannteste Regionalspezialität heißt *fiš paprikaš*. Dabei handelt es sich um einen in einer Paprikasoße geschmorten Fisch, der mit Nudeln serviert wird.

Wochentags gibt es günstige Mittagsgerichte im Old Bridge Pub.

LP TIPP **Kod Ruže** SLAWONISCH €

(Kuhačeva 25a; Hauptgerichte ab 50 Kn; ⌚So abends geschl.) Das rustikale Ambiente wird hier sehr gepflegt, vor allem an Wochenenden, wenn es Live-Zigeunermusik gibt. In dem stimmungsvollen Lokal werden slawonische Spezialitäten serviert. Lecker sind der Fleischeintopf *čobanac* sowie die herzhaften Salate, darunter der Fischsalat *alas salata*.

Slavonska Kuća SLAWONISCH €
(Kamila Firingera 26a; Hauptgerichte ab 45 Kn; ⌚So geschl.) Die Auswahl an authentischen slawonischen Gerichten ist groß. Es gibt z. B. viel *pečena riba* (Backfisch). Sehr lecker ist der Wels. Die Preise sind moderat und die Portionen umfangreich. Als Wein empfiehlt sich der fruchtige weiße *graševina*.

Kompa SLAWONISCH €
(Splavarska 1; Hauptgerichte ab 40 Kn) Das sehr einfache Lokal am Drau-Ufer gegenüber vom Zoo ist bei den Einheimischen sehr beliebt. Der Innenraum ist winzig und draußen stehen die Tische direkt am Ufer. Die solide Hausmannskost ist sehr günstig. Die Speisekarte gibt es allerdings nicht auf Englisch.

Galija INTERNATIONAL €
(Gornjodravska Obala bb; Hauptgerichte ab 40 Kn) Das beste Restaurantschiff von Osijek befindet sich ein Stückchen entfernt vom Rummel rund um das Hotel Osijek. Auf den Tisch kommen eine Reihe von internationalen und regionalen Gerichten. Das schöne Flusspanorama ist vor allem bei Sonnenuntergang sehr malerisch. Das Galija ist von Oktober bis zum Frühjahr geschlossen.

Kavana Waldinger CAFÉ €
(Županijska 8; Kuchen ab 10 Kn) Das ehrwürdige Café lockt sogar die Lokalprominenz an, weil der gute Service und die leckeren Kuchen jede Kalorie wert sind.

Ausgehen

Die Außenterrassen der Café-Bars am Ufer rund um das Hotel Osijek sind bei schönem Wetter sehr beliebt. Andernfalls empfiehlt sich abends das Tvrđa-Viertel, wo man die ganze Palette von pseudobritischen Pubs bis zu lebhaften heimischen Kneipen findet.

Old Bridge Pub KNEIPE
(www.oldbridgepub.com; Franje Kuhača 4) Das stilechte Old Bridge verfügt über drei Ebenen und eine kleine Terrasse. Die oberste Ebene ist sehr schick mit eleganten Chesterfield-Sofas ausgestattet. An Wochenenden (bis 4 Uhr morgens) gibt es Live-Bands, unter der Woche preisgünstige Mittagessen.

St Patrick's Pub KNEIPE
(Franje Kuhača 15) Die freundliche Kneipe ist die beste Adresse, um den Abend zu starten. Drinnen dominiert eine Mischung aus dunklem Holz und Neonlicht, während es draußen auf dem Hauptplatz eine riesige Terrasse gibt.

Tufna NACHTCLUB
(www.tufna.com.hr; Franje Kuhača 10) Ein kleiner Club mit Underground-Stimmung. Die DJs sorgen für eklektische Electronik-Sounds – angesagt ist alles von House-Hymnen bis zu Drum 'n' Bass.

Kroatisches Nationaltheater THEATER
(Hrvatsko Narodno Kazalište; ☎220 700; www.hnk-osijek.hr; Županijska 9) Das wunderbare Theater bringt regelmäßig zwischen September und Juni Schauspiel-, Ballett- und Opernaufführungen auf die Bühne.

Praktische Informationen

In den Stadtvierteln Gornji Grad und Tvrđa gibt es kostenloses WLAN.

Krankenhaus (☎511 511; Josipa Huttlera 4)

OK Tours (☎212 815; www.ok-tours.hr; Trg Slobode 7) Führungen, Informationen und einige Privatunterkünfte.

Panturist (☎214 388; www.panturist.hr; Kapucinska 19) Slawoniens größter Reiseveranstalter bietet Busverbindungen zur Küste sowie ins Ausland.

Post (Kardinala Alojzija Stepinca 17; ⌚Mo–Sa 7–20 Uhr) Telefonanrufe und Barauszahlungen auf die MasterCard.

Press Cafe (Lorenza Jägera 24; Internetzugang pro Std. 15 Kn; ⌚Mo–Sa 7–23, So 8–23 Uhr) Internetsurfen in einer Bar.

Privredna Banka (Stjepana Radića 19) Verfügt über einen Geldautomaten.

ZÜGE AB OSIJEK

REISEZIEL	FAHRPREIS (KN)	FAHRZEIT	FAHRTEN PRO TAG
Rijeka	200	9–10 Std.	1
Zagreb	120	4½ Std.	5

BUSSE AB OSIJEK

REISEZIEL	FAHRPREIS (KN)	FAHRZEIT	FAHRTEN PRO TAG
Đakovo	33	45 Min.	26
Dubrovnik	350	14 Std.	1
Ilok	61	2 Std.	5
Rijeka	265	7 Std.	1
Split	290	11 Std.	1
Toplice	48	1 Std.	6
Vukovar	34	45 Min.	12
Zagreb	138	4 Std.	8

INTERNATIONALE REISEZIELE	FAHRPREIS (KN)	FAHRZEIT	FAHRTEN
Belgrad	122	3½ Std.	4-mal täglich
Wien	295	9 Std.	1-mal täglich
Zürich	882	19 Std.	1-mal wöchentlich

Touristeninformation (☎210 120; www.tz osijek.hr; Trg Svetog Trojstva 5; ⏲Mo–Fr 10–16, Sa 9–13 Uhr) Informationsstelle im selben Gebäude wie das Slawonische Museum.

Touristeninformation (☎203 755; www.tz osijek.hr; Županijska 2; ⏲Mitte Juni–Mitte Sept. Mo–Fr 8–20, Sa 8–12 Uhr; sonst Mo–Fr 8–16, Sa 8–12 Uhr) Hilfreiches Informationsbüro mit Broschüren, Büchern und Landkarten.

Zlatna Greda (☎091 421 1424; www.zlatna-greda.org) Eine hervorragende Öko-Agentur, die Kanutrips auf der Donau und im Naturpark Kopački Rit organisiert. Ebenfalls im Angebot sind Wanderungen, Vogelbeobachtungstrips, Stadtführungen per Schiff, Fotosafaris, Ausritte und Radtouren.

An- & Weiterreise

Osijek ist eine bedeutende Verkehrsdrehscheibe für Busse und Züge, die viele Ziele ansteuern.

Flugzeug

Klisa Airport (☎514 400; www.osijek-airport.hr) liegt 20 km von Osijek an der Straße nach Vukovar. Klisa ist ein sehr kleiner Flughafen mit nur wenigen Verbindungen von Croatia Airlines nach Dubrovnik und Zagreb.

Bus

Der vollständige Fahrplan mit den internationalen Verbindungen hängt am Busbahnhof aus.

Zug

Es gibt täglich in beide Richtungen einen Zug zwischen Pécs (Ungarn) und Osijek (54 Kn, 2 Std.). Der Zug aus Osijek hat in Pécs Anschluss nach Budapest (115 Kn, 5 Std.). Es gibt täglich zudem einen Zug nach Sarajevo (164 Kn, 6½ Std.).

Information

Ein Shuttle-Bus bringt Fluggäste vom Flughafen für 25 Kn in die Stadt. Er verkehrt zudem 2½ Stunden vor jedem internationalen Abflug und 1½ Stunden vor jedem Inlandsflug vom Busbahnhof zum Flughafen.

In der Stadt gibt es einen hervorragenden und günstigen Taxiservice. **Cammeo** (☎205 205) hat eine moderne Wagenflotte mit Taxametern. Die meisten Fahrten in der Stadt kosten lediglich 20 Kn.

Osijek verfügt über zwei Straßenbahnlinien. Der Fahrpreis beträgt 10 Kn und muss beim Fahrer entrichtet werden.

Straßenbahnlinie 2 verbindet den Bahnhof und den Busbahnhof mit dem Trg Ante Starčevića im Zentrum, Linie 1 fährt zur Tvrđa.

Busse verbinden Osijek mit dem nahe gelegenen Ort Bilje: Die Panturist-Busse vom Busbahnhof nach Beli Manastir halten auf Wunsch auch in Bilje (15 Min., 16 Kn).

Baranja

☎031

Das kleine Dreieck im äußersten Nordosten Kroatiens, wo Drava und Donau zusammenfließen, heißt Baranja. Es erstreckt sich östlich von Osijek in Richtung Serbien, nach Norden zur Stadt Beli Manastir und im Südwesten in Richtung Đakovo. In diesem landwirtschaftlich geprägten Gebiet ist der ungarische Einfluss stark spürbar. So tragen alle Orte Namen in beiden Sprachen, einige Dorfbewohner sprechen kaum Kroatisch.

In den letzten Jahren avancierte diese Gegend – sehr malerisch mit ihren Wein- und Obstgärten, Sümpfen und Weizenfeldern – zu einem der attraktivsten Touristenziele in Kroatien. Nicht nur das Vogelschutzgebiet Kopački Rit zieht Feriengäste an, sondern auch die hübschen Bauernhöfe, wo sich so richtig ländlich Urlaub machen lässt. Nicht zuletzt locken nette Restaurants und aufstrebende Weingüter.

NATURPARK KOPAČKI RIT

Etwa 12 km nordöstlich von Osijek ist der **Naturpark Kopački Rit** (Park Prirode Kopački Rit; www.kopacki-rit.com; Erw. 10 Kn, Kinder unter 2 Jahren frei) am Zusammenfluss von Donau und Drau eines der größten Feuchtgebiete Europas. 293 Vogelarten wurden in den häufig überschwemmten Auwäldern gezählt. Es gibt sogar zwei Seen: Sakadaško und Kopačevo. Der Naturpark ist für seine beachtliche Vegetationsvielfalt bekannt, die durch feuchte Zonen und Grasland bestimmt wird. Verbreitet finden sich zudem Weiden, Pappeln und Eichenwälder. Je nach Saison findet man Wasserlilien, Riedgras, Farne, Wasserlinsen, Schilf und Weidelgras. Die Drau und die Donau wurden zusammen mit der Mur im Juli 2012 von der Unesco zum Biosphärenreservat ernannt.

In den Gewässern leben 44 Fischarten, darunter Karpfen, Brachsen, Hechte, Welse und Flussbarsche. An Land gibt es 21 Mückenarten (am besten literweise Insektenschutzmittel mitnehmen) sowie Hirsche, Wildschweine, Biber, Marder und Füchse. Aber am sehenswertesten sind die Vögel. Hier entdeckt man seltene Schwarzstörche, Seeadler, Haubentaucher, Purpurreiher, Löffler und Wildgänse. Der günstigste Zeitpunkt für einen Besuch ist die Zugvogelzeit im Frühling und Herbst.

Der Naturpark war nach dem Krieg viele Jahre wegen unzähliger hier gelegter Landminen geschlossen. Die meisten Minen konnten mittlerweile entschärft werden, alle sicheren Wege sind markiert. Im Park gibt es ein modernes **Besucherzentrum** (☎752 320; www.kopacki-rit.com; ⌚9–17 Uhr) am Haupteingang an der Straße Bilje–Kopačevo. Nicht weit von hier laden zwei Lehrpfade zu interessanten Streifzügen ein, zudem werden verschiedene **geführte Touren** angeboten. Eine Bootstour durch den Naturpark samt Besuch einer Schlossanlage und Farm kostet 70 Kn für Erwachsene, 50 Kn für Kinder und Studenten. Bei der Tour zur Wildtierbeobachtung in einem kleinen Boot ist man mit 100 Kn pro Stunde dabei (max. 4 Teilnehmer). Treffpunkt ist jeweils der Anlegeplatz, etwa 1 km vom Besucherzentrum entfernt. Man sollte im Voraus buchen, besonders im Frühling und Herbst.

Am nördlichen Ende des Naturparks, rund 12 km vom Besucherzentrum, liegt das austro-ungarische Schloss **Dvorac Tikveš** (☎752 320; www.kopacki-rit.com; pro Pers. 160 Kn). Es gibt hier sowohl eine biologische Forschungsstation sowie sieben sehr angenehme Zimmer zum Übernachten. Tito nutzte das Schloss als Jagdsitz, bevor die Serben es im Krieg in den 1990er-Jahren besetzten.

ĐAKOVO: KATHEDRALE & PFERDE

Die friedliche Provinzstadt Đakovo liegt nur 35 km südlich von Osijek und ist für einen Tagesausflug bestens geeignet. Es gibt drei gute Gründe für einen Besuch: die beeindruckende Kathedrale, die Lippizaner-Pferde und das erstklassige Folkfestival im Sommer.

Der Stolz der Stadt ist die dreischiffige, neoromanische **Kathedrale** (Strossmayerov trg bb; ⌚6.30–12, 15–19.30 Uhr) aus roten Backsteinen, die mit ihrem 84 m hohem Turm das Stadtzentrum dominiert. Sie wurde von Bischof Strossmayer 1862 in Auftrag gegeben, der Innenraum ist mit biblischen Szenen bunt ausgemalt.

Đakovo ist berühmt für sein Lippizanergestüt. Die noble Pferderasse wird seit dem 16. Jh. gezüchtet. Die Lippizaner leben auf einer Farm außerhalb der Stadt. In den Gestütsstallungen **Ergela** (www.ergela-djakovo.hr; Augusta Šenoe 45; Erw./erm. 20/10 Kn; ⌚Mo–Fr 7–17 Uhr, Sa–So nach Voranmeldung), die von der Kathedrale zu Fuß bequem zu erreichen sind, werden sie dtrainiert. Rund 50 Pferde werden hier für die Aufgabe als hochwertige Kutschpferde ausgebildet.

Am ersten Juli-Wochenende bietet das Festival **Đakovački Vezovi** (Đakovo-Stickerei) spektakuläre Lippizaner-Vorführungen und eine bunte Folkloreshow mit Volkstänzen und traditionellen Liedern.

Die Wälder rund um das Schloss sind noch immer vermint, daher fallen eigene Erkundungen aus. Das beste Mittagessen serviert **Kormoran** (Podunavlje bb, Podunavlje; Hauptgerichte ab 50 Kn) am Rande des Schlossparks. Hier kommt die ganze Palette der heimischen Küche auf den Tisch.

Es gibt keinen öffentlichen Nahverkehr zum Naturpark, doch kann man von Osijek einen Bus nach Bilje nehmen und von dort die restlichen 3 km laufen. Alternativ kann man sich in Osijek bei **Šport za Sve** (☎208 135; Istarska 1d; ⌚ Mo–Fr 9–13 Uhr) ein Fahrrad leihen. Auch am Eingang des Naturparks werden für 25 Kn Räder verliehen.

Zlatna Greda (☎091 42 11 424; www.zlatna-greda.org) bietet vom eigenen Ökozentrum in der gleichnamigen, verlassenen Siedlung hervorragende Führungen durch den Naturpark Kopački Rit an. Zlatna Greda ist heute ein geschütztes Kulturdenkmal und liegt 28 km nördlich von Osijek am Rande des Naturparks. Von dort kann man wandern, Vögel beobachten, ausreiten und Kanutrips unternehmen. Noch sind die Arbeiten nicht abgeschlossen, aber Zlatna Gredna plant die Eröffnung eines Zeltplatzes, eines Cafés sowie eines Funparks für den zusätzlichen Adrenalinkick.

RUND UM KOPAČKI RIT

Bilje, 5 km nördlich von Osijek, ist ein Trabantenstadt mit zahlreichen günstigen Unterkünften, die sich als alternatives Standquartier für den Naturpark eignen. **Bilje Plus** (☎750 264; www.biljeplus.hr) ist eine Genossenschaft von drei B&Bs, die Zimmer und Fahrräder vermieten (70 Kn pro Tag). Auch das familiengeführte **Mazur** (☎750 294; www.mazur.hr; Kneza Branimira 2; EZ/DZ 176/312 Kn; P ❄ 📶) ist ein guter Tipp. Die vier schönen Zimmer verfügen über Bad und WC; außerdem wird ein herzhaftes Frühstück serviert.

Ein Radweg verbindet Bilje mit Osijek. Radfahren wird in der Region immer populärer. Die Pannonian Peace Route ist 80 km lang und verbindet Osijek entlang der Donau und durch den Naturpark Kopački Rit mit der serbischen Stadt Sombor. Weitere Infos und eine Landkarte finden sich auf www.zeleni-osijek.hr, einer örtlichen Umweltorganisation. Beliebt ist auch der 138 km lange Donau-Radweg, der als Teil des internationalen Donau-Radwegs von der ungarischen bis zur serbischen Grenze durch die östlichste Region Kroatiens führt.

Im ruhigen Dorf Kopačevo am Rand des Kopački Rit serviert ein hervorragendes Restaurant, **Zelena Žaba** – „grüner Frosch" – (Ribarska 3; Hauptgerichte ab 40 Kn), regionaltypische Küche; sein Name kommt von den Tausenden Fröschen, die im Sumpf hinter dem Haus quaken. Sehr zu empfehlen ist die Spezialität des Hauses, *fiš perkelt,* ein Fischeintopf mit hausgemachten Nudeln, Weichkäse und Speck.

KARANAC & UMGEBUNG

Ganz im Norden von Baranja, 8 km östlich von Beli Manastir, vermittelt das landwirtschaftlich geprägte Karanac ein Stück authentisches slawonisches Dorfleben. Der Ort liegt inmitten von Kirschbäumen und liebevoll gepflegten Gärten und hat drei Kirchen (evangelisch, katholisch, orthodox) sowie gut erhaltene pannonische Bauten.

In Karanac gibt es mehrere Übernachtungsmöglichkeiten, darunter das stimmungsvolle **Sklepić** (☎720 271; www.sklepic.hr; Kolodvorska 58; EZ/DZ 225/370 Kn; P 📶) mit schicken kleinen rustikalen Zimmern, die über Bad/WC verfügen. **Ivica Marica** (☎091 13 73 793; www.ivica-marica.com; Ivo Lola Ribara 8a; EZ/DZ 350/450 Kn; P 📶) am Rande des Dorfes ist ebenfalls eine exzellente Wahl. Der aufstrebende Bauernhof wird von einem jungen Paar geleitet, das einladende Zimmer und Suiten im Kiefernholz-Design vermietet. Es gibt zudem einen Radverleih (100 Kn pro Tag) sowie gute Spielmöglichkeiten für Kinder wie z. B. Fahrten mit einer Pferdekutsche (350 Kn pro Std.).

Sklepić bietet zudem auf einem im Jahr 1897 errichteten Gehöft am Rande des Dorfes ein **Ethnomuseum** (15 Kn; nur nach Voranmeldung) mit etwa 2000 traditionellen Exponaten, Arbeitsgeräten, einem Weinkeller und Stallungen.

In diesem Teil der Baranja findet man einige hervorragende Restaurants und Weingüter. **Baranjska Kuća** (☎720 180; www.baranjska-kuca.com; Kolodvorska 99; Hauptgerichte ab 45 Kn; ⌚So abends geschl.) bringt viele traditionelle Gerichte auf den Tisch, darunter Fischeintöpfe. Der Hinterhof wird von Kastanienbäumen mit Schatten versorgt und es gibt eine alte Schmiede. **Josić** (☎99 736 59 45; www.josic.hr; Planina 194, Zmajevac; Hauptgerichte ab 45 Kn; ⌚Mo geschl.) in der nahe gelegenen Ortschaft Zmajevac ist eine etwas gehobenere Alternative. Gespeist wird im Kellergewölbe, Fleischgerichte stehen im Vordergrund. Eine Spezialität sind die

Perkelt-Eintöpfe mit Entenfleisch und im Weinkeller sollte man unbedingt den örtlichen *graševina* probieren. Im September und Oktober vorab reservieren.

Im benachbarten Örtchen Suza ist die ungarisch geführte **Kovač Čarda** (Maršala Tita 215, Suza; Hauptgerichte ab 45 Kn) ein sehr schlichtes Lokal an der Straße am Ortsausgang. Hier wird jedoch das beste *fiš paprikaš* der Baranja serviert. Man kann das Gericht selbst mit Paprika weiter würzen.

Im Dreiländerdreieck Kroatien, Serbien und Ungarn liegt **Batina**. Dort erinnert eine eindrucksvolle Gedenkstätte aus kommunistischen Zeiten in Form einer riesigen, über dem Ort thronenden Frauenstatue an den entscheidenden Sieg der sowjetischen Truppen über die Nationalsozialisten. Die Aussicht über die Donau ist spektakulär.

Vukovar

☎032 / 28 016 EW.

Wer heute Vukovar besucht, wird Schwierigkeiten haben, sich die Stadt vor dem Krieg vorzustellen. Die Wurzeln dieses einst hübschen Ortes an der Donau reichen bis ins 10. Jh. zurück; die Straßen waren von eleganten Barockgebäuden gesäumt, und es herrschte reger Betrieb in den Kunstgalerien und Museen. Das alles veränderte sich durch die Belagerung von 1991, die Wirtschaft, Kultur, Infrastruktur, den Frieden unter den Bürgern und die Seele der Stadt zerstörte.

Seit 1998 gehört Vukovar wieder zu Kroatien und die Aufbauarbeiten sind in vollem Gang. In der Innenstadt entstanden neue Gebäude, doch noch immer erinnern viele beschädigte Fassaden an die Vergangenheit. Der ehemalige Wasserturm an der Straße nach Ilok wurde bewusst als Zeugnis der Zerstörung stehen gelassen.

Wenige Fortschritte macht die Aussöhnung der Bewohner Vukovars. Serben und Kroaten sind nach wie vor verfeindet, leben in Parallelwelten und pflegen Kontakte nur unter ihresgleichen. Die Kinder besuchen getrennte Schulen und ihre Eltern treffen sich entweder in serbischen oder in kroatischen Cafés. Internationale Organisationen bemühen sich um Versöhnung und Integration, doch wer seine Familie und Lebensgrundlage verloren hat, dem fällt es schwer zu verzeihen.

Viele Sehenswürdigkeiten Vukovars sind verständlicherweise mit dem Krieg verknüpft; ihr Besuch ist meist eine sehr bewegende Angelegenheit.

Sehenswertes

Gedenkstätte Vukovarer Krankenhaus — MUSEUM

(Županijska 37; Erw./erm. 15/7 Kn; ⌚nur nach Voranmeldung) Dieses Multimedia-Museum erinnert an die tragischen Ereignisse, die sich während der Belagerung 1991 in diesem Krankenhaus ereigneten. Die bewegende Führung durch die Flure, die mit Sandsäcken verbarrikadiert sind, zeigt auch Videoprojektionen mit Kriegsbildern und Bombenkratern sowie den klaustrophobischen Atombunker, wo die Neugeborenen und Kinder untergebracht waren. Es gibt Stationen, wo man Interviews und Reden der Opfer und Überlebenden zuhören kann. Da niemand im Krankenhaus Englisch spricht, sollte man besten vorab bei der Touristeninformation einen Termin vereinbaren.

Gedenkstätte Ovčara — GEDENKSTÄTTE

(⌚10–17 Uhr) Rund 6 km außerhalb der Stadt an der Straße nach Ilok führt eine Abzweigung zur Gedenkstätte Ovčara, die nochmals 4 km entfernt liegt. In dem Schuppen wurden 200 Personen aus dem Krankenhaus geschlagen und gefoltert. In der Dunkelkammer gibt es Projektionen mit Fotos der Opfer, während in der Mitte eine einzelne Kerze brennt. Sie wurden schließlich 1,5 km weiter in einem Kornfeld ermordet. Der Ort ist heute durch einen schwarzen Marmor-Grabstein markiert, der mit Kerzen und Blumen geschmückt ist.

Ada — STRAND

Auf der sandigen Donauinsel treffen sich an Sommerwochenenden die Einheimischen, um zu schwimmen, auf dem Strand zu liegen oder im Café zu relaxen. Vom Restaurant Vrška verkehren Schiffe zur Insel. Ein Saisonticket kostet 35 Kn (unbegrenzte Fahrten).

Feste & Events

Das jährliche **Vukovar Film Festival** (www.vukovarfilmfestival.com) Ende August zeigt Reportagen, Dokumentarfilme und Kurzfilme vor allem aus dem Donauraum.

Schlafen & Essen

Hotel Lav — HOTEL €€€

(☎445 100; www.hotel-lav.hr; JJ Strossmayera 18; EZ/DZ 597/914 Kn; P❄@☜) Ein modernes,

DIE BELAGERUNG VON VUKOVAR

Vor dem Krieg hatte Vukovar eine multikulturelle Bevölkerung (etwa 44 000 Einwohner), davon 44 % Kroaten und 37 % Serben. Als Kroatien sich Anfang 1991 vom ehemaligen Jugoslawien abspaltete, kam es zu vermehrten Spannungen zwischen beiden Volksgruppen. Im August 1991 versuchten die jugoslawischen Streitkräfte mit einem groß angelegten Artillerie- und Infanterieangriff, die Stadt einzunehmen.

Ende August waren bis auf 15 000 alle Einwohner Vukovars geflohen. Wer blieb, suchte in Luftschutzkellern Schutz; die Menschen lebten von Konserven, Wasser war rationiert, in den Straßen häuften sich die Toten. Monatelang hielt die Stadt der Belagerung stand, obwohl ihre Verteidiger zahlenmäßig hoffnungslos unterlegen waren.

Nach wochenlangen Kämpfen Mann gegen Mann ergab sich Vukovar schließlich am 18. November. Am 20. November stürmten serbisch-jugoslawische Soldaten das Krankenhaus von Vukovar und verschleppten 400 Patienten, Angestellte und Angehörige. 194 von ihnen wurden in der Nähe des Dorfes Ovčara ermordet, ihre Leichen in einem Massengrab unweit von dort verscharrt. Zwei jugoslawische Armeeoffiziere, Mile Mrkšić und Veselin Šljivančanin, wurden für ihre Mitwirkung an diesem Massaker vom Kriegstribunal in Den Haag 2007 zu 20 bzw. 5 Jahren Gefängnis verurteilt. Mrkšićs Urteil wurde nach einem Berufungsverfahren 2009 bestätigt, Šljivančanins Strafe auf 17 Jahre erhöht wegen Beihilfe und Anstiftung zum Mord.

Schätzungen zufolge sollen rund 2000 Menschen – darunter 1100 Zivilisten – bei der Verteidigung von Vukovar ums Leben gekommen sein. Ungefähr 4000 Menschen wurden verwundet, mehrere Tausend verschwanden vermutlich in Massengräbern, rund 22 000 wurden ins Exil vertrieben.

gut geführtes 4-Sterne-Hotel mit geräumigen, gut ausgestatteten Zimmern, von denen viele an der Donauseite liegen. Es gibt eine gute Bar, ein Café, ein Restaurant, einen kleinen Fitnessraum sowie eine Terrasse.

Vila Rosa PENSION €
(☎091 520 40 36; vilarosavukovar@gmail.com; Josipa Rukavine 2b; EZ/DZ 200/300 Kn; ❄📶) Diese neue Pension wird von einem etwas komischen, aber freundlichen Paar geleitet. Die fünf Zimmer mit Bad/WC verfügen über Holzböden und eine moderne Einrichtung. Vorhanden ist eine gemeinsame Küche, wo auch das Frühstück für 25 Kn serviert wird. Die Donau liegt direkt auf der anderen Straßenseite.

Dunavska Golubica SLAWONISCH €
(Lenjinovo Šetalište 1, Hauptgerichte ab 35 Kn) Angenehmes Restaurant am Flussufer mit einem hervorragenden Ruf. Auf den Tisch kommt slawonische Hausmannskost, am Wochenende gibt es Live-Musik.

ℹ Praktische Informationen

Es gibt mehrere Banken mit Geldautomaten entlang der Hauptstraße Strossmayera. Die jungen, enthusiastischen Mitarbeiter der **Touristeninformation** (☎442 889; www.turizamvukovar.hr; J J Strossmayera 15; ⏱Mo–Fr 7–15, Sa 8–13 Uhr) helfen Besuchern nach besten Kräften. **Danubium Tours** (☎445 455; www.danubiumtours.hr; Franje Tuđmana 19) bietet Fahrradtouren, Kajaktouren auf der Donau sowie verschiedene andere Aktivitäten in Vukovar und Umgebung.

ℹ An- & Weiterreise

Vukovar hat gute Busverbindungen nach Osijek (35 Kn, 50 Min., 9-mal tgl.), Ilok (35 Kn, 50 Min., 9-mal tgl.) und Zagreb (166 Kn, 5 Std., 4-mal tgl.). Es gibt auch regelmäßige Verbindungen nach Belgrad (96 Kn, 3 Std., 4-mal tgl.). Von Vukovar verkehrt täglich ein Zug direkt nach Zagreb (121 Kn, 4½ Std.).

Ilok

☎032 / 6000 EW.

Etwa 37 km von Vukovar entfernt thront die östlichste Stadt Kroatiens auf einem Hügel mit Blick über die Donau und die serbische Region Vojvodina auf der anderen Seite des Flusses. Die gut erhaltene mittelalterliche Stadt liegt inmitten der Weinberge der Fruška Gora. Hier wird schon seit römischen Zeiten Wein angebaut. Wahrzeichen der Stadt ist das Schloss, das heute eines der besten Museen Slawoniens beherbergt.

Ilok wurde von den Serben Anfang der 1990er-Jahre erobert, 1998 wieder an Kroatien zurückgegeben. Seitdem erlebt die Weinproduktion einen Aufschwung. In der Region finden sich mittlerweile 17 Weingüter, die alle zu besichtigen sind. Die Innenstadt von Ilok mit ihrer Wehranlage wird infolge von archäologischen Ausgrabungen derzeit restauriert.

Sehenswertes & Aktivitäten

Die **mittelalterliche Altstadt** ist von den Resten der hohen Stadtmauern umgeben. In Ilok finden sich zwei seltene Zeugnisse der osmanischen Zeit: ein **Hamam** – ein türkisches Bad – aus dem 16. Jh. sowie eine **Türbe**, das Grab eines türkischen Adligen.

Stadtmuseum MUSEUM
(Muzej Grada Iloka; Šetalište Oca Mladena Barbarića bb; Erw./erm. 20/10 Kn; Di–Do 9–15, Fr 9–18, Sa 11–18 Uhr) Iloks Hauptattraktion ist das erstklassige Stadtmuseum, das im Odescalchi-Schloss hoch über der Donau untergebracht ist. Von hier genießt man einen wunderbaren Blick über die Donau. Das Schloss wurde auf den Grundmauern einer früheren Anlage aus dem 15. Jh. errichtet und von der italienischen Odescalchi-Familie später im heutigen barock-klassizistischen Stil umgebaut.

Die Museumsschätze werden sehr gut präsentiert; es finden sich auch Erklärungstafeln auf Englisch. Säbel und Musketen dokumentieren die türkische Periode der Stadt. Es gibt zudem schöne Möbel und Kunstwerke aus dem 19. Jh. sowie einen Grabstein und einen Wandteppich aus einer mittelalterlichen Synagoge.

Iločki Podrumi WEINPROBEN
(590 003; www.ilocki-podrumi.hr; Šetalište O M Barbarića 4; Führungen 10 Kn; 8–22 Uhr) Der alte, stimmungsvolle Weinkeller neben dem Schloss ist einen Besuch wert. Sehr lecker ist der *traminac*, ein trockener Weißwein, der zur Krönung von Queen Elizabeth II. serviert wurde. Auf einer 20-minütigen Führung lernt man den Weinkeller mit seinen Eichenfässern kennen. Der Weinladen ist sehr gut sortiert. Führungen auf Englisch müssen im Voraus gebucht werden.

Schlafen & Essen

Stari Podrum HOTEL €€
(590 088; www.ilocki-podrumi.hr; EZ/DZ 350/500 Kn; P✻@) Die Motel-ähnlichen Unterkünfte auf der Rückseite verfügen über insgesamt 18 große, moderne Zimmer mit Donaublick. Im alten Weinkeller des Schlosses liegen die Bankettzimmer, die mit Holz verkleidet sind und in denen riesige Eichenfässer stehen. Das ungewöhnliche Ambiente eignet sich bestens für eine rustikale Mahlzeit mit Iloker Schweinewürstchen und Hirteneintopf mit Knödeln (Hauptgerichte ab 50 Kn). Die Weinauswahl ist natürlich erstklassig.

Hotel Dunav HOTEL €€
(596 500; www.hoteldunavilok.com; Julija Benešića 62; EZ/DZ 300/500 Kn; P@) Direkt an der Donau verfügt dieses adrette Hotel über 16 attraktive Zimmer mit perfektem Ausblick. Einige Zimmer haben Balkone mit Donaublick. Am Ufer gibt es eine schöne Café-Terrasse.

Old Town Hostel HOSTEL €
(591 159; www.cinema.com.hr; Julija Benešića 42; B/EZ/DZ 100/250/400 Kn; ✻@) In einem restaurierten ehemaligen Kino liegt das neue Hostel direkt unterhalb der Altstadt. Im Obergeschoss gibt es vier bunte Schlafsäle sowie eine Bar, deren Wände mit Schallplatten verziert sind. Zum Hostel gehören auch eine Pizzeria (Mo geschl.) und an Wochenenden ist Disko angesagt.

Auskunft

Touristeninformation (590 020; www.turizamilok.hr; Trg Nikole Iločkog 2; Mo–Fr 9–17 Uhr) Hier gibt es Tipps für Landhotels, Wanderwege rund um Ilok und viele weitere Infos zur Stadt. Besser vorher anrufen, weil die Öffnungszeiten variieren können.

An- & Weiterreise

Die Busse halten in der Innenstadt nur wenige Schritte von der mittelalterlichen Altstadt entfernt. Von Ilok wird Osijek sechsmal täglich angefahren (60 Kn, 1¾ Std.), wobei alle Busse in Vukovar Halt machen.

Istrien

☎052

Inhalt »

Gut essen

» Konoba Batelina (S. 111)
» Monte (S. 119)
» Toklarija (S. 138)
» Damir & Ornella (S. 129)

Schön übernachten

» Hotel Lone (S. 128)
» Monte Mulini (S. 118
» Hotel Kaštel (S. 139)
» Vela Vrata (S. 136)

Auf nach Istrien!

Istrien (kroatisch: Istria), die herzförmige, 3600 km² große Halbinsel, ragt südlich von Triest in das Adriatische Meer. Das malerische Hinterland mit Hügeln und fruchtbaren Ebenen lockt zunehmend kunstinteressierte Besucher in die Bergdörfer, Landhotels und Restaurants, während die grüne, zerklüftete Küste mit ihren riesigen Hotelkomplexen unzählige Sonnenanbeter anzieht. Die felsigen Strände sind nicht die besten Kroatiens, aber es gibt zahlreiche Unterkünfte, das Meer ist sauber und noch findet man zahlreiche einsame Flecken.

Die Küste oder das „Blaue Istrien“, wie es das Fremdenverkehrsamt nennt, wird im Sommer von Touristen überflutet. Im „Grünen Istrien“, dem Inselinneren, ist man jedoch selbst im August noch ungestört. Dazu kommen historischer Charme und eine vielgepriesene Gastronomie (mit frischen Meeresfrüchten, edlen weißen Trüffeln, wildem Spargel, exzellenten Olivenölen und preisgekrönten Weißweinen) – man ist im Paradies gelandet.

Reisezeit

Pula

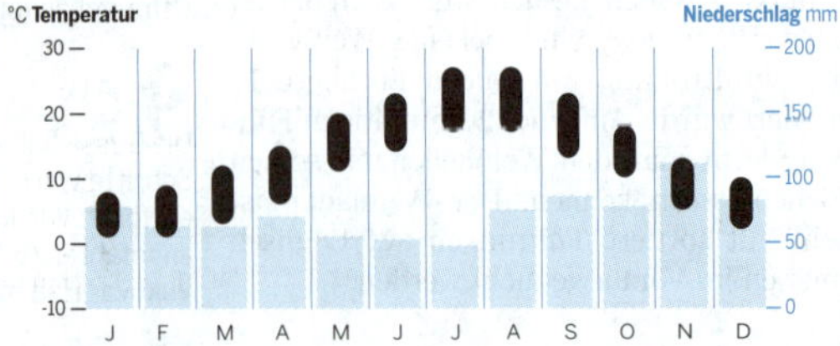

April Den Frühling begrüßen; dann den auf den Wiesen wachsenden wilden Spargel sammeln.

Juli–Aug. Eines der vielen Festivals besuchen, die überall in Istrien die Menschen begeistern.

Sept. Zum Subotina-Fest in Buzet kommen, dem Auftakt der Saison für weiße Trüffel.

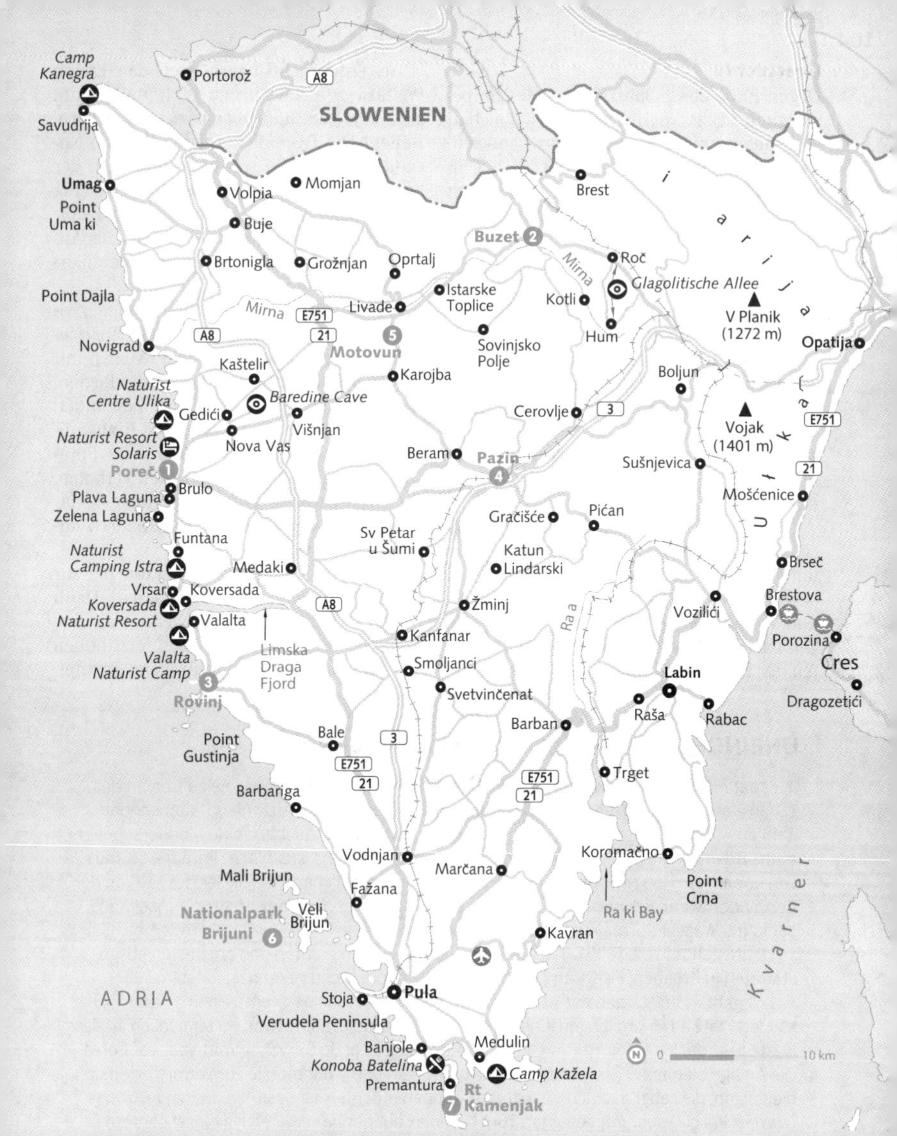

Highlights

1 Die Mosaiken in der **Euphrasiaus-Basilika** (S. 124) in Poreč bewundern.

2 In den Wäldern rund um **Buzet** (S.135) auf Trüffelsuche gehen.

3 Im **Ökomuseum „Haus der Batana“** (S. 116) in die Geschichte der Fischer von Rovinj eintauchen.

4 Durch die legendäre, karstige und dicht bewaldete **Pazin-Schlucht** (S. 133) wandern.

5 Die Vorführungen während des fünftägigen, internationalen Filmfestivals in **Motovun** (S. 138) anschauen, die ausschließlich in Freilichtkinos stattfinden.

6 Dem verblassten Schick des jugoslawischen Sozialismus dort nachspüren, wo Tito am liebsten war, auf den **Brijuni-Inseln** (S. 113).

7 Die wilde, geschützte Naturlandschaft vom **Kap Kamenjak** (S. 109) bei Pula erkunden, der südlichen Spitze der Halbinsel Istrien.

Geschichte

Gegen Ende des 2. Jahrtausends v. Chr. besiedelten illyrische Histrer die Region und errichteten an der Küste und im Landesinnern befestigte Bergdörfer. Im 3. Jh. v. Chr. drangen die Römer nach Istrien vor. Nach der Eroberung der Region, begannen sie Straßen und Bergfestungen zu bauen, die von strategischer Bedeutung waren.

In der Zeit von 539 bis 751 stand Istrien unter byzantinischer Herrschaft. Eindrucksvollstes Relikt dieser Epoche ist die Euphrasius-Basilika in Poreč. In der Folgezeit wurde das Land abwechselnd von slawischen Völkern, Franken und deutschen Herrschern regiert. Die Seemacht Venedig gewann zusehends an Einfluss und errang im frühen 13. Jh. die Kontrolle über die istrische Küste.

Nach dem Fall Venedigs im Jahr 1797 geriet Istrien erst unter österreichische, dann unter französische Herrschaft (1809–1813), bevor es wieder an Österreich fiel. Im 19. und frühen 20. Jh. war der überwiegende Teil Istriens ein vernachlässigter Außenposten der Habsburger Monarchie.

Als Österreich-Ungarn nach den Ersten Weltkriegs zerfiel, beeilte sich Italien, um sich die Herrschaft über Istrien zu sichern. Italienische Truppen besetzten Pula im November 1918. 1920 trat das Königreich der Serben, Kroaten und Slowenen im Vertrag von Rapallo Istrien zusammen mit Zadar und mehreren Inseln an Italien ab – als Anerkennung für die Unterstützung der alliierten Streitkräfte im Ersten Weltkrieg.

Als aus dem faschistischen Italien zwischen 30 000 und 40 000 Italiener angesiedelt wurden, bekamen es viele Kroaten mit der Angst zu tun und verließen die Region. Ihre Sorgen waren durchaus begründet, denn man wollte mit Zwang die Einheimischen italianisieren. Die kroatische Sprache wurde im öffentlichen Leben verboten, ebenso kroatische Zeitungen. Auch in der Schule durfte nicht mehr auf Kroatisch unterrichtet werden.

Italien kontrollierte die Region bis zur Niederlage im Zweiten Weltkrieg. Dann wurde Istrien Teil Jugoslawiens, was eine weitere Massenflucht auslöste. Jetzt flohen Italiener und republikfreundliche Kroaten

UNEINGESCHRÄNKTES BADEVERGNÜGEN

In Kroatien hat das Nacktbaden eine lange und ehrwürdige Tradition, die zu Beginn des 20. Jhs. auf der Insel Rab begann. Unter dem Einfluss der in Deutschland wachsenden Zahl an Anhängern der Freikörperkultur, wurde es bei Österreichern eine Modeerscheinung. So eröffnete der Österreicher Richard Ehrmann am *rajska plaza* (Paradiesstrand) von Lopar (auf Rab) das erste Nudistencamp. Die eigentlichen Begründer des FKK an der Adria aber waren Edward VIII. und Wallis Simpson, die 1936 an der Küste der Insel Rab nackt ins Wasser sprangen.

Heute gehören die FKK-Ferienanlagen in Istrien zu den größten und am besten ausgestatteten in Kroatien. FKK-Campingplätze sind entsprechend gekennzeichnet.

Los geht es im Norden mit **Camp Kanegra** (www.istracamping.com), einem relativ kleinen Platz an einem langen Kieselstrand nördlich von Umag. Etwas weiter südlich an der Küste liegt das **FKK-Zentrum Ulika** (www.plavalaguna.hr) in Červar, unmittelbar vor Poreč. Die Anlage bietet 559 Stellplätze sowie Wohnwagen und Wohnmobile zur Vermietung. Für diejenigen, die lieber in einem Apartment wohnen möchten, ist das **FKK-Resort Solaris** (www.valamar.hr) sehr gut geeignet. Zum Komplex auf der bewaldeten Halbinsel Lanterna, nur 12 km nördlich von Poreć, gehört auch ein FKK-Campingplatz. Südlich von Poreč bei dem Fischerdorf Funtana befindet sich der große **FKK-Campingplatz Istra** (www.valamar.hr), wo bis zu 3000 Touristen übernachten können. Noch weiter im Süden hinter Vrsar liegt **Koversada** (www.campingrovinjvrsar.com), sozusagen die „Mutter" der Nudistencamps. 1961 wurde die kleine Insel komplett zum FKK-Gebiet, das sich auf der nahen Küste des Festlands ausbreitete. Auf dem riesigen Areal können bis zu 6000 Menschen Unterkunft finden. Wem das alles zu groß ist, der kann weiter südlich die **FKK-Anlage Valalta** (www.valalta.hr), auf der anderen Seite der Limski-Bucht nördlich von Rovinj ansteuern. Hier ist die Zahl der Apartments, Bungalows, Wohnwagen, Wohnmobile und Stellplätze überschaubar. Und wer es nicht weit bis Pula haben möchte, fährt an der Küste entlang bis Medulin und zum **Camp Kažela** (www.arenacamps.com). Hier kann man Wohnmobile mieten und es gibt Zeltplätze direkt am Meer.

vor Titos Kommunisten. Triest und die Nordwestspitze der Halbinsel blieben noch lange Streitpunkt zwischen Italien und Jugoslawien, bis die Region 1954 endgültig Italien zugesprochen wurde. Aufgrund der Neuordnung Jugoslawiens durch Tito fiel der Nordteil der Halbinsel an Slowenien.

DIE ISTRISCHE KÜSTE

An der Spitze der istrischen Halbinsel liegt Pula, die größte Stadt an der Küste. Auf einem Tagesausflug sind die vorgelagerten Brijuni-Inseln zu erreichen, wo sich Tito gerne aufhielt. An der Ostküste befindet sich etwa auf halber Strecke der moderne Badeort Rabac, direkt unterhalb der alten Hügelstadt Labin. Besonders beliebt bei Urlaubern ist die Westküste. Die schönste Stadt dort ist Rovinj, das preisgünstigere Poreč wartet mit zahlreichen Übernachtungs- und Unterhaltungsmöglichkeiten auf. Auf der gegenüberliegenden Meerseite liegt Italien; aber aufgrund seines großen Einflusses auf Istrien hat man den Eindruck, es ist gleich nebenan. Italienisch ist die zweite Hauptsprache Istriens, viele Einwohner haben italienische Reisepässe und jeder Ort hat eine italienische Partnerstadt.

Pula

57 765 EW.

Pula (früher Polensium) ragt unter den kroatischen Städten vor allem wegen seiner zahlreichen römischen Bauwerke heraus. Die wohl größte Attraktion ist das erstaunlich gut erhaltene römische Amphitheater, das die Innenstadt beherrscht und im Sommer oft als Schauplatz für Konzerte und Aufführungen dient.

Trotz ihres regen Geschäftslebens konnte sich die lebhafte Handelsstadt am Meer die Atmosphäre einer Kleinstadt bewahren. Pula hat zwar keine Strände, aber mit dem Bus sind die Ferienorte auf der Halbinsel Verudela weiter südlich schnell erreicht. Wenn auch dicht bebaut mit Wohn- und Feriensiedlungen, ist die Küste doch von duftenden Pinienhainen bewachsen und von Strandcafés und ausgezeichneten Restaurants gesäumt. Wer der tief eingeschnittenen Küste Richtung Süden folgt, erreicht die Halbinsel Premantura. Hier befindet sich ein spektakulärer Naturpark, das geschützte Kap Kamenjak.

Geschichte

Die österreichisch-ungarische Doppelmonarchie erwählte Pula 1853 zum Hauptkriegshafen. Der Bau des Hafens und die Eröffnung der großen Schiffswerft 1886 setzten eine demografische und ökonomische Entwicklung in Gang, die aus Pula eine militärische und industrielle Hochburg machte.

Unter dem faschistischen Regime Italiens verfiel die Stadt von 1918 bis 1943 erneut, dann wurde sie von den Deutschen eingenommen. Ende des Zweiten Weltkriegs verwalteten englische und amerikanische Streitkräfte die Stadt, bis diese 1947 nach dem Friedensvertrag von London an Jugoslawien fiel. Pulas Industrieanlagen haben den Krieg der 1990er-Jahre einigermaßen gut überstanden – bis heute ist die Stadt ein wichtiges Zentrum des Schiffsbaus sowie der Textil-, Metall- und Glasindustrie.

Sehenswertes

Der älteste Teil der Stadt entspricht dem antiken römischen Stadtplan. Die Straßen winden sich rund um das Gelände, wo die venezianische Bastion steht, während die neueren Stadtteile rechtwinklig angelegt sind. Die meisten Läden und Geschäfte befinden sich in oder am Rand der Altstadt sowie an den Straßen Giardini, Carrarina, Istarska und der Uferpromenade Riva. Letztere wird derzeit umgebaut, d. h. dies ist eine einzige große Baustelle, allerdings sollen die Arbeiten Ende 2013 beendet sein. Bis auf einige Ausnahmen in der Altstadt, befinden sich die meisten Hotels, Restaurants und auch die Strände 4 km südwestlich auf der Halbinsel Verudela. Diese ist zu Fuß gut erreichbar, indem man Richtung Süden die Arsenalska und später die Tomasinijea und Veruda entlanggeht.

Römisches Amphitheater AMPHITHEATER
(Arena; Flavijevska bb; Erw./erm. 40/20 Kn; ⌚ Juli & Aug. 8–24 Uhr, Juni 8–21.30 Uhr, Sept. 8–21 Uhr, Okt. 9–19 Uhr, Nov.–März 8–17 Uhr, April 8–20 Uhr, Mai 8–21 Uhr) Die bekannteste und imposanteste Sehenswürdigkeit der Stadt ist das Amphitheater aus dem 1. Jh., das nordöstlich der Altstadt oberhalb des Hafens liegt. Das meist einfach als Arena bezeichnete Gebäude besteht vollständig aus regionalem Sandstein. Es wurde für Gladiatorenkämpfe genutzt und bot Platz für 20 000 Zuschauer. Oben auf den Mauern verläuft eine Rinne, um Regenwasser abzuleiten, und auch die Platten für die Befestigung des Sonnensegels sind noch zu sehen. In den unteren Räumen

Pula

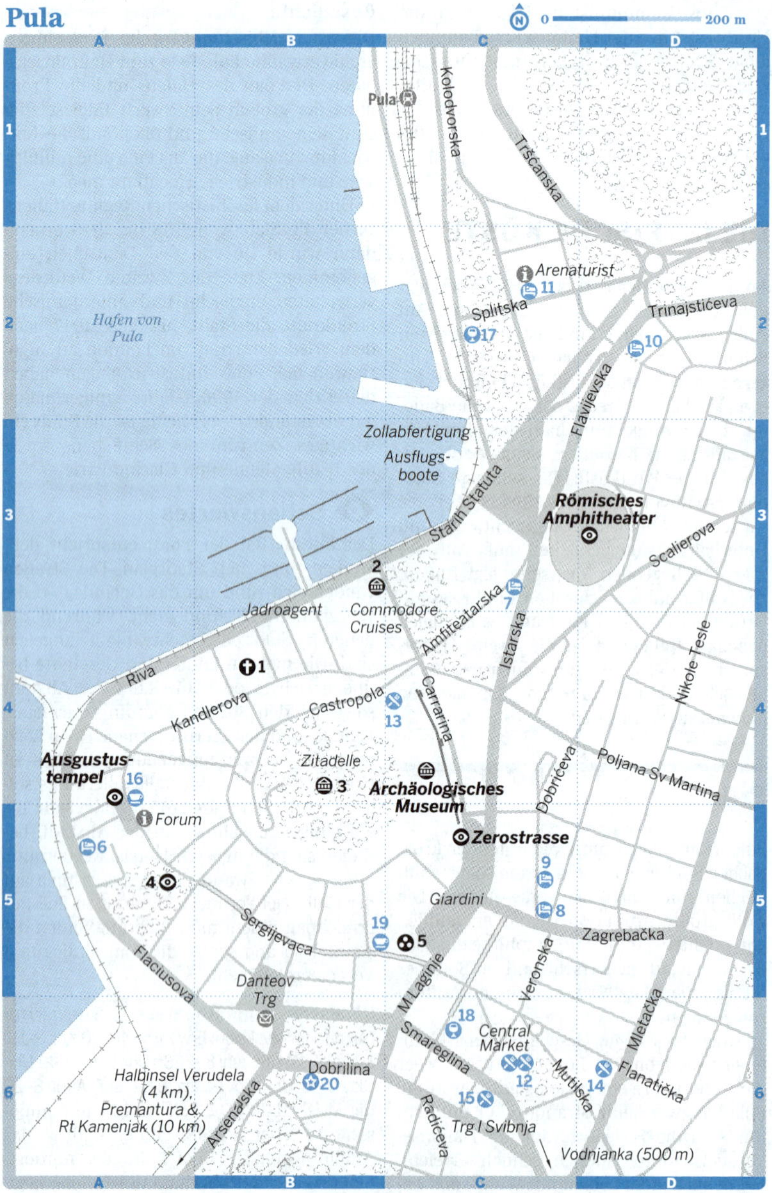

ist ein kleines **Museum** untergebracht, wo historisches Gerät zur Herstellung von Olivenöl ausgestellt ist. Jeden Sommer findet hier das **Filmfestival von Pula** statt, aber auch Popkonzerte und klassische Musikveranstaltungen.

Augustustempel RÖMISCHER TEMPEL
(Forum; Erw./erm. 20/10 Kn; ⏲April–Okt. Mo–Fr 9–20 Uhr, Sa & So bis 15 Uhr, sonst nach Voranmeldung beim Archäologischen Museum) Als einziges Überbleibsel aus römischer Zeit steht heute nur noch der von 2 v. Chr. bis

Pula

Highlights

Archäologisches Museum	C4
Römisches Amphitheater	D3
Augustustempel	A4
Zerostrasse	C5

Sehenswertes

1	Katedrala Sveta Marije	B4
2	Museum für zeitgenössische Kunst aus Istrien	B3
3	Historisches Museum	B4
4	Römisches Bodenmosaik	A5
5	Sergier Triumphbogen	C5

Schlafen

6	Hostel Pipištrelo	A5
7	Hotel Amfiteatar	C3
8	Hotel Galija	C5
9	Hotel Omir	C5
10	Hotel Scaletta	D2
11	Riviera Guest House	C2

Essen

12	Garfield	C6
13	Jupiter	C4
14	Kantina	D6
15	Markat	C6

Ausgehen

16	Cvajner	A4
17	Pietas Julia	C2
18	Scandal Express	C6
19	Uliks	B5

Unterhaltung

20	Club Uljanik	B6

14 n. Chr. errichtete Augustustempel auf dem Forum, das von der Antike bis ins Mittelalter als zentraler Versammlungsort Pulas diente. Hier standen mehrere Tempel und öffentliche Gebäude, heute ist der Augustustempel die Hauptattraktion. In nachrömischer Zeit wurde er in eine Kirche umgewandelt, später diente er als Kornspeicher. Nach einem Bombentreffer 1944 wurde das Bauwerk rekonstruiert und beherbergt heute ein kleines historisches Museum mit englischsprachigen Beschilderungen.

Archäologisches Museum — MUSEUM

(Arheološki Muzej; Carrarina 3; Erw./erm. 20/10 Kn; Mai–Sept. Mo–Fr 8–20, Sa & So 9–15 Uhr, Okt.–April Mo–Fr 9–14 Uhr) In diesem Museum werden archäologische Fundstücke aus ganz Istrien gezeigt. Die Ausstellung umfasst Exponate von der Urgeschichte bis zum Mittelalter, der Schwerpunkt liegt jedoch auf der Zeit zwischen dem 2. Jh. v. Chr. und dem 6. Jh. n. Chr. Auch wenn man das Museum nicht besuchen möchte, sollte man sich den **Skulpturengarten** vor dem Museum und das **römische Theater** dahinter ansehen. Den Garten betritt man durch ein Doppeltor aus dem 2. Jh., im Sommer finden hier Konzerte statt.

Zerostrasse — HISTORISCHE STÄTTE

(Erw./erm. 15/5 Kn; Juni–Mitte Sept. 10–22 Uhr) Das unterirdische Tunnelsystem wurde vor und während des 1. Weltkriegs zum Schutz der Bevölkerung und als Waffenlager gebaut. Heute ist ein Teil der Tunnel zugänglich, die in der Mitte zusammentreffen, wo eine Fotoausstellung über die Anfänge der Luftfahrt in Pula zu sehen ist. Es gibt drei Eingänge, einer am Forum (in einer kleinen unbeschilderten Gasse, die von der Kandlerova abgeht), ein weiterer am Archäologischen Museum und ein dritter am Taxistand an der Giardini.

Triumphbogen der Sergier — RUINE

Entlang der Carrarina verlaufen die römischen Stadtmauern, die Pulas östliche Stadtgrenze markieren. Wer diesen Mauern Richtung Süden folgt und weiter über die Giardini geht, kommt zum Sergier-Bogen. Der majestätische Triumphbogen wurde 27 v. Chr. errichtet – zum Gedenken an drei Angehörige der Familie Sergius, die in Pula hohe Ämter bekleideten.

Museum moderner Kunst Istriens — MUSEUM

(Ivana 1; Eintritt 10 Kn; Sommer Di–So 11–14, 17–21 Uhr, Winter 11–19 Uhr) Einfach mal hereinschauen in das neue Kunstmuseum in der Alten Druckerei am Hafen. Es wird moderne Kunst aus der zweiten Hälfte des 20. Jhs. bis heute gezeigt, und die Ausstellung wird häufig geändert.

Kathedrale — KATHEDRALE

(Katedrala; Trg Svetog Tome 2; Juni–Mitte Sept. 10–17 Uhr, Messe in Kroatisch tgl. 8 Uhr & in Italienisch So 9 Uhr) Der Hauptaltar der im 5. Jh. errichteten Kathedrale ist ein römischer Sarkophag aus dem 3. Jh., in dem sich Heiligenreliquien befinden. Auf dem Boden sind

Fragmente von Mosaiken des 5. und 6. Jhs. zu sehen. Für den Bau des Glockenturms aus dem 17. Jh. wurden Steine aus dem Amphitheater verwendet.

Historisches Museum MUSEUM
(Povijesni Muzej Istre; Uspon Gradini 14; Erw./erm. 10/7 Kn; Juni–Sept. 9–21 Uhr, Okt.–Mai 9–16.30 Uhr) Das historische Museum ist in der venezianischen Festung aus dem 17. Jh. auf einem Hügel in der Altstadt untergebracht. Die eher bescheidene Ausstellung ist hauptsächlich der Geschichte der Seefahrt in Pula gewidmet, aber der Blick von dort aus lohnt sich.

Römisches Bodenmosaik MOSAIK
Von der Sergijevaca aus lässt sich ein römisches Bodenmosaik aus dem 3. Jh. besichtigen. Zwischen gut erhaltenen geometrischen Motiven zeigt die mittlere Platte die Bestrafung der gewalttätigen Dirke, die Gattin von König Lykos – einer Figur aus der griechischen Mythologie –, die versucht hatte, ihre Nichte zu ermorden.

Aktivitäten

Ein einfacher, 41 km langer Radweg von Pula nach Medulin folgt den Spuren römischer Gladiatoren. Im Tourismusbüro gibt es Informationen und eine Karte dazu.

IstriaBike RADFAHREN
(www.istria-bike.com) Das Tourismusbüro hat eine Website eingerichtet mit Tipps zu Radwegen, Pauschalangeboten und organisierten Radtouren.

Orca Diving Center TAUCHEN
(098 409 850; www.orcadiving.hr; Hotel Histria) Über das Tauchzentrum auf der Halbinsel Verudela kann man u. a. Tauchgänge per Boot und auf Schiffswracks buchen.

Windsurf Bar SURFEN
(091 512 3646; www.windsurfing.hr.; Ausrüstung/Kurse pro Std.) Das Surfzentrum in Premantura bietet Surfkurse, Radtouren (250 Kn) und Kajakausflüge (300 Kn) an.

Geführte Touren

Die meisten Reiseagenturen in Pula veranstalten Ausflüge nach Brijuni, zum Limska Draga Fjord, nach Rovinj und ins Binnenland. Meist ist es jedoch preiswerter, direkt am Hafen ein Boot zu chartern. Die Boote verkehren regelmäßig und veranstalten Fischpicknicks (220 Kn), zweistündige Panoramafahrten nach Brijuni (150 Kn) sowie Ausflüge nach Rovinj, zum Limska Draga Fiord und nach Crveni Otok (300 Kn).

Zwei Schiffslinien – Martinabela und Fissa Brijuni – fahren zu den Brijuni-Inseln, wo sie auch Ausflüge anbieten.

Martinabela SCHIFF
(www.martinabela.hr; 280 Kn) Im Sommer zweimal am Tag.

Fissa Brijuni SCHIFF
(www.fissa-brijuni.hr; 280 Kn) Im Sommer montags bis samstags.

Feste & Events

Filmfestival von Pula FILM
(www.pulafilmfestival.hr) Das Filmfestival findet seit 60 Jahren jeweils im Juli statt und ist das bedeutendste Event Pulas. Im römischen Amphitheater und anderen Locations werden hauptsächlich kroatische und einige internationale Filme gezeigt.

Seasplash-Festival MUSIK
(www.seasplash.net) Jedes Jahr im Juli ist richtig viel los bei dem Festival in der Festungsruine Punta Christo. Die Palette an Live-Auftritten ist breit, von Reggae und Ska bis zu Dancehall und Hip-Hop.

Outlook-Festival MUSIK
(www.outlookfestival.com) Das größte europäische Festival der Bass- und Soundsystem-Kultur findet Anfang September in der Festungsruine Punta Christo in Štinjan bei Pula statt.

Jazzbina MUSIK
(www.jazzbina.net) Jazzbina ist ein ganzjähriges Event mit Jazzkonzerten, bei dem viele weltbekannte Künstler auftreten. Im Sommer finden die Konzerte auf dem Portarata-Platz statt, das restliche Jahr über in Theatern und Clubs.

Schlafen

Pulas Hauptsaison beginnt in der zweiten Juliwoche und dauert bis Ende August. Für diese Zeit sollte man im Voraus buchen. Die Spitze der Halbinsel Verudela, 4 km südwestlich vom Stadtzentrum, hat sich inzwischen zu einer Touristenhochburg entwickelt und wartet mit unzähligen Hotels und Apartmentanlagen auf. Mit Ausnahme des schattigen Pinienwaldes ist es dort landschaftlich nicht sehr reizvoll, dafür gibt es viele Strände, Restaurants, Tennisplätze und Wassersport. Wer Informationen benötigt oder ein Hotel buchen möchte, wendet sich

STRÄNDE

Bei Pula liegt ein Halbkreis felsiger Strände, von denen jeder eine eigene Fangemeinde hat. Wie bei Bars oder Nachtclubs sind Strände mal mehr, mal weniger angesagt. An den Stränden in der Nähe der Hotelanlagen auf der **Halbinsel Verudela** sind zweifellos viele Touristen, aber auch Einheimische lassen sich gelegentlich am türkisfarbenen Meer des kleinen, zum Hotel Park gehörenden **Hawaii Beach** blicken.

Wer Ruhe sucht, macht sich am besten auf den Weg in die Naturlandschaft des **Kap Kamenjak** (www.kamenjak.hr; Fußgänger & Radfahrer kostenlos, per Auto/Motorroller 25/20 Kn; ⌚7–22 Uhr) auf der Halbinsel Premantura, 10 km südlich von Pula. Dieser südlichste Punkt Istriens ist eine herrliche, völlig unbewohnte hügelige Landschaft mit 30 km langen Naturstränden und kleinen Buchten. Hier wachsen Wildblumen (u. a. 30 Orchideenarten), niedrige mediterrane Sträucher, Obstbäume und Heilkräuter. Es gibt ein verzweigtes Netz an Schotterwegen und Pfaden, sodass man hier gut und bequem herumspazieren kann. Der Blick zur Insel Cres und in Richtung Velebit-Gebirge ist fantastisch. Nicht vergessen, Abfälle wieder mitzunehmen; dafür gibt es am Eingang einen Plastikbeutel und einen Ökoascher. Wer hinausschwimmen will, sollte am Kap vorsichtig sein wegen der starken Strömungen.

Im Zentrum des Ortes Premantura ist in einem alten Schulgebäude ein Besucherzentrum mit einer zweisprachigen Ausstellung über das Ökosystem des Naturparks untergebracht. In der nahe gelegenen Windsurf Bar kann man Räder und Surfausrüstungen ausleihen. Dort werden auch Schnupper-Surfkurse angeboten.

Der Kolombarica-Strand am Südende der Halbinsel ist sehr beliebt bei mutigen jungen Männern, die von den hohen Felsen springen und durch die seichten Höhlen am Ufer tauchen. Direkt oberhalb des Strands, etwa 3,5 km vom Eingang des Naturparks entfernt und fast verdeckt von Büschen, befindet sich die nette Strandbar Safari. Sie ist dekoriert mit Treibholzobjekten und allen möglichen Fundstücken und bietet leckere Snacks an. Es ist ein schattiges Plätzchen mit grünen Nischen, wo man wunderbar einen Nachmittag verbummeln kann. Ein besonders unberührtes Gelände auf dem Kap ist Gornji Kamenjak zwischen den Dörfern Volme und Premantura.

Am einfachsten ist Kap Kamenjak mit dem Auto zu erreichen, aber man sollte langsam fahren, um wenig umweltschädigende Staubpartikel zu erzeugen. Umweltfreundlicher wäre es, die Buslinie 26 von Pula nach Premantura (15 Kn) zu nehmen und dann ein Rad zu mieten. Im Sommer wird in Vollmondnächten eine 10 km lange Radtour ab Premantura angeboten, die für alle Altersgruppen geeignet ist.

an die Reisebüros. Auskünfte erteilt auch **Arenaturist** (☎529 400; www.arenaturist.hr; Splitska 1a).

Die Reisebüros in Pula vermitteln Privatunterkünfte, in der Innenstadt liegen allerdings nur wenige. Die Preise schwanken zwischen 250 und 490 Kn für ein Doppelzimmer und zwischen 300 und 535 Kn für ein Zwei-Personen-Apartment. Auch unter www.pulainfo.hr findet man eine Liste mit Privatunterkünften.

Hotel Amfiteatar HOTEL €€
(☎375 600; www.hotelamfiteatar.com; Amfiteatarska 6; EZ/DZ 475/658 Kn; P❄@📶) Das schickste Hotel der Stadt direkt am Amphitheater. Es ist ein neues Haus mit modern eingerichteten Zimmern und gehobenen Extras, wie Minibar und Flachbildfernseher. Die Räume variieren hinsichtlich Größe und Ausblick. Das Restaurant gehört zu den besten in Pula. Einzelübernachtungen sind etwas teurer.

Hostel Pipištrelo HOSTEL €
(☎393 568; www.hostel-pipistrelo.com; Flaciusova 6; B/EZ/DZ 124/148/296 Kn ❄@📶) Das Hostel gegenüber dem Hafen ist ein Neuzuwachs in der Übernachtungsszene der Stadt. Die Zimmer sind nach Plänen junger Designer aus Pula eigenwillig und individuell eingerichtet. Gezahlt wird in bar, sonntags ist das Haus geschlossen. Deshalb sollte man vorher anrufen. Wegen der Schiffswerft gegenüber ist es etwas laut.

Hotel Scaletta HOTEL €€
(☎541 025; www.hotel-scaletta.com; Flavijevska 26; EZ/DZ 505/732 Kn; P❄📶) Es herrscht eine nette, familiäre Atmosphäre in dem

gemütlichen Hotel. Die Zimmer sind geschmackvoll eingerichtet, und es gibt diverse Extras, darunter eine Minibar. Außerdem ist es nur ein Katzensprung in die Stadt und nur wenige Gehminuten bis zum Amphitheater und zur Promenade.

Hotel Galija HOTEL €€
(☎383 802; www.hotelgalija.hr; Epulonova 3; EZ/DZ 505/725 Kn; P❄📶) Das aus zwei Häusern bestehende Hotel ist nur einen Steinwurf vom Marktplatz im Zentrum entfernt. Die Standardzimmer befinden sich über dem Restaurant, während die neueren, modernen Zimmer (100 Kn Aufpreis) in dem Gebäude mit der Rezeption sind.

Park Plaza Histria Pula HOTEL €€€
(☎ 525 400; www.arenaturist.hr; Verudella 17; EZ 750–950 Kn, DZ 1200–1400 Kn; P❄@📶🏊) Das riesige Betongebäude wirkt etwas seelenlos, bietet dafür aber verschiedene Vorteile: Die großzügige Anlage verfügt über 4-Sterne-Komfort und neu renovierte Zimmer mit Balkon sowie direktem Zugang zum Strand. Es gibt einen Innen- und Außenpool sowie ein Spa. Günstigere Preise gibt es bei Buchung via Internet.

Hotel Omir HOTEL €€
(☎213 944; www.hotel-omir.com; Dobrićeva 6; EZ/DZ 450/600 Kn; 📶) Das beste preisgünstige Hotel im Zentrum. Die Zimmer sind einfach, aber sauber und ruhig (mit TV). Die Zimmer in der 2. und 3. Etage sind etwas größer und haben teilweise Klimaanlage. Allerdings ist kein Lift vorhanden.

Riviera Guest House HOTEL €€
(☎525 400; www.arenaturist.hr; Splitska 1; EZ/DZ 360/590 Kn; 📶) Dieses einst elegante Gebäude im neobarocken Stil aus dem 19. Jh. sollte unbedingt gründlich renoviert werden. Aber die Lage im Zentrum ist gut, die Zimmer haben Meerblick.

Jugendherberge HOSTEL €
(☎391 133; www.hfhs.hr; Valsaline 4; B 126 Kn, Wohnwagen 146 Kn; Camping pro Pers./Zelt 73/15 Kn; @) Das Hostel liegt direkt an der Valsaline-Bucht, 3 km südlich des Zentrums. Es gibt Schlafsäle, Wohnwagen, die in zwei kleine Einheiten mit je 4 Betten unterteilt sind und Zeltplätze. Wer nicht mit dem Auto kommt, nimmt die Buslinie 2A oder 3A, steigt an der Haltestelle „Piramida" aus, geht zurück Richtung Stadt bis zur ersten Straße, biegt links ein und sieht bald die Ausschilderung.

Camping Stoja CAMPINGPLATZ €
(☎387 144; www.arenacamps.com; Stoja 37; pro Pers./Zelt 58/37 Kn; ⏲April–Okt.) Der Campingplatz liegt nur 3 km südwestlich des Zentrums. Auf der schattigen Landspitze ist reichlich Platz. Zur Anlage gehören ein Restaurant, ein Tauchzentrum und Bademöglichkeiten an einem felsigen Strand. Die Buslinie 1 fährt nach Stoja.

Essen

Im Zentrum von Pula muss man mit diversen Touristenfallen rechnen. Wer gut essen möchte zu einem vernünftigen Preis, wählt besser etwas außerhalb der Stadt. Günstige Snacks bekommt man rund um den Marktplatz, z. B. leckere Sandwiches bei **Garfield** (Narodni trg 9; Sandwiches ab 25 Kn; ⏲Mo–Fr 9–15 Uhr, Sa bis 14 Uhr) im 1. Stock. Gut essen kann man auf jeden Fall im Straßenlokal des Hotels Amfiteatar.

STADTZENTRUM

Vodnjanka ISTRISCH €
(Vitezića 4; Hauptgericht ab 40 Kn; Sa abends geschlossen & Winter So) Viele Einheimische schwören auf die hausgemachten Gerichte in diesem schlichten und preiswerten Lokal. Hier geht es recht ungezwungen zu (Achtung: keine Kartenzahlung). Auf der kleinen Speisekarte stehen einfache, regionale Gerichte. Man geht die Radićeva hinunter nach Süden bis zur Vitezića.

Fish-Food More FISCH €
(Rizzijeva 47; Hauptgericht ab 40 Kn; ⏲Mo–Sa) Einfaches Fischlokal in einer Wohngegend, nur etwa 15 Gehminuten vom Markt entfernt (teilweise bergauf). Mittags sind hier jede Menge Einheimische, die wegen der frischen Fischgerichte kommen. Die marinierten Sardinen schmecken köstlich.

Kantina INTERNATIONAL €€
(Flanatička 16; Hauptgericht ab 70 Kn; ⏲Mo–Sa) Der Keller aus hellem Mauerwerk in dem Gebäude aus der k. u. k.-Zeit wurde modernisiert. Eigentümer und Koch haben kürzlich gewechselt. Das Essen muss man ausprobieren; das Lokal liegt günstig, das Ambiente ist einladend.

Jupiter PIZZERIA €
(Castropola 42; Pizzas 30–96 Kn) Die Pizzas sind gut, dünn und knusprig und die Pastagerichte in Ordnung. Zum Obergeschoss gehört eine Terrasse, und mittwochs gibt es 20 % Rabatt.

Markat SELF-SERVICE €
(Trg I Svibnja 5; Hauptgericht ab 20 Kn; ⌚Mo–Fr 8–21, Sa & So bis 15 Uhr) Das Selbstbedienungslokal gegenüber dem Markt ist eine gute Wahl, wenn man billig, ordentlich und schnell essen will. Einfach etwas aussuchen und dann an der Kasse anstellen.

SÜDLICH & ÖSTLICH DER STADT

LP TIPP **Konoba Batelina** FISCH €€
(☎573 767; Čimulje 25; Banjole; Hauptgericht ab 85 Kn; ⌚nur Abendessen) Für das ausgezeichnete Essen in dem Familienbetrieb lohnt sich der Weg nach Banjole, etwa 3 km südöstlich von Pula. Der Besitzer, Fischer und Koch David Skoko, serviert kreative, liebevoll zubereitete Fischgerichte, die zum Besten gehören, was man in Istrien bekommt. Vorher reservieren.

Gina ISTRISCH €€
(Stoja 23; Hauptgericht ab 60 Kn) Das unauffällige Lokal in der Nähe des Campingplatzes von Stoja zieht viele Einheimische an wegen der guten regionalen Standardgerichte, der gemütlichen Einrichtung und dem schönen Blick aufs Meer. Tipps: die cremige Fischsuppe mit *malvazija* (eine Malvasier-Weinsorte) und das Lavendel-Halbgefrorene mit heißer Soße aus Feigen und Pinienkernen.

Farabuto MEDITERRAN €€
(Sisplac 15; Hauptgericht ab 70 Kn; ⌚So mittags geschl.) Der Ausflug in das unattraktive Wohngebiet südwestlich des Zentrums lohnt sich wegen der schicken Einrichtung, aber vor allem wegen der hervorragenden mediterranen Gerichte mit kreativem Touch. Es gibt besondere Tagesgerichte und eine gute Weinkarte. Tipp: der Hauswein von Piquentum.

Milan MEDITERRAN €€
(milanpula.com; Stoja 4; Hauptgericht ab 85 Kn) Eine exklusive Atmosphäre, saisonale Spezialitäten, vier Sommeliers und ein Experte für Olivenöl machen das Lokal zu einem ganz besonderen Erlebnis. Das 5-Gänge-Fischmenü ist seinen Preis wert. Zum Milan gehört auch ein **Hotel** (EZ/DZ 590/850 Kn) der gehobenen Kategorie mit 12 Zimmern im hinteren Gebäudeteil.

Ausgehen & Unterhaltung

Auf keinen Fall sollte man sich ein Konzert in diesem spektakulären Amphitheater entgehen lassen. Bei der Touristeninformation sind Spielpläne erhältlich; überall in Pula hängen außerdem Plakate mit Veranstaltungshinweisen.

Der Großteil des Nachtlebens findet zwar außerhalb der Stadt statt, bei milden Temperaturen sind jedoch auch die Cafés beim Forum und in den Fußgängerzonen Kandlerova, Flanatička und Sergijevaca beliebte Plätze, um das Treiben zu beobachten. Wer sich unter die jungen Einheimischen mischen möchte, sollte sich ein paar Bierflaschen schnappen und die Strandpromenade des Lungomare aufsuchen, wo vom Parkplatz aus den Autos laute Musik dröhnt.

Ungezwungene Strandbar-Atmosphäre findet man in Verudela oder Medulin.

LP TIPP **Cabahia** BAR
(Širolina 4) Dieser Künstlertreff auf Veruda hat eine gemütliche Inneneinrichtung mit viel Holz, allerlei alte Dekostücke, gedämpfte Beleuchtung, südamerikanisches Flair und eine wunderschöne Gartenterrasse hinter dem Haus. Manchmal finden hier auch Konzerte statt. Wem es am Wochenende zu voll ist, der sollte mal das etwas ruhigere **Bass** (Širolina 3) auf der anderen Straßenseite ausprobieren.

Rojc KULTURZENTRUM
(www.rojcnet.pula.org; Gajeva 3) Wer sich für Underground-Kultur interessiert, sollte es im Rojc versuchen. Es ist eine umgebaute Kaserne, in dem ein Multimedia-Kunstzentrum untergebracht ist und wo immer mal wieder Konzerte, Ausstellungen und andere Veranstaltungen stattfinden.

Cvajner CAFÉ
(Forum 2) Man wählt einen guten Tisch auf der Terrasse des Kunstcafés am belebten Forum und schaut sich die Arbeiten regionaler Nachwuchskünstler an, die zum etwas flippigen Ambiente gehören und immer wieder wechseln.

Pietas Julia CAFÉ-BAR
(Riva 20; 📶) Die angesagte Bar direkt am Hafen hat bis 4 Uhr nachts geöffnet, weshalb es am Wochenende dort erst später los geht. Tagsüber gibt es Frühstück und Snacks. WLAN ist kostenlos. Toll, um den Abend ausklingen zu lassen.

Scandal-Express CAFÉ-BAR
(Ciscuttijeva 15) Zu dem beliebten Treffpunkt mit der coolen Atmosphäre eines Eisenbahnwagens, dekoriert mit vielen Postern, kommt auch eine bunte Mischung von Einheimischen. Empfehlenswert ist *pašareta*,

ein typisch istrisches Getränk ohne Alkohol. Rauchen ist erlaubt.

Uliks CAFÉ

(Trg Portarata 1) In dem Mehrfamilienhaus hat James Joyce einst unterrichtet. Heute kann man hier im Café im Erdgeschoss über sein Buch *Ulysses* sinnieren oder einfach nur über die Kiesstrände von Pula.

Zeppelin STRANDBAR

(Saccorgiana-Bucht) In der neuen Bar an der Bucht von Sacciorgiana in Verudela steht After-Beach-Spass auf dem Programm. Aber abends gibt es auch Partys. Die Palette reicht von Wodka bis Reggae und Karaoke bis Martini.

Club Uljanik NACHTCLUB

(www.clubuljanik.hr; Dobrilina 2) Der legendäre Club in Pula, der seit den 1960ern gut läuft, zieht heute ein junges Publikum an, die am Wochenende vor allem wegen der Motto-Partys kommen.

Aruba NACHTCLUB

(Šijanska 1a) Die Kombination aus Café-Bar und Nachtclub an der Straße zum Flughafen ist tagsüber ein entspannter Treff und nachts ein Veranstaltungsort für Livemusik und Partys zum Abtanzen. Auf der Außenterrasse kann es sehr voll werden.

Praktische Informationen

Internetzugang

MMC Luka (Istarska 30; Std. 25Kn; Mo–Fr 8–24, Sa bis 15 Uhr) Überall in der Stadt gibt es kostenloses WLAN; im Tourismusbüro weiß man, wo die Hot Spots sind.

Medizinische Versorgung

Krankenhaus (376 548; Zagrebačka 34)

Touristennotdienst (Flanatička 27; Juli & Aug. Mo–Fr 8–21.30 Uhr)

Post

Hauptpost (Danteov trg 4; Mo–Fr 7–20, Sa bis 13 Uhr) Hier sind auch Telefonate ins ferne Ausland möglich. Beachtenswert ist der Treppenaufgang im Innern des Gebäudes.

Reisebüros

Active Travel Istra (215 497; www.activa-istra.com; Scalierova 1) Ausflüge in ganz Istrien, Abenteuertouren und Konzertkarten.

Arenaturist (529 400; www.arenaturist.hr; Riviera Guest House, Splitska 1a) Reserviert Zimmer in den Hotels, die unter der Leitung von Arenaturist stehen; vermittelt auch Touristenführer und Ausflüge.

IstrAction (383 369; www.istraction.com; Prilaz Monte Cappellatta 3) Bietet Halbtagestouren nach Kamenjak und rund um die Befestigungsanlagen von Pula an sowie Tagesausflüge zu historischen Sehenswürdigkeiten in ganz Istrien.

Maremonti (384 000; www.maremonti-istra.hr; Flavijevska 8) Vermittelt Unterkünfte, Mietwagen und Motorroller (ab 150 Kn bis 250 Kn pro Tag).

Touristeninformation

Tourismusbüro (212 987; www.pulainfo.hr; Forum 3; Sommer Mo–Fr 8–21, Sa & So 9–21 Uhr, Rest des Jahres Mo–Fr 8–19, Sa 9–19, So 10–16 Uhr) Gut informierte, freundliche Mitarbeiter versorgen die Touristen mit Karten, Broschüren und Veranstaltungskalendern für Pula und Istrien. Auf jeden Fall nützlich sind *domus bonus*, eine Übersicht über die besten Privatvermieter in Istrien, und *Istra Gourmet*, in dem alle Restaurants aufgelistet sind.

Wäscherei

Mika (Trinajstićeva 16; Mo–Fr 8–14, Sa bis 12 Uhr)

An- & Weiterreise

Bus

Der **Busbahnhof** (060 304 091; Šijanska 4) von Pula liegt 500 m nordöstlich des Zentrums. Wer Gepäck verstauen will, kann die *garderoba* (2,50 Kn pro Std; 24 Std.) nutzen. Die Busse fahren fast stündl. von hier nach Rijeka (97 Kn, 1½ Std.). Im Sommer sollte man besser einen Tag vorher einen Platz reservieren und aufpassen, dass man auf der rechten Seite sitzt wegen des tollen Blicks auf die Kvarner-Bucht.

Flugzeug

Der **Flughafen Pula** (530 105; www.airport-pula.hr) befindet sich 6 km südöstlich der Stadt. Einmal am Tag gibt es einen Flug nach Zagreb (40 Min.). Im Sommer werden Charterflüge von den wichtigsten europäischen Städten aus angeboten, u. a. von Ryanair und easyjet. **Croatia Airlines** (218 909; www.croatiaairlines.hr; Valtursko polje 210) hat ein Büro am Flughafen.

Schiff

Der Hafen von Pula liegt westlich des Busbahnhofs. Bei **Jadroagent** (210 431; www.jadroagent.hr; Riva 14; Mo–Fr 7–15 Uhr) sind Fahrpläne und Tickets für Verbindungen zwischen dem Festland und den Inseln und ins südliche Kroatien erhältlich. Vertritt auch das Fährunternehmen Jadrolinija.

Commodore Cruises (211 631; www.commodore-cruises.hr; Riva 14) verkehrt mit dem Katamaran zwischen Pula und Zadar (100 Kn, 5 Std.) 5-mal pro Woche ab Juli bis

BUSSE AB PULA

REISEZIELE IM INLAND	FAHRPREIS (KN)	FAHRZEIT	TGL. VERBINDUNG
Dubrovnik	580	15 Std.	1
Labin	42	45 Min.	10
Poreč	72	1 Std.	5
Rovinj	38	45 Min.	12
Split	392	10 Std.	2
Zadar	255	7 Std.	3
Zagreb	190	4 Std.	12
REISEZIELE IM AUSLAND	**FAHRPREIS (KN)**	**FAHRZEIT**	**VERBINDUNGEN**
Mailand	420	9 Std.	1 wöchentl.
Padua	235	6 Std.	1 tgl. (außer So)
Triest	110	3 Std.	4 tgl.
Venedig	170	5 Std.	1 tgl. (außer So)

Anfang Sept. und 2-mal pro Woche im Juni und September. Von Juni bis Sept. fährt jeden Mittwoch auch ein Katamaran nach Venedig (430 Kn, 3½ Std.).

Zug

Der Bahnhof liegt knapp 1 km nördlich der Stadt unweit des Meeres an der Kolodvorska. Es gibt täglich eine Direktverbindung nach Ljubljana (144 Kn, 4½ Std.) und drei Züge nach Zagreb (140 Kn, 9 Std.), aber einen Teil der Reise (von Lupoglav nach Rijeka) muss man im Bus zurücklegen. Jeden Tag verkehren fünf Züge nach Buzet (50 Kn, 2 Std.).

ℹ Unterwegs vor Ort

Vom Busbahnhof fährt mehrmals wöchentlich ein Bus zum Flughafen (15 Kn), zeitlich passend zu den Ryanair-Flügen. Am Busbahnhof nachfragen. Die Taxifahrt kostet etwa 50 bis 80 Kn.

Wichtige Buslinien für Touristen sind die Nr. 1 zum Campingplatz in Stoja und die NR. 2A und 3A nach Verudela. Die Busse fahren alle 15 bis 30 Minuten (5–22.30 Uhr). Fahrkarten gibt es in den *tisak* (Zeitungskiosks) für 6 Kn oder beim Fahrer für 11 Kn.

Brijuni-Inseln

Der Brijuni-Archipel (italienisch: Brioni) umfasst zwei mit Pinien bestandene Hauptinseln und zwölf kleinere Inseln. Die Eilande befinden sich unweit der istrischen Küste nordwestlich von Pula auf der anderen Seite des 3 km breiten Fažana-Kanals. Nur die beiden größeren Inseln Veli Brijun und Mali Brijun können besucht werden. Die Inseln sind von Wiesen, Parks, Eichen- und Lorbeerwäldern überzogen. Auch einige seltene Pflanzen wie Stachelgurken und Kaktusfeigen gedeihen hier. 1983 wurden die Inseln zum Nationalpark erklärt.

Archäologische Funde lassen auf eine Besiedlung schon vor über 2000 Jahren schließen. Bekanntheit erlangten die Inseln allerdings erst durch den früheren jugoslawischen Staatspräsidenten Tito, der sie zu seiner Privatresidenz erkor.

In der Zeit von 1947 bis kurz vor seinem Tod 1980 verbrachte Tito jedes Jahr sechs Monate auf den Brijuni-Inseln. Er ließ subtropische Pflanzen hierher bringen und anpflanzen. Außerdem wurde ein Safaripark für die exotischen Tiere angelegt, die er von den Staatsoberhäuptern aus aller Welt als Geschenk erhielt. Die hier grasenden somalischen Schafe stammen aus Äthiopien, einer der sambischen Präsidenten schenkte ihm Wasserböcke.

In seiner Sommerresidenz gab Tito opulente Empfänge für 90 Staatsoberhäupter und eine Schar von Filmstars. Bijela Vila auf der Insel Veli Brijun war Titos „Weißes Haus"; dort wurden Erlasse ausgestellt und Erklärungen abgegeben; außerdem fand hier das gesellschaftliche Leben statt. Die Inseln werden immer noch für offizielle Staatsbesuche genutzt, wandeln sich aber allmählich zum Ziel reicher Yachtbesitzer aus aller Welt. Gekrönte Häupter obskurer Königreiche verbringen hier ihre Ferien ebenso wie Millionäre, die den verblichenen Glanz der Inseln wieder aufleben lassen.

Jedes Jahr in den Sommermonaten pilgern Theaterliebhaber zur Festung Minor auf der Insel Mali Brijun, um den Aufführungen des **Ulysses-Theaters** (www.ulysses.hr) beizuwohnen.

Sehenswertes

Nach einer 15-minütigen Überfahrt von Fažana legt das Schiff in Veli Brijun vor dem Hotel Istra-Neptun an. Hier stiegen einst Titos illustre Gäste ab. Begleitet von einem Reiseführer, kutschiert eine Bimmelbahn die Besucher drei Stunden über die Insel. Die Tour beginnt mit einem Besuch des 9 ha großen **Safariparks**. Weitere Zwischenstopps sind die Ruinen einer **römischen Villa** aus dem 1. Jh. n. Chr., das **Archäologische Museum** in einer Festung aus dem 16. Jh. und die Kirche **Sveti Germana**. Das Gotteshaus dient heute als Kunstgalerie, die Nachbildungen mittelalterlicher Fresken aus istrischen Kirchen zeigt.

Interessant ist die Ausstellung **Tito auf Brijuni** in einem Gebäude hinter dem Hotel Karmen. Im Erdgeschoss befindet sich eine Sammlung ausgestopfter Tiere. Oben hängen Fotos von Tito in Begleitung diverser Filmstars, wie Josephine Baker, Sophia Loren, Elizabeth Taylor und Richard Burton, und Staatsoberhäupter wie Indira Gandhi und Fidel Castro. Draußen steht ein 1953er-Cadillac, mit dem Tito seine berühmten Gäste über die Insel fuhr. Besucher können sich in der Limousine ablichten lassen; ein Foto kostet 55 Kn. Wer möchte, kann den Wagen auch eine halbe Stunde für „nur" 2750 Kn mieten. Preiswerter ist es jedoch, sich ein Fahrrad (35 Kn für 3 Std.) oder ein Elektroauto (300 Kn pro Std.) auszuleihen, um damit die Insel zu erkunden.

Schlafen & Essen

Auf Veli Brijun gibt es keine Privatunterkünfte. Das Büro des Nationalparks vermittelt jedoch drei luxuriöse Villen. Der Fährpreis vom und zum Festland ist in den nachstehenden Hotelpreisen bereits enthalten. Beide Hotels befinden sich auf Veli Brijun. Die Hotelrestaurants sind außerdem die einzige Verpflegungsoption. Auf Mali Brijun besteht keine Übernachtungsmöglichkeit.

Hotel Neptun-Istra HOTEL €€€

(☎525 807;www.brijuni.hr; EZ/DZ 840/1430 Kn; @) Das Nonplusultra der sozialistischen Vorstellung von Eleganz. Zwar wurde das Hotel auf Vordermann gebracht und ist komfortabel, aber die Zimmer haben ihr schlichtes, zweckmäßiges Ambiente behalten; alle haben Balkon und einige mit Blick ins Grüne. Man kann sich Titos berühmte Gästeschar hier gut vorstellen.

Hotel Karmen HOTEL €€€

(☎525 807; www.brijuni.hr; EZ/DZ 705/1160 Kn; @) Designer und Architekten aus Zagreb kommen scharenweise zu dem Hotel am Hafen wegen des authentischen sozialistischen Stils. Es wirkt „übrig geblieben" und waschecht, als ob es fest in den 1950er-Jahren verankert ist.

An- & Weiterreise

Im Hafen von Pula legt eine Reihe von Ausflugsbooten zu den Inseln ab. Wer keinen Ausflug bei den Reisebüros in Pula, Rovinj oder Poreč buchen möchte, kann den Bus 21 von Pula nach Fažana nehmen (15 Kn, 8 km) und sich dann beim **Büro des Nationalparks** (☎525 888; www.brijuni.hr; geführte Touren 125–210 Kn) unweit des Kais zu einer Tour anmelden. Im Juli und August kostet eine solche Fahrt 210 Kn pro Person (Kinder 110 Kn). Besonders in der Hochsaison empfiehlt es sich, im Voraus zu buchen. Im Sommer werden auch Picknick- und Badeausflüge nach Mali Brijun organisiert.

Ausflugsfahrten zu den Brijuni-Inseln werden im Hafen von Pula angeboten. Viele der zweistündigen Panoramafahrten von Pula nach Brijuni (150 Kn) halten allerdings nicht an den Inseln; eine Ausnahme bildet die *Martinabela* (280 Kn).

Rovinj

14 367 EW.

Rovinj (italienisch: Rovigno) ist Istriens bekanntestes Touristenziel. Besonders im Sommer ist die Stadt von Besuchern überlaufen; die Einheimischen wissen genau, wie sich daraus Kapital schlagen lässt – indem sie nämlich die Unterkünfte in 4-Sterne-Hotels und die Lokale in Edelrestaurants verwandeln. Trotz allem begeistert die Stadt immer noch, wohl auch, weil sie einen der letzten echten Fischereihäfen im Mittelmeerraum besitzt. Am frühen Morgen landen die Fischer ihren Fang an, gefolgt von einem Schwarm kreischender Möwen. Vor dem Mittagessen kann man den Männern beim Flicken ihrer Netze zuschauen. In der wuchtigen Euphemia-Kirche, deren 60 m hoher Turm die Halbinsel überragt, beten die Fischer für einen guten Fang. Bewaldete Hügel und flache Hotels umgeben die von

Rovinj

Rovinj

Highlights

Batana-Haus	B3
Kathedrale Sveti Eufemija	A2
Grisia	B2

Sehenswertes

1 Balbi-Bogen ... C2
2 Erbschaftsmuseum ... C2

Schlafen

3 Casa Garzotto ... B2
4 Hotel Adriatic ... C2
5 Angelo D'Oro ... B1
6 Villa Valdibora ... B2

Essen

7 Kantinon ... D3
8 Da Sergio ... B2
9 Puntulina ... A2
10 Male Madlene ... A2
11 Monte ... A2
12 Ulika ... B2
13 Obst- & Gemüsemarkt ... C1
14 Veli Jože ... B3

Ausgehen

15 Havana ... D4
16 Limbo ... B2
17 Monte Carlo ... B3
18 Piassa Granda ... B2
19 Valentino ... A2

Shoppen

20 Galerija Brek ... C2
21 Zdenac 13 ... C2

steilen, kopfsteingepflasterten Gassen und Plätzen durchzogene Altstadt. Die 14 vorgelagerten grünen Inseln des Rovinj-Archipels sind einen netten Nachmittagsausflug wert; zu den beliebtesten Inseln gehören Crveni Otok (Rote Insel), Sveta Katarina und Sveti Andrija.

Die Altstadt nimmt die eiförmige Halbinsel ein. 1,5 km südlich der Altstadt beginnen der Waldpark Punta Corrente und das bewaldete Kap Zlatni Rat (Goldenes Kap) mit uralten Eichen und Kiefern und mehreren großen Hotels. Die Stadt besitzt zwei Häfen – den offenen im Norden und den kleinen, geschützten im Süden.

Geschichte

Rovinj war ursprünglich eine Insel. Slawen siedelten hier im 7. Jh. und lebten vom Fischfang. Im Lauf der Zeit entwickelte sich der Ort zu einer bedeutende Hafenstadt. Im Jahr 1199 unterzeichnete Rovinj einen wichtigen Vertrag mit Dubrovnik, um seinen Seehandel zu schützen; im 13. Jh. zwang die Bedrohung durch Piraten die Stadt aber dazu, sich hilfesuchend an Venedig zu wenden.

Vom 16. bis zum 18. Jh. wuchs die Bevölkerung durch den Zustrom von Immigranten, die auf der Flucht vor den Türken waren. Die Osmanen waren in Bosnien und auf dem kroatischen Festland eingedrungen. Die Stadt begann sich über die venezianischen Stadtmauern hinaus auszudehnen, im Jahr 1763 wurde die Insel schließlich mit dem Festland verbunden.

Noch im 17. Jh. blühte Rovinjs Seehandel, doch dies änderte sich 1719, als Österreich Triest und Rijeka zu Freihäfen erklärte. Dies versetzte der Stadt einen herben Rückschlag. Das Aufkommen von Dampfschiffen, die den Segelschiffen große Konkurrenz machte, schadete zudem der Werftindustrie; bereits Mitte des 19. Jhs. war Pulas Schiffswerft bedeutender als die von Rovinj. Wie auch der Rest von Istrien befand sich auch Rovinj abwechselnd unter österreichischer und italienischer Herrschaft, bevor es Teil des neu gegründeten Jugoslawien wurde. Noch heute lebt aber eine bedeutende italienische Gemeinde in der Stadt, die einen ganz eigenen Dialekt spricht.

Sehenswertes

Kirche der Hl. Euphemia KIRCHE

(Sveta Eufemija; Petra Stankovića; ⌚Juni–Sept. 10–18 Uhr, Mai 10–16 Uhr, April 10–14 Uhr, Okt. –März nach Anmeld.) Die imposante Kirche, die die Altstadt aufgrund ihrer Lage auf einer Anhöhe in der Mitte der Halbinsel dominiert, ist das Vorzeigeobjekt der Stadt. Sie wurde 1736 als größtes Barockgebäude Istriens errichtet und erinnert an das 18. Jh., als Rovinj die größte Stadt der Region war.

Sehenswert ist das marmorne **Grab der heiligen Euphemia** hinter dem rechten Altar. Rovinjs Schutzpatronin wurde wegen ihres christlichen Glaubens von Kaiser Diokletian gefoltert und im Jahr 304 den Löwen zum Fraß vorgeworfen. Der Legende zufolge verschwand ihr Sarkophag samt Leichnam in einer stürmischen Nacht und tauchte in einem Schiff vor der Küste von Rovinj wieder auf. Die Bewohner der Stadt versuchten vergeblich, den schweren Sarkophag an Land zu ziehen, bis ein kleiner Junge mit zwei Kälbern auftauchte und ihn auf den Gipfel des Hügels schleppte, wo er sich in der heutigen Kirche noch immer befindet. Am Jahrestag ihres Märtyrertodes (16. September) versammeln sich dort die Gläubigen. Die Spitze des 60 m hohen **Glockenturms** wird von einer Kupferstatue der heiligen Euphemia gekrönt, die sich im Wind dreht. Die Besichtigung des Turms (Aufgang links vom Altar) kostet 15 Kn.

Haus der Batana MUSEUM

(Pina Budicina 2 Erw./Kind 10/5 Kn, mit Führung 15 Kn; ⌚Juni–Sept. 10–14, 7–11 Uhr, Okt.–Jan. & März–Mai 10–14, 16–18 Uhr) Das Museum am Hafen ist der *batana* gewidmet, einem flachen Fischerboot, das als Symbol für Rovinj als Stadt der Seefahrer und Fischer gilt. Die Multimedia-Ausstellung in dem Stadthaus aus dem 17. Jh. bietet interaktive Objekte, sehr gute Texte zur Erklärung und Hörproben der *bitinada*, den typischen Liedern der Fischer. Sehenswert ist auch der *spacio*, der Keller, wo einst der Wein gelagert, probiert und verkauft wurde; hier trafen sich früher die Einheimischen (Di und Do geöffnet).

Grisia STRASSE

(👪) Das kleine, kopfsteingepflasterte Gässchen, Grisia, führt den Hügel zur Kirche der heiligen Euphemia hinauf. Es wird von zahlreichen Galerien gesäumt, in denen einheimische Künstler ihre Werke zum Verkauf anbieten. Die engen, gewundenen Seitenstraßen um die Grisia herum sind unbedingt einen Abstecher wert. Fenster, Balkone, Tore und Plätze zeigen eine hübsche Mischung aus verschiedenen Baustilen – Einflüsse der Gotik, der Renaissance, des Barock und des Neoklassizismus sind unübersehbar. Interessant sind auch die einzigartigen *fumaioli* (Außenkamine). Sie sind Resultat der explosionsartig angestiegenen Bevölkerungszahlen, als ganze Familien in einem einzigen Zimmer mit Feuerstelle leben mussten.

Punta Corrente Forest Park PARK

Zu Fuß oder per Rad geht es am Hotelpark vorbei Richtung Süden am Ufer entlang, bis man nach ca. 1,5 km den Waldpark erreicht, den die Einheimischen Zlatni Rat nennen. Hier gibt es Eichen, Pinien und – angeblich – zehn verschiedene Zypressenarten. Angelegt wurde der Park 1890 von Baron Hütterott, einem österreichischen Admiral, der auf Crveni Otok eine Villa besaß. Man kann abseits der Felsen baden oder einfach nur dasitzen und den Blick auf die vorgelagerten Inseln genießen.

Heimatmuseum MUSEUM

(www.muzej-rovinj.com; Trg Maršala Tita 11; Erw./erm. 15/10 Kn; ⌚Juni–Sept. Di–Fr 10–14, 18–22, Sa & So 10–14, 19–22 Uhr, Okt.–Mai Di–Sa 10–13 Uhr) Das Museum in einem barocken Gebäude umfasst eine Sammlung zeitgenössischer Kunst und alter kroatischer Meister, archäologische Funde und eine Abteilung zur Seefahrt. Manchmal gibt es Sonderausstellungen (z. B. kürzlich eine über mittelalterliche Folter).

Balbi-Bogen BAUDENKMAL

Der kunstvoll gestaltete Balbi-Bogen wurde im Jahr 1679 an der Stelle des ehemaligen Stadttors errichtet. Oben ist der Bogen mit Köpfen geschmückt; nach außen mit einem türkischen und nach innen mit einem venezianischen Kopf.

Aktivitäten

Die meisten Leute springen zum **Schwimmen**, **Schnorcheln** und **Sonnenbaden** einfach in ein Boot. Ein Ausflug nach Crveni Otok oder zur Insel Katarina ist schnell organisiert. **Nadi Scuba Diving Centar** (☎813 290; www.scuba.hr) und **Petra** (☎812 880; www.divingpetra.hr) bieten täglich Tauchausflüge an. Hauptattraktion ist das **Wrack der Baron Gautsch**, ein österreichisches Passagierschiff, das 1914 durch eine Seemine sank und nun in 40 m Tiefe liegt.

Es gibt **Kletterrouten** in einem alten venezianischen Steinbruch am Goldenen Kap (Zlatni Rt), viele eignen sich auch für Anfänger. Vogelliebhaber können mit dem Fahrrad zum **Vogelschutzgebiet** im Sumpfgebiet von Palud, etwa 8 km südwestlich von Rovinj, fahren. Überhaupt ist **Radfahren** eine gute Idee für einen Nachmittagsausflug rund um Rovinj und im Naturschutzpark Punta Corrente.

Geführte Touren

Die meisten Reisebüros bieten Tagesausflüge nach Venedig (390–520 Kn), den Plitvicer Seen (550–600 Kn) und den Brijuni-Inseln (380–470 Kn) an. Es gibt auch Ausflüge mit **Fischpicknick** (250 Kn), **Panorama-Bootsfahrten** (100 Kn) und Ausflüge zum **Limski Draga Fjord** (150 Kn). Sie können etwas billiger sein, wenn man bei einem der privaten Anbieter an der Promenade bucht. **Delfin** (☎848 265) ist z. B. zuverlässig.

Es gibt auch andere Möglichkeiten, die eher Abenteuerlustige ansprechen, z. B. **Kajakfahren**, das man über **Adistra** (☎095 838 3797; Carera 69) buchen kann. Ein 9 km langer Trip kostet 270 Kn, ein Ausflug zum Limski-Fjord (14 km) 290 Kn. Mittagspicknick und Schnorchelausrüstung sind im Preis enthalten. Adistra bietet auch Kajakausflüge bei Sonnenuntergang an (190 Kn), einschließlich Wein, Käse und Oliven.

Feste & Events

Zu den jährlichen Veranstaltungen gehören mehrere Regatten zwischen Ende April bis August. Das **Sommerfestival Rovinj** ist eine Reihe klassischer Musikveranstaltungen in der Kirche der Hl. Euphemia oder im Franziskanerkloster.

Am zweiten Sonntag im August findet die bekannteste Veranstaltung in Rovinj statt. Dann ist die enge Grisia eine **Kunstausstellung** unter freiem Himmel. Jeder, Kinder ebenso wie professionelle Künstler, zeigt seine Arbeiten in Kirchen, Galerien und auf der Straße.

Immer dienstags und donnerstags von Juni bis Mitte September gibt es die **Prozession der Batanas**, die im Laternenschein stattfindet. Sie beginnt um 20.30 Uhr und kostet 50 Kn oder für die Bootsfahrt inkl. Abendessen in einem traditionellen Lokal 200 Kn. Es ist sinnvoll, dies ein paar Tage vorher im Haus der Batana zu buchen. Sonntags und mittwochs findet im Sommer auch ein traditionelles Fest der Fischer vor dem Museum statt, mit *bitinada*-Musik und preiswerten Fisch-Snacks.

Zum **Avantgarde-Jazzfestival** (www.avantgardejazzfestival.com) in den Maistra-Hotels von Mai bis Ende Juli treten auch bekannte Künstler auf.

Schlafen

Scharen von Sommerurlaubern haben Rovinj zu ihrem Lieblingsziel erkoren. Daher empfiehlt es sich, im Voraus zu buchen. Die Preise sind stetig gestiegen und werden dies wohl weiter tun, da sich das Angebot ständig verbessert.

In der Altstadt gibt es nur wenige und teure Privatunterkünfte, außerdem keine Parkmöglichkeiten. Doppelzimmer kosten in der Hauptsaison ab 220 Kn, bei Einzelbelegung wird ein kleiner Aufpreis erhoben. Apartments für zwei Personen sind ab 330 Kn zu haben. Außerhalb der Saison sinken die Preise beträchtlich.

Wer weniger als drei Nächte bleibt, zahlt 50 % mehr; Gäste, die nur eine Nacht bleiben, werden mit einem Aufpreis von 100 % „bestraft". Wer nicht in den Sommermonaten anreist, hat ganz gute Chancen, um den Aufpreis herumzukommen (das sollte man aber unbedingt aushandeln!). Die Unterkünfte können direkt bei den Reisebüros gebucht werden.

Die meisten Hotels und Campingplätze in der Region werden von **Maistra** (www.maistra.com) gemanagt, einige sind privat geführte Betriebe.

LP TIPP Hotel Lone DESIGN-HOTEL €€€

(☎ 632 000; www.lonehotel.com; Luje Adamovića 31; EZ/DZ 1478/1847 Kn; P❄@ᯤ) Das erste Design-Hotel in Kroatien, ein aufwendiger, komplett durchgestylter Bau mit 248 Zimmern, ist ein Entwurf der kroatischen Stararchitekten 3LHD. Es steht oberhalb der Lone-Bucht, unweit vom Monte Molini, wie ein Schiff, das im Wald gestrandet ist. Die Zimmer sind lichtdurchflutet mit eigener Terrasse und 5-Sterne-Komfort. Zur Anlage gehören ein Restaurant, ein weitläufiger Spa-Bereich und ein schicker Laden mit kroatischen Designartikeln. Die Gäste können die Pools des Monte Mulini benutzen.

Monte Mulini HOTEL €€€

(☎ 636 000; www.montemulinihotel.com; A Smareglia bb; EZ/DZ 2960/3695 Kn; P❄@ᯤ≋) Das elegante Hotel liegt oberhalb der ruhigen Lone-Bucht. Bis zur Altstadt sind es zehn Gehminuten an der Promenade „Lungomare" entlang. Die Zimmer haben Balkon mit Meerblick und eine hochwertige Ausstattung. Der Spa-Bereich ist hervorragend, ebenso wie das angesehene Lokal „Wine Vault". Die Gestaltung der Anlage mit drei Außenpools ist großzügig und hell.

Angelo D'Oro BOUTIQUEHOTEL €€€

(☎ 840 502; www.rovinj.at; Via Švalba 38–42; EZ/DZ 1028/1666 Kn; P❄ᯤ) Das Boutiquehotel in einem renovierten venezianischen Stadthaus hat 23 edel ausgestattete Zimmer und (teurere) Suiten. Es ist mit zahlreichen Antiquitäten ausgestattet, ebenso mit vielen modernen Annehmlichkeiten. Es gibt Massagen (Std. 400 Kn), Sauna und Whirlpool, Leihräder (Tag 60 Kn) und zwei Terrassen, eine begrünte Innenterrasse, die von alten Gemäuern umgebenist, sowie eine kleinere mit Blick aufs Meer, die sich im obersten Stock befindet.

Villa Valdibora HOTEL €€€

(☎ 845 040; www.valdibora.com; Silvano Chiurco 8; EZ/DZ 1080/1440 Kn; ❄ᯤ) Die elf Zimmer, Suiten und Apartments in dem historischen Gebäude mit den schönen Steinfußböden verfügen über gehobene Details, darunter Hydromassage-Duschen. Zu den Extras gehören ein Fitnessraum (60 Kn) und Massagen (150–450 Kn). Man kann auch Fahrräder ausleihen (Tag 80 Kn).

Villa Baron Gautsch PENSION €€

(☎ 840 538; www.baron-gautsch.com; IM Ronjgova 7; EZ/DZ 293/586 Kn; ❄ᯤ) Die von Deutschen betriebene Pension liegt an der Allee, die zum Hotel Park führt. Die 17 Zimmer sind alle blitzblank, einige mit Terrasse (40 Kn Aufpreis pro Pers.) und schönem Blick auf Meer und Altstadt. Das Frühstück wird hinter dem Haus auf einer kleinen Terrasse serviert. Nur Barzahlung (Kuna) möglich.

Casa Garzotto PENSION €€€

(☎ 811 884; www.casa-garzotto.com; Via Garzotto 8 EZ/DZ 790/1050 Kn; P❄@ᯤ) Die Zimmer und Apartments in dem alten Stadthaus haben einen historischen Touch mit Originaldetails, z. B. Kaminen und Holzbalken, bieten aber auch moderne Annehmlichkeiten. Frühstück und Leihräder sind im Preis inbegriffen. Zur Anlage gehören drei weitere Gebäude, die sich in der Nähe befinden; eines davon verfügt über eher schlichte, einfache Zimmer (830 Kn).

Hotel Istra HOTEL €€€

(☎ 800 250; www.maistra.com; Otok Sveti Andrija; EZ/DZ 1183/1480 Kn; P❄@≋) Zu den größten Vorzügen des 4-Sterne-Hotels zählen der von Gästen sehr geschätzte Wellness-Bereich mit Spa und das gute Angebot für Kinder. Mit dem Schiff ist man in zehn Minuten auf der Insel St. Andrija. Ein Restaurant in einer alten Burg gehört auch dazu.

Hotel Adriatic
HOTEL €€€

(☎800 250; www.maistra.com; Pina Budicina bb; EZ/DZ 747/933 Kn; P❄📶) Die Lage direkt am Hafen ist ausgezeichnet; die Zimmer sind gut ausgestattet, aber etwas stillos und müssten auch renoviert werden. Etwas teurer (ca. 120 Kn pro Pers.), größer und moderner ausgestattet sind die Zimmer mit Meerblick. Für WLAN und Parkplatz wird eine Extragebühr berechnet.

Hotel Park
HOTEL €€€

(☎800 250; www.maistra.com; IM Ronjgova bb; EZ/DZ 747/933 Kn; P❄@📶) Das Hotel liegt günstig und nicht weit vom Fähranleger Crveni Otok. Die meisten Hotelgäste wissen die beiden Außenpools, den Fitnessraum einschließlich Kursangebot und die Sauna zu schätzen. Die meisten Zimmer sind mit Balkon ausgestattet.

Porton Biondi
CAMPINGPLATZ €

(☎813 557; www.portonbiondi.hr; Aleja Porton Biondi 1; Pers./Zelt 42/26 Kn; ⊙Mitte März–Okt.) Der Campingplatz am Strand bietet Platz für 1200 Personen und ist etwa 700 m von der Altstadt entfernt.

Polari Camping
CAMPINGPLATZ €

(☎801 501; www.campingrovinjvrsar.com; Polari bb; Pers./Zelt 71/82 Kn; ⊙April–Sept.; @📶) Der Platz befindet sich 3 km südöstlich der Stadt und verfügt über Pools, Restaurants und Spielplätze.

Essen

Wer gerne picknickt, kann sich im Supermarkt neben dem Busbahnhof oder in einem Konzum-Laden in der Stadt mit allen nötigen Vorräten eindecken. Für einen schnellen Imbiss gibt es an den Verkaufsständen beim **Gemüsemarkt** ein *burek* (Blätterteig mit Fleisch- oder Käsefüllung) zum Mitnehmen.

Die Restaurants am Hafen bieten die üblichen Fisch- und Fleischgerichte, die Preise sind jeweils ähnlich. Wer etwas anspruchsvollere Küche vorzieht, wird in der Hafengegend nicht fündig. Viele Restaurants haben nachmittags geschlossen.

LP TIPP Male Madlene
TAPAS €

(Križa 28; Snacks ab 30 Kn; ⊙Mai–Sept. 11–14 & 19–23 Uhr Wunderbares Plätzchen im winzigen Wohnzimmer der Besitzerin, das quasi über dem Meer hängt. Es gibt Antipasti aus frischen Zutaten, die fantasievoll nach alten italienischen Rezepten zubereitet werden. Lecker sind z. B. mit Thunfisch gefüllte Zucchini, Paprika mit Ziegenkäse und pikante Küchlein in Häppchenform. Eine Platte mit 12 Snacks für 2 Pers. kostet 100 Kn. Gute offene Weine aus der Region.

Monte
MEDITERRAN €€€

(☎830 203; Montalbano 75; Hauptgericht ab 190 Kn) Das Essen im besten Restaurant von Rovinj direkt unterhalb der Kirche der Hl. Euphemia ist seinen Preis wert. Es macht Spaß, die auch optisch ansprechenden Gerichte auf der eleganten, verglasten Terrasse zu genießen. Wer hier nicht so viel ausgeben will, kann auch Pasta oder Risotto bestellen (ab 124 Kn).Wie wäre es mit Fencheleis als Dessert? In der Hochsaison unbedingt vorher reservieren.

Da Sergio
PIZZERIA €

(Grisia 11; Pizzas 28–71 Kn) Es lohnt sich durchaus, sich in der traditionellen Pizzeria anzustellen, um einen Tisch zu bekommen. Hier gibt es die beste knusprige Pizza in Rovinj, auf die die Einheimischen schwören. Sehr gut ist die Pizza „Gogo" mit frischen Tomaten, Rucola und Schinken.

Maestral
MEDITERRAN €

(Vladimira Nazora bb; Hauptgericht ab 45 Kn) Man sitzt draußen in der einfachen Taverne am Meer und genießt den schönen Blick auf die Altstadt und das gute, einfache Essen, bei dem auch der Preis stimmt. *Ribarska pogača* (ähnlich wie Pizza, belegt mit gesalzenem Fisch und Gemüse) ist z. B. sehr lecker. Das Lokal ist in einem alten Haus etwas abseits vom Touristenrummel.

Kantinon
FISCH €

(Alda Rismonda 18; Hauptgericht ab 30 Kn) Schlichtes Lokal mit hohen Decken, wo frische, günstige Fischgerichte serviert werden. Die Batana-Fischplatte für 2 Pers. ist ausgezeichnet und dazu noch günstig, dies gilt auch für die Menüs (ab 35 Kn).

Ulika
MEDITERRAN €€

(Porečka 6; Hauptgericht ab 100 Kn) Versteckt in einer Gasse liegt die hübsche, kleine Taverne mit Sitzplätzen vor dem Haus. Hier hat man auf die allzu bekannte Standardkost (Pizza, Calamari, *Čevapčići*) verzichtet, es gibt stattdessen etwas teurere, aber gute mediterrane Gerichte.

Puntulina
MEDITERRAN €€€

(☎813 186; Svetog Križa 38; Hauptgericht ab 100 Kn) Auf den drei Terrassen des Restaurants stehen fantasievoll zubereitete mediterrane Gerichte zur Auswahl. Die Nudelgerichte sind etwas günstiger (ab 70 Kn). Abends nimmt man sich ein Kissen und genießt entspannt einen Cocktail auf den Felsen unter dem renovierten Stadthaus. Reservierung ist empfehlenswert.

Veli Jože FISCH €

(Križa 3; Hauptgericht ab 50 Kn) Gute istrische Standardgerichte, die entweder im eigenwillig, mit viel Schnickschnack eingerichteten Lokal oder an den wenigen Tischen im Freien serviert werden.

Ausgehen

Limbo CAFÉ-BAR

(Casale 22b; W) Gemütliche Café-Bar, in der man bei Kerzenlicht an kleinen Tischen und auf Kissen sitzt, die auf der Treppe zur Altstadt hoch ausgelegt sind. Es gibt leckere Snacks und guten Prosecco.

Piassa Granda WEINBAR

(Veli trg 1) In der schicken kleinen Weinbar mit roten Wänden und Holzbalkendecken stehen 150 Weine zur Auswahl, auch viele regionale, außerdem 20 Sorten *rakija* (kroatischer Grappa) und leckere Snacks.

Valentino COCKTAILBAR

(Križa 28) Eine noble Bar mit dementsprechenden Preisen für die Cocktails. Am felsigen Ufer liegen Kissen aus; dort kann man sitzend den fantastischen Sonnenuntergang genießen.

Havana COCKTAILBAR

(Aldo Negri bb) In der beliebten Bar sitzt man unter Strohschirmen umgeben von hohen Pinien. In entspannter Atmosphäre schlürft man tropische Cocktails und raucht kubanische Zigarren.

Monte Carlo COCKTAILBAR

(Križa 21) Die unauffällige Bar mit tollem Ausblick auf das Meer und die Insel Katarina gegenüber ist ruhiger und bodenständiger als das auffällige Valentino nebenan.

Shoppen

In Rovinj existieren zahllose Läden, die oft überteuerte Souvenirs anbieten. Ein paar heben sich positiv davon ab, u. a. die **Galerija Brek** (Fontica 2), die Arbeiten regionaler Künstler präsentiert, und **Zdenac 13** (Zdenac 13), wo es im Erdgeschoss eines schönen alten Hauses geschmackvolle Keramikgegenstände zu kaufen gibt.

Praktische Informationen

Geld

Es gibt im Ort eine Reihe von Banken mit Geldautomat. Die meisten Reisebüros und Hotels tauschen auch Geld.

Internetzugang

A-mar (☎841 211; Carera 26; 10 Min. 6 Kn; ⏲Juli & Aug. 9–22 Uhr, Sept.–Juli kürzere Öffnungszeiten) Günstige Lage. Kostenloses WLAN gibt es auch im Zentrum.

Medizinische Versorgung

Ambulanz (☎813 004; Istarska bb)

Post

Hauptpost (Matteo Benussi 4; ⏲Sommer Mo–Sa 8–21 Uhr, Winter Mo–Fr 8–19, Sa bis 13 Uhr) Telefonate sind ebenfalls möglich.

Reisebüros

Globtour (☎814 130; www.globtour-turizam.hr; Alda Rismonda 2) Buchen von Ausflügen und privaten Unterkünften.

Kompas (☎813 211; www.kompas-travel.com; Trg Maršala Tita 5) Tagesausflüge.

BUSSE AB ROVINJ

REISEZIEL	FAHRPREIS (KN)	FAHRZEIT	TGL. VERBINDUNGEN
Dubrovnik	628	16 Std.	1
Labin	80	2 Std.	2
Poreč	35–50	50 Min.	15
Pula	35–45	50 Min.	20
Rijeka	93–127	1½–3 Std.	5
Split	444	11 Std.	1
Triest (Italien)	100–120	1½ Std.	2
Zagreb	150–200	4–6 Std.	10

Planet (☎840 494; www.planetrovinj.com; Križa 1) Vermittelt günstig Privatunterkünfte und betreibt ein Internetcafé (10 Min. 6 Kn) inkl. Drucker.

Touristeninformation

Tourismusbüro (☎811 566; www.tzgrovinj.hr; Pina Budicina 12; ⌚Juni–Sept. 8–22 Uhr, Okt.–Mai Mo–Fr 8–15, Sa bis 13 Uhr), bietet eine große Auswahl an Infobroschüren und Karten. In unmittelbarer Nähe vom Platz Maršala Tita.

Wäscherei

Galax (Istarska bb; 5 kg 70 Kn; ⌚7–20 Uhr)

An- & Weiterreise

Der Busbahnhof liegt südöstlich der Altstadt. Dort gibt es eine *garderoba* für die Gepäckaufbewahrung (Tag 10 Kn; ⌚6.30–20 Uhr). Der nächste Bahnhof befindet sich in Kanfanar, 20 km entfernt an der Linie Pula-Divača. Von Rovinj aus fahren Busse nach Kanfanar.

Unterwegs vor Ort

Diverse Fahrradvermieter bieten ihren Service im Ort an. Ein Rad kostet ca. 20 Kn pro Std. oder 70 Kn pro Tag. Die Miete für einen Motorroller kostet etwa 240 Kn am Tag.

Rund um Rovinj

Ein beliebter Tagesausflug von Rovinj ist die Bootsfahrt zur Insel **Crveni Otok** (Rote Insel). Das herrliche Eiland ist nur 1900 m lang und besteht eigentlich aus zwei kleinen Inselchen, Sveti Andrija und Maškin, die durch einen Damm miteinander verbunden sind. Im 19. Jh. war die Insel Privateigentum des Barons Hütterott, der sie in einen üppigen baumreichen Park verwandelte. Heutzutage wird **Sveti Andrija** vom Istra-Hotelkomplex dominiert. Wegen der hübschen Kiesstrände und dank einem Spielplatz ist die Insel bei Familien sehr beliebt. **Maškin** ist etwas beschaulicher und waldreicher und besitzt viele einsame Buchten. Unbedingt an die Schnorchelausrüstung denken!

Genau gegenüber liegt die kleine Insel **Sveta Katarina**, die 1905 von einem polnischen Grafen mit Bäumen bepflanzt wurde und heute das **Hotel Katarina** (☎800 250; www.maistra.com; Otok Sveta Katarina; EZ/DZ 770/962 Kn; P 📶 ≋) beherbergt.

In den Sommermonaten fahren stündlich von 5.30 Uhr bis Mitternacht Boote nach Sveta Katarina (hin & zurück 30 Kn, 10 Min.) und weiter nach Crveni Otok (hin & zurück 40 Kn, 15 Min.). Sie starten gegenüber vom Hotel Adriatic; aber auch am Bootsanlegeplatz Delfin in der Nähe des Hotels Park legen Boote ab.

Der **Limska Draga Fjord** (Lim-Fjord) ist vielleicht die faszinierendste Sehenswürdigkeit Istriens. Er ist ca. 10 km lang und 600 m breit; die steilen Wände sind bis zu 100 m hoch. Die Bucht entstand während der letzten Eiszeit durch Flusserosion, als die Meeresoberfläche niedriger war. Am Ende der Eiszeit wurde der Meeresarm geflutet. Auf der Südseite des tiefgrünen Fjords befindet sich auf einem Hügel eine Höhle. Dort lebte im 11. Jh. der Einsiedler Romualdo, der hier Gottesdienste abhielt. Im Fjord darf geangelt werden, außerdem werden Austern und Muscheln gezüchtet. Ausflüge mit dem Boot sind möglich.

Am Fjord findet man Souvenirstände und zwei Restaurants, die fangfrische Muscheln anbieten. Das **Viking** (Limski Kanal 1; Hauptgerichte ab 55 Kn) hat eine Terrasse mit Blick auf den Fjord und ist das bessere von beiden Restaurants. Auf der Speisekarte stehen Austern (11 Kn pro Stück), ausgezeichnete Jakobsmuscheln (22 Kn pro Stück.) sowie andere Muschelarten und Fischgerichte (Preis pro Kilo). Hinter dem zweiten Restaurant (namens Fjord) befinden sich ein Picknickplatz, ein Café mit Holztischen und -stühlen sowie eine Badebucht.

Kleine Ausflugsboote bieten einstündige Fjordfahrten an (75 Kn pro Pers., verhandelbar). Im Juli und August verkehren sie häufig, im Juni und September dafür seltener. Bootsfahrten hierher können ab Rovinj, Pula oder Poreč gebucht werden. Wer auf eigene Faust unterwegs ist, folgt der Beschilderung zum Lim-Fjord hinter dem kleinen Dorf Sveti Lovreč.

Poreč

20 559 EW.

Poreč (italienisch: Parenzo; zu römischen Zeiten: Parentium) und sein Umland haben sich ganz dem Tourismus verschrieben. Die alte römische Stadt bildet den Mittelpunkt eines dichten Netzes von Ferienorten, die sich entlang der Westküste Istriens nach Norden und Süden erstrecken. Die größte Ferienanlage ist Zelena Laguna, die alles bietet, was sich Urlauber wünschen.

Die Feriendörfer und Campingplätze ziehen vor allem Pauschalurlauber an. Nicht jedem gefallen die vielen Betonklötze und Ausflugsbusse. Doch sind in den Hotels,

ABSTECHER

MITTELALTERLICHES BALE

Im Südwesten Istriens zwischen Rovinj und Vodnjan liegt, nur 7 km vom Meer entfernt, der mittelalterliche Ort **Bale**, ein echter Geheimtipp in Istrien. Er besteht aus einem Gewirr kopfsteingepflasterter Gassen mit einem sehr alten Ortskern. Dieser ist um das kürzlich restaurierte Schloss, eine Kombination aus Gotik und Renaissance, entstanden, das sich im Besitz der Familie Bembo befindet. Dominiert wird der Ort vom 36 m hohen Glockenturm der barocken Kirche St. Julian. Zum Dorf gehören noch andere alte Kirchen und ein Rathaus mit einer Loggia aus dem 14. Jh. Der 9 km lange Küstenabschnitt in der Nähe ist noch relativ unberührt mit herrlichen, sanft abfallenden Stränden.

Bale ist Anziehungspunkt für Künstler und ähnlich Gesinnte, die offenbar die besondere Atmosphäre des Ortes schätzen. Darüber findet man nichts in den Broschüren für Touristen, aber hier kann man Seelenverwandte treffen und viele Stunden mit Diskutieren, Trinken, Träumen und Schreiben verbringen.

Lohnenswert ist ein Besuch im **Kamene Priče** (d. h. Geschichten, die die Steine erzählen; www.kameneprice.com; Castel 57; Menü ab 100 Kn), einer künstlerisch inspirierten Oase inmitten historischer Mauern. Es gibt eigentlich keine Speisekarte in der Restaurant-Bar, wo auch Musikveranstaltungen stattfinden. Was gekocht wird, hängt von der Saison und der Stimmung des Kochs ab. Die eigenwillige Dekoration, eine Fülle ungewöhnlicher Objekte und zwei Terrassen machen dies zum perfekten Ort, um einen Tag zu verbummeln.

Das kleine, aber ausgezeichnete **Last Minute Open Jazz Festival** findet Anfang August statt. Zu anderen Zeiten gibt es Dichterlesungen, Theateraufführungen, Comedy-Veranstaltungen und Workshops über Traumdeutung. Eigentlich passiert immer etwas im Kamene Priče. Tomo, der Besitzer, weiß jede Menge über „das andere Gesicht von Bale". Wer bleiben will, hat die Wahl zwischen vier Apartments im Obergeschoss (525 Kn pro Nacht, 675 Kn während des Festivals).

Das neue Boutiquehotel **La Grisa** (☎824 501; www.la-grisa.com; La Grisa 23; EZ/DZ 390/675 Kn; paW) verfügt über 22 geschmackvoll eingerichtete Zimmer und Suiten in 8 zusammengehörigen Häusern am Rand der Altstadt. Dazu gehören ein ambitioniertes Restaurant, wo man z. B. *boškarin* (istrisches Rind) probieren sollte, ein Spa-Bereich mit Sauna, Whirlpool und Massageangeboten (ab 150 Kn).

Restaurants, Touristeninformationen und Reisebüros fast durchweg freundliche, mehrsprachige Mitarbeiter beschäftigt, die sich sehr um die Gäste bemühen.

Dies ist zwar kein beschaulicher Rückzugsort (nur außerhalb der Saison), dafür gibt es aber eine Basilika, die zum Unesco-Weltkulturerbe zählt, ein Potpourri an gotischen, romanischen und barocken Gebäuden und eine gut ausgebaute touristische Infrastruktur. Außerdem ist das unberührte Landesinneren Istriens von hier aus gut zu erreichen. Die Stadt hat sich inzwischen zur gut besuchten Party-Hochburg gemausert und zieht zahlreiche junge Leute, nicht nur aus Europa an, die hier alle ausgelassen Party machen wollen.

Geschichte

Porečs Küste ist – die Inseln mit eingerechnet – 37 km lang, die Altstadt liegt auf einer etwa 400 m langen und 200 m breiten Landzunge. Im 2. Jh. n. Chr. eroberten die Römer die Region und machten Poreč zu einem wichtigen Verwaltungszentrum, von dem aus sie den gesamten Landstrich vom Lim-Fjord bis zum Fluss Mirna überwachen konnten. Die Römer waren auch für Porečs Stadtplanung verantwortlich, sie unterteilten die Stadt in rechteckige Parzellen mit dem Decumanus als Längs- und dem Cardo als Querachse.

Nach dem Zusammenbruch des Weströmischen Reiches fiel Poreč an das Oströmische Reich und gehörte vom 6. bis 8. Jh. zu Byzanz. Während dieser Zeit wurde die Euphrasius-Basilika mit ihren prächtigen Fresken gebaut. Im Jahr 1267 wurde Poreč von den Venezianern unterworfen.

Nach dem Fall Venedigs kam Poreč an die Habsburger, anschließend an Frankreich und danach wieder an Österreich. Von 1918 bis 1943 war die Stadt italienisch. Nach der Kapitulation Italiens wurde die Stadt von den Deutschen eingenommen und 1944 von den Alliierten bombardiert. Nach dem Welt-

Poreč

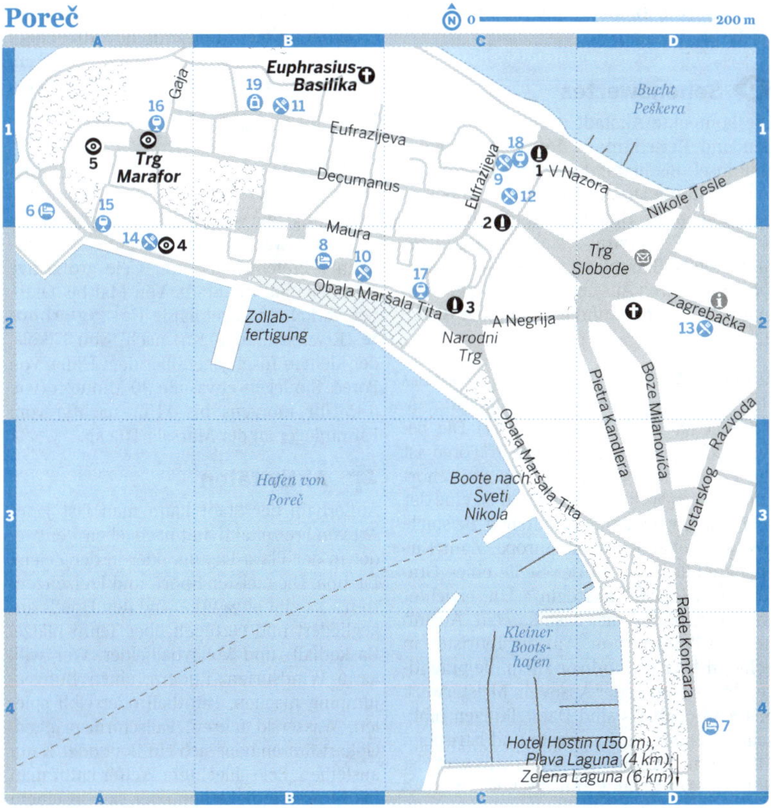

Poreč

Highlights

- Euphrasius-Basilica B1
- Trg Marafor A1

Sehenswertes

- 1 Nordostturm C1
- 2 Fünfeckiger Turm C1
- 3 Rundlicher Turm C2
- 4 Sveti Nikola A2
- 5 Neptuntempel A1

Schlafen

- 6 Hotel Palazzo A1
- 7 Hotel Poreč D4
- 8 Valamar Riviera Hotel B2

Essen

- 9 Buffet Horizont C1
- 10 Dva Ferala B2
- 11 Gourmet B1
- 12 Konoba Ulixes C1
- 13 Nono D2
- Peterokutna Kula .... (siehe 2)
- 14 Sv. Nikola A2

Ausgehen

- 15 Epoca A1
- 16 Rakijarnica A1
- 17 Saint & Sinner C2
- Torre Rotonda .... (siehe 3)
- 18 Vinoteka Bacchus C1

Shoppen

- 19 Koza B1

krieg gehörte Poreč zu Jugoslawien, heute ist die Stadt kroatisch.

Sehenswertes

Die kompakte Altstadt mit unzähligen Läden und Reisebüros befindet sich auf der Halbinsel. Bis heute durchzieht die alte römische Straße Decumanus mit ihren polierten Steinen als Hauptstraße die Halbinsel. Entlang der Uferstraße Maršala Tita findet man Hotels, Reisebüros und Ausflugsboote. Sie nimmt ihren Ausgang bei der Anlegestelle für kleine Boote und endet an der Spitze der Halbinsel.

Euphrasius-Basilika — BASILIKA

(Eufrazijeva bb; Erw./erm. 30/15 Kn; April–Sept. Mo–Sa 9–18, So 14–18 Uhr) Die bedeutendste Sehenswürdigkeit in Poreč ist die Euphrasius-Basilika (6. Jh.). Sie gehört zum Unseco-Weltkulturerbe und ist eine der schönsten, vollständig erhaltenen Beispiele byzantinischer Kunst in Europa. Zum Kirchenkomplex, der an der Stelle eines Oratoriums (Kapelle) aus dem 4. Jh. errichtet wurde, gehören die Basilika, ein Atrium und ein Baptisterium. Was die Touristen in Scharen anzieht, sind vor allem die prächtigen **Mosaiken** in der Apsis, ein Meisterwerk aus dem 6. Jh. Es sind Darstellungen biblischer Szenen, von Erzengeln und istrischen Märtyrern. Besonders bemerkenswert ist links die Darstellung von Bischof Euphrasius, der den Bau der Basilika in Auftrag gab und deren Modell er in der Hand hält. Vom **Glockenturm** aus, der über das achteckige Baptisterium zugänglich ist, hat man einen schönen Rundblick über die Altstadt. Nicht versäumen sollte man einen Rundgang durch den **Bischofspalast** nebenan. Hier sind antike Skulpturen ausgestellt, religiöse Gemälde und Mosaiken des 4. Jhs. aus dem Vorgängerbau der Basilika.

Trg Marafor — PLATZ

Auf dem Trg Marafor befand sich in römischer Zeit das Forum, wo unter anderem öffentliche Versammlungen stattfanden; an der nördlichen Häuserreihe des Platzes ist noch die antike Steinpflasterung erhalten geblieben. Westlich des rechtwinkligen Platzes schließt sich ein kleiner Park an; hier sind Teile eines **Neptuntempels** aus dem 2. Jh. zu sehen.

Venezianische Türme — RUINEN

Von der Stadtmauer sind inzwischen nur noch drei Türme erhalten geblieben, die im 15. Jh. unter venezianischer Herrschaft errichtet wurden: Der gotische **Fünfeckige Turm** befindet sich am Anfang des Decumanus; der **Rundturm** erhebt sich auf dem Narodni trg und der **Nordturm** ist in der Peškera-Bucht zu sehen.

Sveti Nikola — INSEL

Hier gibt es zahlreiche Kies- und Betonstrände, die von felsigen Wellenbrechern geschützt werden, sowie schattige, ausgedehnte Pinienwälder und viele großartige Ausblicke auf die Stadt. Von Mai bis Oktober verkehren regelmäßig **Passagierboote** (Erw./erm. 20/10 Kn) nach Sveti Nikola, der kleinen Insel gegenüber dem Hafen von Poreč. Sie legen etwa alle 30 Minuten (von 6.45 Uhr morgens bis 1 Uhr nachts) vom Fähranleger an der Maršala Tita ab.

Aktivitäten

Außerhalb der Stadt kann man fast jeder Art von Freizeitaktivität nachgehen – entweder in der Plava Laguna oder in der Zelena Laguna. Die meisten Sport- und Freizeitzentren – es gibt etwa 20 – sind den Hotels angegliedert und verfügen über Tennisplätze, Basketball- und Volleyballfelder. Wer will, kann Windsurfen, Rudern, einen Bungeejumping machen, Paintball oder Golf spielen, Wasserski fahren, Fallschirmspringen, Gokart fahren oder sich ein Boot oder Kanu ausleihen. Bei schlechtem Wetter kann man ins Fitnessstudio gehen oder sich in einem Wellnesscenter eine Massage gönnen. Bei der Touristeninformation gibt es die jährlich erscheinende Broschüre *Poreč Info & Events*, in der sämtliche Freizeitangebote in der Stadt aufgelistet sind.

Die gut ausgeschilderten Wege bieten viele Möglichkeiten, die Hügellandschaft im Landesinneren auf einer **Rad- oder Wandertour** zu erkunden. Bei der Touristeninformation ist zudem eine kostenlose Karte erhältlich, die alle Straßen und Fahrradwege verzeichnet und Routenvorschläge ab Poreč anbietet. Zahlreiche Agenturen vermieten Fahrräder.

Die Untiefen und Sandbänke sind ideal zum **Tauchen**. Ein ganz besonderes Taucherlebnis stellt das Wrack eines Kriegsschiffs der British Royal Navy dar, die *Coriolanus*. Im **Tauchzentrum Poreč** (☎433 606; www.divingcenter-porec.com) kostet ein Tauchgang vom Boot ab 135 Kn (teurer ist das dagegen das Höhlen- oder Wracktauchen); eine komplette Tauchausrüstung kann man für 355 Kn ausleihen.

Feste & Events

Im Juli und August findet das **Poreč Annale** statt, eine Ausstellung moderner Kunst, die seit langer Zeit veranstaltet wird und meist unter einem bestimmten Thema steht. Im August zieht das einwöchige **Straßenkunst-Festival** jedes Jahr internationale Künstler an. Die Straßen und Plätze der Altstadt verwandeln sich in Bühnen, auf denen von Akrobatik bis Theater und Musik alles Mögliche präsentiert wird. Im Juli und August werden in der Basilika mehrmals pro Woche **klassische Konzerte** (www.concertsinbazilika.com) veranstaltet. Karten sind eine Stunde vorher erhältlich. Von Ende Juni bis Ende August finden einmal pro Woche im Innenhof des Heimatmuseums neben dem Lapidarium **Jazzkonzerte** (www.jazzinlap.com) statt. Im Rahmen des **Poreč-Musiksommers** gibt es auf dem Trg Slobode kostenlose Konzerte. Beim **Valamar Jazz Festival** (www.valamarjazz.com) begegnet man im Juni hochkarätigen Künstlern; musiziert wird an den verschiedensten Stätten in der Stadt.

In der Touristeninformation bekommt man die kostenlose Broschüre *Poreč Info & Events* mit allen Veranstaltungen.

Schlafen

Die Auswahl an Unterkünften in Poreč ist groß, oft sind sie aber schon ausgebucht. Wer im Juli oder August kommt, sollte unbedingt vorher buchen.

Bis auf eine Reihe von Hotels in der Altstadt, liegen die meisten Campingplätze, Hotels, Apartment- und Ferienanlagen an der Küste nördlich und südlich von Poreč. Die größten Touristenkomplexe sind in Brulo, 2 km südlich der Stadt, Plava Laguna, 4 km südlich der Altstadt und Zelena Laguna, weitere 2 km südlich. Nördlich von Poreč befinden sich die Touristendörfer Borik und Špadići mit etwa 20 Hotels und einem Dutzend Apartmentanlagen in bewaldetem Gelände. Die meisten Hotels werden von **Valamar Hotels & Resorts** (☎465 000; www.valamar.com) oder von **Laguna Poreč** (☎410 101; www.lagunaporec.com) gemanagt. Alle Hotels sind von April bis Oktober geöffnet, manche auch das ganze Jahr über. Bei einem Aufenthalt von weniger als 3 Nächten berechnen einige Hotels einen Aufschlag von 20 %.

Viele Reisebüros helfen bei der Buchung einer Privatunterkunft. Man zahlt in der Hauptsaison etwa 200 bis 250 Kn für ein Doppelzimmer mit Bad, plus 30 % Aufschlag bei Kurzaufenthalten. In der Altstadt, in der es leider an Parkmöglichkeiten mangelt, ist das Angebot ziemlich begrenzt. Das Qualitätssiegel *domus bonus* ist ein hilfreiches Kriterium für die Auswahl einer Privatunterkunft.

Valamar Riviera Hotel HOTEL €€€
(☎400 800; www.valamar.com; Maršala Tita 15; EZ/DZ 1230/1455 Kn; P❄@📶) Ziemlich schickes 4-Sterne-Hotel direkt an der Uferpromenade. Die Zimmer mit Balkon zum Meer sind schön, aber deutlich teurer. Auf der Insel Nikola gibt es einen hoteleigenen Strand, den man kostenlos mit dem Boot in 30 Min. erreichen kann. In der kürzlich renovierten **Villa Parentino** (☎400 800; Maršala Tita 15; Suite 2707 Kn; P❄) etwas weiter unten an der Promenade wurden außerdem acht Luxussuiten eingerichtet.

Hotel Palazzo HOTEL €€€
(☎858 800; www.hotel-palazzo.hr; Maršala Tita 24; EZ/DZ 1320/1650 Kn; P❄@📶🏊) Diese relativ neue Ergänzung der Hotelszene in der Stadt befindet sich an der Promenade in einem Gebäude von 1910. Hier sind 70 Zimmer untergebracht, 4 Suiten, ein Wellness-Bereich, Restaurants und Bars. Das Hotel ist elegant eingerichtet, wobei modernes Design und gediegene Klassik verknüpft wurden. Die Zimmer 120 bis 126 mit Blick aufs offene Meer und den Leuchtturm sind teurer.

Hotel Hostin HOTEL €€
(☎408 800; www.hostin.hr; Rade Končara 4; EZ/DZ 634/964 Kn; P❄@📶🏊) Das unaufdringliche Refugium, inmitten von üppigem Grün und nur ein paar Schritte vom Busbahnhof entfernt, verfügt über 39 gut ausgestattete Zimmer, alle mit Balkon. Angenehme Pluspunkte sind ein Hallenbad, Fitnessraum, türkisches Bad und eine Sauna, und zum Kiesstrand sind es nur 70 m.

Hotel Poreč HOTEL €€
(☎451 811; www.hotelporec.com; Rade Končara 1; EZ/DZ 496/760 Kn; P❄📶) Der Blick aus dem Betongebäude auf den Busbahnhof und das Gelände des Supermarkts ist zwar nicht besonders schön, aber die Zimmer sind in Ordnung (mit Balkon), und zur Altstadt ist es nicht weit.

Camping Zelena Laguna CAMPINGPLATZ €
(☎410 102; www.lagunaporec.com; Zelena Laguna; Erw./Zeltplatz 62/117 Kn; ⏱Mitte April–Sept.; ❄@📶🏊) Der Campingplatz in 5 km Entfernung von der Altstadt bietet Platz für

2700 Menschen. Es gibt gute Möglichkeiten für sportliche Aktivitäten, Zugang zu vielen Stränden, u. a. einem FKK-Strand.

Camping Bijela Uvala CAMPINGPLATZ €
(☎410 102; www.lagunaporec.com; Zelena Laguna; Erw./Zeltplatz 62/117 Kn; @📶🏊) Auf diesem Zeltplatz kann es richtig voll werden, da bis zu 6000 Menschen hier campen können. Außerdem gibt es zwei Außenpools; die Anlagen des Zelena Laguna sind nur einen Steinwurf entfernt.

Essen

LP TIPP Konoba Daniela ISTRISCH €€
(☎460 519; Veleniki; Hauptgericht ab 65 Kn) Die Taverne befindet sich 4,5 km nordöstlich der Stadt in dem hübschen kleinen Dorf Veleniki. Es ist ein Familienbetrieb in einem Haus aus den 1880er-Jahren mit rustikaler Einrichtung und großer Terrasse. Auf der Karte stehen saisonale Gerichte der Region, u. a. das beliebte Steak Tartare. Taxis berechnen 80 bis 100 Kn für eine Strecke.

Gourmet ITALIENISCH €€
(Eufrazijeva 26; Hauptgericht ab 60 Kn) Italienische Wohlfühlküche in allen Varianten – Penne, Tagliatelle, Fusilli, Gnocchi usw. Auf der Karte stehen Pizzas aus dem Steinofen sowie Fleisch- und Fischgerichte. Wer mag, kann auch draußen essen.

Peterokutna Kula INTERNATIONAL €€
(Decumanus 1; Hauptgericht ab 60 Kn) Das gehobene Lokal im fünfeckigen mittelalterlichen Turm verfügt über zwei Freiflächen in einem steinernen Gewölbebogen und eine Dachterrasse mit tollem Blick. Es gibt ein breites Spektrum an Fisch- und Fleischgerichten, aber der Service ist schleppend und das Essen oft Glückssache.

Dvi Murve ISTRISCH €€
(Grožnjanska 17; Hauptgericht ab 70 Kn) Einheimische gehen gern in das Lokal 2 km nordöstlich des Stadtzentrums, wenn sie gut essen wollen. Dort findet man eine große Terrasse, zwei Maulbeerbäume vor dem Haus und istrische Spezialitäten, z. B. Carpaccio vom *boškarin* (seltene istrische Rinderrasse). Eine Taxifahrt dorthin kostet 70 Kn.

Konoba Ulixes MEDITERRAN €€
(Decumanus 2; Hauptgericht ab 75 Kn) Fisch und Meeresfrüchte schmecken ausgezeichnet in diesem Lokal, das beinahe an der Decumanus. Sehr gut ist beispielsweise der im Ofen gebackene Fisch in Salzkruste, der netterweise gleich auch am Tisch filiert wird. Außerdem gibt es eine gute Auswahl an regionalen Weinen.

Sv. Nikola MODERNE KROATISCHE KÜCHE €€
(Maršala Tita 23; Hauptgericht ab 70 Kn) Neue kulinarische Ideen gehören zur Geschäftsphilosophie in dem schicken Restaurant an der Promenade. Mit den festen Menüs mittags (99 Kn) und abends (Fleisch 139 Kn, Fisch 149 Kn) kann man nicht viel falsch machen.

Dva Ferala ISTRISCH €
(Maršala Tita 13a; Hauptgericht ab 60 Kn) Auf der Terrasse der netten *konoba* (Taverne) freut man sich über gut zubereitete istrische Spezialitäten, z. B. *istarski tris* (eine große Portion von drei hausgemachten Nudelsorten) für zwei Personen.

Buffet Horizont AUF DIE SCHNELLE €
(Eufrazijeva 8; Hauptgericht ab 30 Kn) Wer preiswerte, leckere Fischsnacks, z. B. Sardinen, Krabben und Calamari, sucht, sollte auf das gelbe Haus mit den Holzbänken davor achten.

Nono PIZZERIA €
(Zagrebačka 4; Pizzas ab 30 Kn) Im Nono bekommt man die beste Pizza in der Stadt, mit schöner Kruste und u. a. sogar mit Trüffeln. Andere Gerichte sind aber auch lecker.

Ausgehen & Unterhaltung

In den letzten Jahren ist Poreč zur Partyhauptstadt Istriens geworden. Die Nachtschwärmer kommen aus ganz Europa, um dort in den Diskos Party zu machen.

Byblos DISKO
(www.byblos.hr; Zelena Laguna 1) An den Wochenenden legen bekannte Gast-DJs, z. B. David Morales, Electro House in der riesigen Open-Air-Disko auf. Dies ist für Partygänger einer der heißesten Tipps in Kroatien.

Rakijarnica BAR
(Trg Marafor 10) Flippige neue Bar, die sich auf *rakija* spezialisiert hat. Zur Auswahl stehen nicht weniger als 50 Sorten. Die Stimmung ist unkonventionell. Manchmal spielen Livebands oder DJs legen auf.

Vinoteka Bacchus WEINBAR
(Eufrazijeva 10) Sympathischer kleiner Weinladen mit ein paar Tischen im Innenraum. Offene regionale Weine gibt es ab 9 Kn pro Glas. Probieren sollte man den *malvazija* und den *refošk*.

Saint & Sinner
CAFÉ-BAR

(Maršala Tita 12) Schwarzweißer Kunststoff zieht sich als Motto durch die Bar an der Promenade, wo die Jüngeren tagsüber an Chococcinos nippen und spät abends an *Caipiroskas* mit Erdbeeren.

Epoca
CAFÉ-BAR

(Maršala Tita 24) In der entspannten Bar kann man sich entspannt zurücklehnen, aufs Meer blicken und dem Sonnenuntergang zuschauen, mit einem Espresso dazu oder einem Cocktail als Schlummertrunk.

Torre Rotonda
CAFÉ-BAR

(Narodni trg 3a) Eine steile Treppe führt hoch zum historischen Rundturm, wo man draußen im Café sitzen und von oben dem Treiben an der Promenade zuschauen kann.

Shoppen

Bemerkenswert sind die tollen, von Hand hergestellten Lederartikel bei **Koza** (Eufrazijeva 28). Das ist ein winziger, von Geschwistern betriebener Laden, in dem man coole Handtaschen, Flip-Flops, Aktentaschen und Brieftaschen findet.

Praktische Informationen

Geld

Geldumtausch ist in den zahlreichen Reisebüros und Banken möglich. Überall in der Stadt gibt es Geldautomaten.

Internetzugang

Cold Fusion (K Huguesa 2; Std. 30 Kn; ⌚9–22 Uhr) Computerzentrum am Busbahnhof. Kostenloses WLAN gibt es am Trg Slobode und an der Promenade.

Medizinische Versorgung

Medizinisches Zentrum Poreč (☎426 400; Maura Gioseffija 2)

Post

Hauptpostamt (Trg Slobode 14; ⌚Mo–Sa 8–20 Uhr) Telefonieren ist selbstverständlich auch möglich.

Reisebüros

Fiore Tours (☎431 397; www.fiore.hr; Mate Vlašića 6) Vermittelt Privatunterkünfte und Abenteuertrips.

Sunny Way (☎452 021; sunnyway@pu.t-com.hr; Negrija 1) Verkauft v. a. Tickets für Bootsfahrten und organisiert Ausflüge nach Italien und zu Zielen in Kroatien.

Touristeninformation

Tourismusbüro (☎451 293; www.to-porec.com; Zagrebačka 9; ⌚Juni–Sept. Mo–Sa 8–21, So 9–13, 17–21 Uhr, Okt.–März Mo–Fr 8–16, Sa 9–13 Uhr, April Mo–Fr 8–17, Sa 9–13 Uhr, Mai Mo–Sa 8–20, So 9–13 Uhr) Bietet viele nützliche Informationen und Broschüren.

An- & Weiterreise

Ustica Line (www.usticalines.it) fährt mit dem Katamaran in der Hochsaison jeden Samstag nach Triest (210 Kn; 1½ Std.) Während der Saison fahren Katamarane der **Venezia Lines** (www.venezialines.com) und der **Commodore Cruises** (www.commodore-cruises.hr) viermal am Tag nach Venedig (einf. Fahrt 250–440 Kn, hin & zurück 390 bis 880 Kn, 2 Std.).

Der **Busbahnhof** (☎060 333 111; K Huguesa 2) liegt in unmittelbarer Nähe der Altstadt, hinter Rade Končara. Dazu gehört eine *garderoba* (Std. 10 Kn; ⌚6–21 Uhr) für die Gepäckaufbewahrung.

Die Buslinie zwischen Poreč und Rovinj verläuft am Limski-Fjord entlang. Wer einen guten Blick haben will, muss Richtung Süden auf der rechten und nach Norden auf der linken Seite sitzen.

Unterwegs vor Ort

Für etwa 80 Kn am Tag kann man Fahrräder mieten. Von April bis Oktober verkehrt eine Touristenbahn regelmäßig vom Šetalište Antona Štifanića am Yachthafen nach Brulo (10 Kn), Plava Laguna (20 Kn) und Zelena Laguna (20 Kn). Außerdem fährt ein Passagierschiff (15 Kn) die gleichen Ziele an, stündlich von 9 Uhr morgens bis kurz vor Mitternacht ab dem Fähranleger. Der Bus nach Vrsar fährt häufig und hält auch in Plava Laguna, Zelena Laguna und an anderen Touristenanlagen südlich der Stadt.

BUSSE AB POREČ

REISEZIEL	FAHRPREIS (KN)	FAHRZEIT	TGL. VERBINDUNGEN
Pula	63	1–1½ Std.	5
Rijeka	89	1½ Std.	7
Rovinj	42	45 Min.	5
Zagreb	226	4½ Std.	5

DAS ISTRISCHE HINTERLAND

Auf dem Weg von der istrischen Küste ins Landesinnere nimmt die Zahl der Urlauber und Hotelkomplexe beständig ab und macht Platz für eine unberührte Landschaft mit mittelalterlichen, über die Hügel verstreuten Städtchen, Pinienwäldern, fruchtbaren Tälern und Weinbergen. Hier geht es wesentlich geruhsamer zu. Nicht die Bedürfnisse der Urlauber bestimmen den Tagesablauf, sondern die Traubenlese, die Trüffelsuche, das Stechen des wilden Spargels und die Bewirtschaftung der Olivenhaine. Bauernhäuser öffnen Urlaubern ihre Türen, die auf der Suche nach einem authentischen Ferienerlebnis sind, abgeschiedene Tavernen servieren rustikale Speisen und Winzer bieten in ihren Weinkellern Verkostungen an. Entlegene Bergdörfer, die bereits dem Verfall geweiht schienen, locken nicht nur Scharen von Künstlern und Kunsthandwerkern an, sondern sind auch Ziel vieler gut betuchter Reisender. Diese Region wird zwar oft und zu Recht mit der hügeligen Toskana verglichen – der italienische Einfluss ist tatsächlich nicht zu verleugnen – doch ist dies eine eigene, ganz andere Welt, einzigartig, unwiderstehlich, unversehrt.

Um die Gegend zu erkunden, braucht man ein Auto, denn die Busse und Züge verkehren nur sehr sporadisch. Ein Vorteil in diesem Landstrich: Das Meer ist nie richtig weit entfernt.

Labin

12 426 EW.

Labin ist das unbestrittene Highlight sowie historisches und administratives Zentrum der istrischen Ostküste. Die Altstadt thront oben auf dem Berg und begeistert Besucher immer wieder mit ihrem Gewirr aus steilen Straßen, kopfsteingepflasterten Gassen und pastellfarbenen Häusern, die mit Steinverzierungen geschmückt sind.

Unten liegt die Neustadt, hässliches Resultat der Bergbauindustrie. Bis in die 1970er-Jahre war Labin die wichtigste Bergbaustadt Istriens. Der Berg wurde durch den Steinkohleabbau so stark ausgehöhlt, dass die Stadt langsam abzurutschen begann. Im Jahr 1999 wurde der Bergbau eingestellt und die notwendigen Sanierungsarbeiten eingeleitet. Heute erstrahlt Labin in neuem Glanz und hat sich zu einem beliebten Urlaubsziel entwickelt.

Und das zu Recht, hat es doch einiges an Sehenswertem zu bieten: Im Labyrinth der Altstadt liegt ein interessantes Museum versteckt, es gibt eine Vielzahl venezianisch geprägter Kirchen und Paläste, hier und da präsentieren Kunsthandwerksläden ihre Schätze. Der Ferienort Rabac, der etwa 5 km südwestlich von Labin an der Küste liegt, wurde leider stark verbaut. Dicht gedrängt stehen dort Ferienhäuser, Hotels und Apartmentblocks. Schön sind jedoch die Strände, wo sich angenehme und entspannte Nachmittage verbringen lassen.

Sehenswertes

Ein Spaziergang durch die mittelalterlichen Straßen von Labin ist das Highlight eines jeden Besuches. Labin gliedert sich in zwei Teile: Die Altstadt auf dem Berg, wo auch die meisten Sehenswürdigkeiten anzutreffen sind, und Podlabin, die Neustadt am Fuß des Berges. Hier befinden sich die meisten Geschäfte und Läden sowie städtischen Einrichtungen.

Stadtmuseum MUSEUM

(Gradski Muzej; 1 Maja 6; Erw./erm. 15/10 Kn; ⌚Juni–Aug. Mo–Sa 10–13 & 18–22 Uhr, Sept. Mo–Sa 10–13 & 18–20 Uhr, April & Mai Mo–Sa 10–14 Uhr) Das Erdgeschoss dieses Museums im barocken Battiala-Lazzarini-Palais aus dem 18. Jh. widmet sich archäologischen Funden. Der 1. Stock präsentiert eine Musikinstrumentensammlung mit einigen interaktiven Displays und der oberste Stock zeigt zeitgenössische Kunst. Das Museum liegt über einer Kohlengrube, die heute als Schaubergwerk einen guten Eindruck von der Arbeit in einer Mine gibt.

Festung FESTUNG

(Forica) An Labins höchstem Punkt am Westrand der Stadt erhebt sich diese Festung. Sie ist über die Ulica 1 Maja zu erreichen, der längere Weg führt über den Šetalište San Marco an der Stadtmauer entlang. Von der Festung hat man einen wunderschönen Blick auf die Küste, die Učka-Bergkette und die Insel Cres.

Loggia HISTORISCHES GEBÄUDE

(Titov Trg) Die 1550 erbaute Loggia diente Labin im 16. Jh. als Gemeindezentrum. Hier wurden Nachrichten und Gerichtsurteile verkündet, Volksfeste veranstaltet und Verbrecher an den Pranger gestellt.

ISTRIENS VERBORGENE SCHÖNHEITEN

In Istrien gibt es für Besucher, die bereit sind, sich ein bisschen genauer umzusehen, noch viele weitere Highlights. Hier eine Übersicht.

Novigrad ist eine attraktive alte Stadt, die nur 20 Minuten (18 km) nördlich Poreč liegt. Es gibt dort eines der besten Restaurants in Istrien, **Damir & Ornella** (☎758 134; www.damirornella.com; Zidine 5), eine Taverne, die für ihre Fischspezialitäten berühmt ist. Das Sashimi auf mediterrane Art ist eine Sünde wert; unbedingt reservieren.

Das Fischerdorf **Savudrija** liegt am westlichsten Punkt Kroatien; hier steht der älteste **Leuchtturm** (www.lighthouses-croatia.com) Istriens, 1818 erbaut. Heute wird er wochenweise vermietet (für vier Personen 8200 Kn pro Woche).

Das hübsche Fischerdorf **Vrsar** liegt zwischen Rovinj und Poreč auf einem Hügel. Hier herrscht mehr Ruhe als in den Nachbarorten; ein Skulpturenpark zeigt die Arbeiten des bekannten kroatischen Bildhauers Dušan Džamonja. Es heißt, dass Casanova einst Vrsar besucht hätte; das feiert die Stadt alljährlich im Juni mit dem Casanovafest (www.casanovafest.com), einem der Liebe und der Erotik gewidmeten Festival.

Kunstliebhaber sollten nach **Beram**, bei Pazin, fahren, um die erstaunlichen Fresken aus dem 15. Jh. in der Kirche Sankt Maria von Škriljine zu betrachten; über Details informiert die Touristeninformation in Pazin. Die *konoba* (Taverne) heißt **Vela Vrata** (Hauptgerichte ab 40KN; ⌚Di–So) und bietet gute hausgemachte Pasta, Fleischgerichte und Crêpes mit *skuta* (Ricotta) und Honig – alles herrlich im Grünen.

Von Poreč aus leicht zu erreichen ist die **Baredine-Höhle** (www.baredine.com; Erw./erm./Kind 6–12 Jahre 60/45/35 Kn; ⌚Juli & Aug. 9.30–18 Uhr, Mai, Juni & Sept. 10–17 Uhr, Okt. & April 10–16 Uhr), wo sich viele Stalagmiten und Stalaktiten gebildet haben.

Bei Labin findet sich Istriens neueste Stadt, **Raša**, ein Musterbeispiel moderner funktionalistischer Architektur, entstanden in der Mussolinis-Ära. Im nahen, an einer kleinen Bucht gelegenen Fischerdorf Trget, lockt eines der besten Fischrestaurants Istriens, **Martin Pescador** (Trget 11/A; Hauptgerichte ab 45 Kn). Diese istrische *konoba* liegt direkt am Wasser, mit einer bootsförmigen Bar im Inneren und einer hübschen Terrasse am Meer. Die Fischsuppe schmeckt herrlich und die Meeresfrüchte sind ein Gedicht.

Auf einem Hügel nördlich von Motovun bietet **Oprtalj** fantastische Ausblicke auf die umgebende Landschaft. 4 km südöstlich inmitten malerischer Hügel besteht im wunderschönen **Ipša-Landgut** (☎664 010; www.ipsa-maslinovaulja.hr) die Gelegenheit das preisgekrönte Olivenöl zu kosten. Vorab anrufen.

Unbedingt einen Besuch wert ist das alte verlassene Dorf **Kotli**, 2,5 km abseits der Hauptstraße zwischen Hum und Roč, am Fluss Mirna. In diesem geschützten ländlichen Komplex sind Innenhöfe, Außentreppen, Bogengänge und malerische Kamine erhalten.

Ein interessantes kulinarisches Erlebnis verspricht das **Konoba Morgan** (www.konoba-morgan.eu; Bracanija 1; Hauptgerichte ab 60 Kn; ⌚Mi–Mo), 2 km nordöstlich von Brtonigla an der Straße nach Buje. Spezialitäten sind Wildfleisch mit saisonalen Zutaten wie etwa Trüffeln und Spargel.

Radfahrer sollten sich den **Parenzana-Radweg** (www.istria-bike.com) nicht entgehen lassen, der entlang einer ehemaligen Bahnlinie führt, auf der von 1902 bis 1935 Züge zwischen Triest und Poreč verkehrten. Heute durchquert der Radweg drei Länder: Italien, Slowenien und Kroatien (der kroatische Abschnitt ist 78 km lang).

Ebenfalls einen Besuch lohnt das **Višnjan-Observatorium** (☎449 212; www.astro.hr; hnur nach Vereinbarung) im Binnenland Westistriens, 13 km von Poreč entfernt. Es ist seit den 1970er-Jahren in Betrieb und steht weltweit an dritter Stelle, was die Zahl der entdeckten Asteroiden angeht. Neben seiner informativen Seite bietet das Zentrum, das in neue Räumlichkeiten umgezogen ist, auch landschaftliche Schönheit. Der „cyberromantische" Bau, der das Teleskop beherbergt liegt auf einem Hügel in einem Park mit duftendem Kiefernwald und einem unglaublichen Panoramablick. Hier sollte man entweder eine kostenlose Tour buchen (Spenden werden gern angenommen) oder während des zweitägigen AstroFest hierher kommen, das zur Sommersonnenwende am 21. Juni beginnt: ein Erlebnis mit New-Age-Musik, Trommeln und vielen Blicken auf den von Sternen übersäten Nachthimmel.

Feste & Events

Kunstrepublik von Labin KUNST
(Labin Art Republika) Jedes Jahr im Juli und August herrscht in dieser künstlerischen Stadt die Kunstrepublik von Labin in dieser von Künstlern geprägten Stadt – mehr als 30 leben und arbeiten hier. Während des Festivals erfüllt reges Leben die Stadt: Straßentheater, Konzerte, Workshops sowie Auftritte von Clowns.

Schlafen

In Labin selbst gibt es keine Hotels, doch Rabac bietet eine reiche Auswahl. Es dominieren große Hotel-Resorts, doch gibt es auch einige kleinere Unterkünfte. **Valamar** (www.valamar.com) betreibt neun Häuser, darunter zwei Luxushotels (Valamar Sanfior Hotel & Casa und Valamar Bellevue Hotel & Residence), drei 3-Sterne-Häuser, ein Touristendorf, einen Apartmentkomplex und eine Villenanlage. In der Hauptsaison (August) ist die Preisspanne sehr groß: von 740 bis 1130 Kn in einem 2-Sterne-Hotel oder 1460 bis 1950 Kn für ein Doppelzimmer in einem 4-Sterne-Hotel (Halbpension). Es gibt auch Studios und Apartments für zwei Personen in 2-Sterne-, 3-Sterne- und Luxusvillen.

Zwei unabhängige Hotels mit mehr Atmosphäre sind das **Hotel Amfora** (☎872 202; www.hotel-amfora.com; Rabac bb; EZ/DZ 300/860 Kn; P❄@≋) im Ortszentrum und die elegante **Villa Annette** (☎884 222; www.villaannette.hr; Raška 24; EZ/DZ 1117/1397KN; P❄@≋), auf einem Hügel gelegen; Letztere besitzt einen Pool im Freien mit Blick auf die Bucht.

Das Reisebüro **Sidro** (☎881 010; www.sidro-istra.hr; Aldo Negri 20) organisiert Doppelzimmer (225 Kn) und Apartments (320 Kn) in der Altstadt von Labin. Bei weniger als drei Übernachtungen wird in allen vorgenannten Unterkünften ein Aufpreis von 30 % verlangt. Die Gostiona Kvarner vermietet mehrere einfache Zimmer für 545 Kn.

Essen

Labin ist bekannt für seine Trüffeln, die mit Pasta oder Eier zubereitet werden und meist nicht überteuert sind. In Rabac gibt es viele, doch zumeist eher durchschnittliche Fischrestaurants.

Gostiona Kvarner ISTRISCH €
(Šetalište San Marco bb; Hauptgerichte ab 50 Kn) Dieses Restaurant, nur ein paar Schritte vom Titov trg, bietet eine Terrasse mit Meerblick, gutes Essen und einheimische Stammgäste. Die Lasagne mit Trüffeln kosten gerade mal 80 Kn, ein echtes Schnäppchen.

Praktische Informationen

Touristeninformation (☎852 399; www.rabac-labin.com; Titov trg 2/1; ⏲8Mai–Okt. Mo–Fr 8–21, Sa & So 10–14 & 18–21 Uhr, Nov.–April Mo–Fr 8–15 Uhr) Am Rand der Altstadt.

An- & Weiterreise

Zwischen Labin und Pula besteht eine gute Busverbindung (42 Kn, 1 Std. 14-mal tgl.). Im Sommer verkehrt von 6 bis 24 Uhr stündlich ein Bus nach Rabac (12 Kn), der die Altstadt durchquert.

Unterwegs vor Ort

Busse halten am Trg 2 Marta in Podlabin; von dort geht ein Bus zur Altstadt, der in der Hauptsaison weiter nach Rabac fährt.

Vodnjan

3500 EW.

Wer eine Vorliebe für Makabres hat, sollte sich das 10 km nördlich von Pula gelegene Vodnjan (italienisch: Dignano) keinesfalls entgehen lassen. In der Pfarrkirche dieses verschlafenen Städtchens ruhen einige Mumien, sie sind Vodnjans Hauptattraktion. Die ausgetrockneten Körper sind die Überreste von Heiligen aus dem frühen Mittelalter, deren Leichname auf wundersame Weise der Zersetzung standhielten – sie sollen über magische Kräfte verfügen.

Im Rest der Stadt ist nicht viel los. Im Zentrum liegt der Narodni trg, an dem mehrere neugotische Paläste stehen, teils verfallen, teils restauriert. Vodnjan besitzt auch den höchsten Bevölkerungsanteil an Roma in ganz Istrien.

Sehenswertes

Sankt-Blasius-Kirche KIRCHE
(Crkva Svetog Blaža; Župni trg bb; Sammlung religiöser Kunst, Eintritt inkl. Mumien 55 Kn, nur Mumien 35 Kn, nur Sammlung religiöser Kunst 35 Kn; ⏲Juni–Sept. 9–21 Uhr) Wenige Schritte vom Narodni trg liegt diese hübsche neubarocke Kirche, die um 1900 entstand, als Venedig an der istrischen Küste den Stil bestimmte. Der 63 m hohe **Campanile** der größten Pfarrkirche in Istrien ist so hoch wie der von St. Markus in Venedig; die Altäre lohnen eine Besichtigung. Die **Mumien** befinden sich in einem separaten Trakt hinter dem **Hauptaltar**. In dem schummrigen Licht

sehen die vollständig erhaltenen Leichname der Heiligen Nikolosa Bursa, Giovanni Olini und Leon Bembo aus wie Holzpuppen in einer Vitrine. Körperteile von drei weiteren Heiligen vervollständigen die Ausstellung. Während der Besucher Haut, Haare und Fingernägel der lange Verstorbenen betrachtet, erzählt ein Tonband auf Englisch ihre Lebensgeschichte. Der Leichnam der hl. Nikolosa, angeblich die am besten erhaltene Mumie Europas, soll bioenergetische Strömungen ausstrahlen, die noch in 32 m Entfernung spürbar sind, und damit 50 Menschen auf wundersame Weise geheilt haben.

Wer nach den Mumien Lust auf weitere Reliquien hat, besucht die **Sammlung religiöser Kunst** (Zbirka Sakralne Umjetnosti) in der Sakristei. Hier gibt es Hunderte von Reliquien von 150 verschiedenen Heiligen, darunter ein Kästchen mit der Zunge der heiligen Maria von Ägypten. Ein weniger gruseliges Ausstellungsstück ist das meisterhafte Polyptychon des seligen Bembo von Paolo Veneziano. Unbedingt auf angemessene Kleidung achten, der Gemeindepriester ist bekannt dafür, dass er zu leicht bekleidete Besucher nicht einlässt.

Essen

Vodnjanka ISTRISCH €
(Istarska bb; Hauptgerichte ab 60 Kn; ⌚Mo–Sa) Dieses ausgezeichnete Restaurant mit Regionalküche verfügt über mehrere rustikale Speisesäle, sehr viel Stil und einen sehr persönlichen Service. Zu den Spezialitäten zählen *fuži* (hausgemachte Eiernudeln in einmaliger Form) mit Trüffeln, *maneštra* (Gemüsesuppe, ähnlich der italienischen Minestrone), verschiedene Varianten von *fritaja* (Omelett, oft mit Gemüse der Saison) und Schinken. Die Terrasse bietet einen schönen Blick auf die Dächer der Altstadt und den Kirchturm.

Unterhaltung

Lighthouse Music Club NACHTCLUB
(www.lighthouseclub.com; Krnjaloža 1) Dieser neue Club an der Straße zwischen Bale und Vodnjan hat sich rasch zu einem der besten Partylokale Istriens entwickelt, mit bekannten DJs und Jazzkonzerten.

Praktische Informationen

Die **Touristeninformation** (☎511 700; www.istra.hr/vodnjan; Narodni trg 3; ⌚8Juni–Mitte Sept. Mo–Sa 8–15 & 19–21, So 9–13 Uhr; Mitte Sept.–Mai Mo–Fr 8–15 Uhr) liegt am Hauptplatz.

An- & Weiterreise

Zwischen Vodnjan und Pula besteht eine gute Busverbindung (15 Kn, 30 Min., 10-mal tgl.).

Svetvinčenat

180 EW.

Auf halber Strecke zwischen Pazin und Pula liegt die hübsche kleine südistrische Stadt Svetvinčenat (auch unter dem Namen Savičenta bekannt), die ursprünglich von Benediktinern besiedelt wurde. Der Marktplatz stammt aus der Renaissance. Mit ihren hohen Zypressen, den harmonisch in die Landschaft eingefügten Häusern und der entspannten Atmosphäre ist die Stadt ein beschaulicher Ort für einen gemütlichen Spaziergang.

Sehenswertes

Burg Grimani BURG
Am nördlichen Ende des Marktplatzes erhebt sich die Burg Grimani aus dem 13. Jh., ein gut erhaltener Palast, der im 16. Jh. nach venezianischer Art umgestaltet wurde. Die angebauten Türme dienten als Wohnung und Gefängnis. Auf dem Marktplatz fanden Festgelage, Paraden und Volksfeste statt, die Stätte war aber auch Schauplatz von Hexenverbrennungen (angeblich wurde Marija Radoslović hier wegen Hexerei gefoltert und verbrannt; in Wirklichkeit wurde sie jedoch getötet, weil sie eine Liebesaffäre mit einem der Grimanis hatte). In der Burganlage befindet sich auch die Touristeninformation, die allerdings nur während der Saison geöffnet hat.

Kirche Mariä Verkündigung KIRCHE
Die Gemeindekirche an der Ostseite des Platzes besitzt eine Renaissance-Fassade mit Dreipassornamenten und fünf kunstvolle venezianische Marmoraltäre im Inneren.

Feste & Events

Die ideale Zeit für einen Aufenthalt in Svetvinčenat ist Mitte Juli, wenn das jährliche **Festival des Tanzes und nonverbalen Theaters** (www.svetvincenatfestival.com) stattfindet. Höhepunkte sind moderne Tanzstücke, Straßentheater, Zirkusnummern und Pantomimen. An der internationalen Veranstaltung nehmen Künstler aus Kroatien und aus ganz Europa teil. Es wird eine

ISTRIENS SCHÖNSTE LANDGASTHÖFE

Urlaub auf dem Bauernhof wird im Landesinneren von Istrien immer beliebter. Einige dieser Unterkünfte sind auf noch bewirtschafteten Bauernhöfen, die Wein, Gemüse und Geflügel produzieren; andere sind elegante Landhäuser, die rustikale Zimmer vermieten; andere wiederum sind luxuriöse moderne Villen mit Swimmingpool. Doch eines ist allen gemeinsam: gesundes Essen und gute Möglichkeiten zum Wandern und Radfahren.

Die istrische Touristeninformation hat eine Broschüre mit Fotos und Information über Ferien auf dem Land in ganz Istrien herausgegeben. Die meisten dieser Unterkünfte sind nur mit dem eigenen Auto zu erreichen, da sie sprichwörtlich dort liegen, wo sich Fuchs und Hase einander gute Nacht sagen. Bei einem Aufenthalt von weniger als drei Nächten wird oft ein Aufpreis verlangt.

Bei **Agroturizam Ograde** (☎693 035; www.agroturizam-ograde.hr; Katun Lindarski 60; pro Pers. inkl. Frühstück 250 Kn; P 📶 🏊), im Dorf Katun Lindarski, 10 km südlich von Pazin, besteht die Gesellschaft aus Pferden, Schafen, Hühnern, Schweinen und Gänsen. Die Mahlzeiten, die in einer dunklen, kühlen *konoba* (Taverne) serviert werden, sind ausgezeichnet: Gemüse aus dem Garten, selbst gepökeltes Fleisch und Wein aus dem Weinkeller. Die Unterkünfte sind in zwei Einzelhäusern, eines davon mit Pool.

Agroturizam San Mauro (☎779 033; www.sinkovic.hr; San Mauro 157; pro Pers. 176 Kn mit Frühstück), beim Hügelort Momjan, 5 km von Buje, ist spezialisiert auf Verkostungen seiner prämierten Weine (40 Kn), auf Trüffelgerichte (der süße *tartufone*-Kuchen ist eine Köstlichkeit) sowie hausgemachte Marmeladen, Honigsorten und Säfte, die zum Frühstück serviert werden. Einige der Apartments haben nicht nur eine kleine Küche, sondern auch eine Terrasse und Blick zum Meer. Für nur eine Übernachtung fällt ein kleiner Aufpreis an; nur Barzahlung möglich.

Am oberen Ende der Skala befindet sich das **San Rocco** (☎725 000; www.san-rocco.hr; Srednja Ulica 2; DZ ab 1380 Kn; P ❄ @ 📶 🏊), ein familiengeführter Landgasthof im Dorf of Brtonigla, bei Buje. Hier gibt es 14 elegante Zimmer – keines gleicht dem anderen, aber alle sind modern und originell ausgestattet. Es gibt einen Swimmingpool, ein hervorragend bewertetes Restaurant und einen kleinen Spa-Bereich.

La Parenzana (☎777 460; www.parenzana.com.hr; Volpia 3; EZ/DZ 290/580 Kn; P @ 📶) ist ein weiterer bemerkenswerter Landgasthof, 3 km von Buje im Dorf Volpia. Dazu gehören 16 Zimmer mit rustikaler Stein- und Holzausstattung und eine *konoba*, die wegen ihrer istrischen Spezialitäten beliebt ist, etwa *čripnja* (Braten oder Fisch mit Kartoffeln, die in einem Gusseisentopf über dem offenen Feuer zubereitet werden). Es gibt einen Fahrradverleih (70 Kn pro Tag) und auf Wunsch Ausflüge.

Stancija 1904, bei Svetvinčenat, verfügt auch über alle Voraussetzungen für eine Spitzenunterkunft für Ferien auf dem Bauernhof.

Menge geboten – von finnischem Hip-Hop bis zu brasilianischem Capoeira.

Schlafen & Essen

Stancija 1904 LANDGASTHOF €€€
(☎560 022; www.stancija.com; Smoljanci 2-3; EZ/DZ 625/840 Kn; P) Eine schwedisch-kroatische Familie hat dieses traditionelle istrische Steinhaus im Dorf Smoljanci, etwa 3 km von Svetvinčenat an der Straße nach Bale gelegen, mit viel Stil umgebaut. Von duftenden Kräutergärten und großen alten Bäumen umgeben wird hier bis 12 Uhr ein üppiges Frühstück (100 Kn) serviert. Wer nur eine Nacht bleibt, muss mit einem Aufpreis von 30 % rechnen.

Kod Kaštela ISTRISCH €
(Savičenta 53; Hauptgerichte ab 50 Kn) Das Restaurant befindet sich im Herzen der Stadt und offeriert einen tollen Blick auf Burg und Platz; es werden regionale Gerichte wie hausgemachte Pasta und köstlicher *pršut* (Schinken) serviert.

Praktische Informationen

Die **Touristeninformation** (☎560 349; www.tz-svetvin cenat.hr; Svetvinčenat 20; ⌚Juni–Sept. Mo–Fr 7–19, Sa & So 11–19 Uhr, Okt.–Mai 7–15 Uhr), gegenüber dem Hauptplatz vor der Burg, vermittelt private Zimmer im Ort und der Umgebung (ab 150 Kn pro Pers.). Sie verfügt auch über Broschüren und eine Karte des 35 km langen Radrundwegs von Svetvinčenat nach Sveti Petar, an dem Informationstafeln die örtliche Geschichte, Tier- und Pflanzenwelt auf Englisch erläutern.

Während der Saison gibt es auch einen **Infostand** (Juli & Aug. Mo–Fr 10–19, Sa & So 11–19 Uhr) in der Burg.

Pazin

4500 EW.

Die Provinzstadt Pazin im Landesinneren ist berühmt-berüchtigt für ihre Schlucht, die den französischen Schriftsteller Jules Verne inspirierte, und natürlich für die mittelalterliche Burg. Beide Sehenswürdigkeiten sind unbedingt einen Zwischenstopp wert. Aber auch das kleinstädtische Flair und die verhältnismäßig geringe Anzahl von Touristen machen die Stadt reizvoll. Ein Großteil der Innenstadt wurde zur Fußgängerzone erklärt. Den weniger ansehnlichen Vororten verleiht die sanfte Hügellandschaft eine hübsche Kulisse.

Pazin ist nicht nur geografischer Mittelpunkt Istriens, sondern auch Verwaltungssitz. Von hier ist buchstäblich jedes Ziel in Istrien mit dem Auto oder per Bahn gut zu erreichen. Es gibt nicht viele Hotels und Restaurants, daher ist es besser, die Stadt auf einem Tagesausflug zu erkunden, zumal sie nur eine Stunde von anderen istrischen Städten entfernt liegt. Die Umgebung bietet zahlreiche Freizeitmöglichkeiten und lädt zum Wandern, Klettern, Radfahren und Ziplinen (per Seilrolle saust man auf Seilstrecken in hohem Tempo den Berg hinab) ein. Lohnenswert ist auch ein Besuch bei den örtlichen Imkern.

Sehenswertes

Abgrund von Pazin HÖHLE

(www.pazinska-jama.com; Erw./erm. 30/15 Kn; Juni–Aug. 10–19 Uhr, Mai & Sept. 10–18 Uhr) Pazins bekannteste Sehenswürdigkeit ist ohne Zweifel dieser etwa 100 m tiefe Abgrund, durch den der Fluss Pazinčica in den Untergrund verschwindet, wo er drei Seen bildet. Die dunkle Tiefe inspirierte nicht nur Jules Verne, sondern auch eine Reihe kroatischer Schriftsteller. Besucher können auf eine 1,3 km langen **markierten Weg** durch den Canyon gehen. Das dauert etwa 45 Minuten und führt auch über eine gewundene sanfte Steigung. Es gibt zwei Eingänge: einen beim Hotel Lovac und einen bei dem Steg, der sich in 100 m Entfernung von der Burg über den Abgrund spannt. Nach Vereinbarung (bei der Touristeninformation) ist es möglich, die Höhle mit einem Höhlenkundler zu erkunden (100 Kn) und den Abgrund sogar mit einer Seilrutsche zu überqueren. Wer nicht so abenteuerlustig ist, kann vom **Aussichtspunkt** außerhalb der Burg einen Blick in den Abgrund werfen.

Burg BURG

(Trg Istarskog Razvoda 1) Die Burg von Pazin, die über dem Abgrund aufragt, ist der größte und besterhaltene Bau in ganz Istrien. Er wurde 983 erstmalig erwähnt und bietet eine Mischung aus romanischer, gotischer und Renaissance-Architektur. In der Burg gibt es zwei Museen, die Eintrittskarte gilt für beide. Das **Stadtmuseum** (Trg Istarskog Razvoda 1; Erw./erm. 25/18 Kn; Juli & Aug. tgl. 10–18 Uhr, Mitte April–Juni & Sept.–Mitte Okt.

MATHIAS SANDORF UND DER ABGRUND VON PAZIN

Der Schriftsteller, den man vor allem kennt, weil er in 80 Tagen um die Welt reiste, sich zum Mittelpunkt der Erde und 20000 Meilen unter das Meer begab, fand auch im Herzen Istriens Inspiration. Der französische Autor fantastischer Zukunftsromane Jules Verne (1828–1905) ließ *Mathias Sandorf* (1885), einen von 27 Romanen der Reihe Voyages Extraordinaires, in der Burg und dem Abgrund von Pazin spielen.

In dem Roman, der später auch verfilmt wurde, werden Graf Mathias Sandorf und zwei seiner Gefährten von der österreichischen Polizei verhaftet und auf der Burg von Pazin gefangen gehalten. Sandorf klettert einen Blitzableiter hinunter, um zu fliehen, wird dabei vom Blitz getroffen und stürzt in den tosenden Fluss Pazinčica. Er wird mitgerissen in die düsteren Tiefen des Abgrunds, doch unser mutiger Held klammert sich an einen Baumstamm. Sechs Stunden später spült der Fluss ihn an den sanften Eingang des Limska Draga-Fjords. Er läuft nach Rovinj und wird zuletzt gesehen, als er im Kugelhagel von einer Klippe ins Meer springt.

Verne besuchte zwar Pazin nie – er schuf Sandorfs Abenteuer anhand von Fotos und Reiseberichten –, doch das hält Pazin nicht davon ab, ihn bei jeder Gelegenheit zu feiern. Nach Jules Verne ist eine Straße benannt und es gibt spezielle Jules-Verne-Tage.

Di–So 10–18 Uhr, Mitte Okt.–Mitte April Di–Do 10–15, Fr 11–16, Sa & So 10–16 Uhr) besitzt eine Sammlung mittelalterlicher Kirchenglocken aus Istrien, eine Ausstellung über Sklavenaufstände und Folterinstrumente im Verlies. Das **Volkskundemuseum** (www.emi.hr; ⌚Juli & Aug. tgl. 10–18 Uhr, Mitte April–Juni & Sept.–Mitte Okt. Di–So 10–18 Uhr, Mitte Okt.–Mitte April Di–Do 10–15, Fr 11–16, Sa & so 10–16 Uhr) präsentiert 4200 Exponaten (u. a. Kleidung, Werkzeug und Töpferwaren des traditionelle Dorfleben Istriens).

Feste & Events

Am ersten Dienstag im Monat ist der **Markt von Pazin,** bei dem Produkte aus ganz Istrien feilgeboten werden. Mit den **Jules-Verne-Tagen** (www.julesvernedays.com) in der letzten Juniwoche ehrt Pazin den Schriftsteller, durch den die Stadt einen Platz auf der kulturellen Landkarte bekam. Es finden Rennen statt, Szenen aus dem Roman werden nachgestellt und Ausflüge auf den Spuren von Vernes Helden Mathias Sandorf unternommen.

Schlafen & Essen

Die Touristeninformation hilft bei der Suche nach privaten Unterkünften, die in der Regel preiswert sind – ab etwa 100 Kn pro Person und Nacht.

Hotel Lovac HOTEL €€
(☎624 324; Šime Kurelića 4; EZ/DZ 268/550 Kn; P) Das einzige Hotel in Pazin weist Architektur aus den späten 1960er-Jahren auf, die ein echter Hit sein könnte – wenn die Zimmer gut in Schuss wären. Man sollte sich eines der zurechtgemachten Zimmer mit Blick auf die Schlucht geben lassen. Das Essen des Hotelrestaurants ist recht akzeptabel, wenn man bedenkt, dass es sonst keine Gourmetlokale in Pazin gibt. Das Lovac liegt am Westrand der Stadt.

Praktische Informationen

Die beste Quelle für Information über Pazin ist die **Touristeninformation** (☎622 460; www.sredisnja -istra.hr; Franine i Jurine 14; ⌚9Juli & Aug. Mo–Fr 9–19, Sa 10–13 Uhr, Sept.–Juni Mo–Fr 9–16, Sa 10–13 Uhr), die auch das ganze innere Istrien bedient. Hier erhält man eine Karte mit Wanderwegen und Plätzen, an denen Bienenstöcke stehen (es besteht die Möglichkeit, die Imker zu besuchen und ihren leckeren Akazienhonig zu kosten), und eine Broschüre über Weinkeller in der Gegend von Pazin. Die Touristeninformation organisiert auch das Abenteuer, an einer Seilrutsche den Abgrund von Pazin zu überqueren (100 Kn) und Ausritte in die Umgebung.

VERKEHRSVERBINDUNGEN AB PAZIN

Busse

REISEZIEL	FAHRPREIS (KN)	FAHRZEIT	VERBINDUNGEN
Motovun	28	30 Min.	2-mal tgl. Mo–Fr
Osijek	275	8 Std.	1-mal tgl.
Poreč	37	45 Min.	5-mal tgl.
Pula	45	50 Min.	2-mal tgl.
Rijeka	46–57	1 Std.	5-mal tgl.
Rovinj	36–41	40 Min.	5-mal tgl.
Triest (Italien)	60–70	2 Std.	1-mal tgl. Mo–Sa
Zagreb	173–197	3–4 Std.	10-mal tgl-

Züge

REISEZIEL	FAHRPREIS (KN)	FAHRZEIT	TGL. VERBINDUNGEN
Buzet	22	50 Min.	6
Ljubljana	116	3½–4½ Std.	2, mit Umsteigen in Buzet oder Divača
Pula	32	1 Std.	7–9
Zagreb	118	5–8½ Std.	4

An- & Weiterreise

Busbahnhof (☎060 306 040; Miroslava Bulešića 2) Am Wochenende gibt es weniger Verbindungen.

Bahnhof (☎624 310; Stareh Kostanji 1) Am Wochenende gibt es weniger Verbindungen.

Unterwegs vor Ort

Die Stadt ist relative kompakt; die Entfernung vom Bahnhof am Ostrand bis zur Burg am Westrand beträgt wenig mehr als 1 km. Der Busbahnhof liegt 200 m westlich des Bahnhofs; zur Altstadt gehören auch die 200 m, die es zur Burg hinaufgeht.

Gračišće

Gračišće ist ein verschlafener, von sanften Hügeln umgebener mittelalterlicher Ort, 7 km südöstlich von Pazin, und eines der bestgehüteten Geheimnisse Istriens. Zu seinen alten Gebäuden zählt der **Salamon Palace** aus dem 15. Jh. im Stil der venezinanischen Gotik, die romanische **Kirche Sankt Euphemia** und die **Marienkirche** von 1425.

Viele dieser Bauten sind nicht restauriert (obwohl einiges getan wird). Es dauert nicht länger als 30 Minuten, den Ort zu umrunden, aber die Atmosphäre ist einmalig. Hier ist auch der Ausgangspunkt für einen 11,5 km langen **Wanderrundweg**, der gut ausgeschildert ist.

Istrische Spezialitäten, etwa üppige Portionen *fuži* mit Wildfleisch oder *ombolo* (Schweinelende) mit Kohl, werden in der **Konoba Marino** (Gračišće 75; Hauptgerichte ab 35 Kn; ⌚Mi geschl.) serviert, einer behaglichen Taverne. Deren Besitzer vermieten auch vier hübsche rustikale Zimmer in einem renovierten Stadthaus (150 Kn pro Pers., inkl. Frühstück).

Buzet

6059 EW.

Das beschauliche Buzet gehört vielleicht nicht zu den spannendsten Orten der Region, vermittelt jedoch einen Eindruck vom zeitlosen Zauber des alten Istriens. Der Ort liegt 39 km nordöstlich von Poreč oberhalb des Flusses Mirna. Zunächst von den Römern besiedelt, erlangte Buzet erst unter venezianischer Herrschaft eine gewisse Bedeutung. Die Venezianer errichteten eine Stadtmauer, Tore und mehrere Kirchen. Mit ihren grauen Steingebäuden, die mittlerweile baufällig sind und nach und nach renoviert werden, und den nahezu menschenleeren kopfsteingepflasterten Gassen (die meisten Bewohner Buzets sind in den neuen, nicht besonders schönen Ortsteil am Fuß des Hügels umgesiedelt) ist die Altstadt ein ruhiger, stimmungsvoller Ort.

Lohnenswert ist ein Spaziergang durch das Gewirr enger Straßen und Plätze. Darüber hinaus sollten Besucher unbedingt die köstlichen Trüffeln probieren. Buzet hat sich selbst zur Trüffelstadt ernannt und nimmt diesen Titel sehr ernst: Als Zentrum des Trüffelgebietes zelebriert es den berühmten Pilz auf unterschiedlichste Art und Weise, von Trüffelverkostungen in den Restaurants der Altstadt bis hin zu verschiedenen Trüffelaktivitäten. Am schönsten ist das **Subotina-Festival** am zweiten Samstag im September, dem Beginn der Trüffelsaison (die bis Dezember dauert). Dabei wird ein gigantisches Trüffelomelett aus über 2000 Eiern und 10 kg Trüffeln zubereitet.

Sehenswertes & Aktivitäten

Die meisten Geschäfte liegen im neuen Viertel Fontana, am Fuß der hügeligen Altstadt. Wer mit dem Auto unterwegs ist, muss beim Friedhof parken und danach den fünfminütigen Weg hinauf zur Altstadt auf Schusters Rappen zurücklegen.

Regionalmuseum MUSEUM

(Zavičajni Muzej Buzet; Ulica Rašporskih Kapetana 5; Erw./erm. 15/10 Kn; ⌚Mo–Fr 9–15 Uhr, Sa & So nach Vereinbarung in der Touristeninformation) Die Hauptsehenswürdigkeit von Buzet befindet sich in einem Palast aus dem 17. Jh. Das Museum zeigt eine Sammlung prähistorischer und römischer Stücke, außerdem volkskundliche Exponate, beispielsweise Werkzeug und Trachten.

Barocker Brunnen WAHRZEICHEN

Auf einem Platz einige Meter nördlich des Museums steht dieser wunderschöne Brunnen, der 1789 umgestaltet wurde und ein Relief mit dem venezianischen Löwen zeigt.

Geführte Touren

Trüffelsuche KULINARISCH

(☎667 304; www.karlictartufi.hr; Paladini 14; tour 260–965 Kn pro Pers., je nach Anzahl der Teilnehmer) Wer einmal die Suche nach Trüffeln miterleben möchte, wendet sich an die freundliche Familie Karlić im Dorf Paladini, das etwa 12 km von Buzet entfernt liegt; die Touren werden auch auf Englisch angebo-

MAGISCHE PILZE?

Der Handel mit Trüffeln gleicht weniger einem Geschäft als einem sehr profitablen Kult. Alles dreht sich um einen teueren, übelriechenden, unterirdisch wachsenden Pilz, der offenbar mit beinahe magischen Kräften ausgestattet ist. Er wird in dunklen Wäldern gefunden und dann für ein kleines Vermögen ins Ausland verkauft. Gourmets behaupten, dass demjenigen, der einmal diese kleine nussförmige Delikatesse gekostet hat, alles andere fade schmeckt.

Weltweit gibt es 70 Trüffelsorten, 34 kommen in Europa vor. Die traditionellen Trüffelländer sind Italien, Frankreich und Spanien, doch in istrischen Wäldern wachsen drei Sorten Schwarze Trüffeln sowie die großen Weißen Trüffeln, die zu den teuersten der Welt zählen: 34.000 Kn pro Kilogramm. Kroatiens größter Trüffelexporteur ist Zigante Tartufi, dessen Anteil am gesamten kroatischen Export 90 Prozent beträgt. 1999 fand der Besitzer der Firma, Giancarlo Zigante, zusammen mit seiner Hündin Diana in Istrien den größten Trüffel der Welt – 1,31 Kilo und im Guinness Buch der Rekorde verzeichnet.

Istriens Trüffelhandel ist relative jung. 1932, als Istrien von Italien besetzt war, fielen einem italienischen Soldaten aus der Trüffelhauptstadt Alba die Ähnlichkeiten zwischen der Vegetation seiner Heimat und der Istriens auf. Er kam nach seinem Militärdienst mit Trüffelhunden zurück,die nach langem Schnüffeln und Graben die Kostbarkeit zum Vorschein brachten.

Da alle Teile einer Trüffel unterirdisch sind, entdecken Menschen sie nicht. Deshalb sind Hunde (oder traditionell Schweine) unabdingbar für die Trüffelsuche. Istrische breks (Trüffelhunde) können Promenadenmischungen sein, aber sie sind gut ausgebildet. Welpen beginnen das Training mit zwei Monaten, doch nur 20 Prozent machen Karriere als Trüffelhunde.

Die Trüffelsaison beginnt Anfang Oktober und dauert drei Monate. In dieser Zeit ziehen wenigstens 3000 Menschen und 9000 bis 12000 Hunde durch die feuchten Wälder von Motovun. Epizentrum der Trüffelregion ist Buzet.

Manche Menschen halten Trüffeln für ein Aphrodisiakum, obwohl das wissenschaftlich nicht bewiesen werden konnte. Da hilft nur eigenes Experimentieren.

ten. Sie umfassen eine Käse- und Trüffelverkostung, interessante Geschichten über Trüffeln und eine bis zu zweistündige Trüffelsuche im Wald.

Schlafen & Essen

Eine Reihe von Bauern in der Umgebung vermieten Zimmer und Apartments (von 100 bis 150 Kn pro Pers.). Die Touristeninformation bietet Details und Kontaktadressen.

Vela Vrata BOUTIQUEHOTEL €€€
(494 750; www.velavrata.net; Šetalište Vladimira Gortana 7; EZ/DZ 555/810 Kn;) Dieses hübsche neue Boutiquehotel liegt am Rand der Altstadt mit Blick auf die Hügel der Umgebung. Das Haus hat Buzets Hügeln neues Leben eingehaucht. Die insgesamt 20 geschmackvollen Zimmer in fünf miteinander verbundenen Gebäuden sind gut ausgestattet. Zimmer 11 lockt mit einem faszinierenden Blick vom Balkon aus. Es gibt ein Restaurant und ein Café, einen kleinen Spabereich, Fahrräder zum Leihen und einen Swimmingpool.

Stara Oštarija ISTRISCH €€
(Petra Flega 5; Hauptgerichte ab 70KN; geschl. So Abend und an einigen Di außerhalb der Saison) Hier in der Altstadt ist der Platz, um Trüffeln zu probieren. Das Restaurant serviert sogar Pannacotta mit Trüffelhonig. Wer sich verwöhnen will, bestellt das sechsgängige Trüffel-Menü (690 Kn für zwei Personen) und genießt beim Essen den Blick ins Tal.

Shoppen

Zigante Tartufi LEBENSMITTEL
(www.zigantetartufi.com; Trg Fontana) Trüffeln in allen Varianten – ganz, in Scheiben, als Püree, mit Oliven oder anderen Pilzen. Zigante-Läden gibt es überall in Istrien.

Praktische Informationen

Die **Touristeninformation** (662 343; www.tz-buzet.hr; Šetalište Vladimira Gortana 9; April–Okt. Mo–Fr 8–15, Sa 9–14 Uhr, Nov.–März Mo–Fr 8–15 Uhr) in einem schicken neuen Bau neben dem Vela Vrata bietet Information zu Unterkünften und zahlreiche Karten und Broschüren über Wein-, Olivenöl- und Trüffelstraßen in der Region sowie zu verschiedenen Aktivitäten wie Wandern, Radfahren (es gibt 14 Radwege in der Umgebung), Klettern, Ballonfahren und Gleitschirmfliegen.

Istriana Travel (☎667 022; www.istriana travel.hr; Vrh 28) organisiert Ausflüge zur Trüffelsuche, einen Fresko-Workshop, Wein- und Olivenöl-Exkursionen, Rad- und Wandertouren, Höhlenerkundungen, Gleitschirmflüge und hat vieles mehr im Programm.

An- & Weiterreise

Von Buzet bestehen Busverbindungen nach Poreč (50 Kn, 1½ Std., 2-mal tgl.), Rijeka (49–59 Kn, 1 Std., 4-mal tgl.) und Pula (60 Kn, 1½ Std., 1-mal tgl. außer So). Der **Busbahnhof** (☎663 285; Riječka bb) liegt im jüngeren Ortsteil.

Rund um Buzet

Die malerische Umgebung von Buzet mit ihren sanften Hügeln, Wäldern, Weiden und Weinbergen lässt sich am besten mit dem Auto erkunden.

ROČ

Das kleine Dorf Roč, 8 km südöstlich von Buzet, schlummert vor sich hin, umgeben von Stadtmauern aus dem 15. Jh. Bei einem Spaziergang stösst man auf die romanische **Kirche des heiligen Antonius**, ein im 15. Jh. erbautes **Renaissancehaus** (auf dem Platz neben der Kirche) und ein **römisches Lapidarium** (im Stadttor). Die **Touristeninformation** (⌚ Juni–Aug. 9–20 Uhr, März–Mai & Sept.–Okt. Sa & So 10–17 Uhr) besitzt die Schlüssel für die Dorfkirchen; wer die Gotteshäuser und eine Kopie der Gutenberg-Presse besichtigen will, sollte sich hier melden. Außerdem erhält man Infos über den Fresko-Workshop, der im Dorf stattfindet.

Nur einmal im Jahr wird Roč aus seinem Schlaf gerissen. Am zweiten Mai-Wochenende findet das **Akkordeon-Festival** statt, das Akkordeonspieler aus Kroatien, Italien und Slowenien zusammenbringt.

Eines der Steinhäuser der Stadt beherbergt ein Restaurant mit regionaler Küche, **Ročka Konoba** (Hauptgerichte ab 30KN; ⌚Di–So), das auch Tische im Freien hat und drinnen einen Kamin. Hier gibt es istrische Spezialitäten wie *fuži,* hausgemachte Würste und *maneštra.* Der neue **Biskoteka-Laden** (Roč 14) bietet rund 30 *rakija*-Varianten, darunter sieben verschiedene *biska*-Marken.

In der Stadt gibt es Privatzimmer für rund 100 Kn pro Nacht; die Touristeninformation hat die Kontaktadressen.

HUM

Außerhalb von Roč liegt die **Glagoliten-Allee**, eine Folge von elf Skulpturen, die an die Bedeutung der Stadt als Zentrum der glagolitischen Schrift erinnern. In der Nähe befindet sich ein Reitclub, der Ausritte anbietet; die Touristeninformation in Buzet weiß mehr darüber.

Die Allee endet etwa 7 km weiter südwestlich in **Hum**, einem kleinen, wunderschön erhaltenen Ort, der nur 24 Einwohner hat und sich selbst als „kleinste Stadt der Welt" bezeichnet. Der Legende zufolge hatten die Riesen, die Istrien errichteten, noch ein paar Felsen und Steine übrig, mit denen sie Hum erbauten.

Im Sommer kommt ein stetiger Strom an Touristen in die engen Gassen dieser bezaubernden kleinen Stadt und besucht **Aura** (Eintritt frei; ⌚10–19 Uhr), wo einige alte Geräte ausgestellt sind, aber vor allem Souvenirs verkauft werden. Der Ort lässt sich gut bei einem 30-minütigen Bummel erkunden; alle Kirchen und Gebäude sind mit informativen mehrsprachigen Tafeln ausgestattet. Unbedingt sehenswert sind die Fresken in der romanischen **Hieronymus-Kapelle** (Crkvica Svetog Jerolima), die das Leben Jesu in ungewöhnlich lebhaften Farben schildern. Die Kapelle beim Friedhof außerhalb der Stadttore ist verschlossen; der Schlüssel ist im Gasthaus erhältlich.

Schon dieser Gasthof lohnt einen Besuch in Hum. Im **Humska Konoba** (www.hum.hr; Hum 2; Hauptgerichte ab 30 Kn; ⌚cMitte März–Mitte Mai & Mitte Okt.–Mitte Nov. Mo geschl.) werden nicht nur erstklassige istrische Spezialitäten serviert, hier gibt es auch eine herrliche Terrasse mit Panoramablick. Nach einem Gläschen süßer *biska* (weißer Mistelgrappa, angeblich nach altem keltischem Rezept) folgt *maneštra s kukuruzom* (Suppe aus Bohnen und frischem Mais), weiter geht es mit *fuži* mit Trüffeln und als krönender Abschluss werden *kroštuli* (knuspriger fettgebackener Teig mit Zucker) serviert. Wer *biska* mag, kann im **Imela-Laden** seine Vorräte auffüllen. Dieser Laden mit Olivenöl, Trüffeln, Marmeladen, Weinen, Honig und Souvenirs wird von den Restaurantbesitzern geführt. Das Geschäft liegt am Ortsende.

Am letzten Sonntag im Oktober kommen über 4000 Besucher zum **Dan Rakije** (Tag des Grappa) nach Hum. Während dieses feuchtfröhlichen Festes bekommt jeder ein Probierglas und kann die unterschiedlich-aromatisierten Grappas probieren – bis nichts mehr da ist.

SOVINJSKO POLJE

Das verschlafene Dörfchen Sovinjsko Polje liegt in den Hügeln abseits der Straße von Buzet nach Istarske Toplice (4 km auf einer ausgeschilderten engen, kurvigen Straße).

Hierher zu kommen lohnt sich wegen des **Toklarija** (☎091 926 6769; Sovinjsko Polje 11; 6-gängiges Menü inkl. Wein 400–500 Kn; ⏲Di geschl.), eines der besten Restaurants von Istrien. In dieser wunderschönen umgebauten 600 Jahre alten Ölmühle, die sein Großvater in den 1950er-Jahren kauften, serviert der exzentrische Besitzer Nevio Sirotić leckeres hausgemachtes istrisches Slow Food. Eine Mahlzeit kann bis zu vier Stunden dauern. Die Speisekarte wechselt täglich; im Mittelpunkt steht luftgetrockneter istrischer Schinken, Steinpilze, Spargelsalat, Trüffeln und saftiges Fleisch. 90 % der Lebensmittel stammen aus der Region, sämtliches Obst und Gemüse kommt aus dem Garten der Familie und selbst Brot und Nudeln sind hausgemacht. Dazu werden lokale Weine wie *teran* und *malvazija* kredenzt. Unbedingt reservieren.

Motovun

480 EW.

Das bezaubernde Städtchen Motovun thront auf einer 277 m hohen Bergkuppe oberhalb des Mirnatals. Von Poreč aus fährt man etwa 25 km in Richtung Nordosten. Im 14. Jh. beschlossen die Venezianer, die Stadt zu befestigen, und errichteten zwei mächtige Mauerreihen.

Vor dem Eingang zur Altstadt und innerhalb der Stadttore reihen sich Galerien und Geschäfte aneinander, darunter eine Weinhandlung, die Weinproben veranstaltet, und ein Zigante-Lebensmittelgeschäft. Die stimmungsvollen romanischen und gotischen Häuser beherbergen eine Reihe von Künstlerateliers. Am Hang wurden neue Häuser gebaut, die sich jedoch gut in die Umgebung einfügen. Jeden Sommer findet hier ein beliebtes Filmfestival statt; wegen dieses Festivals zählt Motovun seit einigen Jahren zu den wohl meistbesuchten unter den Bergstädten von Istrien.

Beim Betreten blickt den Besuchern vom Außentor finster ein venezianischer Löwe entgegen, dahinter folgen eine Terrasse mit Barockloggia und die Außentische eines Cafés; ein perfekter Platz, um den Sonnenuntergang zu beobachten. Ein scheinbar besser gelaunter Löwe schmückt das innere Tor, das ein alteingesessenes Restaurant beherbergt. Auf ihrem weiteren Weg stoßen die Besucher auf einen schönen, schattigen Platz mit dem Hotel der Stadt, einem alten Brunnen und der Stefanskirche.

Sehenswertes & Aktivitäten

Sankt-Stephans-Kirche KIRCHE

(Svetog Stjepana; Trg Andrea Antico) Hauptsehenswürdigkeit der Stadt ist die Renaissancekirche St. Stephan. Das Innere der von Andrea Palladio entworfenen Kirche wird zurzeit renoviert und ist nur zeitweilig geöffnet. An der Stadtmauer, die die Altstadt umgibt, erhebt sich der **Glockenturm** aus dem 16. Jh.

Stadtmauer STADTMAUER

Bei einem Spaziergang auf der Stadtmauer bieten sich herrliche Blicke über die Weinberge, Felder und Eichenwälder.

Gleitschirmfliegen GLEITSCHIRMFLIEGEN

(☎098 922 8081; www.istraparagliding.com; pro Pers. 550 Kn) Bei einem Tandemflug vom Gipfel des Hügels von Motovun (zusammen mit einem Lehrer) öffnet sich ein atemberaubender Blick über die Hügel von Istrien. Vorab buchen.

Feste & Events

Das **Motovun Film Festival** (www.motovunfilmfestival.com) präsentiert Ende Juli eine Reihe unabhängiger und Avantgardefilme. Seit seiner Gründung im Jahr 1999 hat das kleine Festival große Beliebtheit gewonnen und zieht heute mit Nonstop-Filmvorführungen sowie Konzerten und Partys zahlreiche Leute an.

Schlafen

House of Gold B&B €€

(☎681 816; www.motovunaccommodation.com; Gradiziol 46; EZ 260–408 Kn, DZ 483–557 Kn; 📶🐾) Dieses B&B mit drei Zimmern in einem renovierten Stadthaus liegt am Eingang der Stadt. Die gemütlichste Unterkunft von Motovun wird von den Besitzern, die auch im Haus wohnen, liebevoll geführt. Zum teuersten Zimmer gehört eine eigene Terrasse mit zwei Hängematten; das Zimmer namens Kortel bietet einen wunderbaren Blick auf das Tal. Küche und Wohnzimmer sind Gemeinschaftsräume, wo sich die Gäste beim Frühstück selbst bedienen können. Für die Hauptsaison unbedingt buchen; mindestens zwei Nächte.

Hotel Kaštel HOTEL €€
(☎681 607; www.hotel-kastel-motovun.hr; Trg Andrea Antico 7; EZ/DZ 423/722 Kn; P❄@🛜≋) Die 33 einfach ausgestatteten Zimmer des einzigen Hotels der Stadt befinden sich in einem renovierten Palast aus dem 17. Jh. an einem hübschen Platz. Wer eines der drei Zimmer für 1098 Kn nimmt, bekommt einen Balkon mit Blick auf den begrünten Platz. Es gibt auch ein gutes Restaurant, das Trüffeln und istrische Weine serviert, und ein Wellness-Center.

Motovun Camping CAMPINGPLATZ €
(☎681 557; www.motovun-camping.com; 2-Personen-Stellplatz für 1 Nacht 180 Kn, weitere Nächte 108 Kn) Kleiner Campingplatz mit 12 Stellplätzen unterhalb der Stadt,der vom Hotel Hotel Kaštel betrieben wird. Camper können kostenlos im Swimmingpool des Hotels baden und erhalten im Restaurant noch 10 % Rabatt.

Essen & Ausgehen

Mondo ISTRISCH €€
(Barbacan 1; Hauptgericht 75 Kn; ⊙in der Nebensaison Di geschl.) Direkt vor dem äußeren Stadttor liegt diese kleine Taverne mit Terrasse, die gut zubereitete istrische Klassiker serviert, viele mit Trüffeln. Dazu schmeckt ein Wein vom Weingut Tomaz.

Pod Voltom ISTRISCH €
(Trg Josefa Ressela 6; Hauptgerichte ab 60 Kn; ⊙Okt.–Juli Mi geschl.) In einem Gewölbe mit hölzernen Balken innerhalb der Stadttore, direkt unterhalb des Hotels, werden istrische Hausmannskost und teurere Trüffelgerichte serviert. Von Juni bis September lockt die Loggia mit Blick aufs Tal.

Konoba Dolina ISTRISCH €
(Gradinje 59/1; Hauptgerichte ab 38 Kn; ⊙Mi–Mo) Wer ein Auto hat, sollte die Fahrt zu diesem Lieblingslokal der Einheimischen nicht scheuen. Einfache, gute Gerichte, viele mit Trüffeln, zu denen am besten ein Favorit-Bier passt. Von Motovun geht es rechts Richtung Buzet, bis links die Straße nach Gradinje abzweigt. Dann sind es noch 2,5 km. Ende Juni ist alljährlich für drei Wochen geschlossen.

Restaurant Zigante EDELGASTRONOMIE €€€
(☎664 302; www.zigantetartufi.com; Livade 7, Livade; Hauptgerichte ab 185 Kn) Gourmets kommen von weit her ins Zigante, das sich nur wenige Kilometer unterhalb von Motovun im Dorf Livade befindet. Auf die Gäste warten exquisite 5-Sterne-Menüs, alles dreht sich um Trüffeln – es gibt Gänseleber mit Bananenkartoffeln, frisches Seebarsch-Carpaccio mit schwarzen Trüffeln und sogar Trüffeleiscreme ... Ein Fünf-Gänge-Menü kostet zwischen 590 und 635 Kn. In dem Komplex liegen auch drei **Luxusapartments** (inkl. Trüffel-Frühstück 1168 Kn); nebenan befindet sich ein kleines Geschäft.

Rakijarnica BAR
(Pietra Kandlera 2) Direkt unterhalb des Turms beim Hauptplatz ist diese beliebte Bar auf *rakija* spezialisiert, Kroatiens *eau de vie*. Mehr als 30 Sorten, alle von kleinen Produzenten, stehen zur Verfügung und können unter dem Sternenhimmel genossen werden.

Praktische Informationen

Die **Touristeninformation** (☎681 726; www.tz-motovun.hr; Trg Andrea Antico 1; ⊙Juni–Aug. tgl. 10–17 Uhr, Mai, Sept. & Okt. 10–16 Uhr) liegt am Hauptplatz der Stadt, direkt beim Hotel Kaštel. Einen Geldautomaten gibt es rechts an der Einfahrt in die Stadt.

Auch **Montona Tours** (☎681 970; www.montonatours.com; Kanal 10) ist eine gute Informationsquelle; hier gibt es Hilfe bei der Suche nach Unterkunft, auch nach privaten Apartments oder Urlaub auf dem Bauernhof.

An- & Weiterreise

Ohne eigenes Auto gestaltet sich ein Besuch in Motovun schwierig. Es gibt Busverbindungen ab Pazin (35 Kn, 40 Min., 2-mal tgl.) und Poreč (35 Kn, 45 Min., 1-mal tgl.), aber nur an Werktagen während des Schuljahres.

Unterwegs vor Ort

Die Stadt verfügt über drei Parkplätze. Der erste liegt am Fuß des Ortes; von dort führt ein steiler Anstieg zu den Stadttoren hinauf (2 km). Der zweite liegt 300 m unterhalb der Altstadt. Der letzte ist nur für Einwohner und Hotelgäste. Wenn Sie nicht in einem Hotel übernachten, kosten die beiden ersten Parkplätze von April bis Oktober 15 Kn pro Tag.

Istarske Toplice

Istarske Toplice (www.istarske-toplice.hr) zählt zu Kroatiens ältesten und schönsten Thermalbädern, deren Heilkraft bereits die Römer kannten. Die Bäder, zu denen ein Hotel – ein hässlicher Betonklotz – und ein neues Wellnesscenter gehören, werden von einem 85 m hohen Felsen überragt; sie haben, wie die meisten Kurorte Kroatiens, ein leicht betagtes Flair. Der Geruch nach faulen Eiern kommt von dem großen Außenpool, der einen hohen Schwefelgehalt und Temperaturen bis zu 34 °C aufweist. Das Thermalwasser hilft bei Rheuma, Haut- und Atemwegserkrankungen.

Hier eine Nacht zu verbringen, empfiehlt sich nur für Liebhaber von Kurorten, aber sich ein paar Stunden lang mit Anwendungen verwöhnen zu lassen, tut gut. Das Angebot ist breit gefächert, vom heißen Stein (350 Kn für 1 ¼ Std.) und mediterraner Massage (300 Kn pro Std.) bis zu Körperbehandlungen mit Wein, Honig und Lavendel (jeweils 350 Kn). Allemal preiswerter ist es, im Thermalbecken zu schwimmen (35 Kn für 3 Std.) oder in der Sauna zu schwitzen (100 Kn für 3 Std.).

Es gibt keine öffentlichen Verkehrsmittel; der Kurort liegt 10 km nördlich von Motovun und 11 km südlich von Buzet an der Hauptstraße, die beide Ortschaften miteinander verbindet.

Grožnjan

100 EW.

Bis Mitte der 1960er-Jahre war das 27 km nordöstlich von Poreč gelegene Grožnjan auf dem besten Weg, in Vergessenheit zu geraten. Im Jahr 1102 wurde das Bergdorf zum ersten Mal erwähnt. Im 14. Jh. war es eine strategisch wichtige Festung für die Venezianer. Sie schufen ein Befestigungssystem bestehend aus Stadtmauern und -toren und errichteten eine Loggia, eine Kornkammer und mehrere hübsche Kirchen. Nach dem Zusammenbruch der venezianischen Republik im 18. Jh. nahm Grožnjans Bedeutung rapide ab.

1965 entdeckten der Bildhauer Aleksandar Rukavina und eine kleine Gruppe anderer Künstler den Charme des verfallenen, mittelalterlichen Dörfleins und richteten in den verlassenen Häusern ihre Ateliers ein. Grožnjan erwachte zu neuem Leben, u. a. wurde es ein Standort von Jeunesses Musicales International, einem Ausbildungsprogramm für junge Musiker. Im Jahr 1969 wurde in Grožnjan die Sommermusikschule Jeunesses Musicales Croatia ins Leben gerufen, die seitdem regen Zulauf hat. Jedes Jahr werden hier Kurse in den Bereichen Musik, Orchester, Ballett und Gesang abgehalten; den Sommer über finden Veranstaltungen statt, auf denen die jungen Künstler das Gelernte zu Gehör bringen. Beim Bummel durch die vielen Kunsthandwerksläden und Galerien, die die schmalen Gassen und grünen Plätze säumen, kann man den spielfreudigen Musikern häufig beim Üben zuhören.

Sehenswertes & Aktivitäten

Alle Sehenswürdigkeiten der Stadt sind mit englischsprachigen Infotafeln markiert. Die im Renaissancestil erbaute **Loggia** erhebt sich gleich rechts neben dem Stadttor bei der Touristeninformation. Auf dem weiteren Weg folgt rechterhand das barocke **Palais Spinotti Morteani** mit einer Terrasse. Die Tische darauf gehören zum Laden **Zigante Tartufi** (www.zigantetartufi.com; Umberta Gorjana 5). Im **Kaštel** (Burg) auf der rechten Seite finden Konzerte statt.

Das Dorf wird vom gelben Glockenturm der **Pfarrkirche der heiligen Märtyrer Vitus, Modest & Crescentia** überragt, die im 14. Jh. aus Sandstein erbaut und im Jahr 1770 barock umgestaltet wurde.

Über das Dorf verteilen sich mehr als 30 Galerien und Ateliers, die meisten haben von Mai bis September täglich geöffnet. Die **Fonticus-Galerie** (Gradska Galerija Fonticus; Trg Lođe 3; ⌚Di–So 10–13 & 17–20 Uhr) zeigt neuere Werke vorwiegend kroatischer Künstler sowie eine kleine Ausstellung zur Heraldik mit Helmen, Insignien und Wappen.

Feste & Events

In den Sommermonaten finden Konzerte statt, organisiert vom **Internationalen Kulturzentrum der Jeunesses Musicales Croatia** (www.hgm.hr). Die Konzerte sind kostenlos und können ohne Reservierung besucht werden. Sie werden normalerweise in der Kirche, auf dem Hauptplatz, in der Loggia oder im Kaštel abgehalten. Unbedingt besuchen!

Schlafen & Essen

Es gibt keine Hotels in Grožnjan, aber die **Touristeninformation** (☎776 131; Umberta Gorjana 3; ⌚Mo–Fr 8–15 Uhr) vermittelt Kontakte zu privaten Vermietern. Kosten: etwa 175 Kn pro Person.

Bastia ISTRISCH **€€**

(1 Svibnja 1; Hauptgerichte ab 60 Kn) Das älteste Restaurant der Stadt liegt am begrünten Hauptplatz. Die Ausstattung ist bunt und fröhlich, die Speisekarte umfangreich und trüffelbetont.

Konoba Pintur ISTRISCH €

(1 Svibnja bb; Hauptgerichte ab 40 Kn) Diese preiswertere Alternative am Hauptplatz bietet Tische im Freien und annehmbares Essen. Im Obergeschoss werden auch Zimmer vermietet (300 Kn).

Ausgehen

Kaya Energy Bar & Design CAFE-BAR

(Vincenta iz Kastva 2; ⌚Jan. & Feb. geschl.) Dieses Lokal am Ortseingang hat viele Gesichter: Café, Bar, Laden und Galerie. Der familiengeführte Betrieb besitzt einen eleganten Innenraum, Tische auf dem Platz und eine hübsche Terrasse mit Blick ins Tal. Serviert werden frisch gepresste Säfte, Smoothies, Frühstück, Snacks und ein sehr guter einheimischer *malvazija*-Wein. Alles, was in den Räumen ausgestellt ist, kann auch gekauft werden, von Lavendelsäckchen bis zu handgemachtem Schmuck.

Cafe Vero CAFE-BAR

(Trg Cornera 3) Diese Café-Bar am Ortsende lockt die Gäste vor allem mit der schönen Terrasse, von der man den herrlichen Blick ins Tal genießen kann.

An- & Weiterreise

Eine Anreise nach Grožnjan ist nur mit Privatauto möglich, Busse verkehren nicht. Wer mit dem Auto von Motovun kommt, sollte nicht die erste gekennzeichnete Abzweigung nehmen, eine unbefestigte Straße, auf der die Fahrt länger dauert. Etwa 1 km weiter gibt es noch einen Wegweiser nach Grožnjan – das ist die wesentlich bessere Zufahrt.

Kvarner

☎ 051

Inhalt »

Gut essen

» Bora Bar Trattoria/ Tartufferia (S. 173)

» Na Kantunu (S. 148)

» Tramerka (S. 154)

» Konoba Bukaleta (S. 163)

» Skalinada (S. 154)

» Restaurant Nada (S. 160)

Schön übernachten

» Hotel Marina (S. 158)

» Hotel Ambasador (S. 152)

» Hotel Arbiana (S. 177)

» Grand Hotel Bonavia (S. 148)

Auf nach Kvarner!

Schon seit langer Zeit zieht die von Bergen geschützte Kvarner-Bucht mit ihrem milden Klima und dem kobaltblauen Wasser Besucher an, die nicht nur Strandurlaub machen wollen. Über die Stadt Rijeka gelangt man in die kulinarische Hochburg Volosko und zu den Nationalparks Učka und Risnjak mit guten Wanderwegen. Die Inseln Krk, Rab, Lošinj und Cres haben stimmungsvolle Häfen und unberührte Küstenstreifen mit einsamen Buchten, in denen man schwimmen kann. Zudem kann man faszinierende Wildtiere beobachten: Auf Cres gibt es ein bedeutendes Projekt zum Schutz von Gänsegeiern, und im Maritimen Zentrum von Lošinj werden die Delfine der Adria überwacht.

Aufgrund der historischen Beziehungen der Region zu Österreich und Ungarn findet man an der Küste prachtvolle Bauten: Opatijas habsburgische Villen sowie viele im venezianischen Stil erbaute Häuser auf den Inseln. Bis heute besteht eine rege Verbindung mit Mitteleuropa und Italien.

Reisezeit

Rijeka

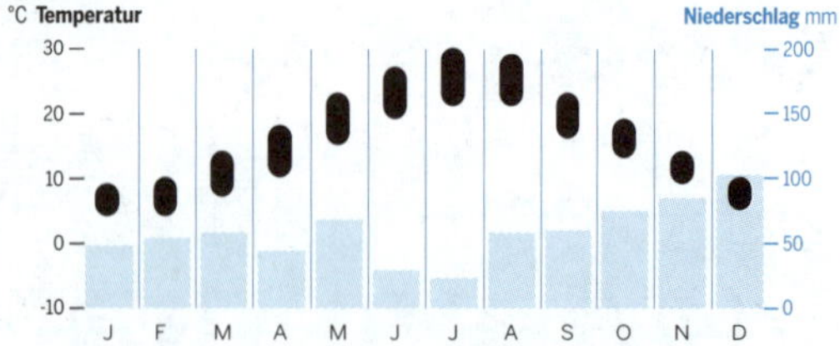

Jan.–März Im Karneval verwandelt sich Rijeka für zwei Wochen in das europäische Rio.

Mai–Juni Jetzt werden vor Lošinj häufig Delfine gesichtet.

Juli–Aug. Auf Rab sorgen die Modewoche und ein DJ-Festival für Stimmung.

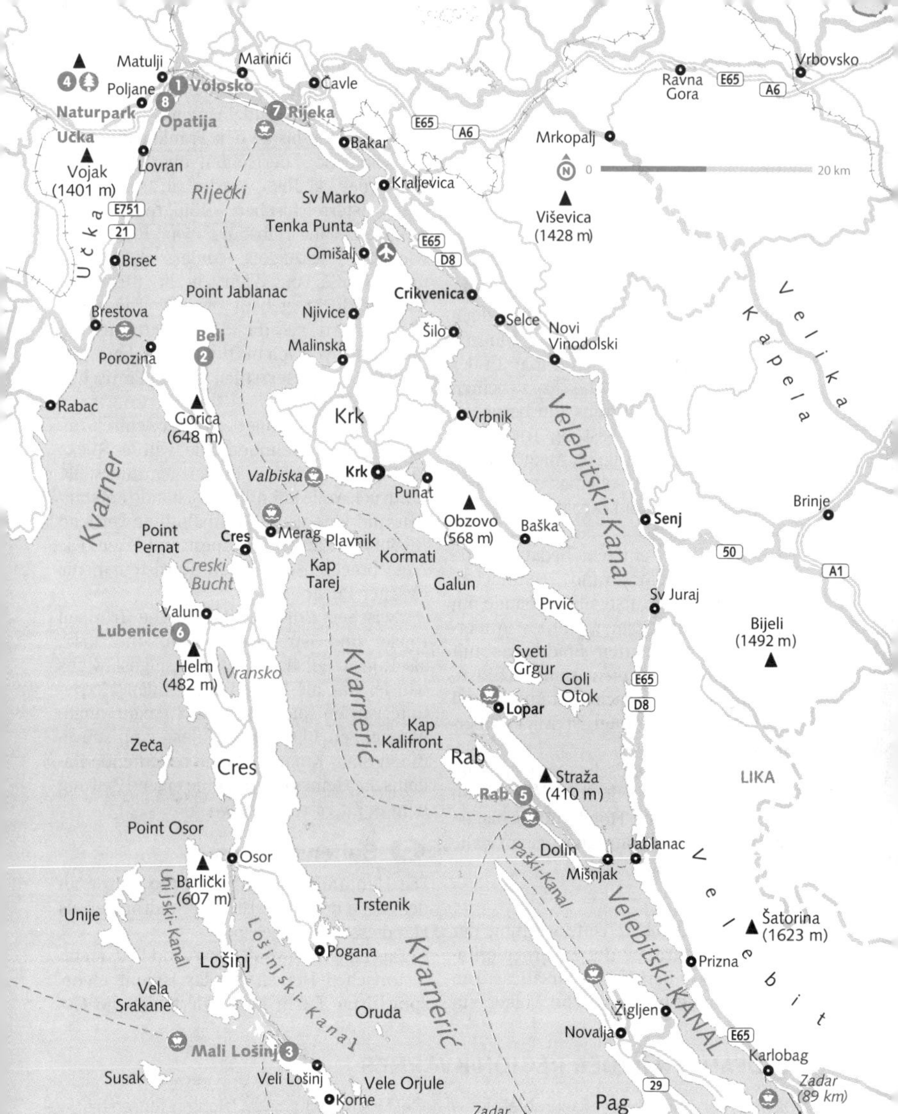

Highlights

1 Im Feinschmeckerparadies **Volosko** (S. 153) kroatische Spezialitäten probieren

2 Bei **Beli** (S. 165) auf der Insel Cres alles über Gänsegeier erfahren

3 Südlich von Mali Lošinj in naturbelassenen **einsamen Bucht** (S. 169) schwimmen

4 Zu Fuß, mit dem Fahrrad oder dem Auto den **Naturpark Učka** (S. 154) erkunden

5 Über das Kopfsteinpflaster der majestätischen mittelalterlichen Stadt **Rab** (S. 174) bummeln

6 Die Einsamkeit, Schönheit und Kargheit von **Lubenice** (S. 166) auf sich wirken lassen

7 Den Panoramablick von Rijekas **Burg Trsat** (S. 145) genießen)

8 Auf der Promenade von **Opatija** (S. 151) an prächtigen Habsburger-Villen vorbeispazieren

DIE KÜSTE

Rijeka

128 735 EW.

Rijeka, Kroatiens drittgrößte Stadt, vereint auf faszinierende Weise das eher düstere Flair einer Hafenstadt mit beeindruckender Habsburger Pracht. Die meisten Urlauber fahren jedoch auf ihrem Weg auf die Inseln oder nach Dalmatien an Rijeka vorbei, doch wer hier eine Pause einlegt, wird Charme und Kultur entdecken. So kann man in der geschäftigen Fußgängerzone Korzo einen Kaffee trinken, das Stadtmuseum besuchen und die eindrucksvolle Festung Trsat hoch über der Stadt besichtigen. Auch Rijekas Nachtleben kann sich sehenlassen, ebenso die tollen Festivals und Kroatiens farbenprächtigster Karneval.

Abgesehen von einigen bedauerlichen Bausünden am Stadtrand schmücken das Stadtzentrum kunstvolle Gebäude im österreichisch-ungarischen Stil. Außerhalb des dicht bebauten Stadtkerns mit Kroatiens größtem Hafen samt Schiffen, zahlreichen bunten Frachtcontainern und einer Vielzahl von Kränen ist Rijeka überraschend grün.

Rijeka ist ein dynamischer Verkehrsknotenpunkt, da es hier jedoch keinen echten Strand und nur wenige Hotels gibt, schlagen die meisten Besucher ihr Quartier im nahe gelegenen Opatija auf.

Geschichte

Nach der erfolgreichen Unterwerfung der illyrischen Volksgruppe der Liburner gründeten die Römer den Hafen Tarsaticae. Um das 7. Jh. wanderten slawische Völker ein und errichteten auf den Fundamenten der römischen Stadt eine neue Siedlung.

Verschiedene Feudalherren – von deutschen Adligen bis zu den Frankopanenfürsten von Krk – herrschten über die Stadt; Ende des 15. Jhs. wurde sie schließlich dem österreichischen Königreich zugeschlagen. Für Habsburg war Rijeka ein wichtiger Seezugang, sodass 1725 eine neue Straße von Wien an die Küste der Kvarner-Bucht gebaut wurde. Dies wiederum förderte die Wirtschaftsentwicklung und vor allem den Schiffsbau, der seitdem das Herzstück der städtischen Wirtschaft bildet.

Mit der Gründung der österreichisch-ungarischen Doppelmonarchie wurde Rijeka 1867 der ungarischen Regierung unterstellt. Eindrucksvolle öffentliche Gebäude entstanden und eine neue Eisenbahnlinie verband Rijeka mit Zagreb, Budapest und Wien. Die Züge brachten die ersten Touristen in die Kvarner-Bucht.

Zwischen 1918, als italienische Truppen Rijeka und Istrien eroberten, und 1942, als Rijeka Teil des Nachkriegsjugoslawiens wurde, war die Stadt wechselnden Herren unterworfen und gelegentlich sogar unabhängig. Seit 1991 gehört Rijeka zum souveränen Staat Kroatien. Seine bedeutende italienische Gemeinde gibt eine eigene Zeitung heraus, *La Voce del Popolo*.

Sehenswertes

Die Hauptfußgängerzone **Korzo** wurde an der Stelle der eingestürzten Stadtmauer als Handelsstraße angelegt.

Das Labyrinth von Gassen und Plätzen im historischen Herzen Rijekas ist mit mehrsprachigen Tafeln beschildert, die die Ge-

RADFAHREN IN DER REGION KVARNER

Die Kvarner-Bucht bietet Fahhradfahrern vielerlei Möglichkeiten, von leichten Touren bis zu anspruchsvollen Anstiegen auf steilen Inselstraßen. Rund um Opatija gibt es mehrere Routen; zwei einfache Wege beginnen am Berg Kastav (360 m), und eine sportlichere, 4½-stündige Tour führt von Lovran in den Naturpark Učka. Auf Lošinj lockt eine mittelschwere, 2½-stündige Rundfahrt, die in Mali Lošinj beginnt und endet. Auf Krk führt die Fahrt von der Stadt Krk aus durch die Wiesen, Felder und Dörfer des kaum besuchten Inselinneren. Von der Stadt Rab aus kann man mit dem Rad die ursprünglichen Wälder der Halbinsel Kalifront erkunden. Und auf Cres führt eine 50 km lange Tour vom Hafen von Cres-Stadt vorbei am mittelalterlichen Bergdorf Lubenice nach Valun, einem wahren Juwel an der Küste.

Detaillierte Infos über die genannten Routen sind in der Broschüre *Mit dem Fahrrad durch den Kvarner* aufgeführt, die insgesamt 19 Touren beschreibt und in den Touristeninformationen erhältlich ist. Hilfreich sind auch die Websites www.kvarner.hr und www.pedala.hr.

schichte der Sehenswürdigkeiten erläutern. In der Touristeninformation ist eine Karte dieses als Turistička Magistrala bezeichneten **Stadtrundgangs** erhältlich.

Burg Trsat BURG

(Erw./erm. 15/5 Kn; ⌚Mai–Okt. 9–20 Uhr, Nov.–April 9–17 Uhr) Die halb verfallene Festung aus dem 13. Jh. thront auf einem Hügel hoch über der Stadt. Grandios ist der Ausblick von der Befestigungsmauer hinab auf das Flusstal bis hin zum Hafen, zur Adria und zur Insel Krk in der Ferne. Die heutige Burg wurde von Frankopanenfürsten aus Krk in Auftrag gegeben. Für das jüngste Facelifting sorgte 1824 der irischstämmige Graf Laval Nugent, der als Offizier in der österreichischen Armee diente. Er kaufte die Burg und ließ sie im romantisierenden Klassizismus der Biedermeierzeit restaurieren. Das Nugent-Mausoleum im antiken griechischen Stil dient heute als Kunstgalerie, während im ehemaligen Verlies ab und zu Ausstellungen stattfinden. Im Sommer beleben Konzerte, Theateraufführungen und Modenschauen das alte Gemäuer. Vom Freiluftcafé, das im Sommer bis Mitternacht geöffnet ist, bieten sich herrliche Ausblicke.

Kirche unserer lieben Frau von Trsat KIRCHE

(Crkva Gospe Trsatske; Frankopanski trg; ⌚8–17 Uhr) Diese Kirche ist ein seit Jahrhunderten verehrtes Wallfahrtsziel. Die Legende erzählt, dass die Engel, die das Haus der Jungfrau Maria Ende des 13. Jhs. von Nazareth nach Loreto in Italien brachten, hier eine Rast einlegten. Schon bald pilgerten Gläubige zu der an dieser Stelle errichteten Kapelle; ihre Zahl stieg, als der Papst 1367 eine Marienikone stiftete. Das berühmte Gemälde befindet sich auf dem Hauptaltar hinter einer wunderbar gearbeiteten schmiedeeisernen Tür. Der barocke Kreuzgang ist gefüllt mit Opfergaben und Votivgeschenken. Nach Voranmeldung kann die Schatzkammer mit einer wertvollen Sammlung sakraler Kunst besichtigt werden. Dort wird ein 15-minütiger Film über die Kirche gezeigt.

Wer in die Fußstapfen der Pilger treten will, steigt die **Petar-Kružić-Treppe**, die 1531 für die Gläubigen erbaut wurde, vom Titov Trg hinauf zur Wallfahrtskirche. Heiligenkapellen säumen die steilen Stufen, hier ruhten sich die Pilger früher aus. Wesentlich einfacher, schneller und bequemer ist die Buslinie 2 zur Festung Trsat.

Städtische Monumente MONUMENTE

(Trg Ivana Koblera) Als eines von wenigen Monumenten hat der auffällige gelbe **Stadtturm** (Gradski Torani; Korzo), ursprünglich das Stadttor zum Meer, ein verheerendes Erdbeben überstanden. Nach der Katastrophe fügten die Habsburger das mit Reliefs der Kaiser und Wappen geschmückte Portal hinzu. 1873 wurde am Turm eine Uhr installiert, die noch heute die Zeit anzeigt.

Unter dem Stadtturm hindurch geht es zum **Römischen Tor** (Stara Vrata). Der schmucklose Bogen markiert den ehemaligen Eingang zum Praetorium, einem antiken Militärareal, dessen Überreste heute in einem kleinen Ausgrabungsgelände zu besichtigen sind.

Seefahrts- und Geschichtsmuseum MUSEUM

(Pomorski i Povijesni Muzej Hrvatskog Primorja; www.ppmhp.hr; Muzejski trg 1; Erw./erm. 10/5 Kn; ⌚Di–Fr 9–16, Sa 9–13 Uhr) Das Museum ist im alten Gouverneurspalast, einem prächtigen Beispiel ungarischer Baukunst, untergebracht. Anhand der im Museum erhältlichen Broschüre (in Englisch) gewinnt man einen guten Eindruck vom einstigen Leben der Seefahrer. Gezeigt werden Schiffsmodelle, Seekarten, Navigationsinstrumente und Porträts von Kapitänen. Im Sommer ist das Museum länger geöffnet.

Astronomisches Zentrum OBSERVATORIUM

(Astronomski Centar; www.rijekasport.hr; Sveti Križ 33; ⌚Di–Sa 8–23 Uhr) Kroatiens erstes astronomisches Zentrum liegt auf einem Hügel im Osten der Stadt. Der eindrucksvolle moderne Komplex umfasst ein Observatorium, ein Forschungszentrum und ein Planetarium. In Letzterem finden um 21 Uhr Vorstellungen statt, mittwochs eine Stunde später auf Englisch, Französisch und Italienisch. Das Observatorium ist bei entsprechendem Wetter Donnerstag- und Samstagabend der Öffentlichkeit zugänglich. Hierher fährt der Bus 7A ab dem Zentrum.

Naturhistorisches Museum MUSEUM

(Prirodoslovni Muzej; www.prirodoslovni.com; Lorenzov Prolaz 1; Erw./erm. 10/5 Kn; ⌚Mo–Sa 9–19, So 9–15 Uhr) Das Museum in einer prachtvollen Villa aus dem 19. Jh. widmet sich der Geologie, Botanik und dem Meeresleben der Adria. Zu sehen sind ein kleines Aquarium sowie Exponate zu Haien, Rochen und anderem Getier. Bemerkenswert ist der hübsche botanische Garten mit über 2000 einheimischen Pflanzen.

Rijeka

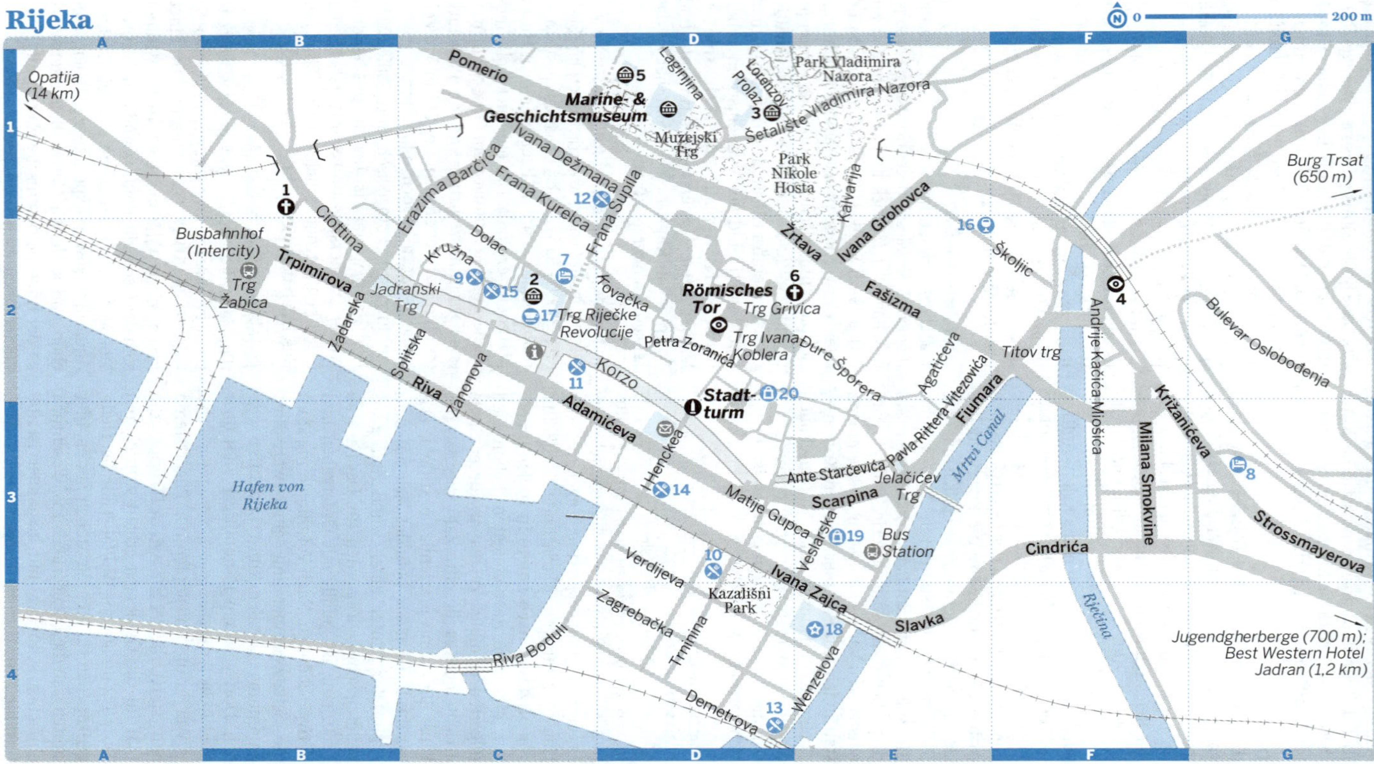
0
200 m
Opatija (14 km)
Burg Trsat (650 m)
Jugendgherberge (700 m); Best Western Hotel Jadran (1,2 km)
Pomerio
Marine- & Geschichtsmuseum
Laginjina
Lorenzov Prolaz
Park Vladimira Nazora
Šetalište Vladimira Nazora
Muzejski Trg
Park Nikole Hosta
Kalvarija
Ivana Grohovca
Žrtava
Fašizma
Školjic
Busbahnhof (Intercity)
Trg Žabica
Ciottina
Erazima Barčića
Ivana Dežmana
Frana Kurelca
Frana Supila
Dolac
Kružna
Trpimirova
Jadranski Trg
Zadarska
Splitska
Zanonova
Riva
Kovačka
Trg Riječke Revolucije
Römisches Tor
Trg Grivica
Trg Ivana Koblera
Petra Zoranića
Đure Šporera
Korzo
Adamićeva
Stadtturm
Agatićeva
Pavla Rittera Vitezovića
Fiumara
Titov trg
Andrije Kačića Miošića
Bulevar Oslobođenja
Križanićeva
Milana Smokvine
Strossmayerova
Cindrića
Rječina
Mrtvi Canal
Ante Starčevića
Jelačićev Trg
Scarpina
Henckea
Matije Gupca
Vesiarska
Bus Station
Verdijeva
Kazališni Park
Ivana Zajca
Slavka
Zagrebačka
Trninina
Riva Boduli
Demetrova
Wenzelova
Hafen von Rijeka

Museum für moderne & zeitgenössische Kunst KUNSTMUSEUM
(Muzej Moderne i Suvremene Umjetnosti; www.mmsu.hr; Dolac 1; Erw./erm. 10/5 Kn; ⌚Mo–Fr 10–13 & 18–21, Sa 10–13 Uhr) In der 2. Etage der Universitätsbibliothek gibt es in diesem kleinen Museum erstklassige Wechselausstellungen zu unterschiedlichen Themen wie Straßenfotografie und zeitgenössischer kroatischer Kunst zu sehen.

Kathedrale St. Veit KATHEDRALE
(Katedrala Svetog Vida; Trg Grivica 11; ⌚Juni–Aug. Mo–Sa 7–12 & 16.30–19, So 7–12 Uhr, Sept.–Mai 6.30–12 Uhr) Nördlich des Römischen Tors befindet sich die Kathedrale des heiligen Veit. Der Jesuitenorden ließ sie 1638 an der Stelle einer älteren Kirche erbauen und widmete sie dem Stadtpatron Rijekas. Wuchtige Marmorsäulen stützen die zentrale Kuppel, die sich über barocken Altären und einem gotischen Kruzifix aus dem 13. Jh. wölbt.

Stadtmuseum MUSEUM
(Muzej Grada Rijeke; Muzejski Trg 1/1; Erw./erm. 10/5 Kn, Mo Eintritt frei; ⌚Mo–Fr 10–13 & 17–20, Sa 10–13 Uhr) Das einfache Museum ist in einem kubistischen Bau aus den 1970er-Jahren untergebracht. Die kleine Dauerausstellung umfasst facettenreiche Exponate zur Geschichte der Stadt wie einige Torpedos, die hier erfunden wurden. Außerdem gibt es Sonderausstellungen.

Kapuzinerkirche unserer lieben Frau von Lourdes KIRCHE
(Crkva Gospe Lurdske; Kapucinske Stube 5; ⌚8–12 & 16–18 Uhr) Diese 1904 fertiggestellte Kirche mit ihrer dekorativen neugotischen Fassade thront über einer kunstvollen Flügeltreppe im italienischen Stil. Der Busbahnhof liegt in unmittelbarer Nähe.

Feste & Events

Karneval von Rijeka KARNEVAL
(www.ri-karneval.com.hr) Auf dem Karneval von Rijeka, dem größten Kroatiens, sorgen zwei Wochen lang Prunksitzungen, Straßenpartys, Konzerte, Maskenbälle, Aufführungen und ein Umzug für gute Laune. Die *zvončari*, mit Tierfellen maskierte Männer, tanzen und läuten lärmende Glocken, um böse Geister zu vertreiben. Der Karneval steigt irgendwann zwischen Ende Januar und Anfang März, je nachdem, auf welches Datum Ostern fällt.

Hartera MUSIK
(www.hartera.com) Cooles alljährliches Festival für elektronische Musik mit DJs und Künstlern aus ganz Europa. Austragungsort der dreitätigen Veranstaltung Mitte Juni ist eine alte Papierfabrik am Ufer der Rječina.

Sommernächte von Rijeka MUSIK
(www.rijeckeljetnenoci.com) Im Juni und Juli werden im Kroatischen Nationaltheater Konzerte gegeben.

Schlafen

Die Preise der meisten Hotels in Rijeka bleiben das ganze Jahr über gleich; nur in den Karnevalstagen muss man mit einem Aufschlag rechnen. Wer in dieser Zeit ein Zimmer sucht, sollte es lange im Voraus reservieren. Direkt in Rijeka gibt es nur wenige Privatzimmer; eine Liste findet sich auf der Website der Touristeninformation. Das nahe gelegene Opatija hat eine wesentlich bessere Auswahl an Unterkünften.

Grand Hotel Bonavia HOTEL €€€
(☎357 100; www.bonavia.hr; Dolac 4; EZ/DZ ab 800/977 Kn; P❄@🛜) Das auffällige modernistische Gebäude mit Glasfassade im Herzen der Stadt ist Rijekas Top-Hotel. Die Zimmer sind gut ausgestattet und sehr komfortabel (jedoch wenig originell gestaltet). Zum Hotel gehören ein angesehenes Restaurant, ein Spa und ein schickes Straßencafé.

Best Western Hotel Jadran HOTEL €€€
(☎216 600; www.jadran-hoteli.hr; Šetalište XIII Divizije 46; EZ/DZ ab 706/833 Kn; P❄@🛜) Das attraktive 4-Sterne-Hotel steht 2 km östlich vom Zentrum. Die Zimmer zum Meer hin haben Balkone direkt überm Wasser mit herrlichem Adriablick. Exzellentes Frühstück und WLAN sind im Preis enthalten. Zum Haus gehört ein kleiner Strand.

Hotel Neboder HOTEL €€
(☎373 538; www.jadran-hoteli.hr; Strossmayerova 1; EZ/DZ ab 462/578 Kn; P❄@) Das modernistische Hochhaus hat unter Architekturstudenten Kultstatus, denn bei seiner Eröffnung 1939 war es seiner Zeit weit voraus. Die meisten der kleinen, gepflegten, stilvollen Gästezimmer haben Balkone mit toller Aussicht. Klimaanlagen gibt es jedoch nur in den Superior-Zimmern.

Jugendherberge HERBERGE €
(☎406 420; www.hfhs.hr; Šetalište XIII Divizije 23; B/EZ/DZ 130/236/314 Kn; @🛜) Die renovierte Villa aus dem 19. Jh. im grünen Wohngebiet Pečine (2 km östlich vom Zentrum) bietet saubere, geräumige – wenn auch eher schlichte – Zimmer und einen Fernsehraum. Häufig ist die Jugendherberge von Schulkassen ausgebucht, man sollte also im Voraus reservieren. Das angebotene Frühstück kann man sich sparen.

Essen

Sonntags hat man wenig Auswahl, denn dann sind die meisten Lokale geschlossen. Viele Cafés am Korzo servieren leichte Mahlzeiten. Feinschmecker zieht es ins nahe gelegene Volosko mit seinen exzellenten Restaurants.

LP TIPP **Na Kantunu** SEAFOOD €€
(Demetrova 2; Hauptgerichte ab 45 Kn) Von der Lage im schmuddeligen Hafenviertel darf man sich nicht abschrecken lassen – das Essen hier ist hervorragend. Alles dreht sich um frischen Fisch und Meeresfrüchte: Die Gäste wählen etwas aus dem Tagesfang aus und lassen es zubereiten, z. B. nach Art des Hauses. Oder man bestellt leckeren Oktopus-*brodet* (Eintopf) und dazu einen eiskalten kroatischen Weißwein, danach empfehlen sich knusprig-frische Obstkuchen. Auf der kleinen Terrasse am Wasser geht es ruhig und entspannt zu.

Kukuriku KROATISCH €€€
(☎691 519; www.kukuriku.hr; Trg Matka Laginje 1a, Kastav; 6-Gänge-Menü 380–550 Kn; ⏲Nov.–Ostern Mo geschl.) Das opulente, moderne Hotelrestaurant in der Altstadt von Kastav, einem Vorort Rijekas hoch oben auf dem

MADE IN RIJEKA

Kroatisches Design hat in den letzten Jahren einen echten Aufschwung erlebt: Inzwischen gibt es originelle Mode-, Kunsthandwerks- und Designerstücke, noch dazu zu guten Preisen. Typisch für Rijeka ist der traditionelle morčići, ein Keramikschmuckstück, das einen Mohr mit Turban darstellt. Wer einen kaufen möchte, wird in der **Mala Galerija** (www.mala-galerija.hr; Užarska 25) fündig.

Einer der coolsten Shops der Stadt ist der zauberhafte Laden **Happy Hobby** (☎301 094; Matije Gupca 8; ⏲Mo–Sa 9–19 Uhr). Hier werden Arbeiten von in Rijeka geborenen Designern verkauft: Von Luka Jelušić stammen die hinreißenden umweltfreundlichen Spielsachen und Olivenholz-Lampen, Andrej Urem produziert außergewöhnliche Palmenkerzen, und Dejan Stanić erfindet witzige Lampen und Lampenschirme. Am Ruder des Unternehmens sitzt die sympathische Amna Šehović, die im Laden eine kleine eigene Modekollektion präsentiert. Zu kaufen gibt es Taschen, Schmuck und sogar Notizbücher aus recycelten Materialien sowie T-Shirts und Holzanstecker mit kroatischen Sprichwörtern – ein Verkaufsschlager. Wer auf der Suche nach einem besonderen Mitbringsel aus Kroatien ist, ist hier richtig.

Berg, gehört Nenad Kukurin, einem Pionier der Slow-Food-Bewegung. Die traditionellen kroatischen Gerichte sind mit einem innovativen Touch versehen und ihr Geld mehr als wert. Ab Rijeka fährt die Buslinie 18 hierher, ab Opatija die Linien 33 und 37.

Restaurant Spagho ITALIENISCH €
(Ivana Zajca 24a; Hauptgerichte ab 40 Kn) In dem stilvoll-modernen italienischen Restaurant mit frei liegendem Mauerwerk, Kunst und schickem Gastraum bekommt man große Portionen köstlicher Pasta, Pizza, Salate, Fleisch und Fisch. Auch gute kroatische Weine und Olivenöle sind im Angebot.

Zlatna Školjka SEAFOOD €€
(Kružna 12; Hauptgerichte ab 65 Kn) Hervorragend zubereitetes Seafood und ausgewählte kroatische Weine in klassisch maritimem Ambiente. Tagesspezialitäten wie *pečena hobotnica* (gebratener Tintenfisch) stehen auf der Tafel.

Bracera PIZZERIA €€
(Kružna 12; Hauptgerichte ab 60 Kn) Gleich neben dem Zlatna Školjka betreibt der gleiche Wirt diese Pizzeria. Hier gibt es täglich knusprige Pizzas.

Stadtmarkt MARKT €
(zwischen Vatroslava Lisinskog & Trninina; ⏲Mo–Sa 7.30–14, So 7.30–12 Uhr) Super Angebot an Obst und Gemüse der Saison.

Mlinar BÄCKEREI €
(Frana Supila; Gebäck ab 13 Kn; ⏲Mo–Fr 6–20, Sa 6.30–15, So 7–13 Uhr) Die beste Bäckerei der Stadt verkauft köstliche belegte Baguettes, Vollkornbrot, Croissants und *burek* (Teigtaschen mit Fleisch-, Spinat- oder Käsefüllung). Es gibt mehrere Filialen, die verteilt über das Stadtgebiet liegen.

Food City TAKE-AWAY €
(Korzo; Imbisse ab 12 Kn; ⏲24 Std.) Ideal für einen schnellen Snack.

Ausgehen

An den Hauptstraßen Riva und Korzo gibt es viele Lokale, von Lounge-Bars bis zu bodenständigen Kneipen.

LP TIPP **Gradena** CAFÉ
(www.bascinskiglasi.hr; Trsat;) Die angesagte Café-Bar auf dem Burggelände besticht mit Chillout-Musik und nettem Service. Angesichts der grandiosen Aussicht bleiben viele Gäste Stunden länger als geplant.

Filodrammatica Bookshop Café CAFÉ
(☎498 141; www.vbz.hr; Korzo 28) Das Filodrammatica, eine Café-Bar mit luxuriösem Dekor und einem VBZ-Buchladen im hinteren Teil (VBZ ist Kroatiens größter Verlag), ist stolz auf seinen tollen Kaffee und die frischen Bohnen. Mit einem guten Buch und Kaffee kann man stundenlang auf den bequemen Sofas verbringen.

Caffe Jazz Tunel BAR
(☎327 116; Školjić 12; ⏲Mo–Fr 9–2, Sa 17–2 Uhr) Das Jazz Tunel, eine der beliebtesten Bars der Stadt, ist die ganze Woche über gut besucht, doch am Freitag- und Samstagabend platzt sie aus allen Nähten. Dann sorgen Livemusik oder DJs für Stimmung und die Gäste kommen voll auf ihre Kosten.

Unterhaltung

Kroatisches Nationaltheater Ivan Zajc THEATER
(☎355 900; www.hnk-zajc.hr; Verdieva 5a) Die Eröffnungsvorstellung dieses beeindruckenden Theaters im Jahr 1885 wurde von der ersten Glühbirne der Stadt beleuchtet. Heute werden Stücke auf Kroatisch und Italienisch, Opern und Ballette aufgeführt. Einige der sehenswerten Deckenfresken stammen von Gustav Klimt.

Terminal BAR, NACHTCLUB
(Lukobran bb) Rijekas glamourösester Club punktet mit riesigen Kugellampen, bonbonfarbenen Sitzecken und umwerfendem Hafenblick. Das junge, hippe Publikum tanzt bis in den frühen Morgen hinein.

Nina 2 NACHTCLUB
(www.nina2.com; Adamićev Gat) Das im Hafen vertäute Boot bietet tagsüber Drinks, und abends heizen z. B. House-DJs und Live-Bands den Gästen mächtig ein.

Praktische Informationen

Geldautomaten und Wechselstuben gibt es am Korzo und im Bahnhof.

Krankenhaus (☎658 111; Krešimirova 42)

Hauptpost (Korzo 13; ⏲Mo–Fr 7–20, Sa 7–14 Uhr) Hat ein Telefoncenter und ein Wechselbüro.

Touristeninformation (☎335 882; www.tz-rijeka.hr; Korzo 33a; ⏲April–Sept. Mo–Sa 8–20 Uhr, Okt.–März Mo–Fr 8–20, Sa 8–14 Uhr) Hier gibt es gute Stadtpläne in Farbe, viele Broschüren und Listen privater Unterkünfte – die Mitarbeiter sind jedoch zuweilen recht spröde.

An- & Weiterreise

Auto

AMC (☎338 800; www.amcrentacar.hr; Lukobran 4) im neuen Gebäude des Fährhafens vermietet Wagen ab 250 Kn am Tag. Zu empfehlen ist auch die Autovermietung **Dollar & Thrifty Rental Car** (☎325 900; www.subrosa.hr), die im Fernbusbahnhof einen Schalter hat.

Bus

Wer am Flughafen Zagreb ankommt, kann mit dem täglich verkehrenden Bus von Croatia Airlines direkt nach Rijeka fahren (160 Kn, 2 Std., 15.30 Uhr; Rückfahrt nach Zagreb um 17 Uhr). Dreimal täglich fahren Busse nach Trieste (60 Kn, 2½ Std.) und einmal am Tag nach Ljubljana (175 Kn, 5 Std.). Um nach Plitvice zu gelangen (142 Kn, 4 Std.), muss man in Otočac umsteigen.

Der **Intercity-Busbahnhof** (Trg Žabica) befindet sich im Stadtzentrum. Für die Gepäckaufbewahrung steht eine **Garderoba** (Intercity-Busbahnhof; Schließfach pro Tag 15 Kn; ⌚5.30–22.30 Uhr) zur Verfügung.

Flugzeug

Rijekas Flughafen wird hauptsächlich von Charterlinien angesteuert.

Air Berlin (www.airberlin.com) Fliegt deutsche Städte wie Hamburg und Berlin sowie Wien an.

Croatia Airlines (☎330 207; www.croatiaairlines.hr; Jelačićev Trg 5) Hier kann man Auslands- und Inlandsflüge buchen, aber zurzeit gibt es keine Flüge ab Rijeka.

Ryanair (www.ryanair.com) Die irische Billigfluggesellschaft bietet von Juli bis Oktober Flüge nach Rijeka.

Schiff

Jadroagent (☎211 626; www.jadroagent.hr; Trg Ivana Koblera 2) Infos über alle Bootsverbindungen in Kroatien.

Jadrolinija (☎211 444; www.jadrolinija.hr; Riječki Lukobran bb; ⌚Mo–Fr 8–20, Sa & So 9–17 Uhr) Verkauf von Tickets für die großen Küstenfähren, die das ganze Jahr über auf ihrem Weg nach Bari (Italien) zwischen Rijeka und Dubrovnik via Split, Hvar, Korčula und Mljet verkehren. Weitere Fährrouten sind z. B. Rijeka–Cres–Mali–Lošinj sowie Rijeka–Rab–Pag. Aktuelle Fahrpläne und Preise stehen auf Jadrolinijas Website. Alle Fähren legen am neuen Fährhafen (Riva 1) ab.

Zug

Der **Bahnhof** (☎213 333; Krešimirova 5) befindet sich einen etwa zehnminütigen Fußmarsch östlich des Stadtzentrums. Siebenmal am Tag fahren Züge nach Zagreb (100 Kn, 4–5 Std.). In Richtung Süden verkehrt einmal täglich ein Zug nach Split (170 Kn, 8 Std.), allerdings fährt er schon um 5.45 Uhr los, und in Ogulin muss man umsteigen. Nach Ljubljana (98 Kn, 3 Std.) gibt es zweimal täglich Direktverbindungen, nach Wien (319–525 Kn, 9 Std.) einmal täglich. In der **Garderoba** (Schließfach pro Tag 15 Kn; ⌚4.30–22.30 Uhr) am Bahnhof kann man Gepäck aufbewahren.

Unterwegs vor Ort

Bus

Rijeka hat ein gut ausgebautes Netz von Stadtbussen, die vom **Zentralen Busbahnhof** (Jelačićev trg) losfahren. An jedem *tisak* (Zeitungskiosk) sind Zwei-Fahrten-Tickets für 18 Kn erhältlich. Einzeltickets verkauft der Busfahrer für 12 Kn.

Ein Sightseeingbus (80 Kn für einen Tag) steuert alle großen Sehenswürdigkeiten in Rijeka, Trsat und Opatija an. An jeder Haltestelle kann man ein- oder aussteigen. Fahrkarten und detaillierte Fahrpläne erhält man in der Touristeninformation.

BUSSE VON RIJEKA

REISEZIEL	FAHRPREIS (KN)	FAHRZEIT	TGL. VERBINDUNGEN
Baška	80	2¼ Std.	4–8
Dubrovnik	362–503	12–13 Std.	3–4
Krk	59	1–2 Std.	14
Pula	97	2¼ Std.	8
Rab	135	3 Std.	2–3
Rovinj	90	1– Std.	4
Split	253–330	8 Std.	6–7
Zadar	161–210	4–5 Std.	6–7
Zagreb	137–160	2¼–3 Std.	13–15

Zum/Vom Flughafen

Flughafen Rijeka (☎842 040; www.rijeka-airport.hr) Rijekas Flughafen liegt auf der Insel Krk, 30 km entfernt. Auf die Flugpläne abgestimmte Busse fahren vom Flughafen in 40 Minuten zum Jelačićev trg; umgekehrt starten Busse vom gleichen Platz 2 Stunden 20 Minuten vor dem jeweiligen Abflug in Richtung Flughafen. Das Ticket (28 Kn) wird im Bus verkauft. Eine Taxifahrt vom Flughafen ins Zentrum kostet bis zu 300 Kn.

Taxi

Taxis sind in Rijeka sehr erschwinglich (wenn man das richtige Unternehmen wählt). Die Wagen von **Cammeo** (☎313 313) sind sehr zu empfehlen: modern, preisgünstig und mit Taxametern ausgestattet; eine Fahrt innerhalb des Zentrums kostet 20 Kn.

Opatija

7872 EW.

Nur 15 km westlich von Rijeka liegt vor spektakulärer Kulisse der elegante Ferienort Opatija. Die atemberaubende Szenerie und das ganzjährig milde Klima machten Opatija in der Zeit des österreichisch-ungarischen Kaiserreichs zum mondänsten Seebad der Wiener Hautevolee. Zwischen den Weltkriegen und unter jugoslawischer Regierung jedoch verfielen die Belle-Époque-Villen, und Opatija verlor seinen Glanz.

Inzwischen hat man die herrschaftlichen Residenzen der Reichen wieder aufpoliert und zu noblen Hotels mit Betonung auf Wellness- und Kururlaub umgebaut. Feinschmecker zieht es ins nahe Volosko mit seinen fantastischen Restaurants. Bewaldete Hügel erstrecken sich bis an die schimmernde Adria hin, und zwischen dem hübschen Volosko und Lovran zieht sich eine schöne Promenade die gesamte Küste entlang. Richtige Strände existieren zwar nicht, aber die geschützten Buchten eignen sich wunderbar zum Schwimmen.

Geschichte

Bis in die 1840er-Jahre war Opatija ein winziges Fischerdorf mit 35 Häusern und einer Kirche, doch die Ankunft des wohlhabenden Iginio Scarpa aus Rijeka sollte alles ändern: Er ließ die nach seiner Frau benannte Villa Angiolina bauen und legte einen Park mit subtropischen Pflanzen an. In der Villa logierte der europäische Hochadel, so auch die österreichische Königin und Gattin Ferdinands, Maria Anna, was Opatijas edlen Ruf festigte.

Die Eisenbahntrasse, die 1873 von der Linie Wien–Triest nach Opatija gebaut wurde, beschleunigte den Aufstieg des Ortes. Das erste Hotel, das Quarnero (heute Hotel Kvarner), entstand und zog fortan eine große Zahl wohlhabender Besucher an. Jeder, der etwas auf sich hielt, musste einmal in Opatija gewesen sein. Rumänische und schwedische Könige, russische Zaren und sonstige Prominente der damaligen Zeit ließen sich hier blicken.

Auch in heutigen Zeiten ist Opatija ein Ferienort für die gehobenere – manche sagen auch konservativere – Klientel und erfreut sich bei betagten Urlaubern aus Deutschland und Österreich großer Beliebtheit. Wer wilde Partynächte oder ausschweifende Clubtouren sucht, ist hier definitiv fehl am Platz.

Sehenswertes & Aktivitäten

Lungomare PROMENADE

Auf der wunderschönen, von majestätischen Villen und weitläufigen Gärten gesäumten Promenade kann man sich bestens die Beine vertreten und das bunte Treiben auf sich wirken lassen. Sie verläuft entlang der Küste an unzähligen Villen vorbei über 12 km von Volosko über die Dörfer Ičići und Ika nach Lovran. Unterwegs kann man in die eindrucksvollen Strandvillen der Reichen spähen. Die Promenade führt vorbei an exotischen Sträuchern, Bambusdickicht, einem Yachthafen und felsigen Buchten, die zu einem Sprung ins Meer einladen – eine tolle Alternative zu Opatijas Betonstränden.

Villa Angiolina HISTORISCHES GEBÄUDE

(Park Angiolina 1; Sommer Di–So 9–13 & 16.30–21.30 Uhr, sonst kürzere Öffnungszeiten) Die restaurierte Villa Angiolina gewährt Einblicke ins Innere einer der Prachtbauten Opatijas, einem Traum aus illusionistischen Fresken, korinthischen Säulen, vergoldeten Spiegeln und geometrischen Bodenmosaiken. Völlig unpassend wirken allerdings die nachträglich angebrachten Plastikfenster. Die Villa beherbergt heute das **Kroatische Museum des Tourismus**. Dessen kleine Sammlung historischer Fotografien, Postkarten, Broschüren und Plakate, die die Geschichte des Tourismus nachzeichnen, wird dem großen Namen nicht ganz gerecht, allerdings werden zusätzlich hübsch gemachte, thematisch passende Wechselausstellungen gezeigt. Ein kleiner Spaziergang durch die Gärten rund um die Villa führt vorbei an Gingkobäumen, Sequoias,

Steineichen, Opatijas Symbolpflanze, der japanischen Kamelie, und sogar einem kleinen Freilufttheater.

Schlafen

Es gibt keine wirklich preiswerten Hotels in Opatija, dafür wird den Gästen im mittleren und oberen Preissegment jede Menge geboten. **Liburnia Hotels** (☎710 444; www.liburnia.hr) verwaltet 15 Hotels in der Region, hier findet man immer ein Zimmer. Um Weihnachten ist Opatija schnell ausgebucht, für diesen Zeitraum empfiehlt sich eine frühe Reservierung.

Privatzimmer zu finden, ist eigentlich kein Problem, allerdings sind sie mit rund 170 bis 240 Kn pro Person etwas teurer als in anderen Orten. Die unten aufgeführten Reiseagenturen vermitteln allesamt Privatunterkünfte.

Außerdem sind ein paar Campingplätze vorhanden.

LP TIPP Hotel Ambasador HOTEL €€€
(☎710 444; www.liburnia.hr; Feliksa Perišića 1; EZ/DZ 915/1350 Kn; P❄📶) Opatijas 5-Sterne-Wunderkind, das Resultat einer kürzlich erfolgten Sanierung, kann es mit Tophotels in aller Welt aufnehmen. Zur Wahl stehen zwölf mega-luxuriöse Doppelzimmer und acht Apartments in der Executive-Etage im 10. Stock. Die Betten sind fest und stattlich, die Balkone sonnig und groß, und der Poolbereich ist elegant und perfekt fürs Sonnenbad mit Cocktail. Luxus, den man nie vergessen wird.

Villa Ariston HISTORISCHES HOTEL €€
(☎271 379; www.villa-ariston.com; Ulica Maršala Tita 179; EZ/DZ 600/800 Kn; P❄@📶) In dem historischen Hotel in traumhafter Lage neben einer felsigen Bucht haben bereits Promis wie Coco Chanel und die Kennedys genächtigt. Das prachtvolle Innere beeindruckt mit einem ausladenden Treppenaufgang, Kronleuchtern und dem Charme vergangener Zeiten. Vom Restaurant mit Terrasse blickt man aufs Meer.

Hotel Mozart HOTEL €€€
(☎718 260; www.hotel-mozart.hr; Obala Maršala Tita 138; Zi. ab 800 Kn; P❄📶) Die schön dekorierten klassischen Zimmer harmonieren mit den Fluren und dem Speiseraum im Secessionsstil sowie der rosaroten Fassade. Das Hotel im Stadtzentrum bietet Komfort auf hohem Niveau. Das ganze Jahr über gelten dieselben Preise.

Design Hotel Astoria HOTEL €€
(☎706 350; www.hotel-astoria.hr; Ulica Maršala Tita 174; Zi. ab 800 Kn; P❄@📶) Wer von all dem antiquierten Habsburger Pomp genug hat, ist im Astoria mit seinen dezent-eleganten Zimmern gerade richtig. Die Farben sind gedämpft, von den Balkonen hat man einen zauberhaften Blick auf die Kvarner-Küste.

Hotel Opatija HOTEL €€
(☎271 388; www.hotel-opatija.hr; Trg Vladimira Gortana 2/1; Zi. ab 486 Kn; P❄@🏊) Das große Plus des 3-Sterne-Hotels ist seine Architektur und Lage: eine Habsburger Villa auf einer Anhöhe. Es verfügt über behagliche Gästezimmer, eine wunderbare Terrasse, ein kleines Meerwasser-Hallenbad und hübsche Gärten (mit Labyrinth!).

Hotel Kvarner und Villa Amalia HISTORISCHES HOTEL €€€
(☎271 233; www.liburnia.hr; Pave Tomašića 1–4; EZ/DZ 578/1039 Kn; P❄@🏊) Opatijas ältestes Hotel versprüht mit Indoor- und Outdoorpool, herrlichen Gärten und der kunstvoll gestalteten Lobby (die Zimmer sind weniger mondän) einen Hauch von Jetset-Flair. In der dazugehörigen Villa Amalia sind die Preise angesichts der noblen Adresse recht moderat.

Medveja CAMPINGPLATZ €
(☎291 191; www.liburnia.hr; Erw./Zelt 44/32 Kn; ⏲Ostern–Mitte Okt.) Campingplatz an einer hübschen Kieselbucht 10 km südlich von Opatija. Vermietet auch Apartments und Wohnwagen.

Autocamp Opatija CAMPINGPLATZ €
(☎704 836; Liburnijska 46, Ičići; Erw./Zelt 39/29 Kn; ⏲April–Okt.) Zelten in einem schönen Kiefernwald unweit des Ičići-Strands.

Essen

Die Maršala Tita ist von brauchbaren Restaurants gesäumt, die Pizzas, Grillfleisch und -fisch bieten. Außergewöhnliches darf man hier nicht erwarten. Für gehobene Küche und regionale Spezialitäten fährt man ins nahe gelegene Volosko.

Selbstversorger können sich im **Supermarkt mit Feinkostabteilung** (Ulica Maršala Tita 80) eindecken.

Istranka ISTRISCH €
(Bože Milanovića 2; Hauptgerichte ab 55 Kn) Die stimmungsvolle kleine *konoba* (einfaches, von einer Familie geführtes Restaurant) ist auf istrische Küche wie *maneštra* (Gemüse-

Bohnen-Suppe) spezialisiert, viele Gerichte werden mit Trüffeln verfeinert. Es gibt eine schattige Terrasse – jedoch ohne besondere Aussicht – und an manchen Abenden wird Volksmusik gespielt.

Bevanda INTERNATIONAL €€€
(Zert 8; Hauptgerichte ab 180 Kn) Zu dem eindrucksvollen Restaurant mit riesiger Terrasse samt Meerblick, griechischen Säulen und schickem schwarz-weißem Sitzbereich führt ein Weg aus Marmor. Die eintönige Hintergrundmusik stört zwar das Ambiente etwas, dafür bietet die übersichtliche, moderne Speisekarte erstklassige Fleisch- und Fischgerichte wie Jungentenbruströllchen mit Pistazien und Rosinenrisotto.

Kaneta KROATISCH €
(Nova Cesta 64; Hauptgerichte ab 50 Kn) Das unprätentiöse Familienrestaurant bietet tolle Gerichte in großzügigen Portionen. Serviert werden gebratene Kalbshaxe (die man allerdings vorbestellen muss), Steak mit Gorgonzola, Wild und Risotto. Gut zusammengestellte Weinkarte.

Ausgehen & Unterhaltung

Opatija ist ein recht gediegener Ort. Die Hotelterrassen und Kaffeehäuser im Wiener Stil sind beim gesetzteren Publikum beliebt, es gibt aber auch ein paar hippe Bars.

Tantra BAR
(Lido) Das in die Kvarner-Bucht ragende Tantra ist das einzige etwas unkonventionellere Etablissement der Stadt. Hier lässt sich prima der Tag verbringen: Es locken schicke Liegestühle und direkt drunter ein künstlich angelegter Strand.

Hemingway LOUNGEBAR
(Zert 2) Die sehr noble Bar, ausgestattet mit coolen Möbeln und einem Blick auf Rijekas Skyline ist ideal für ein paar Cocktails. Dies ist das Original-Hemingway, dem inzwischen Niederlassungen im ganzen Land folgten. Essen kann man im angrenzenden Ristorante Hemingway.

Disco Seven NACHTCLUB
(Ulica Maršala Tita 125) In dem lauschigen Club direkt am Meer legen kroatische Nachwuchs-DJs auf. An der Tagesordnung ist hauptsächlich Mainstream zum Mittanzen.

Praktische Informationen

An der Ulica Maršala Tita findet man viele Geldautomaten und Reisebüros, die Geld wechseln. In Opatijas Innenstadt und Volosko gibt es kostenloses WLAN.

Da Riva (☎272 990; www.da-riva.hr; Ulica Maršala Tita 170) Vermittelt Privatunterkünfte und organisiert Ausflüge in ganz Kroatien.

GI Turizam (☎273 030; www.tourgit.com; Ulica Maršala Tita 65) Buchung von Privatunterkünften, Ausflügen und Mietwagen sowie Geldwechsel.

Linea Verde (☎701 107; Andrije Štangera 42, Volosko) Die Agentur ist auf Ausflüge in die Naturparks Risnjak und Učka sowie auf Schlemmertouren durch Istrien spezialisiert.

Post (Eugena Kumičića 4; ⏲Mo–Fr 7–20, Sa 7–14 Uhr) Hinter dem Markt.

Touristeninformation (☎271 310; www.opatija-tourism.hr; Ulica Maršala Tita 128; ⏲Juli & Aug. Mo–Sa 8–22, So 17–21 Uhr, April–Juni & Sept. Mo–Sa 8–19 Uhr, Okt.–März Mo–Sa 8–16 Uhr) Fachkundiges Personal, jede Menge Karten, Flyer und Broschüren.

An- & Weiterreise

Bus 32 fährt täglich bis spätabends alle 20 Minuten entlang der Adamićeva durch das Zentrum von Rijeka zur Riviera von Opatija (20 Kn, 15 km) und bis nach Lovran.

Volosko

Volosko, 2 km östlich von Opatija, ist einer der schönsten Orte an dieser Küste, und in den letzten Jahren hat sich das Fischerdorf zu einer Art Gourmetmekka entwickelt. Die Szenerie ist malerisch: Im kleinen Hafen flicken Fischer ihre Netze, an einem Gewirr aus schmalen Gassen stehen Steinhäuser mit blumenbeladenen Balkonen. Dies ist kein Touristenort, und wer auf einen Drink oder ein feines Essen herkommt, genießt zudem authentisches Flairs in einer wunderbaren Kulisse.

Von Rijeka gelangt man mit dem Bus nach Volosko, und von Opatjia aus kann man sogar über die Küstenpromenade flanieren – der halbstündige Spaziergang führt an Lorbeerbäumen, Palmen, Feigen und Eichen sowie prächtigen Villen vorbei.

Schlafen

Apartments Komel APARTMENTS €
(☎701 007; www.apartmani-komel-opatija.hr; Put Uz Dol 8; Apt. 370–570 Kn; P❄) Vom Meer aus sind es fünf Gehminuten zu diesen sieben Apartments oberhalb der Hauptküstenstraße. Mit ihrer kunterbunten Einrichtung gewinnen sie zwar keinen Preis für Dekor oder

NATURPARK UČKA

Der 160 km² große Naturpark liegt nur 30 Minuten von der Riviera von Opatija entfernt und ist ein echter Geheimtipp. Zum Naturschutzgebiet gehören die Gebirgskette Učka und das Hochplateau der Ćićarija; verwaltungstechnisch ist der Park zwischen Istrien und dem Kvarner aufgeteilt. Vom höchsten Gipfel Vojak (1401 m) reicht die Sicht an klaren Tagen bis zu den italienischen Alpengipfeln und der Bucht von Triest.

Einen Großteil der Region bedecken Buchenwälder. Dazwischen gedeihen Edelkastanien, Eichen und Hainbuchen. Schafe weiden friedlich auf Bergwiesen, Steinadler ziehen ihre Kreise, Braunbären durchstreifen die Wälder, und im Sommer blühen endemische Glockenblumen.

Das sachkundige Personal im **Parkbüro** (☎293 753; www.pp-ucka.hr; Liganj 42; ⌚Mo–Fr 8–16.30 Uhr) in Lovran hilft bei der Tourplanung. In der Hauptsaison sind auch zwei Infostellen geöffnet: am **Poklon** (⌚Mitte Juni–Mitte Sept. 9–18 Uhr) und bei **Vojak** (⌚Mitte Juni–Mitte Sept. 9–18 Uhr).

Besonders eindrucksvoll ist die spektakuläre Schlucht **Vela Draga** voller faszinierend geformter Kalksteinsäulen im Osten des Parks. Turm- und Wanderfalken ziehen ihre Kreise, auch Uhus und Mauerläufer sind hier heimisch. Von der Schnellstraße führt ein hübscher, 15-minütiger Aufstieg entlang an Infotafeln zu einem schönen Aussichtspunkt über der Schlucht.

Im faszinierenden **Mala Učka**, einem weitgehend verlassenen Dorf auf 995 m Höhe, leben zwischen Mai und Oktober nur ein paar Schäfer. Köstlichen Schafskäse kann man in dem Haus mit grünen Fensterläden neben dem Bach am Dorfausgang kaufen (hier nach sir fragen).

Auf dem 150 km langen Wegenetz des Naturparks kann man **mountainbiken** und **wandern**. Eine Karte (55 Kn) ist im Parkbüro oder bei der Touristeninformation in Opatija erhältlich. Die **Vela-Draga-Schlucht** ist ein tolles Terrain für **Freeclimber**, **Reiter** (80 Kn pro Std.) und Vogelbeobachter. Gleitschirmflüge und Drachenfliegen organisiert der **Homo Volans Free Flying Club** (www.homo-volans.hr) in Opatija.

Im Park existieren mehrere Übernachtungsmöglichkeiten, darunter die **Učka Lodge** (☎091 76 22 027; http://uckalodge.com; Zi. ab 800 Kn), ein von einem englischen Pärchen geführtes Öko-B&B tief im Wald gelegen. Die Zimmer befinden sich in renovierten traditionellen Steinhäusern und unterschiedlichen, von hiesigen Handwerkern erbauten Blockhäusern von Standard bis Deluxe – ein paar haben sogar eigene Whirlpools. Zum Angebot gehören frisches regionales Essen (Waldbeermarmelade und Schafskäse von den Nachbarn), Touren und Ausflüge.

Das **Dopolavoro** (☎299 641; www.dopolavoro.hr; Učka 9; Hauptgerichte ab 50 Kn; ⌚Di–So) serviert exzellente rustikale Wildgerichte wie Hirschsteak mit Blaubeeren, Wildschwein mit Waldpilzen und sogar Bärenfleisch. Hinter dem Restaurant gibt's einen Fahrradverleih (25/95 Kn pro Std./Tag).

Design, dafür stimmt der Preis, und einige Apartments sind groß genug für Familien.

Essen & Ausgehen

LP TIPP **Tramerka** KROATISCH €€
(Andrije Mohorovičića 15; Hauptgerichte ab 65 Kn; ⌚Di–So) Trotz fehlendem Meerblick weiß dieses tolle Restaurant auf voller Linie zu punkten. Es ist im kühl-dämmrigen, gewölbeartigen Inneren eines alten Stadthauses untergebracht. Küchenchef Andrej Barbieri erklärt Gästen gerne die übersichtliche Speisekarte, auf der sich fangfrische Meeresfrüchte (der *gregada*-Fisch ist grandios) und Fleischgerichte mit regionalen Zutaten finden.

LP TIPP **Skalinada** KROATISCH €€
(www.skalinada.org; Put Uz Dol 17; Gerichte ab 80 Kn) Das kleine intime Lokal im Bistrostil am nördlichen Ende der Hauptstraße hat jede Menge Flair, angenehme Beleuchtung, freigelegte Backsteinmauern und serviert kreative kroatische Küche (Snacks oder Hauptgerichte) aus saisonalen und regionalen Zutaten. Als perfekter Begleiter fungieren jede Menge Weine aus der Region.

Le Mandrać MEDITERRAN €€€
(Supilova Obala 10; Gerichte ab 60 Kn) Hier gibt es innovative, hochwertige Küche mit mediterranen Einflüssen wie Zackenbarsch mit istrischem Olivenöl oder *limun buzara*, Meeresfrüchte an Zitronenschaum mit Schinken aus der Region und Petersilie. Die Anlage inklusive Glasanbau wirkt etwas schick für das bodenständige Volosko, doch das Design hat durchaus Stil.

Konoba Ribarnica Volosko FISCH €
(Štangerova 5; Hauptgerichte ab 45 Kn; So abends geschl.) Kein Geld zu verschenken? In diesem kleinen Lokal gibt es Voloskos günstigsten frischen Fisch. Die Gäste deuten einfach auf das gewünschte Meerestier – das Angebot richtet sich nach der Saison – und lassen sich das gut zubereitete fertige Gericht in einem kleinen Kellerraum um die Ecke schmecken. Direkt an der Hauptstraße vom Hafen hoch.

Caffe Bar Surf BAR
(Supilova Obala bb) Wem der Sinn nach echt Bodenständigem ist, der besucht diese verlotterte, aber sehr nette kleine Bar. Auf der schattigen Terrasse direkt am Meer treffen trendbewusste Rijekaner und einfache Fischer aufeinander.

KRK

Krk (italienisch Veglia), über eine Brücke mit dem Festland verbunden, ist Kroatiens größte Insel – und auch eine der rührigsten. Im Sommer bevölkern Deutsche und Österreicher die Ferienhäuser, Campingplätze und Hotels. Krk ist nicht eben die grünste oder schönste Insel (tatsächlich ist sie zu dicht bebaut), aber ihr Terrain ist recht vielfältig, und im Süden findet man sogar wunderbar blühende Landschaften. Gute Verkehrsverbindungen und eine gut ausgebaute Infrastruktur sorgen dafür, dass Krk leicht erkundet werden kann.

Die steile, felsige Nordwestküste der Insel ist im Winter der heftigen *bura* ausgesetzt, hier gibt es deshalb nur wenige Siedlungen. Im Süden ist das Klima milder, die Vegetation dichter – Strände, Buchten und Fjorde prägen die Küste. An der bewaldeten Südwestküste liegen deshalb auch die größeren Inselstädte Krk, Punat und Baška.

Krk-Stadt ist dank seiner zentralen Lage die perfekte Ausgangsbasis. Über das nahe gelegene Punat gelangt man auf die Insel und zum Kloster Košljun. Baška schmiegt sich an eine große Kieselbucht am Fuß eines malerischen Bergzuges und garantiert schöne Strandtage. Das mittelalterliche Bergdorf Vrbnik, an der Ostküste und etwas abseits der Hauptrouten gelegen, ist berühmt für seinen *žlahtina*-Wein.

Geschichte

Die ältesten bekannten Bewohner von Krk waren die illyrischen Liburner. Auf sie folgten die Römer, die an der Nordküste siedelten. Später fiel Krk an Byzanz, ging dann an Venedig über und schließlich an die kroatisch-ungarischen Könige.

Im 11. Jh. wurde die Insel ein Zentrum der glagolitischen Schrift. Das älteste erhaltene Beispiel entdeckte man in einer ehemaligen Benediktinerabtei in Krk-Stadt. Die Schrift wurde hier bis ins 19. Jh. verwendet.

1358 übergab Venedig die Regierungsgewalt über die Insel den Fürsten von Krk, den späteren Frankopanen. Sie wurden eines der reichsten und mächtigsten Geschlechter in ganz Kroatien. Obwohl sie Vasallen Venedigs waren, regierten sie die Insel weitgehend unabhängig. 1480 ging Krk vom letzten Mitglied der Linie auf Venedig über.

Neben dem Tourismus als wichtigstem Wirtschaftszweig der Insel existieren zwei Werften in Punat, auch Landwirtschaft und Fischfang spielen eine Rolle.

An- & Weiterreise

Auf Krk liegt der Flughafen von Rijeka, das Haupteinfallstor für Flüge in die Region Kvarner. Er wird jedoch nur eingeschränkt genutzt, lediglich ein paar Billigflieger und Charter-Airlines fliegen ihn im Sommer an. Eine gebührenpflichtige Brücke verbindet den Nordteil der Insel mit dem Festland.

Im Sommer fährt zwölfmal täglich eine Jadrolinija-Autofähre von Valbiska nach Merag auf Cres (18/115 Kn pro Passagier/Auto, 30 Min.), im Winter weniger häufig, aber regelmäßig. Ein von Split Tours betriebenes Fährschiff verkehrt im Sommer viermal täglich zwischen Valbiska und Lopar auf Rab (37/225 Kn pro Passagier/Auto, 1½ Std.), im restlichen Jahr (und zu niedrigeren Ticketpreisen) zweimal.

Täglich gibt es 9 bis 13 Busverbindungen zwischen Rijeka und Krk-Stadt (56 Kn, 1–2 Std.), manche über Punat. Zwei Busse pro Tag fahren Montag bis Freitag weiter nach Vrbnik (25 Kn, 35 Min.). Täglich verkehren neun Busse von Krk-Stadt nach Baška (29 Kn, 45 Min.). An den Wochenenden fahren nur vereinzelt oder gar keine Busse.

ABSTECHER

ABENTEUER IN LIKA & GORSKI KOTAR

Die im Kroatienkrieg schwer getroffenen Regionen Lika und Karlovac – zwischen Zagreb und der Küste gelegen – haben sich inzwischen zu Top-Locations für Abenteuersport gemausert. Reißende Flüsse, hohe Gipfel und dichte Wälder erstrecken sich von Karlovac zum hoch aufragenden Velebit-Gebirgszug, wo Wölfe und Bären in freier Wildbahn leben. Dies ist ein beliebtes Wandergebiet mit einem mehrere Hundert Kilometer langen Wegenetz. Viele schnaufen auch auf Mountainbikes die Hügel hoch (Tipps auf www.takeadventure.com). Im **Linden Tree Retreat & Ranch** (☎053-685 616; www.lindenretreat.com; Velika Plan, Velebit-Naturpark; Tipi 672 Kn für 4 Pers., Lodge 1120 Kn für 6 Pers.) im Velebit-Naturpark, eine halbe Autostunde von Gospić entfernt, schläft man im Tipi oder in einer von zwei Lodges. Besonderes Highlight hier sind Ausritte (335 Kn für 2 Std., 970 Kn für 1 Tag), im Angebot stehen aber auch geführte Wanderungen zu Höhlen in der Nähe sowie Mountainbike- und Klettertouren. Die Küche in einem restaurierten Blockhaus von 1924 verwendet regionale Zutaten wie Wildkräuter und Skripavac-Käse aus dem Dorf. In der Region tun sich zwei schier unglaubliche Höhlen auf: Die **Grabovača-Höhle** (www.pp-grabovaca.hr) ist so groß, dass in ihrer Hauptkammer Konzerte gegeben werden, und die **Barać-Höhle** (www.baraceve-spilje.hr) 75 km südlich von Karlovac ist zwar kleiner, aber nicht weniger faszinierend. Nicht zu vergessen ist der Wassersport: Auf dem Fluss Mrežnica kann man mit **Kanuking Avantura** (www.kanuking-avantura.hr) Wildwasserfahrten unternehmen, und auf der Gacka sieht man vom Kanu aus häufig Wildtiere. Infos über Ausflüge liefert die örtliche Touristeninformation (www.tz-otocac.hr).

Ein weiteres relativ abgelegenes und kaum besuchtes Juwel ist der **Nationalpark Risnjak** (Erw./erm. 30/15 Kn), gerade mal 35 km nordöstlich von Rijeka. Der Park, Teil der waldreichen Region Gorski Kotar, nimmt eine Fläche von 63 km^2 ein, höchster Gipfel ist mit 1528 m der Veliki Risnjak. Dichte Buchen- und Kiefernwälder, Wiesen und Wildblumen prägen die Landschaft. Kühle Bergwinde machen den Nationalpark zu einem perfekten Ausflugsziel, wenn an der Küste Hitze und Menschenmassen überhandnehmen. Der Park ist Lebensraum von Braunbären, Luchsen (kroatisch: *ris* und damit Namensgeber des Nationalparks) sowie Wölfen, Wildkatzen, Wildschweinen, Rotwild, Gämsen und 500 verschiedenen Schmetterlingsarten.

Ein Großteil des Parks besteht aus unberührten Wäldern, es gibt nur wenige Siedlungen. Das **Informationsbüro des Nationalparks** (☎836 133; ⌚Mo–Fr 9–16, Sa & So 9–18 Uhr) liegt westlich des Dorfes Crni Lug. Etwa 14 km westlich des Parkeingangs im Ort Delnice findet man die beste Unterkunft der Gegend, das **Hotel Risnjak** (☎508 160; www.hotel-risnjak.hr; Lujzinska 36; EZ/DZ ab 350/580 Kn; P) mit ordentlichen Zimmern, einem Restaurant sowie Fitness- und Spabereich. Hier gibt es ein großes Angebot an Aktivitäten wie Mountainbiking, Rafting, Bogenschießen und Gleitschirmfliegen.

Den besten Einblick in die Natur des Nationalparks bietet der 4,5 km lange Leska-Pfad. Der schattige Weg beginnt am Parkeingang und führt an mehreren Schautafeln vorbei, die (auch in englischer Sprache) über Geschichte, Topografie, Geologie, Flora und Fauna informieren. Der Wanderer kommt an klaren Bächen, Tannenwäldern, einer Futterstation für das Rotwild und einer Gebirgshütte mit einem Picknicktisch vorbei. Es gibt keine öffentlichen Verkehrsverbindungen zum Nationalpark. Wer mit einem Wagen oder Motorrad anreist, verlässt die Autobahn Zagreb–Rijeka bei Delnice und folgt der Ausschilderung.

Schließlich findet man in dieser Gegend auch ein Museum für eine der interessantesten Persönlichkeiten des Landes: den Wissenschaftler Nikola Tesla. Das Dörfchen Smiljan, Teslas Geburtsort, liegt im Schatten des Velebit, abseits der Autobahn A1 zwischen Zagreb und Split. Hier erinnern das **Nikola Tesla Memorijalni Centar** (☎053 746 530; www.mcnikolatesla.hr; Smiljan; Erw./erm. 50/30 Kn; hMärz–Nov. Di–So 9–20 Uhr), ein Multimediazentrum und Plattform für Vorführungen, sowie sein Geburtshaus und andere Stätten an den berühmten Sohn des Orts. Am faszinierendsten sind die Modelle seiner berühmtesten Erfindungen: Mit dem elektrischen Motor, dem „Ei des Kolumbus", dem Tesla-Transformator und der Tesla-Turbine hat Nikola Tesla unsere moderne Welt mit geprägt.

Von Zagreb starten täglich sechs Busse nach Krk-Stadt (179–194 Kn, 3–4 Std.). Einige fahren direkt, andere halten unterwegs in jedem Dorf. **Autotrans** (www.autotrans.hr) schickt täglich zwei schnelle Busse auf die Reise. Außerhalb der Sommersaison gilt für alle Verbindungen ein eingeschränkter Fahrplan.

Für die Busfahrt von Krk nach Cres und Lošinj muss man in der Stadt Malinska in den Bus nach Lošinj umsteigen, der von Rijeka oder Zagreb kommt. Abfahrt und Ankunft sollten genau auf der Website überprüft werden, da die Verbindung nur mit bestimmten Abfahrtszeiten funktioniert.

Unterwegs vor Ort

Regelmäßig verkehren Busse zwischen den Inselorten, und die Busse von und nach Rijeka nehmen in allen wichtigen Ortschaften Fahrgäste auf.

Krk (Stadt)

3373 EW.

Die Stadt Krk an der Südwestküste der Insel besteht aus dem mittelalterlichen, von Mauern umschlossenen Zentrum und einem modernen Teil, der sich mit Hafen, Stränden, Campingplätzen und Hotels über die angrenzenden Buchten und Hügel ausbreitet. Wenn im Sommer Touristen und kroatische Wochenendausflügler durch die schmalen Kopfsteinpflastergassen der hübschen Altstadt strömen, ist die Uferpromenade schnell überlaufen.

Blendet man die sommerlichen Urlauberströme aus, dann ist dieses steinerne Labyrinth der Höhepunkt der Stadtbesichtigung von Krk. In der ehemals römischen Siedlung sind immer noch Teile der Stadtmauer, Tore, eine romanische Kathedrale und eine Frankopanenburg aus dem 12. Jh. erhalten.

Ein paar Stunden genügen, um all das zu besichtigen. Krk-Stadt bietet sich dennoch als Nachtquartier an, da man von hier aus problemlos die ganze Insel erkunden kann.

Sehenswertes

Kathedrale Mariä Himmelfahrt KATHEDRALE
(Katedrala Usnešenja; Trg Svetog Kvirina; ⌚Morgen- & Abendmesse) Der eindrucksvolle romanische Kirchenbau aus dem 12. Jh. erhebt sich dort, wo sich einst ein römisches Bad und eine Basilika befanden. Beachtenswert ist die frühchristliche Gravierung an der ersten Säule neben der Apsis: Sie zeigt zwei Vögel, die einen Fisch fressen. Eine gotische Kapelle aus dem 15. Jh. im linken Schiff der Kirche ist mit dem Wappen der Frankopanenfürsten geschmückt, die hier ihre Gebete verrichteten.

Kirche des heiligen Quirinus KIRCHE
(Trg Svetog Kvirina; Eintritt 7 Kn; ⌚Mo–Sa 9–13 Uhr) Den von einer Engelsskulptur gekrönten Campanile (18. Jh.) teilt die Kathedrale mit der angrenzenden Kirche des heiligen Quirinus. Das frühromanische Gotteshaus ist aus weißem Stein erbaut und dem Stadtpatron geweiht. Das **Kirchenmuseum** ist eine Schatzgrube sakraler Kunst, zu deren schönsten Exponaten ein silbernes Altarblatt der Madonna von 1477 sowie ein Altarbild von Paolo Veneziano gehören.

Kaštel FESTUNG
(Trg Kamplin) Die Festung an der Küste schützte einst die Altstadt vor Piratenangriffen. Ein Turm aus dem 12. Jh. diente den Frankopanen als Gerichtssaal, der zweite runde Verteidigungsturm wurde von den Venezianern errichtet. In der Burg finden Konzerte und Theateraufführungen unter freiem Himmel statt.

Aktivitäten

Am besten besorgt man sich bei der Touristeninformation eine Karte der Insel und erkundet die Straßen von Krk-Stadt per Fahrrad: **Speed** (☎221 587; S Nikolića 48) und **Losko** (☎091 91 50 264) am Busbahnhof vermieten Räder für 80 Kn pro Tag. Die Tauchschulen **Diving Centre Krk** (☎222 563; www.fun-diving.com; Braće Juras 3) und **Adria Krk** (☎604 248; Creska 12) bieten Kurse und Tauchgänge rund um die Insel an. Zu den besten Spots gehören *Peltastis*, das Wrack eines 60 m langen griechischen Lastschiffs, sowie die Riffe Punta Silo und Kamenjak mit ihrem facettenreichen Meeresleben (u. a. Schnecken und Kraken) und einem Netz aus Unterwasserhöhlen.

Krks exzellenter **Wakeboard Club Krk** (☎091 27 27 302; www.wakeboarder.hr; 5 Runden 50 Kn; ⌚April–Sept.) zwischen Krk-Stadt und Punat betreibt einen 650 m langen Kabelkran für Wakeboarder und Wasserskifahrer, der mit einer Geschwindigkeit von 32 km/h läuft. Nur keine Angst, die meisten Teilnehmer sind blutige Anfänger. Fortgeschrittene können sich Wakeboards, Wakeskates und Neoprenanzüge ausleihen.

Feste & Events

Beim **Sommerfestival Krk** im Juli und August gibt es Konzerte, Theater- und Tanzaufführungen in einem alten Franziskanerkloster 500 m nördlich des Hafens sowie auf den Plätzen in der Altstadt. Das Programm ist bei der Touristeninformation erhältlich. Mitte August prägt der **Jahrmarkt von Krk** drei Tage lang die Stadt. Zum Programm des venezianisch inspirierten Festes gehören Konzerte, mittelalterlich gewandete Menschen und Imbissstände, die traditionelle Speisen verkaufen.

Schlafen

In der Altstadt gibt es nur ein Hotel, alle anderen liegen in einer großen Ferienanlage östlich des Zentrums und sind auf Familienurlauber eingestellt. Reiseagenturen vermitteln Privatunterkünfte. Das einzige Hostel vor Ort hat seine Glanzzeiten bereits hinter sich.

LP TIPP **Hotel Marina** BOUTIQUEHOTEL €€€
(☎221357; www.hotelikrk.hr; Obala Hrvatske Mornarice 6; EZ/DZ 590/1460 Kn; P ❄ @ 📶) Das einzige Hotel der Altstadt kann sich durchaus sehenlassen. Es liegt erstklassig direkt am Meer, die Balkone der zehn Deluxe-Zimmer bieten eine tolle Aussicht über den Hafen und die Yachten. Besonders schön ist der Blick von den Zimmern mit Terrasse. Die Einrichtung ist stilvoll und modern, die Bäder sind elegant.

Bor HOTEL €€
(☎220 200; www.hotelbor.hr; Šetalište Dražica 5; EZ/DZ ab 480/960 Kn; ⏱April–Okt.; P 📶) Das Hotel steht nah bei einem kleinen Strand und der schönen Felsküste und verfügt über 22 einfache Zimmer, teilweise mit Balkon und einer hübschen Terrasse zur Straße hin. Es liegt inmitten hoher Kiefern, nur einen zehnminütigen Fußmarsch vom Zentrum entfernt. In der Nebensaison sinken die Preise beträchtlich.

Autocamp Ježevac CAMPINGPLATZ €
(☎221 081; camping@valamar.com; Plavnička bb; Erw./Stellplatz 50/62 Kn; ⏱Mitte April–Mitte Okt.) Campingplatz am Strand mit schattigen Stellplätzen auf alten Ackerterrassen sowie guten Schwimm- und Grillplätzen. Zehn Gehminuten südwestlich der Stadt.

Camping Krk CAMPINGPLATZ €
(☎221351; www.camping-adriatic.com; Erw./Stellplatz 48/58 Kn; ⏱Mitte April–Sept.; 📶) Schöner Campingplatz auf der bewaldeten Halbinsel Prniba unweit der Stadt, mit Blick auf die Inseln Plavnik und Cres. In der Nähe liegt ein FKK-Strand. Kostenloses WLAN und gute, renovierte Sanitäranlagen.

Camping Bor CAMPINGPLATZ €
(☎221581; www.camp-bor.hr; Crikvenička 10; Erw./Stellplatz 57/34 Kn; ⏱April–Okt.) Der Campingplatz auf einem Hügel mit Olivenhainen und Kiefernwäldern, zehn Gehminuten westlich der Küste, hat gepflegte Sanitäranlagen und ein Restaurant.

Essen

Konoba Nono KROATISCH €
(Krčkih Iseljenika 8; Hauptgerichte ab 40 Kn) Das rustikale Lokal ist für seine kroatische Küche bekannt, empfehlenswert ist der Klassiker *šurlice sa junećim* (Pasta mit Gulasch). Das Nono hat sogar eine eigene Olivenölpresse und die Besitzer lassen ihre Gäste gerne ihre eigenen Erzeugnisse probieren.

Galija PIZZERIA €
(www.galija-krk.com; Frankopanska 38; Hauptgerichte ab 45 Kn) In dem atmosphärischen alten Steinhaus abseits der Küste, inmitten der engen Altstadtstraßen, ist dieser Mix aus *konoba* und Pizzeria untergebracht. Unter Balkendecken werden hier Pizza Margarita oder *à la vagabondo*, Pasta, Risotto, gegrilltes Fleisch oder frischer Fisch serviert.

Konoba Šime KROATISCH €
(Antuna Mahnića 1; Hauptgerichte ab 45 Kn) Das beliebte Lokal punktet mit seiner Lage am Hafen und der wohl besten Küche in diesem geschäftigen Teil der Stadt. Serviert werden Pasta, *ćevapčići* (kleine, scharf gewürzte Hackfleischwürstchen aus Lamm-, Schweine- oder Rindfleisch) und frischer Tintenfisch aus der Adria.

Selbstversorger werden im gut bestückten Konzum-Supermarkt auf der Stjepana Radića fündig.

Ausgehen & Unterhaltung

Casa dei Frangipane CAFÉ-BAR
(Šetalište Svetog Bernardina bb) Auf der Terrasse der stilvollen Café-Bar in traumhafter Lage am Meer gibt es eine gute Kaffeeauswahl sowie eine Cocktailkarte. Empfehlenswert sind die süßen Leckereien wie frisches *baklava*. Nachts sorgen DJs im Club für jede Menge Stimmung.

Caffettaria XVIII CAFÉ
(Vela Placa 1; 📶) Das Café direkt am Hauptplatz ist perfekt zum Leutebeobachten und einen Kaffee im Schatten. Es gibt WLAN und behagliche Sofas.

Volsonis BAR, NACHTCLUB

(Vela Placa) Cocktails und Lounge-Musik bestimmen das Flair in dem schicken Etablissement mit Outdoor-Bereich und höhlenartigem Innenraum (es gibt sogar eine Sammlung archäologischer Funde). Am Wochenende legen DJs auf.

Praktische Informationen

Aurea (☎221 777; www.aurea-krk.hr; Vršanska 26l; ⊙8–14 & 15–20 Uhr) Bietet Inseltouren per Boot und Bus und vermittelt Privatunterkünfte.

Autotrans (☎222 661; www.autotrans-turizam.com; Šetalište Svetog Bernardina 3) Die Agentur im Busbahnhof vermittelt Privatunterkünfte und verkauft Busfahrkarten.

Erste Banka (Trg Bana Josipa Jelačića 4) Geldwechsel und Geldautomat.

Krankenhaus (☎221 224; Vinogradska bb)

Krk Sistemi (☎222 999; Šetalište Svetog Bernardina 3; Internetzugang pro 20 Min. 10 Kn; ⊙Mo–Sa 9–14 & 17–22, So 10–21 Uhr) Verkauft WLAN-Coupons und stellt Computer zur Verfügung.

Post (Bodulska bb; ⊙Mo–Fr 7.30–21, Sa 7.30–14 Uhr) Hier bekommt man gegen Vorlage der Kreditkarte Bargeld.

Touristeninformation (☎220 226; Vela Placa 1; ⊙Mo–Fr 8–15 Uhr)

Saisonale Touristeninformation (☎220 226; www.tz-krk.hr; Obala Hrvatske Mornarice bb; ⊙Juni–Okt. & Ostern–Mai Mo–Sa 8–20, So 8–14 Uhr) Broschüren und anderes Material, z. B. Wanderkarten. In der Nebensaison hat nur das Hauptbüro in der Nähe geöffnet.

Punat

1789 EW.

Die kleine Stadt Punat 8 km südöstlich von Krk ist dank ihrer Marina ein beliebtes Ziel für Segler. Hauptattraktion ist die Insel **Košljun**, die man per Boot in zehn Minuten erreicht. Auf der winzigen Insel errichtete man im 16. Jh. an der Stelle einer Benediktinerabtei aus dem 12. Jh. das **Franziskanerkloster** (Eintritt 20 Kn; ⊙Mo–Sa 9.30–18, So 10.30–12.30 Uhr). Zu seinen Höhepunkten zählen das eindrucksvolle Gemälde eines *Jüngsten Gerichts* (1653), das in der Klosterkirche aufbewahrt wird, und ein kleines Museum mit weiteren religiösen Gemälden, einer ethnografischen Sammlung und einer seltenen Ausgabe des *Atlas* von Ptolemäus, die im späten 16. Jh. in Venedig gedruckt wurde. Anschließend lohnt sich ein Spaziergang über die bewaldete Insel mit über 400 Pflanzenarten.

ABSTECHER

STRANDIDYLLE

Viele der besten Strände Krks sind im Sommer leider gnadenlos überlaufen. Wer es idyllischer mag, fährt auf der einsamen Straße südlich von Punat nach Stara Baška (nicht in Richtung Südosten nach Baška). Die wunderschöne Route führt vorbei an steilen, kargen Hügeln und einer faszinierenden Mondlandschaft. Stara Baška selbst ist ein ganz gewöhnlicher Urlaubsort mit Ferienwohnungen und Wohnmobilparks, 500 m vor dem ersten Zeltplatz stößt man jedoch auf eine Reihe wunderschöner Buchten mit Kies- und Sandstränden und tollen Schwimmmöglichkeiten. Einfach an der Straße parken und dann einem der felsigen Pfade fünf Minuten lang zur Küste hinunter folgen.

Nach Košljun gelangt man problemlos per Bus ab Krk-Stadt. Wassertaxis setzen vom Hafen zur Insel über (hin & zurück 30 Kn). Im Sommer kann man sich mit anderen Urlaubern ein Boot teilen.

Mit seiner hübschen, von Eiscafés gesäumten Promenade und anständigen Stränden vor den Stadttoren eignet sich auch Punat als Nachtquartier, allerdings geht es hier recht gesetzt zu. Bessere Optionen sind die zwei Zeltplätze an der Küste. Der weitläufige **Campingplatz Pila** (☎854 020; www.hoteli-punat.hr; Šetalište Ivana Brusića 2; 45/132 Kn pro Erw./Stellplatz; ⊙April–Mitte Okt.; @), unmittelbar südlich des Zentrums, richtet sich an Urlauber, die eine gute Infrastruktur zu schätzen wissen. Zum Gelände gehören ein Internetcafé und gepflegte Waschräume, das Ganze wird ökologisch und mit Solarstrom betrieben. Im Naturistencamp **FKK Konobe** (☎854 049; www.hoteli-punat.hr; Obala 94; pro Erw./Stellplatz 53/102 Kn; ⊙Mitte April–Sept.; 📶) etwa 3 km weiter südlich geht es ungezwungener zu; der Platz liegt hübsch neben einem Strand mit blauer Flagge.

Vrbnik

947 EW.

Das zauberhafte mittelalterliche Dorf mit seinen steilen, überwölbten Gassen thront auf einer 48 m hohen Klippe mit Blick über das Meer. Es ist zwar kein echter Geheimtipp (ab und an kommen Reisegruppen vorbei), doch meist geht es hier friedlich und entspannt zu.

Vrbnik war einst ein Zentrum der glagolitischen Schrift und Aufbewahrungsort glagolitischer Manuskripte. Dafür verantwortlich waren auch viele Priester: So mancher junge Mann wurde lieber Pfarrer statt alternativ auf venezianischen Galeeren dienen zu müssen.

Heute lockt das Städtchen mit wunderschönen Panoramen und der Verkostung von *žlahtina*, dem hier angebauten Weißwein. Den Spaziergang durch die eng bebauten, schmalen Kopfsteinpflastergassen kann man unten am Stadtstrand mit einem Sprung ins Meer abschließen.

Die kleine **Touristeninformation** (☎857 479; Placa Vrbničkog Statuta 4; ⌚Juli & Aug. Mo–Fr 8–15, Sa & So 9–13 Uhr) ist nur begrenzt hilfreich. Als alternative Informationsquelle dient **Mare Tours** (☎604 400; www.mare-vrbnik.com; Pojana 4), das außerdem geführte Touren durch das Dorf und die Region anbietet und Privatunterkünfte vermittelt (weit im Voraus buchen!).

Restaurant Nada (www.nada-vrbnik.hr; Glavača 22; Hauptgerichte ab 55 Kn) Das Nada ist zu Recht das bekannteste Lokal in diesem Teil der Insel. Unter der überdachten Terrasse im Obergeschoss werden schmackhaft zubereitetes Lamm aus Krk, *šurlice* mit Gulasch, Scampi-Risotto oder Salzfisch serviert. Im Keller (nur von März bis November geöffnet) können inmitten von Weinfässern köstlicher Schafskäse, Wein, Prosciutto und Olivenöl verkostet werden. Der Besitzer des Nada vermietet außerdem hübsche Steinhäuser in der Stadt und der näheren Umgebung.

Werktags fahren täglich vier Busse von Krk-Stadt nach Vrbnik (30 Kn, 20–35 Min.) und wieder zurück; manche halten in Punat. Am Wochenende gibt es leider keine Verbindungen.

Baška

904 EW.

Zur Südspitze der Insel Krk führt eine malerische Straße durch ein fruchtbares Tal, eingerahmt von stark erodierten Bergen, bis nach Baška, einem der bekanntesten Urlaubsorte auf Krk. Hier erstreckt sich sodann ein feiner sichelförmiger Strand unter kargen Hügeln, die gemeinsam mit den dramatischen Bergen des Festlands direkt gegenüber den Eindruck erwecken, man sei komplett von Gebirge umringt.

Im Sommer allerdings liegen die Touristen dicht an dicht und der sonst so hübsche, wenn auch schmale Kiesstrand verwandelt sich in eine Kampfarena um einen Platz an der Sonne. Zudem säumt Baškas Promenade dann eine Überdosis an kitschigen Souvenirständen.

Das kleine aus dem 16. Jh. stammende Zentrum mit seinen venezianischen Stadthäusern ist recht hübsch, doch rundherum beherrscht die gleichförmige Hotelzone mit modernen Apartmentblocks und Spezialitätenrestaurants die Szenerie. Es gibt unzählige Freizeitmöglichkeiten, schöne Wanderwege durch die umliegenden Berge und abgelegene Strände östlich der Stadt, die nur zu Fuß oder mit dem Wassertaxi erreichbar sind.

Sehenswertes & Aktivitäten

Ein Wanderweg führt zur 2 km entfernten, romanischen **Kirche der heiligen Lucia** (Sveta Lucija; Eintritt 10 Kn; ⌚8–12 & 14–20 Uhr) im Dorf Jurandvor, wo die Tafel von Baška aus dem 11. Jh. gefunden wurde. In der Kirche ist eine Kopie zu sehen – das Original befindet sich im Archäologischen Museum in Zagreb.

Rund um den Campingplatz Zablaće beginnen beliebte Wanderwege, darunter der eindrucksvolle 8 km lange Pfad nach Stara Baška, einer Bucht, die von kahlen, vom Salzwasser ausgewaschenen Kalksteinfelsen eingerahmt wird.

In der Region gibt es zwei Stellen zum **Felsklettern**; die Touristeninformation hilft mit Karten und Infomaterial weiter.

Schlafen

Privatunterkünfte vermitteln die Agenturen **PDM Guliver** (www.pdm-guliver.hr; Zvonimirova 98) oder **Primaturist** (☎856 132; www.primaturist.hr; Zvonimirova 98) direkt daneben. Die Mindestaufenthaltsdauer im Sommer liegt bei vier Tagen (es sei denn, man bezahlt einen hohen Aufschlag) und die Zimmer sind schnell ausgebucht. Viele der Hotels und die beiden Campingplätze gehören zur Hotelgruppe **Hoteli Baška** (☎656 111; www.hotelibaska.hr).

Hotel Tamaris HOTEL €€€
(☎864 200; www.baska-tamaris.com; Zi. ab 899 Kn; P❄📶) Das kleine 3-Sterne-Hotel direkt am Strand im Westen der Stadt verfügt über anständige, wenn auch etwas kleine

Zimmer mit Teppichboden. Sie sind gut in Schuss, die meisten haben frisch renovierte Bäder und Kabelfernsehen. Das Café-Restaurant bietet eine tolle Aussicht über die Bucht.

Atrium Residence Baška HOTEL €€€
(☎656 111; www.hotelibaska.hr; Zi. ab 900 Kn; P❄📶) Zimmer und Apartments des Strandhotels sind standesgemäß schick und modern und verfügen größtenteils über einen tollen Meerblick. Die eigentliche Anlage liegt allerdings 1km im Landesinneren, in den Genuss der Innen- und Außenpools sowie des Wellnesszentrums kommt man erst nach einem kurzen Fußmarsch.

GRATIS **KK Camp Bunculuka** CAMPINGPLATZ €
(☎ 856 806; www.bunculuka.info; pro Erw./Stellplatz 48/109–149 Kn; ⏰April–Okt.) Das schattige Naturistencamp liegt einen 15-minütigen Fußmarsch über den Hügel östlich des Hafens an einem hübschen Strand. Kinder können sich mit Minigolf und Tischtennis beschäftigen, es gibt ein Restaurant, einen Obst- und Gemüsemarkt und eine Bäckerei.

Camping Zablaće CAMPINGPLATZ €
(☎856909;www.campzablace.info;Erw./Stellplatz 47/108 Kn; ⏰April–Mitte Okt.) Der Campingplatz an einem Kiesstrand hat gute Duschen und Waschküchen.

Essen

Mit ein paar Ausnahmen wird touristische Einheitsküche serviert.

Für Selbstversorger sind unzählige Minimärkte vorhanden.

Cicibela INTERNATIONAL €€
(Emila Geistlicha bb; Hauptgerichte ab 60 Kn) Das beste Restaurant am Ort, am östlichen Ende der Strandpromenade gelegen, bietet stilvolles Ambiente und verlockende Fisch-, Seafood- und Fleischgerichte.

Bistro Forza INTERNATIONAL €
(Zvonimirova 98; Hauptgerichte ab 40 Kn) In dem preiswerten Lokal kommen Pizzas und das übliche Angebot an Grillgerichten, Pasta und Salaten auf den Tisch.

Praktische Informationen

Von der Bushaltestelle die Straße runter, zwischen Strand und Hafen, befindet sich die **Touristeninformation** (☎856 817; www.tz-baska.hr; Zvonimirova 114; ⏰Juni–Mitte Sept. Mo–Sa 7–21, So 8–13 Uhr, Mitte Sept.–Mai Mo–Fr 7–14 Uhr). Wer eine Wandertour plant, sollte sich hier Kartenmaterial besorgen. Das Personal ist mehrsprachig.

CRES & LOŠINJ

Da diese beiden kaum besiedelten, traumhaft schönen Inseln im Kvarner-Archipel nur ein 11 m breiter Kanal trennt, werden sie häufig als Einheit betrachtet. Sie haben zwar unterschiedliche Landschaften, doch ihre Identität bestimmt die gemeinsame Geschichte. Auf Lošinj locken die hübschen Hafenorte Mali Lošinj und Veli Lošinj im Sommer viele Besucher an. Auf dem wilderen, kargeren Cres gibt es einsame Campingplätze und – vor allem außerhalb der Stadt Cres – ursprüngliche Strände sowie eine Handvoll mittelalterliche Hügeldörfer. Beide Inseln sind von Wander- und Radwegen überzogen, und Naturliebhaber fühlen sich hier wie im Paradies.

Geschichte

Ausgrabungen haben ergeben, dass beide Inseln von der Stein- bis zur Bronzezeit besiedelt waren. Die von den alten Griechen Apsyrtiden genannten Inseln wurden später von den Römern erobert, gerieten dann unter byzantinische Herrschaft, und im 6. und 7. Jh. ließen sich slawische Völker nieder.

Die anschließende venezianische Ära wurde von der Herrschaft kroatisch-ungarischer Könige unterbrochen und hielt dann bis zum Fall Venedigs im Jahr 1797. Bis dahin waren Veli Lošinj und Mali Lošinj zu bedeutenden Häfen herangewachsen, während man sich auf Cres dem Wein- und Olivenanbau widmete. Im 19. Jh. boomte auf Lošinj der Schiffsbau, doch mit dem Aufkommen von Dampfschiffen wurde der Kurtourismus zur neuen Haupteinnahmequelle. Auf Cres gab es andere Probleme: Nach einer Reblaus-Epidemie wurden alle Weinreben vernichtet. Im Grenzvertrag von Rapallo (1920) sind beide Inseln Italien zugeschrieben worden. 1945 wurden sie jugoslawisch, seit 1991 gehören sie zu Kroatien.

Heute ist auf beiden Inseln der Tourismus die wichtigste Einnahmequelle, wenngleich es in Nerezine im Norden Lošinjs noch eine kleine Werft gibt; auf Cres wird noch Olivenanbau, Schafzucht und Fischfang betrieben.

An- & Weiterreise

BUS Die meisten Buslinien der Inseln beginnen (oder enden) in Veli Lošinj mit Haltestellen in Mali Lošinj und Cres; manche führen weiter aufs

Festland. Täglich fahren sechs bis neun Busse von Veli Lošinj nach Cres-Stadt (59 Kn, 1½ Std.), vier nach Merag (70 Kn, 2 Std.) und Valbiska auf Krk (110 Kn, 2½ Std.), drei nach Porozina auf Cres (89 Kn, 2½ Std.), zwei nach Brestova in Istrien (123 Kn, 3 Std.), vier nach Rijeka (158 Kn, 4¼ Std.) und drei bis vier nach Zagreb (267–295 Kn, 5½–6 Std.). Von Juni bis Anfang September verkehrt täglich ein Bus nach Ljubljana in Slowenien (315 Kn, 6¼ Std.).

FÄHRE Der wichtigste Seehafen der Inseln ist Mali Lošinj, im Sommer Anlegestelle der Fähren von und nach Rijeka, Pula, Zadar, Venedig und Koper. **Jadrolinija** (☎231 765; www.jadrolinija.hr; Riva Lošinjskih Kapetana 22) betreibt von Juni bis September eine tägliche Fährverbindung zwischen Zadar und Mali Lošinj (50 Kn, 7 Std.); im Juli und August kreuzt täglich ein Katamaran zwischen Mali Lošinj und Cres (35 Kn, 2½ Std.) sowie Rijeka (49 Kn, 4 Std.). Eine Jadrolinija-Autofähre pendelt regelmäßig zwischen Brestova in Istrien und Porozina an der Nordspitze von Cres (Person/Auto 23/120 Kn, 20 Min.).

Split Tours (www.splittours.hr) unterhält im Juli und August fünfmal die Woche eine Katamaran-Verbindung von Zadar nach Pula via Mali Lošinj (55 Kn, 2 Std.); im Juni und September fährt das Boot nur zweimal die Woche. Im Juli und August verbinden Katamarane der **Venezia Lines** (www.venezialines.com) Venedig mit Mali Lošinj via Pula (149 €, 5 Std.).

Cres

Das wilde, unberührte Cres lockt mit einem geradezu berauschenden Charme. Ursprüngliche Wälder bedecken die spärlich besiedelte Insel, und die zerklüftete Küste säumen hoch aufragende Felsen, versteckte Buchten und alte Bergdörfer. Traumhafte Ausblicke gehören auf dieser Insel zur Tagesordnung, hinter fast jeder Straße und jedem Pfad scheint eine weitere wunderschöne Kulisse zu warten.

Der nördliche Teil der Insel, die Tramuntana, ist dicht mit Eichen, Hainbuchen, Erika und Kastanienwäldern bewachsen. Hier leben die geschützten Gänsegeier, die man auch im exzellenten Besucherzentrum in Beli an der Ostküste bewundern kann.

Bis vor kurzem war die Aufzucht von Schafen eine der wichtigsten Einkommensquellen der Insel (die Lämmer aus Cres sind für ihren intensiven Geschmack bekannt), doch mit der Ansiedlung von Wildschweinen ist das einzigartige Ökosystem von Cres aus der Balance geraten und ein traditionsreiches Kulturgut akut bedroht.

Die wichtigsten Hafenorte befinden sich an der Westküste von Cres. Im Gebirge südwestlich von Valun thront die faszinierende mittelalterliche Stadt Lubenice.

Einheimische sprechen den Namen der Insel „Tres" aus.

CRES (STADT)

2340 EW.

Pastellfarbene Reihenhäuser und venezianische Palazzi säumen den mittelalterlichen Hafen von Cres-Stadt. Üppig grüne, von Kiefern und adriatischem Unterholz bewachsene Hügel rahmen die schöne, geschützte Bucht ein. Beim Bummel über die Uferpromenade und durch das stimmungsvolle Labyrinth aus alten Straßen entdeckt man Zeugnisse aus der italienischen Zeit,

VON JÄGERN UND GEJAGTEN

Das nur auf der Insel Cres heimische Tramuntana-Schaf ist perfekt an die Karstweiden angepasst, die vor über 1000 Jahren erstmals von den Illyrern angelegt wurden. Nun jedoch ist die traditionsreiche Aufzucht frei lebender Schafe gefährdet. Vor einigen Jahrzehnten gab es auf Cres noch 100 000 Tramuntana-Schafe, heute sind es nur noch etwa 15 000. Hauptursache ist die Ansiedlung von Wildschweinen durch Kroatiens mächtige Jägerlobby. Sie haben sich drastisch vermehrt und schon bis zu den Zeltplätzen in Mali Lošinj ausgebreitet. Wildschweine machen Jagd auf Schafe und Lämmer – im Winter 2006 registrierte Belis Ökozentrum Caput Insulae 2500 durch Wildschweine getötete Lämmer, die eigentliche Zahl dürfte weitaus höher liegen.

Die sinkende Schafpopulation wirkt sich in vielerlei Hinsicht auf das Ökosystem der Insel aus. Gänsegeier finden nicht mehr genügend Schafaase, um zu überleben, und müssen nun an Futterplätzen von Freiwilligen gefüttert werden. Auch die Artenvielfalt der Pflanzen sinkt: Weideland schrumpft, Wacholder und Dornbusch verdrängen einheimische Gräser und Wildblumen. Einst durchzogen niedrige, von Schafzüchtern genutzte Steinmauern, sogenannte *gromače*, die Insel; sie dienten als Windschutz und beugten der Bodenerosion vor. Wegen fehlender Instandhaltung verfallen inzwischen viele davon.

darunter Wappen mächtiger venezianischer Familien und Renaissance-Loggien.

Der starke italienische Einfluss geht auf die Venezianer zurück, die sich im 15. Jh. hier niederließen, nachdem Osor von Pest und anderen Seuchen zum Opfer gefallen war. Am Hafen entstanden öffentliche Gebäude und Adelspaläste, im 16. Jh. wurde eine Stadtmauer errichtet.

Sehenswertes

Trg Frane Petrića HAUPTPLATZ
Den Platz am Ende der Riva Creskih Kapetana schmückt die reizende **Stadtloggia** aus dem 16. Jh. Dort wurden unter venezianischer Herrschaft öffentliche Bekanntmachungen verkündet, finanzielle Transaktionen getätigt und Feste abgehalten. Heute findet in der Loggia allmorgendlich ein Obst- und Gemüsemarkt statt.

Kirche der hl. Maria vom Schnee KIRCHE
(Sv Marije Snježne; Pod Urom; ⌚nur zu Gottesdiensten) Hinter der Loggia führt ein Tor aus dem 16. Jh. zu dieser Kirche. An der Fassade fällt vor allem das Renaissance-Portal mit einem Relief der Jungfrau mit Kind auf. Kurz vor und nach Gottesdiensten kann man den feierlichen Innenraum besichtigen. Besonders interessant ist die (durch Glas geschützte) hölzerne Pietà aus dem 15. Jh. am linken Altar.

Ruta HANDWERKSZENTRUM
(☎571 835; Zazid 4; ⌚unregelmäßig bzw. nach Vereinbarung) Diese lokale Kooperative fördert die Kunst des Webens und Filzens von Wolle, die auf der Insel eine lange Tradition hat. Aus der überschüssigen Wolle der heimischen Schafe stellen die Handwerker wunderbare Pantoffel, Hüte, Handtaschen und Kleidung her. Besucher können die Werkstatt besichtigen, alles übers Filzen lernen und es sogar selbst versuchen (dreistündiger Kurs 150 Kn).

Aktivitäten

Eine wunderschöne Promenade verläuft an der Westseite der Bucht mit Bereichen zum Sonnenbaden und Schwimmen rund um das Hotel Kimen. Diving Cres (☎571 706; www.divingcres.de) im Camp Kovačine bietet Tauchkurse und -gänge an. **Cres-Insula Activa** (☎091 73 89 490; www.cres-activa.hr) organisiert Windsurfing-, Rad- und Klettertouren. In der Touristeninformation ist eine Karte mit Wanderwegen auf Cres erhältlich.

Schlafen

Am billigsten sind Privatzimmer, die von Reisebüros vermittelt werden. Einzelzimmer in Cres-Stadt kosten ab ca. 150 Kn, Doppelzimmer ab ca. 220 Kn.

Camp Kovačine CAMPINGPLATZ €
(☎573 150; www.camp-kovacine.com; Erw./Kind/Zelt 81/31/73 Kn; ⌚Ostern–Mitte Okt.) Der Campingplatz liegt schön an der Spitze einer kleinen bewaldeten Halbinsel, etwa 1 km südwestlich der Stadt. Toller Meerblick ist garantiert, und der Strand liegt gleich vor der Tür. Es gibt Badestege, mit Solarstrom beheizte Duschen, ein Restaurant und unzählige Sportangebote wie Basketball, Volleyball und Tauchen. Ein Viertel der Anlage ist für Nudisten reserviert, die hier auch einen FKK-Strand vorfinden.

Tamaris ZIMMER €€
(☎573 150; www.camp-kovacine.com; Melin 1/20; EZ/DZ 323/646 Kn; ❄) In dem kleinen Gebäude, das zum Campingplatz Kovačine gehört, befinden sich 13 moderne Gästezimmer mit Bad, Telefon und Satelliten-TV; manche mit Balkon und Meerblick.

Hotel Kimen HOTEL €€
(☎573 305; www.hotel-kimen.com; Melin 1/16; EZ/DZ 405/810 Kn; P ❄ @ ☜) Das weitläufige Ferienhotel steht in einem Kiefernwald direkt am Strand. Die frisch renovierten Zimmer haben alle Balkone, zudem stehen den Gästen ein Wellnesszentrum und kostenloses WLAN zur Verfügung. Hauptsächlich machen hier deutsche, italienische und kroatische Familien Urlaub.

Essen & Ausgehen

Der **Supermarkt** (Trg Frane Petrića) befindet sich gegenüber der Stadtloggia.

LP TIPP **Konoba Bukaleta** GRILLRESTAURANT €€
(☎571 606; Loznati; ⌚April–Okt.) Cres-Lamm (ab 85 Kn) ist die Spezialität dieses hübschen Dorfrestaurants, das seit 30 Jahren von derselben Familie betrieben wird. Das Lamm wird gebacken, gegrillt oder am Spieß gebraten. Für Vegetarier gibt es Gnocchi und Pasta. Die Gaststube mit Holzbänken und Baumwolltischdecken ist gemütlich-rustikal, der *rakija* (Obstbrand) ist selbst gebrannt. Wer gar nicht mehr gehen mag, kann in einem der preiswerten Zimmer (ab 250 Kn) nächtigen. Das Bukaleta befindet sich 5 km südlich von Cres-Stadt in Loznati und ist an der Hauptstraße ausgeschildert.

Busola MEDITERRAN €€
(Kopača 2; Hauptgerichte ab 60 Kn) Die kleine *konoba* direkt hinter der Kirche hat ein stimmungsvolles Ambiente mit Tischen unter einem alten Bogengang und einem Gastraum mit einer rustikalen Balkendecke und freiliegendem Mauerwerk. Sie ist berühmt für ihren frischen Fisch – einfach an der glitzernden, eisbedeckten Vitrine auswählen und sich während der Zubereitumng auf das Essen freuen.

Restaurant Riva FISCH €€
(Riva Creskih Kapetana 13; Hauptgerichte ab 50 Kn) In dem renommierten Restaurant mit schöner Terrasse am Hafen essen viele Einheimische Fisch und Meeresfrüchte wie Scampi, Adria-Tintenfisch und Garnelen.

Santa Lucia FISCH
(Lungomare Sveti Mikule 4; Hauptgerichte ab 45 Kn) Fisch in Salzkruste ist die Spezialität dieses Restaurants an der Küstenpromenade.

ℹ Praktische Informationen

Autotrans (☎572 050; www.autotrans-turizam.com; Zazid 4) Die professionelle Agentur vermittelt Privatunterkünfte, verleiht Fahrräder (25 Kn pro Std.), organisiert Ausflüge und verkauft Busfahrkarten.

Cresanka (☎750 600; www.cresanka.hr; Varozina 25) Zimmervermittlung, Ausflüge und Geldwechsel.

Erste Banka (Cons 8) Mit Geldautomat.

Post (Cons 3; ⌚Mo–Fr 7.30–19, Sa 7.30–13 Uhr)

Tourist Agency Croatia (☎573 053; www.

BEDROHTE GÄNSEGEIER

Mit einer Flügelspannweite von fast 3 m, einer Länge von 1 m und einem Gewicht von 7–9 kg wirkt der Gänsegeier riesig. Meist ist er mit 40–50 km/h gemütlich unterwegs, doch er kann durchaus auf 120 km/h beschleunigen. Der kräftige Schnabel und der lange Hals eignen sich perfekt, um in Eingeweiden (meist eines toten Schafes) herumzustochern und zu fressen.

Die Suche nach den raren Schafskadavern erledigen die Gänsegeier im Team: Meist startet eine ganze Kolonie und fliegt in lockerer Formation mit bis zu 1 km Abstand. Sobald ein Geier einen Kadaver entdeckt, beginnt er zu kreisen und signalisiert den anderen, dass es etwas zu fressen gibt. Schäfer schätzen die Geier, denn diese verhindern durch ihre rasche Aasbeseitigung, dass die Krankheit oder Infektion, die das Schaf getötet hat, auf die restliche Herde überspringt.

In Kroatien leben etwa 230 Gänsegeier, mehr als die Hälfte davon auf den Küstenfelsen von Cres, die restlichen in kleinen Kolonien auf den Inseln Krk und Prvić. Gänsegeier folgen ihrer bevorzugten Nahrungsquelle, den Schafherden, fressen aber auch andere Säuger, was nicht ganz ungefährlich ist: Die letzten Geier im Nationalpark Paklenica verendeten vor kurzem, weil sie vergiftete Füchse gefressen hatten. 2005 kamen auch auf Cres 20 Vögel durch vergiftetes Fleisch um.

Als bedrohte Tierart stehen Gänsegeier in Kroatien unter Naturschutz. Wer einen Vogel tötet oder beim Nisten stört, riskiert 5000 € Strafe. Gezielt werden sie nur noch selten umgebracht; allerdings sterben häufig Jungtiere, weil sie von Urlaubern mit Motorbooten aufgescheucht und verfolgt werden. Die jungen Tiere können an windstillen Tagen gerade 500 m weit fliegen, dann stürzen sie erschöpft ins Wasser und ertrinken; wenn sie Glück haben, werden sie entdeckt und ins Ökozentrum Caput Insulae in Beli gebracht.

Die Brutgewohnheiten der Geier verhindern ein schnelles Wachstum der Population. Ein Paar bekommt pro Jahr nur ein einziges Junges; dieses ist erst nach fünf Jahren ausgewachsen. Die heranwachsenden Vögel wandern weit: Ein im Nationalpark Paklenica beringter Gänsegeier wurde im Tschad (4000 km von seiner Heimat entfernt) gefunden. Mit etwa fünf Jahren kehren die Tiere nach Cres zurück (manchmal an denselben Felsen, auf dem sie geboren wurden), um einen Partner fürs Leben zu finden.

Man nimmt an, dass Geier bis zu 60 Jahre alt werden können, ein Alter von 35 ist in der Wildnis aber wohl eher normal. 90 % sterben allerdings, bevor sie voll ausgewachsen sind. Gefahren für die Jungvögel sind italienische Jäger, Gift und Stromleitungen, doch das größte Problem ist der massive Rückgang der Schafzucht auf Cres, wodurch die Nahrungsquellen der Vögel mehr und mehr reduziert werden. Inzwischen müssen sie an verschiedenen Stationen im Norden der Insel von Vogelschützern und freiwilligen Helfern gefüttert werden.

cres-travel.com; Melin 2/33) Vermittelt Privatunterkünfte, bietet Internetzugang (1 Kn pro Min.) und verleiht Fahrräder und Motorroller.

Touristeninformation (☎571 535; www.tzg-cres.hr; Cons 10; ⌚Juli & Aug. Mo–Sa 8–20, So 9–13 Uhr, Sept.–Juni Mo–Fr 8–14 Uhr) Große Auswahl an Karten und Broschüren, z. B. bebilderte Listen mit Unterkünften.

An- & Weiterreise

Täglich fahren zwei Busse nach Opatija (92 Kn, 2 Std.) und vier nach Rijeka (115 Kn, 2¼ Std.). Zweimal täglich gibt es auch eine Busverbindung nach Brestova in Istrien (inkl. Fährticket 75 Kn, 1½ Std.).

Auch zwischen Cres, Mali Lošinj und Veli Lošinj verkehren Busse.

Unterwegs vor Ort

Gonzo Bikes (☎571 000) Verleih hochwertiger Fahrräder (90 Kn pro 24 Std.).

BELI

30 EW.

An der Nordspitze von Cres, im Herzen der Tramuntana mit ihren ursprünglichen Wäldern, verlassenen Dörfern, einsamen Kapellen und Mythen von guten Feen, liegt Beli, eine der ältesten Siedlungen der Insel. Das Dörfchen thront auf einem 130 m hohen Hügel oberhalb eines malerischen Kiesstrands. Die mehrtausendjährige Geschichte des Ortes ist in den gewundenen Gassen und den einfachen, von Pflanzen überwucherten Steinhäusern spürbar. In fünf Minuten hat man das stimmungsvolle, aber winzige Dorf erkundet, inklusive eines oder mehrerer Stopps, um den Blick über die Adria hinüber zum Gebirge auf dem Festland zu genießen. Die Straße nach Beli ist schmal und sehr kurvenreich, die Fahrt lohnt sich jedoch allemal.

Sehenswertes & Aktivitäten

Ökozentrum Caput Insulae NATURSCHUTZGEBIET

(☎840 525; www.supovi.hr; Beli 4; Erw./erm. 50/25 Kn; ⌚9–20 Uhr, Nov.–März geschl.) Das 1994 gegründete Ökozentrum – teils Naturpark, teils Reservat für den bedrohten Gänsegeier – widmet sich der Pflege und Lebensraumerhaltung dieser majestätischen Vögel. In Zusammenarbeit mit Bauern sorgt es dafür, dass ausreichend Schafe zur Verfügung stehen, um das Überleben der Geier zu sichern. Auch hiesige Bootskapitäne kooperieren, indem sie Gänsegeier vor dem Ertrinken retten. Jeden Sommer werden etwa ein Dutzend Jungvögel aus dem Wasser gefischt. Weil die Schafzucht auf Cres durch die Ansiedlung von Wild (insbesondere Wildschweinen) zu Jagdzwecken zurückgeht, ist der Gänsegeier akut bedroht.

Der Besuch des Zentrums in einer alten Schule beginnt mit einer Ausstellung, die über die Geier informiert, Höhepunkt sind aber die Vögel selbst. Meist hüpfen in dem großen, mit Netzen gesicherten Gelände hinter dem Gebäude um die 15 Gänsegeier umher. Außerdem lebt hier ein afrikanischer Ohrengeier, der an einem Strand in Kroatien gefunden und vermutlich als Haustier gehalten wurde. Mit etwas Glück sieht man vielleicht einen der Vögel in Aktion.

Das Ökozentrum betreibt das ganze Jahr über ein Programm für freiwillige Mitarbeiter und bietet Patenschaften für Geier an. Zudem gibt es einen als Labyrinth angelegten Kräutergarten und spielerisch-lehrreiche Elemente speziell für Kinder.

Der Eintritt für das Zentrum beinhaltet den Zugang zu sieben gut markierten **Ökopfaden** (1,5–20 km), die die verlassenen Dörfer der Tramuntana miteinander verbinden und an Eichen, Oliven-, Feigen- und Granatapfebäumen sowie an uralten Bruchsteinmauern vorbeiführen. Bemerkenswert sind auch die Labyrinthe und die 20 **Steinskulpturen**, die alte kroatische und slawische Gottheiten und Fabelwesen darstellen und den Wanderer mit den Kräften der Natur verbinden sollen. Im Zentrum sind ein informatives Booklet und Karten erhältlich, die Geschichte, Kultur, Pflanzen und Tiere der Region erläutern.

Diving Beli TAUCHEN

(☎840 519; www.diving-beli.com) Tauchgänge vom Boot oder vom Strand aus. Auch Nichttaucher sind willkommen.

Schlafen & Essen

Am Strand, rund 1 km vom Dorf entfernt, findet man eine Snackbar und den kleinen **Campingplatz Brajdi** (☎840 532, Fax 840 532; Beli bb; Person & Stellplatz 56 Kn; ⌚Mai–Sept.).

Pansion Tramontana KROATISCH €

(☎840 519; www.beli-tramontana.com; Hauptgerichte ab 30 Kn; P 📶) In dem Restaurant neben dem Geierzentrum werden gewaltige Fleischstücke gegrillt. Außerdem gibt es leckere Bio-Salate und Guinness vom Fass. Die Gästezimmer (225–300 Kn pro Pers.) im Obergeschoss sind gemütlich und recht komfortabel.

ABSTECHER

LUBENICE

Dieses mittelalterliche Dorf auf einem Bergkamm, 378 m über der Westküste der Insel, ist einer der faszinierendsten Orte auf Cres. Das Labyrinth aus alten, kargen Steinhäusern und Kirchen des fast verlassenen Lubenice (nur 17 Personen wohnen ständig hier) ähnelt einer maurischen Festung.

Lubenice thront über einem der einsamsten und schönsten **Strände** der Kvarner-Bucht, der nur über einen steilen Pfad und durch Buschwerk zu erreichen ist. Der 45-minütige Abstieg ist ein Kinderspiel, der Weg hinauf erweist sich jedoch als Herausforderung. Von Valun oder Cres aus fahren auch Wassertaxis zum Strand.

Ein weiterer Grund für einen Besuch Lubenices ist das alljährliche Festival **Lubeničke Glazbene Večeri** (Musiknächte von Lubenice): Im Juli und August werden jeden Freitagabend klassische Open-Air-Konzerte gegeben.

Die Touristeninformation in Cres-Stadt hat Listen von Privatunterkünften in Lubenice – die Auswahl ist freilich begrenzt.

Für das leibliche Wohl sorgen zwei Lokale: Die **Konoba Hibernicia** (Lubenice 17; Hauptgerichte ab 45 Kn) serviert gute Lammgerichte und heimischen Schinken, und das **Bufet Loza** am Dorfeingang eignet sich für ein gemütliches Bier.

Im Sommer fahren täglich (außer sonntags) zwei Busse von Cres-Stadt nach Lubenice (33 Kn, 35 Min.) und zurück. Wer selbst mit dem Auto unterwegs ist, muss sich auf eine enge, kurvenreiche Straße gefasst machen.

An- & Weiterreise

Im Sommer fahren täglich (außer sonntags) drei Busse von Cres-Stadt nach Beli (30 Kn, 30 Min.).

OSOR

70 EW.

Die winzige historische Siedlung Osor ist trotz ihrer bedeutenden (und bewegten) Geschichte einer der ruhigsten Flecken, die man sich vorstellen kann.

Das Dorf liegt an einem schmalen Kanal, der Cres und Lošinj trennt und wohl von den Römern angelegt wurde – dadurch war Osor in der Lage, eine wichtige Schifffahrtsroute zu kontrollieren. Im 6. Jh. wurde Osor Bischofssitz, fortan hatte es das ganze Mittelalter hindurch die Herrschaft über beide Inseln. Bis zum 15. Jh. war Osor ein mächtiges wirtschaftliches, religiöses und politisches Zentrum der Region, doch die unglückliche Kombination aus Pest, Malaria und neuen Seewegen vernichtete die finanziellen Grundlagen der Stadt und leitete ihren Untergang ein.

Heute hat Osor als Museumsdorf mit Kirchen, Skulpturen im Freien und einem Netz von Gassen, die vom Zentrum aus dem 15. Jh. abgehen, eine neue Bestimmung gefunden. Eine eigene Touristeninformation gibt es (noch) nicht, zuständig ist das Büro in Mali Lošinj.

Bei der Überfahrt von Lošinj nach Osor muss man eventuell an der Zugbrücke über den Kavuada-Kanal warten, da sie nur zweimal am Tag (9 & 17 Uhr) hochgelassen wird, damit Schiffe darunter passieren können.

Sehenswertes

Durch ein Tor am Kanal passiert man zunächst die alte Stadtmauer und Überreste einer Burg, ehe man ins Ortszentrum gelangt.

Archäologisches Museum MUSEUM
(www.muzej.losinj.hr; Eintritt 15 Kn; ⌚Juni–Sept. Di–So 10–13 & 19–22 Uhr, Okt.–Mai Di–So 10–13 Uhr) Das Museum im Rathaus (15. Jh.) am Dorfplatz präsentiert eine Sammlung von Steinfragmenten und Reliefs aus römischer und frühchristlicher Zeit sowie Tonarbeiten und Skulpturen.

Kirche Mariä Himmelfahrt KIRCHE
(Crkva Uznešenja; ⌚Juni–Sept. 10–12 & 19–21 Uhr) Neben dem Museum steht diese im späten 15. Jh. erbaute Kirche mit einem verzierten Renaissance-Portal. Im Barockaltar im Innenraum werden Reliquien des heiligen Gaudentius, dem Schutzheiligen von Osor, aufbewahrt.

Daleki Akordi SKULPTUR
Vor Verlassen des Platzes verdient die von Ivan Meštrović geschaffene Statue *Daleki akordi* (Ferne Akkorde) Bewunderung. Sie ist nur eine von vielen modernen Skulpturen mit musikalischen Themen in Osor.

Festivals & Events

Bei den **Musikabenden von Osor** (Osorske Glazbene Večeri; www.osorskeveceri.org) von Mitte Juni bis Ende August geben hochkarätige kroatische Musiker in der Kathedrale am Hauptplatz klassische Konzerte. Das Programm ist in den Touristenbüros in Mali Lošinj und Cres-Stadt erhältlich.

Schlafen & Essen

Es gibt Privatunterkünfte und in der Nähe zwei Campingplätze. Die Touristeninformationen in Mali Lošinj und Cres-Stadt führen Listen mit Zimmern und Apartments.

Osor Pansion HOTEL, RESTAURANT €
(237 135; http://osor.webs.com; Osor bb; Zi. pro Pers. 184–221 Kn, Hauptgerichte ab 40 Kn; März–Nov.; P ❄) Das herrliche Gartenrestaurant mit Tischen und Blumentöpfen unter Weinreben ist das Highlight dieses gut geführten Hotels. Auf der Karte stehen Cres-Lamm und Fisch aus der Adria. Übernachten kann man im Obergeschoss in sieben schönen Gästezimmern mit Kiefernholzdecken.

Konoba Bonifačić KROATISCH €€
(Osor 64; Hauptgerichte ab 50 Kn) In diesem Gartenrestaurant werden hausgemachtes Risotto, Grillgerichte und Fisch serviert. Nicht versäumen: ein Stamperl Holunderblüten-Grappa.

Bijar CAMPINGPLATZ €
(237 027; www.camps-cres-losinj.com; Person 60 Kn) Der Campingplatz liegt 500 m von Osor entfernt in Richtung Nerezine an einer hübschen Kiesbucht, in der man prima schwimmen kann. Zum Angebot gehören Tischtennis, Volleyball und Basketball.

An- & Weiterreise

Alle Busse aus Cres (39 Kn, 45 Min.) und Mali Lošinj (32 Kn, 30 Min.) verkehren auf der einzigen Schnellstraße der Insel und kommen so auch durch Osor.

VALUN

68 EW.

Die **Touristeninformation** (525 050; Juli & Aug. 8–21 Uhr), ein Geldautomat und ein Büro von **Cresanka** (www.cresanka.hr) findet man ein paar Schritte hinter dem Hafen. Cresanka vermittelt Privatunterkünfte und bucht Hotelzimmer und Fährtickets. Übernachtungsmöglichkeiten sind dünn gesät und sollten im Voraus reserviert werden.

Hauptattraktion ist die **Tafel von Valun** aus dem 11. Jh., die in der Pfarrkirche **Sv. Marija** (die leider nur selten geöffnet ist) aufbewahrt wird. Die Grabplatte mit Inschriften auf Lateinisch und Glagolitisch spiegelt die damalige ethnische Zusammensetzung der Inselbevölkerung: die Nachfahren der Römer und die kroatischen Neuankömmlinge.

Besonders reizvoll ist Valun wegen der idyllischen Ruhe, die hier herrscht, und seiner **Strände**. Rechts vom Hafen führt ein Weg zu einem Kiesstrand mit Campingplatz. Rund 700 m westlich vom Dorf gibt es einen weiteren hübschen, von Kiefern gesäumten Kiesstrand.

Auf dem zauberhaften kleinen **Zdovice-Campingplatz** (Person 101 Kn; Mai–Sept.) zeltet man auf alten Ackerterrassen. Die Lage am Strand, tolle Schwimmmöglichkeiten und ein Volleyballfeld locken hauptsächlich deutsche und österreichische Familien an. Reservierung ist nicht möglich.

Von den insgesamt sechs Restaurants in Valun befinden sich fünf direkt am Meer. In der **Konoba Toš-Juna** (Valun bb; Hauptgerichte ab 40 Kn) in einer umgebauten Olivenmühle – mit frei liegendem Mauerwerk und einer schönen Terrasse am Hafen – wird sehr guter Fisch serviert.

Valun wird kaum von öffentlichen Verkehrsmitteln angesteuert. Nur einmal am Tag (außer sonntags) fährt ein Bus von Cres-Stadt (26 Kn, 20 Min.) hierher. Zurück gibt es nur zweimal die Woche Verbindungen (Mo & Mi 5.31 Uhr).

Lošinj

Die 31 km lange Insel ist die dichter bevölkerte und touristischere der Zwillingsinseln und besitzt vor allem im Süden eine buchtenreichere Küste als Cres. Sie ist von dichten Wäldern bedeckt, die historischen Städte Mali Lošinj und Veli Lošinj sind von Kiefernhainen umgeben. Die Vegetation ist üppig und mit über 1100 Pflanzenarten, 230 Heilkräutern sowie einigen atypischen Mitbewohnern wie Zitronen, Bananen, Zedern und Eukalyptus – von Schiffskapitänen aus exotischen Ländern hierher gebracht – sehr artenreich.

Bekannt ist die Insel auch für ihre Delfinpopulation. Die Gewässer um Lošinj wurden zum ersten Unterwasserschutzgebiet des Mittelmeers für Delphine erklärt. Die nicht staatliche Organisation Blue World mit Sitz in Mali Lošinj hat mit der Einrichtung eines Schulungszentrum einiges dazu beigetragen, die eleganten Meeresbewohner zu schützen.

MALI LOŠINJ

6314 EW.

Mali Lošinj ist wirklich eine Wucht! Die Stadt liegt an der Spitze eines keilförmigen, geschützten Hafens an der Südostküste von Lošinj. Stattliche Kapitänshäuser aus dem 19. Jh. säumen das Hafenbecken der hübschen Altstadt. Selbst der sommerliche Urlaubertumult kann den Charme und das Flair dieses Viertels nicht schmälern. Die großen Hotels befinden sich alle außerhalb der Stadt, sie säumen den Hafen bis zur Sunčana Uvala im Süden und bis zur Čikat-Bucht im Südwesten.

Dieses grüne Gebiet begann im späten 19. Jh. zu boomen, als sich die feine Gesellschaft aus Wien und Budapest wegen Mali Lošinjs „gesunder Luft" an der Čikat-Bucht Villen und Luxushotels errichtete. Einiger dieser herrschaftlichen Residenzen sind noch erhalten, die meisten Hotels sind jedoch in neuerer Zeit entstanden. Sie sind von Kiefernwäldern umgeben, die die Buchten und hübschen Strände abschirmen.

Entspannter ist sicherlich ein Besuch im Frühjahr oder Herbst, doch selbst in den turbulenten Sommermonaten eignet sich Mali Lošinj als gute Ausgangsbasis für Ausflüge auf Lošinj und Cres oder zu den nahen Inseln Susak, Ilovik und Unije.

Sehenswertes

Die Hauptattraktion von Mali Lošinj ist ohne jeden Zweifel die herrliche Lage: Der wunderschöne natürliche Hafen ist von eleganten, leicht verwitterten mediterranen Häusern und dem leuchtenden Grün der Hügellandschaft umgeben.

Kunstsammlungen GALERIE

(Umjetničke Zbirke; www.muzej.losinj.hr; Vladimira Gortana 35; Erw./erm. 10/5 Kn; Ostern–Okt. Di–Fr 10–13 & 19–21, Sa 10–13 Uhr, restliches Jahr kürzer) In einer prachtvollen Villa werden die Kunstsammlungen der Familien Mihičić und Piperata sowie Wechselausstellungen präsentiert. Zu sehen sind sowohl moderne kroatische Werke – etwa Bronzestatuen von Kršinć – als auch alte Meister.

Apoksiomen STATUE

Die schön gearbeitete Statue des Apoxiomenos (kroatisch Apoksiomen) fand man 1999 auf dem Meeresgrund vor Lošinj. Nach ihrer Tournee durch Zadar, Zagreb und sogar in den Louvre in Paris soll sie Ende 2013 nach Mali Lošinj zurückkehren, wo ihr im Palast Kvarner ein eigenes Museum eingerichtet wird. Der 2000 Jahre alte Bronze-Athlet, vermutlich ein Ringer, wurde sorgfältig restauriert.

Garten der feinen Düfte GARTEN

(Miomirisni Otočki Vrt; www.miomirisni-vrt.hr; Braće Vidulić bb; Eintritt frei; Juli & Aug. 10–12 & 18–21 Uhr, Sept.–Juni 10–12 Uhr) In diesem duftenden Paradies am südlichen Stadtrand gedeihen zwischen *gromače* (traditionellen Trockenmauern) mehr als 250 einheimische und 100 exotische Pflanzen. Als Souvenir kann man Parfüms, Riechsalze und Liköre kaufen.

Kirche Mariä Geburt KIRCHE

(Župna Crkva Male Gospe) Die Pfarrkirche Mariä Geburt ist sonntags kurz vor oder nach der Messe zu besichtigen. Im Innenraum befinden sich einige bemerkenswerte Kunstwerke, darunter ein von einem venezianischen Künstler geschaffenes Gemälde von der Geburt der Heiligen Jungfrau (18. Jh.), sowie Reliquien des heiligen Romulus.

Aktivitäten

Die Buchten südlich von Mali Lošinj sind wunderschön und von Kiefernwäldern gesäumt, in der Hochsaison sind sie aber zuweilen von Familien mit Kindern überlaufen. **Sunčana Uvala** hat geschützte Kiesstrände, die gut für Kinder geeignet sind und an denen man super schwimmen kann. Das benachbarte **Čikat** ist mit seinem schmalen Kiesstrand und dem stetigen Wind der angesagte Spot für Windsurfer. Kurse bietet **Sunbird** (095 837 7142; www.sunbird.de) in der Nähe des Hotels Bellevue. Ein Anfängerkurs kostet 933 Kn, und man kann Boards (ebenso Mountainbikes und Kayaks) ausleihen.

Rad- und **Wandertouren** erfreuen sich auf Lošinj immer größerer Beliebtheit. Die Touristeninformation führt eine Broschüre, *Spazier- & Fußwege*, mit einem insgesamt 220 km langen Wegenetz samt genauen Wanderzeiten. Sie umfasst alle fünf Inseln des Archipels (Lošinj, Cres, Ilovik, Susak und Unije). Ziele sind z. B. der höchste Gipfel Televrina (588 m) mit seiner tollen Aussicht, die abgelegenen Buchten südlich von Mali Lošinj und geheime Buchten auf Susak.

Lošinj bietet gute **Tauchgründe** mit exzellenter Sicht und einem reichen Meeresleben. Wer weiß, vielleicht wartet unter Wasser ein weiterer Apoksiomen auf seine

ABSTECHER

GANZ ALLEIN IN EINER BUCHT

Südlich von Mali Lošinj liegt eine wunderschöne, kaum bewohnte, daumenförmige Halbinsel mit herrlichen natürlichen Buchten und tollen Wanderrouten. In der Touristeninformation ist die exzellente Karte *Spazier- und Fußwege* für diese Gegend erhältlich. Eine einzige Straße schlängelt sich die hügelige, bewaldete Landschaft hinab bis nach Mrtvaška am Rand Lošinjs. Die gesamte Halbinsel lässt sich an einem Tag zu Fuß umrunden, Schwimmstopps an einsamen Buchten inklusive. Wer einen reinen Strandtag einlegen möchte, fährt 5 km bis zur Abzweigung nach **Krivica**, parkt dort und steigt in ca. 30 Minuten zur idyllischen, von Kiefern gesäumten geschützten Bucht hinunter. Das smaragdgrüne Wasser eignet sich hervorragend zum Schwimmen.

Entdeckung! Taucher können ein Wrack von 1917, eine nicht sehr tief gelegene und deshalb für Anfänger geeignete Höhle und vor Susak das wunderbare Margarita-Riff erkunden. Das **Diver Sport Center** (☎233 900; www.diver.hr) auf Čikat bietet Kurse (Einführungs-Tauchgang 410 Kn, SSI-Open-Water-Kurs 2539 Kn) und Tauchausflüge zu Wracks tief auf dem Meeresboden wie dem Torpedoschiff *Audace*.

Schlafen

Mali Lošinj selbst hat wenige, dafür aber stimmungsvolle Unterkünfte. Die meisten Hotels stehen an den Buchten und in Kiefernwäldern in Čikat und Sunčana Uvala und sind auf Pauschalurlauber ausgerichtet. Größtenteils sind die schlichten Familienferienanlagen, die unter der Leitung von **Lošinj Hotels & Villas** (www.losinj-hotels.com) stehen, von November bis Ostern geschlossen.

Reiseagenturen vermitteln Zimmer und Apartments, in der Touristeninformation gibt es eine detaillierte Broschüre mit Privatunterkünften.

IM ZENTRUM

Hotel Apoksiomen HOTEL €€
(☎520 820; www.apoksiomen.com; Riva Lošinjskih Kapetana 1; EZ/DZ 700/1000 Kn; P❄@📶) Die 25 Gästezimmer des gut geführten Hotels am Hafen verfügen über schönen Meer- oder Parkblick, edle Teppichböden, moderne Kunst, Satelliten-TV, Safe und moderne Badezimmer (meist mit zwei Waschbecken). Das Personal ist zuvorkommend, das Café-Restaurant im Erdgeschoss ist einladend. Die besten Preise bekommt man bei Online-Buchung.

Alaburić B&B €
(☎233 996; S Radića 17; Oersib 188 Kn; P) Gastfreundliche Pension in Familienhand mit einfachen, gut ausgestatteten Zimmern und Apartments. Alle haben Badezimmer, zwei sogar Meerblick. Zum Hafen hinunter sind es ca. 700 m.

Mare Mare Suites BOUTIQUEHOTEL €€€
(☎232 010; www.mare-mare.com; Riva Lošinjskih Kapetana 36; EZ/DZ/Suite 900/1050/1350 Kn; P❄@📶) Das historische Stadthaus in erstklassiger Lage am nördlichen Ende des Hafens bietet blitzblanke, individuell gestaltete Zimmer und Minisuiten. Die Kapitänssuite ganz oben verfügt über ein Teleskop und alte Seekarten. Gut, aber etwas überteuert – der Anbau nebenan ist die billigere Alternative.

AM STRAND

Villa Favorita HISTORISCHES HOTEL €€€
(☎520 640; www.villafavorita.hr; Sunčana Uvala; DZ 1210 Kn; P❄@🏊) Die wunderschöne Habsburger Villa inmitten von Kiefernwäldern hat viel Charakter, hilfsbereites Personal und eine tolle Lage unweit eines kleinen Strands. Im Angebot stehen acht De-luxe-Zimmer, Sauna, Massagen und ein Meerwasserpool in einem gepflegten Garten.

Hotel Vespera HOTEL €€
(☎231 304; www.losinj-hotels.com; Sunčana Uvala bb; EZ/DZ 462/810 Kn; P❄@🏊) Das riesige Hotel ist hauptsächlich auf Familien ausgerichtet. Zur exzellenten Ausstattung gehören Tennisplätze und ein toller Badebereich mit drei Pools (einer ist 37 m lang) und Jacuzzi.

Camping Village Poljana CAMPINGPLATZ €
(☎231 726; www.poljana.hr; Poljana bb; Erw./Stellplatz 88/92 Kn; 📶) Der komfortable Campingplatz mit vielen hohen Bäumen bietet Stellplätze mit Stromanschluss. Zu den Pluspunkten gehören WLAN (gegen Gebühr), ein Restaurant und ein Supermarkt sowie gute klimatisierte Wohnwagen. Es gibt einen kleinen Kiesstrand und einen felsigen FKK-Bereich.

Camping Čikat CAMPINGPLATZ €
(☎232 125; www.camps-cres-losinj.com; Dražica 1; Erw./Stellplatz 60/60 Kn; ⊙Ostern–Okt.) Die weitläufige, von Kiefern beschattete Anlage ähnelt eher einer Zelt- und Wohnmobilstadt als einem Campingplatz. Sie bietet Hunderte von Stellplätzen, Miet-Wohnwagen und vielerlei Annehmlichkeiten, sogar einen Markt, Läden und einen mobilen Masseur.

Essen

Die Restaurants am Hafen haben zwar die schönste Aussicht, servieren aber eher auf Touristen ausgerichtete Einheitsküche (Pasta, Fisch und Grillgerichte), die sich preislich und geschmacklich kaum unterscheidet. Landeinwärts und außerhalb der Stadt werden einfallsreichere Kreationen aufgetischt.

Selbstversorger können sich im großen Supermarkt am Trg Zagazinjine, gleich nördlich vom Hafen, eindecken.

Corrado SEAFOOD €
(Svete Marije 1; Hauptgerichte ab 50 Kn) Das Corrado in einem schönen ummauerten Garten ist eines der besten Restaurants Lošinjs und gehört einem Hochseefischer. Besonders zu empfehlen sind in der *peka* (Topf mit gewölbtem Deckel) geschmortes Lamm (vorbestellen!) und Hummer-*buzzara*. Zuchtfische kommen hier nicht auf den Tisch. Abseits der Hauptstraße gelegen, die vom Parkplatz in die Stadt führt.

Porto FISCH €€
(Sveti Martin 35) Das gute Fischrestaurant steht neben einer Kirche auf dem Hügel im Osten der Stadt. Die Spezialität des Hauses ist Fischfilet mit Seeigeln, aber auch alle anderen Fisch-Gerichte werden fachkundig zubereitet und präsentiert.

Barakuda FISCH €€
(Priko 31; Hauptgerichte ab 70 Kn) Einheimische schätzen das Barakuda für seinen frischen Fisch, der von ausgebildeten Köchen zubereitet wird. Es gibt eine Terrasse zum Hafen hin; auf einer Tafel stehen die Spezialitäten des Tages.

Konoba-Pizzeria Bukaleta PIZZERIA €
(☎098 170 8155; Del Conte Giovanni; Pizzas ab 50 Kn) Tolles Lokal für ein legeres Mittag- oder Abendessen. Die perfekten Pizzas

BLUE WORLD

Das **Blue World Institute of Marine Research & Conservation** (☎236 406; www.blue-world.org; Kaštel 24), eine nicht-staatliche Organisation mit Sitz in Veli Lošinj – inzwischen gibt es eine zweite Niederlassung in Vis – wurde 1999 gegründet, um das Umweltbewusstsein im Adriagebiet zu schärfen. Zu diesem Zweck veranstaltet Blue World Vorträge, Medienpräsentationen und den Tag des Delfins am ersten Augustsamstag in Veli Lošinj mit Fotoausstellungen, einer Öko-Messe, Straßenkunst, Wasserballwettkämpfen, Schatzsuchen und Hunderten von Kinderzeichnungen und -bildern. Da ist wirklich was geboten und was los.

Als Mitglied des Adriatic Dolphin Project beobachtet Blue World Große Tümmler in der Gegend um Lošinj und Cres. Jeder Delfin bekommt einen Namen und wird anhand von Fotos der charakteristischen Besonderheiten an der Schwanzflosse registriert.

In den 1960er- und 1970er-Jahren wurden die Delfine hier noch gejagt. Die Kommune belohnte jeden Fang und bezahlte Fischer pro Schwanzflosse. Die ersten Schutzprogramme begannen 1995, dennoch ging die Population der Großen Tümmler zwischen 1995 und 2003 drastisch zurück. Daraufhin richtete Blue World das **Delfinreservat Lošinj** ein. Inzwischen ist die Zahl der Tiere recht stabil, mit rund 120 Exemplaren sind sie aber nach wie vor akut bedroht. Im August 2009 sichtete man in der Nähe der Insel Trstenik eine 60-köpfige Delfinschule – ein Rekord. Gelegentlich sieht man auch andere Arten wie z. B. Streifendelfine (und Riesenhaie).

Die größte Gefahr für Lošinjs Delphine ist der Bootsverkehr mit seinem störenden Lärm. Im Juli und August halten sich die Tiere nie in Küstennähe auf und meiden sogar ihre wichtigsten Futtergründe südlich und östlich von Cres, wo es viele Seehechte gibt. Ein weiteres Problem ist die Überfischung, die die Zahl der Beutetiere dezimiert.

Wer sich engagieren möchte, kann die Patenschaft für einen Delfin übernehmen (150 Kn) und damit das Adriatic Dolphin Project unterstützen oder sich für eine freiwillige Mitarbeit melden: Für das zehntägige Programm bezahlt man ab 675 € pro Person, Schüler und Studenten bekommen Rabatt.

mit Mozzarella, Basilikum etc. kommen aus dem Holzofen.

Ausgehen & Unterhaltung

Mystik LOUNGEBAR
(Braće Ivana i Stjepana Vidulića 40) Das Mystik ist das Hauptquartier von Lošinjs schönen jungen Leuten mit DJs, schickem Dekor und großen Cocktails. Zum Teil recht innovative Elektro-Sounds abseits der üblichen Tanzrhythmen sorgen für die musikalische Untermalung.

Marina BAR, CLUB
(Velopin bb) Abfeiern auf dem Wasser: Die Cocktailbar mit Club liegt an der Südwestseite des Hafens vertäut.

Praktische Informationen

Die vielen Reiseagenturen in der Stadt vermitteln Privatunterkünfte und Ausflüge. Geldwechsel möglich.

Cappelli (☎231 582; www.cappelli-tourist.hr; Kadin bb) Bucht Privatunterkünfte auf Cres und Lošinj und bietet Adria-Törns und Ausflüge an.

Manora Lošinj (☎520 100; Priko 29) Freundliche Agentur mit breitem Serviceangebot.

Erste Banka (Riva Lošinjskih Kapetana 4) Mit Geldautomat.

Krankenhaus (☎231 824; Dinka Kozulića 1)

Post (Vladimira Gortana 4; ⏲Mo–Fr 8–21, Sa 8–12 Uhr)

Touristeninformation (☎231 884; www.tz-malilosinj.hr; Riva Lošinjskih Kapetana 29; ⏲Juni–Sept. Mo–Sa 8–20, So 9–13 Uhr, Okt.–Mai Mo–Fr 8–17, Sa 9–13 Uhr) Sehr nützliches Büro mit kompetenten Mitarbeitern und einer großen Auswahl an praktischen (Hochglanz-) Flyern und Karten sowie einer umfangreichen Unterkunftsliste samt E-Mail-Adressen und Websites.

An- & Weiterreise

Sechs- bis neunmal am Tag verkehren Busse zwischen Mali Lošinj und Veli Lošinj (15 Kn, 10 Min.), daneben gibt es weitere Bus- und Bootsverbindungen. Das Jadrolinija-Büro informiert über Fähren und verkauft Tickets.

Unterwegs vor Ort

Von Ende April bis Mitte Oktober fährt bis 23 Uhr stündlich ein Shuttlebus (10 Kn) vom Stadtzentrum zu den Hotels von Sunčana Uvala und Čikat. **SanMar** (☎233 571; www.sanmar.hr; Priko 24) verleiht Mountainbikes (100 Kn am Tag) und Mopeds (250 Kn).

Wer mit dem Auto ins Zentrum von Mali Lošinj fährt, muss eine Gebühr zahlen (12 Kn für 2 Std.).

VELI LOŠINJ

920 EW.

Entgegen seinem Namen (auf Kroatisch bedeutet *veli* groß und *mali* klein) ist Veli Lošinj viel kleiner, verschlafener und weniger überlaufen als das 4 km nordwestlich gelegene Mali Lošinj. Das wirklich reizende Örtchen besteht aus ein paar pastellfarbenen Häusern, Cafés, Hotels und Läden an einer winzigen Bucht. Im April und Mai schwimmen manchmal Delphine durch die Meerenge in die Bucht. Ein Muss ist der zehnminütige Küstenspaziergang zur ebenfalls bezaubernden Rovenska-Bucht weiter südöstlich.

Wie im Nachbarort lebten auch in Veli Lošinj reiche Schiffskapitäne, die sich hier Villen bauten und ihre Gärten mit exotischen Blumen und Bäumen bepflanzten, die sie aus fernen Ländern mitgebracht hatten. Beim Bummel vom Hafen die steilen Straßen hoch kann man hie und da in solche Anwesen gucken. Den Spenden der Kapitäne ist auch die Ausstattung der Kirchen zu verdanken, allen voran der St.-Antonius-Kirche am Hafen.

Im Sommer muss man oberhalb der Bucht parken und die schmalen Kopfsteinpflasterstraßen hinabgehen.

Sehenswertes & Aktivitäten

Lošinj Marine Education Centre MARITIMES ZENTRUM
(www.blue-world.org; Kaštel 24; Erw./erm. 15/10 Kn; ⏲Juli & Aug. 9–13 & 18–22 Uhr, Juni & Sept. 9–13 & 18–20 Uhr, restliches Jahr 10–16 Uhr) Die interessanteste Attraktion der Stadt ist das Lošinj Marine Education Centre, das Informationen sehr unterhaltsam präsentiert – Kids mögen die audiovisuellen Exponate, wenngleich sie hier keine lebenden Delfine zu sehen bekommen. Zur Ausstellung gehören ein Rückenwirbel eines 11 m langen Finnwal-Babys, ein Akustikraum mit den Klicklauten miteinander kommunizierender Delphine und ein Wandgemälde aller zwölf im Mittelmeer lebenden Wal- und Delfinarten. Zudem gibt es einen Souvenirladen. Das Zentrum ist ein Projekt von Blue World.

Turmmuseum MUSEUM
(Erw./erm. 10/5 Kn; ⏲Mitte Juni–Mitte Sept. Di–So 10–13 & 16–22, Sa 10–13 Uhr, Mitte Sept.–Okt. & Ostern–Mitte Juni Di–Sa 10–13 Uhr) Den auffälligen Wehrturm im Gassenlabyrinth hinter dem Hafen bauten die Venezianer 1455, um die Stadt vor Piraten zu schützen. Der Turm lohnt den Besuch schon wegen

des kleinen Museums samt Galerie über die Seefahrtsgeschichte der Insel (Beschriftungen auf Englisch). Ausgestellt sind römische Keramikfragmente, österreichische und türkische Säbel, alte Postkarten und das Modell eines alten Dreimasters. Wer auf die Zinnen hochsteigt, wird mit einer unvergleichlichen Aussicht über die Stadt belohnt.

Kirche des heiligen Antonius des Einsiedlers KIRCHE

Die 1774 im Barockstil erbaute Kirche ist mit Marmoraltären, einer kostbaren Sammlung italienischer Gemälde, einer Pfeifenorgel und Reliquien des heiligen Georg ausgestattet. Sie ist nur zur Sonntagsmesse geöffnet, aber ein schmiedeeisernes Tor erlaubt den Blick ins Innere.

Schlafen

Die Reiseagenturen Val und Turist vermitteln Privatunterkünfte.

LP TIPP Jugendherberge JUGENDHERBERGE €

(236 234; www.hfhs.hr; Kaciol 4; Person 111 Kn; Juni–Okt.; @) In einem umgebauten Stadthaus ist eine der besten Jugendherbergen Kroatiens untergebracht. Der nette Umgangston und das gastfreundliche Management erinnern eher an eine entspannte Backpacker-Unterkunft als an eine Jugendherberge. Die Schlafsäle (alle mit Schließfächern) sind geräumig, die Doppelzimmer mit Kieferntäfelung sind recht komfortabel; die Terrasse ist der ideale Platz, um beim abendlichen Bierchen (10 Kn) Leute kennenzulernen.

Villa Mozart PENSION €€

(236 262; Kaciol 3; Person 295 Kn; @) Die 18 stimmungsvollen Zimmer in der schönen Pension sind zwar eher klein, haben aber alle TV und Bad, einige sogar Hafenblick. Von der Frühstücksterrasse schaut man ebenfalls auf den Hafen und die Kirche.

Pansion Saturn B&B €€

(236 102; www.val-losinj.hr; Obala Maršala Tita 1; EZ/DZ 289/678 Kn) Das preiswerte kleine B&B mit Blick über das Hafenbecken hat leicht altmodisches Flair. Die Gästezimmer sind groß, die Bäder modern, und von der Terrassenbar hat man tollen Blick über die Bucht und die pastellfarbene Häuserzeile.

Essen & Ausgehen

In den Café-Restaurants am Hafen bekommt man günstige, aber meist wenig originelle Küche (italienisch, Fisch und Fleischgerichte).

INSELN RUND UM LOŠINJ

Die beliebtesten Ausflugsziele von Mali Lošinj aus sind die nahe gelegenen autofreien Inseln Susak, Ilovik und Unije. Das Besondere am winzigen **Susak** (183 Ew., 3,8 km²) ist die mächtige Sandschicht, die dem Kalkstein aufliegt und die herrlichen Strände bildet. Interessant ist auch die eigenwillige Kultur der Insel: Die Bewohner sprechen einen Dialekt, der für andere Kroaten nahezu unverständlich ist. An Feiertagen und bei Hochzeiten tragen die Frauen eine Tracht aus bunten Röcken und roten Strumpfhosen. Angesichts der alten Steinhäuser auf der Insel sollte man sich vergegenwärtigen, dass jeder einzelne Stein dafür von Mali Lošinj herbeigeschafft und zum Bestimmungsort getragen werden musste. In den letzten Jahrzehnten ist die Bevölkerungzahl stetig zurückgegangen – 1948 waren es noch über 1600! Viele Susaker zogen nach Hoboken im US-Bundesstaat New Jersey.

Anders als das flache Susak ist **Ilovik** (145 Ew., 5,8 km²) eine hügelige Insel, die vor allem für ihre Blumenpracht bekannt ist – hier gedeihen unzählige Oleander, Rosen und Eukalyptusbäume. Die Insel mit ihren einsamen Badebuchten ist besonders bei Freizeitkapitänen beliebt.

Die größte Insel des Lošinj-Archipels ist **Unije** (274 Ew., 18 km²) mit sanft hügeliger Landschaft und üppig-mediterraner Macchia, Kiesstränden und zahlreichen Buchten. Die einzige Ortschaft ist ein malerisches Fischerdörfchen, das sich aus Steinhäuschen mit Giebeldächern zusammensetzt.

Ausflüge nach Susak, Ilovik und Unije kann man mit Hilfe einer Reiseagentur oder auf eigene Faust unternehmen. Jadrolinija (www.jadrolinija.hr) bietet im Sommer täglich Rundfahrten von Rijeka nach Mali Lošinj an: sechs Tage die Woche via Susak, viermal über Unije und dreimal über Ilovik. Die Fähre legt in Rijeka um 6 Uhr ab, um 17 Uhr ist sie zurück. Auf der Website sind aktuelle Fahrpläne und Preise verzeichnet.

LP TIPP **Bora Bar Trattoria/ Tartufferia** MEDITERRAN €€
(www.borabar.com; Rovenska Bay 3; Hauptgerichte ab 70 Kn;) An der Rovenska-Bucht, zehn Gehminuten von Veli entfernt, findet man ein wahres Paradies für Trüffelfans: Das leger-schicke Restaurant ist der wahr gewordene Traum des italienischen Kochs Marco Sasso, der von diesem Pilz regelrecht besessen ist. Er kreiert z. B. Thunfisch-Carpaccio mit Knollensellerie und Trüffel und wunderbare *tagliata* mit in heimischen Kräutern gebackenen Kartoffeln. Als Dessert wird Panna Cotta mit Trüffelhonig aufgetischt. Es gibt istrische Weine. Verschieden biologisch angebautes Gemüse aus der Region sind häufige Zutaten.

Ribarska Koliba KROATISCH €€
(Obala Maršala Tita 1; Hauptgerichte ab 55 Kn) Zum alten Steingebäude gleich bei der Kirche gehört eine nette Terrasse am Hafen. Serviert werden köstliche Fleischgerichte (empfehlenswert: Spanferkel) und Fisch.

Saturn BAR
(Obala Maršala Tita bb) Das stimmungsvolle kleine Lokal – die beste Bar der Stadt – bietet Tische am Hafen, Rattanstühle mit Kissen und ein ausgewähltes westlich-kroatisches Musikprogramm. Oben drüber kann man in neun preiswerten modernen Zimmern nächtigen (Buchung über die Reiseagentur Val).

Praktische Informationen

Erste Banka (Obala Maršala Tita) Mit einem Schalter zum Geldwechseln. In Veli gibt es weitere Geldautomaten.

Palma (236 179; www.losinj.com; Vladimira Nazora 22) Touristeninformation, Geldwechsel, Internetzugang und Vermittlung von Privatunterkünften.

Post (Obala Maršala Tita 33; Mo–Fr 8–21, Sa 8–13 Uhr)

Turist (236 256; www.island-losinj.com; Obala Maršala Tita 17) Organisiert Ausflüge nach Susak und Ilovik (130 Kn), vermittelt Privatunterkünfte, wechselt Geld und verleiht Fahrräder (85 Kn pro Tag) und Motorroller (365 Kn).

Val (236 352; www.val-losinj.hr; Vladimira Nazora 29) Die Agentur bucht Privatunterkünfte, arrangiert Touren und bietet Internetzugang (30 Kn pro Std.).

An- & Weiterreise

Täglich verkehren sieben bis neun Busse zwischen Veli Lošinj und Mali Lošinj (17 Kn, 10 Min.).

RAB

Rab (italienisch: Arbe) ist landschaftlich betrachtet die schönste Insel in der Kvarner-Bucht. Der dichter besiedelte Südwesten hüllt sich in das Grün üppiger Pinienwälder und wird von Sandstränden und Buchten eingerahmt. Die windumtoste Nordostküste mit hohen Klippen und nur wenigen Siedlungen wirkt dagegen unzugänglich. Hohe Berge schützen das Inselinnere vor den kalten, aus Nordosten wehenden Winden, sodass hier Oliven, Trauben und verschiedene Gemüsesorten gedeihen. Die schönsten Sandstrände der Insel liegen rund um die Halbinsel Lopar.

Kulturelles und historisches Highlights ist die zauberhafte Stadt Rab. Als Wahrzeichen erheben sich vier elegante Kirchtürme über den alten steinernen Gassen. Selbst wenn die Insel auf dem Höhepunkt der Sommersaison von Besuchern förmilich überrannt wird, vermittelt ein Bummel durch die alten Stadtviertel das Gefühl, auf Entdeckungsreise zu sein; einsame Strände liegen nur eine kurze Bootsfahrt entfernt. Im Frühjahr und Herbst ist Rab dank seines milden Klimas ein wunderbares und kaum besuchtes Reiseziel.

Geschichte

Rab wurde ursprünglich von Illyrern besiedelt und unterstand römischer, byzantinischer und kroatischer Herrschaft, bevor es 1409 zusammen mit Dalmatien an Venedig verkauft wurde. Die wichtigsten Einkommenszweige waren Landwirtschaft, Fischerei und Salzgewinnung, doch ein Großteil der Erträge landete in Venedigs Kassen. Im 15. Jh. löschten zwei Pestepidemien die Bevölkerung nahezu vollständig aus, die Wirtschaft kam zum Erliegen.

Auf Venedigs Sturz 1797 folgte eine kurze Ära österreichischer Herrschaft, die 1805 durch die Ankunft der Franzosen beendet wurde. Als Napoleon 1813 scheiterte, wurde Rab den österreichischen Territorien einverleibt. Die Österreicher bevorzugten die italienisch geprägte Elite, erst 1897 wurde das Kroatische zur offiziellen Sprache erklärt. Um die Wende zum 20. Jh. kam der Tourismus ins Rollen. Nach dem Niedergang der k. u. k.-Monarchie 1918 wurde Rab Teil des Königreiches Jugoslawien. In den 1940er-Jahren war die Insel zuerst von Italienern, dann von Deutschen besetzt und wurde 1945 befreit. Unter Tito wurde Goli Otok („Nackte Insel") vor der Halbinsel Lopar zu

Insel Rab

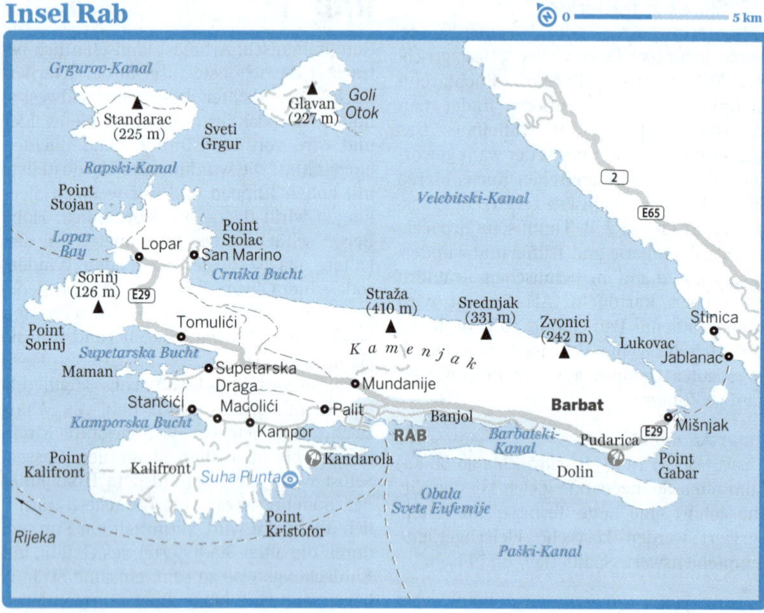

einem berüchtigten Gefangenenlager für Stalinisten, Antikommunisten und andere Dissidenten ausgebaut.

Heute ist der Tourismus Rabs Haupteinnahmequelle. Sogar in den 1990er-Jahren riss der deutsche und österreichische Besucherstrom nicht ab.

An- & Weiterreise

Der Katamaran von **Split Tours** verkehrt von Oktober bis Mai zweimal täglich und in der Hochsaison viermal täglich zwischen Valbiska auf Krk und Lopar (pro Passagier/Auto 40/230 Kn, 1½ Std.); im Winter sinken die Preise.

Eine Autofähre von **Rapska Plovidba** pendelt in den Sommermonaten ohne Zwischenhalt zwischen Mišnjak an der Südostküste der Insel und Jablanac auf dem Festland (pro Passagier/Auto 20/100 Kn, 20 Min.); und sogar im Winter gibt es etwa ein Dutzend täglicher Fährverbindungen. Bei Jablanac wird gerade ein neuer Hafen gebaut, der größeren Fähren die Nutzung der ständig überlaufenen Route ermöglicht; so soll sich die Kapazität im Laufe des Jahres 2013 verdreifachen.

Von Juni bis September düst ein **Jadrolinija**-Katamaran (nur für Personen) von Rijeka nach Rab (45 Kn, 2 Std.) und weiter nach Novalja auf Pag.

Es gibt keine direkte Busverbindung von Rab nach Zadar, allerdings kann man einen der mehrmals täglich nach Senj verkehrenden Busse nehmen und dort in einen der Busse umsteigen, die von Rijeka nach Zadar fahren (220 Kn, 5 Std.). Zwischen Rab und Rijeka verkehrt zweimal täglich ein Bus (135 Kn, 3 Std.). In der Hochsaison gibt es drei bis vier tägliche Verbindungen zwischen Zagreb und Rab (205 Kn, 4–5 Std.); man sollte im Voraus reservieren, denn die Route ist recht überlaufen. Für Reisende, die ihr Gepäck deponieren wollen, gibt es am Busbahnhof von Rab eine **Garderoba** (Mali Palit bb; pro Std. 1 Kn; ⏲5.30–20 Uhr).

Unterwegs vor Ort

Zwischen Rab-Stadt und Lopar (27 Kn, 15 Min.) verkehren täglich elf Busse in beide Richtungen (sonntags neun); manche sind auf die Abfahrtszeiten der Fähre Valbiska–Lopar abgestimmt.

Zwischen Rab-Stadt und Suha Punta verkehrt im Juli und August viermal täglich ein Wassertaxi (30 Kn); es legt am Hafen ab. Die Inselstrände sind mit privaten Taxibooten erreichbar, so etwa Frkanj und der FKK-Strand Kandarola; (30 Kn pro Pers.; von Juni bis September fast stündlich).

Rab (Stadt)

556 EW.

Die mittelalterliche Stadt Rab zählt zu den spektakulärsten Sehenswürdigkeiten der nördlichen Adria: Dicht hintereinander auf einer schmalen Halbinsel gestaffelt, erheben sich vier Kirchtürme wie Ausrufezeichen über den roten Dächern der Altstadt. Ein Labyrinth aus Straßen führt in den oberen Teil der Stadt mit der alten Kirche und den eindrucksvollen Aussichtspunkten. Das glitzernde, azurblaue Wasser von Rabs winzigem Hafen vor der Kulisse einer hügeligen Landschaft, die die Bucht vor kalten *bura*-Winden schützt, ist ein malerischer Anblick. Sobald die Stadt ausgiebig erforscht ist, lassen sich im Rahmen von Ausflügen oder mit dem Wassertaxi die schönsten Buchten und Strände der Insel entdecken.

Rund fünf Minuten zu Fuß sind es von der Altstadt zum etwas verwahrlosten Einkaufszentrum mit seinen Geschäften und zum Busbahnhof.

Sehenswertes

Ein Spaziergang durch die engen alten Gassen von Rab, den Hafen, die Oberstadt und die Parks macht einfach Spaß.

OBERSTADT

Rabs Hauptattraktionen sind die historischen Kirchen und Türme auf der schmalen Straße Gornja Ulica (und ihrer Verlängerung Ivana Rabljanina) in der Oberstadt. Die meisten Kirchen sind nur zur Morgen- und Abendmesse geöffnet, durch die Metallgitter kann man jedoch einen Blick ins Innere erhaschen.

Kirche und Turm Johannes des Täufers RUINE

(Svetog Ivana; Eintritt zum Turm 7 Kn; ⌚10–13 Uhr) Läuft man aus westlicher Richtung über die Gornja, stößt man zuerst auf diese angeblich aus dem 5. Jh. stammende Kirchenruine. Die romanische Basilika ist nur in Ansätzen zu erkennen, ein paar Säulen stehen allerdings noch. Wer den restaurierten **Glockenturm** aus dem 12. Jh. erklimmt, wird mit einem fantastischen Meerblick belohnt.

Heilig-Kreuz-Kirche KIRCHE

(Crkva Svetog Križa) In dieser aus dem 13. Jh. stammenden Kirche soll der Christus am Kreuz einst über das unmoralische Verhalten der Stadtbewohner geweint haben. Heute dient sie als Veranstaltungsort für Konzerte während der Musikalischen Abende von Rab.

Kirche St. Justina KIRCHE

(Crkva Svete Justine) Zur Kirche gehören ein Glockenturm aus dem Jahr 1572 sowie eine Sammlung sakraler Gegenstände. Das Gebäude, das gerade restauriert wird, steht samt Meerblick und Eiche am hübschen **Trg Slobode**.

Kirche St. Andreas KIRCHE

(Crkva Svetog Andrije) Die Kirche hat den ältesten Glockenturm Rabs. Durch das Gitter ist das dreigliedrige Kirchenschiff zu sehen; ein Teil des Putzes wurde entfernt, um das originale Mauerwerk freizulegen.

Glockenturm KIRCHTURM

(Zvonik; Eintritt 10 Kn; ⌚Mai–Sept. 10–13 & 19.30–22 Uhr) Rabs höchster Kirchturm stammt aus dem 13. Jh. und gehört zu den schönsten der kroatischen Küste. Den 26 m hohen Bau krönt eine achteckige Pyramide, um die eine romanische Brüstung verläuft. Die Pyramide trägt ein Kreuz mit fünf kleinen Kugeln, die Reliquien verschiedener Heiliger enthalten. Wer die steile Holztreppe erklimmt, gelangt direkt zum Schlagwerk und wird mit einer eindrucksvollen Aussicht auf die Dächer der Altstadt und das Meer belohnt.

Kirche St. Maria die Große KIRCHE

(Crkva Svete Marije Velike) Die prachtvollste Kirche der Oberstadt wird von Einheimischen einfach *katedrala* (Kathedrale) genannt. Bemerkenswert sind die schmucklose Fassade, das Chorgestühl aus dem 15. Jh., das lange Kirchenschiff und die verwitterten Säulen. Der Bau wurde im Laufe der Zeit häufig umgestaltet, hier gefundene Mosaiken sprechen jedoch dafür, dass er ab dem 4. oder 5. Jh. als christliches Gotteshaus diente.

Kirche St. Antonius KIRCHE

(Crkva Svetog Antuna) Am östlichen Ende der Straße steht diese Kirche mit Marmorintarsien. Den Altar schmückt eine Holzfigur, die den heiligen Antonius, den Einsiedler, sitzend darstellt. Das Kloster nebenan wird von Franziskanerinnen geführt. Sie bearbeiten den Garten und klöppeln Tischdecken aus Agavenfasern.

Unmittelbar nördlich der Antonius-Kirche führen Stufen hinab zu dem wunderschön angelegten **Park Komrčar**, einer tollen Ruheoase an heißen Sommertagen.

WEITERE SEHENSWÜRDIGKEITEN

Kapelle St. Chrostophorus KAPELLE

(Kapela Svetog Kristofora; Lapidarium Eintritt gegen Spende; ⌚Lapidarium Mai–Sept. Mo–Sa 10–12.30 & 19.30–21 Uhr, So 7.30–21 Uhr) Die hübsche Kapelle beherbergt in ihrem **La-**

Rab (Stadt)

0
100 m
A
B
C
D
1
2
3
4
5
6
7
Touristeninformation (Filliale)
Palit
11
7
Šetalište Mark Antuna Dominisa
Šetalište Kapetana Ivana Dominisa
Wassertaxi
16
Blato
Gradska Luka
Komrčar Park
Jurja Barakovića
Marina
Trg Svetog Kristofora
Šetalište fra Odorika Badurine
Obala Kralja Petra Krešimira IV
Campsite Padova III (300 m); Mišnjak (11 km)
5
1
9
8
Bobotine
A Ugalje
Matije Pončuna
Donja
VAROŠ
Kirche & Koster des hl. Johannes
Kneza Trpimira
Srednja
17
13
6
Gornja
Kneza Domagoja
Trg Municipium Arba
4
Touristeninformation
12
14
Trg Slobode
Put Kaldanca
15
Wassertaxi
10
2
Großer Glockenturm
Kaldanac
Sveta Maria Velika
Ivana Rabljanina
Obala Svete Eufemije
Jadrolinija Dock
3

Rab (Stadt)

pidarium eine kleine Sammlung von Steinwerken. Vom Turm aus hat man eine wunderbare **Aussicht**.

Palast Dominis PALAST
(Srednja) Der Palast wurde Ende des 15. Jhs. für eine bekannte Adelsfamilie erbaut, die hier das einfache Volk im Schreiben und Lesen unterrichtete. Die Fassade präsentiert sich mit reich geschmückten Renaissancefenstern und einem auffälligen Portal mit dem Wappen der Familie.

Aktivitäten

Rab ist von 100 km markierten **Wanderwegen** und 80 km **Radwegen** überzogen, von denen einige von der Stadt Rab aus erreichbar sind. In der Touristeninformation ist die ausgezeichnete Karte *Biking & Trekking* erhältlich. Hinter dem Hotel Istra führt eine nur 30-minütige Wanderung nach Nordosten auf den Berg Sveti Ilija, wo sich eine herrliche Aussicht bietet. Mehrere Reiseagenturen vermieten Fahrräder. Es gibt viele verschiedene Tauchspots wie z. B. das Wrack der *Rosa* mit seinen roten Gorgonien, Meeraalen und Hummern, unterirdische Höhlen und Tunnel sowie eine geschützte meeresarchäologische Stätte mit Amphoren vor dem Kap von Sorinj. Das **Mirko Diving Centre** (☎721 154; www.mirkodivingcenter.com; Barbat 710) mit Sitz im nahe gelegenen Barbat bietet Kurse („Discover Diving" 30 €) und Tauchgänge an.

Die ganze Stadt Rab ist von einem Kiesstrand gesäumt, der nach dem Sightseeing zum Schwimmen einlädt – aber Vorsicht beim Baden vor Seeigeln!

Geführte Touren

Viele Reisebüros organisieren Schiffsausflüge um die Insel (ab 125 Kn); zum Programm gehören dabei häufige Badestopps und Besuche nahe gelegener Inseln wie Sveti Grgur und des berüchtigten Goli Otok. Abends füllen Ausflugsdampfer den Hafen und man kann sich auch einfach bei den Bootsführern direkt erkundigen. Fahrten nach Lošinj (170 Kn), Krk (170 Kn) und Plitvice (385 Kn) werden ebenfalls angeboten.

Feste & Events

Beim **Jahrmarkt von Rab** (Rapska Fjera; 25.–27. Juli) tritt die Stadt eine Reise ins Mittelalter an. Die Einwohner tragen historische Kostüme und es gibt Trommelprozessionen, Feuerwerk, mittelalterliche Tänze und Wettbewerbe im Bogenschießen.

Die **Musikalischen Abende** finden zwischen Juni und September statt – wichtigste Veranstaltung sind die Donnerstagabend-Konzerte (21 Uhr), die u. a. in der Heilig-Kreuz-Kirche und der Kirche der heiligen Maria stattfinden.

Im Juli richtet Rab eine unterhaltsame **Modewoche** aus und Anfang August sorgen beim **Sommerfestival** in Blato im Norden der Stadt namhafte Trance- und House-DJs sowie kroatische Popbands für Stimmung.

Schlafen

In Rab-Stadt gibt es zahlreiche Campingplätze und Hotels (aber kaum wirklich gute), von denen viele zur Hotelgruppe **Imperial** (www.imperial.hr) gehören. Privatunterkünfte und Ferienwohnungen vermitteln Reiseagenturen – oder man macht sich selbst auf die Suche.

LP TIPP **Hotel Arbiana** HISTORISCHES HOTEL €€€
(☎775 900; www.arbianahotel.com; Obala Kralja Petra Krešimira IV 12; EZ/DZ 876/1300 Kn; P ❄ @ ☜) Das nobelste Hotel in Rab wurde

ABSTECHER

DIE HEILIGE EUPHEMIA

Das **Franziskanerkloster der heiligen Euphemia** (Samostan Svete Eufemije; Kampor; Eintritt 10 Kn; ⏲Mo–Sa 10–12 & 16–18 Uhr) und die barocke Kirche des heiligen Bernhard nebenan lohnen die 2,5 km Fußweg von Palit nordwestlich nach Kampor. Die Franziskanermönche unterhalten ein kleines Museum mit alten Pergamenten, Steinfragmenten und religiösen Gemälden, doch seinen ganz besonderen Reiz verdankt das Kloster der friedvollen Atmosphäre der Anlage. Besondere Beachtung verdienen der idyllische Kreuzgang und das ätherisch wirkende Deckenfresko der Kirche, das in eindrücklichem Kontrast zu dem Leiden steht, welches das spätgotische Kruzifix ausdrückt. Der Flügelaltar der Gebrüder Vivarini stammt aus dem 15. Jh.

1924 eröffnet und hat sich den Charme und die förmliche Eleganz von einst erhalten. Alle 28 Zimmer sind frisch renoviert und haben LCD-Fernseher, Schreibtisch und hochwertiges Repro-Mobiliar; die meisten verfügen über einen Balkon. Das dazugehörige Restaurant Santa Maria (s. rechte Spalte) ist grandios.

Pansion Tamaris HOTEL €€
(☎724 925; www.tamaris-rab.com; Palit 285; DZ 760 Kn; P ❄ 📶) Etwa zehn Gehminuten östlich der Stadt, in absolut ruhiger Lage steht dieses gut geführte kleine Hotel mit aufmerksamem Personal. Die Gästezimmer sind schlicht, aber recht stilvoll mit Laminatböden und flauschiger Bettwäsche ausgestattet. Von beinahe allen Balkone hat man Meerblick.

Hotel Imperial HOTEL €€
(☎724 522; www.imperial.hr; Palit bb; DZ 960 Kn; P ❄ @ 📶) Das Imperial ist ein bisschen altmodisch, punktet aber mit seiner tollen Lage im schattigen Komrčar-Park. Die Zimmer variieren in Sachen Qualität und Aussicht. Zum Angebot gehören Tennisplätze, Fitness- und Wellnesseinrichtungen und die kostenlose Bootsfahrt zum Strand.

Autokamp Padova III CAMPINGPLATZ €
(☎724 355; www.rab-camping.com; Banjol bb; Erw./Zelt 47/32 Kn; ⏲April–Okt.) Der Campingplatz erstreckt sich an einem Sandstrand ca. 2 km östlich der Stadt. Er bietet vielerlei Annehmlichkeiten und vermietet auch Wohnwagen.

Essen

Spezialitäten auf Rab sind frischer Fisch, Meeresfrüchte und Nudelgerichte. Qualität und Preis unterscheiden sich nicht groß voneinander – bis auf ein paar rühmliche Ausnahmen.

Am Hafen gibt es einen **Supermarkt**.

Astoria MEDITERRAN €€
(www.astoria-rab.com; Trg Municipium Arba 7; Hauptgerichte 90–160 Kn) Von der Terrasse des noblen Restaurants genießt man den Blick auf den Hafen und natürlich die versierte, anspruchsvolle Küche. Zu empfehlen sind etwa Seeteufel oder die wunderbaren *scampi municipium arbe* (in Weißwein und Knoblauch). Dazu werden köstliche kroatische und italienische Weine kredenzt.

Santa Maria KROATISCH €€
(Dinka Dokule 6; Hauptgerichte ab 80 Kn) Die Terrasse dieses Restaurants ist einer der stimmungsvollsten und romantischsten Plätze zum Dinieren: Die von Kerzen beschienenen Tische stehen direkt an der alten Stadtmauer. Das Speisenangebot ist einfallsreich und wird formvollendet zubereitet – wie wäre es etwa mit Hühnchen mit Salbeihonig und Limettensauce oder mit gebratenen Calamari?

Paradiso KROATISCH €€
(www.makek-paradiso.hr; Stjepana Radića 1; Hauptgerichte 75–140 Kn; ⏲Mai–Okt. 8–24 Uhr) Kunst, Wein und gutes Essen vereint in einem alten Stadthaus aus Stein – was will man mehr? Bevor man sich in der wunderschönen venezianischen Loggia oder im Patio Fleisch, Fisch oder Pasta schmecken lässt, kann man in der *vinoteka* Weine aus Istrien und Pelješac probieren.

Konoba Rab KROATISCH €€
(Kneza Branimira 3; Hauptgerichte ab 65 Kn; ⏲So mittags geschl.) Hier wird leckere ländliche Küche serviert, die Übersetzungen auf der Speisekarte sind allerdings gewöhnungsbedürftig. Am besten eines der Fleisch- und Fischgerichte wählen oder im Voraus in der *peka* gebratenes Lamm bestellen.

Unterhaltung

Viele Feierwütige nehmen den Katamaran, der am späten Nachmittag zum Zrće-Strand auf der Nachbarinsel Pag fährt, und kehren mit dem ersten Boot am nächsten Morgen um 6 Uhr zurück.

Dock 69 BAR, CLUB
(Obala Kralja Petra Krešimira IV) Die schicke Lounge-Bar hat eine Terrasse zum Hafen hin und einen Clubraum, in dem DJs abends mit R&B, Blues, House und aktuellen Hits für Stimmung sorgen.

Santos Beach Club CLUB
(www.sanantonio-club.com; Pudarica-Strand; ⊙Ende Juni–Anfang Sept. 10 Uhr bis Sonnenaufgang) Der Strandclub liegt etwa 10 km von Rab-Stadt entfernt in der Nähe von Barbat (nachts verkehren Shuttlebusse) und ist nur im Sommer geöffnet. Abends heizen DJs der vergnügten Partymeute ein und es gibt Livekonzerte und Modenschauen, tagsüber ist hier Faulenzen in den Liegestühlen und Beachvolleyball angesagt.

Praktische Informationen

Rund um die Touristeninformation und den Trg Svetog Kristofora gibt es kostenloses WLAN.

Digital X (☎777 010; Donja bb; pro Std. 30 Kn; ⊙Mo–Sa 10–14 & 18–24, So 18–24 Uhr) Internetzugang.

Erste Banka (Mali Palit bb) Geldwechsel und Geldautomat.

Katurbo (☎724 495; www.katurbo.hr; Šetalište Markantuna Dominisa 5) Privatunterkünfte, Geldwechsel, Fahrradverleih (pro Std. 20 Kn) und Ausflüge z. B. in den Nationalpark Plitvicer Seen.

Numero Uno (☎724 688; www.numero-uno.hr; Šetalište Markantuna Dominisa 5) Vermittelt private Unterkünfte, verleiht Fahrräder und organisiert Trekkingausflüge sowie Boots-, Kajak- (320 Kn) und Radtouren (290 Kn).

Post (Mali Palit 67; ⊙Mo–Fr 7–20, Sa 7–14 Uhr)

Touristeninformation (☎771 111; www.tzg-rab.hr; Trg Municipium Arba 8; ⊙Mitte Mai–Sept. 8–22 Uhr, Okt.–Mitte Mai 8–20 Uhr) In dem gut organisierten Infobüro mit seinem hilfsbereiten Personal stehen den Besuchern stapelweise Karten, Broschüren und Flyer zur Verfügung. An der Ecke beim Busbahnhof befindet sich eine Zweigstelle (Juni–Sept. 8–22 Uhr).

Lopar

1194 EW.

Die Touristenzone auf der Halbinsel Lopar an der Nordspitze von Rab hat wenig Charme, und doch gibt es einen überzeugenden Grund, hierher zu fahren: 22 von Kiefernwäldern gesäumte Sandstrände. In den Sommermonaten ist die Halbinsel fest in der Hand von Familien, denn das Meer ist flach und ideal für Kleinkinder. Das gilt besonders für den 1550 m langen **Paradiesstrand** (Rajska Plaža) in der Crnika-Bucht; von dort kann man fast bis zu einer kleinen Insel vor der Küste waten. Am nahe gelegenen **Livačina-Strand** geht es ruhiger zu.

Wer den Bikini fallen lassen möchte, ist am **Saharastrand**, einem FKK-Strand in einer hübschen Bucht im Norden, gut aufgehoben. Hierher führt ein 45-minütiger Spaziergang durch Kiefernwälder über einen ausgeschilderten Pfad, der hinter dem Hotelkomplex San Marino beginnt.

Im Zentrum gibt es eine **Touristeninformation** (☎775 508; www.lopar.hr; Lopar bb; ⊙Juli & Aug. 8–21 Uhr, Juni & Sept. Mo–Sa 8–20, So 8–14 Uhr). **Sahara Tours** (☎775 444; www.sahara-tours.hr; Lopar bb) vermittelt Privatunterkünfte, darunter Zimmer, Häuser und Apartments, und organisiert Bootstouren rund um die Insel.

Direkt am Paradiesstrand serviert das günstige **Lukovac** (Hauptgerichte ab 35 Kn) leckere *picarels* (frittierte Fischchen) und Salate. Im **Fortuna** (Lopar bb; Hauptgerichte ab 50 Kn) vor den Stadttoren speist man etwas schicker auf einer hübschen schattigen Terrasse.

Die aus Valbiska kommende Fähre legt ungefähr 1 km vom Zentrum entfernt an. Eine Minibahn befördert Passagiere, die ohne eigenes Fahrzeug (Erw./Kind 10/5 Kn) anreisen.

Norddalmatien

☎022, 023

Inhalt »

Gut essen

- Pelegrini (S. 208)
- Boškinac (S. 203)
- Foša (S. 189)
- Taverna-Konoba Marasović (S. 197)
- Bistro Na Tale (S. 201)

Schön übernachten

- Boškinac (S. 203)
- Hotel Bastion (S. 187)
- Art Hotel Kalelarga (S. 187)
- Konoba B&B (S. 207)
- Pansion Eco-House (S. 193)

Auf nach Norddalmatien!

Norddalmatien, vom Rest Europas durch das Velebit-Gebirge abgeschirmt, ist klimatisch mild und hinreißend malerisch. Kein Wunder, ist es in erster Linie ein Feriengebiet, lockt es doch mit einer hübschen Küste, historischen Städten, schönen Inseln und Nationalparks. Dennoch ist Norddalmatien alles andere als überlaufen: Weite Teile sind unberührt und von bezaubernder Schönheit.

Die Kulturstadt Zadar, das Tor zu Norddalmatien, ist reich an Museen, römischen Ruinen, eigentümlichen Attraktionen, Restaurants und Musikfestivals. Das nahe Šibenik hat eine entzückende mittelalterliche Altstadt. Von den Dutzenden Inseln in der Adria ist Pag im Sommer das Top-Ziel für Partygäste, während Dugi Otok und die Kornaten paradiesische Ruhe bieten.

Auch die Nationalparks beeindrucken: Paklenica eignet sich sehr gut zum Wandern und Klettern; Krka und Plitvice warten mit einer Vielzahl an Wasserfällen und Seen auf.

Reisezeit

Zadar

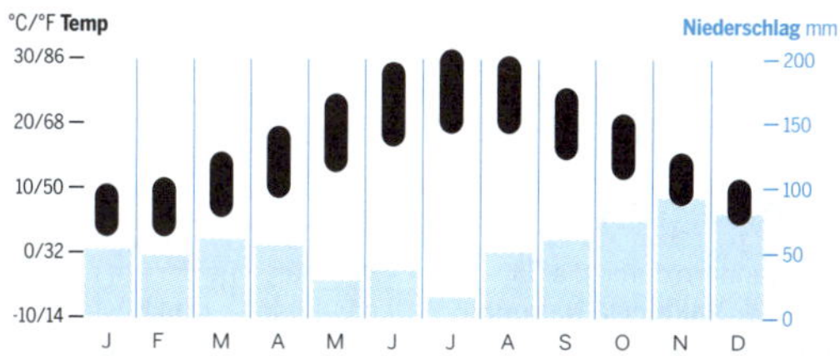

April–Mai Die milden Temperaturen sind ideal, um in den Nationalparks Paklenica und Plitwitzer Seen zu wandern.

Juni–Juli Die Stadt Šibenik zeigt sich während des Kinderfestivals von ihrer besten Seite.

Aug.–Sept. In Tisno finden jede Menge Musikfestivals statt.

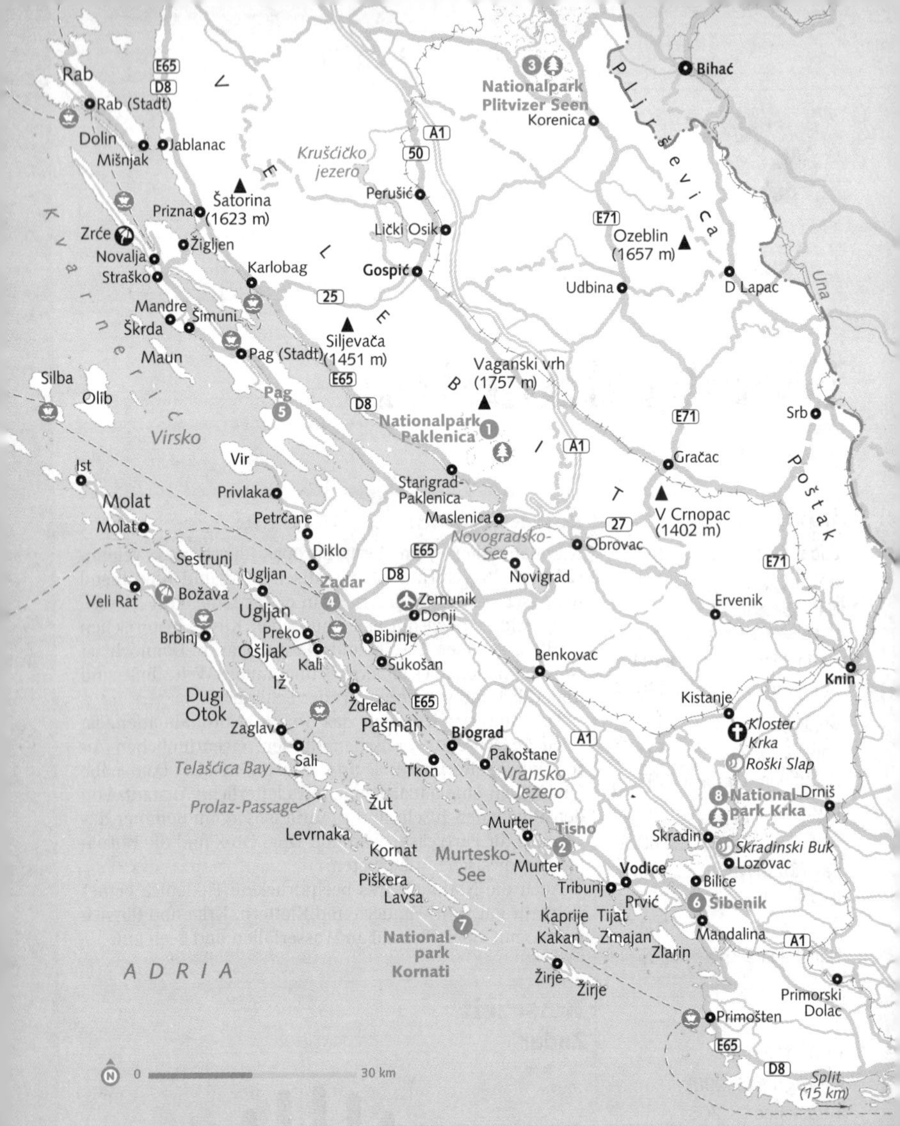

Highlights

❶ Wandern durch die Canyons des **Paklenica Nationalparks** (S. 194)

❷ In **Tisno**,feiern, wo einige innovative Musikfestivals stattfinden (S. 187)

❸ Die türkisfarbenen Seen und Wasserfälle des **Nationalparks Plitwitzer Seen** bewundern (S. 199)

❹ **Zadar**, eine der am meisten unterschätzten Küstenstädte Kroatiens, besuchen und die wunderbare **Meeresorgel** und den **Gruß an die Sonne** bestaunen (S. 183)

❺ Die Schönheiten der **Insel Pag** (S. 200) genießen – aufregendes Nachtleben und umwerfende Landschaft

❻ Durch die mittelalterlichen Straßen von Šibenik schlendern und den **Sokolarski Centre** besuchen (S. 207)

❼ Die gespenstische Schönheit des **Kornati Nationalpark** bewundern (S. 208)

❽ In den unberührten Seen des **Krka Nationalparks** schwimmen (S. 209)

REGION ZADAR

Diese außerordentlich reizvolle Gegend umgibt die kosmopolitische Stadt Zadar und die umwerfenden Nationalparks Plitwitzer Seen und Paklenica.

Zadar

023 / 73 4 42 EW.

Die historische Altstadt mit ihren römischen Ruinen und mittelalterlichen Kirchen, die kosmopolitischen Cafés und hochwertigen Museen machen Zadar zu einer besuchenswerten Stadt. Sie ist keine typische Touristenstadt, nicht zu sehr überlaufen und die beiden einzigartigen Sehenswürdigkeiten – das Ton- und Lichtspektakel der Meeresorgel und dem Gruß an die Sonne – muss man einfach gehört und gesehen haben, um es zu glauben.

Zadar verfügt zwar nicht über ein Ambiente wie auf Urlaubspostkarten, aber es ist die Mischung aus schöner römischer Architektur, Habsburger Eleganz, einer wunderbaren Wasserfront und auch ein paar schlichten, langweiligen Büroblocks, die Zadar so viel Charakter verleiht. Ein Dubrovnik ist es nicht, aber auch keine Museumsstadt, sondern ein lebhafter, pulsierender Ort, der von Bewohnern und Besuchern gleichermaßen geschätzt wird.

In der Stadtmitte gibt es nicht gerade viele Hotels, obwohl doch jedes Jahr ein paar neue Häuser eröffnen. Die meisten Besucher suchen im benachbarten grünen Ferienort Borik eine Unterkunft. Aufgrund der hervorragenden Fährverbindungen zu Kroatiens Adriainseln, zum Kvarner, nach Süddalmatien und Italien ist Zadar ausgezeichnet angebunden.

Geschichte

Zadar wurde bereits im 9. Jh. v. Chr. vom illyrischen Stamm der Liburner besiedelt. Im 1. Jh. v. Chr. wurde es römische Kolonie. Slawische Einwanderer siedelten sich hier im 6. und 7. Jh. an; schließlich fiel Zadar an die kroatisch-ungarischen Könige.

Der Aufstieg Venedigs gegen Mitte des 12. Jhs. rief heftige Gegenwehr hervor – in den darauffolgenden 200 Jahren kam es zu häufigen Aufständen, aber letztendlich erlangte Venedig 1409 die Herrschaft über der Stadt und dem übrigen Dalmatien.

Häufige Kriege zwischen Venedig und den Türken führten im 16. Jh. zum Bau der berühmten Stadtmauer von Zadar. Mit dem Fall Venedigs 1797 geriet die Stadt unter österreichische Herrschaft. Diese verwaltete die Stadt mit Hilfe der in Zadar etablierten stark italienisierten Aristokratie. Der italienische Einfluss hielt sich bis weit ins 20. Jh. – Zadar blieb eine italienische Provinz. Als Italien 1943 vor den Alliierten kapitulierte, wurde die Stadt von den Deutschen besetzt. Die Bombenangriffe der Alliierten machten sie fast dem Erdboden gleich; 60 % der Altstadt wurden zerstört. Dem ursprünglichen Straßenplan entsprechend wurde Zadar dann wieder aufgebaut.

Die Geschichte wiederholte sich 1991, als Zadar von jugoslawischen Raketen beschossen und drei Monate lang belagert wurde. Heute sind Kriegsspuren jedoch nicht mehr sichtbar und Zadar zählt wieder zu den dynamischsten Städten Kroatiens.

Sehenswertes

Meeresorgel MONUMENT

Die Meeresorgel des lokalen Architekten Nikola Bašić ist einzigartig. In den löchrigen Steinstufen, die zum Meer führen, befindet sich ein Orgelsystem mit Flöten und Pfeifen. Durch die Bewegung des Meeres wird Luft nach oben durch die Pfeifen gedrückt und es entstehen klagende Töne. Das Resultat wirkt hypnotisierend. Die lieblichen Töne werden lauter, wenn Boote oder Fähren vorbeifahren. Von den Stufen der Promenade aus kann man hinausschwimmen und dabei den Geräuschen der Meeresorgel zuhören.

Gruß an die Sonne MONUMENT

Direkt neben der Meeresorgel befindet sich der Gruß an die Sonne, eine weitere urige und wundersame Schöpfung des heimischen Architekten Nikola Bašić. In den Boden wurde ein 22 m großer Kreis eingelassen und mit 300 mehrschichtigen Glasplatten gefüllt, die tagsüber das Sonnenlicht auffangen. Als Ergänzung zu den Klängen der Meeresorgel, die von den Wellen erzeugt werden, sorgt das Glas von Sonnenuntergang bis Sonnenaufgang für eine psychedelische Lichtshow, die das Sonnensystem simulieren soll. Dank des sonnigen Klimas erzeugt der Gruß an die Sonne so viel Strom, dass damit die komplette Beleuchtung der Hafenpromenade betrieben werden kann.

Jeden Abend strömen hier Touristen, aufgeregte Kinder und Einheimische hin, besonders beim Sonnenuntergang, wenn der wunderbare Blick auf das Meer und der erleuchtete Boden für einen außergewöhnlichen Anblick sorgen.

Zadar

Donatuskirche KIRCHE

(Crkva Svetog Donata; Šimuna Kožičića Benje; Eintritt 15 Kn; ⏲Mai–Sept. 9–21 Uhr, Okt.–April 9–16 Uhr) Die Kirche aus dem frühen 9. Jh. wurde nach Bischof Donat benannt, der den Bau im frühbyzantinischen Stil errichten ließ. Der ungewöhnliche runde Grundriss ist vor allem an der Südfassade gut zu erkennen, denn hier fehlt der Anbau. Das Innere ist hingegen wundervoll schlicht und schnörkellos und an heißen Tagen erfrischend kühl. Gottesdienste finden hier nicht mehr statt.

Die Kirche wurde über dem **Römischen Forum** erbaut, das zwischen dem 1. Jh. v. Chr. und dem 3. Jh. n. Chr. entstand. Erhalten blieben nur wenige architektonische Fragmente, darunter zwei komplette Säulen, die in die Kirche integriert wurden. Der Boden der Kirche wurde entfernt, sodass man die Felsplatten des antiken Forums erkennen kann. Beachtenswert sind die lateinischen Inschriften auf den Überresten der römischen Opferaltäre.

Vor der Kirche steht an der Nordwestfassade eine römische Säule. Sie wurde im Mittelalter als **Pranger** genutzt, wo so mancher Übeltäter angekettet und öffentlich bestraft oder erniedrigt wurde. An der Westfassade der Kirche findet man weitere **römische Spuren**, darunter Säulen mit Reliefs von Göttern und mythischen Figuren, u. a. Jupiter-Amun und Medusa. Darunter erkennt man die Reste eines Altars aus dem 1. Jh. v. Chr., der bei heidnischen Zeremonien für Blutopfer benutzt wurde. Wahrscheinlich stand hier ein Tempel, der Jupiter, Juno und Minerva geweiht war.

Stadtmauer STADTMAUER

Ein Rundgang entlang der Stadtmauer gewährt einen guten Einblick in die Geschichte der Stadt. Man beginnt an der östlichen Mauer nahe der Fußgängerbrücke. Dies sind die einzigen Überreste der antiken römi-

Zadar

Highlights
Donatuskirche ... B2
Museum für Antikes Glas ... D3
Römisches Forum ... B2
Meeresorgel ... A2
Gruß an die Sonne ... A1

Sehenswertes
1 Archäologisches Museum ... B2
2 Kathedrale der heiligen Anastasia ... B2
3 Kettentor ... B1
4 Franziskanerkloster & Kirche ... A2
5 Sveti-Rok-Tor ... D2
6 Stadttor ... D4
7 Museum für Kirchenkunst ... B3
8 Hafentor ... C2
9 Kirche des heiligen Grisognus ... C2
10 Kirche des heiligen Simeon ... D4

Aktivitäten, Kurse & Touren
11 Aquarius Travel Agency ... D3

Schlafen
12 Art Hotel Kalelarga ... C3
13 Hotel Bastion ... B1
14 Hotel Venera ... C4

Essen
15 Do Ortuna ... C4
16 Kornat ... B1
17 Na po ure ... C4
18 Supermarkt ... C3
19 Markt ... D3

Ausgehen
20 Arsenal ... B1
21 Caffe Bar Lovre ... C3
22 Galerija Đina ... C4
23 Garden ... B1
24 Kult Caffe ... C4
25 Zodiac ... C4

Unterhaltung
26 Callegro ... B2
27 Nationaltheater ... C3
28 Satir ... D3

schen und frühmittelalterlichen Befestigungen (der größte Teil der Stadtmauer wurde unter venezianischer Herrschaft erbaut). Unweit hiervon befinden sich vier alte Stadttore: im Nordwesten das **Sveti-Rok-Tor**, dann das **Hafentor**. Letzteres wurde 1573 erbaut und trägt noch immer den venezianischen Löwen und Teile eines römischen Triumphbogens. Eingelassen ist auch eine Inschrift, die an die Schlacht von Lepanto (1571) erinnert. Etwas weiter westlich steht das **Kettentor**. Im Südosten schließlich befindet sich das prächtige **Landtor** (Kopnena Vrata) von 1543, das 2011 komplett restauriert wurde. Die Verzierungen im Stil der Renaissance zeigen den heiligen Krževan hoch zu Ross sowie den venezianischen Löwen.

Museum für Antikes Glas — MUSEUM

(www.mas-zadar.hr; Poljana Zemaljskog Odbora 1; Erw./erm. 30/10 Kn; ⏲Mai–Sept. 9–21 Uhr, Okt.–April bis 19 Uhr) Ein beeindruckendes, gut durchdachtes Museum. Die Gestaltung ist hervorragend und riesige Lichtboxen und ätherische Musik erzeugen ein ganz besonderes Besuchererlebnis. Das Museum erklärt die Geschichte und Erfindung von Glas, dazu gibt es Werkzeug, Blasrohre und frühe Gefäße aus Ägypten und Mesopotamien. Tausende Exponate können bestaunt werden, darunter Gläser, Gefäße, Röhrchen und Schmuck (inkl. Ringe und Amulette). Hinzu kommen viele ungewöhnliche Stücke, die in der Gegend rund um Zadar gefunden wurden, z. B. römische Miniaturen, in denen die Damenwelt Parfüm und ätherische Öle aufbewahrte.

Simeonskirche — KIRCHE

(Crkva Svetog Šime; Trg Šime Budinića; ⏲Juni–Sept. 8–12 & 18–20 Uhr) Diese Kirche wurde im 16. und 17. Jh. an der Stelle einer früheren Kirche neu errichtet . Der Sarkophag des hl. Simeon ist ein Meisterwerk mittelalterlicher Goldschmiedekunst. Er wurde 1377 in Auftrag gegeben, ist aus Zedernholz gefertigt und innen wie außen mit fein gearbeiteten vergoldeten Silberreliefs verziert. Das mittlere Relief zeigt Jesus im Tempel und ist eine Kopie des Giotto Freskos aus der Cappella dell'Arena im italienischen Padua. Andere Reliefs zeigen Szenen aus den Leben der Heiligen und den Besuch König Ludovics in Zadar. Auf dem Deckel befindet sich die liegende Figur Simeons.

Kathedrale der hl. Anastasia — KATHEDRALE

(Katedrala Svete Stošije; Trg Svete Stošije; ⏲Mo–Fr 8–12 & 17–18.30 Uhr) Die romanische Kathedrale der heiligen Anastasia wurde im 12. und 13. Jh. an der Stelle einer älteren Kirche erbaut. Hinter der reich verzierten Fassade verbirgt sich ein beeindruckender dreischiffiger Innenraum. Die Seitenkapellen sind mit Wandmalereien aus dem 13. Jh. geschmückt. In der linken Apsis befindet sich auf dem Altar ein Marmorsarg mit den sterblichen Überresten der heiligen Anastasia, während im Presbyterium ein aufwendig geschnitztes Chorgestühl steht. Im Zweiten Weltkrieg wurde die Kathedrale stark beschädigt, ist aber seitdem wieder aufgebaut worden. Vom **Glockenturm** (10 Kn) hat man einen eindrucksvollen Blick auf die Altstadt.

Museum für Kirchenkunst MUSEUM
(Trg Opatice Čike bb; Erw./erm. 20/10 Kn; ⌚Mo–Sa 10–12.45 & 18–20 Uhr) Dieses beeindruckende Museum im Benediktinerkloster zeigt eine schöne Sammlung an Reliquien und religiösen Gemälden. Neben den Goldschmiedearbeiten sind ein Madonnengemälde aus dem 14. Jh., Marmorskulpturen und ein Gemälde von Paolo Veneziani besonders sehenswert. Der 2. Stock beherbergt Skulpturen und Stickereien aus dem 15. und 16. Jh. sowie sechs Bilder des venezianischen Malers Vittore Carpaccio aus dem 15. Jh.

Archäologisches Museum MUSEUM
(Arheološki Muzej; www.amzd.hr; Trg Opatice Čike 1; Erw./erm. 20/10 Kn; ⌚Mai–Sept. tgl. 9–22 Uhr, Okt.–April Sa & So 10–13 Uhr) Das kürzlich renovierte Archäologische Museum verteilt sich auf drei Stockwerke. Das Obergeschoss ist der Frühgeschichte gewidmet und zeigt illyrische und liburnische Keramik und Metallarbeiten. Der 2. Stock beherbergt beeindruckende römische Stelen aus Assyrien, eine 2,5 m hohe Marmorstatue von Kaiser Augustus aus dem 1. Jh. v. Chr. und ein Modell des alten Forum, neben anderen römischen Exponaten. Das Erdgeschoss ist dem Mittelalter gewidmet und präsentiert auch ein paar ungewöhnliche Grabsteine aus der Region.

GRATIS **Franziskanerkloster & Kirche** KLOSTER
(Samostan Svetog Frane; Zadarskog mira 1358; ⌚7.30–12 & 16.30–18 Uhr) Diese gotische Kirche, die älteste ihrer Art in Dalmatien, wurde 1280 geweiht. Im Kircheninneren finden sich Stilelemente der Renaissance, wie die hübsche Antoniuskapelle. In der Sakristei erinnert eine Gedenktafel an den Vertrag von 1358, in dem Venedig seine Rechte an Dalmatien an den kroatisch-ungarischen König Ludovic abtrat.

Grisogonuskirche KIRCHE
(Crkva Svetog Krševana; Brne Krnarutića; ⌚nur Gottesdienst) Dieses wunderschöne Gebäude war einst Teil eines Benediktinerklosters aus dem 12. Jh. Es enthält einen schönen Barockaltar und byzantinische Fresken; es ist allerdings derzeit wegen Renovierungsarbeiten geschlossen.

Aktivitäten

Unweit von Kralja Dmitra Zvonimira, nördlich der Brücke, die die Altstadt mit dem neuen Teil verbindet, gibt es an der Küstenpromenade einen **Schwimmbereich** mit Sprungbrettern, einem kleinen Park und einem Café. Kiefern und kleine Parks säumen die Promenade, die zu einem Strand vor dem Hotel Kolovare und dann noch etwa 1 km die Küste entlang führt.

Als Alternative zur Brücke kann man sich auch mit einem *barkarioli* (Ruderboot)

DIE PLÄTZE DER STADT

Der **Narodni Trg** war schon immer das Zentrum öffentlichen Lebens. Die Westseite des Platzes wird von einem Wachturm aus der Spätrenaissance (1562) dominiert. Der Uhrturm wurde 1798 unter österreichischer Herrschaft errichtet. Öffentliche Bekanntmachungen und Urteile wurden von der Loggia auf der anderen Seite des Platzes verkündet. Hier finden heutzutage Kunstausstellungen statt. Ein paar hundert Meter nordwestlich vom Narodni Trg steht die orthodoxe Kirche; dahinter schließt sich ein kleines serbisches Viertel an.

Trg Pet Bunara Der „Platz der fünf Brunnen" wurde im Jahr 1574 über einem ehemaligen Stadtgraben angelegt und enthält eine Zisterne mit fünf Brunnen, die Zadar bis 1838 mit Wasser versorgten.

Auf dem **Trg Tri Bunara** (Drei-Brunnen-Platz), dem kleineren Bruder auf der anderen Seite der Stadt, steht das sehenswerte Arsenal. Das ehemalige venezianische Lagergebäude ist inzwischen ein Kulturzentrum mit Bar, Restaurant und mehreren Geschäften. Direkt um die Ecke befindet sich die Garden Bar mit Club, sodass man von einem kleinen kulturellen Zentrum sprechen kann.

ganz entspannt von der Altstadthalbinsel zum najegelegenen Festland schippern lassen (5 Kn).

Acquapura Thalasso WELLNESSZENTRUM
(☎206 184; www.borik.falkensteiner.com; Club Fulmination Borik, Majstora Radovana 7, Borik; ⌚8–22 Uhr) Ein hervorragendes, weitläufiges Wellnesszentrum, mit wunderschön renovierten Räumlichkeiten, Sauna und Jacuzzi, mehreren Pools und Tauchbecken, Massagen und Schönheitsbehandlungen.

Supernova RADFAHREN
(☎311 010; Obala Kneza Branimira 2a) Zadar lässt sich herovrragend per Fahrrad erkunden. Supernova verleiht Räder ab 90 Kn pro Tag.

Geführte Touren

Reisebüros bieten Bootsausflüge in die Bucht von Telašćica und zu den wunderschönen Kornaten an. Die Touren schließen in der Regel Mittagessen und Bademöglichkeit im Meer oder in einem Salzsee ein. Infos bekommt man an der Liburnska Obala (wo die Ausflugsboote vor Anker liegen).

Organisierte Ausflüge zu den Nationalparks Paklenica, Krka und Plitwitzer Seen sind ebenfalls äußerst beliebt. Sie ermöglichen Besuchern zu den Parks zu gelangen und sie zu erkunden, ohne die Fahrt dorthin selbst organisieren zu müssen.

Aquarius Travel Agency GEFÜHRTE TOUREN
(☎212 919; www.juresko.hr; Nova Vrata bb) Ein Tagesausflug kostet pro Person zwischen 250 und 300 Kn.

Feste & Events

In der Region um Zadar finden inzwischen einige international renommierte Musikfestivals statt.

Musikalische Abende MUSIK
Klassische Konzerte mit bekannten internationalen Künstlern finden das ganze Jahr über in der Donatuskirche und an anderen Veranstaltungsorten in Zadar statt.

Zadar-Träume THEATER
(Zadar Snova; www.zadarsnova.hr) Ein Theaterfestival, das Anfang August die Parks und Plätze Zadars in eine Bühne für Modernes Theater, Tanz, Musik und Kunst verwandelt.

Vollmond-Festival KULTUR
Während dieses Festivals, das in der Vollmondnacht des Augusts stattfindet, werden die Kais mit Fackeln und Kerzen beleuchtet, an den Ständen verkauft man regionale Leckereien, und die Boote, die im Hafen liegen, werden zu schwimmenden Fischmärkten.

Chorfestival MUSIK
Chorkonzerte mit einigen der besten Chöre Europas finden im Oktober in Zadars Kirchen statt.

Schlafen

In Zadar selbst gibt es nicht viele Unterkünfte. Die meisten Besucher übernachten im Touristengebiet Borik, was nicht so schlecht ist, wie es sich anhört, denn dort gibt es gute Möglichkeiten zum Schwimmen, viel Grün und eine hübsche Promenade. Die meisten Hotels in Borik stammen noch aus jugoslawischer Zeit (oder sind noch älter). Es gibt auch eine Pension, einen Campingplatz und *sobe* (Zimmer). Viele Hotels gehören zu der österreichischen Gruppe **Falkensteiner** (www.falkensteiner.com).

Reisebüros vermitteln auch Privatunterkünfte; in der Altstadt gibt es allerdings nur sehr wenige davon.

ZADAR

LP TIPP **Art Hotel Kalelarga** BOUTIQUEHOTEL €€€
(☎233 000; www.arthotel-kalelarga.com; Široka 23; EZ/DZ/Suite 1225/1430/2300 Kn; P❄📶) Dieses Boutiquehotel mit 10 Zimmern ist eine luxuriös-dezente Schönheit im Herzen der Altstadt von Zadar. Benannt ist es nach der alten Straße, an der es liegt – Kalelarga nennen die Einheimischen die Širokastraße. Aufgrund der Altstadtlage unterlagen Entwurf und Bau strengen Denkmalschutzauflagen; das erklärt, warum der Neubau sich so elegant in die Umgebung einfügt. Die Gäste, die am leckeren Kuchen vorbei durch das stilvolle Café hineinspazieren, erwarten geräumige Zimmer, die in Sand- und Steintönen gehalten sind und sich durch prächtige Betten, aufwendige Beleuchtung und klare Linien auszeichnen. Entworfen hat das Hotel der slowenische Architekt Jani Vozelj, der auch am Hotel Bastion beteiligt war. Zum Hotelrestaurant **Gourmet Kalelarga** gehören auch die Tische im unteren Erdgeschoss und auf dem Hauptplatz, vor dem Ethnologischen Museum.

LP TIPP **Hotel Bastion** BOUTIQUEHOTEL €€€
(☎494 950; www.hotel-bastion.hr; Bedemi Zadarskih Pobuna 13; EZ/DZ/Suite ab 905/1140/1290 Kn; P❄@📶) Das ältere, aber nicht weniger schicke Pendant zum Art Hotel Kalelarga ist

DER GARTEN WÄCHST

Von Juli bis September dreht sich in der Region um Zadar alles um die beste elektronische Musik der Welt. Die Stile sind zahlreich und die Musik eklektisch: Cosmic Disco, Soul und Funk, Electronica mit Volksmusikeinflüssen sowie jazzige Loungemusik. Richtige Trancemusik gehört nicht dazu, und das Publikum ist musikalisch bewandert und erfahren. Cheforganisator des Festivals ist die Garden Bar in Zadar; das Festival findet aber in einer tollen neuen Location im kleinen Dörfchen Tisno, etwa 45 km südöstlich von Zadar, statt.

Das ursprüngliche Event, das **Gartenfestival** (www.thegardenfestival.eu), gibt es seit 2006; nach vier Jahren hatten sich schon vier weitere Festivals (Soundwave, Suncebeat, Electric Elephant und Stop Making Sense) neben dem Gartenfestival, das zwischen Juli und September stattfindet, etabliert. 2012 war der alte Veranstaltungsort in der Stadt Petrčane endgültig zu klein geworden und eine neue Location musste her.

Der neue Partyort in Tisno macht richtig etwas her. Der Club hat einen Privatstrand, 80 renovierte Apartments und einen Zeltplatz der Extraklasse – mit 30 m² großen, indischen Shikarzelten aus luftdurchlässigem Baumwollstoff, die mit elektrischen Ventilatoren sowie elektrischem Licht, richtigen Betten und Moskitonetzen und sogar einem separaten Ankleidezimmer und einer Veranda ausgestattet sind. Hier sollen alle Festivalgäste übernachten, denn hier können sie so viel Lärm machen, wie sie möchten, ohne irgendwelchen Anwohnern zu stören. Es gibt schattige Ecken zum Chillen und drei verschiedene Musikbereiche, darunter der Freiluftclub Barbarella's, nur eine kurze Fahrt mit Bus oder Wassertaxi entfernt. Bringt man dann noch die berühmt-berüchtigten Argonaughty Bootspartys in Spiel (und das allgegenwärtige funkelnde adriatische Meer), dann hat man schon etwas Besonderes.

Bei allen Musikevents kommen innovative Künstler zum Zug (und nicht einfach bekannte Namen und wummernde DJs), wie Jose Padilla, Laura Jones, Maxxi Soundsystem und Steve Cobby (Fila Brazillia).

ein weiteres Luxusjuwel der Altstadt Zadars. Erbaut wurde es auf den Überresten einer Festung. Dazu trägt auch die durchgängige, geschmackvolle Jugendstildekoration. Die 28 Zimmer sind alle schön ausgeführt (z. T. mit Marmorelementen); die Suite verfügt über eine eigene Terrasse mit Blick auf den Hafen. Die Lage ist fantastisch und einfach nicht zu toppen: es liegt direkt neben der **Garden Bar** und dem **Arsenal**. Ein erstklassiges Restaurant und Wellnessbereich im Erdgeschoss runden das Angebot ab; der Fitnessbereich enttäuscht jedoch. Parken kostet 70 Kn pro Tag.

Villa Hrešć HOTEL €€€

(☎337 570; www.villa-hresc.hr; Obala Kneza Trpimira 28; EZ/DZ 670/850 Kn; P ❄ 📶 🏊) Diese Villa im Apartmentstil bietet von ihrem Garten am Meer einen tollen Blick auf die Altstadt. Sowohl die Zimmer mit ihrem guten Preis-Leistungs-Verhältnis als auch die Apartments zeichnen sich durch subtile Farbgebung und ansprechende Einrichtung aus. Einige haben riesige Terrassen. Für wirkliche Selbstversorger sind die Apartments jedoch nicht geeignet, denn die Kochgelegenheiten sind eher dekorativ denn funktional. Das Hotel liegt nördlich des Stadtzentrums; bis zu Zadars historischen Sehenswürdigkeiten sind es 20 Gehminuten an der Seepromenade entlang.

Hotel Venera PENSION €€

(☎214 098; www.hotel-venera-zd.hr; Šime Ljubića 4a; DZ 460 Kn) Zwei Dinge sprechen für diese einfache Pension: die gute Lage in einer ruhigen Straße der Altstadt und die freundliche Besitzerfamilie. Die schlichten Zimmer sind sauber, aber altmodisch und klein. Alle sind mit Doppelbetten, Föhn, Schreibtisch und Dusche ausgestattet. Eine Klimaanlage und ein Restaurant im Erdgeschoss sind in Planung. Das Frühstück ist leider nicht im Preis enthalten.

BORIK

Hotel Adriana STRANDHOTEL €€€

(☎206 636; www.falkensteiner.com; Majstora Radovana 7; EZ/DZ 1510/2370 Kn; ⏲Mitte Mai–Mitte Okt.; P ❄ @ 📶 🏊) Das Hotel in einer hübschen Villa aus dem 19. Jh. ist eine erholsame Unterkunft auf schattigem Gelände, das sich bis zum Mittelmeer erstreckt. Die

Zimmer in einem Anbau aus den 1960er-Jahren präsentieren sich noch im Retrolook, aber sie zählen zum oberen Standard. Viele Gäste buchen Halbpension, denn das Restaurant, das auch über eine repräsentative Terrasse verfügt, ist ausgezeichnet.

Hotel Niko STRANDHOTEL €€€
(☎337 888; www.hotel-niko.hr; Obala Kneza Domagoja 9; EZ/DZ 752/963 Kn; P❄@📶) Vom Gelände und der Restaurantterrasse dieses kleinen, gut geführten Hotels bietet sich ein schöner Blick über das Meer zur Altstadt. Die großen Zimmer sind mit dicken Teppichen und hochwertigen Möbeln eingerichtet; viele davon mit Balkon und Meerblick. Das Personal ist effizient und freundlich.

Club Funimation Borik STRANDHOTEL €€€
(☎206 636; www.falkensteiner.com; Majstora Radovana 7; EZ/DZ 1296/1714 Kn; P❄@📶🏊) Der effizient geführte Familienbetrieb direkt an der Uferpromenade von Borik hat eine hervorragende Infrastruktur, z. B. einen großartigen Fitnessbereich und einen Innen- und Außenpool. Kinder werden in ihrem eigenen „Falky Land" betreut. Das Hotel stammt aus den 1960er-Jahren. Bei der Renovierung wurde mit schriller Beleuchtung und einer kitschigen Bar im Safaristil der Epochencharakter erhalten. Die Zimmer sind sehr groß und die Suiten fürstlich. Doch der Trumpf des Funimation ist das hervorragende Spa.

Pansion Albin PENSION €€
(☎331 137; www.albin.hr; Put Dikla 47; EZ/DZ 335/447 Kn; P❄@📶🏊) Diese freundliche Pension mit schön hergerichteten Zimmern, z. T. mit Balkon, ist eine gute Wahl. Das hoteleigene Restaurant ist gut, das Frühstück großzügig bemessen und die Lage ruhig, unweit vom Strand.

Jugendherberge Zadar HOSTEL €
(☎331 145; zadar@hfhs.hr; Obala Kneza Trpimira 76; B 90–127 Kn; P@) Diese riesige Jugendherberge mit 300 Betten ist für Rucksacktouristen die billigste Unterkunft der Stadt. Innen ist es typisch Jugendherberge – schlichte Zimmer (11 Doppelzimmer) und große Schlafsäle – dafür nicht weit vom Strand von Borik. Ein oder zwei Nächte kann man es hier gut aushalten; es wird aber immer mal wieder von riesigen Schülergruppen heimgesucht.

Autocamp Borik CAMPINGPLATZ €
(☎332 074; Erw. 56 Kn, Platz 94–146 Kn; ⏲Mai–Okt.) Eine gute Wahl für alle, die unweit der Stadt unterkommen möchten. Der Strand von Borik ist nur ein paar Schritte entfernt, hohe Kiefern spenden Schatten, die Ausstattung ist gut.

Essen

Die Auswahl an Gasthäusern in Zadar ist breit gefächert. Neben eleganten Restaurants, die sich auf die dalmatinische Küche spezialisiert haben (insbesondere Fisch und Meeresfrüchte), gibt es schnörkellose kantinenähnliche Lokale, wo man sich richtig satt essen kann.

ZADAR

Zadars **Markt** (⏲6–15 Uhr) an der Jurja Barakovica gehört zu den besten in Kroatien. Hier gibt es saisonale, einheimische Produkte zu günstigen Preisen: saftige Wassermelonen und Orangen, Schinken und Pager Käse (500 g für ca. 100 Kn). Außerdem gibt es einen gut sortierten **Supermarkt** (Ecke Široka & Sabora Dalmatinske) mit langen Öffnungszeiten.

LP TIPP **Foša** MEDITERRAN €€
(www.fosa.hr; Kralja Dmitra Zvonimira 2; Hauptgerichte ab 85 Kn) Dieses klassisch anmutende Restaurant hat eine hübsche Terrasse mit Blick zum Hafen; die schicke Inneneinrichtung verbindet alte Steinwände mit dem Stil des 21. Jhs. Am besten probiert man zuerst die Olivenöle und bestellt dann einen Mittelmeerfisch, Thunfisch oder Garnelen. Auch Fleischliebhaber kommen hier auf ihre Kosten. Zum Nachtisch gibt es z. B. dalmatinischen Mandelkuchen und Panna cotta mit Sauerkirschsauce.

Kornat KROATISCH €€
(www.restaurant-kornat.com; Liburnska Obala 6; Hauptgerichte ab 70 Kn) Dieses elegante Restaurant in Top-Hafenlage mit schöner Holzvertäfelung und einer schicken Straßenterrasse zählt zu Zadars besten Lokalen. Die Küche ist sehr schmackhaft, wenn auch traditionell mit vielen schweren Saucen; zu empfehlen sind das Rindersteak in Trüffelsauce, das Lamm mit Rosmarin und Rotwein oder der schwarze Risotto.

Na po ure DALMATINISCH €
(Špire Brusine 8; Hauptgerichte ab 40 Kn) In dieser unprätentiösen *konoba* (familienbetriebenes Restaurant) mit herzhafter dalmatinischer Küche wird jeder satt. Auf der Karte stehen gegrilltes Lamm, Kalbsleber und frischer Fisch mit Kartoffeln und Gemüse.

Zalogajnica Ljepotica DALMATINISCH €

(Obala Kneza Branimira 4b; Hauptgerichte ab 35 Kn) Das wohl günstigste Lokal der Stadt bietet täglich drei bis vier verschiedene Gerichte (Risotto, Pasta, Fleisch vom Grill etc.) zu richtig akzeptablen Preisen in schlichtem Ambiente an.

Do Ortuna IMBISS €

(Stomorića 4; Hauptgerichte 12–30 Kn) Dieser kleine Imbiss mit zwei Tischen auf dem Bürgersteig serviert riesige Sandwiches, Crêpes, *papaline* (winzige panierte, gebratene Fische) und Salate. Das, was es hier gibt, schmeckt richtig gut.

BORIK

Niko FISCH €€

(www.hotel-niko.hr; Obala Kneza Domagoja 9; Hauptgerichte ab 60 Kn) Dieses überaus beliebte Hotelrestaurant serviert tollen gegrillten Fisch und Meeresfrüchte; auf der Speisekarte stehen aber auch Fleisch- und vegetarische Gerichte. Am besten speist man auf der großen Terrasse mit hinreißendem Ausblick auf die Adria.

Ausgehen

In Zadar gibt es zahlreiche Straßencafés, Lounge- und Designerbars und auch Einiges mehr. Interessante kleine Szenebars, die bei Studenten und Künstlern angesagt sind, findet man in Varoš, das an der Südwestseite der Altstadt grenzt.

LP TIPP Garden BAR, RESTAURANT

(www.thegardenzadar.com; Bedemi Zadarskih Pobuna; ⌚Ende Mai–Okt.) Wenn überhaupt, dann ist Zadar wegen dieser bemerkenswerten Kombination aus Bar, Club, Garten und Restaurant kein weißer Fleck mehr auf der Party-Landkarte. Von seinem Standort auf der Stadtmauer bietet sich ein umwerfender Blick auf den Hafen. Mit den Matratzenkissen, separaten Alkoven, großen Sonnensegeln, seinem purpurnen und weißen Dekor und zeitgenössischer Techno-Musik erinnert das Garden eher an Ibiza, ist dafür aber trotzdem erstaunlich preisgünstig. Hier bleibt jeder länger als geplant, denn dieses Lokal besitzt einen geradezu hypnotischen Charme.

Arsenal BAR, RESTAURANT

(www.arsenalzadar.com; Trg Tri Bunara 1) Ein riesiges umgebautes Lagerhaus beherbergt nun eine Loungebar, ein Restaurant und eine Galerie. Das Arsenal versprüht kultivierten, coolen Charme. Hier Zeit zu verbringen macht Spaß: es gibt verrückte Chill-out Nischen, Kunst zu Entdecken, Boutiquen, Konzerte, leckeres Essen und gute Getränke, und sogar eine kleine Touristeninfostelle (mal mit, mal ohne Mitarbeiter). Um Cocktails zu schlürfen und zu entspannen ist der Loungebereich ideal, am besten zusammen mit ein paar Freunden.

Caffe Bar Lovre CAFE

(Narodni trg 1) Mit einer riesigen Terrasse auf dem Narodni trg und den Überresten der St.-Lovre-Kirche (12. Jh.) im hinteren Teil des Gebäudes hat das tolle Lovre ein tolles Ambiente zu bieten. Sehr für ein kleines Frühstück zu empfehlen: Croissant, Cappuccino – und dabei das pulsierende Leben um einen herum genießen.

Kult Caffe BAR

(Stomorića 4) Das Kult Caffe zieht mit seinem eleganten Interieur und moderner Musik ein junges, schickes Publikum an. Seine riesige Terrasse ist einer der Haupttreffpunkte in der Altstadt.

Zodiac BAR

(Olica Simana Ljubavca bb) Hierhin kommen Zadars Künstler und Schriftsteller, Tagträumer und Macher. An den Tischen im Freien kann stets viele interessante Menschen kennenlernen.

Galerija Đina BAR

(Varoška 2) Ein lebhaftes kleines Lokal, das in ein schmales Gässchen mitten in der Varoš Szene hineinreicht. Am Wochenende ist hier richtig etwas los.

Ausgehen

Satir NACHTCLUB

(www.satir.hr; Poljana Zemaljskog Odbora 2; ⌚Do–Sa) Ein intimer Club mit bekannten House und Techno Djs und auch Fetischabenden. Bandauftritte und Modenschauen steigen hier auch.

Callegro CINEMA

(www.callegro.com; Široka 18; Karten 20–25 Kn) Kleineres Kino mit breiter Palette an Filmen von Programmkino bis zu Kassenschlagern aus Hollywood. Sie werden alle in der Originalversion gezeigt.

National Theatre THEATER

(☎314 552; Široka; ⌚Theaterkasse Mo–Fr 9–17 Uhr) Hier hat sich ein Großteil der reichen Theatertradition Zadars abgespielt.

Praktische Informationen

Geris.net (Federica Grisogona 81; Internetzugang 25 Kn pro Stunde) Das beste Internetcafé der Stadt.

Krankenhaus (☎315 677; Bože Peričića 5)

Miatours (☎/Fax 212 788; www.miatours.hr; Vrata Svetog Krševana) Organisiert Ausflüge und Unterkünfte.

Post (Poljana Pape Aleksandra III; ⌚Mo–Sa 7.30–21, So bis 14 Uhr) Telefone und Geldautomat.

Touristeninformation (☎316 166; www.tzzadar.hr; Mihe Klaića 5; ⌚Juni–Sept. Mo–Fr 8–22, Sa & So bis 21 Uhr, Okt.–Mai tgl. bis 20 Uhr) Bringt einen farbigen Stadtplan sowie den kostenlosen *Zadar City Guide* heraus.

Zagrebačka Banka (Knezova Šubića Bribirskih 4) Geldautomat und Geldwechsel.

An- & Weiterreise

Bus

Der **Busbahnhof** (☎211 035; www.liburnija-zadar.hr) liegt ca. 2 km östlich der Altstadt. Von hier fahren Busse nach Zagreb (97–147 Kn, 3½–7 Std., alle 30 Min.), Rijeka (155 Kn, 5 Std., 6-mal tgl.), Split (115 Kn, 3 Std., 8-mal tgl.) und Dubrovnik (180–230 Kn, 8 Std., 7-mal tgl.).

Croatia Express (☎250 502; www.croatia-express.com; Široka 14) Verkauft Tickets nach Zagreb, Split und Triest (Italien) sowie in viele deutsche Städte.

Fähre

Jadrolinija (☎254 800; www.jadrolinija.hr; Liburnska Obala 7) Am Hafen; verkauft Tickets für alle örtlichen Fähren.

Jadroagent (☎211 447; jadroagent-zadar@zd.t-com.hr; Poljana Natka Nodila 4) Verkauft Fahrkarten für internationale Fährverbindungen; direkt innerhalb der Stadtmauer zu finden.

Flugzeug

Zadars Flughafen liegt 12 km östlich des Stadtzentrums. Der Croatia Airlines Bus (23 Kn) steht für alle ankommenden Flieger bereit und fährt zum/vom Hauptbusbahnhof.

Croatia Airlines (☎250 101; www.croatiaairlines.hr; Poljana Natka Nodila 7) Fliegt nach Zagreb und Pula.

Ryanair (www.ryanair.com) Fliegt verschiedene Ziele an, darunter London Stansted, Dublin und Stockholm.

Zug

Der **Bahnhof** (☎212 555; www.hznet.hr; Ante Starčevića 3) liegt direkt neben dem Busbahnhof. Täglich fahren sechs (sehr langsame) Züge nach Zagreb; selbst die schnellsten Züge benötigen über acht Stunden.

Unterwegs vor Ort

Vom Busbahnhof fahren häufig Busse zum Hafen und nach Borik ab. Busse mit der Fahrtrichtung „Poluotok" fahren zum Hafen, Busse mit der Aufschrift „Puntamika" (Linien 5 und 8) alle 20 Min. nach Borik (sonntags stündl.). Fahrkarten gibt es am Zeitungskiosk (*tisak*) und kosten 10 Kn für eine oder 15 Kn für zwei.

Für ein Taxi ruft man beim sehr effizienten und billigen **Lulic** (☎494 494) an. Die Fahrt kostet nur 20–25 Kn für bis zu 5 km.

Ugljan

7500 EW.

Die Insel Ugljan ist von Zadar aus bequem mit der Fähre erreichbar und bei Einheimischen ein beliebtes Ausflugsziel. Viele in Zadar Arbeitende wohnen auf der grünen Insel, mit insgesamt 7500 Menschen ist sie dicht besiedelt. An den Sommerwochenenden ist Ugljan sehr gut besucht. Die Insel ist zwar von einigen Wälder bestanden, aber es dominiert die Macchia. Es gibt Kiefernhaine und Kulturland mit Gemüsegärten, Ölbäumen und Weinbergen. Die Ostküste ist am dichtesten besiedelt, sie besitzt auch die beste Infrastruktur der Insel; der Westen ist dagegen noch ziemlich unberührt.

Der Inselhafen mit zwei kleinen Hafenbecken und einem Fähranleger heißt **Preko** und liegt direkt gegenüber von Zadar. Hier gibt es zwar einen Stadtstrand, aber den besseren Strand findet man auf der Insel **Galovac**, nur 80 m vom Stadtzentrum entfernt. Galovac ist winzig, dafür ungemein schön und bewaldet; außerdem steht hier ein Franziskanerkloster aus dem 15. Jh. Wer mit einem Mietwagen unterwegs ist, kann auch das **Dorf Ugljan** an einer Bucht mit Sandstrand, das Fischerdorf **Kali** und die mit Kiefern und Zypressen bewachsene Insel **Ošljak** besuchen.

Jadrolinija betreibt ganzjährig zwischen 5.30 und 23.30 Uhr im Stundentakt Fähren zwischen Zadar und Preko (20 Kn, 25 Min.).

Nationalpark Plitwitzer Seen

☎053

Der Nationalpark Plitwitzer Seen liegt etwa auf halbem Wege zwischen Zagreb und Zadar. Seine bezaubernden malerischen, bewaldeten Hügel umfassen türkisfarbene Seen, die durch Wasserfälle und Kaskaden miteinander verbunden sind. Holzbrücken

DIE NATUR RUND UM DIE PLITWITZER SEEN

Das Plitwitzer Seensystem wird in die Oberen und Unteren Seen unterteilt: Die Oberen Seen liegen in dichten Wäldern und sind durch mehrere gewaltige Wasserfälle *(slap)* verbunden. Die Unteren Seen sind kleiner und flacher. Das meiste Wasser führen die beiden Flüsse Bijela und Crna (der „weiße" und der „schwarze" Fluss), die sich südlich des Prošćansko-Sees vereinen. Zusätzlich werden die Seen durch unterirdische Quellen gespeist. Gleichzeitig versickert Wasser an einigen Punkten im porösen Kalkgestein und tritt an anderen Stellen wieder aus. Alle Wassermassen sammeln sich am Ende im Fluss Korana nahe beim Sastavci-Fall.

Barrieren aus Dolomitgestein trennen die Oberen Seen voneinander. Moose und Algen speichern das Kalziumkarbonat (das durch Lösung von Kalk im Wasser mittels Kohlensäure entsteht), lagern es in ihren Wurzeln oder an ihrer Oberfläche ab und sorgen so für ein ständiges Weiterwachsen der Barrieren. Der dabei entstehende Travertin (Kalksinter) bildet allmählich dicke Krusten – Wasserfälle entstehen. Die Unteren Seen wurden durch die vom Wasser der Oberen Seen geformten Vertiefungen geschaffen: Sie sind einem ähnlichen Prozess unterworfen, da sich auch hier kontinuierlich Travertin bildet und die Landschaft immer wieder überformt. Dieser interaktive Prozess zwischen Wasser, Felsen und Pflanzen spielt sich hier mehr oder weniger ungestört ab – und das bereits seit der letzten Eiszeit.

Auch die Farben der Seen wechseln ständig. Meist schimmern sie in surrealem Türkis, changieren aber abhängig von der Anzahl an Mineralien oder Mikroorganismen im Wasser, von Regenfällen und dem Winkel des einfallenden Sonnenlichts. An manchen Tagen schimmern die Seen grün wie Jade, an anderen stahlgrau.

Doch auch die üppig grüne Vegetation des Nationalparks, die sich im Herbst bunt färbt, ist sehenswert: Den nordöstlichen Teil des Parks bedecken Buchenwälder, in anderen Teilen wachsen neben Buchen auch Tannen, Fichten und Weymouthkiefern, dazwischen findet man Mehlbeeren, Hainbuchen und Blumeneschen.

Die Könige des Parks sind die Bären und Wölfe, aber es gibt auch Rotwild, Wildschweine, Kaninchen, Füchse und Dachse. Auch die Vogelwelt beeindruckt mit Falken, Eulen, Kuckucken, Eisvögel, Wildenten und Fischreiher. Manchmal kann man auch Schwarzstörche und Fischadler sichten.

und Pfade mit einer Gesamtlänge von 18 km schlängeln sich am Ufer der Seen entlang und leiten die Besucher über Flüsse, unter oder dicht am herabstürzenden Wasser vorbei. So kann ein Besuch ein sehr feuchtes Vergnügen werden. 1979 erklärte die Unesco die Plitwitzer Seen zum Weltnaturerbe.

Für den Besuch in diesem außerordentlich schönen Park sollte man sich eigentlich mehrere Tage Zeit nehmen. Man kann ihn aber auch auf einem Tagesausflug von Zadar oder Zagreb aus besichtigen, und das ganzjährig: Im Frühjahr führen die Wasserfälle sehr viel Wasser, im Sommer sind die Hügel strahlend grün und im Herbst hat man das wechselnde Farbenspiel des Laubs dank der wenigen Besucher fast ganz für sich allein.

Geschichte

Im Jahr 1893 wurde ein Naturschutzverein gegründet, zum Schutz der Seen; das erste Hotel entstand 1896. 1951 wurden die Grenzen des Nationalparks festgelegt und die Seen avancierten zur bedeutenden Touristenattraktion, bis der Bürgerkrieg begann (tatsächlich brach er in Plitvice los, wo am 31. März 1991 serbische Rebellen das Nationalparkzentrum besetzten). Der im Park ermordete kroatische Polizeibeamte Josip Jović war das erste Kriegsopfer. Die Serben hielten das Gebiet bis Kriegsende, verwandelten Hotels in Armeeunterkünfte und plünderten den Park. Im August 1995 wurde der Nationalpark von der kroatischen Armee zurückerobert und im Rahmen eines langjährigen Programms neu aufgebaut. Heute ist er wieder ein touristisches Top-Ziel: Wenn man seine schönen Seen und Wasserfälle erkundet, begegnet man Touristengruppen aus so fernen Gegenden wie Korea, Südamerika oder Russland.

Sehenswertes

Betritt man den Park durch den Eingang 2, den südlicheren der beiden, ist der Abstieg zum Ufer des **Kozjak jezero** leicht. Dort liegt auch P1 (Hütte mit Bootsanleger), wo man Ruderboote ausleihen kann (55 Kn pro Std.; leider ist das Schwimmen im See verboten). Der Kozjak ist mit etwa 4 km Länge der größte See im Park und bildet eine Art Grenze zwischen den Oberen und den Unteren Seen. Steile, bewaldete Hänge umgeben ihn, mitten im See liegt eine schmale Felseninsel. Ein guter Wanderweg führt am östlichen Seeufer entlang und weiter zu den spektakulären Unteren Seen mit ihren dichten Wäldern, geheimnisvollen Höhlen, steilen Klippen und rauschenden Wasserfällen. Alternativ kann man auch ein Boot nehmen, das alle 20 Minuten fährt.

Als nächster See folgt der smaragdgrüne **Milanovac jezero**, von dort verläuft der Pfad zwischen Felsen am **Gavanovac jezero** entlang. Darüber liegt die Höhle **Šupljara**, von der man einen schönen Blick über den unteren Abschnitt der Plitwitzer Seen hat. Ein Holzsteg führt hinüber zum Nordufer und um den schilfbewachsenen **Kaluđerovac jezero** herum, vorbei an zwei hohen Wasserfällen. Der zweite, genannt **Veliki Slap**, ist mit 78 m der höchste Wasserfall Kroatiens.

Um die Oberen Seen zu erkunden, kehrt man zu P1 zurück und folgt den Wegen zum **Gradinsko jezero**, in dessen Schilfgrasflächen am Ufer oft Wildenten nisten. Mehrere Kaskaden verbinden den See mit dem schönen **Galovac jezero**. Hier hat das Wasser eine ganze Serie von Wasserfällen und Becken geschaffen. Einige Betontreppen, die vor langer Zeit über die Fälle gebaut wurden, sind inzwischen mit Travertin bedeckt und haben neue Wasserfälle gebildet. Einige kleinere Seen führen bis zum größeren **Okrugljak jezero**, der von zwei mächtigen Wasserfällen gespeist wird. Wer noch weiter hinaufwandert, erreicht den **Ciginovac jezero** und den **Prošćansko jezero**, die von dichten Wäldern umgeben sind.

Schlafen

Eine Reihe von Pensionen und *sobe* (Zimmer) findet man entlang der Zugangsstraßen zum Nationalpark.

Die meisten Mittelklassehotels konzentrieren sich in Velika Poljana, nahe am Eingang 2 mit Blick über den Kozjak-See. Sie sind alle im sogenannten jugoslawischen Stil gestaltet (viel Braun, Beige und dunkel getöntes Glas), einige davon wurden renoviert. Zimmer kann man unter der Website www.np-plitvicka-jezera.hr buchen.

LP TIPP **Pansion Etno House** PENSION €€
(☎774 760; www.plitviceetnohouse.com; DZ 450 Kn; P 🛜 🏊) Eine traditionelle Berghütte, deren acht Zimmern rustikal eingerichtet sind und viel Komfort bieten. Alle verfügen über TV, Schreibtisch, Holzdielen, eigene Dusche und helle Bettwäsche. Im Freien gibt es auch einen Swimmingpool mit einem kleinen Kinderbecken. Im kleinen Essraum im Erdgeschoss nimmt man Frühstück und Abendessen ein. Der Vater des Eigentümers baut derzeit ein ähnliches Gebäude direkt nebenan mit acht weiteren Zimmern. Es liegt 1,5 km südlich vom Parkeingang 2.

Hotel Plitvice HOTEL €€
(☎751 100; EZ/DZ 533/710 Kn; P @) In ruhiger Waldlage mit drei Zimmerkategorien gelegen. Die schickeren sind recht modern, geräumig und ansprechend.

Hotel Jezero HOTEL €€€
(☎751 400; EZ/DZ 614/873 Kn; P @ 🏊) Dieses veraltete (oder retrohafte?) jugoslawische Hotel verfügt über Sauna, Pool, Kegelbahn, Fitnessraum und Tennisplätze. Wegen seiner 229 Zimmer ist es natürlich das Ziel von größeren Reisegruppen.

Korana Camping Ground CAMPINGPLATZ €
(☎751 015; pro Pers./Zelt 51/65 Kn; ⏲April–Okt.) Ein Autocamp mit Restaurant, Café-Bar und 40 Ferienbungalows. Es liegt etwa 6 km nördlich vom Parkeingang 1, an der Straße nach Zagreb.

Essen

Die meisten der Hotels in dieser Gegend besitzen auch ein Restaurant. Neben der Touristeninformation am Parkeingang 2 befindet sich eine günstige Cafeteria mit Selbstbedienung.

Lička Kuća TRADITIONELL KROATISCH €
(Hauptgerichte ab 55 Kn) Dieses gut besuchte Lokal liegt gegenüber vom Parkeingang 1. Hier werden Lammgerichte, typische Würstchen aus der Region und *duveč* (Eintopf mit Reis, Karotten, Tomaten, Paprika und Zwiebeln) serviert.

Praktische Informationen

Die **Touristeninformation** (☎751 015; www.np-plitvicka-jezera.hr; ⏲7–20 Uhr) hat sowohl am Parkeingang 1 (Plitvička Jezera), dem Haupteingang, als auch am Parkeingang 2 (Velika Poljana), unweit der Hotels, eine Zweigstelle. An beiden Parkeingängen werden Tickets verkauft. Dort sind auch Broschüren und eine Wanderkarte erhältlich. Das Parkticket (Erw./erm. April–Okt. 110/80 Kn, Nov.–März 80/60 Kn) berechtigt auch für die Boote und Schienenbusse, mit denen man durch den Park kommt. Besucher erwartet ein Netz an gut ausgeschilderten Wanderwegen – man hat die Wahl von ein- bzw. zweistündigen Routen bis hin zu zehnstündigen Touren. Eine Vielzahl an hölzernen Wanderstegen erlaubt es Besuchern, die Schönheit der Landschaft unmittelbar zu genießen ohne die Natur zu beeinträchtigen.

Am Hotel Bellevue, in der Nähe des Haupteingangs, gibt es einen Geldautomaten. Gepäck kann man an der Touristeninformation am Haupteingang deponieren werden. Parken ist teuer (pro Stunde/Tag 8/80 Kn).

An- & Weiterreise

Busse halten am Campingplatz und an beiden Parkeingängen. Aber nicht alle Busse, die auf der Strecke Zagreb–Zadar unterwegs sind, halten auch am Park, da die schnelleren die Hauptstraße nehmen. Also besser vor dem Einsteigen erkundigen. Fahrtzeiten findet man auf www.akz.hr. Von Zadar dauert die Fahrt 3 Stunden (95–108 Kn) und von Zagreb 2½ Stunden (93–106 Kn); es gibt 10 Busse pro Tag.

Nationalpark Paklenica

023

Hoch über der Adria erstreckt sich das kahle Velebit-Massiv über 145 km und formt eine spektakuläre Grenze zwischen dem Landesinneren Kroatiens und der Küste. 36 km² dieses Gebirges nimmt der Nationalpark Paklenica ein. Für jeden, vom Sonntagsspaziergänger bis zum Kletterer, bieten sich vielfältige Möglichkeiten, auf Entdeckungsreise zu gehen und eine der schönsten Landschaften Kroatiens zu erkunden – ob man nun durch Schluchten wandert, auf Felswände klettert oder den schattigen Pfaden neben reißenden Gebirgsbächen folgt.

Den Nationalpark prägen zwei tiefe Schluchten: Velika Paklenica (Große Paklenica) und Mala Paklenica (Kleine Paklenica). Beide bilden tiefe Einkerbungen im Gebirge, die Felsen ragen vom Boden der Schluchten bis zu 400 m hoch auf. Kalkstein, aus dem das Velebit-Gebirge besteht, besitzt eine gute Wasseraufnahmefähigkeit. Dank einiger Quellen wird die üppig grüne Vegetation kontinuierlich mit Wasser versorgt. Rund die Hälfte des Parks ist mit Wald bedeckt, zumeist mit Buchen und Kiefern, aber auch mit Steineichen und anderen Baumarten wie der Hainbuche. Mit zunehmender Höhe ändert sich die Vegetation ebenso wie das Klima, das an der Küste mediterran ist und mit zunehmender Höhe kontinentaler und schließlich subalpin wird. Die unteren Regionen, vor allem solche in Südlagen, können im Sommer sehr heiß werden. Im Winter fegt die *bura* (Bora, ein kalter Fallwind aus Nordosten) über das Gebirge und bringt Regen und Unwetter. Sie entsteht als Fallwind zwischen warmem Meer und kaltem Hinterland. Im Park gibt es nur wenige Wildtierarten; mit etwas Glück sieht man Gänsegeier, Stein- und Schlangenadler sowie Wanderfalken, die auf Felstürmen in beiden Schluchten nisten. Angeblich leben hier in den höheren Lagen des Parks auch Luchse, Bären und Wölfe. Die Chance diese faszinierenden Tiere zu sichten, sind aber minimal! Am besten besucht man den Park im April, Mai, Juni oder September. Im Spätfrühling ist der Park am grünsten, die Bäche verwandeln sich in reißende Bergflüsse, die Zahl der Besucher ist gering. Auch im Juli und August sind viele Wanderwege relativ einsam, da die meisten Urlauber das Meer dann vorziehen. Manchem ist es dann zum Wandern auch schlicht zu heiß.

Aktivitäten

Die meisten Wanderungen im Park sind Tagestouren; sie beginnen am „Basislager“ in Starigrad oder Seline oder an einer der Berghütten.

Von der Mala Paklenica zur Velika Paklenica

WANDERN

Eine spektakuläre acht- bis zehnstündige Wanderung führt zu den beiden Schluchten Mala Paklenic und Velika Paklenica. Sie beginnt an der Mala Paklenica (Eingang 2) und verläuft durch die beeindruckende Karstschlucht. Die ersten drei Stunden sind recht anstrengend – man muss über große Felsbrocken klettern (ab und zu sind Seile erforderlich) –, aber die Route ist gut beschildert. Wenn es geregnet hat, kann der Weg rutschig sein, mehrmals überquert er einen Bach. Durch die Schlucht Mala Paklenica geht es stetig bergauf, dann im Zickzack die Westflanke eines Berges hinauf bis auf 680 m Höhe. Allmählich öffnet sich ein hübsches Hochtal; dann windet sich der Weg durch Weideland und das verlassene Dorf Jurline, ein idealer Ort für eine Mittagspause. Bevor es durch Wald steil ins Tal hinabgeht, wird man mit einem eindrucksvollen Blick über die canyonartige Schlucht Velika Paklenica belohnt. Etwa eine Stunde lang folgt der Weg einem Fluss, vorbei an

Bergmassiven aus grauem Stein und durch **Tunnel** (vor kurzem renoviert und wieder für Besucher zugänglich), die zu Titos Zeiten als geheime Bunker dienten. Der Weg endet am Parkplatz an der Velika Paklenica. Von hier führt eine ausgeschilderte Strecke über die kurvige Landstraße in etwa einer Stunde zurück zur Mala Paklenica

Von Starigrad zur Schutzhütte Planinarski Dom WANDERN

Diese Wanderung beginnt am Eingang 1. Von dort geht es direkt zur Schlucht Velika Paklenica. Hinter einem Felssturz (der Fluss liegt auf der rechten Seite) erreicht man **Anića Luka**, ein grünes, halbrundes Plateau. Etwa 1 km weiter führt ein steiler Weg hinauf zur Karsthöhle **Manita Peć** (Erw./erm. 20/10 Kn; ⌚Juli–Sept. 10–13 Uhr, Okt.–Juni unregelmäßig geöffnet). Von der Vorhalle führen Stufen in die 40 m lange und 32 m hohe Hauptkammer der Tropfsteinhöhle hinunter, wo unzählige Stalagmiten und Stalaktiten durch eine geschickte Beleuchtung wunderbar in Szene gesetzt werden. Vom Parkplatz braucht man für den Fußweg zur Höhle etwa zwei Stunden. Sie ist nur mit Führung zu besichtigen (nicht im Eintritt enthalten, am Parkeingang organisieren).

Von der Karsthöhle führt ein Wanderweg zum **Vidakov Kuk**, (etwa 1½ Std.). Der Aufstieg zum 866 m hohen Gipfel ist beschwerlich, dafür erwartet einen oben an klaren Tagen ein unvergesslicher Fernblick bis zur Insel Pag. Ein einfacher Weg führt weiter nach **Ramići**, von dort geht es auf dem Hauptwanderweg weiter Richtung Osten zur Schutzhütte Planinarski Dom Paklenica.

Alternativ kann man auf den Abstecher zur Manita Peć verzichten und weiter bergauf wandern bis zur Waldhütte von **Lugarnica** (vom Parkplatz etwas mehr als 2 Stunden Fußweg). Sie ist von Mitte April bis Ende Oktober täglich geöffnet und verkauft Snacks und Getränke. Ein Wanderweg durch Buchen- und Pinienwald führt dann zur Schutzhütte Planinarski Dom Paklenica.

Oberes Velebit-Gebirge WANDERN

Von der Schutzhütte Planinarski Dom Paklenica lassen sich alle Velebit-Gipfel problemlos auf einer Tageswanderung erreichen – allerdings benötigt man eine ganze Woche, um jeden einzelnen zu erklimmen. Der höchste Berg des Velebit-Gebirges ist der **Vaganski vrh** (1757 m). Von der flachen, grasüberwucherten Spitze hat man an klaren Tagen eine grandiose, 150 km weit reichende Fernsicht über alle umliegenden Gipfel hinweg. Der Aufstieg dauert einen ganzen Tag (und ist, je nach körperlicher Verfassung, ganz schön anstrengend), also jedes überflüssige Gepäckstück vermeiden. Aber man kann rechtzeitig genug oben sein, um die nächste Hütte zu erreichen, noch vor Einbruch der Dunkelheit.

Ein anderes beliebtes Ziel ist der **Babin vrh** (Großmutter-Gipfel; 1741 m). Dafür folgt man einfach dem Pfad, der dem Fluss Brezimenjača auf dessen linken Uferseite bis zum Buljma-Pass (1394 m) folgt. Danach folgt der Aufstieg durch einen dichten Laubwald bis zur Marasova gora. Am Fuße des Babin vrh liegt ein Bergsee, der ganzjährig Wasser führt (kein Trinkwasser, da es durch Schafe verunreinigt ist).

Alle Gipfel des Velebit-Gebirges sind auch über die Mala Paklenica erreichbar, dafür sollte man aber sehr gut ausgerüstet sein, eine gute Wanderkarte dabei haben und sich vorab versichern, dass beide Hütten geöffnet sind. Hinter **Sveti Jakov** in der Mala Paklenica zweigt der rechte Weg zur Berghütte Ivine Vodice ab. Markierte Wege führen am **Sveto brdo** (1751 m), **Malovan** (1709 m), Vaganski vrh und Babin vrh vorbei, bevor es wieder bergab zur Schutzhütte Planinarski Dom Paklenica geht.

Mosoraški, Velebitaški & Klin FELSKLETTERN

Der Nationalpark Paklenica bietet sowohl Anfängern als auch Erfahrenen (oder Suizidgefährdeten, wie böse Zungen sagen würden) eine große Auswahl an Kletterrouten. Die harten und teilweise scharfen Kalksteinfelsen haben Routen in unterschiedlichen Schwierigkeitsstufen, darunter 72 kurze und 250 längere Passagen. Die Einsteigerrouten liegen gleich am Parkeingang mit bis zu 40 m hohen Felswänden. Die besten und schwierigsten Routen finden die Kletterenthusiasten am Anića Kuk, dort sind über 100 Touren mit Höhenunterschieden von bis zu 350 m möglich. Viele Routen sind mit Felshaken gesichert – abgesehen von der absolut zutreffend genannten – **Psycho-Killer-Route**.

Die beliebtesten Kletterrouten sind Mosoraški (350 m), Velebitaški (350 m) und Klin (300 m). Das Frühjahr gilt als beste Saison für das Felsklettern, denn im Sommer kann es ziemlich heiß werden und im Winter ist es oft zu windig. Der Park unterhält einen eigenen Rettungsdienst.

Eine Lizenz für das Felsklettern kostet je nach Saison zwischen 60 und 80 Kn; Kletterer sollten sich von den Führern im Parkbüro beraten lassen. Der Paklenica Kletterführer von Boris Čulić informiert umfassend.

Schlafen

Für Wanderer und Kletterer gibt es einige rustikale Unterkünfte, die die Nationalparkbehörde betreibt.

GRATIS **Ivine Vodice** BERGHÜTTE
(Sklonište; Juni–Sept. tgl., Okt.–Mai Sa & So) Diese Hütte liegt östlich von Planinarski Dom Paklenica und hat weder Betten noch fließend Wasser, bietet aber Schlafsackunterkünfte für zehn Personen. Kostenlos und keine Reservierung erforderlich.

Planinarski Dom Paklenica BERGHÜTTE €
(301 636; www.pdpaklenica.hr; B 65 Kn; Mitte Juni–Mitte Sept. tgl., Rest des Jahres Sa & So) Von hier aus lassen sich die höchsten Gipfel des Velebit-Gebirges erreichen. Die Hütte hat fließend Wasser und Strom und besitzt vier Zimmer mit insgesamt 50 Betten. Einen Schlafsack muss man selbst mitbringen. Küche und Essraum sind vorhanden; an den Wochenenden im Sommer sollte man reservieren.

Praktische Informationen

Kroatischer Bergsteigerverein (01-48 24 142; www.plsavez.hr; Kozaričeva 22, Zagreb) Bietet aktuelle Infos und bringt eine nützliche Wanderkarte des Parks heraus.

Paklenica Nationalparkbüro (/Fax 369 202; www.paklenica.hr; Dr F Tuđmana 14a; Parkeintritt Erw./erm. April–Okt. 40/20 Kn, Nov.–März 30/20 Kn; Büro April–Okt. Mo–Fr 8–16 Uhr, Park ganzjährig ab 7 Uhr geöffnet) Verkauft Broschüren und Landkarten. Der Parkführer *Paklenica National Park* gibt einen ausgezeichneten Überblick über das Gebiet und stellt Wandermöglichkeiten vor.

An- & Weiterreise

Wer nicht mit dem Auto unterwegs ist, erreicht Paklenica mit einem Bus der Linie Rijeka–Zadar (siehe www.autotrans.hr), die alle in Starigrad halten (30 Kn, von Zadar 45 Min., 6-mal tgl.). Am Hotel Alan aussteigen.

Starigrad

023 / 1103 EW.

Starigrad liegt beiderseits der Hauptküstenstraße von Rijeka nach Zadar und ist ein guter Ausgangspunkt, um den Nationalpark Paklenica zu erkunden.

Sehenswertes

GRATIS **Ethno-House Marasović** MUSEUM
(Mai–Okt. 13–20 Uhr) Das Museum befindet sich in einem kleinen, renovierten Haus im Dorf Marasović, 1 km landeinwärts vom Haupteingang des Nationalparks Paklenica. Es enthält eine überschaubare Ausstellung mit altem landwirtschaftlichem Gerät, Fotos aus der Region und einem alten Webstuhl. Es gibt Landkarten und Postkarten zu kaufen; Parkranger stehen bereit, um Auskunft über die Region zu geben.

Schlafen

Ein Zeltplatz, Apartment oder Zimmer in der Gegend rund um Starigrad zu finden, ist kein Problem, da es viele Möglichkeiten entlang (oder unweit) der Hauptstraße gibt. Hotels gibt es eher seltener.

Hotel Alan HOTEL €€€
(209 050; www.bluesunhotels.com; Dr Franje Tuđmana 14; EZ/DZ 765/1230 Kn; Mitte März–Mitte Nov.; P) Fast schon ein Wahrzeichen mit seinem Mini-Turm. Diese Ferienanlage bietet moderne Zimmer und Anlagen, darunter Tennisplätze und einen Wellnessbereich (mit Dampfkabinen und zahlreichen Anwendungen). Für die Unterhaltung der Hotelgäste wird gesorgt, zumeist abendliche Konzerte.

Camping Pinus CAMPINGPLATZ €
(658 652; www.camping-pinus.com; Dr Franje Tuđmana bb; pro Erw./Zelt 35/25 Kn; April–Okt.) Dieser schlichte Campingplatz bietet viel Erholung und liegt landschaftlich sehr schön direkt an der Küste, etwa 3 km nördlich der Stadt, an der Straße nach Rijeka.

Camping Paklenica CAMPINGPLATZ €
(209 062; www.paklenica.hr; Dr Franje Tuđmana bb; pro Erw. 45 Kn; April–Okt.) Dieser kleine Campingplatz liegt direkt an einem Kieselstrand mit guten Schwimmmöglichkeiten. Er ist bei Wanderern sehr beliebt; Reservierung ist nicht möglich.

Hotel Vicko HOTEL €€€
(369 304; www.hotel-vicko.hr; Jose Dokoze bb; EZ/DZ 620/823 Kn; P@) Ein gut geführtes modernes Hotel mit 18 freundlichen, hellen Zimmern; manche verfügen über einen Balkon. Hinzu kommt ein schön bewachsener Garten und die ausgezeichnete Lage (nur 50 m vom Strand entfernt). Mindestaufenthalt: drei Übernachtungen.

Essen

LP TIPP Taverna- Konoba Marasović DALMATINISCH €
(Hauptgerichte ab 40 Kn; Mai–Okt.) Dieses *konoba* liegt etwa 1 km landeinwärts vom Haupteingang des Nationalparks Paklenica in einem tollen traditionellen Dorfhaus mit Terrasse davor und rustikaler Einrichtung im Inneren. Hier gibt es dalmatinischen Schinken, Tintenfischrisotto, Kalamari, oder in einer *peka* zubereitete Lamm- bzw. Schweinefleischgerichte (muss vorab bestellt werden). Als Zutaten werden ausschließlich saisonale Produkte aus der Region verwendet. Das Lokal liegt unterhalb eines renovierten Ethnohauses (ein Neubau in traditionellem kroatischem Stil).

Buffet Dinko FISCH €
(Hauptgerichte ab 45 Kn) Dieses beliebte Restaurant liegt an der Kreuzung von Hauptstraße und Zufahrtsstraße zum Haupteingang des Nationalparks Paklenica. Zu empfehlen ist es für seine schattige Terrasse und die ausgezeichneten Fisch- und Meeresfruchtgerichte.

Praktische Informationen

Die **Touristeninformation** (369 245; www.rivijera-paklenica.hr; Juli & Aug. tgl. 8–21 Uhr, Sept.–Juni Mo–Sa 8–15 Uhr) befindet sich im Ortszentrum an der Hauptstraße, gleich gegenüber dem kleinen Hafen. Die HVB Splitska Banka (liegt zwischen der Touristeninformation und dem Hotel Alan) verfügt über einen Geldautomaten. Im Hotel Alan gibt es Internetzugang (30 Kn pro Std.).

An- & Weiterreise

Starigrad ist rund 51 km von Zadar und 165 km von Rijeka entfernt. Jeden Tag kommen hier sechs Busse aus beiden Richtungen durch (Fahrpläne kann man unter www.autotrans.hr abrufen). Sie halten vor dem Hotel Alan und an der Schnellstraße.

Leider gibt es in Starigrad keine Taxis. Einige Hotels bieten einen Bring- und Abholservice zu den Eingängen des Parks an.

DUGI OTOK

023 / 1800 EW.

Die Insel Dugi Otok bietet unberührte, unverfälschte Natur – wer einen ruhigen, erholsamen Urlaub verbringen will, findet hier ein Paradies vor. Zu den Highlights zählen der aus vielen kleinen Inselchen bestehende Naturpark in der Bucht von Telašćica ebenso wie der nahe gelegene Salzwassersee Mir (Frieden) oder die Sandstrände der Sakarun-Bucht. Eine weitere Attraktion ist eine Panoramafahrt entlang der zerklüfteten Felsküste.

Der Name Dugi Otok bedeutet „lange Insel". Das Eiland erstreckt sich von Nordwesten nach Südosten über eine Länge von 43 km, ist aber nur 4 km breit. Die Südostküste ist von steilen Bergen und Klippen geprägt, während die Nordhälfte Weinberge, Obstgärten und Schafweiden aufweist. Dazwischen liegt eine Hügelkette aus Karstgestein, die im 338 m hohen Vela Straža den höchsten Punkt der Insel erreicht. Die meisten Besucher beziehen entweder in Sali an der Südostküste oder in Božava an der Nordostküste Quartier. Sali bietet eine größere Auswahl an Privatunterkünften, Božava hat mehr den Charakter eines Urlaubsortes.

Es gibt eine kurze Hochsaison in den ersten drei Augustwochen, denn dann kommen scharenweise Italiener hierher.

Geschichte

Ruinen auf der Insel erzählen von den ersten Siedlungen der Illyrer, Römer und ersten Christen, doch schriftlich wird die Insel erst Mitte des 10. Jhs. erwähnt. Später war sie im Besitz der Klöster von Zadar. Die Siedlungen wuchsen mit den türkischen Angriffen im 16. Jh., als Zuwanderer aus anderen Küstenregionen hierherkamen.

Das Schicksal von Dugi Otok war lange Zeit eng mit dem von Zadar verbunden, das ja von Venedig an Österreich und schließlich Frankreich überging. Als jedoch Norddalmatien an das faschistische Italien von Mussolini fiel, blieb die Insel kroatisch. Ältere Inselbewohner erinnern sich noch an das harte Leben, als es medizinische Versorgung und die gesamte Verwaltung nur in Šibenik gab. Wer dorthin wollte, musste eine lange und beschwerliche Bootsfahrt die Küste entlang auf sich nehmen.

Begrenzender Faktor für die wirtschaftliche Entwicklung ist seit jeher der Trinkwassermangel: Das gesamte Trinkwasser muss aus Niederschlägen gewonnen oder per Boot von Zadar aus auf die Insel transportiert werden. Wie auf vielen Inseln Dalmatiens, sank in den vergangenen Jahrzehnten auch auf Dugi Otok die Bevölkerungszahl – besonders die Jugend wandert ab. Heute leben hier nur noch die Alten und einige hartgesottene Insulaner, die den trockenen

Sommern und den eiskalten, von der Bora geprägten Wintern trotzen.

An- & Weiterreise

Jadrolinija (S. 191) betreibt ganzjährig Fähren von Zadar nach Brbinj (27 Kn, 1½ Std., 2- bis 3-mal tgl.). Außerdem verbinden eine Fähre und ein Katamaran Zaglav und Sali mit Zadar (21 Kn, 45 Min. bis 1½ Std., 3-mal tgl.).

Unterwegs vor Ort

Die einzige Buslinie auf Dugi Otok ist zeitlich auf die Fährverbindungen zwischen Božava und Brbinj im Norden sowie Sali und Zaglav im Süden abgestimmt. Die Busse fahren bei Ankunft und Abfahrt der Boote. In Sali und in Božava kann man Motorroller mieten.

Sali

1152 EW.

Sali, größter Inselort und Hafenstadt, wirkt im Vergleich zu den anderen Ortschaften und Dörfern auf Dugi Otok schon fast wie eine Großstadt. Der Name leitet sich von den Salinen ab, in denen die Bewohner im Mittelalter tätig waren. Heute wirkt Sali ein bisschen heruntergekommen. Sein kleiner Hafen ist immer noch ein belebter Fischerhafen. In den Sommermonaten legen hier zahlreiche Ausflugsboote und Yachten an, die zwischen der Telašćica-Bucht und den Kornaten unterwegs sind. Die Ortschaft liegt zwar in unmittelbarer Reichweite dieser Naturschönheiten, aber nur wer ein Boot mietet oder sich einer Tour anschließt, gelangt dorthin.

Sehenswertes & Aktivitäten

Innerhalb der Stadt gibt es wenig zu sehen.

Svete Marije KIRCHE
(Crkva Svete Marije; Svete Marije; ⌚nur Messe) Im 15. Jh. erbaute Kirche. Sehenswert sind der Holzaltar und mehrere Renaissancegemälde.

Kornaten TAUCHEN
Der Meerespark der Kornaten bietet außergewöhnliche Tauchmöglichkeiten in klarem Wasser, mit Steilabhängen und zahlreichen Höhlen. In der benachbarten Bucht von Zaglav gibt es zwei Tauchschulen: **Dive Kroatien** (☎377 079; www.dive-kroatien.de) und **Kornati Diver** (☎377 167; www.kornati-diver.com). Um im Nationalpark Kornaten tauchen zu dürfen, muss man mit 20 € für den Parkeintritt rechnen.

Tome BOOTSAUSFLÜGE
(☎377 489; www.tome.hr; Bootstouren ab 350 Kn) Bootsausflüge auf einer gemächlichen Rundfahrt in der Bucht von Telašćica und einem Abstecher zu einer der Kornaten beginnen im Hafen von Sali. Angelausflüge (ab 1487 Kn) werden auch angeboten.

Feste & Events

Saljske Užance Festival KULTUR
Am Wochenende vor Mariä Himmelfahrt (15. Aug.) feiert die Insel das Saljske-Užance-Festival, das mit Eselwettrennen und einer von Kerzen beleuchteten Bootsprozession durch den Hafen Besucher aus der ganzen Region anlockt. Männer und Frauen tragen traditionelle Festtagstracht, spielen auf Instrumenten aus Kuhhörnern und tanzen klassische Dorftänze.

Schlafen

Sali bietet eine gute Auswahl an Privatquartieren, besonders außerhalb der Saison. Die Touristeninformation vermittelt schöne, auch abgelegene Unterkünfte, darunter sogar ein Haus auf einer eigenen kleinen Insel. Auf der Website www.salidugiotok. com (auf Kroatisch) werden Ferienwohnungen angeboten.

Der Mindestaufenthalt für Zimmer und Apartments ist überall drei Nächte, bei kürzerer Dauer erhöht sich der Preis um 30 %. Der Aufschlag entfällt normalerweise in der Nebensaison. Da auf der Insel große Trockenheit herrscht, sollte man auf den Luxus langen Duschens verzichten.

Campingplätze gibt es nicht.

Hotel Sali HOTEL €€
(☎377 049; www.hotel-sali.hr; Zi. 571 Kn; ⌚April–Okt.; P❄) Dieses Hotel liegt vom Hafen aus ca. 1 km landeinwärts an seiner eigenen felsigen Bucht auf einem Gelände mit Schatten spendenden alten Pinien. Seine vier separaten Gebäude sind weiß und marineblau gestrichen, auch ein Restaurant gehört zur Anlage. Die einfach eingerichteten Zimmer haben alle Satelliten-TV, einen Kühlschrank und einen Balkon (meist mit Meerblick). Fahrräder kann man ausleihen.

Apart Šoštarić HOTEL €
(☎377 050; bsostaric@gmail.com; Zi./Apt. 219/366 Kn; P❄) Dieser Komplex in Pink am Nordende des Hafens ist ein architektonischer Schandfleck, aber selten ausgebucht und daher einen Versuch wert, wenn alle anderen ausgebucht sind. Die Zimmer sind

etwas abgenutzt, aber funktional; nach vorne hat man einen schönen Blick.

Essen & Ausgehen

Am Hafen ist ein halbes Dutzend Restaurants zu finden. Außerdem gibt es einen gut sortierten Supermarkt.

Pizza Bruc ITALIENISCH €
(Pizza ab 38 Kn; April–Okt.) Das wohl freundlichste Restaurant der Stadt mit einer Terrasse direkt am Yachthafen. Zu empfehlen: die *pizza picante*.

Maritimo BAR
Egal, ob Regen oder Sonnenschein – in dieser gut frequentierten Bar schlägt das Herz von Sali. Mit der langen Holztheke und den Fotografien aus alten Zeiten an den Wänden verströmt sie sehr viel Flair. Beliebt ist auch die Terrasse, wo man gut einen Cocktail, einen Café oder ein Bier vom Fass trinken kann. Das Rauchverbot wird systematisch ignoriert.

Praktische Informationen

Die **Touristeninformation** (/Fax 377 094; www.dugiotok.hr; Juni–Sept. tg. 8–21 Uhr, Okt.–Mai 8–15 Uhr) an der Hafenpromenade informiert sehr gut über die Insel und verteilt eine hervorragende farbige Karte mit Wander- und Radwegen sowie weitere Broschüren. Außerdem werden Privatunterkünfte und Ausflüge vermittelt; man kann hier auchim Internet (15 Kn für 30 Min.) surfen.

Eine Bank gibt es nicht, aber dafür findet man am Hafen einen Geldautomaten. In der **Post** (Obala Petra Lorinija; Mo–Sa 8–14 Uhr) kann man Geld wechseln oder Bargeld mit der MasterCard beziehen.

Motorroller kann man bei **Louvre** (098 650 026) mieten.

Die Bucht von Telašćica

Die südöstliche Spitze von Dugi Otok wird durch die stark zerklüftete Telašćica-Bucht geteilt. In der Bucht verstreut liegen fünf winzige Inseln und fünf noch kleinere Felseneilande. Dank ihrem herrlich ruhigen und azurblauen Wasser gilt die Bucht als einer der größten und schönsten Naturhäfen der Adria.

Die Kornaten reichen fast bis an den Rand der Bucht; beide Inselgruppen weisen die gleiche Topografie auf: kahlen weißen Kalkstein, der nur teilweise mit Macchie bedeckt ist. Die Spitze der Westküste ist dem offenen Meer ungeschützt ausgesetzt: Hier haben Wind und Wellen nackte Felsklippen mit bis zu 166 m Höhe aus dem Fels erodiert. Auf diesem Teil von Dugi Otok gibt es weder Ortschaften noch Straßen – nur einige Restaurants an der **Mir-Bucht**, in die vor allem Segler einkehren.

Neben der Bucht liegt der **Mir-Salzsee**, der über unterirdische Kanäle mit dem Meer verbunden ist. Er ist von Pinienwäldern umgeben, wärmer als das Meer und sehr klar, nur sein Grund ist schlammig-trüb. Wie immer und überall, wenn man Schlamm an ungewöhnlichen Orten findet, wird auch diesem allerlei Gutes nachgesagt: Angeblich soll er gut für die Haut sein.

Božava

111 EW.

Das kleine, ruhige Božava liegt an einen bezaubernden Naturhafen und hat sich in wenigen Jahrzehnten vom Fischerdorf zum Ferienort verwandelt. Überall in der Ortschaft stehen üppig grüne, blühende Bäume, schattige Wege säumen die Küste. Inzwischen dominiert der Tourismus in Gestalt von vier Hotels des „Touristendorfs“ die lokale Wirtschaft; außerdem gibt es ein paar Restaurants am Hafen.

Zur **Božava Hotelanlage** (291 291; www.hoteli-bozava.hr; pro Pers. ab 600 Kn; P ❄ @ ≋) gehören drei 3-Sterne-Hotels, von denen das **Hotel Mirta** besonders empfehlenswert ist. Das 4-Sterne **Hotel Maxim** (pro Pers. 710 Kn) ist etwas nobler und verfügt über schicke Zimmer und Familienapartments, alle mit Satelliten-TV, Kühlschrank, Internet sowie Balkon mit Meerblick. Hinzu kommen Tennisplätze mit Flutlichtanlage sowie Fitness- und Massageangebote.

Die **Touristeninformation** (/Fax 377 607; turisticko-drustvo-bozava@zd.t-com.hr; Juni–Sept. Mo–Sa 9–14 & 18–20, So bis 12 Uhr) liegt direkt oberhalb des kleinen Hafens. Die Mitarbeiter sorgen für die Ausleihe von Fahrrädern, Mopeds und Autos oder vermitteln Privatunterkünfte. Busse fahren passend zu den Fährverbindungen von/nach Brbinj.

Das benachbarte **Veli Rat** ist ein hübsches Dörfchen mit Yachthafen und liegt an einer geschützten Bucht am nordwestlichen Zipfel der Insel. Busse fahren von/nach Brbinj; ansonsten ist es ein sehr entlegener Ort mit nur ein paar Dutzend Bewohnern und einem einzigen Geschäft, das auch als Kneipe genutzt wird.

PAG

Die Insel Pag wirkt wie das Set eines italienischen Schwarz-Weiß-Films von Antonioni aus den 1950er-Jahren: eine karge, felsige Insel, in Sepiatöne getaucht, deren einsame Landstriche bis zum Horizont reichen. Das Meer ist stahlblau, und bei stürmischem Wetter ist die Insel der spektakulärste Ort ganz Kroatiens. Seine karstigen Felsen bilden eine Mondlandschaft mit zwei Gebirgsgraten, viel Gebüsch und etwa einem Dutzend Dörfern und Weilern.

Pag ist eigentlich keine Insel mehr, seitdem eine Brücke sie mit dem Festland verbindet, hat aber ihre eigene Kultur und Produkte, die sich von denen des Festlands unterscheiden. Der schlechte Boden gibt nicht viel her, und doch wird hier ein ziemlich guter Weißwein, der *šutica*, produziert. Die zähen heimischen Schafe weiden auf kargen Salz- und Kräuterwiesen, aus ihrer Milch entsteht der wunderbare *paški sir* (Pager Käse, in Olivenöl eingelegt und in Steinen gereift; siehe oben). Die fein gearbeitete Spitze aus Pag ist in ganz Kroatien berühmt.

Aber Pag bietet heute mehr als nur eine jahrhundertealte Tradition und Kultur. Der Nordhafen Novalja zählt zu Kroatiens ausgelassensten, lebhaftesten Ferienorten und der nahe Strand Zrće ist eine Art Mekka für Partygänger.

Geschichte

Auf der Insel siedelten zunächst Illyrer, bevor das Gebiet im 1. Jh. v. Chr. an die Römer fiel. Diese bauten hier Festungen und Aquädukte. Im 7. Jh. ließen sich Slawen rund um Novalja nieder und errichteten Kirchen und Basiliken. Im 11. Jh. begann die Salzgewinnung, was zu Handelskonflikten mit Zadar und Rab führte. 1409 wurde Pag mit Zadar und dem Rest Dalmatiens an Venedig verkauft. Bei den darauf folgenden Auseinandersetzungen wurde die Insel von Venezianern, Habsburgern, Franzosen (und erneut den Österreichern) besetzt, im Zweiten Weltkrieg dann von Deutschen und Italienern.

An- & Weiterreise

Bus

Im Sommer verkehren täglich fünf Busse von **Antonio Tours** (www.antoniotours.hr) zwischen Novalja, Pag-Stadt und Zadar. Zwei Busse fahren täglich von Montag bis Samstag (einer am So) von Pag-Stadt nach Rijeka (166 Kn, 3½ Std.) und halten unterwegs in Novalja; ein Bus fährt nach Split (158 Kn, 4 Std.); nach Zagreb (243 Kn, 6 Std.) gibt es täglich drei Verbindungen.

Schiff/Fähre

Ein täglicher Katamaran von **Jadrolinija** (www.jadrolinija.hr) verbindet Rijeka mit Novalja (40 Kn, 2½ Std.) via Rab. Autofähren (12 Kn) verkehren regelmäßig zwischen Žigljen an der Nordostküste von Pag und Prizna auf dem Festland; sie fahren im Winter stündlich, von Juni bis September nonstop.

Unterwegs vor Ort

Zwischen der Stadt Pag und Novalja verkehren 6-mal täglich Busse (22 Kn, 30 Min.).

Pag eignet sich gut zum Fahrradfahren, da die Insel ziemlich flach ist. Fahrräder können in Pag-Stadt bei **Jadranka** (☎098 306 602) gemietet werden (20/100 Kn pro Std./Tag). Das Radwegenetz überzieht die ganze Insel und ist etwa 115 km lang.

Pag (Stadt)

☎023 / 2709 EW.

Pag liegt spektakulär am Rand einer Landspitze zwischen sonnenverbrannten Hügeln. Im Osten erstreckt sich eine azurblaue Bucht und im Westen stößt man auf im Sonnenlicht funkelnde Salzpfannen. In der historischen Altstadt, einer Ansammlung aus engen Gassen und ausgeblichenen Steinhäuser, spielt sich das Leben vor allem im Freien ab. Die Bewohner sitzen auf Schemeln und fertigen Spitze an. Als zentraler Treffpunkt gilt der schöne Marktplatz aus weißem Marmor. Ganz in der Nähe befinden sich auch einige Kiesstrände.

Pag verdankt seine Gründung dem Reichtum aus dem Salzhandel Anfang des 15. Jhs. Damals war Stari Grad nicht mehr in der Lage, die anwachsende Bevölkerung unterzubringen. Also beauftragten die Venezianer, die ihren alten Besitz zurückgewonnen hatten, den besten Baumeister seiner Zeit, Juraj Dalmatinac, mit der Planung einer neuen Stadt. Die Grundsteinlegung erfolgte im Jahr 1443. Nach den damals neuesten Ideen der Stadtplanung wurden die Haupt- und Querstraßen in einem rechtwinkligen Raster angelegt, die an den vier Stadttoren endeten. Im Stadtzentrum befindet sich ein Platz mit einer Kathedrale, einem Rektorenpalast sowie der unvollendeten Residenz des Bischofs. Im Jahr 1499 begann Dalmatinac mit dem Bau der Stadtmauern, doch nur die Nordecke und Teile der Burganlage haben die Jahrhunderte überdauert.

Sehenswertes

Spitzenmuseum MUSEUM
(Kralja Dmitra Zvonimira, Trg Kralja Krešimira IV; Eintritt 10 Kn; ⌚Juni–Sept. 10–12 & 18–22 Uhr) Das Museum befindet sich im spektakulären Fürstenpalast (Kneževa Palača), der von Juraj Dalmatinac entworfen wurde. Dieses ausgezeichnete Museum zeigt einige außergewöhnlich komplizierte Muster. Die Geschichte der Spitzenherstellung in Pag und ihre Bedeutung für die örtliche Bevölkerung wird mit Hilfe dramatischer Fotos und guten Informationstafeln geschickt in Szene gesetzt. Gruppen können das Museum nur in der Nebensaison besuchen.

Marienkirche KIRCHE
(Crkva Svete Marije; Trg Kralja Krešimira IV; ⌚Mai–Sept. 9–12 & 17–19 Uhr, Okt.–April nur zur Messe geöffnet) Die einfache gotische Marienkirche, ein Werk des Baumeisters Dalmatinac, bildet mit den eher bescheidenen umliegenden Gebäuden ein wunderschönes harmonisches Ensemble. Die Lünette über dem Portal zeigt die Jungfrau mit Frauen aus Pag in mittelalterlichen Blusen und Kopfschmuck, daneben gibt es zwei Reihen mit unvollendeten Heiligenskulpturen. Die im 16. Jh. fertiggestellte Kirche wurde im Inneren im 18. Jh. umgebaut und mit barockem Deckenschmuck ausgestattet.

Salzmuseum MUSEUM
(Stari Grad; Eintritt 10 Kn; ⌚Juni–Sept. 10–12 & 20–22 Uhr) Dieses neue Museum befindet sich in einem ehemaligen Salzlager auf der anderen Brückenseite im alten Stari Grad (bzw. dem wenigen, was davon noch erhalten ist). Fotos und Exponate dokumentieren die Salzherstellung in Pag. Im Sommer keine Besuche durch Gruppen möglich.

Feste & Events

Pager Karneval KULTURELL
Am letzten Julitag wird der Pager Karneval gefeiert – eine gute Gelegenheit, um den traditionellen *kolo* (einen turbulenten slawischen Rundtanz) und die kunstvollen Inseltrachten zu bewundern. Der Hauptplatz füllt sich schnell mit Tänzern und Musikern, und eine Schauspielertruppe führt das volkstümliche Stück *Paška robinja* (Das Sklavenmädchen aus Pag) auf.

Schlafen

Die meisten Pager Hotels liegen an der Bucht westlich der Stadt und haben von Oktober bis Mai geschlossen.

Reisebüros vermitteln Privatunterkünfte, am Busbahnhof stehen zudem häufig Frauen, um *sobe* anzubieten. Zahlreiche Zimmer und Wohnungen liegen auf der anderen Seite der Brücke.

Hotel Pagus HOTEL €€€
(☎611 310; www.hotel-pagus.hr; Starčevića 1; EZ/DZ 554/1150 Kn; P❄@📶≋) Dieses Hotel hat eine tolle Strandlage in Fußnähe zur Altstadt. Die Zimmer sind elegant und schick, der Wellnessbereich eine Wucht.

Camping Šimuni CAMPINGPLATZ €
(☎697 441; www.camping-simuni.hr; Šimuni; pro Erw. 78 Kn) Liegt an einer wunderschönen Bucht mit Kieselstrand, auf halber Strecke zwischen der Stadt Pag und Novalja, unweit des Hafens von Šimuni. Alle örtlichen Busse halten hier. Die Wohnwagen (ab 30 €) sind schick und außerhalb der Hauptsaison eine günstige Wahl.

Barcarola FREMDENZIMMER €
(☎611 239; Vladimira Nazora 12; Zi. 300 Kn; ⌚April–Nov.) Direkt neben einer Bushaltestelle. Diese modernen Zimmer oberhalb einer *konoba* sind alle geräumig, haben Holzböden und sind ansprechend, wenngleich nur schlicht mit Kleiderschrank und Badezimmer ausgestattet.

Meridijan Hotel HOTEL €€
(☎492 200; www.meridijan15.hr; Starčevića bb; Zi. 685 Kn; P❄@📶≋) Ein 4-Sterne-Hotel mit geräumigen Zimmern, moderner Einrichtung und großen Bädern. Die Zimmer im Obergeschoss bieten einen tollen Ausblick auf Insel und Bucht. Der Pool ist jedoch ziemlich klein.

Essen

Ist man schon zu Besuch auf Pag, dann wäre es geradezu unhöflich den Pager Käse nicht zu probieren. Selbstversorger erhalten Obst, Gemüse und regionale Käsesorten auf dem allmorgendlich stattfindenden Markt; der Konzum Supermarkt ist die Anlaufstelle für alle sonstigen Lebensmittel.

LP TIPP **Bistro Na Tale** TRADITIONELL KROATISCH €
(Radićeva 2; Hauptgerichte ab 40 Kn) Dieses solide, entspannte und sehr beliebte Lokal hat zur Vorderseite eine kleine Terrasse mit Blick auf die Salzgärten und eine zweite, schattige Terrasse. Pager Lamm ist eine leckere Spezialität. Ebenfalls empfehlenswert: fangfrischer Fisch, der in Wein mit Kräutern gekocht wird.

PAGER KÄSE

Der einzigartige Käse aus Pag, der *paški sir*, ist unverwechselbar. Sein salzig-scharfer Geschmack erinnert an die Insel, von der er stammt. Wenn der Wind über die niedrigen Hügel peitscht, durchdringt eine dünne Salzschicht das Erdreich und die Pflanzenwelt. Die frei grasenden Schafe auf Pag fressen die salzigen Kräuter und Pflanzen und geben den Geschmack an ihr Fleisch und ihre Milch weiter.

Die Milch für den Pager Käse wird im Mai gesammelt, wenn der Geschmack am intensivsten ist. Die Milch wird nicht pasteurisiert, sodass sich der Geschmack im Gärungsprozess noch stärker entwickeln kann. Wenn der Käse schließlich reif ist, wird er mit Meersalz eingerieben, mit Olivenöl bestrichen und dann nochmal für sechs bis zwölf Monate reifen gelassen. Das Ergebnis ist zunächst ein würziger, fester Käse, der sich mit zunehmendem Alter zu einem aromatischen, trockenen, krümeligen Käse entwickelt. Als Vorspeise wird er in dünnen Scheiben zusammen mit schwarzen Oliven serviert, kann aber auch in geriebener Form als Alternative zu Parmesan verwendet werden.

Ebenfalls zu empfehlen ist der dem Ricotta sehr ähnliche *skuta*, ein (seltener) Weichkäse mit dezentem Geschmack, der in manchen Restaurants, darunter das Boškinac bei Novalja, serviert wird.

Konoba Bodulo DALMATINISCH €
(Vangrada 19; Hauptgerichte ab 40 Kn) Direkt an der Stadtmauer. Dieses attraktive traditionelle Lokal punktet mit Meeresfrüchten (Scampi, Muscheln oder Tintenfisch). Hat einen schönen Innenhof.

Bistro Diogen KROATISCH €
(K Lidija Uhl 9; Hauptgerichte ab 50 Kn) Das herausragende Restaurant in dieser Straße: umfangreiche Karte, freundliche Bedienung sowie Fisch- und Fleischgerichte, auf deren Qualität man sich verlassen kann – dazu kommt noch ein herrlicher Ausblick.

Ausgehen & Unterhaltung

Pag-Stadt ist ein verschlafener Ort mit einem Mangel an Bars und wenig Nachtleben, wobei es während der Sommersaison doch etwas lebhafter zugeht.

Club Vanga NACHTCLUB
Auf der anderen Brückenseite liegt der einzige Tanzschuppen des Ortes. Die Musikrichtungen werden im Wechsel angeboten: jede Woche gibt es R&B, House und den Sound der siebziger, achtziger und neunziger Jahre. Mit einer Außenterrasse für Raucher.

Shoppen

Bei einem Einkaufsbummel lassen sich die inseltypischen Souvenirs erstehen. Kein Besucher sollte die Insel verlassen, ohne ein Stückchen **Spitze** gekauft zu haben. Die Preise sind relativ günstig, und jede verkaufte Spitze trägt dazu bei, eine alte Tradition am Leben zu erhalten. Ein kleines, rundes Spitzendeckchen oder ein Stern mit 10 cm Durchmesser kosten etwa 125 Kn, die Frauen arbeiten daran etwa 24 Stunden. An der Kralja Tomislava oder Kralja Dmitra Zvonimira kann man direkt bei den Spitzenproduzentinnen kaufen; sie haben fast alle feste Preise.

Käse aus Pag ist nicht so einfach zu finden, eine Möglichkeit ist der am Vormittag stattfindende Markt. Wer über die Insel fährt, sollte nach Schildern mit der Aufschrift *Paški sir* Ausschau halten. Ein Kilo kostet um die 130 Kn.

Praktische Informationen

Erste Banka (Vela 18) Geldwechsel.

Medizinisches Zentrum (☎611 001; Gradska Plaža bb)

Mediteran (☎/fax 611 238; www.mediteranpag.com; Vladimira Nazora 12) Das Reisebüro besitzt eine sehr große Auswahl an Privatunterkünften.

Meridian 15 (☎612 162; www.meridijan15.hr; Ante Starčevića 1) Reisebüro, das Inseltouren und Ausflüge zu Nationalparks, inkl. Paklenica anbietet. Vermittelt auch Unterkünfte.

Post (Antuna Šimića; ⌚Mo–Fr 8–20, Sa bis 14 Uhr)

Sunturist (☎612 040; www.sunturist-pago.hr; Vladimira Nazora bb) Unterkünfte und Ausflüge.

Touristeninformation (☎/fax 611 286; www.pag-tourism.hr; Trg Kralja Krešimira IV 1; ⌚Mai–Okt. tgl. 8–22 Uhr, Nov.–April Mo–Fr bis 16 Uhr) Ein sehr pfiffiges Büro. Hält einen ordentlichen Stadtplan (in Farbe) bereit, der die örtlichen Strände mit einschließt.

Novalja

023 / 2084 EW.

Novalja widersetzt sich dem Inseltrend der ruhigen Ferienorte, denn seine Bars und Clubs bieten das wildeste Nachtleben in ganz Kroatien. Das Interesse an Kultur beschränkt sich auf eine aufrührerische Clubszene am nahen Strand von Zrće, historische Sehenswürdigkeiten gibt es nicht. Allerdings lädt die Promenade zum Flanieren ein und in der Nähe liegen einige schöne Strände.

Schlafen & Essen

Die Touristeninformation sowie alle Reisebüros vermitteln Privatunterkünfte.

LP TIPP Boškinac LANDHOTEL €€€
(663 500; www.boskinac.com; EZ/DZ 1241/1387 Kn; Hauptgerichte ab 140 Kn; P) Etwa 5 km östlich von Novalja liegt eines von Kroatiens genussreichsten Hotels mit einem hervorragenden Restaurant (Hauptgerichte ab 140 Kn) und Weinkeller, umgeben von Weinbergen. Die acht Zimmer und drei Suiten sind elegant, stilvoll und einfach riesig, alle haben ein Schlafsofa und ein hübsches Bad. In der *vinoteka* im Keller kann man die Weine des Anwesens verkosten; ein kleiner Lebensmittelladen verkauft Snacks. Das Restaurant (Degustationsmenüs 220–490 Kn) mit Speisesaal und einer schöner Terrasse gehört zu den besten Dalmatiens. Auf der Speisekarte stehen Lamm, Käse (empfehlenswert ist der *skuta*), Olivenöl und sogar Schnecken aus Pag. Ein Pool, ein Fitnessraum und ein Spa sind in Planung. Auf der Website des Hotels werden ab und zu Gastro-Pauschalpakete angeboten.

Hotel Loža HOTEL €€
(663381; www.turno.hr; Trg Loža; EZ/DZ 356/734 Kn; P) Dieses ansehnliche Hotel direkt an der Promenade hat adrette, eher kleine Zimmer. Viele haben einen Balkon mit Seeblick. Kostenloses WLAN.

Starac i More FISCH €
(Braće Radić; Hauptgerichte 40 Kn) Dieses Fischrestaurant am Hafen ist authentisch, unprätentiös und für seine Fisch- und Meeresfrüchtegerichte bekannt. Zu empfehlen: die Meeresfruchtplatte.

Praktische Informationen

Aurora (663 493; Slatinska bb) Gut organisiertes Reisebüro mit einer breiten Palette an

STRANDPARTYS

Zwar ist die Insel Pag eigentlich eine Oase der Ruhe, im Sommer dagegen steigen an einer Ecke aber immer wilde Partys. Etwa 3 km südöstlich von Novalja liegt der **Strand von Zrće** mit drei großen Clubs und einigen Bars. Die DJ-Szene ist eher Mainstream – Untergrundfeeling ist hier nicht zu erwarten. Die Clubs liegen direkt am Strand (anders als auf Ibiza, mit dem Zrće oft verglichen wird).

Kalypso ist das eleganteste Lokal, ein wunderschön entworfener Laden, der in eine kleine Bucht am nördlichen Ende des Strands hineingebaut wurde und zahllose Bars unter Palmen bietet. Tagsüber chillen die Gäste auf herrlich bequemen Liegen, während nach Sonnenuntergang die DJs für ein älteres Publikum Housemusik auflegen. **Aquarius** (www.aquarius.hr) ist der auffälligste Schuppen – eine riesige Fläche mit schicken Sitznischen, tollem Ausblick und einem Bereich mit Glaswänden. Das **Papaya** (www.papaya.com.hr) ist ein schöner Club auf verschiedenen Ebenen, von denen eine die Tanzfläche ist. Hier ist das Publikum gemischt. Die Musik ist mal besser, mal schlechter, aber es haben schon jede Menge richtig bekannter Trance-DJs hier das hedonistische Stammpublikum beglückt, darunter Tiësto und Paul Van Dyk. Alle Clubs machen Ende Juni auf und schließen spätestens Mitte September. Die Eintrittspreise richten sich nach dem jeweiligen Event; Anfang der Saison ist abends der Eintritt meist frei, Mitte August zahlt man schon mal bis zu 35 €.

Der halbmondförmige 1 km lange Kieselstrand selbst liegt an einer sehr geschützten Bucht. Bäume sind hier allerdings Mangelware, daher sollte man einen Sonnenschirm als Schattenspender mieten. Die Bucht eignet sich super zum Schwimmen, auch wenn man den Lärm der Jet-Skis ertragen muss (die allerdings auf bestimmte Bereiche beschränkt sind). Zrće bietet einen schönen Ausblick auf die herb-trockene Landschaft des östlichen Pags, im Hintergrund sind die fernen Berge des Festlands zu sehen. Parken kostet 7 Kn pro Stunde.

Ferienwohnungen und Fremdenzimmern. Hat auch Ausflüge im Angebot.

Novalja Tourist Board (☎663 570; www.tz-novalja.hr; Šetalište Hrvatskih Mornara 1; ⏱Juni–Sept. tgl. 8–21 Uhr, Okt.–Mai Mo–Fr bis 15 Uhr) Vermittelt Privatunterkünfte und hält viele Fahrpläne von Booten und Bussen parat.

REGION ŠIBENIK-KNIN

In dieser unterschätzen Region Kroatiens verbirgt sich einiges an Sehenswertem: die umwerfende mittelalterliche Stadt Šibenik, die unberührten Kornaten und der Krka-Nationalpark, der viele Möglichkeiten zum Schwimmen und Wandern bietet.

Šibenik

☎022 / 37 170 EW.

Zwar noch ein bisschen ungehobelt, ist Šibenik aber deutlich im Aufwind. Es gibt aufregende Sehenswürdigkeiten, jedes Jahr eröffnen neue Restaurants und Bars, in der Stadt spürt man eine Aufbruchstimmung. Šibeniks Hauptanziehungspunkt hat sich seit Jahrhunderten jedoch nicht geändert – das prächtige mittelalterliche Viertel, ein steinernes Labyrinth aus steilen Gassen und

Šibenik

Wegen, in dem uralte Kapellen und ein umwerfende Kathedrale zu bestaunen sind.

Die Stadt ist auch idealer Ausgangspunkt für Touren zum Krka-Nationalpark, zu den Kornaten und dem Sokolarski Greifvogelzentrum.

Geschichte

Im Gegensatz zu vielen anderen Küstenstädten Dalmatiens wurde Šibenik wohl von kroatischen Stämmen gegründet. Eine erste urkundliche Erwähnung der Stadt ist aus dem Jahr 1066 durch den kroatischen König Petar Krešimir IV. bezeugt. Im Jahr 1116 eroberte Venedig die Stadt. Von da an wechselte die Herrschaft zwischen Venedig, Ungarn, Byzanz und dem Königreich Bosnien, bis Venedig 1412 endgültig die Kontrolle übernahm. Im 16. und 17. Jh. griffen die Türken die Stadt immer wieder an und behinderten Handel und Landwirtschaft. Die venezianische Herrschaft wurde 1797 von der österreichischen Herrschaft abgelöst, die bis 1918 währen sollte.

Im Jahr 1991 wurde Šibenik von der jugoslawischen Armee angegriffen und mit schwerem Geschützfeuer beschossen. Erst 1995 konnte die kroatische Armee die Stadt in der „Operation Sturm“ befreien. Schäden sind kaum mehr erkennen, doch wurde die Aluminiumindustrie stark geschädigt.

Šibenik

Highlights

Bunari Museum ... A2
Kathedrale des heiligen Jakob ... B3
Stadtmuseum ... B3
Mittelalterlicher Garten am St.-Laurenz-KLoster ... B2

Sehenswertes

1 Kirche der heiligen Barbara ... B3
2 Jakobskathedrale ... C3
3 Franziskanerkirche & Kloster ... D5
Museum für Kirchenkunst ... (siehe 1)
4 Festung des St. Michael ... B1

Schlafen

5 Hotel Jadran ... B3
6 The Konoba B&B ... B2

Essen

7 Gradska Vijećnica ... B3
8 Pelegrini ... B2
9 Restoran Tinel ... B2

Shoppen

10 Supermarkt ... D3

Šibenik bemüht sich sehr, wieder an die alten Zeiten anzuknüpfen, und der Tourismus hat sich zu einem wichtigen Wirtschaftszweig entwickelt.

Sehenswertes

Viele der schönen kleineren Kirchen von Šibenik sind nur zur Messe geöffnet.

Jakobskathedrale KATHEDRALE
(Katedrala Svetog Jakova; Trg Republike Hrvatske; Juni–Sept. 8–20 Uhr, Okt.–Mai 8–19 Uhr) Die Kathedrale des heiligen Jakob ist ein Meisterwerk von Juraj Dalmatinac. Das architektonische Juwel an der dalmatinischen Küste wurde zum Weltkulturerbe erklärt und lohnt jeden Umweg. Sehr bemerkenswert ist der **Fries** mit 71 Köpfen, der an der Außenwand der Apsiden entlangläuft. Die steinernen Porträts – ob friedlich, verärgert, komisch, stolz oder ängstlich – wirken fast wie Karikaturen, sind aber die Gesichter von Bürgern aus dem 15. Jh. Der Bau der Kathedrale kostete sehr viel Geld und es heißt, je geiziger der Einzelne gewesen sei, desto grotesker sei er karikiert worden.

Dalmatinac war nicht der erste (und auch nicht der letzte) Bildhauer, der an der Kathedrale tätig war. Die Arbeiten begannen 1431. Nach gut zehn Jahren Streitigkeiten mit verschiedenen venezianischen Baumeistern beauftragte die Stadt schließlich den in Zadar geborenen Dalmatinac. Dieser erweiterte das Gotteshaus und konzipierte es komplett neu im Übergangsstil von der Gotik zur Renaissance.

Neben dem Fries an der Außenfassade gehen auf Dalmatinac auch die beiden Treppen in den Seitenschiffen zurück. Eine führt in die Sakristei, die andere in das wunderschöne **Baptisterium** (Eintritt 10 Kn), in dem drei Engel das Taufbecken stützen. Es wurde von Andrija Aleši nach einem Entwurf von Dalmatinac gefertigt. Ebenso sehenswert sind die **Krypta** des Bischofs Šižigorić (auch von Dalmatinac), der sich besonders für den Bau der Kathedrale einsetzte, das Altargemälde, das den heiligen Fabian und den heiligen Sebastian zeigt (von Zaniberti), das Bild *Das Geschenk der Heiligen Drei Könige* (von Ricciardi) und direkt daneben die beiden Marmorreliefs mit Engeln (von Firentinac). Ein Blick lohnt sich auch auf das **Löwenportal** an der Nordseite, das von Dalmatinac und Bonino da Milano geschaffen wurde: Zwei Löwen tragen die Säulen mit den Figuren von Adam und Eva, denen ihre Nacktheit offensichtlich peinlich ist.

Die Kathedrale besteht aus Gesteinsmaterial, das von den Steinbrüchen auf den Inseln Brač, Korčula, Rab und Krk stammt. Angeblich ist sie die größte Kirche der Welt, die ausschließlich aus Stein und ohne Zuhilfenahme von Ziegeln oder Holz gebaut wurde. Das ungewöhnliche Kuppeldach wurde nach Dalmatinacs Tod von Nikola Firentinac fertiggestellt, der auch die Fassade in reinem Renaissancestil errichtete. Erst 1536 war der Kirchenbau vollendet.

Bunari Museum MUSEUM
(Obala Palih Omladinaca 2; Erw./erm. 15/10 Kn; ⏲8–24 Uhr) Das renovierte Museum wurde im Sommer 2012 neu eröffnet. Die Ausstellungsfläche befindet sich im außerordentlich stimmungsvollen Komplex des alten Wasserreservoirs mit seinem hohen tonnengewölbten Dach. Es ist ein interaktives Museum mit zahlreichen informativen Tafeln und Exponaten zu Šibeniks Geschichte und Kultur; außerdem wird örtliche Handwerkskunst vorgeführt. Kinder werden hier ihren besonderen Spaß haben (z. B. mit dem Schiffswrack-Flipper). Es ist eine tolle Location für Konzerte und andere Aufführungen, daher sollte man sich bei den Mitarbeitern nach dem Programm erkundigen.

Stadtmuseum MUSEUM
(Gradski Muzej; www.muzej-sibenik.hr; Gradska Vrata 3; Eintritt 10 Kn; ⏲Juni–Sept. 10–13 & 18–20 Uhr, Okt.–Mai 7.30–15.30 Uhr) Dieses Museum zeigt eine gut durchdachte Dauerausstellung von historischen Artefakten mit Bezug zu den Regionen Šibenik und Dalmatien. Außerdem gibt es Wechselausstellungen zu Kunst, Gemälden, Fotos und Keramik.

Mittelalterlicher Garten am St.-Laurenz-Kloster GARTEN
(Vrt Svetog Lovre; Andrije Kačića bb; Erw./erm. 15/10 Kn; ⏲Mai–Okt. 8.30–19.30 Uhr, Nov.–April kürzer) Für das Design und die Realisierung dieses wiederhergestellten Gartens zeichnet der preisgekrönte Landschaftsarchitekt Dragutin Kiš verantwortlich. Beete mit Kräutern und Heilpflanzen säumen die Wege in der formellen Anlage. Es gibt ein nettes Café (Speiseeis und Getränke) und ätherische Öle zu kaufen.

Festung St. Michael FESTUNG
(Tvrđava Sv Mihovila; Eintritt 20 Kn; ⏲9–21 Uhr) Vom Wehrgang dieser großen mittelalterlichen Festungsanlage bietet sich ein wundervoller Blick über Šibenik, den Fluss Krk und die Adria. Einige Elemente der Burg stammen noch aus dem 13. Jh. Sie hat vier gut erhaltene Türme und einen Eingang im gotischen Stil.

Johanneskirche KIRCHE
(Crkva Svetog Ivana; Trg Ivana Paula II) Ein schönes Beispiel für eine Architektur, die für den

ABSTECHER

KNIN & DAS HINTERLAND

Knin liegt an der Grenze zwischen Dalmatien und Bosnien an einer historisch hochsensiblen Stelle. Im Mittelalter war die Stadt aufgrund ihrer Lage an der Schnittstelle von Straßen zwischen Slawonien, Bosnien und der dalmatinischen Küste ein wichtiger Handelsplatz. Während der Herrschaft der kroatischen Könige im 10. Jh. war Knin Hauptstadt. Die Könige erkannten die Angreifbarkeit der Stadt und ließen die düstere Festung errichten, die noch immer vom steilen Hügel Spas über der Stadt thront. Als die kroatischen Könige besiegt wurden, musste Knin eine Reihe von Angriffen erdulden, bis die Ottomanen 1522 die Herrschaft übernahmen. Später fiel die Stadt an Venedig, gefolgt von Österreich, Frankreich und schließlich wieder Österreich.

Die riesige kroatische Fahne, die heute von der Festung weht, hat mehr mit den jüngsten Ereignissen als mit mittelalterlicher Geschichte zu tun, obwohl die Wirtschaft der Stadt seit der Vertreibung der Serben 1995 darnieder liegt. Besucher sollten zur teilweise restaurierten Festung hinauf wandern, um den Ausblick auf die Berge von Bosnien und Herzegowina zu genießen. Dort oben gibt es auch ein Café.

Am schönsten präsentiert sich die Stadt am 13. Juni, dem Festtag von Knins Schutzpatron, wenn zahlreiche religiöse, sportliche und musikalische Events stattfinden. Infos zur Stadt gibt es in der **Touristeninformation** (%022 664 822; www.tz-knin.hr; Tuđmana 24). Hotel Mihovil (☎022 664 444; www.hotelmihovil.com; Ante Anića 3; Zi. 250 Kn) hat freundliche Besitzer, schlichte Zimmer und gutes Essen. Es liegt 3 km nördlich der Stadt.

RETTUNG DER GREIFVÖGEL

Das **Sokolarski Centar** (☎022 330 116; www.sokolarskicentar.com; Erw./erm. 40/30 Kn; ⊙April–Okt. 9–17 Uhr) hat sich dem Schutz der Greifvögel Kroatiens verschrieben. Es bietet eine Art Rettungs- und Reha-Service für ca. 150 verletzte Greifvögel pro Jahr an. Besuchern bietet der Leiter Emilo Mendušić eine außergewöhnliche, höchst unterhaltsame und informative Präsentation dar, bei der er die Geschicklichkeit und das fliegerische Können von Greifvögeln anhand von Eulen, Falken und Habichten zeigt.

Dabei erfährt man auch, wie Uhus jagen: Sie sind in der Lage, in Zeitlupe zu sehen, und können sich so aus einer großen Vogelschar eine schwache Taube herauspicken. Ihr Gehör ist so scharf, dass sie sich auf einen Quadratmeter Boden konzentrieren und die Geräusche der Umgebung ausblenden können.

Die meisten Greifvögel im Zentrum wurden bei Kollisionen auf kroatischen Straßen verletzt. Weitere Bedrohungen sind illegale Vergiftung, Jäger und Pestizide. Die Vögel dürfen etwa eine Stunde am Tag frei umherfliegen, die meisten werden wieder in die Wildnis entlassen, sobald sie gesund sind.

Das Sokolarski-Zentrum ist ca. 7 km von Šibenik entfernt und nicht mit öffentlichen Verkehrsmitteln zu erreichen. Man nimmt die Straße zum Nationalpark Krka, biegt nach Osten Richtung Bilice ab und folgt den Schildern.

Übergang von der Gotik zur Renaissance steht. Die Kirche wurde gegen Ende des 15. Jhs. errichtet.

Franziskanerkirche & -kloster KIRCHE
(Franjevački Samostan; Ćulinoviča) Stammt vom Ende des 14. Jhs. Enthält schöne Fresken und mehrere venezianische Barockgemälde

Museum für Kirchenkunst MUSEUM
(Kralja Tomislava; Eintritt 10 Kn; ⊙Mo–Fr 9–13 Uhr) Befindet sich in der **Barbarakirche** und zeigt Gemälde, Stiche und Skulpturen aus dem 14. bis 18. Jh.

Feste & Events

Terraneo Festival MUSIK
(www.terraneofestival.com) Wer im August hierher kommt, sollte auf keinen Fall das Terraneo Festival verpassen. Diese große Tanzparty dauert fünf Tage und findet in einer ehemaligen Kaserne statt, die 4 km von der Stadtmitte Šibeniks und 500 m vom Strand entfernt liegt. Hier sind schon The Roots, The Ting Tings, Thievery Corporation, Groove Armada und Friendly Fires aufgetreten, dazu viele andere internationale und regionale Künstler und DJs.

Internationales Kinderfestival KINDER
Während der letzten Juni- und ersten Juliwoche findet dieses bekannte internationale Kinderfestival in Šibenik statt. Dazu gehören Kreativworkshops, Musik, Tanz, Kinderkino und -theater, Marionettentheater und bunte Umzüge.

Schlafen

In Šibenik, wo es nur ein Hotel gibt, findet man nur wenige Unterkünfte. Aber Primošten, Tribunj und Vodice an der Küste sind nicht weit weg. In der Hauptsaison trifft man oft auf Frauen, die *sobe* anbieten, oder man erkundigt sich in Reisebüros nach Privatunterkünften.

LP TIPP **Konoba B&B** B&B €€
(☎091 60 19 789; www.bbdalmatia.com; Andrije Kačića 8; Studio 486–636 Kn, Apt. 711–860 Kn) In niederländischem Besitz und mitten im mittelalterlichen Viertel. Diese beiden wunderbaren renovierten Steingebäude bilden möglicherweise die entzückendste Unterkunft in ganz Šibenik. Das eine Haus birgt eine Studiowohnung und eine Wohnung mit zwei Betten, Terrasse und tollem Ausblick; das andere hat eine größere Wohnung mit riesiger Dachterrasse, die einen Panoramablick auf die Altstadt und die Bucht von Šibenik gewährt. Die Einrichtung ist geschmackvoll und elegant; ein Hauch holländischer Minimalismus verträgt sich gut mit den unverputzten alten Steinwänden.

Camp Solaris CAMPINGPLATZ €
(☎364 450; www.solaris.hr; Solaris; pro Erw./Platz 55/143 Kn; ⊙Mitte März–Nov.; @ 📶 🏊) Wer einen gut ausgestatteten Campingplatz sucht, findet hier einen der besten von ganz Kroatien. Im Angebot sind ein Meerwasserpool, Tennis, Minigolf und andere Sportanlagen, jede Menge Sachen für Kinder und ein Wellnessbereich. Verdursten tut man hier auf

ABSTECHER

AUSFLÜGE AB ŠIBENIK

Šibenik hat gute Fährverbindungen zu mehreren kleinen Inseln, die als Tagestour oder mit einer Übernachtung erkundet werden können. Ein Ausflugsziel auf dem Festland, nur 20 km weiter südlich, ist **Primošten**, der mit Abstand schönste Ort in Reichweite von Šibenik. Die kleine Ortschaft aus mittelalterlichen Gassen wird von einem großen Glockenturm überragt und befindet sich auf einer Halbinsel. Auf der anderen Seite der Bucht liegt eine weitere Halbinsel mit dichtem Pinienwald und Kieselstränden.

Zlarin liegt nur eine 30-minütige Bootsfahrt von Šibenik entfernt. Es ist für die Koralle bekannt, die dort früher in großer Menge vorkam, bis so viel dem Meer entrissen und zu Schmuck verarbeitet wurde. Da die Insel autofrei ist, bietet sie Besuchern eine Oase der Ruhe. Auf ihr gibt es einen Sandstrand, Pinienwälder und einen großen Hafen.

Lediglich 15 Min. weiter als Zlarin liegt Prvić mit den beiden Orten **Prvić Luka** und **Šepurine** (weitere 10 Min. mit der Fähre), die noch den ursprünglichen Charme einfacher Fischerdörfer besitzen.

Die Insel Murter liegt 29 km nordwestlich von Šibenik, vom Festland nur durch einen schmalen Kanal getrennt. An der steilen Südwestküste liegen viele kleine Buchten, am bekanntesten die Bucht **Slanica**, ein Paradies für Schwimmer. Bei der **Touristeninformation** (☎434 995; www.tzomurter.hr; Rudina bb; ⊙7Mitte Juni–Mitte Sept. 7.30–21.30 Uhr, Mitte Sept.–Mitte Juni 8–12 Uhr) sind weitere Infos über die Insel erhältlich.

Das Dorf **Murter** hat zwar wenig zu bieten, ist aber ein ausgezeichneter Ausgangspunkt für eine Erkundung der Kornaten. Wer von Murter aus einen Ausflug zu dieser Inselgruppe bucht, kann in einem Tag mehr vom Archipel erkunden als von Šibenik oder Zadar aus, denn Murter liegt viel näher. **Coronata** (☎435 933; www.coronata.hr; Žrtava Ratova 17) ist eines von mehreren Reisebüros, die Ganztagesausflüge zu den Kornaten anbieten (Erw./erm. 270/140 Kn).

Wer auf einer der **Kornateninsel** übernachten möchte, sollte sich bei KornatTurist (☎435 854; www.kornatturist.hr; Hrvatskih Vladara 2, Murter) nach Privatunterkünften erkundigen –Ein Häuschen kostet ab 4800 Kn pro Woche; im Preis inbegriffen sind der Bootstransfer, zweimal pro Woche Gasnachschub fürs Licht und der Eintritt zum Kornati Nationalpark. Für 1550 Kn pro Woche kann man auch ein Motorboot mieten.

keinen Fall – es gibt 10 Bars! der Campingplatz liegt 6 km östlich der Stadtmitte von Šibenik.

Hotel Jadran HOTEL €€€
(☎242 000; www.rivijera.hr; Obala Oslobođenja 52; EZ/DZ 512/835 Kn; P@) Dieses Hotel in einem etwas altmodisch wirkenden fünfstöckigen Betonbau hat zumindest eine praktische Lage direkt am Hafen. Es ist ein wenig unpersönlich und überteuert, aber das einzige große Hotel am Ort. Die Zimmer haben Satelliten-TV und Minibar (aber keine Klimaanlage, daher wird es im Hochsommer ziemlich warm).

Essen

Entlang des Hafens befindet sich eine ganze Reihe beliebter Restaurants mit tollem Ausblick. Wer richtig gut essen möchte, sollte sich jedoch in die Altstadt begeben.

Selbstversorger können sich im **Supermarkt** (Kralja Zvonimira) oder aber auf dem **Obst- & Gemüsemarkt** (zwischen Ante Starčevića & Stankovačka) reichlich mit Lebensmitteln eindecken.

LP TIPP **Pelegrini** MODERN MEDITERRAN €€
(☎485 055; www.pelegrini.hr; Obala Palih Omladinaca 2; Hauptgerichte ab 60 Kn) Dieses wunderbare Restaurant hat den kulinarischen Standard in Šibenik deutlich erhöht. Auf der Speisekarte zeigen sich Inspirationen aus der ganzen Welt, mit Einflüssen aus Japan und Frankreich. Im Grunde aber ist die Küche natürlich mediterran. Besonders zu empfehlen sind der gebratene Schweinebauch mit weißen Feigen und Speck. Designmäßig gelingt es dem Pelegrini, Minimalismus und historischen Stil zu kombinieren. Das Personal ist gut informiert und spricht mehrere Sprachen. Die Weinkarte enthält viele dalmatinische Weine. Wer einen der Außentische mit dem umwerfenden Blick auf die Kathedrale möchte, sollte besser vorab reservieren.

Restoran Tinel KROATISCH €€
(Trg Puckih Kapetana 1; Hauptgerichte ab 75 Kn;) Stilvoll und angesehen. Dieses Altstadtrestaurant besitzt eine schöne, höher gelegene Terrasse, die auf einen kleinen Platz blickt, sowie einen Essbereich auf zwei Etagen. Die Karte enthält viele interessante Gerichte, darunter Tintenfisch *à la tinel* (wie ein Gulasch), sowie vegetarische Optionen, z. B. Ricottasalat mit gegrillter Zucchini.

Gradska Vijećnica DALMATINISCH €€
(213 605; Trg Republike Hrvatske; Hauptgerichte ab 70 Kn) Befindet sich im Erdgeschoss des Rathauses gegenüber der Kathedrale; die Terrasse und das umwerfende Interieur bieten ein tolles Esserlebnis. Auf der Karte stehen viele dalmatinische Gerichte, darunter Eintöpfe mit Meeresfrüchten und Fisch, aber auch mehrere vegetarische Gerichte wie Paprika, die mit Käse aus der Region gefüllt ist. Außerdem gibt es täglich wechselnde, richtig leckere Specials.

Uzorita KROATISCH €€
(Bana Josipa Jelačića 50; Hauptgerichte ab 60 Kn;) Das älteste Restaurant in Šibenik existiert seit 1899. Gäste genießen die Fleisch- und Meeresfruchtgerichte (die Spieße sind besonders zu empfehlen) auf der schattigen Terrasse oder im charaktervollen Innenraum mit altem Kamin. Es liegt 20 Min. Fußweg von der Stadtmitte entfernt.

Ausgehen

Godimento LOUNGEBAR
(Stjepana Radića 1) Unter der Woche ein tolles Lokal für Drinks und ein Kaffee, und am Wochenende steppt der Bär, wenn DJs House und R&B auflegen. Eine beeindruckende Auswahl an kroatischen *rakijas* (Brandys) wartet darauf, probiert zu werden. Das Lokal liegt nordöstlich der Altstadt.

Praktische Informationen

Atlas Reisebüro (330 232; atlas-sibenik@si.t-com.hr; Kovačića 1a) Wechselt Geld und bucht Ausflüge.

Krankenhaus (334 421; Stjepana Radića 83)

NIK Reisebüro (338 540; www.nik.hr; Ante Šupuka 5) Großes Reisebüro, das Ausflüge nach Kornati und Krka anbietet, Privatunterkünfte vermittelt und internationale Bus- und Flugtickets verkauft.

Post (Vladimira Nazora 51; Mo–Fr 8–19, Sa 9–12 Uhr) Telefonieren und Geld wechseln.

Touristeninformation (214 441; www.sibenik-tourism.hr; Obala Franje Tuđmana 5; Mai–Okt. 8–21 Uhr, Nov.–April bis 16 Uhr) Bietet ausgezeichnete Beratung und Infos in sage und schreibe 14 Sprachen.

An- & Weiterreise

Jadrolinija (213 468; Obala Franje Tuđmana 8; Mo–Fr 9–18 Uhr) Verkauft Fährentickets.

Er ist zwar ziemlich heruntergekommen, aber vom Šibenik Busbahnhof fahren immer noch einige Busse regelmäßig ab; von der Altstadt ist er nur ein kurzer Fußweg entfernt.

Von Zagreb nach Šibenik fährt ein Nachtzug (161 Kn, 8 Std.) sowie zwei Züge tagsüber (11 Std.).

Nationalpark Krka

022

Der Fluss Krka entspringt am westlichen Fuß des Dinarischen Gebirges und mündet nach einer Strecke von 72,5 km bei Šibenik ins Meer. Der Fluss und seine wunderschönen Wasserfälle prägen die Landschaft der Region Šibenik-Knin und bilden die

BUSSE VON ŠIBENIK

REISEZIEL	FAHRPREIS (KN)	FAHRZEIT	TGL. VERBINDUNGEN
Dubrovnik	245	6 Std.	9
Murter	28	45 Min.	8
Osijek	352	8½ Std.	1
Primošten	19	30 Min.	7
Pula	240	8 Std.	3
Rijeka	205	6 Std.	11
Split	93	1¾ Std.	22
Zadar	71	1½ Std.	34
Zagreb	190	6½ Std.	16

Hauptattraktion im Krka-Nationalpark. Die Krka-Wasserfälle sind ein Karstphänomen: Über Jahrtausende höhlte das kalziumkarbonathaltige Flusswasser im Kalkstein bis zu 200 m tiefe Schluchten aus. Moose und Algen speichern das Kalziumkarbonat und lagern es in ihren wurzelähnlichen Aufnahmeorganen ab. Der dabei durch Milliarden übereinander wachsender Pflanzen entstehende Kalktuff bildet allmählich dicke Krustenlagen und schließlich Barrieren im Fluss: Wasserfälle entstehen.

Sehenswertes

Die Landschaft mit ihren Felsen, Klippen, Höhlen und Spalten ist ein beeindruckender Anblick, doch auch kulturell hat der Nationalpark einiges zu bieten.

Kloster Krka — KLOSTER

Fast schon am Nordende des Parks liegt das orthodoxe Kloster, das manchmal Aranđelovac (hl. Erzengel) genannt wird oder einfach Kloster Krk. Erwähnt wurde es erstmals 1402 als Mitgift von Jelena Šubić, der Schwester des serbischen Zaren Dušan. Bis Ende des 18. Jhs. wurde es mehrfach erweitert und umgebaut. Das Kloster zeigt eine einzigartige Kombination von byzantinischer und mediterraner Architektur.

Roški Slap — TAL

Unterhalb des Klosters weitet sich der Fluss zu einem See, der durch den flussabwärts liegenden Roški Slap gebildet wird. Das Flusstal verengt sich in eine nur 150 m schmalen Schlucht. Der Roški Slap erstreckt sich auf eine Länge von 650 m und beginnt mit flachen Stufen, die dann in eine Reihe von Abzweigungen und Inselchen übergehen und als 27 m hohe Kaskaden enden. Auf der Ostseite der Wasserfälle stehen noch Wassermühlen, mit denen einst Weizen gemahlen wurde.

Visovacsee — SEE

Auf dem ersten Kilometer wird der See von Schilf und Binsen gesäumt, die vielen Wasservögeln Schutz bieten. Flussabwärts kommt die **Schlucht Među Gredama** mit 150 m hohen, dramatisch geformten Klippen in Sicht. Sie öffnet sich zum See Visovac. Auf einer Insel im See liegt das hübsche Kloster **Samostan Visovac**. Im 14. Jh. erbauten Einsiedler ein kleines Kloster mit Kirche; unter der türkischen Herrschaft bis 1699 lebten hier bosnische Franziskaner. Die Kirche der Insel datiert ins ausgehende 17. Jh., der Glockenturm wurde im Jahr 1728 errichtet. Am Westufer erstreckt sich ein Wald aus Steineichen, am Ostufer wachsen Traubeneichen.

Skradinski Buk — WASSERFALL

Etwa 6 km flussabwärts vom Visovac-See folgt der größte Wasserfall des Parks, Skradinski Buk. Er stürzt auf 800 m Länge über 17 Stufen beinahe 46 m in die Tiefe. Früher wurde hier Getreide gemahlen, Filz gewalkt und Stoff hergestellt. Die Mühlen sind längst aufgegeben. Hinter dem Skradinski Buk wird der Fluss uninteressant, seit dort 1904 das Jaruga-Kraftwerk errichtet wurde. Eine Stunde Zeit sollte man einplanen, um den Skradinski Buk zu besichtigen und die Wasserfälle auf sich wirken zu lassen. Der untere See eignet sich gut zum Schwimmen, aber im Sommer kann es sehr voll werden.

Schlafen & Essen

Restaurants und Läden säumen den Hafen. Skradinski Buk bietet ein paar Imbisse und preisgünstige Restaurants.

Hotel Skradinski Buk — HOTEL €€

(☎771 771; www.skradinskibuk.hr; Burinovac bb, Skradin; EZ/DZ 417/652 Kn; P❄@) Ein modernes Hotel mit 29 renovierten, aber ziemlich kleinen Zimmern, die jeweils über einen Schreibtisch, Satelliten-TV und einen Internetzugang verfügen. Unten serviert das gute Restaurant mit überdachter Terrasse gegrillte Fleischgerichte und dalmatinische Spezialitäten.

Praktische Informationen

Krka Nationalparkbüro (☎217 720; www.npkrka.hr; Trg Ivana Pavla II, Skradin; Parkeintritt Erw./erm. Juli & Aug. 95/70 Kn, April–Juni, Sept. & Okt. 80/60 Kn, Nov.–März 30/20 Kn; ⏲Mo–Fr 9–17 Uhr) Bietet gute Landkarten und Infos und kann Ausflüge organisieren. Das Parkticket schließt die Boots- oder Busfahrt nach mit Skradinski Buk ein.

Touristeninformation (☎771 306; www.skradin.hr; Trg Male Gospe 3; ⏲Juli & Aug. 8–21 Uhr, Sept.–Juni 9–13 & 16–18 Uhr) Skradins Touristeninformation liegt am Hafen und vermittelt Privatunterkünfte.

An- & Weiterreise

Diverse Reisebüros bieten organisierte Ausflüge zu den Wasserfällen an, sie starten u. a. in Šibenik und Zadar. Normalerweise kann man die Kaskaden aber auch leicht auf eigene Faust besuchen.

Von Šibenik aus fahren jeden Tag sieben Busse (im Winter sind es weniger) nach Skradin; die Fahrt dauert etwa 30 Minuten. Der Bus hält vor den Toren der Altstadt, hier zahlt man auch die Eintrittsgebühren für den Park. Im Preis eingeschlossen ist die Bootsfahrt zum Skradinski Buk. Wer einen der täglich fünf Busse nach Lozovac nehmen möchte, kann auch mit dem Bus zum Skradinski Buk fahren (ist im Parkeintritt enthalten). Dann verzichtet man allerdings auf die Bootsfahrt durch die Schlucht von Skradin aus.

Vom Skradinski Buk fahren von März bis November täglich drei Boote nach Visovac (Erw./erm. 110/60 Kn) und zum Roški Slap (140/70 Kn). Vom Roški Slap verkehren von April bis September Boote zum Kloster Krka (110/60 Kn).

Zu anderen Zeiten des Jahres steht der Park Touristengruppen und Besuchern mit eigenem Fahrzeug offen.

Kornaten

☎022

Die Inselwelt der Kornaten besteht aus 147 meist unbewohnten Inseln und Riffen. Mit einer Fläche von etwa 69 km² – ein Teil davon bildet den Nationalpark – sind die Kornaten das größte Archipel in der Adria. Die Karstinseln sind durchsetzt von Spalten, Höhlen, Grotten und wild zerklüfteten Klippen. Da es keine Quellen gibt, sind die Eilande meist kahl oder mit struppigem Gras bewachsen.

Die einstige Vegetation aus immergrünen Pflanzen und Steineichen wurde vor Langem durch Brandrodung vernichtet. Die Entwaldung konnte aber der Schönheit der Inseln nichts anhaben – stattdessen kommen die bizarren Felsformationen noch besser zur Geltung. Die strahlend weißen Steine vor dem tiefblauen Wasser der Adria sind ein faszinierender Anblick.

Sehenswertes

Die Kornaten reihen sich in vier Gruppen von Nordwesten nach Südosten aneinander. Die ersten beiden Gruppen liegen näher zum Festland und werden von den Einheimischen Gornji-Kornaten genannt. Die größte und am meisten zerklüftete dieser Inseln heißt **Žut**.

Die beiden anderen Inselgruppen, die im offenen Meer liegen, bilden den **Nationalpark Kornaten** und sind weitaus stärker zerklüftet. Das größte Eiland des Parks ist die Insel **Kornat**. Sie ist 25 km lang, aber lediglich 2,5 km breit. Zum Nationalpark gehören aber nicht nur die Inseln, auch die sie umgebende Meeresfläche ist unter Schutz gestellt. Fischen ist stark eingeschränkt, damit sich die Fischpopulationen erholen können. Zackenbarsche, Muränen, Meeraale, Meerbrassen, Hechte, verschiedene Tintenfischarten und Sardinen sind einige der Arten, die hier schon bald wieder heimisch werden sollen.

Die Insel **Piškera**, ebenfalls auf dem Gebiet des Nationalparks, war bereits im Mittelalter besiedelt und diente lange Zeit als Fischlager. Bis ins 19. Jh. hinein unterstanden die Inseln den Adelsfamilien von Zadar. Vor etwa 100 Jahren erwarben dann Vorfahren der heutigen Bewohner von Murter und Dugi Otok die Inseln. Sie errichteten schließlich kilometerlange Steinmauern, um das Land zu parzellieren und für die Schafzucht zu nutzen.

Bis heute sind die Inseln in Privatbesitz: Etwa 90 % gehören Bewohnern von Murter, der Rest Bewohnern von Dugi Otok. Auch wenn niemand mehr ganzjährig hier lebt, haben doch viele Eigentümer hier Hütten und Felder und kommen hin und wieder vorbei, um ihren Grund und Boden zu pflegen. Es werden auch Häuser vermietet. 80 % der landwirtschaftlich genutzten Fläche sind mit Ölbäumen bebaut, daneben werden Wein, Obst und Gemüse kultiviert. Insgesamt gibt es auf den Kornaten ungefähr 300 Gebäude, die meisten von ihnen liegen an der Südwestküste der Insel Kornat.

Praktische Informationen

Der Eintrittspreis hängt vom Boot ab, ein kleines Boot kostet im Vorverkauf 150 Kn pro Tag. Angel- und Tauchlizenzen kosten 100 Kn pro Person pro Tag.

Kornati Nationalparkbüro (☎434 662; www.kornati.hr; Butina 2; ⏲Mo–Fr 8.30–17 Uhr) Befindet sich in Murter. Das Büro ist mit Infomaterialien gut ausgestattet.

An- & Weiterreise

Zwischen den Kornaten und anderen Inseln oder dem Festland fahren keine Fähren. Wer kein eigenes Boot hat, bucht einen Ausflug von Zadar, Sali, Šibenik, Split oder einem anderen Küstenort oder eine private Unterkunft von Murter aus.

Der größte Hafen liegt auf der Insel Piškera, am südlichen Ende der Meerenge zwischen Piškera und Lavsa. Einen weiteren großen Hafen gibt es auf Žut. Boote können in zahlreichen kleinen Buchten der Inseln ankern.

Split & Mitteldalmatien

☎ 021

Inhalt »

Gut essen

» Pojoda (S. 260)
» Figa (S. 226)
» Antika (S. 256)
» Bako (S. 262)

Schön übernachten

» Hotel Vestibul Palace (S. 224)
» Goli + Bosi (S. 224)
» Hotel Adriana (S. 225)
» Hotel San Giorgio (S. 260)

Auf nach Split & Mitteldalmatien!

Mitteldalmatien ist Kroatiens vielfältigste Region mit der meisten Action und den meisten Sehenswürdigkeiten: mit hübschen Inseln, idyllischen Häfen, wild zerklüfteten Bergen, vielen Burgen und einer aufstrebenden kulinarischen Szene. Ganz zu schweigen vom Diokletianspalast in Split und dem mittelalterlichen Trogir (beides Stätten auf der Unesco-Welterbeliste).

Römische Ruinen, eine mediterrane Stadt, erstklassige Gastronomie und das Nachtleben auf der glamourösesten Insel der Adria machen die Region zum beliebten Reiseziel. Zur Attraktivität tragen zudem wunderschöne feine Sandstrände, abgeschiedene Kiesbuchten auf den Inseln der Umgebung sowie versteckte FKK-Oasen bei. Mit dem zerklüfteten, bis zu 1500 m hohen Dinarischen Gebirge, das die dramatische Kulisse der Küstenlinie bildet, überzeugt dieser Teil Kroatiens auch den anspruchsvollsten Besucher.

Nirgendwo ist die kristallklare Adria wärmer als hier; Badezeit ist von Mitte Mai bis Ende September.

Reisezeit

Split

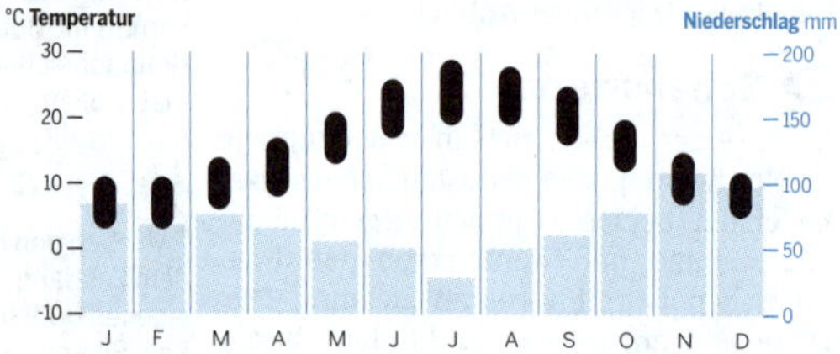

Mai Das Meer ist schon warm genug, um schwimmen zu gehen. Aber es herrscht noch lange kein Massenbetrieb.

Juli–Aug. Festivals und anderes: Überall wird etwas geboten.

Sept. Die Sommergäste sind weitergezogen , das Meer noch warm – und die Preise niedrig.

SPLIT

178 192 EW.

Die zweitgrößte Stadt Kroatiens (Spalato auf Italienisch) ist wie geschaffen dafür, das echte, unverfälschte dalmatinische Leben kennenzulernen. In Split herrscht immer Betrieb, die überschäumende Stadt hält die richtige Balance zwischen Tradition und Moderne. Innerhalb der alten Mauern des Diokletianspalastes – Unesco-Weltkulturerbe und eines der beeindruckendsten römischen Baudenkmäler der Welt – haben sich Dutzende von Bars, Restaurants und Geschäften angesiedelt. Seit Tausenden von Jahren spielt sich hier das Leben der Stadtbewohner ab. Und als wäre das nicht schon genug, hat Split auch noch eine einzigartige Lage. Das dramatische Küstengebirge bildet den perfekten Hintergrund zur türkisfarbenen Adria. Auf einer Fahrt mit der Fähre kommt das wunderbare Stadtbild von Seeseite richtig zur Geltung.

Split wird oft in erster Linie als Hafenstadt für Fahrten zu den beliebten Inseln vor der Küste wahrgenommen (was sie genau genommen auch ist). Aber die Stadt hat sich ordentlich herausgeputzt: Die alte Riva (Seepromenade) wurde verschönert, ihr Betonbelag durch einen Boden im Marmorlook ersetzt. Auch wenn diese Modernisierung nicht bei allen Einheimischen auf Gegenliebe stieß, ist die neue Riva eine prächtige Flaniermeile geworden. Die zunehmende Nachfrage seitens der Urlauber hat die Stadtväter auch unter Druck gesetzt, den öffentlichen Nahverkehr zu verbessern. So gibt es Gerüchte, dass der zentral gelegene Busbahnhof stadtauswärts verlegt werden soll, um Platz für eine Hafenerweiterung und Luxushotels zu schaffen.

Geschichte

In Spalatum (Split) ließ der römische Kaiser Diokletian (245–313 n. Chr.) zwischen 295 und 305 seinen Altersruhesitz erbauen. Nach seinem Tod nutzten weitere römische Herrscher den riesigen Steinpalast als Residenz. Als die nahe gelegene Siedlung Salona (das heutige Solin) im 7. Jh. von den Awaren und Slawen zerstört wurde, flohen viele der romanisierten Bewohner nach Split und verbarrikadierten sich hinter den befestigten Palastmauern. Aus dem Palastkomplex entwickelte sich schließlich die heutige Stadt.

Die Region wurde zunächst von den Byzantinern, dann von Kroaten beherrscht. Vom 12. bis 14. Jh. war das mittelalterliche Split relativ unabhängig und wuchs über seine alten Grenzen hinaus: Der westliche Teil der Altstadt um den Narodni Trg wurde nun der Mittelpunkt des städtischen Lebens, der religiöse Mittelpunkt lag auch weiterhin innerhalb der Palastmauern.

Im Jahr 1420 eroberten die Venezianer Split und leiteten einen allmählichen Niedergang der Stadt ein. Im 17. Jh. wurde sie dann zum Schutz vor den Osmanen mit starken Stadtmauern gesichert. Im Jahr 1797 kamen die Österreicher und blieben – mit nur kurzer Unterbrechung während der Napoleonischen Kriege – bis 1918.

Sehenswertes

Die Obala Hrvatskog Narodnog Preporoda – kurz Riva (Seepromenade) genannt – ist in Split der beste Orientierungspunkt. Die meisten großen Hotels und die besten Restaurants, das Nachtleben und die Strände liegen östlich des Hafens entlang der Buchten Bačvice, Firule, Zenta und Trstenik. Der bewaldete Marjan-Hügel prägt den westlichen Zipfel der Stadt; an seinem Fuß liegen viele schöne Strände.

Diokletianspalast ALTSTADT

Mit der Frontseite zum Hafen gerichtet, ist der Diokletianspalast eine der imposantesten römischen Ruinen überhaupt. Besucher in Split verbringen hier die meiste Zeit. Aber es wäre ein Fehler, ein schlossartiges Gebäude oder Museum zu erwarten: Der Palast ist das Herz der Stadt, in den labyrinthartigen Straßen gibt es zahlreiche Bars, Geschäfte und Restaurants, die gut besucht sind. Hinter den engen Gassen verbergen sich Durchgänge und Innenhöfe, manche wirken verlassen und gespenstisch, manche sind voller pulsierender Musik aus den angrenzenden Bars und Cafés. Darüber hängt die Wäsche zum Trocknen, Kinder spielen Fußball inmitten der alten Mauern, und alte Frauen sitzen an den Fenstern und sehen dem Treiben unten zu. Ein bezaubernder Ort.

Obwohl der ursprüngliche Bau im Mittelalter verändert wurde, haben die Umbauten den Reiz dieses faszinierenden Ortes nur noch erhöht. Der Palast wurde aus glänzend-weißem Kalkstein von der Insel Brač erbaut; die Bauzeit betrug zehn Jahre. Diokletian scheute keine Kosten und importierte Marmor aus Italien und Griechenland sowie Säulen und Sphinxe aus Ägypten. Der Palast – militärische Festung, kaiserliche Residenz und befestigte Stadt zugleich – erstreckt sich von Ost nach West auf einer Länge von 215 m (inkl. der quadratischen

Highlights

1 In Splits antikem Zentrum, dem **Diokletianspalast** (S. 213) herrscht Tag und Nacht Betrieb

2 Leckeres Essen und herrliche Strände erwarten die Reisenden auf **Vis** (S. 257), Kroatiens abgelegenster Insel

3 **Zlatni Rat** (S. 247) in Bol ist Kroatiens Strand mit dem meisten Sexappeal

4 Glamour und Partystimmung entlang der Strandbars in der**Stadt Hvar** (S. 250)

5 Eine Wanderung auf den Berg **Biokovo** (S. 241) belohnt mit einem Panoramablick bis nach Italien

6 Seine gut erhaltene antike Architektur machte das winzige **Trogir** (S. 234) zum Weltkulturerbe-Star von Mitteldalmatien

7 Das Inselinnere von **Hvar** (S. 249) mit seinen Lavendelfeldern, den ausgedehnten Meeresblicken und verlassenen Weilern macht einen verträumten Eindruck

Vrlika
Peručko jezero
0
20 km
Svilaja
Dinara
E71
1
Cetina
Šuica
Livno
BOSNIEN & HERZEGOWINA
Glavice
Sinj
Otok
Brnaze
Stipanići
Buško jezero
E71
1
Trilj
Aržano
Raško Polje
Kozjak
Dugopolje
Sućurac
Solin
V Kabal (1339 m)
60
SPLIT 1
Stobreč
Podstrana
Lovreć
Postranje
Jesenice
Dugi Rat
Omiš
Cetina
60
Splitski-kanal
Brački kanal
E65
D8
Zagvozd
Brela
Biokovo
5 Biokovo
Supetar
Postira
Baška Voda
Škrip
Dol
Pučišća
Sv Jure (1762 m)
Milna
Brač
Selca
Sumartin
Makarska
Vidova Gora (780 m)
Bol 3
Hvarski kanal
Podgora
Hvar (Stadt) 4
Stari Grad
Jelsa
Pakleni otoci
Sv Nikola (628 m)
7 Hvar
Zavala
Sućuraj
Šćedro
Kap Lovišće
Halbinsel Pelješac
Korčulanski kanal
Korčula (5 km)

Split

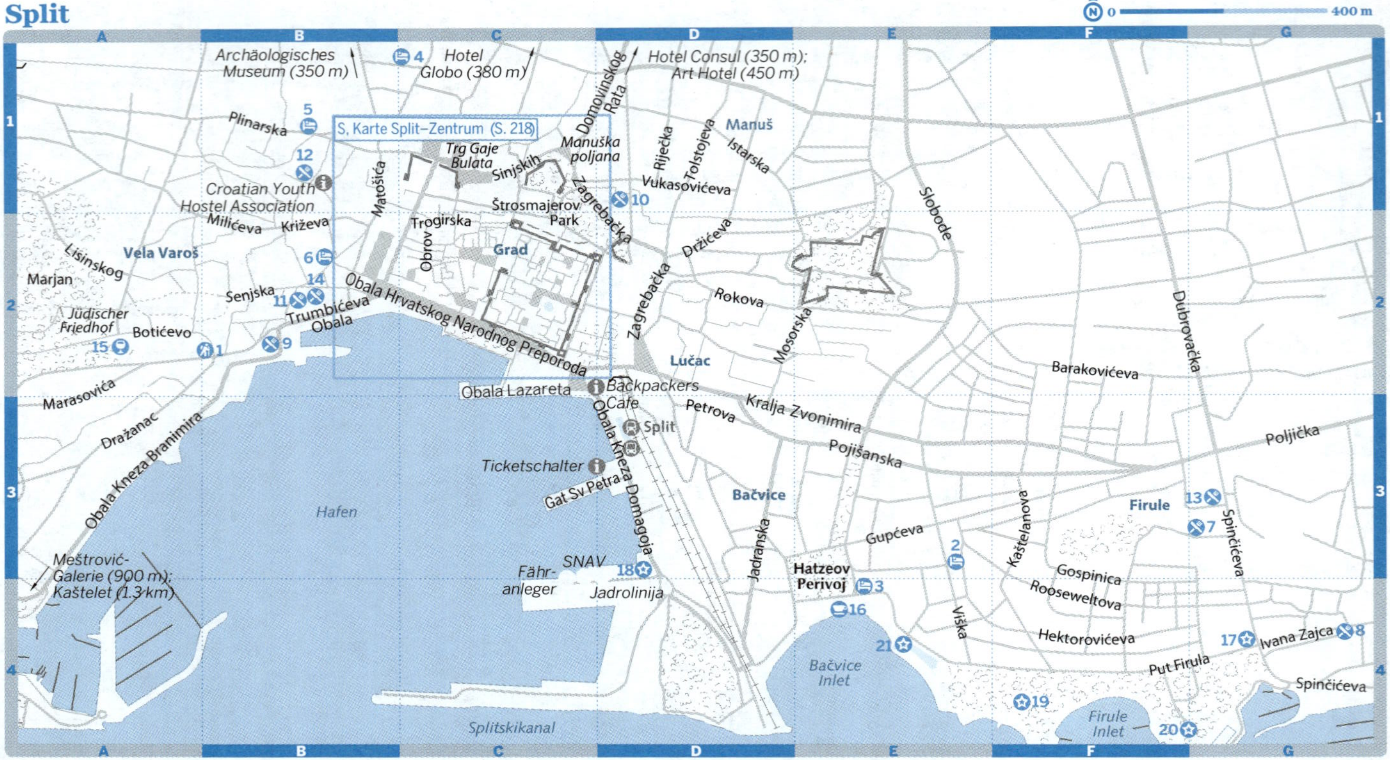
0
400 m
A
B
C
D
E
F
G
1
2
3
4
Archäologisches Museum (350 m)
4
Hotel Globo (380 m)
Hotel Consul (350 m); Art Hotel (450 m)
5
Plinarska
S. Karte Split–Zentrum (S. 218)
Domovinskog Rata
Trg Gaje Bulata
Manuška poljana
Sinjskih
12
Croatian Youth Hostel Association
Matošića
Zagrebačka
10
Vukasovićeva
Rijećka
Tolstojeva
Manuš
Istarska
Štrosmajerov Park
Trogirska
Milićeva
Križeva
Grad
Obrov
Lisinskog
Vela Varoš
6
Marjan
14
Senjska
11
Trumbićeva Obala
Obala Hrvatskog Narodnog Preporoda
Jüdischer Friedhof
Botićevo
15
1
9
Marasovića
Dražanac
Obala Kneza Branimira
Obala Lazareta
Backpackers Cafe
Split
Ticketschalter
Gat Sv Petra
Obala Kneza Domagoja
Hafen
Meštrović-Galerie (900 m); Kaštelet (1.3 km)
Fähr-anleger
SNAV
18
Jadrolinija
Splitskikanal
Držićeva
Rokova
Mosorska
Slobode
Lučac
Petrova
Kralja Zvonimira
Pojišanska
Bačvice
Jadranska
Hatzeov Perivoj
3
16
21
Bačvice Inlet
Gupćeva
2
Višla
Kaštelanova
Barakovićeva
Dubrovačka
Poljička
Firule
13
7
Spinčićeva
Gospinica
Roosewelťova
Hektorovićeva
17
Ivana Zajca
8
Put Firula
19
Firule Inlet
20
Spinčićeva

Split

Aktivitäten, Kurse & Touren

1 Treppen zum Marjan-Hügel B2

Schlafen

2 Beach Hostel Split E3
3 Hotel Park E4
4 Tchaikovsky Hostel C1
5 Villa Baguc B1
6 Villa Varoš B2

Essen

7 Boban G3
Bruna ..... (siehe 3)
8 Kadena G4
9 Kod Fife B2
10 Kod Joze D1
11 Konoba Matejuška B2
12 Makrovega B1
13 Pimpinella G3
14 Šperun B2

Ausgehen

15 Vidilica A2
16 Žbirac E4

Unterhaltung

Egoist ..... (siehe 17)
17 Hedonist G4
18 Imperium D3
Kino Bačvice ..... (siehe 21)
19 Mediteranium F4
20 O'Hara F4
21 Tropic Club E4

Ecktürme) und ist an der südlichsten Stelle 181 m breit. Die Mauern sind bis zu 26 m hoch; die gesamte Anlage umfasst eine Fläche von etwa 31 000 m².

Jede Außenmauer besitzt ein Tor, das nach einem bestimmten Metall benannt ist: An der Nordseite steht das **Goldene Tor**, an der Südseite das **Bronzene Tor**, im Osten befindet sich das **Silberne Tor** und im Westen das **Eiserne Tor**. Zwischen dem Ost- und dem Westtor verläuft eine gerade Straße (zu römischer Zeit hieß sie Decumanus, heute Krešimirova). Sie trennt die kaiserliche Residenz mit ihren Repräsentationsbauten und Tempeln auf der Südseite von den einstigen Unterkünften der Soldaten und Diener, die im nördlichen Teil liegen. Das Bronzene Tor an der Südmauer führte von den Wohngemächern zum Meer. Vor dem Bronzenen und dem Goldenen Tor stehen zwei Wahrzeichen der Stadt: die **Skulpturen** des Literaten Marko Marulić und des mittelalterlichen Bischofs Grgur Ninski, die beide von **Meštrović** geschaffen wurden.

Innerhalb der Palastmauern befinden sich etwa 220 Gebäude, hier wohnen rund 3000 Menschen. Auf kleinen Schildern am Anfang und Ende jeder Straße stehen Hinweise, was Besucher dort vorfinden werden, seien es Bars, Cafés, Restaurants, Geschäfte oder Museen. Die Orientierung wird so sehr leicht gemacht. Andererseits ist es reizvoll, sich durch den Palastkomplex treibenzulassen: Das Areal ist klein genug, dass man immer wieder leicht hinausfindet. Über Straßennamen braucht man daher nicht mehr nachdenken, sobald man den Palast betreten hat.

Um die Hauptsehenswürdigkeiten des Palasts zu erkunden, bietet sich der ausgeschilderte Spaziergang an.

Stadtmuseum

(Karte S. 218; Muzej Grada Splita; www.mgst.net; Papalićeva 1; Erw./erm. 10/5 Kn; Juni–Sept. Di–Fr 9–21, Sa–Mo bis 16 Uhr, Okt.–Mai Di–Fr 10–17, Sa–Mo bis 13 Uhr) Juraj Dalmatinac erbaute den **Papalić-Palast** für eine der vielen Patrizierfamilien, die im Mittelalter innerhalb der Palastmauern lebten. Das kunstvoll gestaltete Eingangstor, das vom Reichtum seiner damaligen Bewohner zeugt, gilt er als erlesenes Beispiel für den spätgotischen Stil. In den Innenräumen ist heute das Museum untergebracht. Die Beschriftungen sind auf Kroatisch, aber die in verschiedenen Sprachen gehaltenen Wandtafeln bilden einen historischen Rahmen für die Ausstellungsstücke. Auf drei Stockwerken zeigt das Museum Gemälde, Wappen, Waffen aus dem 17. Jh., edle Möbel, Münzen und Dokumente, die bis ins 14. Jh. reichen.

Kathedrale St. Domnius

(Karte S. 218; Katedrala Svetog Duje; Svetog Duje 5; Eintritt Kathedrale/Schatzsammlung/Glockenturm 15/15/10 Kn; Juni–Sept. Mo–Sa 8–19, So 12.30–18.30 Uhr, Okt.–Mai sporadisch geöffnet) Ursprünglich wurde Splits Kathedrale als Mausoleum für Diokletian erbaut. Ihr achteckiger Grundriss ist von 24 Säulen umrahmt und praktisch komplett erhalten. In dem rund gewölbten Innenraum mit seinen zwei Reihen korinthischer Säulen gibt es Reliefs zu sehen, auf denen Kaiser Diokletian und seine Frau Prisca abgebildet sind. Die Szenen aus dem Leben Christi auf den hölzernen Eingangstüren wurden von Andrija Buvina im 13. Jh. geschaffen und sind die ältesten Kunstschätze der Kathedrale.

Beachten sollte man auch den **rechten Altar**, der von Bonino da Milano 1427 geschnitzt wurde, sowie das Gewölbe oberhalb des Altars mit Wandgemälden von Dujam Vušković. Linker Hand steht der Altar des heiligen Anastasius (Sveti Staš; 1448) von Dalmatinac. Das Relief *Die Geißelung Christi* ist eine der besten bildhauerischen Arbeiten seiner Zeit in ganz Dalmatien.

Der **Chorraum** hat eine romanische Bestuhlung aus dem 13. Jh., sie ist die älteste noch erhaltene in Dalmatien. Hinter dem Altar weisen Schilder den Weg zur **Schatzkammer**, die wertvolle Reliquien, Ikonen,

Split Zentrum

Kirchengewänder, bebilderte Handschriften und Schriftstücke in glagolitischer Schrift präsentiert.

Ein Teil des Gebäudes, der romanische **Glockenturm**, wurde zwischen dem 12. und 16. Jh. erbaut und 1908 nach einem Einsturz rekonstruiert. Interessant sind die beiden

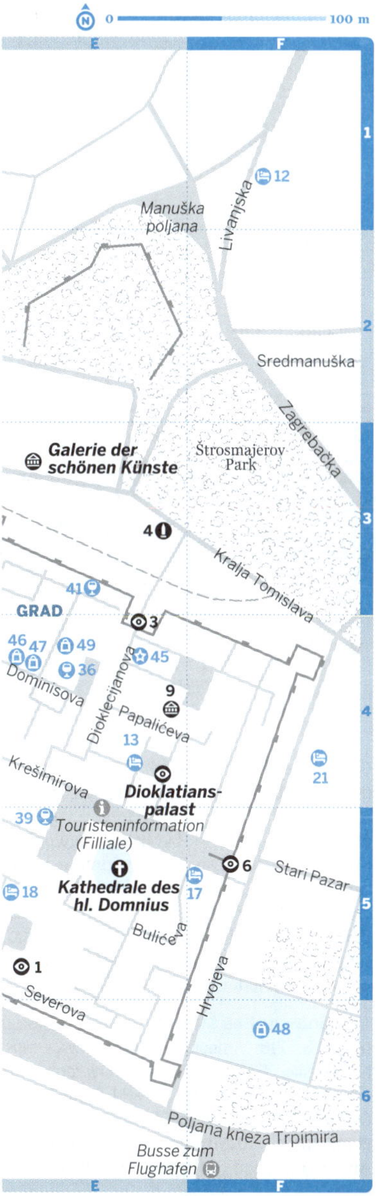

Löwenfiguren am Fuß des Glockenturms sowie die ägyptische Sphinx aus schwarzem Granit an der rechten Wand, die aus dem 15. Jh. v. Chr. stammt. Südlich des Mausoleums befinden sich die Überreste eines römischen Bades, eines römischen Gebäudes mit einem Mosaik sowie der kaiserliche Speisesaal. Die Räume sind unterschiedlich gut erhalten.

Im Preis der Eintrittskarte ist der Zutritt zum Jupitertempel und seiner Krypta schon enthalten. Für 35 Kn gibt es ein Ticket zu kaufen, in dem alle Sehenswürdigkeiten inbegriffen sind.

Jupitertempel

(Karte S. 218; Eintritt Tempel/Krypta 5/5 Kn; ⌚Mai–Sept. Mo–Sa 8–19, So 12.30–18.30 Uhr) Die kopflose Sphinx aus schwarzem Granit, die den Eingang zum Tempel bewacht, wurde zu seiner Erbauungszeit im 2.–3. Jh. aus Ägypten importiert. Von den Säulen, die einst seine Vorhalle stützten, steht nur noch eine einzige. Sehenswert sind das Deckengewölbe und die ornamentalen Reliefs. Auch die Krypta, die einst als Kirche genutzt wurde, lohnt einen Besuch.

Ethnografisches Museum

(Karte S. 218; Etnografski Muzej; www.etnografski-muzej-split.hr; Severova 1; Erw./erm. 10/5 Kn; ⌚Juni–Sept. Mo–Fr 9–19, Sa bis 13 Uhr, Okt.–Mai Mo–Fr 9–16, Sa bis 13 Uhr) Dieses nicht sonderlich spektakuläre Museum zeigt auf zwei Etagen und im Dachgeschoss eine Fotosammlung, traditionelle Kostüme und Erinnerungsstücke bedeutender Bürger. Im Erdgeschoss finden Wechselausstellungen statt. Ein Tipp: Wer durch den frühmittelalterlichen Palast wandert und die Treppe hinauf bis zur Renaissance-Terrasse auf der Südseite des Vestibüls steigt, dem eröffnet sich ein Blick, der einen Museumsbesuch auf jeden Fall rechtfertigt.

Synagoge

(Karte S. 218; www.zost.hr; Židovski prolaz 1) Splits Synagoge wurde in die Westmauer des Palasts gebaut; sie ist die drittälteste Synagoge Europas, die heute noch genutzt wird. Im 16. Jh. wurde sie in einem Areal errichtet, das damals das Jüdische Ghetto bildete. Ihr aktuelles Aussehen erhielt sie um 1728.

Die jüdische Gemeinde von Split, deren Ursprünge sich bis in die Römerzeit zurückverfolgen lassen, besitzt heute noch etwa 100 Mitglieder. Da sie keinen Rabbi hat, ist die Gemeinde eher traditionell denn religiös geprägt. Im September 2012

Split Zentrum

Highlights

Katedrala Sveti Duje (K. d. hl. Domnius) E5
Diokletianpalast E4
Galerie der schönen Künste E3

Sehenswertes

1 Kellergewölbe E5
Bronzetor .... (siehe 1)
2 Ethnographisches Museum D5
3 Goldenes Tor E4
4 Statue des Gregor von Nin E3
5 Eisernes Tor D4
6 Silbernes Tor F5
7 Synagoge D3
8 Jupitertempel D4
9 Stadtmuseum E4

Schlafen

10 Al's Place D3
11 B&B Villa Kaštel 1700 .... D5
12 Dalmatian Villas F1
13 Diocletian's Rooms E4
14 Goli + Bosi B4
15 Hotel Adriana B5
16 Hotel Bellevue A4
17 Hotel Peristil F5
18 Hotel Vestibul Palace E5
19 Marmont Hotel C4
20 Silver Central Hostel C2
21 Silver Gate F4
22 Split Hostel Booze & Snooze C3
23 Split Hostel Fiesta Siesta D3

Essen

24 Bajamont D4
25 Bajamonti B3
26 Figa D5
27 Galija B2
28 Gušt D1
29 Konoba Hvaranin A3
30 Le Maison de Sarah D5
31 No Stress Cafe & Bistro D4
32 Noštromo B3
33 Villa Spiza D3

Drinking

34 Bifora D3
35 Gaga D3
36 Galerija E4
37 Ghetto Club D5
38 Libar A4
39 Luxor E5
Mosquito .... (siehe 36)
40 Paradox A1
Porta .... (siehe 41)
41 Teak E3
42 Tri Volta D5

Unterhaltung

43 Kroatisches Nationaltheater C1
44 Fluid D5
45 Kinoteka Zlatna Vrata E4

Shoppen

46 Arka E4
47 Arterija E4
Diokletiangewölbe .... (siehe 1)
48 Markt F6
49 GetGetGet E4
50 Think Pink C4

wurde Splits erste jüdische Hochzeit seit 70 Jahren in der Synagogue gefeiert, die erste offizielle Zeremonie seit dem Zweiten Weltkrieg. Die letzte Hochzeit fand 1943 statt, nachdem die Synagoge ein Jahr zuvor von italienischen Faschisten geplündert worden war.

Kellergewölbe

(Karte S. 218; Erw./erm. 35/15 Kn; ⌚Juni–Sept. 9–21 Uhr, April, Mai & Okt. Mo–Sa 9–20, So bis 18 Uhr, Rest des Jahres Mo–Sa 9–18, So bis 14 Uhr) Obwohl die Räume und Gänge unterhalb des Diokletianspalastes bis auf ein oder zwei Exponate überwiegend leer stehen, verströmen sie eine eindringliche Zeitlosigkeit. In den Kellern haben sich Souvenir- und Kunsthandwerksstände angesiedelt.

Gregor von Nin DENKMAL

(Karte S. 218; Grgur Ninski) Im 10. Jh. kämpfte der kroatische Bischof Gregor von Nin für das Recht, die Messe in der slawischen Sprache zu lesen. Das ihm gewidmete, imposante Denkmal schuf Ivan Meštrović und ist ein Wahrzeichen der Stadt. Der linke große Zeh der Statue ist glänzend poliert – man sagt, das Berühren des Zehs garantiert eine glückliche Wiederkehr nach Split.

Archäologisches Museum MUSEUM

(Karte S. 216; Arheološki Muzej; www.armus.hr; Zrinsko- Frankopanska 25; Erw./erm. 20/10 Kn; ⌚Juni–Sept. Mo–Sa 9–14 & 16–20 Uhr, Okt.-Mai Mo–Fr 9–14 & 16–20, Sa bis 14 Uhr) Der gemächliche 10-Minuten-Spaziergang zum Archäologischen Museum nördlich vom

Stadtzentrum lohnt sich in jedem Fall. Der Schwerpunkt liegt auf der römischen und frühchristlichen Periode, mit Begräbnisskulpturen und Fundstücken von den Ausgrabungen bei Solin. Die Skulpturen sind in einem sehr guten Zustand, außerdem gibt es interessante Reliefs, Schmuck, Keramiken und Münzen zu sehen.

Galerie der Künste GALERIE

(Karte S. 218; Galerija Umjetnina Split; www.galum.hr; Kralja Tomislava 15; Erw./erm. 20/10 Kn; ⌚Mai–Sept. Mo 11–16, Di–Fr 11–19, Sa 11–15 Uhr, Okt.–April Mo 9–14, Di–Fr 9–17, Sa 9–13 Uhr) Nach einer langen Renovierungszeit eröffnete diese Galerie 2009 wieder in dem Gebäude, das einst das erste Krankenhaus der Stadt beherbergte. Hier sind 400 Kunstwerke aus einem Zeitraum von fast 700 Jahren ausgestellt. Im oberen Stockwerk befindet sich die ständige Sammlung, die in der Hauptsache aus Gemälden und Skulpturen besteht, eine chronologische Reise, die mit den alten Meistern beginnt und bei den Arbeiten moderner kroatischer Künstler wie Vlaho Bukovac und Ignjat Job endet. Die Ausstellungen unten wechseln alle paar Monate. Das nette Café hat eine Terrasse, von der man auf den Palast blickt.

Meštrović Galerie GALERIE

(Karte S. 216; Galerija Meštrović; Šetalište Ivana Meštrovića 46; Erw./erm. 30/15 Kn; ⌚Mai–Sept. Di–So 9–19 Uhr, Okt.–April Di–Sa 9–16, So 10–15 Uhr) In dieser ausgezeichneten Kunstgalerie gibt es eine umfassende, übersichtliche Sammlung von Arbeiten Ivan Meštrovićs zu sehen, Kroatiens rangältestem modernen Bildhauer. Obwohl Meštrović vorhatte, hier seinen Lebensabend zu verbringen, emigrierte er schließlich nach dem Zweiten Weltkrieg in die USA. Sehenswert ist auch das nahe gelegene **Kaštelet** (Karte S. 216; Šetalište Ivana Meštrovića 39; Eintritt im Meštrović Galerie-Ticket inbegriffen; ⌚Mai–Sept. Di–Sa 9–19, So 10–19 Uhr, Okt.–April Di–Sa 9–16, So 10–15 Uhr), eine Festung, die Meštrović kaufte und restaurierte, um Platz für seine Holzreliefs aus dem *Leben Christi* zu finden.

Aktivitäten

Bačvice SCHWIMMEN

(Karte S. 216) Im Sommer verleiht das florierende Strandleben Split eine Aura der Sorglosigkeit. Bačvice ist der beliebteste unter den Stränden und mit der Blauen Flagge ausgezeichnet. Der lebhafte Kiesstrand eignet sich gut zum Schwimmen, außerdem finden überall *picigin*-Spiele statt. Duschen und Umkleidekabinen gibt es an beiden Enden des Strandes. Im Sommer kommen zahlreiche junge Leute aus Split in die Bars und Clubs von Bačvice.

Marjan WANDERWEG

(Karte S. 216) Für einen Nachmittag fernab vom Trubel der Stadt ist Marjan (178 m) das perfekte Ausflugsziel. Das hügelige Naturgebiet gilt als Grüne Lunge der Stadt und führt auf **Fußwegen** durch duftende Kiefernwälder, zu malerischen **Aussichtspunkten** und alten **Kapellen**. Marjan kann auf unterschiedlichen Wegen erreicht werden. Eine Möglichkeit ist, die Plinarska Straße direkt hinter dem Nationaltheater hinaufzugehen, Nazorova zu kreuzen und sich dann weiter in westlicher Richtung zu halten, die Mandalinski Put hinunter bis zum Nordtor (Spinutska Vrata). Oder man beginnt näher am Zentrum, an der Treppe (Marjanske Skale) in Varoš, direkt hinter der Kirche Sveti Frane. Eine leichte Steigung führt auf alten Steinstufen hinauf, dann auf einem

KLAPA

Wahrscheinlich gibt es keinen Kroatien-Reisenden, der nicht schon die gefühlvollen Töne eines *klapa*-Liedes gehört hätte. Diese Musik wird von einer Gruppe von Männern dargebracht, die im Kreis stehen und herzerweichende Lieder über Liebe, Verrat, Vaterlandsliebe, Tod, Schönheit und andere Themen in honigsüßen Harmonien singen.

Der erste Tenor Branko Tomić, dessen hellere Stimme von den Bässen und Baritonen begleitet wird, sagt von der Musik: „Ich singe seit 35 Jahren *klapa*, es ist meine Leidenschaft. In der Oberschule habe ich mit dem Singen begonnen, und ich habe es sofort geliebt. Wir singen so viele unterschiedliche Dinge: Serenaden, Traditionelles, sentimentale Lieder über die Sehnsucht nach der Familie oder der Heimatstadt. Es ist eine ruhigere, gemeinschaftliche Erfahrung, obwohl die neue Generation mehr und mehr die Popsongs vorzieht."

Im Vestibül können interessierte Zuhörer *klapa* live erleben: Während der Hauptsaison wird hier jeden Morgen a cappella geübt.

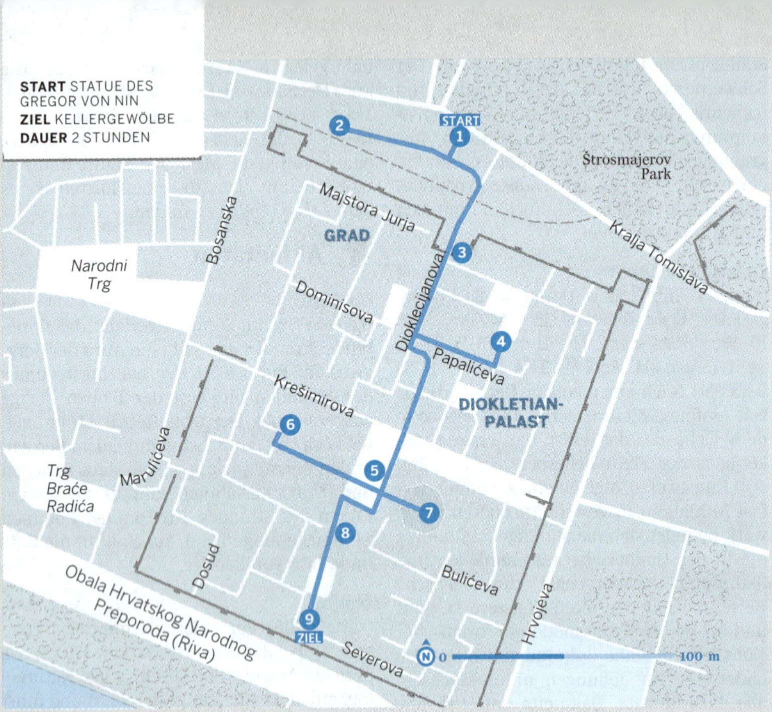

Stadtspaziergang

Diokletianspalast

Los geht's vor den Palastmauern, bei der eindrucksvollen Statue des 1 **Gregor von Nin** (Grgur Ninski); an seiner großen Zehe zu rubbeln soll Glück bringen. Zwischen der Statue und dem gut erhaltenen Eckturm des Palasts befinden sich die Überreste der vorromanischen Kirche St. Benedikt mit ihrer 2 **Arnir-Kapelle** aus dem 15. Jh. Durch das Schutzglas sind die Altarplatte und der Sarkophag zu sehen, der von dem frührenaissancezeitlichen Meister Juraj Dalmatinac gefertigt wurde.

Die Statue des Gregor von Nin befindet sich außerhalb des 3 **Goldenen Tors**, das Fragmente von Statuen, Säulen und Bögen aufweist. Auf die Papalićeva biegen, dann geht es links zum Papalić Palast mit seinem sehenswerten 4 **Stadtmuseum**.

Zurück auf der Dioklecijanova biegt man links ab und geht bis zum Peristyl, dem zeremoniellen Eingangsbereich, der drei Schritte unter Straßenniveau liegt. Die längere Seite ist von sechs Granitsäulen gesäumt und durch Bögen verbunden. Die Südseite wird durch das 5 **Protiron** abgeschlossen, dem Eingang zum kaiserlichen Viertel.

Im Anschluss biegt man rechts ab – nach Westen – auf die schmale Sveti Ivana, die zum ehemaligen zeremoniellen und religiösen Bereich des Palastes führt. Noch immer sind Säulenreste und Fragmente der beiden Tempel zu sehen, die einst diese Straßen flankierten. Am Ende der Straße liegt der 6 **Jupitertempel** mit seinem beachtenswerten Deckengewölbe.

Zurück beim Peristyl, geht es die östlichen Stufen hinauf zur 7 **Kathedrale St. Domnius**. Direkt westlich von der Kathedrale führen massive Stufen hinunter durch den Protiron ins gut erhaltene 8 **Vestibül**. Es hat eine so fantastische Akustik, dass morgens *klapa*-Gruppen auftreten, um hier a cappella zu üben. Links liegt der Eingang zum 9 **Kellergewölbe** des Palasts. Der Legende nach lebte Diokletian in so großer Angst vor einem Mordanschlag, dass er immer wieder in anderen Zimmern schlief. Um zu den Schlafgemächern zu gelangen, musste man einen Raum mit ausgepräger Akustik passieren. So warnte das Echo den Kaiser, sobald sich jemand näherte. Es ist noch heute in dem kreisförmigen Raum gut zu hören.

PICIGIN

Wer Spaß haben will, kann sich zu den Einheimischen am Strand gesellen und bei einem sehr dalmatinischen Sport mitmachen – dem *picigin*. Die Regeln sind einfach: Alle Mitspieler stehen bis zu den Knien oder der Taille im Wasser und schmettern mit der flachen Hand einen kleinen Ball (von der Größe eines Squash-Balls) den anderen Spielern zu. Der Ball soll die Wasseroberfläche nicht berühren. Und natürlich ist es zwingend notwendig, dass sich alle Mitspieler so oft wie möglich über und ins Wasser werfen. Außerdem sollte man alle Leute im näheren Umkreis nassspritzen und seinen Sportsgeist offen zur Schau tragen.

Nähere Infos liefert die Picigin-Seite unter www.picigin.org oder die zahlreichen YouTube-Videos, auf denen die *Picigin*-Techniken gezeigt werden (obwohl sie zwischen Split, Krk und anderen Küstenbereichen variieren). Und wer sich für taff genug hält, kann am Silvester-*Picigin* teilnehmen.

malerischen 10-minütigen Spazierweg zum Café Vidilica. Von hier aus, direkt beim alten Jüdischen Friedhof, geht es weiter auf dem markierten, von Kapellen gesäumten Fußweg bis zur **Kašjuni Bucht**, die deutlich ruhiger ist als Bačvice.

Meeresurfer des Marjan SPAZIERGANG

Ein weiterer hübscher Spaziergang führt entlang der Küste des Marjan. Ausgangspunkt ist der ACI-Yachthafen im Meje-Viertel, von dort geht es zur Halbinsel Sustipan südwestlich des Hafens von Split, vorbei an der Schwimmanlage Jadran, der Zvončac-Bucht und weiter bis zum Kaštelet. Ab der Riva benötigt man für diesen Spaziergang rund 25 Minuten. Nun geht es hoch zur Šetalište Ivana Meštrovića an der Meštrović-Galerie vorbei. Nach weiteren 20 Minuten in westlicher Richtung erreicht man schließlich die Kašjuni-Bucht. Alternativ kann man sich für 15 Kn pro Stunde bei Spinutska Vrata auf dem Marjan ein Fahrrad leihen.

Geführte Touren

Die **Atlas Reiseagentur** (343 055; Trg Braće Radića 6; Mo–Fr 9–18 Uhr) organisiert Ausflüge zu den Wasserfällen im Krka Nationalpark (370 Kn), nach Hvar (485 Kn) und nach Plitvice (610 Kn). Wer sich für Partytouren interessiert, kann sich an das Split Hostel Booze & Snooze (S. 226) wenden, das **Bootsfahrten** nach Brač (280 Kn) anbietet. Beim Silver Central Hostel (S. 225) kann man Trips zum Krka Nationalpark (315 Kn) buchen, außerdem eine **4WD Safari** nach Mosor (555 Kn).

Secret Dalmatia (www.secretdalmatia.com) organisiert hervorragende, maßgeschneiderte Touren in Split und ganz Dalmatien, inklusive Segeltrips, Kochkurse in Trogir in einem Palast aus dem 13. Jh., Weinproben mit Experten und einzigartige Ausflüge in Dalmatiens unerforschtes Inland.

In der Stadt bietet **Travel 49** (572 772; www.travel49.com; Dioklecijanova 5) täglich zwischen Mai und Oktober eine zweistündige Radtour durch Split an; sie kostet 150 Kn. Der Stadtspaziergang durch Split startet drei Mal täglich beim Peristyl (80 Kn); außerdem organisiert Travel 49 Raftingtouren auf der Cetina (300 Kn). **Falco Tours** (548 646; www.falco-tours.com; Zrnovnicka 11) veranstaltet Kajaktouren (230 Kn, Minimum vier Personen); Ausgangspunkt ist der Strand Trstenik, die Tour endet in Stobreč. **Celebrus** (098 869 871; www.celebrus-travel.com) bietet täglich von Riva aus eine Bootstour nach Šolta an (260 Kn).

Feste & Events

Die meisten Festivals in Split finden an der Riva statt. Die Touristeninformation informiert über alle Events und Umzüge. Von Juni bis September werden zahlreiche Abendvorstellungen in der Altstadt angeboten, meist rund um das Peristyl.

Fasching KULTUR

Im Februar verkleiden sich die Einheimischen traditionellerweise und tanzen zwei Tage lang ausgelassen in den Straßen.

St.-Duje-Fest RELIGION

An diesem Fest am 7. Mai ist viel Tanz und Gesang im gesamten Stadtgebiet zu sehen und zu hören.

xSTatic Festival SPORT

(www.festive.hr) Jedes Jahr im Mai stehen die die Plätze und sonstige Stätten in der Stadt ganz im Zeichen von Hip-Hop und Extremsportarten.

Picigin-Weltmeisterschaft SPORT
Seit mittlerweile neun Jahren führen die Einheimischen Anfang Juni ihre Fertigkeiten im *picigin* bei diesem Spaß-Event in Bačvice vor.

Mediterranes Filmfestival FILM
(www.fmfs.hr) Ein einwöchiges Festival, das jedes Jahr im Juni Filme aus der Mittelmeerregion zeigt, aufgepeppt mit Ausstellungen und Partys.

Festival der Popmusik MUSIK
Vier Tage mit Musik werden jeweils Ende Juni oder Anfang Juli veranstaltet.

Sommerfestival Split KUNST
(www.splitsko-ljeto.hr) Von Mitte Juli bis Mitte August finden in der Stadt Opern, Theaterstücke, Ballett und Konzerte auf Freilichtbühnen statt.

Jazzfestival Split MUSIK
Für etwa eine Woche im August ertönen in Split an allen möglichen Pätzen der Stadt Jazz-Klänge.

Filmfestival Split FILM
(www.splitfilmfestival.hr) Der Fokus liegt auf neuen internationalen Filmen, es werden viele Experimentalfilme gezeigt; findet Mitte September statt.

Schlafen

In den letzten Jahren wuchs in Split die Zahl der guten preiswerten Unterkünfte, meist Hostels. Auch Privatunterkünfte sind eine lohnende Option. Im Sommer bieten viele Frauen am Busbahnhof den Touristen *sobe* (freie Zimmer) an. Wichtig ist dabei, gleich zu klären, wo das Zimmer liegt – sonst übernachtet man womöglich mehrere Bushaltestellen von der Stadtmitte entfernt. Am besten bucht man über eine Reiseagentur, in der eigentlichen Altstadt gibt es jedoch nur sehr wenige Unterkünfte.

Für ein Doppelzimmer muss man mit 300–500 Kn rechnen, bei den billigeren teilt man sich das Badezimmer aber in der Regel mit dem Vermieter. Wer motorisiert ist und sich nicht daran stört, etwas außerhalb zu wohnen, findet eine Riesenauswahl an *pansions* (Pensionen) an der Hauptstraße von Split nach Dubrovnik, gleich südlich der Stadtgrenze.

Eine weitere Alternative ist **Dalmatian Villas** (Karte S. 218; ☎340 680; www.accommodationinsplit.com; Livanjska 6; DZ/Apt. 525/825 Kn), die Zimmer oder auch Apartments in renovierten Villen in der Altstadt anbieten, aber auch Häuschen (520–635 Kn) und Villen (2230–3715 Kn) auf Brač.

In Split gibt es mittlerweile ein paar sehr mondäne Hotels. Vor einigen Jahren eröffnete das Radisson Blu mit einem exklusiven Spa, und eine weitere Luxusimmobilie ist in Arbeit, ebenfalls am Meer. Wer also gerne seinen entspannten Strandtag an der Adria in einem Whirlpool oder einem duftenden Wellness-Center beschließt, für den ist Split genau richtig.

LP TIPP **Hotel Vestibul Palace** HOTEL €€€
(Karte S. 218; ☎329 329; www.vestibulpalace.com; Iza Vestibula 4; EZ/DZ 1380/1670 Kn; P ❄ @ 📶) Das preisgekrönte Boutique-Refugium mit seinen sieben Räumen und Suiten ist das eleganteste Hotel der Stadt. Die Zimmer sind mit Leder und Holz und dem ganzen Spektrum gehobener Annehmlichkeiten ausgestattet. Für 100 Kn pro Tag werden Parkmöglichkeiten angeboten. Der Anbau des Hotels, die Villa Dobrić mit ihren vier Doppelzimmern (EZ/DZ 1050/1250 Kn) liegt nur einen Steinwurf entfernt.

Goli + Bosi HOSTEL €€€
(Karte S. 218; ☎510 999; www.gollybossy.com; Morpurgova Poljana 2; B/EZ/DZ 245/714/818 Kn) Splits Designer-Hostel mit seiner glatten, futuristischen Ausstattung und lässiger Stimmung ist das Ziel der Wahl für Flashpacker. Für 1153 Kn bekommt man das gehobene Doppelzimmer (Mala Floramy genannt), inklusive Frühstück und prachtvollem Blick.

Hotel Peristil HOTEL €€€
(Karte S. 218; ☎329 070; www.hotelperistil.com; Poljana Kraljice Jelene 5; EZ/DZ 1000/1200 Kn; ❄ @ 📶) Das reizvolle Hotel blickt auf das Peristyl im Diokletianspalast. Der Service ist freundlich und die 12 Zimmer sind großartig, mit Holzdielenböden, antiken Details und gutem Ausblick, aber kleinen Bädern. Die Zimmer 204 und 304 haben kleine Alkoven; aus den Fenstern kann man auf die alten Gemäuer des Palastes und auf das Peristyl blicken.

CroParadise Split Hostels HOSTEL €
(☎091 44 44 194; www.croparadise.com; Čulića Dvori 29; B 180 Kn, DZ 400-500 Kn, Apt. ab 500 Kn; ❄ @ 📶) Ein großartiges Hostel-Dreierpack – Blau, Grün und Pink – in umfunktionierten Apartments im Viertel Manuš. Die Gemeinschaftsbar Underground (Juni bis September geöffnet) ist ein guter

Ausgangspunkt für Kneipentouren (Montag- bis Samstagnacht). Außerdem sind eine Waschgelegenheit, Fahrrad- und Rollerverleih vorhanden; insgesamt kann man fünf Apartments mieten.

Marmont Hotel HOTEL €€€
(Karte S. 218; ☎308 060; www.marmonthotel.com; Zadarska 13; EZ/DZ 1500/2100 Kn; ❄@☎) Marmor, freigelegte Steinwände, Dachfenster und Hartholzböden zeichnen dieses Boutiquehotel aus. Von der Terrasse im 2. Stock bieten sich eine tolle Aussicht. Die 21 großen modernen Zimmer verfügen über dunkle Nussholzmöbel, Eichenböden und schicke Bäder. Die Präsidentensuite kostet „nur" schlappe 8000 Kn.

Hotel Park HOTEL €€€
(Karte S. 216; ☎406 400; www.hotelpark-split.hr; Hatzeov Perivoj 3; EZ/DZ 950/1440 Kn; P❄@☎) Splits ältestes Hotel – es stammt aus dem Jahr 1921 – punktet mit seiner Lage am Meer hinter dem Bačvice, einer großartigen, von Palmen gesäumten Terrasse und köstlichen Frühstücksbüfetts. Die kleinen, jedoch komfortablen Zimmer blicken zum Meer und die gehobene Küche des renommierten Hotelrestaurants Bruna ist immer einen Besuch wert.

Hotel Bellevue HOTEL €€€
(Karte S. 218; ☎345 644; www.hotel-bellevue-split.hr; Bana Josipa Jelačića 2; EZ/DZ 620/ 865 Kn; P@) Seine Glanzzeiten hat das alteingesessene Hotel mit Rezeption im 2. Stock schon hinter sich, trotzdem gehört es mit seinem Flair zu den stimmungsvollsten Unterkünften der Stadt. So erwarten Gäste königlich gemusterte Tapeten, dunkelbraunes Holz, Art-déco-Einrichtung, bauschige Tüllgardinen und blasse, aber gepflegte Zimmer, davon manche mit Meerblick.

Villa Varoš PENSION €€
(Karte S. 216; ☎483 469; www.villavaros.hr; Miljenka Smoje 1; DZ/Suite 600/900 Kn; ❄☎) Leute auf der Suche nach Unterkünften mittlerer Preisklasse sind heute in Split gut aufgehoben, beispielsweise in der Villa Varoš. Sie gehört einem Kroaten aus New York und liegt zentral. Die Zimmer sind schlicht, hell und luftig; das Apartment verfügt über einen Whirlpool und eine kleine Terrasse.

Villa Baguc PENSION €€€
(Karte S. 216; ☎770 456; www.baguc.com; Plinarska 29/2; EZ/DZ 860/970 Kn; ❄☎) Vier Zimmer auf den vier Stockwerken eines restaurierten, 150 Jahre alten Familienhauses in Varoš. Moderne Ausstattung wird hier mit ursprünglichen Details wie freigelegten Steinmauern kombiniert. Die Villa liegt etwas versteckt und dennoch nur fünf Gehminuten vom Stadtzentrum entfernt.

Silver Central Hostel HOSTEL €
(Karte S. 218; ☎490 805; www.silvercentralhostel.com; Kralja Tomislava 1; B 167-190 Kn; ❄@☎) Das Boutique-Hostel in Hellgelb mit seinen vier Schlafräumen und einer freundlichen Lounge ist im Obergeschoss untergebracht. Die Betreiber organisieren auch Ausflüge. Es gibt außerdem ein Zwei-Personen-Apartment in der Nähe (300–535 Kn) und ein weiteres Hostel, **Silver Gate** (☎322 857; www.silvergatehostel.com; Hrvojeva 6; B pro Pers. 167 Kn), nicht weit vom Markt.

B&B Villa Kaštel 1700 B & B €€
(Karte S. 218; ☎343 912; www.kastelsplit.com; Mihovilova Širina 5; EZ/DZ 620/760 Kn; ❄@☎) Das B & B liegt in einem Gässchen innerhalb der Palastmauern und gehört zu den besten in Split, was das Preis-Leistungs-Verhältnis betrifft. In der Nähe gibt es mehrere Bars. Die Zimmer sind klein, aber sauber und mit kostenlosem WLAN. Es gibt Dreibettzimmer und auch Apartments mit kleinen Küchen. Freundlicher Service.

Hotel Adriana HOTEL €€€
(Karte S. 218; ☎340 000; www.hotel-adriana.com; Hrvatskog Narodnog Preporoda 8; EZ/DZ 750/1100 Kn; ❄☎) Preiswert, exzellent gelegen. Die Zimmer mit ihren marineblauen Vorhängen und dem beigen Mobiliar sind nicht überwältigend, aber aus einigen genießt man einen herrlichem Blick aufs Meer.

Tchaikovsky Hostel HOSTEL €
(Karte S. 216; ☎317 124; www.tchaikovskyhostel.com; Petra Iliča Čajkovskog 4; B 187 Kn; ❄@☎) Das Hostel mit seinen vier Schlafräumen im Viertel Špinut wird von einem in Deutschland geborenen Kroaten betrieben. Die Zimmer sehen ordentlich aus, haben Schlafkojen, die mit eingebauten Regalen ausgestattet sind. Frühstücksflocken, Espresso und Tee sind kostenlos.

Diocletian's Rooms ZIMMER €€
(Karte S. 218; ☎099 33 32 207; www.staytosee.com; Poljana Kraljica Jelene 2; Zi 680 Kn; ❄@) Der Ausblick auf den Palast und die Kathedrale von diesen vier Doppelzimmern aus könnte kaum besser sein. Sie alle sind im durchweg weißen Ikea-Look ausgestattet.

Split Hostel Booze & Snooze HOSTEL €
(Karte S. 218; ☎342 787; www.splithostel.com; Narodni trg 8; B 200-215 Kn; ❄@📶) Das muntere Hostel wird von zwei Aussie-Kroatinnen betrieben und liegt im Stadtzentrum. Es hat vier Schlafräume, eine Terrasse, Büchertausch und Bootstrips zu bieten. Der neuere Außenposten, **Split Hostel Fiesta Siesta** (Karte S. 218; Kružićeva 5; B 200-215 Kn, DZ 560 Kn; ❄@📶), hat fünf ausgezeichnete Schlafräume und ein Doppelzimmer über der beliebten Charlie's Backpacker Bar.

Beach Hostel Split HOSTEL €
(Karte S. 216; ☎098 94 50 998; Viška 9; B 200 Kn; ⌚April–Okt.; @📶) Einen Steinwurf vom Bačvice-Strand entfernt liegt dieses schnörkellose Hostel. Betrieben wird es von einer freundlichen Norwegerin mit Namen Ladybird. Kaffee und Tee sind gratis. Außerdem warten eine Terrasse und eine Gitarre auf die Gäste.

Hotel Consul HOTEL €€€
(Karte S. 216; ☎340 130; www.hotel-consul.net; Tršćanska 34; EZ/DZ 650/950 Kn; P❄📶) Gut 20 Gehminuten vom Zentrum entfernt liegt das Hotel Consul mit seinen weitläufigen Räumen, die mit Teppichen, Flachbildfernsehern und (teilweise) Whirlpools ausgestattet sind. Es ist schön ruhig, vor allem auf der begrünten Terrasse. Das Haus ist auch für Reisende mit fahrbarem Untersatz geeignet.

Le Meridien Grand Hotel Lav HOTEL €€€
(☎500 500; www.lemeridien.com; Grljevačka 2A; EZ/DZ 2189/2491 Kn; P❄@📶🏊) Die Mutter aller Hotels in Split: Der mit fünf Sternen ausgezeichnete Hotelkomplex liegt 8 km südlich der Stadt bei Podstrana und besteht aus fünf miteinander verbundenen Gebäude. Das Lav verfügt über 381 schön designte Zimmer und üppige Gärten.

Art Hotel HOTEL €€€
(Karte S. 216; ☎302 302; www.arthotel.hr; Slobode 41; EZ/DZ 937/1237 Kn; P❄@📶) Das Best Western-Anwesen rangiert zwischen Boutique und Business. Seine 4-Sterne-Zimmer sind mit vornehmen Betten und Minibars ausgestattet, außerdem gibt es ein Fitnessstudio und einen Spa-Bereich. Am besten wählt man ein Zimmer zur ruhigeren Seite. Der Anbau besitzt kleinere, schlichtere Räume (EZ/DZ 675/900 Kn).

Hotel Globo HOTEL €€€
(Karte S. 216; ☎481 111; www.hotelglobo.com; Lovretska 18; EZ/DZ 1040/1330 Kn; P❄📶) Das 4-Sterne-Hotel mit seinem roten Teppich, der Marmorrezeption und den 33 eleganten, hohen Räumen ist auf Geschäftsreisende ausgerichtet. Es liegt 15 Gehminuten vom Stadtzentrum entfernt.

Al's Place HOSTEL €
(Karte S. 218; ☎098 91 82 923; www.hostelsplit.com; Kružićeva 10; B 135 Kn; ❄@📶) Al, der freundliche britische Besitzer, betreibt das ruhige Hostel in einem zweigeschossigen Apartment mit einfachen Schlafräumen und einer Küche zur Mitbenutzung. Wer spät Nachts oder zwischen 14 und 17 Uhr ankommt, sollte vorher anrufen.

Camping Stobreč CAMPING €
(☎325 426; www.campingsplit.com; Lovre 6, Stobreč; Stellplatz pro Erw. 59 Kn, Wohnwagen für 4 Pers. 807 Kn; @📶) Etwa auf halbem Weg zwischen Split und Solin liegt dieser gut ausgestattete Campingplatz mit zwei Stränden, drei Bars, einem Restaurant, einem Laden und vielfältigen Freizeitmöglichkeiten in unmittelbarer Umgebung. Die Buslinien 25 oder 60 fahren dorthin; am besten das eigene Zelt mitbringen.

Essen

LP TIPP **Figa** INTERNATIONAL €
(Karte S. 218; Buvinina 1; Hauptgerichte ab 50 Kn) Splits coolstes kleines Restaurant und Bar hat eine unkonventionelle Ausstattung und Tische draußen auf den Stufen. Figa serviert ein nettes Frühstück, innovative Gerichte und eine reiche Auswahl an Salaten. An manchen Abenden gibt es Livemusik und die Küche ist bis spät geöffnet. Manchmal ist der Service langsam, aber meistens von einem Lächeln begleitet.

LP TIPP **Villa Spiza** DALMATINISCH €
(Karte S. 218; Kružićeva 3; Hauptgerichte ab 40 Kn; ⌚Mo–Sa) Der Favorit der Einheimischen innerhalb der Palastmauern. In dem unauffälligen Lokal serviert man dalmatinische, täglich wechselnde Gerichte wie Calamari, Risotto, gefüllte Paprika – und das zu niedrigen Preisen. Das frische, hausgemachte Essen wird drinnen an der Bar oder draußen, wo einige Bänke stehen, serviert. Der Service ist zwar langsam, aber das Essen schmeckt und ist sorgfältig zubereitet.

Šperun FISCH & MEERESFRÜCHTE €
(Karte S. 216; Šperun 3; Hauptgerichte ab 65 Kn) Ein süßes kleines Restaurant mit rustikalen Details und freigelegten Steinmauern.

Die Reisenden lieben Šperun – vermutlich, weil die Kellner in ihren Matrosen-T-Shirts scheinbar einfach jede Sprache beherrschen. Das Essen ist klassisch dalmatinisch, mit einem anständigen *brujet* (Eintopf mit Meeresfrüchten, Wein, Zwiebeln und Kräutern, serviert mit Polenta), frischen Muscheln in einer Tomaten-Petersilien-Sauce, oder gegrilltem Thunfisch mit Kapern. **Šperun Deva**, ein Eckbistro gegenüber mit ein paar Tischen im Freien bietet Frühstück, leichtere Sommerkost und ein großartiges Tagesmenü (ab 50 Kn).

Konoba Matejuška DALMATINISCH €
(Karte S. 216; Tomića Stine 3; Hauptgerichte ab 50 Kn) Eine behagliche, rustikale Taverne in einem Gässchen, nur Minuten vom Meer entfernt. Die Spezialität sind gut zubereitete und zudem noch preisgünstige Meeresfrüchte. Das Personal ist freundlich. Das Abendessen spült man am besten mit einem Glas *kujunđuša* hinunter, einem Weißwein aus dem Hinterland Dalmatiens.

Bajamonti INTERNATIONAL €€
(Karte S. 218; Trg Republike 1; Hauptgerichte ab 75 Kn) Ein Restaurant und Café auf dem Prokurative-Platz direkt an der Riva, mit klassischem Dekor und exzellenter internationaler Kost. Das Rindfleisch-Risotto mit *plavac mali* (Wein) und mediterranen Kräutern ist köstlich. Am besten ergattert man einen Tisch auf dem Platz draußen oder auf dem Zwischengeschoss innen.

Kod Joze DALMATINISCH €
(Karte S. 216; Sredmanuška 4; Hauptgerichte ab 60 Kn) Eine unverwüstliche Fraktion Einheimischer hält diese *konoba* (Taverne) am Leben. Im dunklen Keller und auf der Terrasse oben ist alles auf dalmatinisches Essen eingestellt – Schinken, Käse, Tintenfisch-Risotto, grüne Tagliatelle mit Meeresfrüchten – und großartige Wildgerichte während der Jagdsaison (Oktober bis Mai).

Konoba Hvaranin DALMATINISCH €€
(Karte S. 218; Ban Mladenova 9; Hauptgerichte ab 70 Kn) Ein Mutter-Vater-Sohn-Betrieb, der Splits Journalisten und Schriftsteller ernährt. Der winzige Fleck mit wenigen Tischen ist schon lange ein Favorit unter den Kreativen der Stadt. Mama und Papa bereiten fantastische Fische und Meeresfrüchte zu, backen ihr eigenes Brot und kochen ihre Tomatensoße selbst ein. Manchmal scheinen die Preise für Touristen etwas teurer zu sein.

Pimpinella DALMATINISCH €
(Karte S. 216; Spinčićeva 2A; Hauptgerichte ab 50 Kn; ⌚Mo–Sa) Sehr ursprünglich: Diese *konoba* im Erdgeschoss eines Familienhauses neben Boban serviert unspektakuläres, aber leckeres Essen auf einer kleinen Terrasse oder im schlichten Speiseraum, in dem auf jeglichen Schnickschnack verzichtet wird. Das Thunfisch-*pašticada* (Eintopf mit Wein und Gewürzen) am Freitag ist der Hit. Lecker ist auch der Tintenfisch, der mit Krabben und Schinken aus Dalmatien gefüllt ist.

Kod Fife DALMATINISCH €
(Karte S. 216; Trumbićeva 11; Hauptgerichte ab 40 Kn) Dragan führt den Vorsitz über eine bunt gemischte Crew aus Matrosen, Künstlern und Außenseitern, die hier seine schlichte dalmatinische Hausmannskost (von wechselnder Qualität) bestellen, vor allem das *pašticada,* die mit Fleisch gefüllten Zucchinis.

Bajamont DALMATINISCH €
(Karte S. 218; Bajamontijeva 3; Hauptgerichte ab 70 Kn; ⌚So geschl.,) In diesem winzigen Lokal innerhalb der Palastmauern fühlt man sich wie in Großmutters Wohnzimmer. Alte Nähmaschinen wurden zu Tischen umfunktioniert, über der Tür hängt kein Schild, und das Tagesmenü wird draußen mit einem Stift angeschrieben.

Galija PIZZERIA €
(Karte S. 218; Tončićeva 12; Pizza ab 38 Kn) *Der* Treffpunkt für Pizza, und das schon seit Jahrzehnten: Ins Galija führen die Einheimischen gerne ihre Gäste aus. Hier schmeckt das Essen, auch wenn es schlicht ist. Später entspannt man sich auf den Holzbänken und genießt den Abend. Andere Pizza-Freunde haben kürzlich einen weiteren Favoriten in der Stadt entdeckt, das **Gušt** (Slavićeva 1; Pizza ab 32 Kn).

No Stress Cafe & Bistro KROATISCH €€
(Karte S. 218; Iza Lože 9; Hauptgerichte ab 80 Kn) Das schicke Bistro im Freien befindet sich beim Rathaus auf der belebten Narodni trg. Hier werden zeitgemäße kroatische Gerichte serviert, die aus erstklassigen Zutaten zubereitet wurden – ein großartiger Fleck, um Passanten zu beobachten oder ein schlichtes Frühstück zu bestellen.

Makrovega VEGETARISCH €
(Karte S. 216; Leština 2; Hauptgerichte ab 50 Kn; ⌚ Mo–Fr 9–20, Sa bis 17 Uhr) Eine fleischfreie Oase mit elegant-geräumigem Innenraum

und köstlichen Buffets (60–70 Kn). Das Essen à la carte bietet makrobiotische und vegetarische Gerichte an. Es gibt Seitan, Tofu und Tempeh, eine großartige Auswahl an Tees und exzellente Kuchen.

Noštromo FISCH & MEERESFRÜCHTE €€

(Karte S. 218; Svete Marije 10; Hauptgerichte ab 80 Kn) Einer der Favoriten unter Splits gehobenen Restaurants: Die Einheimischen lieben das Lokal, weil hier Fisch zubereitet wird, der zuvor frisch auf dem *ribarnica* (Fischmarkt) gegenüber gekauft wurde. Kulinarische Überraschungen gibt es nicht, nur frische, gut zubereitete Meeresfrüchte.

Bruna INTERNATIONAL €€

(Karte S. 216; Hatzeov Perivoj 3; Hauptgerichte ab 80 Kn) Das Hotel Park Restaurant hat einen ausgezeichneten Ruf, der Küchenchef schwingt hier seit mittlerweile 30 Jahren den Kochlöffel. Das Haus ist berühmt für sein Tatar und die (Kakao-)Crêpes, die mit 24-karätigem Gold dekoriert werden.

Boban FISCH & MEERESFRÜCHTE €€

(Karte S. 216; Hektorovićeva 49; Hauptgerichte ab 80 Kn) Diesen Familienbetrieb gibt es nun schon seit 1975. Wer einmal eines der schmackhaften Fischgerichte in einer leckeren Sauce probiert hat, der kommt immer wieder gerne hierher.

Kadena MEDITERRAN €€

(Karte S. 216; Ivana Zajca 4; Hauptgerichte ab 80 Kn) Restaurant, Weinbar und Lounge mit einem zeitgenössischen Design ganz in Weiß und einer luftigen Terrasse, die aufs Meer blickt. Das Essen ist manchmal etwas protzig und überteuert. Zu den Pluspunkten des Restaurants gehört u. a. die Weinkarte.

Le Maison de Sarah IMBISS €

(Karte S. 218; Hrvatskog Narodnog Preporoda 20) Briocherie-Verkauf auf der Riva mit fantastischen Brioches, Croissants, Gebäck, Kuchen und Torten zum Mitnehmen. Essen kann man das Gebäck in nahe gelegenen Cafés oder auf einer der Bänke am Meer.

Ausgehen

Das Nachtleben von Split ist großartig, vor allem im Frühling und Sommer. Von den Palastmauern hallt Freitag- und Samstagabend laute Musik wider. Man kann die Nacht damit verbringen, indem man durch die verwinkelten Gassen bummelt, um neue Adressen auszukundschaften. Da innerhalb des Palastes auch Leute wohnen, schließen die Bars gegen 1 Uhr. Die Amüsiermeile von Bačvice bietet eine Vielzahl von Freiluftbars und -clubs, die bis in die frühen Morgenstunden geöffnet haben. Für einen Kaffee untertags bieten sich die Riva oder einer der Plätze innerhalb der Palastmauern an.

Žbirac CAFÉ

(Karte S. 216; Bačvice bb) Das Café am Meer ist für die Einheimischen wie ein Wohnzimmer im Freien, ein Lieblingstreff mit herrlichem Blick aufs Meer. Hier kann man Tag und Nacht schwimmen oder *picigin* spielen, gelegentlich finden Konzerte statt.

Bifora CAFÉ-BAR

(Karte S. 218; Bernardinova 5) Eine schrullige Mischung aus Einheimischen frequentiert dieses künstlerisch angehauchte Lokal auf dem kleinen Platz. Es ist sehr beliebt wegen seiner vertrauten, entspannten Atmosphäre.

Ghetto Club BAR

(Karte S. 218; Dosud 10) Splits unkonventionellste Bar liegt in einem Hof inmitten von Blumenbeeten, mit einem Brunnen, großartiger Musik und freundlicher Atmosphäre.

Luxor CAFÉ-BAR

(Karte S. 218; Sveti Ivana 11) Touristisch, das schon, aber es ist fantastisch, seinen Kaffee im Hof der Kathedrale zu bestellen: Auf den Stufen sind Polster ausgelegt, sodass man die Einheimischen bei ihrem Treiben beobachten kann.

Tri Volta BAR

(Karte S. 218; Dosud 9) Ein Pulk von Außenseitern, Fischern und Bohos versammelt sich an diesem legendären Treffpunkt mit seinen preiswerten Getränken und *sir i pršut* (Käse und Schinken).

Vidilica CAFÉ-BAR

(Karte S. 216; Nazorov Prilaz 1) Auf Steintreppen geht es hoch zum alten Viertel Varoš – und es lohnt sich. In dem Café auf dem Hügel haben die Besucher einen überwältigenden Ausblick auf die Stadt und den Hafen.

Paradox WEINBAR

(Karte S. 218; Poljana Tina Ujevića 2) Eine stilvolle neue Weinbar mit Kronleuchtern aus Weingläsern, Tischen im Freien und einer großen Auswahl preiswerter kroatischer Weine und Käsesorten aus der Region.

Gaga BAR

(Karte S. 218; Iza Lože 9) Direkt hinter dem Rathaus auf der Narodni trg serviert diese

Bar tagsüber Kaffee und verwandelt sich Nachts in eine lebhafte Bar mit leckeren Cocktails und DJs.

Galerija CAFÉ-BAR
(Karte S. 218; Vuškovićeva bb) Hier kann man sich mit Freunden treffen, ohne dass die Musik beim Reden stört. Innen ist die Bar altmodisch-schick eingerichtet, mit hübschen Blümchensofas und Sesseln, Gemälden und kleinen Lampen.

Libar CAFÉ-BAR
(Karte S. 218; Trg Franje Tuđmana 3) Diese lässige, kleine Bar liegt in einiger Entfernung zum Treiben im Palast. Es gibt eine hübsche Terrasse, großartiges Frühstück und ganztägig *tapas*, außerdem einen großen TV für Sportereignisse.

Mosquito CAFÉ-BAR
(Karte S. 218; Vuškovićeva 4) Direkt neben Galerija. Hier kann man auf einer großen Terrasse sitzen, Cocktails trinken, Musik hören und mit den Einheimischen entspannen.

Teak CAFÉ-BAR
(Karte S. 218; Majstora Jurja 11) Die Terrasse führt direkt auf einen lebhaften Platz und ist stets gut besucht. Hier hält man bei einem Kaffee gerne ein Schwätzchen.

Porta CAFÉ-B
(Karte S. 218; Majstora Jurja 4) Ideal geeignet, um einen Cocktail zu trinken. Auf dem Platz gibt es auch noch eine Reihe anderer Bars, die im Laufe des Abends alle zu einer einzigen verschmelzen – also dringend das Gesicht des Kellners abspeichern.

☆ Unterhaltung

NACHTCLUBS

Nachdem alle Bars gegen 1 Uhr still geworden sind, herrscht in Bačvice noch reger Betrieb unter den Sternen.

Fluid NACHTCLUB
(Karte S. 218; Dosud 1) Dieser schicke Ort ist eine jazzige Partymeile, keinesfalls übertrieben, aber cool. Fantastisch, auch zum Leute beobachten.

O'Hara NACHTCLUB
(Karte S. 216; Uvala Zenta 3) Im O'Hara mit seiner Terrasse direkt am Meer ist Tanzen im Freien angesagt. Die Musik ist abwechslungsreich – von dalmatinischen und anderen kroatischen sowie internationalen Hits bis House und Reggae.

Mediteranium NACHTCLUB
(Karte S. 216; Put Firula 6) Zwischen Kiefern oberhalb des Ovčice Strandes überblickt man von der großen Terrasse des Clubs die Adria. Die Einheimischen nennen den Fleck noch immer Šumica; er zieht junge Leute mit Geld in seine purpursamtigen Innenräume. Empfehlenswert: die beliebte *Sex and the City*-Party am Samstag.

Imperium NACHTCLUB
(Karte S. 216; Gat Sv Duje bb) Splits einziger Megaclub überblickt den Hafen vom 1. Stock des Fährterminals aus. Während der Woche ist es ruhig, aber an den Wochenenden füllen sich die beiden großen Tanzflächen und die Terrasse draußen mit einer bunt gemischten Menge.

Tropic Club NACHTCLUB
(Karte S. 216; Bačvice bb) Eine Disko mit Terrasse zum Meer und einem Schwarz-Weiß-und-Blau-Leitmotiv; House, Pop oder kroatische Musik (je nach Nacht).

Quasimodo NACHTCLUB
(Gundulićeva 26) Splićani feiern in diesem Miniclub schon seit Jahrzehnten. Es gibt Live- und DJ-Musik: Rock, Indie Rock, Jazz, Blues usw. In den Sommermonaten ist der Nachtclub geschlossen.

Hedonist NACHTCLUB
(Karte S. 216; Put Firula bb) Die zahlungskräftige Menge – iPhones und Designer-Outfit erforderlich – kommt zum Spielen in diesen glitzernden kleinen Club in Zenta; sein älterer „Bruder" **Egoist** liegt gleich nebenan.

Kinos

Kino Bačvice KINO
(Karte S. 216; Put Firula 2) Bačvices Unterhaltungsmeile ist der perfekte Ort für das Open-Air Kino. Im Sommer finden jede Nacht Vorführungen statt.

Kinoteka Zlatna Vrata KINO
(Karte S. 216; Dioklecijanova 7) Klassische Filme, Kunstfilme und Retrospektiven werden in diesem der Universität angegliederten Kino vorgeführt. Im Juli und August geschlossen.

Theater

Kroatisches Nationaltheater THEATER
(Karte S. 218; ☎306 908; www.hnk-split.hr; Trg Gaje Bulata 1) Opern-, Ballett- und Musikvorstellungen werden hier das ganze Jahr über gezeigt. Das Theater wurde 1891 erbaut und

1979 komplett restauriert; allein für seine Architektur lohnt es sich schon, eine Vorstellung zu besuchen. Tickets gibt es ab 80 Kn, an der Theaterkasse oder online.

Shoppen

Wer ohnehin schon kaufsüchtig ist, der kann in Split schwelgen, denn hier gibt es die meisten Schuhgeschäfte in ganz Kroatien. Innerhalb der Mauern des Diokletianspalastes finden sich unzählige Läden – kleine Boutiquen ebenso wie internationale Ketten. Die Einheimischen gehen allerdings genauso gerne in Marmontova einkaufen.

Die **Diokletiankeller** (Karte S. 218) sind ein Teil des Palastgewölbes. Hier werden auf einem Markt handgemachter Schmuck, Nachbildungen römischer Büsten, silberne Zigarettenetuis, Kerzenständer, hölzerne Segelschiffmodelle, Lederwaren und vieles mehr verkauft. Die Preise sind bezahlbar, sodass sich vielleicht das ideale (und leichte) Mitbringsel für zu Hause findet.

In der kreativen Ecke innerhalb der Palastmauern haben sich zahlreiche Boutiquen angesiedelt, die kroatische Handwerks- und Kunstprodukte verkaufen. Um nur ein paar zu nennen: **Arka** (Karte S. 218; Domisinova 14) verkauft einzigartige Kunsthandwerksstücke; **Arterija** (Karte S. 218; Domisinova 9) bietet kroatische Mode, Design und Kunst; **GetGetGet** (Karte S. 218; www.getgetget.com.hr; Vuškovićeva 5) wirbt für unkonventionelle kroatische Designartikel; und **Think Pink** (Karte S. 218; www.thinkpink.com.hr; Zadarska 8), direkt außerhalb der Palastmauern verkauft Damenkleidung im Boho-Style, die von einheimischen Designern entworfen wurden.

Oberhalb der Obala Lazareta findet täglich ein **Markt** statt, hier kauft man Obst, Gemüse, Schuhe, Süßes, Bekleidung, Blumen, Souvenirs ... Was hier nicht angeboten wird, kann man wahrscheinlich auch nirgendwo sonst in Split finden.

Praktische Informationen

Geld

Die Reiseagenturen und alle Postämter wechseln Geld. Rund um die Bus- und Zugbahnhöfe und in der ganzen Stadt gibt es Geldautomaten.

Internetzugang

Zahlreiche Lokale in der Stadt bieten freien Internetzugang an, darunter Luxor und Twins auf der Riva und Bajamonti auf der Trg Republike. Backpackers Cafe hat zwischen 15 und 17 Uhr eine Happy Hour fürs Internet, dann kostet es 15 Kn pro Stunde statt 30 Kn.

Medizinische Versorgung

KBC Firule (☎556 111; Spinčićeva 1) Splits Krankenhaus.

Post

Hauptpostamt (Kralja Tomislava 9; ⏲ Mo–Fr 7.30–19, Sa bis 14.30 Uhr) Hat auch ein Telefoncenter.

Reisebüros

Daluma Travel (☎338 424; www.daluma-travel.hr; Kneza Domagoja 1) Arrangiert private Unterkünfte, Ausflüge und Autoverleih.

Maestral (☎470 944; www.maestral.hr; Boškovića 13/15) Klosteraufenthalte, Reitausflüge, Leuchtturmferien, Trekking, Kajakfahren auf dem Meer usw.

Split Tours (☎352 553; www.splittours.hr; Gat Sv Duje bb; ⏲Sa & So Nachmittag geschl.) Im

YACHTEN ODER BOOTE CHARTERN

Erfahrene Segler können eine Yacht auf „Bareboat"-Basis chartern, oder einen einheimischen Kapitän mit seinem „Skipper"-Boot engagieren. Der Preis ist von der Größe des Boots, der Zahl der Ankerplätze und der Jahreszeit abhängig.

Ultra Sailing (www.ultra-sailing.hr) zählt zu den besten und bewährtesten kroatischen Charterfirmen, außerdem ist eine beliebte Segelschule integriert. Die Basis-Marinas liegen in Dubrovnik, Kaštela, Split und Trogir.

Cosmos Yachting (www.cosmosyachting.com) Dieses britische Unternehmen hat Charterangebote von Dubrovnik, Pula, Rovinj, Split, Trogir, Zadar, Lošinj, Punat und anderen Städten aus.

Nautilus Yachting (www.nautilus-yachting.com) Ein weiterer britischer Ausrüster; er bietet Fahrten von Pula, Split, Dubrovnik und von den Kornati-Inseln an.

Sunsail (www.sunsail.com) Ein internationaler Betreiber, der Bareboat- und Skippercharters von Dubrovnik, Pula und Kremik südlich von Šibenik organisiert.

Fährterminal, verkauft Tickets nach Ancona (Italien) auf der Blue Line und vermittelt private Unterkünfte.

Touring (☎338 503; Kneza Domagoja 10) In der Nähe des Busbahnhofs, repräsentiert Deutsche Touring und verkauft Bustickets nach Deutschland.

Turist Biro (☎347 100; www.turistbiro-split.hr; Hrvatskog Narodnog Preporoda 12) Hat sich auf private Unterkünfte und Ausflüge spezialisiert.

Touristeninformation

Backpackers Cafe (☎338 548; Kneza Domagoja bb; ⏲7–21 Uhr) Verkauft auch Second-Hand-Bücher, hat eine Gepäckaufbewahrung und Informationen für Backpacker.

Croatian Youth Hostel Association (☎396 031; www.hfhs.hr; Domilijina 8; ⏲ Mo–Fr 8–16 Uhr) Verkauft HI-Karten und informiert über Jugendherbergen in ganz Kroatien.

Touristeninformation (☎360 066; www.visitsplit.com; Hrvatskog Narodnog Preporoda 9; ⏲ April–Mitte Okt. Mo–Sa 8–21, So bis 13 Uhr, Mitte Okt.–März Mo–Fr 8–20, Sa bis 13 Uhr) Versorgt mit Informationen über Split und verkauft die Splitcard (35 Kn), die freien bzw. ermäßigten Eintritt zu Splits Sehenswürdigkeiten ermöglicht und Ermäßigungen für Autoverleih, Restaurants, Geschäfte und Hotels bietet.

Filiale der Touristeninformation (Karte S. 218; ☎345 606; www.visitsplit.com; Peristil bb; ⏲ April–Mitte Okt. Mo–Sa 9–16, So 8–13 Uhr, Mitte Okt.–März Mo–Fr 9–16, Sa 8–13 Uhr) Diese Zweigstelle des Touristbüros auf dem Peristyl hat kürzere Öffnungszeiten.

Waschsalon

Modrulj (☎315 888; www.modrulj.com; Šperun 1; ⏲ April–Okt. 8–20 Uhr, Nov.–März Mo–Sa 9–17 Uhr) Ein Waschsalon mit Münzwaschmaschinen (waschen/trocknen 25/20 Kn), der auch Internetzugang bietet (5 Kn für 15 Minuten), außerdem eine Gepäckaufbewahrung (10 Kn pro Tag).

An- & Weiterreise

Auto

Dollar Thrifty (☎399 000; www.thrifty.com.hr) Zweigstellen bei Trumbićeva Obala 5 und dem Flughafen in Split.

Bus

Bustickets und Sitzreservierungen sollten besser im Voraus organisiert werden. Zahlreiche Busse mit unterschiedlichsten Zielen starten am großen **Busbahnhof** (☎060 327 777; www.ak-split.hr) neben dem Hafen. Gepäck kann man in der *garderoba* aufgeben (Gepäckaufbewahrung; Busbahnhof; 1. Std. 5 Kn, dann 1,50 Kn pro Std.; ⏲6–22 Uhr).

Die Buslinie 37 zum Flughafen und nach Trogir (21 Kn, alle 20 Min.) hält auch in Solin; die Busse fahren von einem örtlichen Busbahnhof auf der Domovinskog Rata (1 km nordöstlich der Stadtmitte) ab. Schneller und bequemer geht es mit Intercitybussen, die Richtung Norden nach Zadar oder Rijeka fahren.

Wichtig: Die Busse, die Split mit Dubrovnik verbinden, fahren ein kurzes Stück durch Bosnien und Herzegowina; die Fahrgäste sollten daher ihren Reisepass beim Grenzübertritt bereithalten.

Flugzeug

Split Flughafen (www.split-airport.hr) liegt 20 km westlich der Stadt, 6 km vor Trogir.

Einige Fluglinien, die Split anfliegen:

Croatia Airlines (☎362 997; www.croatiaairlines.hr; Hrvatskog Narodnog Preporoda 9; ⏲ Mo–Fr 8–16 Uhr) Bietet mehrmals täglich einstündige Flüge von und nach Zagreb, außer-

BUSSE VON SPLIT

REISEZIEL	FAHRPREIS (KN)	FAHRZEIT	TÄGLICHE VERBINDUNGEN
Dubrovnik	115–145	4½ Std.	25
Makarska	52	1½ Std.	40
Međugorje (Bosnien & Herzegowina)	100	3–4 Std.	4
Mostar (Bosnien & Herzegowina)	105–128	3½-4½ Std.	9
Pula	423	10-11 Std.	3
Rijeka	330	8-8½ Std.	11
Sarajevo (Bosnien & Herzegowina)	220	6½-8 Std.	4
Zadar	99–128	3–4 Std.	27
Zagreb	114–204	5–8 Std.	40

JADROLINIJA-FÄHREN IN SPLIT

Die hier angegebenen Fährzeiten gelten für die Monate Juni bis September. Außerhalb dieser Zeit ist der Service eingeschränkt.

Autofähren

REISEZIEL	FAHRPREIS PRO PERS./AUTO (KN)	FAHRZEIT	TÄGLICHE VERBINDUNGEN
Šolta	33/160	1 Std.	6
Supetar (Brač)	33/160	1 Std.	12-14
Stari Grad (Hvar)	47/318	2 Std.	6–7
Vis	54/370	2½ Std.	2–3
Vela Luka (Korčula)	60/530	3 Std.	2

Katamarane

REISEZIEL	FAHRPREIS (KN)	FAHRZEIT	TÄGLICHE VERBINDUNGEN
Bol (Brač)	40	1 Std.	1
Hvar Stadt	47	1 Std.	4–5
Jelsa (Hvar)	40	2 Std.	1
Vela Luka (Korčula)	50	2 Std.	1
Vis	50	1¼ Std.	1

dem einmal die Woche einen Flug nach Dubrovnik (nur im Sommer).

Easyjet (www.easyjet.com)

Germanwings (www.germanwings.com)

Norwegian (www.norwegian.com)

Schiff/Fähre

Die Passagierfähren legen am Kai Obala Lazareta und die Autofähren am Kai Gat Sv Duje ab. Tickets verkauft das Hauptbüro von Jadrolinija im großen Fährterminal gegenüber vom Busbahnhof. Das Büro vertreibt auch die Tickets aller anderen Autofähren, die von den umliegenden Kais ablegen. Alternativ gibt es noch zwei Ticketschalter in der Nähe der Kais. In den Sommermonaten müssen die Autofähren in der Regel mindestens einen Tag im Voraus reserviert werden, man sollte auch mehrere Stunden vor Abfahrt am Kai anwesend sein. In der Nebensaison ist es allerdings kaum ein Problem, eine Fahrkarte zu bekommen – für die Monate Juli und August sollte man aber so früh wie möglich reservieren.

Jadrolinija (☎338 333; www.jadrolinija.hr; Gat Sv Duje bb) betreibt den Großteil der Küstenfähren und Katamarane zwischen Split und den Inseln. Außerdem bieten sie zweimal die Woche eine Fährverbindung zwischen Rijeka und Split an (147 Kn, Donnerstag und Sonntag 19.30 Uhr, Ankunft 6 Uhr). Dreimal die Woche startet eine Autofähre von Split nach Ancona in Italien (435 Kn, 9–11 Std.).

Andere Bootsverbindungen:

BlueLine (www.blueline-ferries.com) Autofähren nach Ancona (Italien), an manchen Tagen via Hvar Stadt und Vis (pro Pers./Auto ab 480/540 Kn, 10–12 Std.).

Krilo (www.krilo.hr) Ein schnelles Passagierboot, läuft täglich Hvar Stadt an (45 Kn, 1 Std.) und fährt dann weiter nach Korčula (65 Kn, 2¾ Std.). Tickets bekommt man bei Jadrolinija.

SNAV (☎322 252; www.snav.it) Von Juni bis Mitte September täglich Fähren nach Ancona (660 Kn, 5 Std.). Im Fährterminal.

Zug

Täglich verkehren fünf Züge zwischen dem **Bahnhof** (☎338 525; www.hznet.hr; Kneza Domagoja 9) in Split und Zagreb (189 Kn, 6–8 Std.), zwei davon sind Nachtzüge. Zwischen Šibenik und Split verkehren dreimal täglich Züge (55 Kn, 2 Std.), umsteigen in Perković. Außerdem fährt via Knin zweimal täglich ein Zug von Split nach Zadar (111 Kn, 5 Std.).

Gepäck kann in der *garderoba* aufgegeben werden (Gepäckaufbewahrung; Bahnhof; pro Tag 15 Kn; ⌚6–22 Uhr).

Unterwegs vor Ort

Die Bus-, Zug- und Fährterminals befinden sich alle auf der Ostseite des Hafens, ein kurzes Stück von der Altstadt entfernt.

Split Rent Agency (☎091 59 17 111; www.split-rent.com) verleiht Roller, Fahrräder, Motorboote und Autos.

Bus

Lokalbusse von Promet Split verbinden die Stadtmitte und den Hafen mit den Vororten. Die Stadt ist in vier Tarifzonen eingeteilt. Das Ein-Zonen-Ticket für eine Fahrt innerhalb des Zentrums kostet 11 Kn, für Fahrten in umliegende Zonen 21 Kn. Ein Ticket für zwei Fahrten in der Zone 1 kostet am Kiosk 17 Kn, für ein Ticket für zwei Fahrten in vier Zonen bezahlt man 34 Kn. Busse fahren zwischen 5.30 und 23.30 Uhr im 15-Minuten-Takt.

Zum/Vom Flughafen

Bus 37 Vom lokalen Busbahnhof auf der Domovinskog Rata aus (21 Kn, 50 Min.).

Pleso Prijevoz (www.plesoprijevoz.hr) Die Busse fahren von Obala Lazareta aus drei- bis sechs Mal täglich zum Flughafen Split (30 Kn).

Promet Žele (www.split-airport.com.hr) Hier verkehren die Busse zwischen Obala Lazareta und dem Flughafen sogar noch öfter als von Pleso Prijevoz aus.

Taxis Kosten zwischen 250 Kn und 290 Kn.

RUND UM SPLIT

Šolta

Diese reizvolle, bewaldete Insel (nur 59 km²) ist eine beliebte Zufluchtsstätte der Splitter Bevölkerung vor der Sommerhitze. Der Haupthafen der Insel ist **Rogač**, wo die Fähren von Split vor der **Touristeninformation** (☎654 491; www.visitsolta.com; ⏲Juni–Sept. Mi & Fr–Mo 7.30–21.30, Di & Do 9–16 Uhr) festmachen. Ein schattiger Pfad führt rund um die Bucht zu kleineren Buchten mit felsigen Stränden; eine kleine Straße schlängelt sich hügelwärts zum Verwaltungssitz der Insel **Grohote** mit seinem Markt und diversen Läden. **Maslinica** ist die hübscheste Ansiedlung auf der Insel mit sieben vorgelagerten Inselchen, dem luxuriösen Hotel-Spa **Martinis Marchi** (www.martinis-marchi.com) mit eigener Marina, einer Handvoll Restaurants (Šismiš und Šešula sind die besten), und einer guten Auswahl an Privatzimmern. Ein weiteres schönes Dorf ist **Stomorska** mit seinem hübschen, geschützten Hafen, der unter Yachtbesitzern sehr beliebt ist. Im Inselinneren gibt es einige nette Einkehrmöglichkeiten auf familienbetriebenen Bauernhöfen; im Kaštelanac in **Gornje Selo** kann man die selbstgemachten Olivenöle, Grappas und Weine probieren. Die Touristbüros haben weitere Angebote auf der Insel parat.

Es gibt drei Geldautomaten, in Stomorska, Rogač und Grohote, bei der **Haupttouristeninformation** (☎654 657; www.visitsolta.com; ⏲ganzjährig tgl. 7–15 Uhr) der Insel.

In der Hochsaison verkehren täglich sechs Autofähren zwischen Split und Rogač (33 Kn, 1 Std.), außerdem zwei Katamarane pro Tag (16,50 Kn).

Solin (Salona)

Die Ruinen der antiken Stadt Solin (das römische Salona) liegen zwischen Weinbergen am Fuß der Bergkette nordöstlich von Split. Solin zählt zu den bedeutendsten archäologischen Fundstätten des Landes.

Heute ist Solin von lärmenden Schnellstraßen und Industrieanlagen umgeben. Schon 119 v. Chr. wird es als wichtige Siedlung eines illyrischen Stammes erwähnt. Die Römer eroberten den Ort 78 v. Chr., unter der Herrschaft von Augustus wurde es zum Verwaltungszentrum der römischen Provinz Dalmatien ernannt.

Als Kaiser Diokletian Ende des 3. Jhs. seinen Palast in Split bauen ließ, war die Nähe zu Salona ein ausschlaggebender Grund für die Wahl des Standortes, die Stadt war nämlich sein Geburtsort.

Solin wurde im 6. Jh. in das Oströmische Reich eingegliedert, die Slawen und Awaren machten es aber im Jahr 614 n. Chr. dem Erdboden gleich. Die Bewohner flohen nach Split und auf die benachbarten Inseln, in der Folgezeit verfiel Solin.

Sehenswertes

Ein guter Startpunkt für die Besichtigung der Stadt ist der Haupteingang in der Nähe der Caffe Bar Salona, wo sich eine Infokarte des Komplexes befindet. Im **Tusculum-Museum** (Eintritt 20 Kn; ⏲April–Sept. Mo–Fr 7–19, Sa 8–19, So 9–13 Uhr, Okt.–März Mo–Fr 7–15, Sa 9–13 Uhr) zahlen Besucher den Eintritt für die gesamte archäologische Anlage, so auch für das kleine Museum, das interessante Skulpturen an den Wänden und im Garten zeigt. Zudem dient es als Informationszentrum und stellt Broschüren über Salona bereit.

Die Nekropole **Manastirine** (der eingezäunte Bereich hinter dem Parkplatz) war die Grabstätte früher christlicher Märtyrer, die – noch bevor Konstantin der Große den Christen Religionsfreiheit gewährte – wegen ihres Glaubens den Tod fanden. Die freigelegten Reste der **Kapljuč-Basilika**, die auf einem der ersten christlichen Friedhöfe errichtet wurde, und die **Kapjinc-Basilika** aus dem 5. Jh., die sich darin befindet, sind die größten Sehenswürdigkeiten von Solin. Der Bereich lag damals allerdings außerhalb der antiken Stadt.

Zypressen säumen den Pfad, der vom Informationszentrum Richtung Süden zur nördlichen Stadtmauer von Salona führt. Südlich der Mauer ist ein **überdachter Aquädukt** zu sehen. Er wurde wahrscheinlich um das 1. Jh. erbaut und versorgte Salona und den Diokletianspalast mit Wasser, das man dem Jadro entnahm. Wenn man auf der Mauer steht, sind Ruinen einer frühchristlichen Stätte erkennbar, darunter eine dreischiffige **Kathedrale** (5. Jh.) mit einem oktogonalen **Baptisterium** sowie die Reste der **Basilika des Bischofs Honorius**. Ihr Grundriss hat die Form eines griechischen Kreuzes. Im Osten der Kathedrale liegen **öffentliche Bäder**.

Südwestlich der Kathedrale von Salona erhebt sich das östliche Stadttor, die **Porta Caesarea**. Das Tor wurde im 1. Jh. errichtet, aber als sich die Stadt später in alle Himmelsrichtungen ausdehnte, wurde das Tor schlielich von anderen Bauwerken umschlossen. In der mit Steinen gepflasterten Straße am Tor haben antike Wagenräder tiefe Kerben hinterlassen. Südlich des Stadttors lag damals das Forum, das politische, gesellschaftliche und kulturelle Zentrum der Stadt. Hier standen Tempel zu Ehren von Jupiter, Juno und Minerva – keiner dieser Tempel blieb erhalten.

Am westlichen Ende von Salona erhob sich im 2. Jh. ein riesiges **Amphitheater**, das von den Venezianern im 17. Jh. zerstört wurde. Sie wollten verhindern, dass es den türkischen Angreifern als Unterschlupf diente. Zu römischer Zeit konnten hier etwa 18 000 Zuschauer die Spiele verfolgen – allein schon diese Zahl vermittelt einen Eindruck von der Größe und Bedeutung des römischen Salona.

In der südöstlichen Ecke liegt die **Gradina**, eine mittelalterliche Festung, die um die Überreste einer rechteckigen frühchristlichen Kirche erbaut wurde.

ℹ An- & Weiterreise

Die Ruinen sind mit dem Spliter Stadtbus 1 (13 Kn) erreichbar, der halbstündlich von Trg Gaje Bulata bis zum Parkplatz von Salona fährt.

Von Solin geht es auf Wunsch auch weiter nach Trogir, von der Širine-Straßenkreuzung aus mit dem nach Westen gehenden Bus 37 (17 Kn). Der Stadtbus 1 fährt zurück nach Širine; im Anschluss fünf Gehminuten auf der gleichen Straße bis zur Haltestelle vom Bus 37 auf der angrenzenden Landstraße.

TROGIR & UMGEBUNG

Trogir

12 995 EW

Trogir (ehemals Trau) liegt wunderschön hinter mittelalterlichen Mauern, die ein Gewirr verwinkelter Gassen umschließen. Die breite Seepromenade wird von Bars und Cafés gesäumt, im Sommer dümpeln Yachten vor der Promenade. Trogir ist einzigartig unter den dalmatinischen Städten: Keine andere hat so viele historische Gebäude, die im Stil der Romanik und Renaissance gebaut wurden. Die Renaissancebauten sind ein Erbe der venezianischen Herrschaft. Zusammen mit der prächtigen Kathedrale wurde die Altstadt von Trogir 1997 von der Unesco zum Weltkulturerbe erklärt.

Trogir lässt sich von Split aus bequem im Rahmen eines Tagesausflugs besuchen, ist aber auch ein entspannter Ort, um hier ein paar Tage zu verbringen und einige benachbarte Inseln zu besuchen.

Geschichte

Mit den hohen Bergen im Norden, dem Meer im Süden und den schützenden Stadtmauern war Trogir (unter den Römern Tragurion genannt) ein idealer Ort, um eine Siedlung anzulegen. Die frühen Kroaten besiedelten die alte illyrische Stadt im 7. Jh. Aufgrund seiner guten Verteidigungsmöglichkeiten behielt Trogir seine Unabhängigkeit auch während der kroatischen und byzantinischen Herrschaft. Handel und der Bergbau in der Umgebung waren die wirtschaftlichen Säulen der Stadt. Im 13. Jh. florierten die Bildhauerei und die Architektur – sie waren sichtbarer Ausdruck einer lebendigen, dynamischen Kultur. Als Venedig 1409 Dalmatien erwarb, weigerte sich Trogir, die neuen Regenten anzuerkennen. Die Venezianer zwangen die Bewohner durch

Beschuss ihrer Stadt zur Aufgabe. Während das restliche Dalmatien unter der venezianischen Herrschaft kulturell stagnierte, brachte Trogir weiterhin große Künstler und Kulturschaffende hervor.

Sehenswertes & Aktivitäten

Obwohl Trogir klein ist, gibt es hier viel zu sehen. In der Stadt stehen noch viele gut erhaltene Gebäude aus ihrer Blütezeit vom 13. bis 15. Jh. Die Altstadt konzentriert sich auf einer winzigen Insel im Meeresarm zwischen der Insel Čiovo und dem Festland, die Küstenschnellstraße ist nicht weit weg. Viele Sehenswürdigkeiten lassen sich auf einem rund 15-minütigen Spaziergang rund um die Insel besichtigen.

Die Reiseagentur Portal bietet von Mai bis Oktober zweimal täglich (morgens und abends) einen 90-minütigen Spaziergang durch die Altstadt an, der vor der Agentur startet. Außerdem vermietet Portal Zwei-Personen-Kajaks für 250 Kn pro Tag, mit denen man um die Insel und zum Pantan-Strand paddeln kann.

Kathedrale St. Laurentius KATHEDRALE

(Katedrala Svetog Lovre; Trg Ivana Pavla II; Eintritt 25 Kn; ⌚Juni–Sept. Mo–Sa 8–20, So 14–18 Uhr, Okt.–März Mo–Sa 8–18, So 14–18 Uhr, April & Mai Mo–Sa 8–18 Uhr) Das Schmuckstück von Trogir ist die dreischiffige venezianische Kathedrale – eines der erlesensten architektonischen Werke Kroatiens – die vom 13. bis ins 15. Jh. erbaut wurde. Das **Romanische Portal** stammt aus dem Jahr 1240 und ist ein Werk Radovans. Auf den Seiten des Portals sind Adam und Eva auf Löwenfiguren (das Symbol Venedigs) abgebildet. Am Ende der Kolonnade befindet sich ein weiteres hochgeschätztes Werk der Bildhauerkunst – das **Baptisterium**, das 1464 von Andrija Aleši entworfen wurde.

Wenn man das Gebäude durch eine versteckte Hintertür betritt, kommt man zu der reich verzierten **Kapelle Sveti Ivan Ursini** – ein Meisterwerk der Renaissance. Erschaffen wurde sie zwischen 1461 und 1497 durch die Bildhauer Nikola Firentinac und Ivan Duknović. In der **Sakristei** befinden sich Gemälde, die den heiligen Hieronymus und Johannes den Täufer zeigen. Ein Muss ist die **Schatzkammer**, die u. a. ein Triptychon aus Elfenbein und mittelalterliche, reich bebilderte Manuskripte birgt. Wer den 47 m hohen **Turm** der Kathedrale erklimmt, wird mit einer wunderschönen Aussicht belohnt.

Ein Schild weist auf eine korrekte Kleidung beim Betreten der Kathedrale hin: Generell sollten Schultern und Arme bedeckt sein, Shorts sind ebenfalls tabu.

Festung Kamerlengo FESTUNG

(Tvrđava Kamerlengo; Eintritt 20 Kn; ⌚Mai–Okt. 9–23 Uhr) Ursprünglich war die Festung aus dem 15. Jh. mit der Stadtmauer verbunden. Am westlichen Ende der Insel steht ein eleganter Rundpavillon, den der französische Marschall Marmont während der napoleonischen Besetzung Dalmatiens errichten ließ. Hier pflegte er zu sitzen und inmitten der Wellen Karten zu spielen. Damals war der westliche Teil der Insel noch eine Lagune; die malariaverseuchten Sümpfe wurden erst im 20. Jh. trockengelegt. In der Festung finden während des Sommerfestivals von Trogir Konzerte statt.

Stadtmuseum MUSEUM

(Gradski Muzej; Gradska Vrata 4; Eintritt 15 Kn; ⌚Juni–Sept. 10–17 Uhr, Okt.–Mai Mo–Fr 9–14 Uhr, Sa bis Mittag) Das Museum mit seinen fünf Räumen befindet sich im ehemaligen Garagnin-Fanfogna-Palast und zeigt Bücher, Dokumente, Zeichnungen und zeitgenössische Kleidung aus Trogirs Geschichte.

Kloster des hl. Nikolaus KLOSTER

(Samostan Svetog Nikole; Eintritt 25 Kn; ⌚Juni–Sept. 10–12 & 16–18 Uhr) Die Schatzkammer des Benediktinerklosters beherbergt ein eindrucksvolles aus orangefarbenem Marmor gefertigtes Relief von Kairos, dem griechischen Gott der günstigen Gelegenheit. Von Oktober bis Mai müssen Besucher sich vorher anmelden.

Rathaus HISTORISCHES GEBÄUDE

(Gradska Vijecnica) Das aus dem 15. Jh. stammende Gebäude gegenüber der Kathedrale besitzt einen gotischen Innenhof, den ein Wappen und ein gewaltiger Treppenaufgang zieren. Der Brunnen trägt einen gut erhaltenen Markuslöwen, das Wappentier der Republik Venedig.

Cipiko-Palast PALAST

(Palaca Cipiko) Dieser Palast war im 15. Jh. der Stammsitz einer berühmten Adelsfamilie. Er hat ein atemberaubend schön gearbeitetes gotisches Triforium, ein Werk von Andrija Aleši.

Feste & Events

Alljährlich lädt die Stadt vom 21. Juni bis Anfang September zum **Sommerfestival**

Trogir

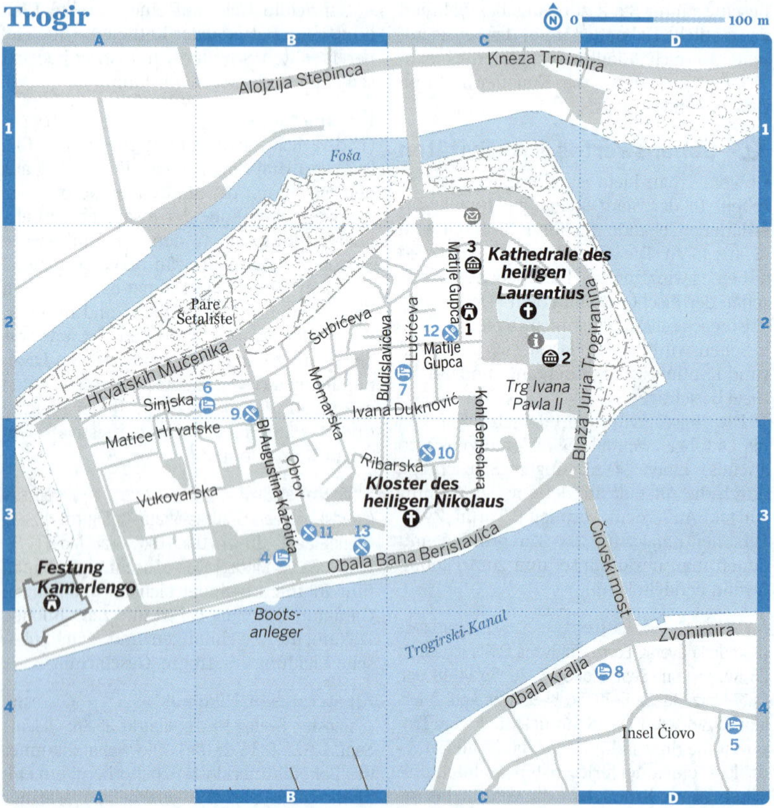

von Trogir ein. Bei dem Musikevent werden Klassik- und Folkkonzerte in Kirchen, auf Plätzen und in der Festung abgehalten. Plakate, die für die Konzerte werben, hängen in der ganzen Stadt.

Schlafen

Atlas (S. 238) vermittelt Privatzimmer für 300 Kn pro DZ. Portal (S. 238) bietet ebenfalls Zimmer und Apartments an (DZ ab 300 Kn, 2-Pers.-Apartment ab 450 Kn). Weitere Infos unter www.trogironline.com.

LP TIPP **Hotel Tragos** HOTEL €€
(☎884 729; www.tragos.hr; Budislavićeva 3; EZ/DZ 600/800 Kn; P❄@) Das mittelalterliche Wohnhaus ist vorzüglich mit freigelegten Steinwänden und Originaldetails restauriert worden. Alle zwölf Zimmer sind elegant und wunderschön eingerichtet – mit Satelliten-TV und Minibar. Auch wer hier nicht nächtigt, sollte das Hotelrestaurant wegen seiner hervorragend zubereiteten Hausmannskost aufsuchen (Hauptgerichte ab 60 Kn); besonders lecker ist *trogirska pašticada* (Rindereintopf nach Trogir-Art).

Hotel Pašike HOTEL €€€
(☎885 185; www.hotelpasike.com; Sinjska bb; EZ/DZ 650/850 Kn; ❄@) Das hübsche, in einem Gebäude aus dem 15. Jh. untergebrachte Hotel schmücken Möbel aus dem 19. Jh., Nussholz und schmiedeeiserne Betten. Jedes der 14 farbenfrohen Zimmer verfügt über einen separaten Sitzbereich und eine Hydromassagedusche. Die freundlichen Mitarbeiter tragen traditionelle Kleidung, es gibt eine Dachterrasse mit zwei Tischen und als Willkommensgeschenk bekommen Gäste *rafioli,* dem traditionellen Mandelkuchen aus Trogir.

Vila Sikaa HOTEL €€€
(☎881 223; www.vila-sikaa-r.com; Kralja Zvonimira 13; EZ/DZ 896/952 Kn; P❄@) Das

Trogir

Hotel liegt auf der Insel Čiovo und bietet zehn saubere und anständige Zimmer mit fantastischem Ausblick auf die Altstadt. Manche verfügen über Sauna, Massagedusche und Whirlpool, Zimmer 14 außerdem über einen Balkon. Negativ schlagen die winzigen Zimmer im Dachgeschoss und der recht nachlässige Service zu Buche. An der Rezeption kann man Motorroller, Boote und Autos leihen.

Villa White PENSION €€

(☎091 22 14 473; www.villawhite.net; Kralja Tomislava 22; Zi. 635 Kn; P❄@☜) Diese neue Pension mit insgesamt 14 Zimmern ist lediglich zehn Gehminuten vom Stadtzentrum entfernt. Die kleinen, aber ansprechenden Zimmer mit Fernseher und Badezimmer sind leider etwas minimalistisch eingerichtet. Das Frühstück ist im Preis inbegriffen. Geöffnet Mai–Okt.

Hotel Palace HOTEL €€€

(☎685 555; www.trogir-palace.com; Put Gradine 8; EZ/DZ 940/1240 Kn; P❄@☜) Das Luxushotel befindet sich in einem blassrosa-weißen Gebäude mit viel Marmor, Hartholzböden und einem Restaurant und liegt auf der Insel Čiovo untergebracht. Die 36 beigefarbenen Zimmer verfügen über Badewannen und Balkone. Aus Nr. 305 genießt man zudem eine tolle Aussicht auf die Altstadt.

Hostel Trogir HOSTEL €

(☎091 57 92 190; www.hosteltrogir.com.hr; Trg Sv Jakova 7; B 120 Kn; ❄@☜) Trogirs einziges Hostel befindet sich direkt neben der Brücke auf der Insel Čiovo, also nur 200 m von der Riva entfernt. Es gibt vier saubere Schlafsäle (sechs und acht Betten) mit Spinden, einen kleinen Gemeinschaftsraum samt Kitchenette und eine schattige Terrasse vor dem Haus.

Concordia HOTEL €€

(☎885 400; www.concordia-hotel.net; Bana Berislavića 22; EZ/DZ 450/730 Kn; P❄☜) Die Zimmer sind zwar sauber, aber ziemlich schlicht. Dafür überzeugen der wunderbare Service und die Lage direkt am Meer. Am besten ein kürzlich renoviertes Zimmer mit Meerblick nehmen. Die Schiffe zu den Stränden legen direkt vor der Tür ab.

Villa Tina HOTEL €€

(☎888 305; www.vila-tina.hr; Cesta Domovinske Zahvalnosti 63, Arbanija; EZ/DZ 499/670 Kn; P❄@☜) Mit den geschmackvoll eingerichteten, hellen Räumen, dem Jacuzzi und der Infrarotsauna eignet sich die Villa Tina perfekt für alle, die zum Relaxen und Schwimmen hierher kommen. Das Haus liegt lediglich 5 km östlich von Trogir, nur ein paar Schritte vom Strand entfernt.

Seget CAMPINGPLATZ €

(☎880 394; www.kamp-seget.hr; Hrvatskih Žrtava 121, Seget Donji; pro Erw./Stellplatz 54/120 Kn; ⊙April–Okt.) Dieser nur 2 km von Trogir entfernte kleine Campingplatz liegt an einem Kiesstrand mit einer Tauchstelle aus Beton. Bis zum Hotel Medena, das Tennis, Radfahren, Windsurfen und andere Aktivitäten anbietet, sind es lediglich 2 km.

Essen

Capo FISCH & MEERESFRÜCHTE €

(Ribarska 11; Hauptgerichte ab 55 Kn) Die mit Fischen und Netzen stimmungsvoll dekorierte Taverne in Familienhand liegt versteckt in einer Altstadtgasse, wo man auch im Freien essen kann. Hier gibt es hauptsächlich Fischgerichte, so z. B. Sardinen, *gavuni* (Stint) und Sardellen, jeweils mit Gemüsebeilage. Der Familie gehört auch eine Pizzeria an der Riva.

Konoba Trs DALMATINISCH €€

(Matije Gupca 14; Hauptgerichte ab 75 Kn) Rustikale, kleine Taverne mit einladendem Hof, der von Weinreben umrankt wird. Im Inneren sitzt man auf Holzbänken vor alten

Steinmauern. Das Lamm-*pašticada* (Eintopf), das mit schinken- (*pršut*) und mangoldgefüllten Pfannkuchen serviert wird, ist die Spezialität des Hauses.

Fontana FISCH & MEERESFRÜCHTE €€
(Obrov 1; Hauptgerichte ab 70 Kn) Die große Terrasse am Wasser ist die Hauptattraktion dieses gut eingeführten Restaurants. Hier wird fast alles serviert, von günstigem Risotto und preiswerten Spaghetti bis zu etwas teurerem Grillfleisch. Als Spezialität gilt jedoch der Fisch (300 Kn pro Kilo).

Alka INTERNATIONAL €€
(Augustina Kažotića 15; Hauptgerichte ab 85 Kn) Dieses Restaurant besticht durch die Terrasse und die umfassende Speisekarte mit vielen Fleischspezialitäten (wie Hühnerleber in Schinken) und Hummer.

Pizzeria Mirkec PIZZERIA €
(Bana Berislavića 15; Pizzas ab 35 Kn) Die leckere Pizza wird in dieser am Meer gelegenen Pizzeria im Holzofen gebacken. Hier kann man auch Frühstücken.

Praktische Informationen

Atlas Trogir (☎881 374; www.atlas-trogir.hr; Kralja Zvonimira 10) Dieses Reisebüro vermittelt Privatunterkünfte und organisiert Ausflüge.

Portal Trogir (☎885 016; www.portal-trogir.com; Bana Berislavića 3) Privatunterkünfte, Fahrräder, Motorroller- und Kajakvermietung, Ausflüge (Quadsafaris, Rafting, Kajakfahren auf dem Meer, Canyoning) – und einen Internetanschluss gibt es auch.

Post (Blaža Jurjeva Trogiranina 5; ⌚Mo–Fr 7.30–19, Sa bis 14.30 Uhr) Mit Telefonzentrum.

Touristeninformation (☎885 628; Trg Ivana Pavla II 1; ⌚Juni–Aug. Mo–Sa 8–21, So 8–14 Uhr, Sept.–Mai kürzere Öffnungszeiten) Hier sind u. a. einfache Stadtpläne erhältlich.

An- & Weiterreise

Intercitybusse von Zadar Richtung Süden (130 km) und von Split Richtung Norden (28 km) halten in Trogir. Per Bus von Trogir nach Zadar zu kommen, kann schwierig werden, da die Busse aus Split oft schon bei ihrer Ankunft in Trogir voll besetzt sind.

Der Stadtbus 37 von Split fährt tagsüber alle 20 Minuten, auf dem Weg nach Trogir hält er auch am Flughafen Split. Dieser Bus fährt aber vom örtlichen Busbahnhof ab und ist dementsprechend länger als der Intercitybus unterwegs. Das Vier-Zonen-Ticket (21 Kn) kann für beide Richtungen (Split bzw. Zadar) beim Fahrer gekauft werden.

Viermal täglich verkehren Boote zwischen Split (24 Kn) und Čiovo (150 m links der Brücke). Zudem legt stündlich von 8.30 bis 11.30 Uhr eine Passagierfähre direkt vor dem Hotel Concordia nach Okrug Gornji (20 Kn) ab; dort starten auch welche nach Medena (15 Kn, 10-mal tgl.). Dreimal täglich gibt es eine Fährverbindung nach Drvenik Veli (16 Kn).

Unterwegs vor Ort

Die Altstadt liegt nur wenige Gehminuten vom Busbahnhof entfernt. Dort können Gepäckstücke an der *garderoba* (Gepäckstück pro Tag 15 Kn; ⌚7–20 Uhr) aufbewahrt werden. Hinter der kleinen Brücke nahe des Busbahnhofs geht es durch das Nordtor. Am Ende des Platzes schlägt man den Weg nach links, Richtung Osten, ein und schon ist man in Trogirs Hauptstraße, der Gradska. Trogirs wichtigste Sehenswürdigkeiten befinden sich rund um den Trg Ivana Pavla II. (geradeaus) angeordnet. Die Strandpromenade Bana Berislavića mit Blick auf die Insel Čiovo wird von Bars, Restaurants und Cafés gesäumt. Die Altstadt ist an ihrem Südende durch eine Zugbrücke mit der Insel Čiovo verbunden.

Rund um Trogir

Rund um Trogir gibt es jede Menge Strände. Der Stadt am nächsten liegt der Kies- und Sandstrand **Pantan**. Er befindet sich 1,5 km östlich der Altstadt an der Mündung des Pantan-Flusses, inmitten eines Naturschutzgebietes; von der Altstadt führt ein Pfad hierher. Der beliebteste Strand, **Okrug Gornji**, liegt 5 km südlich von Čiovo. Der 2 km lange, von Café-Bars gesäumte Kiesstreifen wird auch Copacabana genannt und ist auf dem Land- und auf dem Seeweg zu erreichen. Die umfangreichsten Serviceeinrichtungen findet man gut 4 km südwestlich am **Medena-Strand** an der Seget-Riviera, wo auch das riesige **Hotel Medena** (www.hotelmedena.com) ansässig ist.

Sehr viel idyllischer sind übrigens die Strände auf den Inseln Drvenik Mali und Drvenik Veli, die verhältnismäßig schnell mit der Personenfähre erreichbar sind; diese legen am Fähranleger vor dem Hotel Concordia ab. Auf beiden Inseln leben nur wenige Menschen, sie sind dementsprechend dünn besiedelt.

Außerdem gibt es den schönen Festungsbereich Kaštela mit insgesamt sieben Häfen und verschiedenen Burgen, die der dalmatinische Adel dort vor mehr als 500 Jahren errichten ließ.

Drvenik Mali & Drvenik Veli

Auf der kleineren Insel, Drvenik Mali, gibt es Olivenbäume, 56 Einwohner und einen Sandstrand, der sich um die Bucht Vela Rina zieht. Drvenik Veli besitzt ebenfalls abgeschiedene Buchten und Olivenhaine, aber auch ein paar kulturelle Highlights: Die **Kirche des heiligen Georg** wurde im 16. Jh. errichtet und mit barockem Mobiliar und einem venezianischen Altarbild ausgestattet. Außerhalb des Dorfes Drvenik Veli steht die unvollendete **Kirche des heiligen Nikolaus** aus dem 18. Jh. – ihr Baumeister hat aus unbekannten Gründen nur die monumentale Vorderseite fertiggestellt.

Die Strecke von Trogir zu den Inseln bedient **Jadrolinija** (www.jadrolinija.hr). Von Juni bis Ende September gibt es drei tägliche Fährverbindungen, freitags sind es zwei. Der Fahrplan ermöglicht einen Tagesausflug nach Drvenik Veli, nach Drvenik Mali ist dies problematischer. Die Fahrt nach Drvenik Veli (15 Kn) dauert etwa eine Stunde, nach weiteren 20 Minuten gelangt man nach Drvenik Mali.

Wer auf den Inseln übernachten möchte, wendet sich an die Agentur Portal (S. 238); sie vermittelt Privatunterkünfte.

Kaštela

Wenn man einen sicheren Ort haben möchte, dann gibt es nichts Besseres als ein Gebirge im Rücken und vor sich das Meer. Zumindest dachte das der dalmatinische Adel, als er sah, wie die Türken im 15. und 16. Jh. in Europa einfielen. Der 20 km lange Küstenabschnitt zwischen Trogir und Split wird landseitig durch den langen, niedrigen Kozjak-Höhenrücken geschützt und war damals perfekt, um sich in einer gut befestigten Burg zu verschanzen. Eine reiche Familie nach der anderen zog deshalb von Split an die Kaštela-Bucht, um sich dort einen Familiensitz bauen zu lassen. Glücklicherweise drangen die Türken nie so weit vor, sodass die Burgen bis heute erhalten blieben.

Als Kaštela-Bucht bezeichnet man die sieben kleinen Häfen vor diesen befestigten Küstenburgen. Ihr Besuch ist ein reizvoller Tagesausflug von Split oder Trogir. Beginnend im Westen (von Trogir aus gesehen), kommt zunächst **Kaštel Štafilić** in Sicht. Die Burg auf einem Inselchen ist nur durch eine Zugbrücke mit dem Festland verbunden. Im nahen Ort steht eine Renaissancekirche. Dann erreicht man **Kaštel Novi** (1512 erbaut), gefolgt vom **Kaštel Stari**, der ältesten Burg in der Bucht (1476). Ein Kreuzgang mit Arkaden steht im Burginnern. Es folgt die imposanteste Burg, **Kaštel Lukšić**. Sie wurde 1487 im Übergang von der Renaissance zum Barock erbaut. Inzwischen beherbergt sie städtische Verwaltungsbüros, ein kleines Museum und die Touristeninformation der Region. Hier spielte auch eine komplizierte Geschichte von einem unglücklichen Liebespaar, das hier heiratete und hier begraben liegt. Weiter ostwärts geht es zum **Kaštel Kambelovac**, einer zylinderförmigen Befestigungsburg, die 1517 von Adligen und Grundbesitzern aus der Gegend errichtet wurde. Dann folgt **Kaštel Gomilica**; die Burg wurde von Benediktinernonnen erbaut und ist von seichten Sandstränden umgeben. Den Schluss bildet **Kaštel Sućurac**. Von dort führt ein Weg am Friedhof vorbei hoch zur Schutzhütte bei Putalj (480 m). Sie ist Ausgangspunkt für eine Wanderung über den Höhenrücken des Kozjak.

Weitere Infos zu Unterkünften in Kaštela, erteilt die **Touristeninformation** (☎227 933; www.dalmacija.net/kastela.htm; Kaštel Lukšić; ⌚Juni–Sept. Mo–Fr 8–14 & 17–21 Uhr, Sa 8–12 & 17–21 Uhr, So 8–12 Uhr, Okt.–Mai Mo–Sa 8–14 & 17–20 Uhr, So 8–12 Uhr).

Der Bus Nr. 37 von Split nach Trogir hält auch in Kaštela (21 Kn, alle 20 Min.): Er steuert alle Orte entlang der Bucht an. Am besten steigt man in Kaštel Štafilić aus und spaziert nach Belieben Richtung Osten die Strandpromenade entlang durch all die Städtchen. Zurück geht es mit dem Bus, der an der Hauptstraße hält.

MAKARSKA-RIVIERA

Die Makarska Riviera ist ein 58 km langer Küstenabschnitt am Fuß des Biokovo-Gebirges, wo eine Ansammlung von Klippen und Kämmen einen dramatischen Hintergrund für eine Reihe wunderschöner Kiesstrände bildet. Die Berge schützen den Küstenstreifen vor rauen Winden – entsprechend mediterran sieht die Landschaft mit ihren Pinienwäldern, Olivenhainen und Obstbäumen aus. Dieser Teil der dalmatinischen Küste gehört zu den touristisch erschlossensten, die Strandorte sind auf Pauschaltourismus ausgerichtet. Familienurlauber finden hier zahlreiche Serviceeinrichtungen sowie ein umfangreiches Freizeitangebot. Im Juli und insbesondere im August wird die gesamte Riviera von Urlaubern bevölkert, in den meisten Hotels wird dann von den Gästen ein Mindestaufenthalt von sieben Nächten erwartet. Wer den Touristenmassen aus dem Weg gehen möchte, besucht Makarska am besten vor oder nach dem sommerlichen Besucheransturm.

Makarska

17 000 Ew.

Makarska ist eine attraktive Hafenstadt; der Ortskern mit seinen Häusern aus Kalkstein wird bei Sonnenuntergang in pfirsichfarbenes Licht getaucht. Aktivurlauber finden hier ausreichend Betätigung – beim Wandern, Klettern, Gleitschirmfliegen, Mountainbiken, Windsurfen oder Schwimmen. Die Lage mit dem wunderbaren Biokovo-Massiv im Hintergrund ist spektakulär. Das Städtchen zieht zahlreiche Pauschaltouristen an, die sich vor allem am langen Stadtstrand aus Kieselstein tummeln. Dort ist natürlich immer viel los, man trifft sich zum Beachvolleyball oder sonstigen Strandvergnügen, dazwischen spielen ausgelassen fröhliche Kinder.

Makarska ist ein Lieblingsziel der Urlauber aus dem benachbarten Bosnien und Herzegowina, die im Sommer in Scharen hier einfallen. In der Hauptsaison geht es sehr lebhaft zu, das Nachtleben floriert und Familien mit Kindern wird viel geboten. Wer in Strandbars und Clubs abhängen möchte, Beachvolleyball spielen und sich mit Gleichgesinnten am Strand sonnen will, dem wird Makarska gefallen. Deutlich ruhiger wird es allerdings in der Nebensaison.

Als größte Stadt der Region besitzt Makarska eine sehr gute Verkehrsanbindung. Daher eignet sie sich auch als Ausgangspunkt für Erkundungsfahrten entlang der Küste und ins benachbarte Bosnien und Herzegowina. Beinahe schon ein Muss ist die Besteigung des Biokovo.

Sehenswertes & Aktivitäten

Franziskanerkloster — KLOSTER

(Franjevački Samostan; Franjevački Put 1; ⏲Mitte Juni–Mitte Sept. 9–12 & 17–20 Uhr) Die gleich östlich des Zentrums gelegene, einschiffige Kirche dieses Klosters besitzt eine Apsis mit einem riesigen zeitgenössischen Mosaik. Im Kreuzgang wartet ein sehenswertes **Muschelmuseum** (Eintritt 15 Kn), das angeblich die weltweit größte Sammlung von Schnecken und Muscheln beherbergt.

Strände — STRAND

Makarska liegt in einer großen Bucht, die im Südosten vom Kap Osejava und im Nordwesten von der Halbinsel Sveti Petar begrenzt wird. Der von Hotels gesäumte, langgezogene **Kiesstrand in der Stadt** zieht sich vom Sveti-Petar-Park am Anfang der Kralja Tomislava nordwestlich die Bucht entlang. Im Südwesten sind die Strände felsiger und schöner, so z. B. der bei FKK-lern beliebte **Nugal**, zu dem der markierte Pfad am Ostende der Riva führt. Am **Buba-Strand** westlich der Sveti-Petar-Halbinsel in der Nähe des Hotels Rivijera, wo im Sommer ständig laute Musik zu hören ist, herrscht den ganzen Tag Partyatmosphäre.

Botanischer Garten am Biokovo — BOTANISCHER GARTEN

Der Garten liegt über dem Dorf Kotišina im Biokovo-Gebirge und war einst eine echte Attraktion der Region. Heute hat er nur noch ein wenig einheimische Flora und einen eindrucksvollen Blick auf die Inseln Brač und Hvar zu bieten. Lohnenswert ist der malerische ausgeschilderte Weg, der nordöstlich der Stadt an gewaltigen Gipfeln vorbei hierher führt.

Stadtmuseum — MUSEUM

(Gradski Muzej; Kralja Tomislava 17/1; Eintritt 10 Kn; ⏲Juli–Sept. Mo–Fr 9–13 & 18–22 Uhr, Okt.–Juni Mo–Sa 6–22 Uhr, So 9–13 Uhr) Wer an einem verregneten Tag lieber im Trockenen bleibt, kann in dieser nicht gerade umwerfenden Ansammlung aus Fotos, alten Steinen und nautischen Relikten die Stadtgeschichte nacherleben.

Schlafen

Makarskas Hotels fallen vor allem durch ihre beeindruckende Unscheinbarkeit auf. Man sollte nichts Besonderes erwarten, auch wenn in den oberen Preissegmenten die Betten bequem und die Aussicht gut ist. Wie immer eignen sich die Privatunterkünfte für sparsame Schläfer am besten.

Biokovo — HOTEL €€€

(☎615 244; www.hotelbiokovo.hr; Kralja Tomislava 14; EZ/DZ 605/980 Kn; P❄@📶) Eines der besseren Hotels von Makarska befindet sich direkt an der Promenade. Zu empfehlen sind die Zimmer mit Meerblick und Balkon, die zudem eine wunderbare Aussicht auf die Stadt bieten.

RAFTING AUF DER CETINA

Die Cetina entspringt in dem gleichnamigen Dorf und ist mit über 105 km der längste Fluss Mitteldalmatiens. Sie fließt durch das Dinaragebirge und die Felder rund um Sinj, bevor ihre Wasser schneller werden, die vom Wasserkraftwerk bei Omiš zur Stromgewinnung genutzt wird. Die Strecke ist landschaftlich reizvoll, da der klare blaue Fluss von hohen, dicht bewachsenen Felswänden gesäumt wird. Rafting ist von Frühling bis Herbst möglich, doch starke Regenfälle können die Stromschnellen unberechenbar machen. Unerfahrene Rafter probieren die Tour, die etwa drei bis vier Stunden dauert, besser im Sommer aus. Biokovo Active Holidays in Makarska organisiert für 395 Kn Tagestouren zum Rafting, Canyoning oder Kanufahren auf der Cetina.

Park HOTEL €€€
(☎608 200; www.parkhotel.hr; Petra Krešimira IV bb; EZ/DZ 1500/2026 Kn; P❄@📶🏊) Für Freunde von Luxus und Exklusivität eignet sich diese schicke Hotelanlage ganz hervorragend. Im und am Swimminpool mischt man sich ganz einfach unter die kroatischen Prominenten. Außer dem hauseigenen Spa wartet noch eine ganze Reihe von Einrichtungen auf Besucher.

Meteor HOTEL €€€
(☎602 686; www.hoteli-makarska.hr; Kralja Petra Krešimira IV bb; EZ/DZ 810/1456 Kn; P❄🏊) An einem Kiesstrand etwa 400 m westlich des Zentrums liegt das Hotel Meteor, das über insgesamt 277 Zimmer verfügt. Es bietet alles, was ein Hotelgebäude dieser Größe eben so bieten kann; neben Swimmingpools, einem Geschäft und Tennisplätzen, ist auch ein Wellnesszentrum vorhanden.

Hostel Makarska HOSTEL €
(☎091 25 67 212; www.hostelmakarska.com; Prvosvibanjska 15; B/DZ 110/250 Kn; P❄@📶) Das nur fünf Gehminuten vom Meer entfernte, schlichte Hostel umfasst einige Doppelzimmer sowie einen Schlafsaal, in dem insgesamt zehn Personen nächtigen können. Dazu kommen eine Gemeinschaftsküche und ein Freigelände. Geöffnet hat das Hostel von Mai bis September.

Makarska HOTEL €€
(☎616 622; www.makarska-hotel.com; Potok 17; EZ/DZ 410/660 Kn; P❄@📶) Die Zimmer des Makarska sind gut ausgestattet, wenn auch ein wenig zu kitschig eingerichtet. Dafür ist das Personal sehr freundlich. Zum Strand sind es nur 300 m.

ABENTEUER AUF DEM BIOKOVO

Das Biokovo-Kalksteinmassiv , das als **Nationalpark Biokovo** unter besonderem Schutz steht (www.biokovo.com; Eintritt 40 Kn; ⏲April–Mitte Mai & Okt.–Mitte Nov. 8–16 Uhr, Mitte Mai–Sept. 7–20 Uhr), eignet sich perfekt für Wandertouren. Wer alleine wandert, betritt den Park am Anfang der Biokovo-Straße und kauft dort eine Eintrittskarte. Im Grunde ist dies die einzige Straße, die den Berg hinaufführt, weshalb sie auch kaum zu übersehen ist.

Der lediglich 2,5 km von Makarska entfernte Berg **Vošac** (1422 m) ist das am nächsten gelegene Ziel für Wanderer. Von der Markuskirche am Kačićev Trg, geht es zu Fuß oder mit dem Auto den Put Makra hinauf. Der Weg ins Dorf Makar ist ausgeschildert, von dort führt ein Pfad zum Vošac. Vom Vošac wiederum kann man auf einem gut markierten Weg in vier Stunden zum **Sveti Jure** marschieren, dem mit 1762 m höchsten Gipfel, wo den Wanderer eine grandiose Aussicht auf die kroatische Küste und an einem klaren Tag sogar auf die italienische Küste auf der anderen Seite der Adria belohnt. Viel Wasser, Sonnenschutz, Kopfbedeckung und Regenkleidung sollte man nicht vergessen – im Gebirge ist es immer bedeutend kälter als an der Küste.

Biokovo Active Holidays bietet für alle Schwierigkeitsgrade geführte Wanderungen und Ausflugsfahrten zum Biokovo an. Wer will, kann mit dem Minibus den Berg bis zur halben Höhe hinauffahren und dann noch die kurze Strecke bis zum Gipfel des Sveti Jure wandern. Andere Reisende entscheiden sich für eine fünfeinhalbstündige Wanderung durch Schwarzkieferwälder und üppig grüne Felder oder fahren am frühen Morgen los, um den Sonnenaufgang über Makarska zu genießen.

Essen & Trinken

Konoba Kalalarga DALMATINISCH €
(Kalalarga 40; Hauptgerichte ab 45 Kn) Traditionelle dalmatinische Taverne mit Schummerbeleuchtung, dunklem Holz und Freiluft-Bänken in einer versteckten Gasse am Ende der Kalalargastraße, die vom Hauptplatz abgeht. Hier kommt Essen wie von (Groß-)Muttern auf den Tisch, darunter das beste *pašticada* der Stadt.

Konoba Ranč DALMATINISCH€€
(Kamena 62, Tučepi; Hauptgerichte ab 70 Kn; ⏲ Mai–Sept. Abendessen) Dieses schnucklige Fleckchen abseits der Touristenpfade lohnt die zehnminütige Fahrt von Tučepi aus Richtung Süden: Dem Schild zur Linken folgen und dann auf gewundenen Straßen nach oben fahren. Die Gäste sitzen auf rustikalen Holzstühlen unter Olivenbäumen, trinken den Hauswein und lassen sich gegrilltes Fleisch oder Fisch schmecken. *Peka* gibt es auf Bestellung, gelegentlich auch *klapa*-Vorführungen.

Decima DALMATINISCH €
(Trg Tina Ujevića bb; Hauptgerichte ab 40 Kn) Gut zubereitete dalmatinische Küche und ab und an eine *klapa*-Aufführung – das sind die Highlights dieser *konoba*, eines Familienbetriebs gleich hinter der Riva-Promenade.

Riva FISCH & MEERESFRÜCHTE €€
(Kralja Tomislava 6; Hauptgerichte ab 75 Kn) Der ruhige, schattige Hof dieses stilvollen Restaurants verleitet zu einer Pause mit frischem Fisch und Meeresfrüchten. Auch die Weinkarte ist sehenswert.

Yeti CAFÉ
(Kačićev trg bb) Ein gemütliches Café direkt am Hauptplatz, das besonders bei den Bohos und Individualisten beliebt ist. Im Sommer hat es in der Siesta zwischen 15 und 17 Uhr geschlossen.

Unterhaltung

Grota NACHTCLUB
(Šetalište Svetog Petra bb) Diese beliebte Disko befindet sich auf der Sveti-Petar-Halbinsel direkt hinter dem Hafen, und zwar in einer Höhle. DJs aus der Gegend sind hier ebenso zu sehen und hören wie diverse Jazz-, Blues- und Rockbands.

Deep NACHTCLUB
(Fra Jure Radića 21) Ein weiterer Höhlenclub, dieses Mal auf Osejava am anderen Ende der Stadt. Hier ist das Publikum supertrendy und nippt an seinen Cocktails, während der DJ im Hintergrund die Beats auflegt.

Notturno LOUNGE
(Lištun 2) Diese moderne Cocktaillounge mit Terrasse in Makarskas kleiner In-Straße präsentiert die neuesten House Tunes, aufgelegt von einem DJ.

Rockatansky BAR
(Fra Filipa Grabovca bb) Makarskas ultimativer alternativer Treffpunkt: Ein bunte Menge hört hier vor der kleinen Bühne Live Rock, Grunge, Metal und Jazz.

Praktische Informationen

Entlang der Kralja Tomislava gibt es viele Banken und Geldautomaten. Auch in den dortigen Reisebüros ist Geldwechsel möglich.

Atlas Travel Agency (☎617 038; www.atlas-croatia.com; Kačićev trg 9) Am Stadtrand; vermittelt Privatunterkünfte.

Biokovo Active Holidays (☎679 655; www.biokovo.net; Kralja Petra Krešimira IV 7b) Eine Informationsquelle für alles rund um das Biokovorgebirge. Organisiert Rad- und Wandertouren, Rafting- und Kajaktrips.

Marivaturist (☎616 010; www.marivaturist.hr; Kralja Tomislava 15a) Geldwechsel. Organisiert Ausflüge und vermittelt Privatunterkünfte entlang der Makarskaküste.

Touristeninformation (☎612 002; www.makarska.com; Kralja Tomislava 16; ⏲ Mai–Sept. Mo–Sa 8–21 Uhr, Okt.–April Mo–Sa 7–14 Uhr) Hat einen praktischen Stadtführer mit Stadtplan herausgebracht, den man hier oder in jedem Reisebüro mitnehmen kann.

An- & Weiterreise

Im Juli und August verkehren täglich fünf Fähren zwischen Makarska und Sumartin auf Brač (33 Kn, 1 Std.), im Juni und September sind es vier. Der **Ticketschalter von Jadrolinija** (Obala Kralja Tomislava bb) befindet sich in der Nähe des Hotels Biokovo.

Vom **Busbahnhof** (☎612 333; Ante Starčevića 30), vom Zentrum der Altstadt 300 m bergaufwärts, fahren täglich 12 Busse nach Dubrovnik (110 Kn, 3 Std.), 50 nach Split (50 Kn, 1¼ Std.), 4 nach Rijeka (313–363 Kn, 7 Std.), 6 nach Zagreb (230 Kn, 6 Std.) sowie 5 nach Mostar (100 Kn, 2¼ Std.) und 2 nach Sarajevo (200 Kn, 4 Std.) in Bosnien und Herzegowina.

Brela

Der längste und zweifellos schönste Küstenabschnitt Dalmatiens erstreckt sich entlang des kleinen Orts Brela, der etwas mehr Chic ausstrahlt als das benachbarte Makarska 14 km weiter südöstlich. Auf 6 km ziehen sich Kiesstrände um die Buchten, deren Anhöhen dicht mit Pinien bewachsen sind und die wunderschön klares Wasser und fantastische Sonnenuntergänge bieten. Eine schattige Promenade mit Bars und Cafés windet sich um die Buchten an beiden Enden der Stadt. Der schönste Strand ist **Dugi Rat**, ein traumhafter Kiesstreifen etwa 300 m südwestlich des Stadtzentrums.

Schlafen & Essen

Viele der von Touristeninformationen oder den Reisebüros angebotenen Privatunterkünfte sind kleine *pansions*, die in der Hochsaison DZ ab 300 Kn vermieten.

Die vier großen Hotels sind in der Hand von **Blue Sun Hotels & Resorts** (www.bluesunhotels.com). Das **Hotel Berulia** (☎603 599; Frankopanska bb; EZ/DZ 960/1620 Kn; P❄@📶≋), ein 4-Sterne-Gigant 300 m östlich des Stadtzentrums, liegt am ruhigsten. Das **Hotel Marina** (☎608 608; EZ/DZ 700/1160 Kn; P❄📶) ist das günstigste der vier Anwesen und eignet sich am besten für Familien. Ein Kiefernwäldchen trennt das Hotel vom Brela-Strand. Die preiswerteste Unterkunft der Stadt ist zugleich die hinreißendste: Das funky **Hostel Casa Vecchia** (☎619 014; www.hostel-casa.com; Breljanska Cesta 40; B/DZ 110/300 Kn; P📶) an der Küstenstraße (Magistrala) hat von Mai bis September geöffnet. Die freundlichen Hostelwirte sind Aussies und haben auch nichts dagegen, wenn jemand für 37 Kn hier sein Zelt aufstellt, sofern es der Platz erlaubt. Außerdem gibt es ein restauriertes Holzboot, auf dem täglich feuchtfröhliche Rundfahrten für Hostelgäste stattfinden.

Für ein anständiges Essen empfiehlt sich das **Konoba Feral** (Obala Domagoja 30; Hauptgerichte ab 60 Kn), eine freundliche Taverne mit Holztischen, leckerem Fisch und köstlichen Meeresfrüchten. Unbedingt den frischen Tintenfisch mit Knoblauch und Petersilie probieren. Das Essen mit der schönsten Aussicht bietet dagegen das **Konoba Galinac** (☎618 251; Sv Jurja 52; Hauptgerichte ab 70 Kn) in einem verlassenen Weiler aus winzigen Steinhäuschen. Einfach die Straße oberhalb der Küstenstraße nehmen und den Schildern zum Restaurant folgen. Dort wartet eine geräumige Terrasse mit Blick auf die Adriainseln und Brela weit unten an der Küste. Von Brela und den Nachbarorten gibt es außerdem eine kostenlose Fahrgelegenheit zum Gasthof.

IM ZUG NACH MOSTAR ZUCKELN

Wer den Touristenhorden entgehen und mal etwas ganz anderes ausprobieren will, kann von Ploče aus mit dem Zug nach Mostar in Bosnien-Herzegowina fahren. Der langsame, leicht altersschwache Zug startet zweimal täglich in Ploče (33 Kn, 1½ Std.), und zuckelt durch die atemberaubende dalmatinische und herzegowinische Landschaft, oft entlang des Flusses Neretva. Alle Busse nach Dubrovnik, die in Makarska halten, fahren auch durch Ploče (rund 50 Kn). EU-Bürger benötigen kein Visum für Bosnien-Herzegowina.

Praktische Informationen

Berulia Travel (☎618 519; www.beruliatravel-brela.hr; Frankopanska 111) Vermittelt Privatunterkünfte, wechselt Geld, bucht Ausflüge und arrangiert Flughafentransfers.

Touristeninformation (☎618 455; www.brela.hr; Trg Alojzija Stepinca bb; ⌚ Juni–Sep tgl. 8–20 Uhr, Okt.–Mai Mo–Fr 8–15 Uhr) Verteilt einen Stadtplan und eine Fahrradkarte für die Region. Geldautomat vor der Türe.

An- & Weiterreise

Alle Busse, die zwischen Makarska und Split verkehren, halten in Brela, sodass sich die Stadt gut für einen Tagesausflug eignet. Die Bushaltestelle (ohne Gepäckaufbewahrung) befindet sich hinter dem Hotel Soline; es sind nur ein paar Gehminuten bergab bis zur Kneza Domagoja, zur Hafenstraße und zum Stadtzentrum.

INSEL BRAČ

14 434 EW.

Zwei Dinge haben Brač berühmt gemacht – erstens der glänzende weiße Kalkstein, aus dem der Diokletianspalast in Split und das Weiße Haus in Washington, D.C., erbaut wurden, und zweitens Zlatni Rat, der lange Kiesstrand bei Bol, der sich in die Adria hineinzieht und 90 % aller Werbeposter Kroatiens schmückt.

Auf der größten Insel Mitteldalmatiens befinden sich zwei Städte, ein paar verschlafene Dörfer und eine wunderschöne

ABSTECHER

RUHIGE FLECKCHEN AUF BRAČ

Sumartin ist ein hübscher, ruhiger Hafenort mit ein paar Felsstränden und wenig Entertainment – ideal, um sich vom Trubel in den Touristenzentren Bol und Supetar zu erholen. Die Bushaltestelle liegt im Stadtzentrum neben der Fähre. Wer in dem kleinen Örtchen übernachten möchte, sollte auf die *sobe*-Schilder achten. Von Makarska aus kommend ist Sumartin das erste Ziel auf Brač.

Dol, ein nettes Dorf im Inneren der Insel, ist eine der ältesten Siedlungen auf Brač und besteht aus gut erhaltenen Steinhäusern auf blankem Fels. Hier, abseits des Touristenrummels, gewinnt man einen Eindruck davon, wie das Leben auf Brač einst wirklich war. In der rustikalen, familiengeführten Taverne **Konoba Toni** (www.toni-dol.info), können die Gäste in dem 300 Jahre alten Steinhaus fantastische hausgemachte Gerichte probieren.

Wer ein lauschiges Plätzchen an der Küste sucht, fährt am besten nach **Pučišća** an der Nordküste von Brač, wo sich u. a. eines der besten Hotels der Insel befindet: Das Luxusanwesen **Dešković** (www.palaca-deskovic.com) ist in einem Palast aus dem 15. Jh. untergebracht und hat 15 Zimmer. Von der historischen Stadt aus geht der Blick über die Makarska Riviera.

Das Dorf **Škrip** liegt rund 8 km südöstlich von Supetar und ist die älteste Siedlung der Insel. Das Fort war ursprünglich eine Zufluchtsstätte der alten Illyrer, wurde aber im 2. Jh. v. Chr. von den Römern eingenommen. Auf die Römer folgten im 7. Jh. Leute aus Solin, die auf der Flucht vor den ersten slawischen Eindringlingen waren. Reste der illyrischen Mauer sind in der südöstlichen Ecke der Zitadelle zu erkennen. Das noch am besten erhaltene römische Bauwerk der Insel ist das Mausoleum am Fuße des Radojković-Turmes, ein Festungsbau aus der Zeit der Türkenkriege.

Die Hafenstadt **Milna**, 20 km südwestlich von Supetar ist ein wunderbar intaktes Fischerdorf, das in jedem anderen Teil der Welt schon vor langer Zeit von Pauschaltouristen überrannt worden wäre. Die Stadt aus dem 17. Jh. liegt am Rande eines tiefen Naturhafens, den Kaiser Diokletian auf seinem Weg nach Split ansteuerte. Um den Hafen mit seinen Höhlen und Felsstränden herum führen verschiedene Pfade und Wanderwege. Außer der pittoresken Lage lohnt der Besuch auch noch wegen der Pfarrkirche „Mariä Verkündigung" (18. Jh.), die besonders durch eine Barockfassade und durch Altarbilder aus dem frühen 18. Jh. besticht.

mediterrane Landschaft mit steilen Klippen, tiefblauem Gewässer und lichten, duftenden Pinienwäldern. Im Inselinneren kann man überall Steinhaufen sehen, die die Frauen über Jahrhunderte in Schwerstarbeit aus dem Boden gegraben haben, um die Kultivierung von Weinbergen, Olivenhainen, Feigen, Mandeln und Sauerkirschen überhaupt erst möglich zu machen. Dieses Gesteinsmaterial wird sehr oft für die Errichtung von Begrenzungsmauern oder für die Terrassierung von Feldern verwendet, die sich manchmal an steilen Hängen befinden.

Aufgrund der harten Lebensbedingungen auf der Insel zogen viele Arbeitssuchende auf das Festland, sodass das Inselinnere heute nahezu unbewohnt ist. Es macht viel Spaß, mit dem Auto herumzufahren und die steinernen Dörfer auf Brač zu erkunden. Die beiden Hauptorte Supetar und Bol sind sehr unterschiedlich: Ersteres wirkt wie eine Durchgangsstation, während Bol in seinem exklusiven Ambiente schwelgt.

Geschichte

In der Kopačina-Höhle bei Supetar wurden zwar Überreste einer neolithischen Siedlung gefunden, die ersten überlieferten Siedler waren jedoch die Illyrer, die in Škrip eine Festung bauten, um sich gegen die griechischen Invasoren zu schützen. Die Römer kamen 167 v. Chr. und begannen, die Steinbrüche bei Škrip plünderten und Sommervillen rund um die Insel zu bauen.

Während der fast vier Jahrhunderte langen venezianischen Herrschaft (1420–1797) wurden die Dörfer in der Inselmitte durch die Pest stark dezimiert. Die Bewohner zogen in die „gesünderen" Ortschaften an der Küste und hauchten den Orten Supetar, Bol, Sumartin und Milna wieder neues Leben ein. Nach einer kurzen Zeit unter napoleonischer Herrschaft ging die Insel an Österreich über. Weinbau wurde betrieben bis die Reblausepidemie zu Beginn des 20. Jhs. die Weinstöcke der Insel vernichtete. Immer mehr Einheimische wanderten aus – hauptsächlich nach Nord- und Südamerika. Während des Zweiten Weltkriegs erlebten die Bewohner die Hölle, als deutsche und italienische Truppen die Inseldörfer brandschatzten und die Bewohner gefangen nahmen oder ermordeten. Obwohl der Tourismus Mitte der 1990er-Jahre einbrach, hat er sich inzwischen wieder erholt.

An- & Weiterreise

Flugzeug

Der **Flughafen** (☎559 711; www.airport-brac.hr) auf Brač liegt 14 km nordöstlich von Bol bzw. 30 km südöstlich von Supetar. In der Hochsaison gibt es einmal pro Woche einen Flieger von Zagreb, vom Flughafen kommt man allerdings nur per **Taxi** (☎098 781 377) nach Supetar (300 Kn, nach Bol 150 Kn).

Schiff/Fähre

Im Juli und August verkehren täglich 14 Fähren zwischen Split und Supetar (33/160 Kn pro Pers./Auto, 50 Min.), im Juni und September sind es 12, im Winter weniger. Die Anlegestelle liegt mitten in der Stadt, nur ein paar Schritte vom Busbahnhof entfernt. Fahrkarten gibt es bei **Jadrolinija** (☎631 357; www.jadrolinija.hr; Hrvatskih Velikana bb, Supetar), das sein Büro rund 50 m östlich des Hafens hat.

Im Sommer verkehrt ein Jadrolinija-Katamaran zwischen Split und Bol (40 Kn, 1 Std.) und fährt von dort nach Jelsa auf Hvar; Tickets sollte man sich im Voraus in Bol besorgen, denn die Strecke ist in der Hochsaison sehr gefragt. Außerdem pendeln im Sommer fünf Autofähren pro Tag zwischen Makarska und Sumartin (33 Kn, 1 Std.), im Juni und September sind es vier, im Winter nur zwei. In Sumartin kann man schon mal ein bis zwei Stunden auf eine Busverbindung nach Supetar warten. Es gibt ein schnelles Passagierboot von **Krilo** (www.krilo.hr), das zwischen Split und Milna (18 Kn, 30 Min.) verkehrt.

Unterwegs vor Ort

Öffentliche Verkehrsmittel zu den Sehenswürdigkeiten der Insel sind rar. Daher ist ein eigenes Auto sehr nützlich, vor allem, wenn man in kurzer Zeit mehrere Orte besuchen möchte. Autos können vor Ort in Reisebüros gemietet oder mit der Fähre vom Festland mitgebracht werden, was wegen der Fähre allerdings recht teuer ist.

Supetar ist die Drehscheibe des Inselbusverkehrs. Täglich verbinden mehrere Busse pro Tag Supetar mit Bol (50 Min.) und Sumartin (1½ Std.). Sonntags fahren sie seltener.

Supetar

4082 EW.

Supetar ist keine Schönheit und wirkt mehr wie eine Durchgangsstation denn als Wohnort. Allerdings ist der Ort ein bedeutendes Verkehrskreuz. Wer sich die Mühe macht, entdeckt bei einem kurzen Spaziergang durch die Stadt einige schöne gepflasterte Straßen und eine hübsche Kirche. Die Kiesstrände sind vom Ortszentrum schnell zu Fuß erreichbar und deshalb ein beliebtes Ausflugsziel für Familien.

In Supetar findet man sich leicht zurecht, da sich die meisten Büros, Geschäfte und Reisebüros entlang der Hauptstraße konzentrieren, die vom Hafen grob in Ost-West-Richtung verläuft. Die Straße wechselt des Öfteren ihren Namen. Am Hafen heißt sie Porat, weiter östlich Hrvatskih Velikana und Vlačica und in westlicher Richtung später Put Vele Luke. Der Busbahnhof (ohne Gepäckaufbewahrung) liegt neben dem Büro der Reederei Jadrolinija.

Aktivitäten

Fun Dive Club TAUCHEN
(☎098 13 07 384; www.fundiveclub.com) Am schönsten lässt es sich zwischen Bol und Milna vor der Südwestküste der Insel tauchen, weshalb sich Bol als Ausgangsbasis eher für Taucher eignet. Dennoch kann man auch im Tauchclub des **Waterman Supetrus Resort Hotel** (www.watermanresorts.com), das von den Einheimischen „Hotel Kaktus" genannt wird, Tauchgänge oder einen Kurs buchen bzw. Ausrüstung mieten.

Strände STRAND
An der Küste liegen fünf Felsstrände. Rund 100 m östlich der Stadtmitte liegt der **Vrilo-Strand**. In westlicher Richtung kommt man zunächst zum **Vlačica-Strand**, anschließend zum **Banj-Strand**, der von Pinien gesäumt wird. Der nächste ist **Bili Rat** mit einem Wassersportzentrum. Über das Kap St. Nikolaus geht es zum Kieselstrand **Vela Luka**, der sich entlang einer idyllischen Bucht erstreckt.

Feste & Events

Das **Sommerfestival von Supetar** dauert von Mitte Juni bis Mitte September. Volksmusik- und Tanzaufführungen sowie Klassikkonzerte werden mehrmals in der Woche auf öffentlichen Plätzen oder in den

Kirchen veranstaltet. Manche Aufführungen sind kostenlos, für andere dagegen muss man nur einen geringen Eintrittspreis zahlen. Dazu kommen Kunstausstellungen, die überall in der Stadt und in regelmäßigen Abständen stattfinden.

Schlafen

Die meisten der großen Hotels liegen in einer Ferienanlage an der Bucht von Vela Luka, ein paar Kilometer westlich des Hafens. Die große Anlage passt sich überraschend gut in die Landschaft mit Pinien, Sträuchern und dem nahe gelegenen Strand ein.

Reisebüros vermitteln Privatzimmer mit gutem Standard. Unter www.supetar.hr gibt es detaillierte Infos zu freien Zimmern und Ferienhäusern.

Bračka Perla HOTEL €€€
(755 530; www.brackaperla.com; Put Vele Luke 53; EZ/Suite 2360/2735 Kn; P) Supetars jüngster Hit ist dieses exklusive, kleine „Kunsthotel" mit acht Suiten und drei Zimmern, die alle von dem bekannten Künstler Srećko Žitnik gestaltet wurden. Die Gartenterrasse ist ebenso hübsch wie der Blick auf das Meer und die anderen Einrichtungen, u. a. ist ein Swimmingpool im Freien und auch ein kleiner Wellnessbereich vorhanden.

Hotel Amor HOTEL €€€
(606 606; www.velaris.hr; Put Vele Luke 10; EZ/DZ 885/1180 Kn; P) Dieses Hotel der gehobenen Klasse besitzt 50 in gelb, oliv- und hellgrün dekorierte Zimmer, die aale über einen Balkon verfügen. Der von idyllischen Oliven- und Kiefernwäldchen umgebene Komplex in Strandnähe umfasst auch ein Spa und ein Tauchzentrum.

Pansion Palute PENSION €
(631 541; palute@st.t-com.hr; Put Pašike 16; EZ/DZ 210/380 Kn; P) Diese kleine *pansion* in Familienhand überzeugt durch saubere und ordentliche Zimmer (die meisten mit Balkon) mit Holzboden und TV sowie durch einen redseligen Pensionswirt. Zum Frühstück gibt es hervorragende, selbstgemachte Marmelade.

Funky Donkey HOSTEL €
(630 937; www.brachostels.net; Polanda 20; B 140–160 Kn, DZ 360 Kn; Mai–Aug.;) Dieses Partyhostel in der Altstadt bietet neben Schlafsälen auch Doppelzimmer mit kostenlosem WLAN. Außerdem gibt es einen Wäscheservice, eine Küche und eine Terrasse mit schönem Meerblick. Angeboten werden auch Inseltouren, u. a. zum Klippenspringen.

Camping Supetar CAMPINGPLATZ €
(091 19 40 246; pro Erw./Stellpl. 22/30 Kn; Juni–Sept.) Das mittelgroße Autocamp liegt rund 300 m östlich der Stadt; mit kleinem Felsstrand.

Essen

Vinotoka FISCH & MEERESFRÜCHTE €
(Jobova 6; Hauptgerichte ab 50 Kn) Das Vinotoka ist eines der besten Restaurants der Stadt: Die maritime Deko wird von einem mittendrin platzierten Holzboot gekrönt, die Terrasse ist verglast. Fisch und Meeresfrüchte schmecken hier hervorragend, besonders wenn man ein Glas Weißwein aus der Region dazu trinkt. Unbedingt den Thunfischschinken probieren!

Punta FISCH €
(Punta 1; Hauptgerichte ab 60 Kn) Das Restaurant mit Terrasse befindet sich direkt am Strand, also in perfekter Lage. Zur Auswahl stehen Fisch und Meeresfrüchte, Fleisch oder auch einfach Pizza. Hier kann man den Wellen und den Windsurfern zusehen und gleichzeitig was Leckeres genießen.

Ausgehen

Das altbekannte **Thriller** (Put Vele Luke 7) hat kürzlich den Besitzer gewechselt. Es liegt am Strand nahe am Zentrum. Nicht weit entfernt befinden sich **Benny's Bar** (Put Vela Luke bb) und der **Havana Club** (Put Vela Luke bb), die auch recht beliebt sind.

Praktische Informationen

Atlas (631 105; Porat 10) Organisiert Ausflüge und vermittelt Privatunterkünfte. In Hafennähe.

Maestral (631 258; www.travel.maestral.hr; IG Kovačića 3; Juni–Mitte Sept.) Gute Quelle für Privatzimmer.

Radeško (756 694; Put Barba Maškova 11) Vermittelt Privatunterkünfte, bucht Hotelzimmer und wechselt Geld.

Touristeninformation (630 900; www.supetar.hr; Porat 1; Mitte Mai–Sept. tgl. 8–22 Uhr, Okt.–Dez. Mo–Fr 8–16.30 Uhr, Jan.–Mitte Mai Mo–Sa 8–15.30 Uhr) Breite Auswahl an Broschüren zu Aktivitäten und Sehenswürdigkeiten in Supetar sowie aktuelle Bus- und Fährfahrpläne. Ein paar Schritte östlich vom Hafen gelegen.

Bol

1958 EW.

Die Altstadt von Bol ist wunderschön – mit vielen kleinen Steinhäusern und gewundenen Straßen, die von rosa- und lilafarbigen Geranien gesäumt werden. Das eigentliche Highlight ist jedoch der berühmte Strand Zlatni Rat, der wie ein Horn in die Adria ragt und in den Sommermonaten Heerscharen von Schwimmern und Windsurfern anzieht. Eine lange, von Pinien gesäumte Küstenpromenade, an der sich die meisten Hotels befinden, verbindet Altstadt und Strand. Im Sommer ist hier richtig viel los: Bol zählt zu den Lieblingsferienzielen der Kroaten.

Die Stadtmitte wurde zur Fußgängerzone erklärt, sie beginnt östlich des Busbahnhofs. Die Sehenswürdigkeiten in der Altstadt sind mit Infotafeln versehen, die den kulturellen und historischen Kontext erklären. Der Zlatni Rat liegt 2 km westlich der Stadt, dazwischen befinden sich noch die Strände Borak und Potočine. Dahinter liegen mehrere Hotelanlagen, u. a. die Hotels Borak, Elaphusa und Bretanide.

Sehenswertes

Zlatni Rat STRAND

Die meisten Leute kommen wegen Zlatni Rat, sie wollen hier Sonne tanken und/oder windsurfen. Der Strand ragt westlich der Stadt etwa 500 m sichel- oder zungenförmig ins Meer. Er ist wunderschön und besteht aus glatten weißen Kieselsteinen. Die Form Landspitze ändert sich je nach Wind und Wellen. Pinien spenden Schatten und im Hintergrund ragen felsige Klippen steil empor. Landschaftlich ist dies sicherlich einer der schönsten Orte in Dalmatien. Hierher führt die mit Marmor gepflasterte, von subtropischen Gärten gesäumte Uferpromenade. In der Hochsaison ist es hier übrigens sehr überlaufen.

Galerija Branislav Dešković GALERIE

(Eintritt 10 Kn; Mai–Nov. Di–So 10–12 & 18–22 Uhr) Die Galerie ist in einem Stadthaus mit barocken und Renaissanceelementen direkt am Meer untergebracht und zeigt insgesamt etwa 300 Gemälde und Skulpturen kroatischer Künstler des 20. Jhs. Eine tolle Beschäftigung für einen bewölkten Tag.

Drachenhöhle HÖHLE

Die Drachenhöhle kann zu Fuß besichtigt werden. Äußerst ungewöhnliche Reliefs, die ein fantasievoller Mönch im 15. Jh. angefertigt haben soll, zieren ihre Wände. Gemeißelte Engel, Tiere und ein Drache mit weit geöffnetem Maul präsentieren sich als fantasievolle Mischung christlicher und kroatisch-heidnischer Symbole.

Zur Höhle läuft man zunächst 6 km ins westlich gelegene Dorf Murvica und von dort eine weitere Stunde bis zum Eingang. Die Höhle kann nur innerhalb einer Führung, die vorher angemeldet werden muss, besichtigt werden. Den Guide (er hat den Schlüssel) erreicht man über die Touristeninformation. Die Fahrt von Murvica bis zur Höhle kostet 50 Kn; die Teilnehmerzahl muss mindestens vier Personen betragen.

Aktivitäten

Bol ist zweifellos das Zentrum der **Windsurfer** in Kroatien: Am meisten los ist am Strand von Potočine im Westen der Stadt. Obwohl der *maestral* (starker, stetiger Westwind) von April bis Oktober weht, ist die beste Zeit zum Windsurfen Ende Mai und Anfang Juni sowie Ende Juli und Anfang August. Die Windstärke ist am frühen Nachmittag am stärksten und lässt am Ende des Tages ziemlich nach. **Big Blue** (635 614; www.big-blue-sport.hr) ist ein großer Veranstalter, der Windsurfbretter vermietet (für einen halben Tag 290 Kn) und Anfängerkurse organisiert (990 Kn). Hier gibt es auch **Mountainbikes** (pro Std./Tag 40/120 Kn) und **Kajaks** (pro Std./Tag 50/180 Kn). Diese drei Filialen befinden sich im Shop neben der am Strand gelegenen Touristeninformation sowie am Strand von Borak und beim Hotel Bretanide.

Bei einem verwirrenderweise ebenfalls **Big Blue** heißenden Unternehmen (306 222; www.big-blue-diving.hr; Hotel Borak, Zlatni Rat; Tauchgänge ab 200 Kn, mit Leihausrüstung 300 Kn) werden Tauchgänge angeboten. Zwar locken hier keine Wracks, dafür kann man zu einem Korallenriff und einer großen Höhle in 40 m Tiefe tauchen. In der Hochsaison fahren regelmäßig Boote raus.

Boote mieten kann man beim **Nautic Center Bol** (635 367; www.nautic-center-bol.com; Potočine beach; pro Tag ab 400 Kn) in einem Stand gegenüber dem Hotel Bretanide (tagsüber). Abends zieht die Firma an den Hafen um, wo mehr Kunden zu erwarten sind. Im Angebot sind viele Wassersportaktivitäten wie Wakeboarding, Jet-Ski, Wasser-Ski, Tuberiding und Parasailing.

Das **Tenniszentrum Potočine** (635 222; Zlatni Rat; pro Std. 100 Kn) an der Straße nach

NICHT VERSÄUMEN

TOP FIVE: STRÄNDE IN MITTELDALMATIEN

Zlatni Rat Die berühmte Landzunge, die in beinahe allen Reisebroschüren über Kroatien abgebildet ist (S. 247)

Brela Ein Streifen palmengesäumter Buchten mit schönen, runden Kieselsteinen (S. 242)

Pakleni-Inseln Felsinseln in der Nähe von Hvar mit FKK-Buchten (S. 252)

Šolta Ruhige Felsbuchten, nicht weit vom geschäftigen Split (S. 233)

Stiniva Umwerfender, abgelegener Kiesstrand auf der Insel Vis, von hohen Felsen eingerahmt (S. 259)

Murvica verfügt über Profitennisplätze. Schläger und Bälle kann man ausleihen.

Wer gerne wandert, kann die zweistündige Tour auf den **Vidova Gora** (778 m), den höchsten Gipfel der Gegend, angehen. Es führen auch Wege für Mountainbiker nach oben. Weitere Infos und eine einfache Karte gibt es in der Touristeninformation.

Feste & Events

Beim **Sommerfestival von Bol**, das jedes Jahr von Mitte Juni bis Ende September stattfindet, treten Tänzer und Musiker aus dem ganzen Land in Kirchen und unter freiem Himmel auf. Beim jährlichen **Kulturfestival von Imena** Ende Juni geben Schriftsteller, Künstler und Musiker ihr Können bei Ausstellungen, Lesungen, Konzerten und anderen Events zum Besten.

Schutzpatronin von Bol ist Unsere Liebe Frau vom Berg Karmel. An ihrem **Festtag** (5. August) findet eine Prozession statt, bei der die Einheimischen ihre traditionelle Tracht anlegen. Auf den Straßen wird mit Musik und Essen gefeiert.

Schlafen

Die Zahl der kleineren Hotels ist gering, dafür gibt es mehrere große Ferienanlagen. Diese passen sich jedoch erstaunlich gut der Landschaft an. Ein paar Hotels sind All-inclusive-Anlagen. Die Buchungen für die meisten Häuser laufen über **Blue Sun Hotels** (www.bluesunhotels.com).

Reisebüros vermitteln Privatunterkünfte mit eigenem Bad für etwa 150–200 Kn pro Pers. Kleine Apartments für zwei Personen kosten in der Hochsaison etwa 350 bis 400 Kn, es stehen aber auch andere Größen zur Auswahl.

Die Campingplätze in Bol sind klein und gemütlich. Westlich der Stadt (in der Nähe der großen Hotels) liegt das gepflegte **Camp Kito** (☎635 551; www.camping-brac.com; Bračke Ceste bb; 60/22 Kn pro Erw./Zelt; ⌚Mitte April–Mitte Sept.; P 📶) vor einer malerischen Kulisse.

LP TIPP Villa Giardino PENSION €€€
(☎635 900; www.bol.hr/online/VillaGiardino.htm; Novi Put 2; EZ/DZ 635/850 Kn; P ❄ 📶) Hinter einem eisernen Tor liegt ein üppiger Garten, an dessen Ende diese elegante weiße Villa steht. Die zehn geschmackvoll restaurierten Zimmer sind mit Antiquitäten eingerichtet. Manche blicken auf den Garten, andere aufs Meer hinaus. Eine Oase der Ruhe mit einem versteckten Garten an der Rückseite. Nur gegen Barzahlung.

Funky Donkey HOSTEL €
(☎635 026; www.brachostels.net; Domovinskog Rata 62; B 150–170 Kn, DZ 380 Kn; ⌚Mai–Sept.; P @ 📶) Bols günstigste Unterkunft, ein Ableger von Supetars Funky Donkey, ist zehn Gehminuten von Zlatni Rat und vom Stadtzentrum entfernt. Es gibt vier Schlafsäle und drei Doppelzimmer sowie drei Küchen und einen Grillplatz.

Hotel Kaštil HOTEL €€
(☎635 995; www.kastil.hr; Frane Radića 1; EZ/DZ 540/800 Kn; P ❄ 📶) Alle 32 Zimmer dieses in einem alten barocken Stadthaus untergebrachten, zentral gelegenen Hotels blicken aufs Meer hinaus. Das Dekor ist spärlich, aber schön anzusehen. Einige der Räume punkten mit einen Balkon. Sehr hübsch ist auch die Restaurantterrasse, wo die Hotelgäste auf die Mahlzeiten einen Nachlass von 10 % erhalten.

Hotel Borak HOTEL €€€
(☎306 202; www.brachotelborak.com; Zlatni Rat; EZ/DZ 938/1230 Kn; P ❄ @ 📶 🏊) Unweit von Zlatni Rat und dem Sportangebot steht dieses aufgrund seiner Größe und der Architektur im Stile des Sozialismus wenig anheimelnde Hotel. Doch nach dem Windsurfen, Mountainbiken, Kajakfahren oder Schwimmen kann man sich hier gut erholen ...

Elaphusa HOTEL €€€
(☎306200; www.hotelelaphusabrac.com; Put Zlatnog Rata bb; EZ/DZ 1024/1815 Kn; P ❄ @ 📶 🏊) Im riesigen, glitzernden 4-Sterne-Hotel

Elaphusa fühlt sich der Gast wie auf einem Kreuzfahrtschiff. Alles ist makellos und ist durch Glaswände unterteilt. Es gibt Salzwasserpools, schicke Zimmer und jede nur denkbare Annehmlichkeit, darunter ein Wellnesszentrum. Perfekt für alle, die den (wenn auch etwas seelenlosen) Luxus lieben.

Essen

Bols Restaurantszene ist ganz passabel, wenn auch nicht gerade aufregend: Viel frischer Fisch und Meeresfrüchte, manchmal sogar kreativ zubereitet.

LP TIPP Konoba Mali Raj DALMATINISCH €
(Iza Loze 5; Hauptgerichte ab 50 Kn) Ein hübsches kleines Fleckchen abseits der Touristenpfade, oberhalb des Parkplatzes von Zlatni Rat. Diese Open-Air-Taverne besticht durch einen schattigen Garten mit viel Schnickschnack, in dem sich köstliche Gerichte genießen lassen, beispielsweise Seeanemonen-Risotto, Meeresfrüchte-Spieße oder Seeteufel in Champagnersauce. Keine Kartenzahlung.

Taverna Riva DALMATINISCH €€
(Frane Radića 5; Hauptgerichte ab 70 Kn) In diese Taverne mit Terrasse oberhalb der Riva gehen die Einheimischen, wenn sie etwas Leckeres essen wollen. Wer abenteuerlustig ist, kann das *vitalac* (am Spieß zubereitete, in Lammfleisch gehüllte Lamminnereien) probieren oder das unter der *peka* (kuppelförmiger Kochtopf) zubereitete, köstliche Lamm bzw. den Oktopus vorbestellen.

Ribarska Kućica FISCH & MEERESFRÜCHTE €
(Ante Starčevića bb; Hauptgerichte ab 55 Kn; Juni–Nov.) Langusten gibt es zuhauf in diesem Restaurant am Meer. Auf der Terrasse oder unter Strohschirmen an einem kleinen Kiesstrand kommen lecker zubereitete Meeresfrüchte auf den Tisch.

Konoba Dalmatino DALMATINISCH €
(Frane Radića 14; Hauptgerichte ab 65 Kn) Diese Taverne mit ihrer Dekoration aus poliertem Holz, alten Fotos und diversem Krimskrams bietet schlichtes, aber gutes Essen. Die Meeresfrüchte und das Fleisch werden einfach, aber sehr schmackhaft zubereitet.

Vagabundo FISCH & MEERESFRÜCHTE €€
(Ante Radića 36; Hauptgerichte ab 80 Kn) Grandiose Köstlichkeiten erwarten die Gäste in diesem schicken, ganz in Weiß gehaltenen Terrassenrestaurant, das direkt am Meer liegt. Der Hummer kommt superfrisch aus dem hauseigenen Aquarium. Spezialität ist die Paella Vagabundo (mit Muscheln, Hühnchen und Chorizo).

Ausgehen

Varadero COCKTAILBAR
(Frane Radića bb; Mai–Nov.) In dieser Open-Air-Cocktailbar am Meer trinkt man tagsüber Kaffee und frischgepressten Orangensaft unter Strohschirmen. Am Abend dagegen sitzt man auf Korbsofas und schlürft fantastische Cocktails bei DJ-Musik.

Marinero CAFÉ-BAR
(Rudina 46) Vom Strand führt eine Treppe (dem Schild folgen) zu dieser kultigen Bar samt schattiger Terrasse auf einem Platz. Hier trifft sich eine gemischte, partylustige Meute, an manchen Abenden gibt es auch Livemusik.

Praktische Informationen

In der Stadt gibt es mehrere Geldautomaten sowie viele Geldwechselstuben am Hafen.

Bol Tours (635 693; www.boltours.com; Vladimira Nazora 18) Organisiert Ausflüge, vermietet Autos und vermittelt Privatunterkünfte.

Interactiv (091 57 25 855; Rudina 6; pro Std. 30 Kn; Mai–Okt.) Ein Dutzend schneller Computer und ein Telefonzentrum. Die meisten Cafés haben WLAN; in der Stadt sind mehrere Hotspots verteilt (gegen Gebühr).

More (642 050; www.more-bol.com; Vladimira Nazora 28) Privatunterkunft, Motorrollerverleih, Inseltouren.

Touristeninformation (635 638; www.bol.hr; Porat Bolskih Pomoraca bb; Juli–Aug. 8.30–22 Uhr, Mai, Juni & Sept. 8.30–14 & 16–21 Uhr) In einem gotischen Stadthaus aus dem 15. Jh.; eine gute Informationsquelle für Veranstaltungen; viele Broschüren.

INSEL HVAR

10 948 EW.

Hvar vereint die meisten Superlative Kroatiens auf sich: die luxuriöseste Insel, der sonnigste Platz des Landes (2724 Sonnenstunden pro Jahr) und – zusammen mit Dubrovnik – die beliebteste Urlaubsdestination Kroatiens. Hvar-Stadt, der Hauptort der Insel, definiert sich durch Luxushotels, elegante Restaurants, Szenebars und schicke Leute von den Segelyachten. Die Küstenstädte Stari Grad und Jelsa sind die kulturellen und historischen Mittelpunkte der Insel, dort geht es ruhiger und gepflegter zu.

Die Insel ist bekannt für die lilafarbenen Lavendelfelder, die im Inneren gedeihen, außerdem wachsen hier mediterrane Pflanzen wie Rosmarin und Zistrose. Einige der Top-Luxushotels verwenden Hautpflegeprodukte, die aus diesen wunderbar duftenden Pflanzen gewonnen werden.

Das Innere der Insel mit seinen alten verlassenen Dörfchen, hoch aufragenden Gipfeln und grünen Landschaften ist vom Tourismus weitgehend unberührt und lohnt einen Tagesausflug, ebenso wie die Südspitze mit einigen der schönsten und abgelegensten Buchten Hvars.

An- & Weiterreise

Die örtliche Jadrolinija-Autofähre von Split fährt im Sommer 6-mal täglich nach Stari Grad (47 Kn, 2 Std.). Zudem verkehren drei bis fünf Katamarane von Jadrolinija täglich nach Hvar-Stadt (47 Kn, 1 Std.) und zwei nach Jelsa (40 Kn, 1½ Std.). **Krilo** (www.krilo.hr), das schnelle Passagierboot, pendelt im Sommer einmal pro Tag von Split nach Hvar-Stadt (45 Kn, 1 Std.) und Korčula (50 Kn, 1½ Std.). Tickets gibt es bei Pelegrini Tours (S. 256) in Hvar.

Die Autofähre von Drvenik auf dem Festland nach Sućuraj (16 Kn, 35 Min.) auf der Spitze der Insel Hvar fährt mindestens zehnmal am Tag (in der Nebensaison seltener). Das **Jadrolinija-Büro** (☎741 132; www.jadrolinija.hr) befindet sich neben der Anlegestelle in Stari Grad.

Im Sommer bestehen Verbindungen nach Italien: Zwei Jadrolinija-Fähren pro Woche (Samstag- und Sonntagabend) fahren von Stari Grad nach Ancona in Italien. Blue Line steuert auch regelmäßig von Hvar aus Ancona an. Pelegrini Tours in Hvar verkauft die Tickets.

In Hvar existiert eine *garderoba* (Gepäckaufbewahrung; pro Std. 20 Kn; ⌚7–23 Uhr) neben der öffentlichen Toilette, in der Nähe der Bushaltestelle.

Unterwegs vor Ort

Die Busse verkehren, abgestimmt auf die in Stari Grad anlegenden Fähren, weiter nach Hvar (27 Kn, 20 Min.) und Jelsa (32 Kn). In den Sommermonaten fahren täglich 10 Busse zwischen Stari Grad und Hvar. Sonntags und in der Nebensaison sind weniger unterwegs. Eine Taxifahrt kostet 300–350 Kn. **Radio Taxi Tihi** (☎098 338 824) hat günstigere Tarife, wenn mehrere Fahrgäste sich einen der Minivans teilen. Die Taxis sind leicht zu erkennen – an einer Seite ist ein Bild von Hvar abgebildet.

Wer von Stari Grad nach Hvar fährt, sollte wissen, dass es dorthin zwei Wege gibt: Die landschaftlich schönere Straße ist sehr schmal und schlängelt sich durch die Berge im Inselinneren, die moderne Straße (2960) fährt den direkteren Weg.

Hvar (Stadt)

3738 EW.

Hvar ist Drehschreibe der Insel und der wohl bestbesuchte Ort: Um die 20 000 Leute zieht es in der Hauptsaison pro Tag hierher. Es überrascht immer wieder, dass sie alle in diese kleine Stadt an der Bucht passen, wo die Stadtmauern aus dem 13. Jh. wunderschön verzierte gotische Paläste und autofreie Marmorstraßen umschließen. Aber es klappt. Besucher schlendern den Hauptplatz entlang, erkunden die Sehenswürdigkeiten in den gepflasterte Straßen, gehen an den vielen Stränden schwimmen oder verschwinden zwecks FKK hinüber zu den Pakleni-Inseln. Aber die Hauptbeschäftigung ist es, nachts auszugehen.

Es gibt hier einige gute Restaurants und ein paar ausgezeichnete Hotels. Da die Stadt eine Vorliebe für eine gut betuchte Klientel hat, sind die Preise teilweise arg übertrieben. Wer auf kleinerem Fuß lebt, sollte sich jedoch nicht abschrecken lassen: Es gibt Privatunterkünfte und ein paar Hostels, die sich an eine jüngere, bunt gemischte Kundschaft wenden.

Sehenswertes

Bei der Planung sollte man sich nicht nach den wechselnden Öffnungszeiten der Museen und Kirchen richten. Die angegebenen Zeiten gelten für den Sommer (Juni–Sept.). In der Nebensaison sind Hvars Highlights nur nach Anmeldung geöffnet.

Hvar ist eine so kleine, übersichtliche Stadt, dass es erst seit kurzem Straßennahmen gibt, die allerdings niemand verwendet. Die Hauptstraße ist die lange Strandpromenade, die von kleinen Felsstränden, Sehenswürdigkeiten, Hotels, Bars und einigen Restaurants gesäumt wird. Der Stadtplatz heißt Trg Svetog Stjepana und die Bushaltestelle liegt nur wenige Schritte davon entfernt. Am ansteigenden Gelände nördlich des Platzes, innerhalb des alten Walls, stehen die Überreste einiger Adelspaläste. Der Bereich von der Bushaltestelle bis zum Hafen ist als Fußgängerzone ausgewiesen.

Stephansplatz — HAUPTPLATZ

(Platz des heiligen Stefan – Trg Svetog Stjepana) In der Stadtmitte liegt dieser rechteckige Platz. Dafür wurde extra ein Meeresbucht, die damals in die Insel hineinragte, aufgefüllt. Mit seinen 4500 m² ist er einer der größten Altstadtplätze Dalmatiens. Die Stadt entwickelte sich im 13. Jh. zunächst nördlich des Platzes, erst im 15 Jh. dehnte sie sich auch südwärts aus. Der **Brunnen** auf der Nordseite mit dem schmiedeeisernen Gitter (1780) wurde 1520 errichtet.

Franziskanerkloster & Museum KLOSTER
(Eintritt 25 Kn; ⌚Mo–Sa 9–13 & 17–19 Uhr) Von dem aus dem 15. Jh. stammenden Kloster schaut man auf eine schattige Bucht. Der elegante **Glockenturm** aus dem 16. Jh. wurde von einer bekannten Steinmetzfamilie aus Korčula errichtet. Der **Kreuzgang** im Renaissancestil führt zu einem Refektorium mit einer Ausstellung. Dort werden Spitzenarbeiten, Münzen, Seekarten und wertvolle Dokumente, z. B. eine Ausgabe des *Atlas* von Ptolemäus (1524), präsentiert. Unübersehbar ist das Gemälde *Das Abendmahl* des venezianischen Künstlers Matteo Ingoli: Es wurde im 16. Jh. gemalt und ist 8 m lang und 2,5 m hoch. Die Zypresse im **Garten des Kreuzgangs** soll über 300 Jahre alt sein. Die benachbarte **Kirche unserer lieben Frau der Nächstenliebe** enthält weitere beeindruckende Gemälde. Hierzu gehören die drei Polyptychen von Francesco da Santacroce (1583), die den Höhepunkt seiner Schaffenskraft dokumentieren.

Fortica FESTUNG
(Eintritt 25 Kn; ⌚ Juni–Sept. 8–22 Uhr) Das Haupttor der Stadt nordwestlich des Platzes führt in ein Gewirr winziger Gassen mit kleinen Palästen, Kirchen und alten Häusern. Von dort geht es durch den Park zur Zitadelle, die auf den Resten einer mittelalterlichen Burg errichtet wurde, um die Stadt gegen die Türken zu verteidigen. Die Venezianer verstärkten 1557 die Festung, die Österreicher renovierten sie im 19. Jh. und fügten Baracken an. Im Inneren befindet sich eine kleine Sammlung antiker Amphoren vom Meeresgrund. Der Blick über den Hafen ist großartig. Außerdem gibt es da oben ein hübsches Café.

Arsenal HISTORISCHES GEBÄUDE
(Trg Svetog Stjepana) Auf der Südseite des Platzes steht das Arsenal. Es ersetzte 1611 ein von den Türken zerstörtes Gebäude. Venezianische Dokumente erwähnen es als „das schönste und praktischste Bauwerk in ganz Dalmatien", denn es wurde als Werkstatt für die Reparatur und Bestückung von Kriegsgaleeren verwendet.

Renaissancetheater HISTORISCHES GEBÄUDE
(Trg Svetog Stjepana; Eintritt 10 Kn; ⌚9–21 Uhr) Das im Jahr 1612 erbaute Theater oberhalb des Arsenals ist angeblich das erste Theater Europas, das dem Volk und Adel gleichermaßen offenstand. Im Lauf der Jahrhunderte etablierte es sich als kulturelles Zentrum der Region. Noch bis ins Jahr 2008 fanden hier Aufführungen statt. Obwohl viele Teile des Gebäudes noch renoviert werden, kann man in den atmosphärisch dichten Räumen herumschlendern und die verblassten Fresken und barocken Loggien bewundern.

Stephanskathedrale KATHEDRALE
(Katedrala Svetog Stjepana; Trg Svetog Stjepana; ⌚2-mal tgl. 30 Min. vor der Messe) Die Kathedrale beherrscht in eindrucksvoller Manier den Platz. Die vier Geschosse des Glockenturms sind mit zunehmender Höhe immer reicher verziert. Sie wurde im 16. und 17. Jh. in der Blütezeit der dalmatinischen Renaissance erbaut. Vorher stand hier eine Kathedrale, die von den Türken zerstört wurde. Teile des älteren Baus sind noch im Hauptschiff und im geschnitzten Chorgestühl aus dem 15. Jh. erkennbar.

Bischofsschatz MUSEUM
(Riznica; Eintritt 10 Kn; ⌚Mo–Sa 9–13 & 17–19 Uhr) Die an die Stephanskathedrale angrenzende Schatzkammer birgt silberne Gefäße, bestickte Messgewänder, zahlreiche Madonnen, eine Reihe von Ikonen aus dem 13. Jh. und einen reich verzierten Sarkophag.

Benediktinerkloster KLOSTER
(Eintritt 10 Kn; ⌚Mo–Sa 9–12 & 17–19 Uhr) Das Kloster nordwestlich des Hauptplatzes beherbergt eine Sammlung von Stickereien, die von den Nonnen in mühevoller Handarbeit aus getrockneten Agavenblättern hergestellt wurden.

Aktivitäten

In der Stadt gibt es mehrere Tauchcenter, u. a. das **Marinesa Dive Centre** (☎091 51 57 229) und **Diving Centre Viking** (☎091 56 89 443; www.viking-diving.com). Beide besitzen PADI-zertifizierte Kurse sowie Tauchgänge im Angebot (ab 250 Kn, bis zu 500 Kn für einen Tagestrip mit zwei Tauchgängen).

Bei **Navigare** (☎718 721; www.renthvar.com; Trg Svetog Stjepana) kann man für 200–250 Kn pro Tag Motorroller mieten. Es werden auch Autos (ab 450 Kn pro Tag) und Boote vermietet (ab 400 Kn pro Tag).

PAKLENI-INSELN

Die meisten Besucher von Hvar-Stadt steuern auch die Pakleni-Inseln an (Pakleni Otoci), deren Name – „Hölleninseln"– sich von dem kroatischen Wort *paklina* ableitet, der Bezeichnung für das Harz, das einst Boote und Schiffe bedeckte. Diese wunderbare Inselkette aus 21 waldbewachsenen Inseln verzaubert durch kristallklares Wasser, versteckte Buchten und einsame Lagunen. Taxiboote fahren in der Hochsaison regelmäßig von der Anlegestelle am Arsenal zu den Inseln **Jerolim** und **Stipanska** (35 Kn; 10–15 Min.), die bei FKKlern sehr beliebt sind (kein FKK-Zwang). Die Boote fahren weiter nach **Ždrilca** und **Mlini** (40 Kn) und zur noch abgelegeneren Insel **Palmižana** (60 Kn), mit ihrem Kiesstrand und dem **Meneghello** (www.palmizana.hr), einer wunderschönen Villa mit üppigem subtropischem Garten. Die kunstliebende Familie Meneghello nutzt das Anwesen mit seinen zwei hervorragenden Restaurants und der Galerie auch für musikalische Darbietungen. Palmižana beherbergt darüber hinaus die zwei Top-Restaurants Toto und Laganini.

Neben den Hotels Amfora und Dalmacija gibt es Badebuchten. Die Sunčani Hvar Hotels betreuen den schicken Strand **Bonj Les Bains** mit seinen Luxusliegestühlen (für zwei Stühle 650 Kn pro Tag) und den steinernen Strandhütten, in denen man sich eine Open-Air-Massage gönnen kann.

Der Bootsausflug zur **Mekićevica**-Bucht im Süden der Insel (40 Kn, 20 Min.) ist recht beliebt. Dort wartet ein tolles Strandrestaurant namens **Robinson** (www.robinson-hvar.hr) auf Gäste. Taxiboote fahren auch nach **Milna** (50 Kn; 30 Min.). Ebenfalls im Süden liegen die wunderbaren Strände von Zaraće, Dubovica, Lušišće und Sveta Nedelja/Ivan Dolac.

Wer aktiv werden will und z. B. Lust hat auf Segeln (halber Tag 420 Kn), Kajakfahren auf dem Meer (halber Tag 350 Kn), Radfahren (halber Tag 500 Kn), Wandern und Klettern, wendet sich an **Hvar Adventure** (☎717 813; www.hvar-adventure.com; Obala bb).

Rund um Hvar-Stadt gibt es 120 km an Wanderwegen und 96 km markierte Radwege. Karten verkaufen die Reiseagenturen und die Tisak-Läden.

Geführte Touren

Die tolle Off-Road-Tour mit **Secret Hvar** (☎717 615; www.secrethvar.com; Trg Svetog Stjepana 4a) sollte man nicht verpassen: Zu entdecken gibt es verborgene Schönheiten im Inneren der Insel, wie z. B. verlassene Dörfer, wildromantische Schluchten, uralte Steinhütten, endlose Lavendelfelder und **Sveti Nikola** (626 m), den höchsten Gipfel der Insel. Die Tour ist jeden Lipa der 600 Kn wert. Der Preis umfasst das Mittagessen in einer traditionellen Taverne und einen Abstecher an den Strand. Secret Hvar organisiert auch Weintouren (500 Kn, mit Snacks und Weinprobe) und Inselrundfahrten (450 Kn).

Feste & Events

Hvars **Sommerfestival** (Ende Juni–Anfang Sept.) bietet klassische Konzerte im Franziskanerkloster. Das **Lavendelfest** mit Ausstellungen, Konzerten, Weinproben und einer Lavendelmesse findet jedes Jahr am letzten Juniwochenende in dem Dörfchen Velo Grablje statt

Schlafen

Da Hvar als eines der beliebtesten Adriaziele gilt, ist die Auswahl an preisgünstigen Unterkünften eher klein. Die meisten Hotels auf Hvar stehen unter der Leitung von **Sunčani Hvar Hotels** (www.suncanihvar.com). Viele davon wurden von Grund auf renoviert.

Zimmer sind im Juli und August Mangelware, auch wenn viele Häuser um- oder neu gebaut worden sind, um der Urlauberflut Herr zu werden. Die Reisebüros können bei der Zimmersuche helfen. Wer ohne Reservierung anreist, kann auf die Privatzimmer hoffen, die am Fähranleger von Frauen angeboten werden (in der Stadt hängen viele *sobe*-Schilder). Wichtig: Wer am Hafen ein Zimmer oder Apartment mietet, sollte darauf achten, dass am Haus ein blaues *sobe*-Schild hängt. Wenn nicht, ist die Vermietung nicht genehmigt – bei Problemen genießt man als Gast dann keinerlei rechtlichen Schutz. Ganz hilfreich kann auch die Visitenkarte des Vermieters sein: Im Netz der namenlosen Altstadtstraßen hat sich schon mancher verlaufen. Die Preise sollten im Zentrum nicht höher als 150–300 Kn pro

Person und Zimmer (mit eigenem Bad) liegen. Außerhalb der Hauptsaison lassen sich auch günstigere Preise aushandeln.

Private Ferienwohnungen gibt es auf Hvar mehr als reichlich. Hier einige brauchbare und preisgünstige Apartments: **Apartments Ukić** (www.hvar-apartments-center.com), **Apartments Komazin** (www.croatia-hvar-apartments.com), **Apartments Ivanović** (www.ivanovic-hvar.com) und **Apartments Bracanović** (www.hvar-jagoda.com).

LP TIPP **Hotel Croatia** HOTEL €€€

(742 400; www.hotelcroatia.net; Majerovica bb; EZ/DZ 832/1110 Kn; P@) Nur ein paar Schritte vom Meer entfernt steht dieses Haus aus den 1930er-Jahren inmitten eines fantastischen, friedlichen Gartens. Die Zimmer – in Gelb-, Orange- und Lavendelfarbtönen – sind schlicht und traditionell eingerichtet. Viele (besonders die teuren) verfügen über einen Balkon mit Blick auf den Garten und das Meer. Auch eine Sauna gehört zum Hotel.

Hotel Adriana HOTEL €€€

(750 200; www.suncanihvar.com; Fabrika bb; EZ/DZ 2343/2817 Kn; @) Das luxuriöse Spa-Hotel wurde in die Liste der „Leading Small Hotels of the World" aufgenommen – das lässt erkennen, welcher Standard hier zu erwarten ist. Die hellen, eleganten Zimmer blicken aufs Meer und die mittelalterliche Altstadt. Zum Angebot gehören das weitläufige Sensori Spa, ein traumhafter Dachpool samt Dachterrasse, ein edles Restaurant, 24-Stunden-Service, Ausflüge …

Hotel Riva HOTEL €€€

(750 100; www.suncanihvar.com; Riva bb; EZ/DZ 1390/2617 Kn; @) Der luxuriöse Klassiker gehört mit seinen 100 Jahren zu den Veteranen der hiesigen Hotelszene. Die 54 kleinen, in Schwarz, Rot und Weiß gehaltenen Zimmer schmücken Schwarz-Weiß-Bilder von Filmstars, Glaswände trennen Schlafzimmer und Bad. Die Zimmer 115 und 215 sind die geräumigsten. Die Lage direkt am Hafen ist ideal, um den Yachten beim An- und Ablegen zuzuschauen, deswegen auch der Spitzname „Yachthafenhotel".

Hostel Marinero HOSTEL €

(091 17 41 601; Put Sv Marka 7; B 200–240 Kn;) Das Beste an diesem Hostel mit sechs Schlafsälen ist die Lage direkt am Meer. Die Räume sind einfach, aber sauber. Es gibt keine Gemeinschaftsküche, dafür kann man es sich im Restaurant im Erdgeschoss gemütlich machen. Mit dem Hostel-Armband erhalten die Gäste einen Nachlass in einigen Geschäften. Hier kann es laut werden, da sich direkt nebenan die Kiva Bar befindet.

Hvar Out Hostel HOSTEL €

(717 375; hvarouthostel@gmail.com; Burak 23; B 200–250 Kn; @) Dieses Partyhostel liegt nur ein paar Schritte vom Hafen entfernt im Gewirr der Altstadtgassen. Es gibt sieben gut ausgestattete Schlafsäle, eine kleine Gemeinschaftsküche und eine Dachterrasse. Den Besitzern gehört das Hostel Booze & Snooze in Split.

Aparthotel Pharia HOTEL €€€

(778 080; www.orvas-hotels.com; Put Podstina 1; EZ/DZ/Apt. 512/813/1009 Kn; P) Von dem glanzvollen Komplex in einem ruhigen Viertel westlich des Stadtzentrums hinter dem Hotel Croatia sind es nur 50 m zum Meer. Alle Zimmer und Apartments haben einen Balkon, manche davon mit Meerblick. Zum Hotel gehören vier Villen für acht Personen, jeweils mit Pool. Auch Fahrräder kann man hier mieten.

Luka's Lodge HOSTEL €

(742 118; www.lukalodgehvar.hostel.com; Šime Buzolića Tome 75; B 140–180 Kn, DZ 340–440 Kn; @) Luka, der freundliche Besitzer, kümmert sich rührend um die Gäste seines gemütlichen Hostels, das man von der Stadt aus in fünf Minuten erreicht. Alle Zimmer haben einen Kühlschrank, manche einen Balkon. Dazu kommen ein Aufenthaltsraum, zwei Terrassen, eine Küche und ein Wäscheservice. Auf Nachfrage holt Luka seine Gäste von der Fähre ab.

Villa Skansi HOSTEL €

(741 426; hostelvillaskansi1@gmail.com; Lučica bb; B 150–200 Kn, DZ 400–500 Kn; @) Ein beliebtes Hostel, nur einen kurzen Spaziergang vom Strand entfernt. Es gibt saubere Schlafsäle und Doppelzimmer, schicke Badezimmer, eine tolle Terrasse mit Meerblick, eine Bar und ein Grillplatz. Außerdem steht den Gästen ein Wäscheservice sowie ein Motorroller-, Boots- und Fahrradverleih zur Verfügung. Angeboten werden feuchtfröhliche Ausflugsfahrten. Freundliche Besitzer.

Hotel Podstine HOTEL €€€

(740 400; www.podstine.com; Put Podstina 11; EZ/DZ 2333/2592 Kn; P@) Nur 2 km südwestlich des Stadtzentrums, an der versteckten Podstine-Bucht, liegt die-

ses fröhliche, familiengeführte Hotel mit Privatstrand, Spa und Wellnesszentrum. Ein regelmäßiger Shuttle Service verbindet Hotel und Stadt. Oder man mietet sich ein Fahrrad, einen Motorroller oder gleich ein Motorboot. Die günstigeren Räume haben keinen Meerblick.

Green Lizard HOSTEL €

(☎742 560; www.greenlizard.hr; Ulica Domovinskog Rata 13; B/DZ 200/460 Kn; ⏲Apr–Okt.; @📶) Eine freundlich-fröhliche Unterkunft zum günstigen Preis, zur Fähre ist es auch nicht weit. Die Schlafsäle sind schlicht und sauber. Dazu kommen die Gemeinschaftsküche und der Wäscheservice sowie einige Doppelzimmer (mit eigenem oder Gemeinschaftsbad).

Camping Vira CAMPINGPLATZ €

(☎741 803; www.campingvira.com; pro Erw./Stellplatz 60/97 Kn; ⏲Mai–Mitte Okt.; P@📶) Dieser 4-Sterne-Campingplatz, in einer wunderschönen, waldigen Buch 4 km vor der Stadt, ist einer der besten in Dalmatien. Er besticht durch einen fantastischen Strand, ein hübsches Café und Restaurant sowie einen Volleyballplatz. Die Einrichtungen sind gepflegt und von guter Qualität.

Essen

Hvars Gastronomie ist gut und recht facettenreich, allerdings ist es wie bei den Hotels: Die Restaurants zielen oft auf eher betuchte Gäste ab. Unbedingt probieren sollte man *hvarska gregada*; der traditionelle Fischeintopf wird in vielen Restaurants serviert und muss meist vorbestellt werden. Viele Restaurants sind zwischen Mittag- und Abendessen geschlossen.

Selbstversorger können im Supermarkt neben dem Busbahnhof einkaufen; Frisches gibt es auf dem Gemüsemarkt nebenan.

Konoba Menego DALMATINISCH €€

(www.menego.hr; Groda bb; Hauptgerichte ab 60 Kn) Einfach und authentisch ist das Motto des rustikalen Lokals am Treppenaufgang zur Fortica, so gibt es keinen Grill, keine Pizza und keine Coca-Cola. Die Einrichtung besteht aus Hvarer Antiquitäten, die Bedienung trägt traditionelle Kleidung und der Service ist gut. Mariniertes Fleisch, Käse und Gemüse werden auf traditionelle dalmatinische Art zubereitet.

Divino MITTELMEERKÜCHE €€€

(☎717 541; www.divino.com.hr; Put Križa 1; Hauptgerichte ab 130 Kn; ⏲nur Abendessen) Die unglaubliche Lage und die beste Weinkarte der Insel sind wohl Grund genug, in diesem todschicken neuen Restaurant ordentlich zu prassen. Wer sich noch die leckeren Gerichte (wie Lammcarrée mit Pistazienkruste) und einen atemberaubenden Blick auf die Pakleni-Inseln dazudenkt, hat das perfekte Rezept für einen aufregenden Abend. Eine Alternative wären Snacks und Wein zum Sonnenuntergang auf der großartigen Terrasse. Unbedingt reservieren.

Zlatna Školjka MITTELMEERKÜCHE €€

(☎098 16 88 797; Petra Hektorovića 8; Hauptgerichte ab 100 Kn; ⏲Sa & So Abendessen) In einer schmalen Gasse voller Restaurants sticht dieser Slow-Food-Geheimtipp heraus: Er ist berühmt für seine von einem einheimischen Starkoch gezauberten, kreativen Gerichte. Das familiengeführte Restaurant mit steinernem Interieur hat eine Terrasse auf der Rückseite. Zu den innovativen Speisen gehören Tintenfisch in einer Sauce aus wilden Orangen sowie der unschlagbare *gregada* (Fischeintopf) mit Hummer, Meeresschnecken und dem Fang des Tages – immer erstklassig und frisch.

Konoba Luviji DALMATINISCH €€

(☎091 51 98 444; Jurja Novaka 6; Hauptgerichte ab 50 Kn; ⏲nur Abendessen) Das Essen aus dem Holzofen ist einfach und ohne Firlefanz. Es schmeckt zwar lecker, allerdings sind die Portionen etwas zu klein geraten. Im unteren Geschoss befindet sich die *konoba,* wo kleine Speisen nach dalmatinischer Art serviert werden. Das Restaurant befindet sich im oberen Teil und verfügt über eine kleine Terrasse mit Blick auf die Altstadt und den Hafen.

Gariful FISCH & MEERESFRÜCHTE €€

(☎742 999; www.hvar-gariful.hr; Riva; Hauptgerichte ab 95 Kn) Hier treffen sich die Promis von den schicken Yachten, die gegenüber im Hafen dümpeln. Angelockt werden sie von einigen der besten Fisch- und Meeresfrüchte-Gerichten auf Hvar. Die Preise entsprechen dem exklusiven Publikum.

Nonica GEBÄCK, KUCHEN €

(Burak 23; ⏲Mo–Sa 8–14 & 17–23 Uhr, So 8–14 Uhr) In diesem kleinen Ladencafé direkt hinter dem Arsenal bekommt man die besten Kuchen der Stadt. Die traditionellen Kekse dieser Gegend, wie *rafioli* und *forski koloc,* schmecken ebenso köstlich wie die Nonica-Tarte mit Mousse au Chocolat und Orangenzeste.

Luna INTERNATIONAL €€
(Petra Hektorovića 1; Hauptgerichte ab 75 Kn) Mit seinen hell gestrichenen Wänden und der „Himmelsleiter", die zur Dachterrasse führt, ist das Luna ein etwas verrücktes Lokal. Das macht es zu einer erfrischenden Abwechslung zu den sonstigen traditionellen und gehobenen Restaurants. Die Karte ist gut, so gibt es z. B. Gnocchi mit Trüffeln.

Giaxa FISCH & MEERESFRÜCHTE €€
(www.giaxa.com; Petra Hektorovića 3; Hauptgerichte ab 100 Kn) Dieses Toprestaurant in einem Palazzo aus dem 15. Jh. gilt in Hvar-Stadt als In-Treff. Hinten ist ein hübscher Garten. Das Essen schmeckt hervorragend, wobei viele Gäste den Hummer probieren.

Ausgehen

Hvar-Stadt hat den Ruf, einer der Adriaorte mit dem besten Nachtleben zu sein. Meist spielt sich alles am Hafen ab. Das Partyvolk lässt es hier richtig krachen. Sobald es dunkel wird, geht es rund.

Falko STRANDBAR
(Mitte Mai–Mitte Sept. 10–22 Uhr) Zu dieser reizenden Oase inmitten eines Pinienwaldes oberhalb vom Strand führt ein 20-minütiger Fußmarsch von der Innenstadt, vorbei am Hula-Hula und Hotel Amfora. Die unprätentiöse Bar ist eine tolle Alternative zu den schickeren Pendants in Zentrumsnähe und serviert leckere Sandwiches, Salate (26–45 Kn) sowie hausgemachten Limoncello und *rakija* (Branntwein; lecker ist *danderica* aus einheimischen Beeren). Lässig-künstlerisches Flair, Hängematten und zahlreiche Einheimische.

Carpe Diem LOUNGE BAR
(www.carpe-diem-hvar.com; Riva) Weiter braucht man nicht suchen, denn das Carpe Diem ist die Mutter aller Clubs an der kroatischen Küste. Ob nun ein Katerfrühstück oder (ziemlich teure) Cocktails spätabends für die Nachteulen – es gibt keine Tageszeit, zu der dieser schicke Schuppen nicht gut besucht ist. Ortsansässige DJs legen rhythmische House-Musik auf, die Getränkekarte ist lang und die Kundschaft glamourös. Der **Carpe-Diem-Strand** auf der Insel Stipanska ist die heißeste Partylocation (von Juni–Sept.): Tagsüber vergnügen sich alle am Strand, im Spa und im Restaurant, nachts wird ordentlich gefeiert (100 Kn für die Bootsfahrt; die Höhe des Eintritts hängt davon ab, welcher DJ gerade da ist).

Hula-Hula STRANDBAR
(www.hulahulahvar.com) Das Hula-Hula ist der Ort schlechthin, um zu Techno- und House-Klängen den Sonnenuntergang zu genießen. Zu den berühmten Après-Beach-Partys (16–21 Uhr) scheint sich hier die gesamte trendbewusste Jugend von Hvar zu Cocktails und sonstigen Drinks zu treffen.

Kiva Bar BAR
(www.kivabarhvar.com; Fabrika bb) Eine angesagte Bar in der Gasse hinter dem Nautica. Fast jede Nacht voll bis unters Dach, während der DJ Pop- und Rock Classics auflegt, auf die das Partyvolk richtig abtanzt.

Nautica BAR
(Fabrika bb) Die neuesten Cocktails und nonstop Dance Music – von Techno bis Hiphop: Dieser Bar im Diskostil muss man einfach einen Besuch abstatten, wenn man in Hvar nachts um die Häuser zieht.

Veneranda NACHTCLUB
(Eintritt 100–150 Kn; 10–16 Uhr) Das in einer ehemaligen Festung am Hang über dem Meer residierende Veneranda ist Hvars einziger echter Nachtclub. Die Late-Night-Partys werden durch das großartige Soundsystem und bekannte DJs erst so richtig angeheizt.

Shoppen

Lavendel, Lavendel und noch mehr Lavendel – in kleinen Flaschen, großen Flaschen, Flakons oder Wäschesäckchen. Je nach Jahreszeit reihen sich bis zu 50 Lavendelstände entlang des Hafens aneinander. Die Luft ist dann geschwängert vom Duft der Blüten. Verschiedene Pflanzenöle, Tinkturen, Hautcremes und Salben werden ebenfalls angeboten. Im **Coral Shop** (www.coral-shop-hvar.com; Burak bb), Atelier und Laden zugleich, stellt das Besitzerpärchen wunderschönen Schmuck aus Silber, Halbedelsteinen und Korallen her.

Praktische Informationen

Atlas Hvar (741 911; www.atlas-croatia.com) Diese Reiseagentur an der Westseite des Hafens vermittelt Privatunterkünfte, vermietet Fahrräder und Boote und organisiert Trips nach Vis, Bol und Dubrovnik.

Clinic (717 099; Biskupa Jurja Dubokovića 3) Das 700 m vom Stadtzentrum entfernte Krankenhaus ist bei Notfällen die erste Anlaufstelle.

Del Primi (091 58 37 864; www.delprimi-hvar.com; Burak 23) Reiseagentur, die sich auf

Privatunterkünfte spezialisiert hat. Vermietet auch Jet Ski.

Fontana Tours (☎742 133; www.happyhvar.com; Riva 18) Vermittelt Privatunterkünfte, veranstaltet Touren, bucht Taxiboote rund um die Insel und organisiert Leihfahrzeuge. Vermietet außerdem ein romantisches und abgelegenes Apartment für zwei Personen auf Palmižana (600 Kn pro Nacht).

Francesco (Burak bb; 30 Kn pro Std.; ⌚8.30–Mitternacht) Internetcafé und Telefonzentrale direkt hinter der Post. Gepäckaufbewahrung (35 Kn pro Tag) und Wäscheservice (50 Kn pro Maschine).

Pelegrini Tours (☎742 743; www.pelegrini-hvar.hr; Riva bb) Privatunterkünfte, Blue-Line-Fährtickets nach Italien, Ausflüge (beliebt sind die Tagesausflüge zu den Pakleni-Inseln) sowie Fahrrad-, Motorroller- und Bootsverleih.

Post (Riva 19; ⌚Mo–Sa 7–21 Uhr) Für Telefonanrufe.

Touristeninformation (☎741 059; www.tzhvar.hr; ⌚Juli & Aug. 8–14 & 15–21 Uhr, Mai, Juni, Sept. & Okt. Mo–Sa 8–14 & 16–18 Uhr, Nov.–April Mo–Fr 8–14 , Sa 8–12 Uhr) Direkt am Trg Svetog Stjepana.

Stari Grad

2686 EW

In Stari Grad (wörtlich: Altstadt) an der Nordküste der Insel geht es weitaus ruhiger, kultivierter und deutlich alkoholloser zu als in der schicken, mondänen Schwesterstadt. Wem der Sinn nicht nach pulsierendem Nachtleben und Tausenden von Besuchern, die sich in der Hauptsaison durch die Straßen von Hvar-Stadt zwängen, steht, sollte sich nach Stari Grad begeben und dann die Insel an einem etwas gemütlicheren Ort genießen.

Die meisten Fähren, die die Insel mit dem Festland verbinden, geben Stari Grad als Fährhafen an, in Wirklichkeit liegt die Stadt ein paar Kilometer nordöstlich des neuen Fähranlegers. Stari Grad erstreckt sich entlang einer hufeisenförmigen Bucht; die Altstadt befindet sich auf der südlichen Seite. Der Busbahnhof (ohne Gepäckaufbewahrung) liegt am Anfang der Bucht. Die Nordseite nehmen Wohnhäuser, ein kleiner, lichter Pinienwald und die weitläufige Hotelanlage Helios ein.

Sehenswertes

Tvrdalj FESTUNG

(Trg Tvrdalj; Eintritt 10 Kn; ⌚Juni–Sept. 10–13 & 18–21 Uhr) Tvrdalj ist Petar Hektorovićs befestigte Burg aus dem 16. Jh. Der lauschige Fischteich spiegelt die Liebe des Dichters zu Fischen und Anglern wider. Sein Gedicht *Angeln und Anglergespräche* (1555) ist eine Hommage an seine Lieblingsbeschäftigung. In der Burg sind Zitate aus seinen Werken in Lateinisch und Kroatisch an die Wände geschrieben.

Dominikanerkloster KLOSTER

(Dominikanski Samostan; Eintritt 10 Kn; ⌚Juni–Sept. 10–13 & 18–21 Uhr) Dieses alte Dominikanerkloster wurde 1482 gegründet, 1571 von den Türken zerstört und später mit einem Turm versehen. Neben der Bibliothek und archäologischen Funden im Klostermuseum lohnt noch der Blick in die Kirche aus dem 19. Jh.: Sie wartet mit dem Bild *Die Grablegung Christi* auf, das Tintoretto zugeschrieben wird, sowie mit zwei Gemälden von Gianbattista Crespi.

Schlafen & Essen

Hvar Touristik (☎717 580; www.hvar-touristik.com; Jurja Škarpe 13) ist eine der Agenturen, die Privatunterkünfte vermitteln, beispielsweise im Juli und August Doppelzimmer für 200–400 Kn.

Hostel Sunce HOSTEL €

(☎092 10 65 152; www.hostelsunce.freshcreator.com; Zagrebačka 10; B 110 Kn; 📶) Stari Grads einziges Hostel besticht durch seine Lage in der Altstadt und bietet eine Reihe von einfachen, aber hübschen Räumen, vom Einzelzimmer bis zum Schlafsaal. Es gibt eine Gemeinschaftsküche und ein Esszimmer; Leih-Fahrräder vorhanden. Der Strand ist zehn Gehminuten entfernt.

Helios HOTEL €€

(☎765 866; www.heliosfaros.hr; P) Dieser große, etwas seelenlose Komplex prägt den Nordteil der Stadt. Er umfasst das 3-Sterne-Hotel **Lavanda** (☎306 330; EZ/DZ 410/735 Kn) das **Arkada** (☎306 306; EZ/DZ 450/600 Kn, 2 Sterne), sowie **Studio Helios** (☎765 019; Apt. ab 360 Kn) und **Trim Apartments** (☎765 019; Apt. für 4 Pers. 740 Kn).

Kamp Jurjevac CAMPINGPLATZ €

(☎765 843; www.heliosfaros.hr; Njiva bb; pro Erw./Zelt 33/33 Kn; ⌚Juni–Sept.) In der Nähe befinden sich einige Badebuchten abseits des Hafens, östlich der Altstadt.

Antika DALMATINISCH €

(Donja Kola 24; Hauptgerichte ab 45 Kn) Eine von Hvars schönsten Restaurantbars. Die drei verschiedenen Essbereiche verteilen sich auf ein altes klappriges Stadthaus, Tische auf der Straße sowie eine Terrasse im Obergeschoss mit Bar, die sich bestens für einen gemütlichen Abend eignet.

Eremitaž DALMATINISCH €€
(Hrvatskih Branitelja; Hauptgerichte ab 70 Kn) Von der Stadt zehn Gehminuten am Meer entlang Richtung Helios und schon steht man vor einer Klause aus dem 15. Jh. In dem darin untergebrachten Restaurant mit Steinmauern und Terrasse mit Meerblick kommen gut zubereitete dalmatinische Traditionsgerichte und auch etwas kreativere Speisen auf den Tisch.

Shoppen

Stari Grad hat eine kleine, aber wachsende Kunstgalerieszene in der Altstadt.

Little Horse and Baby Beuys GESCHENKE
(www.littlehorseandbabybeuys.com; Ante Starčevića 2) Supercoole Klamotten für Kinder (und auch Erwachsene) sowie Schuhe und Bilder von den zwei Schwestern, denen der Laden gehört.

Fantazam SCHMUCK
(www.fantazam.com; Ivana Gundulića 6) Bizarrer und atemberaubender Schmuck.

Maya Con Dios KUNST
(Škvor 5) Gemälde mit Meeresmotiven.

Praktische Informationen

Touristeninformation (☎765 763; www.stari-grad-faros.hr; Dr Franje Tuđmana 1; ⌚Juni–Sept. Mo–Sa 8–14 & 15–21 Uhr, So 9–13 & 17–21 Uhr) Haben eine gute Landkarte der Region zum Mitnehmen.

Jelsa

1600 EW.

Jelsa ist eine kleine Stadt, ein Hafen und ein Naturschutzpark 27 km östlich von Hvar-Stadt, umgeben von dichten Kiefernwäldern und hohen Pappeln. Obwohl hier keine Renaissancebauten wie in Hvar stehen, haben die kleinen Gassen und Plätze doch ihren eigenen Charme. Nicht weit vom Ort locken einige Badebuchten und Sandstrände.

Jelsa zieht sich entlang einer Bucht mit mehreren großen Hotels auf beiden Seiten. Die Altstadt schließt sich an den Hafen an.

Mit Tauchen und Bootsausflügen kann man sich die Zeit vertreiben. Weitere Auskünfte zu den besten Stränden, zu Privatunterkünften (rund 150 Kn pro Pers.) und Hotels erteilt die **Touristeninformation** (☎761 017; www.tzjelsa.hr; Riva bb; ⌚Juli & Aug. Mo–Sa 8–14 & 15–22 Uhr, So 10–12 & 19–21 Uhr, Mai, Juni, Sept. & Okt. Mo–Sa 8–14 & 15–21 Uhr, Nov.-April Mo–Sa 8–13 Uhr). Das **Konoba Nono** (Hauptgerichte ab 80 Kn) ist ein beliebtes Restaurant in Familienhand: Auf den Tisch kommt traditionelle Inselkost.

INSEL VIS

3483 EW

.Von allen kroatischen Inseln ist Vis die rätselhafteste – sogar für die Einheimischen. Sie liegt weiter vom Festland entfernt als die anderen Hauptinseln Mitteldalmatiens und war über einen längeren Zeitraum Stützpunkt der ehemaligen jugoslawischen Armee. Deshalb durfte sie ab den 1960er-Jahren bis 1989 nicht von ausländischen Besuchern und Zivilisten betreten werden. Diese Isolierung bewahrte die Insel vor ihrer Erschließung und trieb viele Bewohner dazu, auf der Suche nach Arbeit wegzuziehen. Lange Jahre lebten deshalb extrem wenige Leute auf der Insel. Aber wie bei vielen anderen verarmten Inseln im Mittelmeerraum, kehrte sich der einstige Nachteil (hier in Form von fehlender Entwicklung) in einen Vorteil um: Sowohl ausländische als auch einheimische Reisende strömen heute begeistert nach Vis – auf der Suche nach Authentizität, Natur, gastronomischen Genüssen und Ruhe. Hier werden einige der bekanntesten Weine Kroatiens, der *vugava* (weiß) und der *plavac* (rot), produziert, es gibt zahllose Weinberge. Da auch die Fischerei von Bedeutung ist, mangelt es nicht an fangfrischem Fisch.

Auf Vis gibt es zwei wunderschöne kleine Städte, die jeweils an großen Buchten liegen: Vis-Stadt im Nordosten und Komiža im Südwesten. Zwischen beiden besteht eine freundschaftliche Rivalität – Vis-Stadt wird aus historischen Gründen mit der adligen Oberschicht assoziiert, während Komiža stolz auf seine Fischereitradition und Piratengeschichten ist. Entlang der zerklüfteten Küstenlinie wechseln sich tolle Buchten, Höhlen und ein paar Sandstrände ab. Die antiken Zeugnisse der Inselgeschichte, die im Archäologischen Museum und rund um die Stadt Vis zu sehen sind, bieten zusätzlich einen faszinierenden Einblick in den komplexen Charakter dieser winzigen Insel, die zu einem echten Geheimtipp geworden ist.

Geschichte

Erstmals wurde Vis (das antike Issa) in neolithischer Zeit besiedelt. Dann kamen die Illyrer, die sich im 1. Jh. v. Chr. auf der Insel niederließen. 390 v. Chr. entstand eine griechische Kolonie auf Issa. Von hier regierte der griechische Herrscher Dionysius der Ältere über seine Länder an der Adria. Die Insel wurde schließlich ein mächtiger Stadtstaat und gründete eigene Kolonien auf Korčula und bei Trogir und Stobreč. Während der Illyrischen Kriege verbündete sich Vis mit Rom. Dennoch verlor es seine Unabhängigkeit und wurde ab 47 v. Chr. Teil des Römischen Reichs. Im 10. Jh. war Vis von slawischen Stämmen besiedelt; 1420 wurde die Insel zusammen mit anderen dalmatinischen Städten an Venedig verkauft. Auf der Flucht vor Piraten zog die Bevölkerung von der Küste ins Hinterland.

Mit dem Fall Venedigs im Jahr 1797 kam Vis nacheinander unter die Regentschaft von Österreich, Frankreich, Großbritannien und erneut Österreich. Während des Zweiten Weltkriegs gehörte die Insel zu Italien und war ein Zankapfel unter den Großmächten, die um die Kontrolle des strategisch bedeutenden Außenpostens kämpften. Im Laufe der Zeit gehörte sie neun verschiedenen Staaten, was wohl erklärt, warum auf einer solch kleinen Insel nicht weniger als vier Dialekte gesprochen werden.

Auch für Titos Partisanen war Vis ein wichtiger Stützpunkt: Er etablierte sein Hauptquartier in einer Höhle im Berg Hum, von dort koordinierte er die militärischen und diplomatischen Aktionen mit den alliierten Streitmächten. Hier machte Tito angeblich auch seinen berühmt gewordenen Ausspruch: „Das Fremde wollen wir nicht, das Unsere geben wir nicht."

An- & Weiterreise

Vis ist am besten per Autofähre ab Split (50 Kn, 2 Std., 2–3-mal tgl.) oder mit einem schnellen Passagierboot (26 Kn, 1¼ Std., 1-mal tgl.) zu erreichen. Im Sommer kann man problemlos einen Tagesausflug auf die Insel unternehmen, in der Nebensaison ist dies wegen der unregelmäßigen Fahrpläne nicht möglich.

Das örtliche **Jadrolinija-Büro** (☎711 032; www.jadrolinija.hr; Šetalište Stare Isse; ⏲Mo–Fr 8.30–19, Sa 9–12 Uhr) befindet sich in Vis-Stadt. Der Schalter öffnet eine Stunde vor Abfahrt der Schiffe.

Der einzige Inselbus verbindet die Stadt Vis mit Komiža. Der Bus steht bei der Ankunft der Jadrolinija-Fähren in Vis-Stadt bereit. Im Juli und August klappt das gut, aber sonst muss man sich auf längere Wartezeiten einstellen.

Vis (Stadt)

1660 EW.

Die antike Stadt Vis, die älteste Siedlung der Insel, liegt auf der nordöstlichen Seite an einer breiten, hufeisenförmigen Bucht. Ein kurzer Spaziergang führt zu den Resten eines griechischen Friedhofs, eines römischen Bades und einer englischen Festung. Die Fähren, die an der Anlegestelle festmachen, bringen für kurze Zeit Leben in die ansonsten friedliche Stadt mit ihren Küstenpromenaden, baufälligen Stadthäusern aus dem 17. Jh. und engen Gassen, die sich vom Meer die Hänge aufwärts winden.

Die Stadt liegt auf dem Südhang des Gradina-Hügels. Zwei Siedlungen, Luka aus dem 19. Jh. an der nordwestlichen Seite der Bucht und das mittelalterliche Kut im Südosten, sind heute zu einer Stadt zusammengewachsen. Die Fähre legt in Luka an und eine von kleinen Stränden gesäumte Promenade führt den Hafen entlang nach Kut. Der belebteste Stadtstrand liegt im Westen des Hafens gegenüber vom Hotel Issa, dahinter stößt man auf Buchten für FKK-Freunde und unberührte Badeplätze. Auf der anderen Seite, vorbei an Kut und dem Friedhof der britischen Marine, erstrecken sich der beliebte Strand von Grandovac, der allerdings aus Kieselstein besteht, und Felsstrände. Hier gibt es auch eine Strandbar.

Sehenswertes & Aktivitäten

Archäologisches Museum MUSEUM

(Arheološki Muzej; Šetalište Viški Boj 12; Eintritt 20 Kn; ⏲Juni–Sept. Mo–Fr 9–13 & 17–21 Uhr, Sa 9–13 Uhr) Neben einer umfassenden archäologischen Ausstellung zeigt das Museum auch eine volkskundliche Sammlung, darunter Informatives über die Fischereitradition, die Weinherstellung und den Schiffsbau auf der Insel. Aber auch die jüngste Geschichte kommt nicht zu kurz. Der 2. Stock beherbergt die größte Sammlung hellenistischer Artefakte in Kroatien: griechische Töpferwaren, Schmuck und Skulpturen, u. a. einen wundervollen Bronzekopf einer griechischen Göttin aus dem 4. Jh. Ein Flyer enthält Wissenswertes über die Ausstellung, die Geschichte von Vis und eine nützliche Karte der Ruinen in der Stadt. Von Oktober bis Mai nur nach Anmeldung in der Touristeninformation.

ABSTECHER

AUF VIS BADEN & AUSGEHEN

Zwar gibt es auch **Strände** rund um Vis-Stadt und Komiža. Doch die schönsten Strände der Insel erreicht man per Boot oder Motorroller. Zu einigen muss man bergab marschieren, weswegen feste Schuhe empfehlenswert sind. Die Touristeninformationen und Reiseagenturen verteilen Landkarten und sorgen zum Teil auch fürs Hinkommen.

Die unberührtesten Strände liegen im Süden der Insel. **Stiniva** ist Vis' spektakulärste Bucht. Der sehr schmale Felsenzugang öffnet sich zu einem Kiesstrand, der von 35 m hohen Felsen eingerahmt wird. Sehenswert sind auch **Srebrna** und **Milna**, sowie der Sandstrand Stončica östlich von Vis, wo es in der Taverne am Strand hervorragendes Lammfleisch vom Grill gibt. **Rukavac** ist eine weitere tolle Bucht mit entzückender kleiner Strandtaverne. Vom Strand fahren Taxiboote zur Insel Ravnik, die für ihre Grüne Grotte (50 Kn) berühmt ist, und zum Inselchen Budikovac (100 Kn, inkl. Höhlenzugang).

Für ein besonderes Slow-Food-Performance-Spektakel sollte man Senko Karuza, den berühmten Dichter, Philosoph, Bon Vivant und Koch der Insel aufsuchen. In seinem Haus über der **Mala-Travna-Bucht** kocht er ausgezeichnete Gerichte mit Fisch- und Meeresfrüchten. Vorher unter ☎099 35 25 803 anrufen, um herauszufinden, ob er Lust auf Besuch hat. Falls ja, kann der Gast etwas ganz Besonderes erwarten.

Das Herz der Insel und die abgelegenen Buchten gelten allmählich als Gourmetparadies. Seit einigen Jahren bieten immer mehr Dorfgaststätten hausgemachte Spezialitäten, sodass eine Reise lohnt. Dazu gehört das **Golub** (☎098 96 50 327; Hauptgerichte ab 50 Kn) in dem Weiler Podselje, 5 km von Vis-Stadt entfernt. Zu den Spezialitäten zählen Lamm und Oktupus im *peka* (kuppelförmiges Kochgeschirr) und alle möglichen marinierten und geräucherten Fischarten, wie z. B. das Thunfischcarpaccio. Unbedingt die selbst gebrannten Grappe probieren, die es in diversen Geschmacksrichtungen wie Kaktus, Brennnessel, Salbei usw. gibt. Das **Konoba Pol Murvu** (☎091 56 71 990; Hauptgerichte ab 50 Kn) in Žena Glava ist berühmt für seine unglaubliche Thunfisch-*pašticada*. **Roki's** (☎098 303 483; www.rokis.hr) in Plisko Polje gehört einem einheimischen Winzer: Der köstliche geräucherte Aal und die *peka*-Gerichte lassen sich also wunderbar mit einem der besten *plavac* (Rotwein) oder *vugava* (Weißwein) der Insel hinunterspülen. Viele dieser Gaststätten holen ihre Gäste (oft kostenlos) ab und bringen sie anschließend wieder nach Hause. Der jüngste Zuwachs in der kulinarischen Szene der Insel ist das **Kod Magića** (☎091 89 84 859; komplette Mahlzeit für 230 Kn) 10 Fahrminuten östlich von Vis-Stadt. Dieser Familienbetrieb inmitten von Feldern und Weinbergen serviert hausgemachte Gerichte aus frischen Zutaten der Region zusammen mit einem sehr guten Hauswein. Unbedingt probieren: Den Eintopf aus Saubohnen mit Tintenfisch und *savur*, einer Inselspezialität aus marinierten Sardinen.

Inselerkundung RADFAHREN
Ein Leihfahrrad lohnt sich schon allein wegen der landschaftlich reizvollen **Küstenstraßen** mit den dramatischen Klippen und Haarnadelkurven – und sei es nur für einen Tag . Ionios (S. 261) und **Navigator** (☎717 786; www.navigator.hr; Šetalište Stare Isse 1) vermieten Mountainbikes (pro Std./Tag 20/70 Kn), Motorroller (für 3 Std./pro Tag 120/180 Kn) und Autos (für 6 Std./pro Tag 300/350 Kn) Man sollte wissen, dass die meisten Mietwagen etwas ramponierte, alte Kisten sind, selbst die coolen Cabrios.

Tauchen TAUCHEN
Rund um Vis liegen hervorragende Tauchgründe. Fische gibt es reichlich, ganz zu schweigen von dem **Wrack** eines italienischen Schiffes, das 1866 bei einer Seeschlacht zwischen Österreich und Italien sank. **ANMA** (☎091 521 3944; www.anma.hr) bietet ein breitgefächertes Tauchprogramm an. Tauchen mit einer Flasche kostet 220 Kn.

☞ Touren

Die Handvoll Agenturen in der Stadt bieten verschiedene Touren an, die sich allerdings kaum unterscheiden. Am spannendsten ist die Tour zu den **Top-Secret-Militäreinrichtungen**, die 1992 von der Jugoslawischen Volksarmee aufgegeben wurden. Dazu zählen Bunker, Waffenlager, U-Boot- „Parkplätze“, Titos Höhle (in der Jugoslawiens Partisanenführer während des 2. Weltkriegs hauste) sowie Atomschutzbunker für Jugoslawiens Geheimdienst. Diese Einrichtungen befinden sich an einigen der schönsten Fleckchen der Insel, die erst seit kurzem der Öffentlichkeit zugänglich sind. Diese Tour (2 Std. ab 200 Kn) haben **VisIt** (☎091 93 05 265; www.visit.hr; Šetalište Stare Isse 2; ⌚9–13 & 17–21.30 Uhr) und **Vis Special** (☎711 524; www.vis-special.com; Šetalište Stare Isse 10) im Programm.

Die Agenturen bieten auch Höhlenbegehungen durch die Grotten, Wanderungen, Inseltouren mit Menü und Weinprobe sowie Bootsfahrten zu den weiter entfernten Inseln mit der Blauen und der Grünen Grotte sowie weiteren Highlights.

Schlafen

In Vis-Stadt gibt es keinen Campingplatz und nur wenige Hotels. **Privatunterkünfte** (Zimmer oder Apartments; siehe auch www.info-vis.net) sind dafür leicht zu finden. Im Sommer empfiehlt sich eine Reservierung. **Navigator** vermittelt Privatunterkünfte. Sie kosten 250 Kn für ein Doppelzimmer mit Gemeinschaftsbad oder 380 Kn für ein Doppelzimmer mit Terrasse und eigenem Badezimmer. Apartments kosten 380–500 Kn. Die Agentur hat auch 14 **Luxusvillen am Meer** (www.visvillas.com; Villa 1900–2900 Kn) für zwei bis siebzehn Personen auf ihrer Liste.

Hotel San Giorgio HOTEL €€€
(☎711 362; www.hotelsangiorgiovis.com; Petra Hektorovića 2; EZ/DZ 758/1145 Kn; P❄📶) Das San Giorgio in Kut ist ein wundervolles Hotel unter italienischer Leitung. Die zehn noblen Zimmer und Suiten verteilen sich auf zwei Gebäude. Die Räume überzeugen durch Parkettboden, tolle Betten und eine Menge edlen Schnickschnack. Manche verfügen über Jacuzzis und eine Terrasse mit Meerblick. Wer will, kann sich auch massieren lassen. Das Restaurant serviert kreative Mittelmeerküche. Auch Nicht-Gäste dürfen hier frühstücken. Jeden Abend findet eine Weinprobe statt (150 Kn).

Villa Vis PENSION €€
(☎098 94 87 490; www.villaviscroatia.com; Jakšina Ulica 11; EZ/DZ 600/750 Kn; ❄📶) Für alle, die es stylish mögen, gibt es in Kut die Villa Vis mit vier Zimmern in einem traditionellen Stadthaus mit modernster Einrichtung. Weitere Pluspunkte sind der gelegentliche Yogaunterricht und die tolle Lage nahe der Strände und Restaurants. Perfekt für Hipster, die stilvoll wohnen wollen, ohne aber ein Vermögen auszugeben.

Dionis B&B €€
(☎711 963; www.dionis.hr; Matije Gubca 1; EZ/DZ 430/504 Kn; ❄) Direkt oberhalb der gleichnamigen Pizzeria in Meeresnähe steht dieses renovierte alte Steinhaus, ein familiengeführtes B & B. Die insgesamt acht Zimmer und das Apartment sind alle mit Fernseher und Kühlschränken ausgestattet. Manche Räumlichkeiten verfügen sogar über einen Balkon. Das Dreierzimmer unter dem Dach besitzt eine hübsche Terrasse mit herrlichem Berg- und Stadtblick.

Hotel Tamaris HOTEL €€€
(☎711 350; www.hotelsvis.com; Svetog Jurja 30; EZ/DZ 540/820 Kn; ❄📶) Das Beste an diesem reizvollen alten Gebäude am Meer – es liegt rund 100 m südöstlich der Fähranlegestelle – ist sicher die Lage. Die insgesamt 25 etwas kleinen Zimmer wirken komfortabel, haben Klimaanlage, Telefon und Fernseher. Es lohnt sich allemal für ein Zimmer mit Meerblick pro Person 30 Kn extra zu zahlen. Auch der Aufschlag von 15 Kn für Halbpension ist durchaus eine Überlegung wert. Das **Hotel Issa** auf der anderen Seite der Bucht, dessen 128 Zimmer mit Balkon kürzlich rundumerneuert wurden, steht unter derselben Leitung.

Essen

In den beiden kleinen Städtchen auf Vis und im Zentrum der Insel befinden sich einige der besten Restaurants Dalmatiens. Zu den einheimischen Spezialitäten zählen *viška pogača,* ein Fladenbrot mit gesalzenem Fisch und Zwiebeln sowie *viški hib,* getrocknete und geriebene Feigen mit aromatischen Kräutern. In den Restaurants auf der Insel kommen exzellente Thunfischschinken auf der Tisch.

LP TIPP **Pojoda** FISCH & MEERESFRÜCHTE €€
(☎711 575; Don Cvjetka Marasovića 8; Hauptgerichte ab 70 Kn) Kroatische Feinschmecker schwärmen von dem Restaurant mit seinem grünen Garten voller Bambussträucher, Orangen- und Zitronenbäume. In der Küche werden Köstlichkeiten aus Fisch (ab 240 Kn pro kg), Meeresfrüchten (260 Kn pro kg) und Krustentieren (ab 260 Kn pro kg) gezaubert. Spezialität des Hauses ist *orbiko,* Orzo-Nudeln mit Birnen und Garnelen. Wer zum Abendessen einkehren will, sollte vorher reservieren.

Kantun DALMATINISCH €€

(Biskupa Mihe Pušića 17; Hauptgerichte ab 70 Kn; ⌚nur Abendessen) Auf der kleinen Speisekarte dieser Strandtaverne steht schmackhaftes einheimisches Essen mit hochwertigen Zutaten. Über den lauschigen Sitzplätze im Garten ranken sich Weinreben, während die Steinmauern im Inneren für eine rustikale Atmosphäre sorgen. Unbedingt den Thunfischschinken und die Artischocken mit Erbsen probieren. Die Rechnung kann aber ziemlich saftig ausfallen.

Karijola PIZZERIA €

(Šetalište Viškog Boja 4; Pizza ab 45 Kn) Die Pizzeria wird von den Besitzern ihres Namensvetters in Zagreb betrieben und serviert die leckerste Pizza der Insel, dünn und knusprig mit hochwertigem Belag. Spezialität des Hauses ist die Pizza Karijola mit Tomate, Knoblauch, Mozzarella und Prosciutto, doch auch die Varianten ohne Sauce schmecken erstaunlich gut.

Villa Kaliopa MITTELMEERKÜCHE €€€

(☎091 27 11 755; Vladimira Nazora 32; Hauptgerichte ab 120 Kn) Das gehobene Restaurant befindet sich in den Gärten der Villa Garibaldi aus dem 16. Jh. und ist vor allem bei Seglern beliebt. Große Palmen, Bambus und klassische Statuen sorgen dafür, dass die täglich wechselnden dalmatinischen Spezialitäten im richtigen Ambiente genossen werden. Gelegentlich finden Konzerte und Ausstellungen statt.

Val DALMATINISCH €€

(Don Cvjetka Marasovića 1; Hautgerichte ab 70 Kn) In einem alten Steinhaus befindet sich dieses Restaurant, das über eine schattige Terrasse mit Meerblick verfügt. Die jahreszeitlich ausgerichtete Speisekarte orientiert sich ein wenig an der italienischen Küche: Zu empfehlen sind der wilde Spargel im Frühling, das Wildschwein mit Pilzen im Herbst und im Sommer natürlich sämtliche Fischvariationen. Auch sehr lecker: *pašta fazol* mit Fisch.

Buffet Vis FISCH & MEERESFRÜCHTE €

(Svetog Jurja 35; Hauptgerichte ab 40 Kn; ⌚Sa geschl., Mittagessen) Das günstigste Restaurant der Stadt befindet sich direkt bei der Fähre neben der Agentur Ionis. Es ist klein und unspektakulär; davor stehen ein paar Tische. Also kein Schnickschnack, aber man bekommt was fürs Geld. Auch Einheimische essen hier den köstlichen Fisch und die leckeren Meeresfrüchte.

Ausgehen

Paradajz Lost BAR

(Pod Kulom 5) Im Boho-Spot von Vis-Stadt treffen Künstler, Hippies und Individualisten aufeinander, die sich im kühlen Steinhof im Schatten des Turmes, nur wenige Schritte vom Fähranleger in Luka, vergnügen. Auch die Galerie des örtlichen Kunstkollektivs gleich nebenan, wo alte Platten aufgelegt werden, lohnt einen Besuch.

Lambik BAR

(Pod Ložu 2) In Kuts bester Bar, nur einen Katzensprung vom Meer entfernt, machen es sich die Gäste in einem zauberhaften weinberankten alten Säulengang aus Stein oder an den Tischen auf einem kleinen Platz gemütlich. An manchen Abenden treten Bands und Sänger auf.

Bejbi CAFÉ-BAR

(Pod Ložu 4) Diese Café-Bar in Kut eignet sich tagsüber ideal für eine Tasse Kaffee (zwischen den Strandbesuchen). Abends bekommt hier einen guten Cocktail.

Sommerkino KINO

(Eintritt 25 Kn) Das Programm des auf einer Terrasse zwischen Kut und Luka stattfindenden Sommerkinos wird auf Plakaten bekanntgegeben. Eine bunte Mischung von Einheimischen sieht sich die Filme an.

Praktische Informationen

Geld wechseln kann man in der Bank, der Post oder in einem Reisebüro.

Vis verfügt über mehrere WLAN-Hotspots, darunter die Tamaris Bar im Tamaris, wo es WLAN gibt. Die Nutzung der Internetterminals kostet 40 Kn pro Stunde.

Ionios Reisebüro (☎711 532; Svetog Jurja 37 & Pod Ložu 5) Vermittelt Privatunterkünfte, wechselt Geld, vermietet Autos, Fahrräder und Motorroller, veranstaltet Touren und verkauft WLAN-Gutscheine (40 Kn pro Tag).

Post (Svetog Jurja 25; ⌚ Mo–Fr 8–20, Sa 8–14 Uhr)

Touristeninformation (☎717 017; www.tz-vis.hr; Šetalište Stare Isse 5; ⌚Juni–Sept. 8–14 & 15–20 Uhr, Okt.–Mai Mo–Fr 8–14 Uhr) Direkt neben dem Jadrolinija-Fähranleger.

Komiža

1519 EW.

An der Westküste, am Fuße des Berges Hum, befindet sich die hübsche kleine Stadt

Komiža. Sie liegt am Ostende einer Bucht mit Sand- und Kiesstränden. Komiža hat unter den Kroaten, die das etwas unkonventionelle und unaufgeregte Ambiente der Stadt lieben, treue Fans.

Enge Seitenstraßen, gesäumt von ausgeblichenen Stadthäusern aus dem 17. und 18. Jh., schlängeln sich vom Hafen den Berg hinauf. Östlich der Stadt steht auf dem Gelände eines Benediktinerklosters eine Kirche aus dem 17. Jh. Am Ende des Hauptdocks erhebt sich die **Kaštel** genannte Renaissancezitadelle von 1585. Darin ist das **Fischereimuseum** (Eintritt 15 Kn; ⌚Mo–Sa 9–11 & 18–22 Uhr) untergebracht, in dem alte Fischerutensilien vor sich hinstauben, was eine wunderbare Dachterrasse aber wieder wettmacht.

Der Bus aus Vis-Stadt hält am Stadtrand neben der Post, ein paar Straßen von der Zitadelle entfernt. Wer am Hafen entlang bis hinter das Kaštel marschiert, kommt zur städtischen **Touristeninformation** (☎713 455; www.tz-komiza.hr; Riva Svetog Mikule 2; ⌚Juli–Sept. Mo–Fr 9–21 Uhr, Sa 9–12 & 18–21 Uhr, So 15–21 Uhr), die mit nur sehr dürftigen Informationen aushilft.

Aktivitäten

Darlić & Darlić (☎713 760; www.darlic-travel.hr; Riva Svetog Mikule 13), direkt an der Riva, wenn man von der Bushaltestelle Richtung Stadt geht, vermittelt Privatunterkünfte ab 300 Kn pro Doppelzimmer. Die Agentur vermietet auch Motorroller (300 Kn pro Tag), Mountainbikes (100 Kn pro Tag), Cabrios (400 Kn pro Tag) sowie Quads (400 Kn pro Tag). Hier gibt es auch Internetterminals (30 Kn pro Std.) und WLAN. Taxifahrten kosten 12 Kn pro Kilometer (etwa 150 Kn bis Vis-Stadt).

Der von Kiefern gesäumte, beliebteste **Strand** der Stadt liegt direkt unterhalb des Hotels Biševo und zieht sich bis zur Gospa-Gusarica-Kirche.

Geführte Touren

Darlić & Darlić-Tour zum Sonnenuntergang auf den Hum, den höchsten Punkt der Insel (150 Kn für 2 Std.).

Alter Natura (☎717 239; www.alternatura.hr; Hrvatskih Mučenika 2) ist ein Veranstalter für Abenteuertouren, u. a. werden Paragliding, Wandern, Kajakfahren und Abseilen angeboten. Er führt auch Ausflüge zur Blauen Grotte, zu den Inseln Brusnik, Sveti Andrija, Jabuka, Sušac und sogar Palagruža durch. Zudem kann man hier Überfahrten zu den besten Stränden der Insel buchen, u. a. nach Stiniva und Porat. Auch eine geführte Militärtour zu Titos versteckten Tunneln und Höhlen ist im Angebot.

Schlafen & Essen

Das Leben spielt sich entlang der Riva und rund um den Škor ab, einem kleinen Platz direkt am Meer.

Wer tagsüber chillen und abends Party machen will, steuert am besten den Kamenica-Strand an. Dort wartet im Sommer der **Aquarius Club** (www.aquariuskomiza.com), in dem bekannte DJs eine bunte Mischung von House bis Funk auflegen.

Villa Nonna PENSION €€
(☎713 500; www.villa-nonna.com; Ribarska 50; Apt. 630–825 Kn; ❄📶) Sieben renovierte Apartments mit Holzboden und Küche verteilen sich in diesem alten Stadthaus. Einige haben einen Balkon oder Patio. Gleich daneben steht noch ein beeindruckendes altes Haus mit hübschem Garten und Platz für sechs bis neun Leute – die **Casa Nono** (1700–2500 Kn pro Tag).

Hotel Biševo HOTEL €€€
(☎713 279; www.hotel-bisevo.com.hr; Ribarska 72; EZ/DZ ab 550/820 Kn; ❄@) Die Einrichtungen sind bescheiden und das Dekor erinnert an den Sozialismus. Dafür liegt das Hotel in guter Strandnähe. Am besten nach einem renovierten Zimmer (inkl. Kühlschrank und Fernseher) mit Balkon und Meerblick fragen (60 Kn extra).

Bako FISCH & MEERESFRÜCHTE €€
(Gundulićeva 1; Hauptgerichte ab 85 Kn; ⌚nur Abendessen) Das beste Restaurant der Stadt liegt am Meer. Hier wird hervorragendes Essen serviert – unbedingt den Hummer *brodet* (Meeresfrüchteeintopf mit Polenta) oder *komiška pogača* (selbst gebackenes, mit Fisch gefülltes Brot) probieren. Den von kühlen Steinmauern umgebenen Innenraum zieren ein Fischteich sowie griechische und römische Amphoren. Schöne Terrasse.

Konoba Jastožera FISCH & MEERESFRÜCHTE €€
(☎713 859; Gundulićeva 6; Hauptgerichte ab 100 Kn) Schuppige Delikatessen kommen in diesem Traditionshaus auf den Tisch. Man sitzt auf einer Holzterrasse über dem Wasser, inmitten alter Möbel. Die Spezialität des Hauses ist Hummer, der frisch aus dem Aquarium (ab 700 Kn pro Kilo) kommt – ob gegrillt, gratiniert oder gekocht. Unbedingt

reservieren. Von Mitte Juli bis Mitte August, nur Mittagessen.

Komiža DALMATINISCH €
(Riva 17; Hauptgerichte ab 50 Kn) Dieses unscheinbare Restaurant am Meer gibt es mitsamt den Kellnern schon eine kleine Ewigkeit. Die Deko besteht aus den üblichen maritimen Motiven, zum Essen serviert man einfache Hausmannskost, beispielsweise gegrillte Sardinen. Außerdem ist der Ausblick wunderbar.

Biševo

Auf der winzigen Insel Biševo gibt es im Prinzip nur Rebstöcke, Pinien und die spektakuläre **Blaue Grotte** (Modra Špilja). Zwischen 11 und 12 Uhr scheinen die Sonnenstrahlen durch eine Unterwasseröffnung in die Höhle und tauchen sie in ein außerirdisch wirkendes blaues Licht. Im kristallklaren blauen Wasser schimmern die Felsen bis in eine Tiefe von 16 m silbern und rosa. Der einzige Nachteil: Außerhalb der Sommermonate und wenn der *jugo* (Südwind) bläst, sind die Wellen oft zu hoch, um in die Höhle zu fahren. Während der Hauptsaison im Juli und August kann es schon sehr voll werden, dann stauen sich die Boote vor der Höhle. Außerhalb der Hochsaison können gute Schwimmer bei der Höhle schwimmen.

Zwischen Komiža und Biševo (30 Kn pro Pers.) verkehrt täglich im Juli und August ein Boot, das um 8 Uhr ablegt und gegen 16.30 Uhr zurückfährt. Die Alternative ist ein Ausflug mit einem der Reisebüros. Oder man mietet bei einer der Agenturen ein Boot (Eintritt 30 Kn). Viele Veranstalter haben auch Ausflüge zur nicht ganz so überlaufenen **Grünen Grotte** (Zelena Špilja) auf dem Eiland Ravnik im Programm.

Dubrovnik & Süddalmatien

☎020

Inhalt »

Gut essen

- » LD (S. 294)
- » Oyster & Sushi Bar Bota Šare (S. 279)
- » Lucin Kantun (S. 279)
- » Stermasi (S. 286)
- » Konoba Komin (S. 294)
- » Konoba Šiloko (S. 297)

Schön übernachten

- » Karmen Apartments (S. 276)
- » Hotel Adriatic (S. 298)
- » Hotel Korkyra (S. 296)
- » Lešić Dimitri Palace (S. 293)
- » Ostrea (S. 300)

Auf nach Dubrovnik!

Dubrovnik ist einzigartig. Angesichts der Schönheit und traumhaften Lage verschlägt es vielen Besuchern erst einmal die Sprache. Dabei ist Dubrovnik überhaupt kein Geheimtipp mehr, ganz im Gegenteil: Tausende von Besuchern flanieren Tag für Tag über die Marmorstraßen, staunen und starren. Trotzdem findet man problemlos menschenleere Orte zum Durchatmen.

Die bemerkenswerte Altstadt, von gewaltigen Verteidigungsmauern umgeben, ist die Hauptsehenswürdigkeit Dubrovniks. Wie eine Zeitkapsel bewahrt sie faszinierende Beispiele barocker Architektur.

Dubrovnik eignet sich hervorragend als Ausgangspunkt für Ausflüge zu den Inseln und Küstenstreifen in der Umgebung, darunter das idyllische kleine Lokrum, Korčula (berühmt für exzellente Weißweine und die Zitadelle), der Mljet-Nationalpark, die bergige Pelješac-Halbinsel und die umwerfend schönen Trsteno-Gärten.

Reisezeit

Dubrovnik

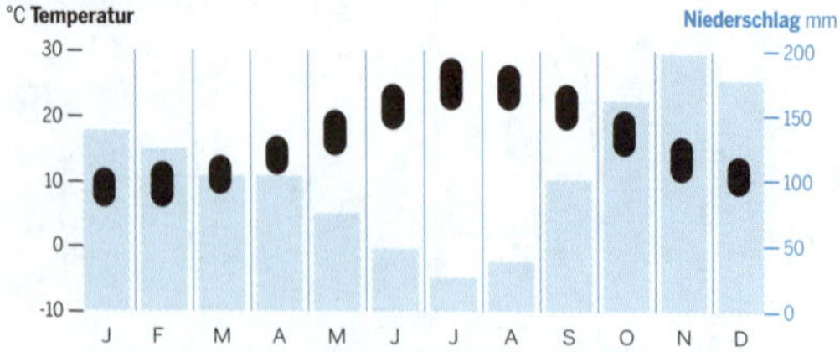

März oder April Osterprozessionen in den Straßen des mittelalterlichen Korčula.

Juli–Aug. Beim renommierten Sommerfestival von Dubrovnik die Lust auf Kultur stillen.

Okt. An diesem Küstenabschnitt ist das Meerwasser noch warm genug zum Schwimmen.

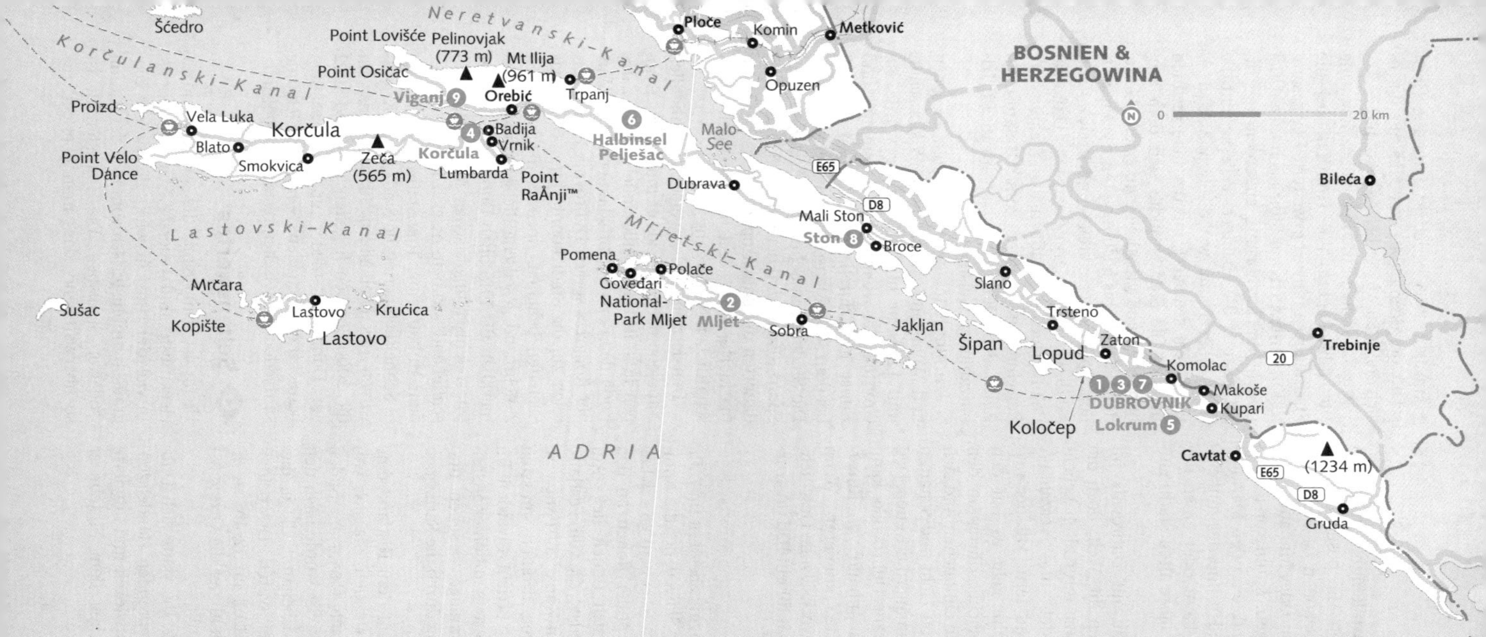

Highlights

1 Die Attraktion schlechthin: Dubrovnik von der **Stadtmauer** (S. 267) aus betrachten

2 Ein paar Tage auf der unberührten, bukolischen Insel **Mljet** (S. 285) verbringen – die kroatische Variante eines Inselparadieses

3 Bei einem Besuch der hervorragenden Fotogalerie **War Photo Limited** (S. 269) in Dubrovnik die Geschichte des Balkans verstehen lernen

4 Im von Stadtmauern umgebenen **Korčula** (S. 290) das mittelalterliche Flair auf sich wirken lassen

5 Das Eiland **Lokrum** (S. 284) erkunden

6 Den Bergkamm von **Pelješac** (S. 297) erklimmen

7 In einer der **Buža-Bars** (S. 281) von Dubrovnik den Sonnenuntergang genießen

8 Im alten Hafen von **Ston** (S. 299) Austern schlürfen

9 Im Surferparadies **Viganj** (S. 299) auf den Wellen reiten

DUBROVNIK

29 995 EW.

Egal, ob man Dubrovnik nun zum ersten oder zum hundertsten Mal besucht, angesichts der traumhaft schönen Lage und des Stradun wird es einem jedes Mal aufs Neue die Sprache verschlagen. Kaum vorstellbar, dass sich irgendjemand je an den Marmorstraßen, Barockgebäuden und der funkelnden Adria sattsehen kann oder einen der Anblick der etwa 500 Jahre alten Stadtmauern kaltlässt.

Die Bombenangriffe auf Dubrovnik im Jahr 1991 schockierten die Welt, doch die Stadt hat inzwischen zu ihrer alten Lebendigkeit zurückgefunden und verzaubert Reisende von nah und fern. Mit der neu hergerichteten Seilbahn geht es auf den Berg Srđ hinauf. Besucher dürfen in den mediterranen Lifestyle eintauchen und sich am Zusammenspiel von Licht und Schatten auf den steinernen Gemäuern erfreuen. Den Aufstieg und Niedergang Dubrovniks kann man in den Museen anhand von Kunstwerken und Artefakten studieren. Wenn man genug über die wechselvolle Geschichte gelernt hat, ist es Zeit für ein Bad im azurblauen Meer.

Geschichte

Die Geschichte Dubrovniks beginnt im 7. Jh. mit einem Angriff der Slawen, der die römische Stadt Epidaurum (das heutige Cavtat) auslöschte. Die Einwohner flohen an den sichersten Ort, der sich finden ließ: Auf eine felsige Insel (Ragusa), die vom Festland durch einen schmalen Kanal getrennt war. Da weitere Invasionen drohten, mussten dringend Stadtmauern errichtet werden. Im 9. Jh. war die Stadt bereits mit einer ausreichend starken Wehranlage versehen und konnte der Belagerung durch die Sarazenen 15 Monate lang trotzen.

Unterdessen war auf dem Festland eine weitere Siedlung entstanden, die sich von Zaton im Norden nach Cavtat im Süden erstreckte: Dubrovnik. Sie wurde nach den *dubrava* (Steineichen) benannt, die in dieser Gegend verbreitet waren. Die beiden Siedlungen verschmolzen im 12. Jh. zu einer Stadt und der Kanal, der die Orte einst trennte, wurde aufgefüllt.

Gegen Ende des 12. Jhs. hatte sich Dubrovnik zu einem bedeutenden Handelszentrum an der Küste entwickelt und fungierte als Bindeglied zwischen dem Mittelmeer und den Balkanstaaten.

Im Jahr 1205 geriet es unter die Herrschaft der Seerepublik Venedig, aus der es sich erst 1358 wieder befreien konnte.

Im 15. Jh. hatte die Respublica Ragusina (Republik Ragusa) ihre Grenzen über die Stadtmauern hinweg erweitert: Der gesamte Küstenstreifen von Ston nach Cavtat fiel nun in ihr Territorium, außerdem die Insel Lastovo, die Halbinsel Pelješac und die Insel Mljet. Damit war die Republik zu einer Macht avanciert, mit der man rechnen musste. Die Stadt wandte sich dem Seehandel zu und gründete eine eigene Flotte, deren Schiffe bis nach Ägypten, Syrien, Sizilien, Spanien, Frankreich und Istanbul entsandt wurden. Aufgrund gewitzter Diplomatie unterhielt die Stadt zu allen Staaten gute Beziehungen – sogar zum Osmanischen Reich, dem Dubrovnik dann im 16. Jh. Tributzahlungen leistete.

Jahrhundertelang herrschten Frieden und Wohlstand, sodass auch Wissenschaft und Literatur blühten. Leider wurde ein Großteil der Renaissancearchitektur und Kunst 1667 durch ein Erdbeben zerstört, bei dem 5000 Menschen ums Leben kamen. Die Stadt lag in Schutt und Asche, nur der Sponza-Palast und der Rektorenpalast überdauerten die Katastrophe. Dieses Erdbeben markierte auch den beginnenden wirtschaftlichen Niedergang.

Den letzten Schlag versetzte schließlich Napoleon der Stadt, als er mit seinen Truppen 1808 in Dubrovnik einfiel und hier das Ende der Republik proklamierte. Der Wiener Kongress sprach Dubrovnik 1815 Österreich zu; die Stadt konnte ihren Status als Seehafen behalten, doch es machten sich zunehmend gesellschaftliche Probleme bemerkbar. Bis 1918 blieb Dubrovnik Teil der österreichisch-ungarischen Monarchie. Anschließend widmete es sich immer stärker dem Aufbau seiner Tourismusindustrie.

Schließlich geriet die Stadt in die Kriegswirren des ehemaligen Jugoslawiens. An die 2000 Bomben hagelten 1991 und 1992 auf Dubrovnik nieder und verursachten beträchtliche Schäden. Sämtliche Gebäude sind jedoch inzwischen restauriert worden.

Sehenswertes

Heute ist Dubrovnik die wohlhabendste, eleganteste und teuerste Stadt Kroatiens. In vielerlei Hinsicht wirkt sie wie ein geografisch und historisch vom Rest der Nation isolierter Stadtstaat. Die Touristenflut ist so überwältigend, dass man überlegt, die

DUBROVNIK IN ...

... zwei Tagen

Wer für Dubrovnik bloß ein paar Tage Zeit hat, sollte früh losziehen und zuerst einmal einen Spaziergang auf der **Stadtmauer** unternehmen: Auf der einen Seite erstreckt sich die Altstadt, auf der anderen das endlose Blau der Adria. Dann mischt man sich am **Pile-Tor** unter die Menschenmassen und bummelt die herrliche Hauptstraße, die **Placa** hinunter, besser bekannt unter dem Namen Stradun. Im **Sugar & Spice** munden Kaffee und Kuchen, bevor die Besichtigung des **Franziskanerklosters & Museums** sowie des **Dominikanerklosters & Museums** ansteht. Anschließend schmeckt das leckere Mittagessen im **Lucin Kantun**. Zum Abschluss des Tages macht es Spaß, eine Runde am **Ploče-Strand** zu schwimmen und danach noch einen Cocktail zu schlürfen. Am zweiten Tag steht der Besuch des sagenhaften **Rektorenpalasts** und der **Kathedrale Mariä Himmelfahrt** auf dem Programm. In jedem Fall sollte man aber noch Zeit einplanen, um im **Sponza-Palast** vorbeizuschauen, bevor in der **Oyster & Sushi Bar Bota Šare** das leckere Abendessen wartet. In der **Bar Buža** wird dann bis zum Morgengrauen gezecht.

... vier Tagen

Wer Zeit hat, sich zwei Tage länger umzuschauen, sollte mit dem Schiff zum paradiesischen Eiland **Lokrum** fahren – es ist nur einen Hüpfer von Dubrovnik entfernt. Wieder in der Stadt macht es Spaß, in der **Troubadour Bar** Livemusik zu hören. Der vierte Tag gilt dann der Erkundung von **Lapad** mit seinen vielen Stränden.

Besucherzahlen in der Altstadt zu begrenzen: Wenn mehrere Kreuzer gleichzeitig im Hafen anlegen und ihre Passagiere an Land strömen, sind die wichtigsten Straßen regelrecht verstopft.

Dubrovniks Nord-Süd-Ausdehnung beträgt etwa 6 km. Ein Großteil der Hotels erhebt sich auf dem üppig grünen Kap Lapad im Nordwesten. Die Sehenswürdigkeiten verteilen sich in der Altstadt; dort dürfen nirgendwo Autos fahren. Über der Stadt ragt der Berg Srđ auf, der bequem mit der Seilbahn erreicht werden kann.

Das Pile-Tor ist der Haupteingang zur Altstadt; dort befindet sich auch die Endhaltestelle für die Busse aus Lapad und dem Hafen von Gruž.

ALTSTADT

LP TIPP Stadtmauern & Festungen — STADTMAUERN

(Gradske Zidine; Karte S. 272; Erw./erm. 70/30 Kn; April–Okt. 9–18.30 Uhr, Nov.–März 10–15 Uhr) Ein Besuch in Dubrovnik wäre ohne einen Spaziergang auf den spektakulären Stadtmauern nicht komplett. Sie zählen zu den schönsten der Welt – ihnen verdankt die Stadt einen Großteil ihres Ruhmes. Gebaut zwischen dem 13. und 16. Jh., sind sie bis heute vollständig erhalten.

Der erste Mauergürtel um die Stadt entstand im 13. Jh. Mitte des 14. Jhs. wurden die 1,5 m dicken Mauern dann mit 15 viereckigen Forts befestigt. Als im 15. Jh. die Gefahr eines Türkenangriffs drohte, wurden die bestehenden Forts weiter verstärkt und durch neue ergänzt. Die gesamte Altstadt ist heute von einer 2 km langen und bis zu 25 m hohen Wehrmauer umgeben. Auf der Landseite sind die Mauern dicker (bis zu 6 m), zur See hin sind es 1,5–3 m. Der **Minčeta-Turm** schützt den nördlichen Stadtrand vor einer Invasion vom Festland her, während im Westen die **Festung Lovrjenac** Angreifer vom Land und vom Meer abwehrt. Das Pile-Tor wird durch den **Bokar-Turm** gesichert, die **Festung Revelin** wacht über den östlichen Zugang zur Stadt.

Der Blick auf Dubrovnik und das Meer ist traumhaft. Allein deshalb ist der Mauerspaziergang ein Muss: Er gilt als Höhepunkt einer jeden Stadtbesichtigung. Den Haupteingang und den Ticketschalter findet man neben dem Pile-Tor, man kann jedoch auch durch das Ploče-Tor im Osten auf die Mauern gelangen (eine gute Idee, wenn es hektisch zugeht). Auf den Mauern bewegt man sich übrigens im Uhrzeigersinn fort.

Pile-Tor — STADTTOR

(Karte S. 272) Der nahe liegende Ausgangspunkt für eine Stadtbesichtigung ist das wunderschöne Stadttor von 1537. Wer am Eingang die Zugbrücke überquert, sollte

Dubrovnik

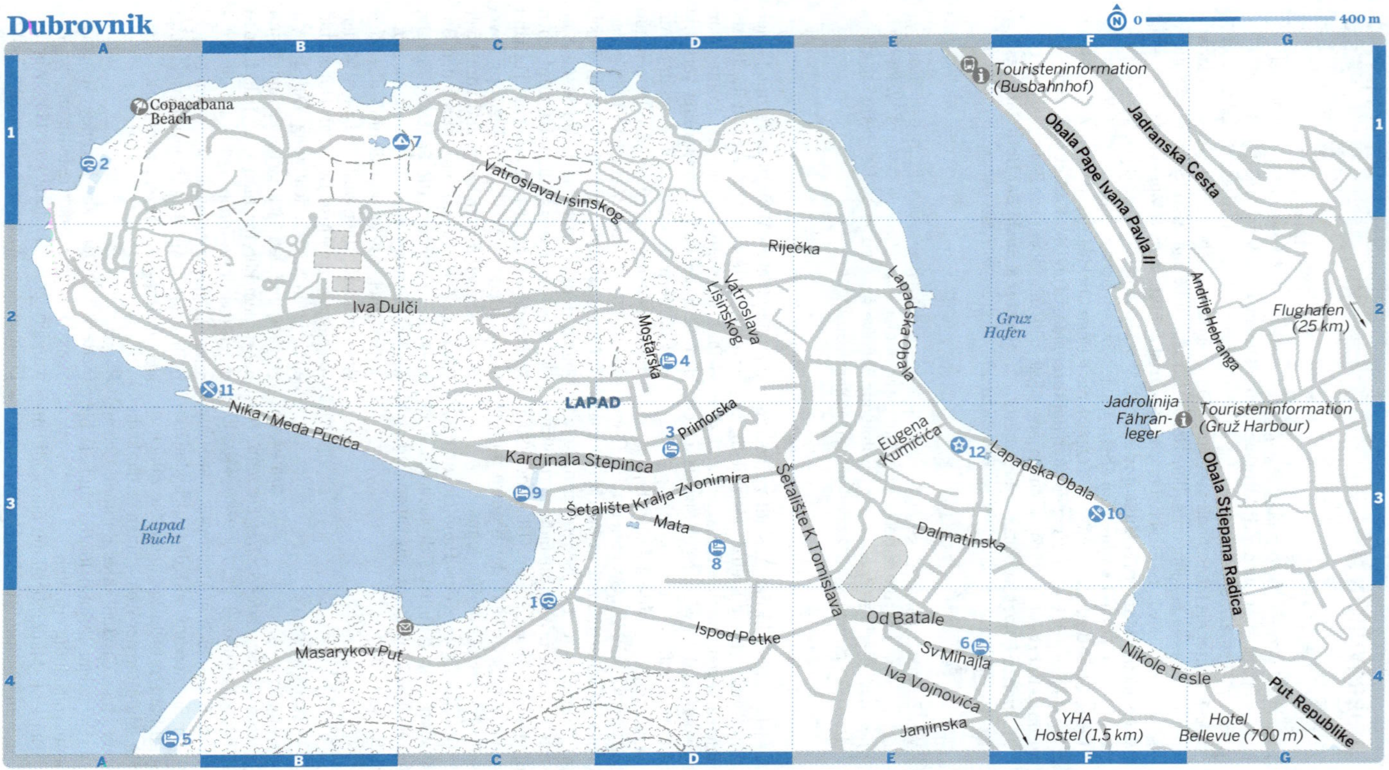
0
400 m
Touristeninformation (Busbahnhof)
Obala Pape Ivana Pavla II
Jadranska Cesta
Andrije Hebranga
Flughafen (25 km)
Touristeninformation (Gruž Harbour)
Jadrolinija Fähranleger
Obala Stjepana Radica
Put Republike
Hotel Bellevue (700 m)
YHA Hostel (1,5 km)
Nikole Tesle
Gruz Hafen
Lapadska Obala
Dalmatinska
Eugena Kumičića
Sv Mihajla
Iva Vojnovića
Janjinska
Od Batale
Šetalište K Tomislava
Riječka
Vatroslava Lisinskog
Primorska
Mostarska
LAPAD
Šetalište Kralja Zvonimira
Mata
Ispod Petke
Kardinala Stepinca
Iva Dulči
Nika i Meda Pucića
Masarykov Put
Copacabana Beach
Lapad Bucht
1
2
3
4
5
6
7
8
9
10
11
12
A
B
C
D
E
F
G

Dubrovnik

AKtivitäten, Kurse & Touren

1 Blue Planet Diving ... C4
2 Navis Underwater Explorers ... A1

Schlafen

3 Begović Boarding House ... D3
4 Dubrovnik Backpackers Club ... D2
5 Dubrovnik Palace ... A4
6 Hotel Ivka ... E4
7 Solitudo ... C1
8 Vila Micika ... D3
9 Villa Wolff ... C3

Essen

10 Blidinje ... F3
11 Levanat ... B2

Unterhaltung

12 Open-Air-Kino (Lapad) ... E3

sich vor Augen halten, dass diese Brücke früher jeden Abend hochgezogen, das Tor abgesperrt und der Schlüssel dem Prinzen übergeben wurde. Eine **Statue des heiligen Blasius**, des Schutzpatrons der Stadt, steht in einer Nische über dem Renaissancebogen. Nach dem äußeren Tor folgt das innere Tor von 1460, dahinter öffnet sich ein herrlicher Blick auf die Hauptstraße, **Placa** oder Stradun, Dubrovniks Flaniermeile. Sie erstreckt sich bis zum Ende der Altstadt und weitet sich am östlichen Ende zum **Luža-Platz**, auf dem in früheren Zeiten der Markt abgehalten wurde.

LP TIPP War Photo Limited — FOTOGALERIE

(Karte S. 250; ☎326 166; www.warphotoltd.com; Antuninska 6; Eintritt 30 Kn; ⏲Juni–Sept. 9–21 Uhr, Mai & Okt. Di–Sa 9–15, So 9–13 Uhr) Der Besuch dieser modernen Fotogalerie wird bleibenden Eindruck hinterlassen. Die Fotos und Ausstellungen sind wunderbar präsentiert; Kurator ist der Fotojournalist Wade Goddard, der in den 1990er-Jahren in den Balkanländern arbeitete.

Die Mission von War Photo ist, „den Kriegsmythos bloßzustellen ... Menschen den Krieg zu zeigen, wie er ist: grausam, beängstigend und korrupt; zu zeigen, wie Unschuldige und Kämpfer gleichermaßen zu Opfern der Ungerechtigkeit werden.“ Dieses Ziel wird souverän erreicht, denn die Galerie belegt die Auswirkungen der kriegerischen Auseinandersetzungen mit unglaublich bewegendem und fesselndem Fotomaterial – ein überaus intensives visuelles Erlebnis.

Zu den jüngsten Ausstellungen zählen „Die gebrochenen Lichter Jugoslawiens“ von Emmanuel Ortiz, die eindrucksvolle Präsentation „Bosnier“ von Paul Lowe sowie „Srebrenica“ von Tarik Samarah. Die Dauerausstellung im Obergeschoss widmet sich dem Krieg im ehemaligen Jugoslawien anhand von Aufnahmen des Fotografen Ron Haviv sowie audiovisuellen Exponaten. Hinweis: War Photo Limited ist von November bis April geschlossen.

Franziskanerkloster & Museum — KLOSTER

(Muzej Franjevačkog Samostana; Karte S. 250; Placa 2; Erw./erm. 30/15 Kn; ⏲9–18 Uhr) Über dem Klostereingang prangt eine bemerkenswerte *Pietà* der hiesigen Bildhauer Petar und Leonard Andrijić von 1498. Leider überdauerte nur das Portal der reich verzierten Kirche das Erdbeben 1667. In der Klosteranlage lohnt der **Kreuzgang** (Mitte 14. Jh.) einen Blick; er zählt zu den schönsten Baudenkmälern Dalmatiens aus der Zeit der Spätromanik. Jedes Kapitell über den unglaublich schmalen Doppelsäulen zeigt eine andere Darstellung: Köpfe, Tiere und Blumenornamente. Ebenfalls sehenswert ist der kleine Garten, den Orangenbäume und Palmen beschatten.

Im Inneren findet man die drittälteste Apotheke Europas: Sie ist seit 1391 in Betrieb und war wohl die erste in Europa, die auch das „gemeine Volk“ bediente. Das kleine Klostermuseum beherbergt Reliquien, liturgische Objekte (darunter Kelche), Gemälde, Goldschmuck, pharmazeutisches Gerät und medizinische Bücher. Die Munition, die die Klostermauern während des Bürgerkriegs durchlöcherte, wurde ebenfalls aufbewahrt.

Hier finden häufig gute Foto- oder Kunstausstellungen statt.

Dominikanerkloster & Museum — KLOSTER

(Muzej Dominikanskog Samostana; Karte S. 250; bei der Ulica Svetog Dominika 4; Erw./erm. 20/10 Kn; ⏲Mai–Okt. 9–18 Uhr, Nov.–April 9–17 Uhr) Dieses wirklich beeindruckende architektonische Meisterwerk im Übergangsstil von der Gotik zur Renaissance birgt eine Fülle herrlicher Gemälde. Das Kloster entstand etwa zur selben Zeit wie die Stadtmauern (im 14. Jh.) und erinnert von außen eher an eine Festung als an ein religiöses Bauwerk. Im Innern befindet sich ein schöner Kreuzgang aus dem 15. Jh., den einheimische Künstler nach dem Entwurf des florentinischen Architekten Massa di Bartolomeo gestalteten. In der großen, einschiffigen Kirche beeindruckt das Altargemälde von Vlaho Bukovac. Im Ostflügel ist die imposante Kunstsammlung des Klosters untergebracht; sehenswert sind z. B. die Werke von Nikola Božidarević, Dobrić Dobričević und Mihajlo Hamzić.

Rektorenpalast PALAST

(Karte S. 250; Pred Dvorom 3; Erw./erm. 35/15 Kn, Audioguide 30 Kn; ⌚Mai–Okt. 9–18 Uhr, Nov.–April 9–16 Uhr) Der Rektorenpalast mit Elementen aus Gotik und Renaissance stammt aus dem späten 15. Jh. und weist zahlreiche prachtvolle Ornamente auf. Er wurde zwar mehrfach umgebaut, beeindruckt aber trotzdem durch seine Einheitlichkeit. Sehenswert sind die schön gemeißelten Kapitelle und das Treppenhaus im Atrium, in dem im Sommer oft Konzerte stattfinden. Hier befindet sich auch eine Statue von Miho Pracat, der sein Vermögen der Republik vermachte und als einziger Bürgerlicher in der tausendjährigen Republik mit einer Statue (1638) geehrt wurde. Seine Hinterlassenschaft muss also ganz erheblich gewesen sein. Der Palast wurde für den Rektor gebaut, der Dubrovnik regierte; er enthält sowohl sein Amtszimmer und seine Privatgemächer als auch öffentliche Säle und Amtsstuben. Zu den Eigenheiten des politischen Systems der Republik Ragusa gehörte, dass der jeweils gewählte Rektor das Gebäude während seiner einmonatigen Amtszeit ohne Genehmigung des Senats nicht mehr verlassen durfte. Heute wird das Haus als Museum genutzt und beeindruckt Besucher mit seinen kunstvoll restaurierten Räumen, Porträts, Wappen und Münzen aus der glanzvollen Stadtgeschichte.

Kathedrale Mariä Himmelfahrt KATHEDRALE

(Stolna Crkva Velike Gospe; Karte S. 250; Poljana M Držića; ⌚morgens & spätnachmittags zur Messe geöffnet) Die Kirche entstand an der Stelle einer Basilika aus dem 7. Jh. und wurde im 12. Jh. erweitert. Die ursprüngliche Kathedrale Mariä Himmelfahrt soll angeblich vom englischen König Richard Löwenherz gestiftet worden sein, der bei der nahe gelegenen Insel Lokrum Schiffbruch erlitten hatte, jedoch gerettet wurde. Nachdem der erste Bau durch das Erdbeben 1667 zerstört worden war, nahmen die Arbeiten an der neuen Kathedrale ihren Anfang. Sie wurde 1713 im Barockstil fertiggestellt. Die Kathedrale ist für ihre schönen Altäre bekannt, vor allem für den Nepomuk-Altar aus violettem Marmor. Im **Schatzhaus** (Riznica; Erw./erm. 10/5 Kn; Mai–Okt. Mo–Sa 8–17.30, So 11–17.30 Uhr, Nov.–April 10–12 & 15–17 Uhr) befinden sich die Reliquien des heiligen Blasius sowie 138 Reliquienschreine aus Gold und Silber, die Goldschmiede aus Dubrovnik vom 11. bis 17. Jh. in ihren Werkstätten fertigten. Von den religiösen Gemälden ist die Himmelfahrt Mariens, ein mehrfarbiges Polyptychon aus der Werkstatt des italienischen Malers Tizian (16. Jh.), erwähnenswert.

Sponza-Palast PALAST

(Karte S. 272; Stradun) Der Sponza-Palast war im 16. Jh. als Zollamt gebaut worden und diente dann als Münze sowie als Schatzhaus und als Bank. Heutzutage sind darin die **Staatsarchive** (Državni Arhiv u Dubrovniku; Eintritt 20 Kn; ⌚Mo–Fr 8–15, Sa 8–13 Uhr) untergebracht. Von unbezahlbarem Wert ist eine Sammlung von fast 1000 Jahre alten Manuskripten. Das edle Bauwerk präsentiert sich in einer Mischung aus Stilelementen der Gotik und Renaissance. Der Renaissance-Portikus ruht auf sechs Säulen. Im ersten Obergeschoss beeindrucken spätgotische Fenster, die Fenster im 2. Stock sind im Stil der Renaissance gehalten. Eine Nische birgt die Statue des heiligen Vlaho. Im **Gedenkraum der Verteidiger Dubrovniks** (⌚Mo–Fr 10–22, Sa 8–13 Uhr) sieht man eine ergreifende Sammlung von Porträts junger Leute, die in den Jahren zwischen 1991 und 1995 bei der Verteidigung ihrer Stadt ums Leben kamen.

St.-Ignatius-Kirche KIRCHE

(Crkva Svetog Ignacija; Karte S. 250; Uz Jezuite; ⌚spätabends zur Messe geöffnet) Diese Kirche wurde im selben Stil wie die Kathedrale Mariä Himmelfahrt erbaut und im Jahr 1725 vollendet. Die Fresken zeigen Szenen aus dem Leben des heiligen Ignatius, dem Begründer des Jesuitenordens. An die Kirche grenzt das **Jesuitenkolleg**, von dort führt eine breite Treppe hinunter zum Gundulićeva-Poljana-Platz, auf dem ein lebhafter **Morgenmarkt** stattfindet. Das Denkmal, das in der Mitte des Platzes steht, stellt einen berühmten Dichter aus Dubrovnik dar: Ivan Gundulić. Die Reliefs am Sockel zeigen einige Szenen aus seinem epischen Gedicht *Osman*.

St.-Blasius-Kirche KIRCHE

(Crkva Svetog Vlahe; Luža-Platz; ⌚Mo–Sa morgens & spätnachmittags zur Messe geöffnet) Die imposante Kirche wurde im Jahr 1715 im Barockstil erbaut. Ihre reich geschmückte Fassade steht in starkem Kontrast zu den nüchternen Wohngebäuden in der Umgebung. Im Kirchenraum sind vor allem die Marmoraltäre und eine Statue des Stadtpatrons (Blasius) mit Silberauflage aus dem 15. Jh. erwähnenswert. Letzterer hält ein maßstabsgetreues Modell von Dubrovnik aus der Zeit vor dem verheerenden Erdbeben in der Hand.

Onofrio-Brunnen BRUNNEN

(Karte S. 272) Eines der bekanntesten Wahrzeichen von Dubrovnik ist der Onofrio-Brunnen. Er wurde 1438 als Teil der städtischen Wasserversorgung errichtet; das Wasser wurde damals von einer Quelle 12 km in die Stadt geleitet. Ursprünglich war der Brunnen mit einer Skulptur geschmückt, doch das Erdbeben von 1667 verursachte so schlimme Schäden, dass nur 16 Masken erhalten geblieben sind, aus denen jetzt das Wasser ins Becken sprudelt.

Serbisch-orthodoxe Kirche & Museum KIRCHE, MUSEUM

(Muzej Pravoslavne Crkve; Karte S. 272; Od Puča 8; Erw./erm. 10/5 Kn; ⏲Mo–Sa 9–14 Uhr) Die serbisch-orthodoxe Kirche & Museum aus dem Jahr 1877 präsentiert eine wunderschöne Ikonensammlung mit Werken aus dem 15. bis 19. Jh. Neben Porträts der heiligen Familie aus Kreta, Italien, Russland und Slowenien gibt es hier auch diverse Porträts des illustren kroatischen Malers Vlaho Bukovac zu bewundern. Die Ikonen der Kirche waren während der Recherchen zu diesem Reiseführer gerade an eine Ausstellung in Belgrad verliehen, müssten jedoch im Lauf des Jahres 2013 wieder hier eintreffen.

Synagoge SYNAGOGE

(Sinagoga; Karte S. 272; Žudioska 5; Eintritt 20 Kn; ⏲Mai–Okt. Mo–Fr 10–20 Uhr, Nov.–April bis 15 Uhr) Die älteste sephardische und zweitälteste Synagoge des Balkans datiert aus dem 15. Jh. Sie beherbergt ein Museum, das alte religiöse Objekte sowie eine interessante Dokumentation zur jüdischen Bevölkerung der Stadt präsentiert.

Erlöserkirche KIRCHE

(Crkva Svetog Spasa; Karte S. 272; Placa) Die zwischen 1520 und 1528 erbaute Kirche zählt zu den wenigen Gebäuden, die das Erdbeben von 1667 überstanden. Sie ist zu gelegentlichen Ausstellungen und Konzerten bei Kerzenschein geöffnet.

Ethnografisches Museum MUSEUM

(Etnografski Muzej; Karte S. 272; Od Rupa; Erw./erm. 40/20 Kn; ⏲So–Fr 9–16 Uhr) Das im Rupe-Kornspeicher aus dem 16. Jh. untergebrachte Ethnografische Museum präsentiert Exponate, die sich mit der Landwirtschaft und einheimischen Traditionen und Bräuchen beschäftigen.

Orlando-Säule MONUMENT

(Karte S. 272; Luža-Platz) Die Orlando-Säule ist ein beliebter Treffpunkt. Früher wurden hier Edikte und Schuldsprüche erlassen und Feste gefeiert. Der Unterarm des mittelalterlichen Ritters von 1417 diente einst als offizielle Maßeinheit der Republik – die Elle von Dubrovnik ist 51,1 cm lang.

Schifffahrtsmuseum MUSEUM

(Karte S. 272; Erw./erm. 40/20 Kn; ⏲Mai–Sept. 9–18 Uhr, Okt.–April bis 16 Uhr) Das Museum in der Johannes-Festung spürt der Geschichte der Seefahrt in Dubrovnik anhand von Modellschiffen, nautischen Objekten und Gemälden nach.

ÖSTLICH DER ALTSTADT

LP TIPP Seilbahn SEILBAHN

(Karte S. 272; www.dubrovnikcablecar.com; Petra Krešimira IV; Erw./erm. 87/50 Kn; ⏲9Mai–Okt. Di–So 9–22 Uhr, restl. Jahr weniger lang) Dubrovniks Seilbahn gleich nördlich der Stadt befördert die Passagiere in nicht einmal vier Minuten auf den Berg Srđ hinauf. Am Ende wartet auf 405 m Höhe ein sagenhafter Panoramablick über die Altstadt mit ihren Terrakottadächern bis hinüber zur Insel Lokrum und den Elafiti-Inseln am fernen Horizont. Die Fernrohre sind sehr hilfreich, um die Details weit unten genauer in Augenschein zu nehmen. Ein Imbiss und ein Restaurant sind hier oben auch vorhanden.

Bürgerkriegsmuseum MUSEUM

(www.tzdubrovnik.hr; Eintritt 20 Kn; ⏲April–Okt. tgl. 8–18 Uhr, Nov.–März tgl. 9–16 Uhr) Das Museum widmet sich dem Bürgerkrieg – wie der Krieg in den 1990er-Jahren in Kroatien genannt wird. Wer mehr über die Geschichte Dubrovniks während dieser Zeit erfahren möchte, ist hier genau richtig. Das Museum befindet sich in einem Napoleonischen Fort ein kleines Stück oberhalb vom Ausstieg aus der Seilbahn. Zu besichtigen sind die Geschosse, mit denen Dubrovnik unter Beschuss genommen wurde, eine detaillierte Karte der zerstörten Stadt sowie Videos von der Bombardierung.

Dubrovnik Altstadt

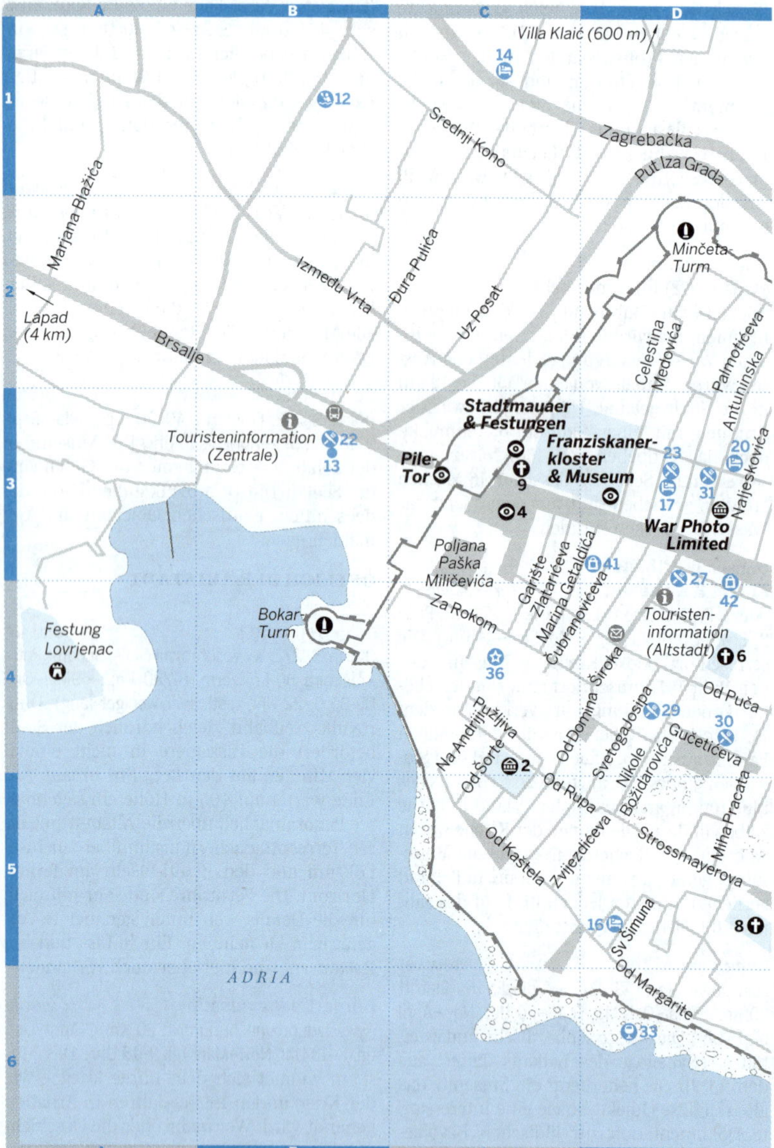

GRATIS **Museum für moderne Kunst** MUSEUM (Frana Supila 23; ⌚Di–So 10–19 Uhr) Das Museum präsentiert zeitgenössische Künstler aus Kroatien, allen voran den einheimischen Maler Vlaho Bukovac (1855–1922), ein Vertreter des Jugendstils.

Aktivitäten

Schwimmen

Es gibt ein paar Stadtstrände in Dubrovnik, wer es aber gern etwas abgeschiedener und ruhiger hätte, sollte mit dem Schiff nach Lokrum oder auf die Elafiten übersetzen.

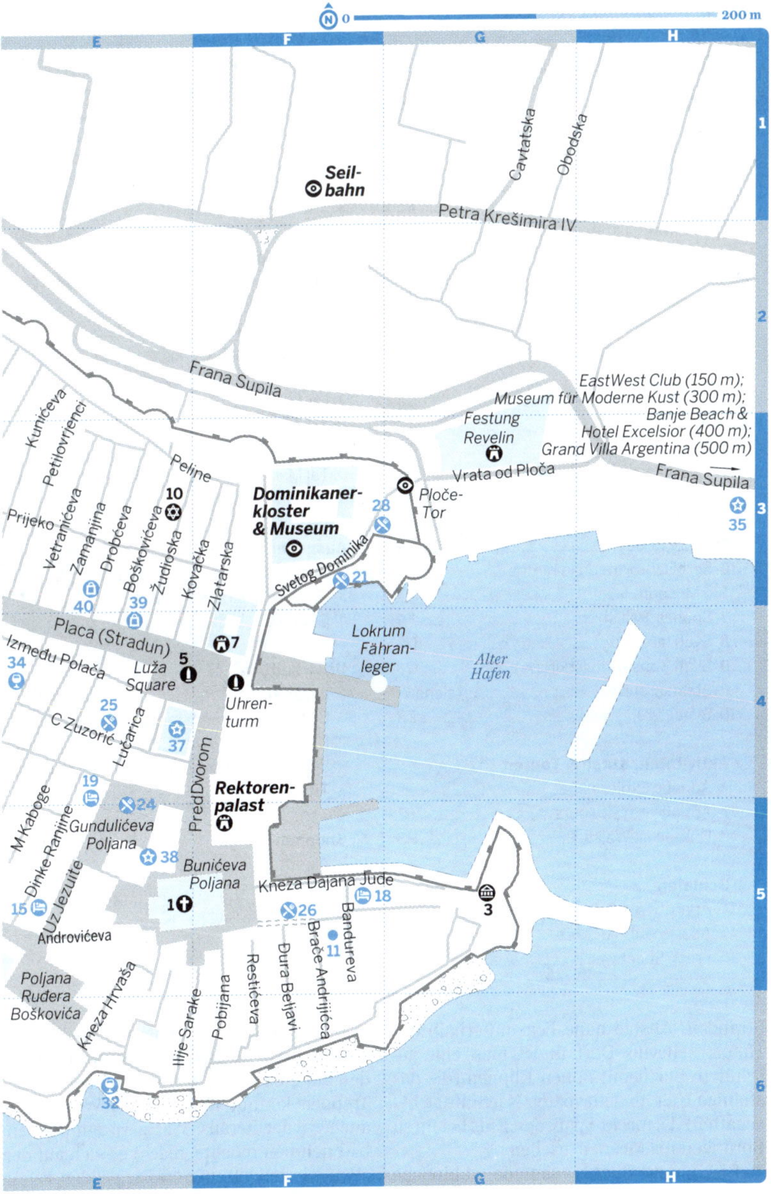

Der **Banje-Strand** liegt rund 600 m östlich vom Ploče-Tor und ist der beliebteste Stadtstrand. Seit ein Abschnitt abgetrennt wurde, der jetzt nur noch vom exklusiven EastWest Club genutzt werden darf, ist er allerdings noch überfüllter. Gleich südöstlich liegt **Sveti Jakov**, ein netter, ruhiger Strand mit Duschen, einer Bar und einem Restaurant. Die Buslinien 5 und 8 fahren dorthin.

Im Westen der Stadt, jenseits des Pile-Tors, erstrecken sich die Strände **Šulići** (steinig) und **Danče** (felsig). Der schönste

Dubrovnik Altstadt

Highlights

- Seilbahn ... F1
- Stadtmauer & Festungen ... C3
- Dominikanerkolster & Museum ... F3
- Franciskanerkloster & Museum ... D3
- Pile-Tor ... C3
- Rectorenpalast ... F5
- War Photo Limited ... D3

Sehenswertes

1 Kathedrala Velika Gospa (Kathedrale Mariä Himmelfahrt) ... E5
Cathedral of the Assumption of the Virgin Treasury ... (siehe 1)
2 Ethnographisches Museum ... C4
Jesuitenkolleg ... (siehe 8)
3 Schiffahrtsmuseum ... G5
Gedenkraum der Verteidiger Dubrovniks ... (siehe7)
4 Onofrio-Brunnen ... C3
5 Orlando-Säule ... E4
6 Serbisch-orthodoxe Kirche & Museum ... D4
7 Sponza-Palast ... F4
8 Sveti Ignacijo ... D5
9 Sveti Spas (Erlöserkirche) ... C3
Staatsarchive ... (siehe 7)
10 Synagoge ... E3

Aktivitäten, Kurse & Touren

11 Adriatic Explore ... F5
12 Adriatic Kayak Tours ... B1
13 Dubrovnik Walks ... B3

Schlafen

14 Apartments & Rooms Biličić ... C1
15 Apartments Amoret ... E5
16 Fresh Sheets ... D5
17 Hotel Stari Grad ... D3
18 Karmen Apartments ... F5
19 Pucić Palace ... E4
20 Rooms Vicelić ... D3

Essen

21 360° by Jeffrey Vella ... F3
Defne ... (siehe 19)
22 Dubravka 1836 ... B3
Konzum ... (siehe 24)
23 Lucin Kantun ... D3
24 Morgenmarkt ... E5
25 Oliva Gourmet ... E4
26 Oyster & Sushi Bar Bota Šare ... F5
27 Proto ... D3
28 Revelin ... F3
29 Sugar & Spice ... D4
30 Taj Mahal ... D4
31 Wanda ... D3

Ausgehen

32 Buža ... E6
33 Buža II ... D6
34 Gaffe ... E4

Unterhaltung

35 Lazareti ... H3
36 Open-Air-Kino (Altstadt) ... C4
37 Blasius-Kirche ... E4
Sveti Spas (Erlöserkirche) ... (siehe 9)
38 Troubadur ... E5

Shoppen

39 Algoritam ... E4
40 Lega-Lega ... E3
41 Magnolika ... D3
42 Uje ... D3

Strand in Altstadtnähe liegt unterhalb des Hotels Bellevue. Dort findet man eine geschützte Bucht mit hohen Klippen (die das steinige Ufer ab dem späten Nachmittag beschatten). Es macht Spaß, den Kids bei ihren Sprüngen ins Meer zuzusehen.

Die **Lapad-Bucht** säumen zahlreiche Hotelanlagen mit Stränden, die man problemlos nutzen kann. Nett ist beispielsweise die Bucht beim Hotel Kompas. In der Nähe befindet sich der **Copacabana-Strand** auf der Halbinsel Babin Kuk mit seichtem Wasser und einer Rutsche für Kinder. FKK-Fans ziehen weiter nach **Cava** (beim Copacabana-Strand ausgeschildert).

In der Altstadt besteht die Möglichkeit, unterhalb der Buža-Bars zu schwimmen, an der äußeren Seite der Stadtmauern. Über Treppen kommt man gut ins Wasser und auch wieder heraus. Wer gern ein Sonnenbad nehmen möchte, macht es sich auf den zementierten Flächen zwischen den Felsen gemütlich.

Tauchen, Kajakfahren & Raften

Rund um Dubrovnik befinden sich mehrere tolle Tauchreviere.

Navis Underwater Explorers (Karte S. 268; ☎099 35 02 773; www.navisdubrovnik.com; Copacabana Beach) bietet Tauchausflüge für

DUBROVNIK: ZERSTÖRUNG & WIEDERAUFBAU

Viele werden sich noch an die Berichterstattung im Fernsehen über die Bombardierung Dubrovniks erinnern. Auch wenn mittlerweile viel Zeit vergangen ist, bleibt den meisten Einheimischen das Jahr unvergessen, als in Dubrovnik Krieg herrschte – zig Plaketten in der ganzen Altstadt erinnern daran.

Die Bomben vernichteten 68 % der 824 historischen Gebäude in der Altstadt, zwei von drei Häusern wiesen Schäden im Ziegeldach auf. Die Gebäudefassaden und gepflasterten Straßen bekamen 314 Treffer ab, die wunderschöne Stadtmauer 111. Neun historische Palais' fielen komplett den Flammen zum Opfer, der Sponza-Palast, der Rektorenpalast, die St. Blasiuskirche, das Franziskanerkloster sowie die beiden herrlichen Brunnenanlagen, der Amerling- und der Onofrio-Brunnen, wurden schwer beschädigt. Die Kosten für den Wiederaufbau beliefen sich auf schätzungsweise zehn Millionen US$. Rasch fiel der Beschluss, Reparaturarbeiten und Wiederaufbau mit traditionellen Techniken durchzuführen, und zwar unter Verwendung der originalen Materialen, soweit dies möglich war.

Seitdem erstrahlt Dubrovnik wieder in seiner alten Pracht. Die herrliche Stadtmauer ist wieder intakt, die Straßen sind mit schimmerndem Marmor gepflastert, und so berühmte Baudenkmäler wie der Onofrio-Brunnen aus dem 15. Jh. und der Uhrturm wurden liebevoll restauriert. Die Schäden am Sponza-Palast, am Rektorenpalast, an der St. Blasiuskirche, an der Kathedrale sowie an verschiedenen Bürgerhäusern aus dem 17. Jh. wurden mit der tatkräftigen Hilfe eines internationalen Teams von speziell ausgebildeten Steinmetzen repariert.

Freizeittaucher an (auch zum Wrack der *Taranto*) sowie diverse Kurse. **Blue Planet Diving** (Karte S. 268; ☎091 89 90 973; www.blueplanet-diving.com; Masarykov Put 20, Hotel Dubrovnik Palace) hat so etwa das gleiche Programm.

Wer einen Kajakausflug unternehmen möchte, setzt sich mit **Adriatic Kayak Tours** (Karte S. 272; ☎091 72 20 413; www.adriatickayaktours.com; Zrinsko Frankopanska 6) in Verbindung; das Angebot reicht von Halbtagesausflügen zum Paddeln bis hin zu einwöchigen Trips. Außerdem steht Wildwasserraften auf dem Fluss Tara in Montenegro auf dem Programm.

Geführte Touren

Dubrovnik Walks STADTSPAZIERGÄNGE
(Karte S. 272; ☎095 80 64 526; www.dubrovnikwalks.com) Ausgezeichnete geführte Spaziergänge in englischer Sprache. Die einstündigen Rundgänge durch die Altstadt (90 Kn) beginnen täglich um 10 sowie um 18 Uhr (Mai, Juni, September & Oktober) bzw. 19 Uhr (Juli & August). Außerdem kann man täglich um 9.30 und 15.30 Uhr (17.30 Uhr im Juli und August) 1½ Stunden mit einem Führer über die Stadtmauer spazieren und sich dabei die Festungen ansehen (160 Kn). Treffpunkt ist der Club Fuego gleich westlich des Pile-Tors. Eine vorherige Anmeldung ist nicht notwendig.

Adriatic Explore BUS, BOOT
(Karte S. 272; ☎323 400; www.adriatic-explore.com; Bandureva 4) Die Tagesausflüge nach Mostar und Montenegro (zu jeweils 360 Kn) sind überaus beliebt. Auch Exkursionen nach Korčula und zur Halbinsel Pelješac (390 Kn) werden veranstaltet.

Feste & Events

Das **Fest des hl. Blasius** (3. Feb.) wird mit historischen Aufführungen und Umzügen in der ganzen Stadt begangen. Der **Karneval**, der im Februar den Frühling verkündet, wird ebenfalls groß gefeiert.

Dubrovnik Sommerfestival KULTUR
(☎326 100; www.dubrovnik-festival.hr; Tickets 50–300 Kn) Die Dubrovniker Sommerspiele zählen zu den hochkarätigsten Veranstaltungen des Landes. Im Juli und August finden fünf Wochen lang in der gesamten Stadt Theater-, Konzert- und Tanzvorführungen unter freiem Himmel statt. Neben nationalen Künstlern und Folkloregruppen aus der Region treten auch internationale Größen auf. Es werden Theaterstücke von Shakespeare sowie griechische Tragödien aufgeführt, und man kann Kammermusik oder Symphonieorchestern lauschen. Karten sind im Festspielbüro an der Placa bzw. eine Stunde vor Beginn der Vorstellungen

am Veranstaltungsort erhältlich (auch Onlinereservierungen möglich).

Libertas Film Festival FILM
(www.libertasfilmfestival.com) Das Libertas Film Festival findet vom 29. Juni bis 4. Juli statt. Gezeigt werden Spielfilme, Dokumentationen und Kurzfilme an verschiedenen Stätten und Plätzen in der Altstadt, und zwar im Rahmen von gut besuchten Open-Air-Veranstaltungen.

Park Orsula Musik Festival MUSIK
(www.parkorsula.du-hr.net) Von Mitte Juni bis September findet im Orsula-Park immer ein wunderschönes Sommermusikfestival statt – das Programm reicht von Jazz und Hip-Hop bis hin zu traditioneller Volksmusik aus Dalmatien und Konzerten mit klassischer Musik. Der Park liegt auf einem Hügel mit Blick über die Stadt, und das Flair ist einfach sagenhaft.

Schlafen

Dubrovnik ist nicht groß, aber so heiß begehrt bei Touristen, dass zahllose Unterkünften über das Stadtgebiet verteilt sind. Dies ist die teuerste Stadt des Landes, man muss also etwas tiefer in die Tasche greifen als anderswo. Viele Mittelklassehotels sind in Lapad, 4 km westlich des Zentrums, angesiedelt; in der Altstadt befinden sich kaum Schlafgelegenheiten. Weil der öffentliche Nahverkehr hervorragend ausgebaut ist, stellt es keinesfalls ein Problem dar, wenn man etwas außerhalb des Zentrums wohnt. Unterkünfte müssen allerdings weit im Voraus gebucht werden, insbesondere für die Sommermonate.

Wer nur ein kleines Budget hat, wählt am besten Privatleute als Gastgeber. Einfach renommierte Reiseveranstalter oder die Touristeninformation kontaktieren. Vorsicht bei den Pensionsbesitzern, die einen am Busbahnhof bzw. Fährterminal bestürmen: Manche halten, was sie versprechen, andere aber eben nicht und machen falsche Angaben. Man sollte versuchen, den Standort der Unterkunft vorab zu bestimmen, falls man die Altstadt zu Fuß erreichen möchte. Wer in einer nicht registrierten „Pension" übernachtet, kann im Falle eines Problems nicht mit Unterstützung rechnen. Die offiziellen Unterkünfte erkennt man gewöhnlich an den blauen *sobe*-Schildern (heißt „Zimmer frei"). In der Hauptsaison muss man mit Preisen ab 300 Kn für ein Doppelzimmer rechnen, für ein Apartment ab 500 Kn.

ALTSTADT & UMGEBUNG

LP TIPP **Karmen Apartments** APARTMENTS €€
(Karte S. 272; ☎098 619 282, 323 433; www.karmendu.com; Bandureva 1; Apt. 450–1200 Kn; ❄📶) Die vier einladenden, anheimelnden Apartments unter der Leitung von Marc van Bloemen, einem Engländer, der schon seit Jahrzehnten in Dubrovnik lebt, liegen lediglich einen Steinwurf vom Hafen Ploče entfernt. Alle besitzen viel Flair und sind individuell mit geschmackvollen Möbeln, Kunstwerken und Büchern zum Schmökern bestückt; Farben setzen Akzente. Das Apartment 2 verfügt über einen kleinen Balkon, dafür kann das Apartment 1 mit einem schönen Blick auf den Hafen aufwarten. Marc und seine Mutter umsorgen ihre Gäste wirklich vortrefflich. Unbedingt rechtzeitig im Voraus buchen.

LP TIPP **Hotel Bellevue** HOTEL €€€
(☎330 000; www.hotel-bellevue.hr; Petra Čingrije 7; DZ ab 1900 Kn; P❄@📶🏊) Die etwas altbacken wirkende Fassade mit getöntem Glas sollte man einfach ignorieren, denn eigentlich ist das Bellevue wirklich stilvoll. Es thront auf einem Felsen über der Adria, 15 Gehminuten westlich des Pile-Tors. Alle Zimmer haben Balkone mit herrlichem Ausblick. Das Dekor ist modern, das Restaurant, Vapor, erstklassig, die Einrichtungen sind hervorragend und die Mitarbeiter auf Zack, aber das Allerbeste ist die Bucht mit Badestrand unterhalb, zu der man dank des Hotelaufzugs direkten Zugang hat. Die Fitnessausstattung kann man vergessen, dafür ist der Wellnessbereich sehr nett.

LP TIPP **Fresh Sheets** HOSTEL €
(Karte S. 272; ☎091 79 92 086; www.igotfresh.com; Sv Šimuna 15; B/DZ 210/554 Kn; @📶) Das einzige Hostel in der Altstadt ist eine klassische Backpackerbleibe: warm, herzlich und lebhaft. Das Fresh Sheets liegt ruhig direkt an der Stadtmauer nicht weit von den beiden Buža-Bars entfernt. Der kleine Anmarsch lohnt den Aufwand allemal. Unten befindet sich ein geselliger Aufenthaltsraum für die Gäste, der Kühlschrank ist mit kaltem Bier bestückt. Im Obergeschoss liegen zwei saubere, einfache Mehrbettzimmer mit jeweils acht Betten, Schließfächern und Ventilator sowie ein Vierbettzimmer und ein gemütliches Doppelzimmer mit Meerblick. Das Fresh Sheets wird von einem absolut gastfreundlichen Team gemanagt, das auch

Ausflüge, internationale Abendessen und andere Vergnügungen organisiert.

Apartments Amoret APARTMENTS €€
(Karte S. 250; ☎091 53 04 910; www.dubrovnik-amoret.com; Dinke Ranjine 5; Apt. 755–1423 Kn; ❄📶) Elf sehr hochwertige, renovierte Studios (alle inkl. Bad und WLAN) sind über drei historische Gebäude in der Altstadt verteilt. Die Besucher dürfen sich auf elegantes Dekor, geschmackvolle Möbel, das eine oder andere Kunstwerk und Parkettböden freuen. Außerdem gehören Küchenzeilen zur Ausstattung. Das Amoret 1 bietet eine nette Terrasse für die Gäste. Kein Frühstück.

Hotel Excelsior HOTEL €€€
(☎353 353; www.hotel-excelsior.hr; Frana Supila 12; EZ/DZ ab 1640/1960 Kn; P❄@📶≋) Dubrovniks beste Adresse wurde 2008 für beeindruckende 22 Mio. Euro generalrenoviert – eine Investition, die sich wahrhaftig gelohnt hat. Das Hotel umweht das Flair des Besonderen – hier logierten schon königliche Hoheiten und Hollywoodstars. Die Zimmer und Suiten sind einfach wunderschön: Alle sind modern eingerichtet, viele bieten dazu einen herrlichen Blick auf die von die von der Stadtmauer umgebene Altstadt. In den vier Restaurants werden alle erdenklichen kulinarischen Köstlichkeiten serviert – vom slawonischen Paprikaeintopf bis hin zu Sushi. Die Freizeiteinrichtungen sind vom Feinsten (Hallenbad und Pool im Freien), und auch der Service lässt keine Wünsche offen. Das Hotel liegt einen kurzen Spaziergang von der Altstadt entfernt.

Apartments & Rooms Biličić ZIMMER €
(Karte S. 272; ☎417 152; www.dubrovnik-online.com/apartments_bilicic; Privežna 2; Zi./Apt. 450/870 Kn; ❄) Eine sehr atmosphärische Option; über ein paar extrem steile Stufen gelangt man zu Fuß in die Altstadt. Die Zimmer sind hell, sauber, anheimelnd und bequem und mit TVs ausgestattet, die Bäder liegen extra. Es gibt einen traumhaft schönen Garten voller subtropischer Pflanzen und eine Küche für die Gäste. Die Besitzerin Marija ist unheimlich gastfreundlich und holt die Besucher vom Busterminal oder anderswo ab. Außerdem hat sie jede Menge Tipps rund um Dubrovnik parat.

Villa Klaić PRIVATUNTERKUNFT €€
(☎411 144; Šumetska 11; EZ/DZ 288/492 Kn; P❄@≋) In Sachen Service könnten viele 5-Sterne-Hotel-Betreiber noch etwas von Milo Klaić, dem Inhaber dieser Bleibe, lernen. Er tut wirklich alles, damit sich seine Gäste wohlfühlen. Die Zimmer sind einfach, aber komfortabel, mit Duschen ausgestattet und teilweise auch klimatisiert. Die Reisenden können sich kostenlos von Bus oder Fähre abholen lassen und im Swimmingpool planschen. Die Villa Klaić liegt unweit der Küstenstraße, hoch über der Stadt. Kostenlose Bustickets sind im Preis inbegriffen.

Hotel Stari Grad BOUTIQUEHOTEL €€€
(Karte S. 272; ☎322 244; www.hotelstarigrad.com; Od Sigurate 4; EZ/DZ 1350/1800 Kn; ❄📶) Toplage in der Altstadt unweit des Pile-Tors und bei der Stradun. Die acht Zimmer sind ordentlich, ansprechend aufgemacht und komfortabel, wenn auch etwas klein, die Angestellten supernett. Von der Dachterrasse hat man einen umwerfenden Blick auf die Stadt. Achtung: Man muss viele Treppen bewältigen, es gibt keinen Aufzug.

Pucić Palace HISTORISCHES HOTEL €€€
(Karte S. 272; ☎326 222; www.thepucicpalace.com; Od Puča 1; EZ/DZ 2400/3900 Kn; ❄@📶) Dies ist das einzige Luxushotel innerhalb der Stadtmauern. Es ist in einer umgebauten Aristokratenvilla neben dem Luža-Platz untergebracht. Die Zimmer sind hübsch möbliert und sehr komfortabel (Antiquitäten, Bettlaken aus ägyptischer Baumwolle etc.), dem Dekor fehlt allerdings der Wow-Effekt. Großer Wert wird vielmehr auf Klasse und Bequemlichkeit gelegt. Die Lage bringt leider astronomisch hohe Preise mit sich (immerhin ist die Nutzung des nahe gelegenen Privatstrands inklusive). Außerdem könnte der Service besser sein.

Grand Villa Argentina HOTEL €€€
(☎440 555; www.gva.hr; Frana Supila 14; DZ ab 1550 Kn; P❄@📶≋) Eine Art luxuriösen Stadtstaat bilden die vier Luxusvillen dieses 5-Sterne-Hotels. Der Komplex befindet sich zehn Gehminuten östlich des Ploče-Tors in der Altstadt. Das Dekor wirkt etwas billig (Bettwäsche und Teppiche mit hektischen Mustern), doch der Blick auf die Stadtmauern ist herrlich, und auch das Maß an Komfort lässt keine Wünsche offen. Es gibt z. B. Schwimmbecken drinnen und draußen und einen Wellnessbereich.

Rooms Vicelić ZIMMER €€
(Karte S. 272; ☎098 97 90 843; www.roomsvicelic.hostel.com; Antuninska 9 & 10; Zi. 585 Kn; ❄@📶) Eine nette Familie leitet dieses kuriose Quartier in der Altstadt. Geboten sind moderne Zimmer, die fast alle unlängst re-

noviert wurden. Alle haben ein eigenes Bad (nicht jedoch immer en suite), und Kochgelegenheiten gibt es hier ebenfalls. Ausschließlich Barzahlung möglich.

YHA Hostel HOSTEL €
(☎423 241; dubrovnik@hfhs.hr; Vinka Sagrestana 3; B 155 Kn; @) Die Lage ist recht gut, nämlich in einem ruhigen Viertel 1 km westlich der Altstadt. Das mittelgroße Hostel bietet anständige, geräumige, aber schlichte Schlafsäle und ein Doppelzimmer. Wer sich sein Bett aussuchen darf (was allerdings selten der Fall ist), sollte sich für das Zimmer 31 oder 32 entscheiden, denn sie teilen sich eine Dachterrasse. Das Frühstück ist im Preis inbegriffen. Im Voraus buchen.

LAPAD

Die üppig grüne Halbinsel Lapad liegt 4 km westlich der Altstadt und ist wunderbar ruhig. Hier findet man eine Mischung aus Wohn- und touristischen Vierteln mit dem ein oder anderen Pauschalhotel. Wer an der Küste entlangspaziert, vorbei am Hotel Kompas, gelangt zu mehreren Stellen, die zum Sonnenbaden oder Schwimmen einladen. Die Buslinie 6 verkehrt zwischen dem Pile-Tor und Lapad.

Begović Boarding House PRIVATUNTERKUNFT €
(Karte S. 268; ☎435 191; www.begovic-boarding-house.com; Primorska 17; B/Apt. 150/320/385 Kn; P @) Vom Hafen in Lapad geht es steil ein Stück bergauf zu diesem überaus beliebten und einladenden Gästehaus, einem Familienbetrieb. Die Eigentümer sprechen Englisch und scheuen keine Mühe, ihre Gäste zufriedenzustellen. Die Zimmer mit viel Kiefernholzdekor und frisch gestärkter Bettwäsche fallen eher klein aus, sind aber sehr sauber; einige gehen auf einen hübschen Garten hinaus, der allen Gästen offensteht – der Blick ist sagenhaft! Die Gäste können sich kostenlos vom Busbahnhof oder Fährhafen abholen lassen. Das Frühstück ist im Preis nicht inbegriffen, dafür ist aber die Internetnutzung kostenlos, und eine Küche ist auch noch vorhanden. Die Familie organisiert zudem Ausflüge.

Hotel Ivka HOTEL €€
(Karte S. 268; ☎362 600; www.hotel-ivka.com; Put Sv Mihajla 21; EZ/DZ 593/785 Kn; P ❄ @ ᯤ) Das moderne 3-Sterne-Hotel bietet nette, geräumige Zimmer mit Holzboden; die meisten haben Balkon. WLAN gibt es kostenlos. Für den Preis ist der Komfort wirklich hoch. Das Hotel liegt näher bei Lapad und dem Fährhafen als an der Altstadt, es verkehrt jedoch regelmäßig ein Bus.

Villa Wolff HOTEL €€€
(Karte S. 268; ☎438 710; www.villa-wolff.hr; Nika i Meda Pucića 1; DZ/Suite 1356/1569 Kn; P ❄ @ ᯤ) Das Hotel an einer hübschen Promenade am Meer bietet sechs geschmackvolle Zimmer, einen schönen Garten mit üppigen Pflanzen und einen hohen Standard beim Service. Die Preise sind allerdings schon ganz schön gesalzen.

Dubrovnik Backpackers Club HOSTEL €
(Karte S. 268; ☎435 375; www.dubackpackers.com; Mostarska 2d; B 120–170 Kn; @ ᯤ) Das gesellige, beliebte Backpacker-Hostel unter der Leitung einer überaus gastfreundlichen Familie bietet kostenlosen Internetzugang, Ortsgespräche, Tee und Kaffee und hin und wieder sogar einen *rakija* (Schnaps) auf Kosten des Hauses. Bezahlt wird nur das Bett; für einen Schlafsaal mit eigenem Bad wird ein Aufpreis erhoben. Den Gästen steht eine eigene Küche zur Verfügung; schön ist der Balkon mit Blick über die Bucht. Es werden Ausflüge nach Mostar veranstaltet.

Vila Micika ZIMMER €€
(Karte S. 268; ☎437 332; www.vilamicika.hr; Mata Vodapića; EZ/DZ/3BZ 210/420/637 Kn; P ❄ ᯤ) Die Villa, ein attraktives zweistöckiges Steingebäude, kann mit sieben einfachen Zimmern aufwarten (alle mit eigenem Bad). Sie liegt rund 300 m vom Meer entfernt. Auf der Terrasse können sich die Gäste gemütlich zusammensetzen. Das Preis-Leistungsverhältnis ist gut, das Frühstück ist allerdings extra zu bezahlen, ebenso die Klimaanlage (73 Kn pro Tag); bei Kurzaufenthalten wird ein Aufschlag erhoben.

Dubrovnik Palace HOTEL €€€
(Karte S. 268; ☎430 000; www.dubrovnikpalace.hr; Masarykov Put 20; DZ ab 1880 Kn; P ❄ @ ᯤ ≋) Das große moderne Hotel liegt an einem Hügel in Lapad. Die Zimmer bieten einen sagenhaften Blick über die Adria, der Service ist gut, und die Einrichtigen sind vom Feinsten: Es gibt ein Wellnesscenter, ein Hallenbad und einen Pool im Freien sowie ein Tauchgeschäft. Das Hotel liegt direkt an der Bushaltestelle der Linie 6, die bis spät abends in die Altstadt verkehrt.

Solitudo CAMPINGPLATZ €
(Karte S. 268; ☎448 200; www.camping-adriatic.com; pro Pers./Stellplatz 52/80 Kn; ⏲April–Nov.) Gleich westlich vom Hafen in Lapad liegt

dieser Campingplatz, rund 5 km von der Altstadt entfernt. Zum Strand ist es nicht weit. Die Duschen sind modern und hell, und eine Cafébar ist auch noch vorhanden.

Essen

In Dubrovnik gibt es viele durchschnittliche Restaurants, ein kritischer Blick schadet also sicher nicht. Außerdem sind die Preise die höchsten in ganz Kroatien.

ALTSTADT & UMGEBUNG

Wer in der Altstadt essen geht, muss auf der Hut sein. In vielen Restaurants geht man davon aus, dass man die meisten Gäste einmal und nie wieder sehen wird (bei Kreuzfahrtpassagieren trifft das ja auch zu). Durchschnittliches Essen ist auf der Stradun und der Prijeko an der Tagesordnung; interessantere, bessere Lokale findet man in den Seitenstraßen.

Auf dem **Morgenmarkt** (Karte S. 272; Gundulićeva Poljana; 7–13 Uhr) werden vormittags – teure – frische Waren verkauft; am gleichen Platz befindet sich auch ein kleiner **Konzum-Supermarkt** (Karte S. 272).

LP TIPP Oyster & Sushi Bar Bota Šare SUSHI €€

(Karte S. 272; 324 034; www.bota-sare.hr; Od Pustijerne bb; Austern/Sushi ab 12/15 Kn pro Stück) In diesem Restaurant gibt es nicht nur die frischsten Ston-Austern und das beste Sushi in dieser Ecke Dalmatiens, auch die Umgebung ist himmlisch: Von den Tischen auf der Terrasse hat man die Kathedrale im Blickfeld. Die Familie, die dieses Lokal führt, hat auch noch Filialen in Split, Zagreb und Mali Ston. Und sie legt ihre Hand ins Feuer, dass Fisch und Schalentiere auch immer fangfrisch vom gleichen Tag sind. Die Gäste können sich zuerst einmal die Austern schmecken lassen – naturbelassen oder mit Tempura-Soße. Anschließend munden noch die hervorragenden Sushi und Sashimi. Zu all diesen Köstlichkeiten passt ein kühler Weißwein aus Kroatien. Der Service ist freundlich und professionell – ein rundum empfehlenswertes Restaurant also.

Lucin Kantun KROATISCH €€

(Karte S. 272; 321 003; Od Sigurate bb; Hauptgerichte ab 80 Kn) Das Lokal mit schäbig-schickem Dekor und ein paar Tischen auf dem Gehsteig wirkt auf den ersten Blick eher bescheiden, doch dieser Eindruck täuscht: Im Lucin Kantum kommt so ziemlich das kreativste Essen von ganz Dubrovnik auf den Tisch. Wirklich alles auf der knappen Speisekarte im Stil von *meze* schmeckt hervorragend, beispielsweise der köstliche Tintenfisch (mit Räuscherschinkenfüllung und Zitronen-Butter-Soße), eine Kreation aus Linsen und Garnelen sowie zig Sorten Käse (darunter *paški sir*) und Schinken aus Dalmatien. Alles wird in der offenen Küche frisch zubereitet; während der Hauptessenszeit müssen die Gäste allerdings häufig warten.

Sugar & Spice GEBÄCK & KUCHEN €

(Karte S. 272; Sv Josipa 5; Kuchen ab 8 Kn) Die Besitzerin dieses reizenden kleinen Cafés mit Bäckerei ist die wahre Meisterin in Sachen Käse- und Rüblikuchen, Bananenpastete und Schokotorte – einfach himmlisch! Sie macht auch selbst Marmeladen und Gelee, und an einem heißen Tag trifft ihr erfrischender Minze-Zitronen-Saft voll ins Schwarze. Hier wirkt alles wie in einer Bäckerei zu Großmutters Zeiten. Ein wirklich originelles Café im Meer der traditionellen Konditoreien.

Taj Mahal BOSNISCH, INTERNATIONAL €

(Karte S. 272; www.tajmahaldubrovnik.com; Nikole Gučetićeva 2; Hauptgerichte from 40Kn;) Hier fühlt man sich wie in Aladins Höhle: Die Räumlichkeiten strotzen nur so vor osmanischem Dekor, das Licht ist gedämpft. Am besten bestellt man sich ein *džingis kan* (getrocknetes Rindfleisch, Rinderwürstchen, Paprika und Frühlingszwiebeln mit gestockter Milch) – eine gute Möglichkeit, die bosnische Küche kennenzulernen. Oder man frönt der pikanten *sudžukice* (Rinderwurst). Vegetarier finden ebenfalls zahlreiche Gerichte wie *aubergines alla edina* (mit Käse gefüllte Auberginen). Man kann auch im Freien sitzen: Auf dem Gehsteig stehen ganze drei Tische.

Oliva Gourmet MEDITERRAN €€

(Karte S. 272; 324 076; http://pizza-oliva.com; Cvijete Zuzorić 2; Hauptgerichte ab 100 Kn) Das reizende kleine Lokal hat unlängst in einer winzigen Gasse in der Altstadt eröffnet. Es hat eine Terrasse, aber auch nette Räumlichkeiten; nostalgische Stücke zieren die traditionellen Steinwände, das Mobiliar ist bunt, aber trotzdem geschmackvoll. Das Essen schmeckt gut, wobei auf einfache Speisen der Region bewusst wert gelegt wird. Die Gäste lassen sich also Gerichte schmecken wie Königsgarnelen in Pfeffer-Tomatensoße, Lammbraten mit Rosmarinkartoffeln und Muscheln in Weißweinsoße mit Knoblauch und Petersilie. In der **Oliva Pizzeria** gleich neben gibt es gute Pizza.

Wanda ITALIENISCH €€
(Karte S. 272; ☎098 94 49 317; www.wandarestaurant.com; Prijeko 8; Hauptgerichte ab 70 Kn) Dieser klassische Italiener rettet den Ruf der Restaurants auf der Prijeko. Die Gäste laben sich an Ossobuco (Kalbshaxe) mit Safranrisotto und wunderbaren Pasta-Kreationen. Wer wissen möchte, was die Köche alles draufhaben, sollte ein Probiermenü zum Fixpreis nehmen (150–580 Kn). Ein weiteres Plus: Die Auswahl an kroatischen Weinen ist super.

Defne MEDITERRAN €€
(Karte S. 272; ☎326 200; www.thepucicpalace.com; Od Puča 1; Hauptgerichte ab 85 Kn) In diesem geradezu feudalen Restaurant im Pućic-Palais können die Gäste das Altstadtambiente in vollen Zügen auf sich wirken lassen. Das Defne verfügt über eine große Terrasse. Serviert wird mediterrane Küche, und zwar überwiegend aus dem östlichen Mittelmeerraum. Die Küche ist versiert, das Ambiente hübsch.

360° by Jeffrey Vella MEDITERRAN €€€
(Karte S. 272; ☎322 222; http://360dubrovnik.com; Ulica Svetog Dominika bb; Hauptgerichte ab 170 Kn) Das Toprestaurant unter der Regie des Malteser Küchenchefs Jeffrey Vella bürgt für ein Speiseerlebnis vom Feinsten. Die raffinierten kleinen Portionen aus der kreativ-kroatischen Küche sind ein aromatisches Großereignis, für das man allerdings auch einen entsprechend üppigen Geldbeutel braucht. Die Speisen werden wie Schmuckstücke auf dem Teller angerichtet. Die Lage des Restaurants ist ebenfalls unschlagbar: Es befindet sich hoch oben auf der Stadtmauer. Die Tische sind so angeordnet, dass man durch die Wehranlagen einen wunderbaren Blick auf den darunter liegenden Hafen genießen kann.

Dubravka 1836 INTERNATIONAL €
(Karte S. 272; www.dubravka1836.hr; Brsalje 1; Hauptgerichte ab 49 Kn) Die wohl schönste Terrasse von ganz Dubrovnik befindet sich gleich neben dem Pile-Tor und gewährt einen tollen Blick über die Mauern hinweg auf die Adria. Das Dubravka ist ziemlich touristisch und die Küche international, aber auch Einheimische schätzen den frischen Fisch, die Risottos und Salate, Pizzas und Pastagerichte. Gemessen an der Lage sind die Preise sehr moderat.

Revelin MEDITERRAN €€
(Karte S. 272; www.revelinclub-dubrovnik.com; Ulica Svetog Dominika bb; Hauptgerichte ab 65 Kn) Auf der Terrasse befinden sich eine Bar und ein Restaurant, im Inneren wartet ein fetziger Nachtclub auf Gäste. Die herrliche Terrasse mit Blick auf den Hafen bietet eine moderne Speisekarte, auf der vielfältige, leckere Pastagerichte und Salate stehen, dazu frischer Frisch aus der Adria und so kunstvolle Kreationen wie das Rindfleisch-Tartufo (Steak mit cremiger Soße und Trüffeln aus Istrien).

Proto MEERESFRÜCHTE €€
(Karte S. 272; ☎323 234; www.esculap-teo.hr; Široka 1; Hauptgerichte ab 80 Kn) Das elegante Restaurant empfiehlt sich für frischen Fisch und Meeresfrüchte mit leichten Soßen – bei jeder Menge Altstadtflair.

LAPAD

Lapads Hauptstraße, die Šetalište Kralja Tomislava, wird von Unmengen Cafés, Bars und Restaurants gesäumt.

LP TIPP **Levanat** KROATISCH €
(Karte S. 268; ☎435 352; Nika i Meda Pucića 15; Hauptgerichte ab 50 Kn) Das Levanat auf einem bewaldeten Hügel zwischen der Lapad-Bucht und der Halbinsel Babin Kuk kann mit einem schönen Meerblick aufwarten. Die Küche gibt sich innovativ: Die Garnelen mit Honig und Salbei sind wirklich besonders empfehlenswert. Das Lokal ist an der Hauptstraße und dem Weg am Meer entlang ausgeschildert.

Blidinje GRILL €€
(Karte S. 268; ☎358 794; Lapadska Obala 21; Hauptgerichte ab 70 Kn) Das Restaurant, das auch gern von Einheimischen besucht wird, ist die richtige Adresse, um in Fleisch nur so zu schwelgen. Man ruft an und bestellt eine Portion Lamm oder Kalbfleisch, die dann über heißen Kohlen langsam gegart wird. Wenn man dann ein paar Stunden später dort aufkreuzt, wartet schon das perfekte Festmahl auf den Gast.

Ausgehen

In Dubrovnik muss niemand auf dem Trockenen sitzen – die Stadt kann mit der ganzen Palette an Lokalen aufwarten: schicke Loungebars, irische Pubs, Bohemienkneipen auf den Felsen und jede Menge kroatische Café-Bars. Und so gestaltet sich das Angebot nur in der Altstadt!

ABSTECHER

SPRITZTOUREN ÜBER DIE GRENZE

Von Dubrovnik lassen sich **Montenegro** und die herrlichen Städte Kotor, Herceg Novi und Budva problemlos mit dem Bus erreichen. Alle drei haben ein wunderschönes historisches Zentrum mit verwinkelten Marmorstraßen und attraktiver Architektur. Wer die Region in aller Ruhe erkunden möchte, sollte ein Auto mieten, doch auch mit öffentlichen Verkehrsmitteln kommt man gut herum. Es verkehren drei Busse täglich nach Montenegro via Herceg Novi, Kotor und dann weiter nach Budva (3 Std.). EU-Bürger und Schweizer benötigen kein Visum für Montenegro; andere Staatsbürger sollten sich mit ihrer Botschaft in Verbindung setzen.

Es verkehren auch Busse nach **Mostar**; dort kann man einen Blick auf die legendäre Brücke werfen und einen Fuß nach Bosnien-Herzegowina setzen. Der Tagesausflug gestaltet sich mit öffentlichen Verkehrsmitteln nicht gerade einfach, mehrere Reisebüros wie Adriatic Explore oder Atlas Travel Agency veranstalten als Alternative Tagesausflüge (ca. 380 Kn) in privaten Minibussen. Los geht es meist gegen 8 Uhr; die Route führt über das unglaublich hübsche Dorf Počitelj mit seinen Wehranlagen; gegen 11.30 Uhr ist dann Mostar erreicht. Nach einer (meist sehr kurzen) Führung haben die Teilnehmer bis 15 Uhr Freizeit – viel Spielraum zum Mittagessen und zum Erkunden der Stadt bleibt also nicht gerade. Mostar ist noch immer eine geteilte Stadt; der Fluss markiert die Grenze zwischen Kroatien und Bosnien. Die meisten historischen Sehenswürdigkeiten befinden sich jedoch auf der bosnischen Seite.

LP TIPP **Buža** BAR

(Karte S. 272; Ilije Sarake) Wer diese entlegene Bar auf einer Felsklippe findet, hat das Gefühl, einen richtigen Schatz entdeckt zu haben, nachdem er sich über die Stadtmauer gekämpft hat und schließlich den Eingangstunnel sieht. Direkt am Meer wartet ein irres Szenario mit geschmackvoller Musik (Soul, Funk) und einem heiteren Völkchen, das die angenehme Atmosphäre und die Aussicht (und die Sonne) auf sich wirken lässt. Am besten schnappt man sich also einen kühlen Drink, nimmt sich einen Sitzplatz auf der Betonplattform und lässt es sich so richtig gut gehen.

Buža II BAR

(Karte S. 272; Crijevićeva 9) Das Buža II gibt sich einen Tick feudaler als das ursprüngliche Lokal. Es liegt etwas weiter unten auf den Felsen und besitzt eine schattige Terrasse, auf der man sich auch eine Kleinigkeit zu essen oder zum Knabbern bestellen kann – Chips, Erdnüsse oder auch ein Sandwich –, um dann angesichts des herrlichen Ausblicks über die Adria einfach fröhlich den Tag zu vertrödeln.

EastWest Club COCKTAILBAR

(www.ew-dubrovnik.com; Frana Supila bb) Tagsüber können in diesem gehobenen Bar-Club am Banje-Strand Sonnenliegen und -schirme gemietet werden. Außerdem werden die Sonnenanbeter mit Getränken versorgt. Zu späterer Stunde tummelt sich dann die Schickeria in der Cocktailbar und im Restaurant.

Gaffe IRISH PUB

(Karte S. 272; Miha Pracata bb) Dies ist die umtriebigste Kneipe der Stadt – vor allem wenn gerade ein Fußballspiel läuft. Das riesige Pub wirkt innen anheimelnd; an der Seite wartet eine lange überdachte Terrasse. Die sehr günstige, hausgemachte *marenda* (frühes Mittagessen) kann man eigentlich immer empfehlen.

☆ Unterhaltung

LP TIPP **Lazareti** KULTURZENTRUM

(Karte S. 272; ☎324 633; www.lazareti.com; Frana Supila 8) In Dubrovniks bestem Kulturzentrum finden Kinoabende, Clubnächte, Konzerte, Vorführungen und so ziemlich alles statt, was diese Stadt an tollen Veranstaltungen zu bieten hat.

Open-Air Kino KINO

(Karte S. 268; Kumičića, Lapad) Im Juli und August werden an zwei Locations jeden Abend nach Sonnenuntergang Filme präsentiert. Die **Zweigstelle in der Altstadt** (Karte S. 272; Za Rokom) befindet sich in der Za Rokom.

GRATIS **St. Blasiuskirche** FOLKLORE

(Karte S. 272; Luža-Platz) Folklore-Shows unter freiem Himmel werden im Mai, Juni und

September sonntags um 11 Uhr vor der Kirche aufgeführt.

Erlöserkirche KONZERTE

(Karte S. 272; Erlöserkirche Church, Placa) Das Dubrovniker Streichquartett gibt hier im Herbst am Montagabend immer Konzerte.

Troubadur LIVEMUSIK

(Karte S. 272; ☎412 154; Bunićeva Poljana 2) Diese Eckkneipe wirkt tagsüber eher fade, in Sommernächten geht es bei den Live-Jazzkonzerten jedoch hoch her – oft (aber nicht immer) tritt der Eigentümer Marko mit seiner Band auf.

Shoppen

Die Stradun ist überwiegend von geschmacklosen Andenkenläden gesäumt; die besten Boutiquen befinden sich in den Seitengassen.

Kunsthandwerk und Esswaren aus der Region sind auf dem Morgenmarkt (S. 270) erhältlich.

LP TIPP **Lega-Lega** DESIGN, GESCHENKE

(Karte S. 272; www.lega-lega.com; Dropčeva 3; ⏲Mo–Sa 9–19 Uhr) Ein hipper Laden, um Mitbringsel mit dem gewissen Etwas zu kaufen, ist das Lega-Lega, ein kroatisches Designerkollektiv, das eigentlich aus der nordkroatischen Stadt Osijek stammt. Die irre T-Shirt-Verpackung – eine Schachtel im Stil eines Tetrapack in einem „Kühlschrank" – gewann bei den Internationalen Design Awards in Los Angeles 2011 den zweiten Preis. Hier ist alles simpel und cool. Jedenfalls gibt es jede Menge Notebooks, Untersetzer, Badges und vieles andere mehr für zu Hause.

Uje LEBENSMITTEL

(Karte S. 272; www.uje.hr; Placa 9; ⏲Mo–Sa 9–21, So 9–15 Uhr) Der beste Laden in der ganzen Stadt, um sich mit hochwertigen kroatischen Esswaren einzudecken. Das Uje ist ein Outlet des eigentlich in Split stationierten Designer-Feinkostgeschäfts. Spezialisiert hat sich der Laden auf Olivenöle aus Kroatien – zu den besten Sorten zählt das Brachia von der Insel Brač. Aber es gibt hier auch hervorragende Marmeladen (der Zitronenaufstrich schmeckt himmlisch!), eingelegte Kapern sowie Kräuter und Gewürze aus der Region.

Magnolika KUNST, SCHMUCK

(Karte S. 272; http://magnolika.com; Getaldićeva 7; ⏲Di–Fr 10–13 & 18–20, Sa 10–14 Uhr) Ein winziger Laden, der Kunst, Design und Schmuck von jungen kroatischen Designern verkauft. Hier findet man wunderschöne, erschwingliche Stücke, die man an die Wand hängen kann – oder aber, um sie sich selbst umzuhängen.

Algoritam BÜCHER

(Karte S. 272; Placa 8; ⏲Mo–Fr 9–20.30, Sa 9–15 Uhr) Eine tolle Buchhandlung mit einer breiten Auswahl an Titeln, auch in englischer Sprache – der Hit, wenn einem im Urlaub plötzlich der Lesestoff ausgegangen ist. Auch das Sortiment an Reiseführern zu Dubrovnik und Kroatien kann sich hier sehen lassen.

Praktische Informationen

Geld

In Dubrovnik, in Lapad, am Fährhafen und am Busbahnhof gibt es zahlreiche Geldautomaten. Reisebüros und die Post wechseln Bargeld.

Internetzugang

Netcafé (www.netcafe.hr; Prijeko 21; 30 Kn pro Std.) Hier lässt es sich gut relaxen, selbst wenn man nicht surft. Aber die Verbindung ist schnell, man kann CD-brennen, Fotos ausdrucken, scannen, das WLAN nutzen und sich auch einen Kaffee oder leckeren Drink genehmigen.

Medizinische Versorgung

Hospital (☎431 777; Dr Roka Mišetića) Einen Kilometer südlich der Lapad-Bucht.

Post

Lapad Post & Telefonzentrum (Šetalište Kralja Zvonimira 21)

Hauptpost (Ecke Široka & Od Puča)

Touristeninformation

Touristeninformation (www.tzdubrovnik.hr; ⏲Juni–Sept. tgl. 8–20 Uhr, Okt.–Mai Mo–Fr 8–15, Sa 9–14 Uhr) Busbahnhof (☎417 581; Obala Pape Ivana Pavla II 44a); Gruž-Hafen (☎417 983; Obala Stjepana Radića 27); Hauptniederlassung (☎020 312 011; Brsalje 5, westl. vom Pile-Tor); Altstadt (☎323 587; Široka 1) Hier gibt es Stadtpläne, Informationen und den unentbehrlichen Führer *Dubrovnik Riviera*. Die schicke neue Hauptniederlassung westlich vom Pile-Tor müsste bei Erscheinen dieses Reiseführers bereits den Betrieb aufgenommen haben.

Atlas Travel Agency (www.atlas-croatia.com) Gruž-Hafen (☎418 001; Obala Papa Ivana Pavla II 1, Gruž Harbour); Pile-Tor (☎442 574; Sv Đurđa 1, Pile-Tor) Veranstaltet Exkursionen innerhalb von Kroatien, aber auch nach Mostar und Montenegro und vermittelt zudem noch Privatunterkünfte.

An- & Weiterreise

Bus

Die Busse ab dem **Busbahnhof Dubrovnik** (☎060 305 070; Obala Pape Ivana Pavla II 44a) sind oft überfüllt; im Sommer empfiehlt sich deshalb eine rechtzeitige Buchung.

Busse, die auf der Strecke Split–Dubrovnik verkehren, kommen kurz durch bosnisches Staatsgebiet; an den Grenzübergängen sollte man seinen Pass griffbereit halten.

Alle Busfahrpläne finden sich im Detail unter www.libertas dubrovnik.hr. Wer sein Gepäck nicht mitschleppen möchte, kann im Busbahnhof die *garderoba* (1Std. 7 Kn, dann pro Std. 2 Kn; ⏲4.30–22 Uhr) benutzen.

Flugzeug

Croatia Airlines (☎01 66 76 555; www.croatia airlines.hr) bietet drei Flüge täglich von und nach Zagreb. Im Sonderangebot ist ein Ticket ab 270 Kn erhältlich, ein flexibles Ticket kostet rund 760 Kn. Croatia Airlines fliegt auch nach Frankfurt und in der Hochsaison nach Rom, Paris und Amsterdam.

Dubrovnik wird von mindestens 20 weiteren Fluglinien in ganz Europa angeflogen, darunter Lufthansa und Germanwings.

Fähre/Schiff

Zweimal wöchentlich steuert die Küstenfähre des Unternehmens **Jadrolinija** (☎418 000; www.jadrolinija.hr; Gruž-Hafen) Korčula, Hvar, Split, Zadar und Rijeka weiter oben im Norden an. Zweimal wöchentlich fährt ganzjährig eine Lokalfähre von Dubrovnik nach Sobra auf Mljet (60 Kn, 2½ Std.); im Sommer verkehren täglich auch Katamarane, nämlich nach Sobra und Polače (150 Kn, 1½ Std.). Mehrere Fähren pro Tag nehmen ganzjährig Kurs zu den weiter entfernten Elafiti-Inseln Koločep, Lopud und Šipan.

Von Dubrovnik verkehren auch Fähren nach Bari (Süditalien), und zwar sechsmal pro Woche im Sommer (300–450 Kn, 9 Std.) und zweimal in den Wintermonaten.

Jadroagent (☎419 000; Obala Stjepana Radića 32) erteilt Auskünfte zu den verschiedenen Fähren und bucht auch Tickets.

Unterwegs vor Ort

Auto

Die gesamte Altstadt ist als Fußgängerzone ausgewiesen. Ansonsten hat die Stadt das ganze Jahr über mit viel Verkehr zu kämpfen, vor allem natürlich in den Sommermonaten. Der günstigste **Parkplatz** (Ilijina glavica; pro Tag 80 Kn; ⏲24 Std.) in Zentrumsnähe liegt zehn Minuten zu Fuß vom Pile-Tor entfernt. Folgende Mietwagenfirmen sind in Dubrovnik vertreten:

Budget Rent-a-Car (☎418 998; www.budget.hr; Obala Stjepana Radića 24) Filialen in der Stadt und am Flughafen Dubrovnik.

Gulliver (☎313 313; www.gulliver.hr; Obala Stjepana Radića 31)

Bus

Dubrovnik verfügt über ein ausgezeichnetes Bussystem; die Busse fahren häufig und in der Regel auch pünktlich. Die wichtigsten Touristenstrecken sind im Sommer bis mindestens 2 Uhr morgens in Betrieb; Urlauber, die in Lapad logieren, müssen also nicht früh am Abend ins Hotel zurückfahren. Wer die Fahrkarte beim Fahrer kauft, zahlt 15 Kn; 12 Kn kostet sie am *tisak* (Kiosk). Die Fahrpläne finden sich unter www.libertas dubrovnik.hr.

Vom Busbahnhof in die Altstadt von Dubrovnik gelangt man mit den Bussen 1a, 1b, 3 und 8. Um nach Lapad zu kommen, sollte man die Buslinie 7 nehmen.

BUSSE AB DUBROVNIK

REISEZIEL	FAHRPREIS (KN)	FAHRZEIT	TGL. VERBINDUNGEN
Korčula	105	3 Std.	2
Kotor	130	2½ Std.	2–3
Mostar	130	3 Std.	3
Orebić	95	2½ Std.	2
Plitvice	350	10 Std.	1
Rijeka	370–510	13 Std.	4–5
Sarajevo (Bosnien & Herzegowina)	230	5 Std.	2
Split	140	4½ Std.	19
Zadar	190–230	8 Std.	8
Zagreb	270	11 Std.	7–8

Vom Pile-Tor verkehrt der Bus 6 nach Lapad, der Bus 4 zum Hotel Dubrovnik Palace.

Zum/Vom Flughafen

Der **internationale Flughafen Čilipi** (www.airport-dubrovnik.hr) liegt 24 km südöstlich von Dubrovnik. Am Hauptbusterminal starten unregelmäßig Atlas-Busse (35 Kn), angeblich zwei Stunden vor Abflug der Inlandsflüge von Croatia Airlines, am besten prüft man die aktuellen Fahrpläne beim Atlas-Büro neben dem Pile-Tor. Diese Flughafenbusse halten auf dem Weg aus der Stadt hinaus an der Zagrebačka cesta, gleich nördlich der Altstadt, jedoch nicht am Pile-Tor. Mehrmals täglich gibt es Verbindungen vom Flughafen zum Busbahnhof (in diese Richtung wird das Pile-Tor passiert); die Abfahrt ist auf die Ankunft der Flüge abgestimmt. Wenn der Flieger also verspätet landet, wartet der Busfahrer normalerweise.

Eine Taxifahrt in die Altstadt kostet ca. 250 Kn.

RUND UM DUBROVNIK

Dubrovnik ist ein idealer Standort für Tagesausflüge in die Umgebung. So kann man z. B. zu den Elafiten fahren und dort den Tag mit Sonnenbaden vertrödeln. Oder man besucht die wunderschönen Inseln Korčula und Mljet, um gut zu essen, köstlichen Wein zu trinken und den schweren Duft der Trsteno-Gärten auf sich wirken zu lassen. Cavtat bietet sich als ruhigere Alternative zu Dubrovnik an und lädt zum Sightseeing, Schwimmen und Schlemmen ein.

Insel Lokrum

Im Sommer setzt etwa stündlich eine Fähre zur vegetationsreichen Insel Lokrum über (hin & zurück 40 Kn, letztes Boot um 18 Uhr), die als Nationalpark unter dem Schutz der Unesco steht. Lokrum ist traumhaft schön und von Steineichen, Schwarz-eschen, Pinien und Olivenbäumen bestanden – der ideale Rückzugsort, wenn man genug vom Dubrovniker Trubel hat. Schwimmen lässt sich wunderbar, die Strände sind allerdings felsig. Die Hüllen fallen lassen kann man am herrlichen **FKK-Strand** (als solcher beschildert); er ist beliebt bei schwulen Sonnenanbetern. Sehenswert ist der **Botanische Garten** mit riesigen Agaven und brasilianischen bzw. südafrikanischen Palmen. Die Ruinen des mittelalterlichen **Benediktinerklosters** werden derzeit restauriert.

In dem netten Café-Restaurant **Lacroma** (Hauptgerichte ab 80 Kn) gleich oberhalb des Hafens gibt es Snacks, vollwertige Mahlzeiten und Eiscreme. Manchmal wird Gitarrenmusik gespielt.

Achtung: Gäste dürfen nicht über Nacht bleiben und das Rauchen ist nirgendwo auf der Insel gestattet.

Elafiti-Inseln

Ein Tagesausflug zu einer der Inseln im Nordwesten Dubrovniks ist genau das Richtige, um den Menschenmassen im Sommer zu entfliehen. Die beliebtesten Inseln sind **Koločep**, **Lopud** und **Šipan**. Alle drei können im Rahmen der **Tour** „Drei Inseln & ein Fischpicknick" (250 Kn inkl. Getränke und Mittagessen) innerhalb eines Tages besucht werden. Diese Touren werden von mehreren Veranstaltern am Ploče-Hafen angeboten. Abfahrt ist um 10 Uhr, zurück geht es schon um 18 Uhr – man wird also nicht viel mehr als einen kurzen Blick auf jede einzelne Insel werfen können.

Koločep ist die Dubrovnik am nächsten gelegene Insel; dort leben gerade einmal 150 Menschen. Sie hat mehrere Sand- und Kiesstrände, Steilklippen und Meereshöhlen, außerdem jahrhundertealte Kiefernwälder, Olivenhaine sowie Orangen- und Zitronengärten.

Das autofreie Lopud kann mit diversen interessanten Kirchen und Klöstern aus dem 16. Jh. aufwarten – einer Zeit, als die Anwohner wahre Heldentaten auf See vollbrachten. Das Dorf Lopud besteht aus Steinhäusern inmitten von exotischen Gärten. Wer Lust hat, kann zum herrlichen **Sandstrand Šunj** laufen. In einer kleinen Bar gibt es gegrillte Sardinen und anderen Fisch.

Šipan ist die größte der Inseln und war früher bei den Adligen von Dubrovnik sehr beliebt; sie ließen sich hier im 15. Jh. Häuser bauen. Das Boot kommt in **Šipanska Luka** an. Dort befinden sich auch die Ruinen einer römischen Villa und eines gotischen Herzogspalastes aus dem 15. Jh. Im **Kod Marka** (☎758 007; Šipanska Luka; Hauptgerichte ab 50 Kn) gibt es hervorragend zubereitete Meeresfrüchte. Köstlich ist auch der Fischeintopf nach Korčula-Art.

ℹ Anreise & Unterwegs vor Ort

Die Inseln sind mit den Autofähren von **Jadrolinija** (www.jadrolinija.hr) erreichbar; sie verkehren ganzjährig dreimal am Tag und legen in Koločep (17 Kn, 30 Min.), Lopud (20 Kn, 50 Min.)

und Šipan (25 Kn, 1 Std.) an. Im Winter sind die Preise für die Fahrkarten etwas günstiger.

Insel Mljet

1232 EW.

Von allen Adria-Inseln ist Mljet (mil-jet) die wohl schönste. Ein Großteil der Insel ist von Wäldern bedeckt, der Rest verteilt sich auf Felder, Weingärten und kleine Dörfer. Die Nordwesthälfte umfasst den **Nationalpark Mljet**, dessen üppige Vegetation, Pinienhaine und wunderschöne Salzwasserseen einen spektakulären Anblick bieten. Mljet ist eine unberührte Oase der Ruhe. Der Legende nach soll sie Odysseus sieben Jahre lang in ihren Bann gezogen und verzaubert haben. Wir sind überzeugt davon, dass er keinen einzigen Tag hier bereut hat.

Geschichte

Die alten Griechen nannten die Insel „Melita" (Honig), weil in den Wäldern so viele Bienen summten. Wahrscheinlich kamen griechische Seeleute auf die Insel, um Schutz vor Stürmen und Quellen für die Aufstockung ihrer Süßwasservorräte zu suchen. Damals lebten Illyrer auf Mljet. Sie errichteten Festungen auf den Hügeln und trieben Handel mit dem Festland. Im Jahr 35 v. Chr. wurden sie von den Römern unterworfen, die die Siedlung um Polače ausbauten und einen Palast sowie Bäder und Quartiere für Bedienstete errichteten.

Die Insel geriet im 6. Jh. unter die Herrschaft der Byzantiner. Im 7. Jh. wurde sie von Invasionen der Slawen und Awaren überrannt. Mehrere Jahrhunderte lang wurde die Insel dann vom Festland aus regiert, bis Mljet im 13. Jh. schließlich dem Benediktinerorden übergeben wurde, der mitten im Veliko jezero (einem der beiden Seen auf der Insel) ein Kloster errichtete. Dubrovnik annektierte die Insel 1410 offiziell. Die Geschicke von Mljet waren von da an zwar eng mit Dubrovnik verbunden, doch am Alltag der Inselbewohner änderte sich wenig: Sie verdienten ihren Lebensunterhalt als Bauern, Winzer und Seeleute. Ackerbau und Weinproduktion stellen noch heute die Grundlage der Inselwirtschaft dar. Mit der Gründung des Nationalparks im Jahr 1960 hielt schließlich der Tourismus Einzug auf Mljet, doch die Zahl der Besucher ist überschaubar. Sie tummeln sich fast ausschließlich in und rund um Pomena. Nach Ruhe und Beschaulichkeit muss man auf Mljet nicht lange suchen.

Sehenswertes

Die beiden Hauptattraktionen der Insel sind der **Malo Jezero** und der **Veliko Jezero**. Beide Seen im Westen sind durch einen Kanal verbunden. Da der Veliko jezero über den Soline-Kanal einen Zufluss vom Meer hat, machen sich in beiden Seen die Gezeiten bemerkbar.

In der Mitte des Veliko jezero liegt eine Insel mit dem **Benediktinerkloster**. Dieses stammt ursprünglich aus dem 12. Jh., wurde aber mehrmals umgebaut, sodass der romanische Bau heute auch Renaissance- und Barockelemente aufweist. Zur Anlage gehört die **Marienkirche** (Crkva Svete Marije). Die Mönche vertieften und erweiterten auch den Kanal zwischen den beiden Seen und nutzten das einströmende Meerwasser, um eine **Mühle** am Zugang zum Veliko jezero zu betreiben. Das Kloster wurde im Jahr 1869 aufgegeben. Bis 1941 beherbergte es die Forstverwaltung der Insel, später ein Hotel, das in den 1990er-Jahren durch den Krieg zerstört wurde. Inzwischen ist hier das stimmungsvolle Restaurant Melita (S. 286) untergebracht.

Mali Most liegt am Malo jezero, ca. 1,5 km von Pomena entfernt. Dort legt stündlich (10 Min. nach der vollen Stunde) ein Boot zur Klosterinsel ab. Leider kann man den größeren See nicht zu Fuß umrunden, da es keine Brücke über den Kanal zwischen Meer und See gibt. Wer schwimmen will, sei gewarnt: Die Strömung kann sehr stark sein.

In Polače stehen Ruinen aus dem 1. bis 6. Jh. Am eindrucksvollsten ist der **römische Palast**, der vermutlich aus dem 5. Jh. stammt. Er hatte einen rechteckigen Grundriss mit zwei polygonalen Türmen an der Vorderfront. Auf dem Hügel über der Stadt sind die Ruinen einer spätantiken **Festung** erkennbar, im Nordwesten des Dorfes stehen Reste einer **frühchristlichen Basilika** sowie einer **Kirche** aus dem 5. Jh.

Aktivitäten

Eine tolle Möglichkeit, den Nationalpark zu erkunden, stellt das Fahrrad (25/110 Kn pro Std./Tag) dar. Ein Leihrad ist beispielsweise im Hotel Odisej in Pomena erhältlich, aber auch an mehreren anderen Locations. Und Achtung: Zwischen Pomena und Polače liegt ein steiler Hügel. Der Radweg am See entlang ist einfacher und auch überaus malerisch, die beiden Ortschaften verbindet er jedoch nicht. Und falls die Wadenmuskulatur so viel Pedaletreten nicht hergibt: **Radulj**

Tours (☎091 88 06 543) in Polače vermietet Cabrios (280 Kn für 5 Std.) sowie Roller (190 Kn für 5 Std.), ebenso **Mini Brum** (☎745 084; www.rent-a-car-scooter-mljet.hr), das auch in Sobra vertreten ist.

Mit einem **Paddelboot** kann man zum Kloster hinüberrudern. Achtung: Das erfordert ziemlich viel Ausdauer!

Die Insel bietet einige recht ungewöhnliche **Tauchreviere**. Im relativ seichten Wasser liegt ein römisches Schiffswrack aus dem 3. Jh. Seine Überreste – einschließlich Amphoren – sind mit einer Kalkschicht überzogen, die sich über die Jahrhunderte gebildet und Plünderungen vorgebeugt hat. Weitere Unterwasserattraktionen sind ein deutsches Torpedoboot aus dem Zweiten Weltkrieg und einige Mauern. Auskunft erteilt **Kronmar Diving** (☎744 022; Hotel Odisej).

Geführte Touren

Die Reisebüros in Dubrovnik und Korčula bieten Ausflüge zur Insel Mljet an. Die Touren (etwa 390 Kn bzw. 245 Kn) beginnen meist gegen 8.30 Uhr und dauern bis 18 Uhr; der Eintritt in den Nationalpark ist mit inbegriffen.

Schlafen

Die Touristeninformation in Polače vermittelt Privatunterkünfte (ca. 250 Kn für ein Doppelzimmer), wer in der Hochsaison unterwegs ist, muss sich allerdings frühzeitig um eine Bleibe kümmern. In Pomena sieht man mehr *sobe*-Schilder („Zimmer frei“) als in Polače, in Sobra praktisch gar keine. Auch in Restaurants werden manchmal Zimmer vermietet.

LP TIPP Stermasi APARTMENTS €€€
(☎098 93 90 362; www.stermasi.hr; Saplunara; Apt. 368–625 Kn; P ❄) Diese neun Apartments „auf der anderen Seite“ von Mljet sind genau das Richtige, um das einfache Leben und die Schönheit der Insel zu genießen. Alle sind hübsch hergerichtet, hell und modern, entweder mit Terrasse oder Balkon, und bieten zwei bis vier Personen Platz. Sandstrände erstrecken sich direkt vor der Tür; die Besitzerfamilie ist sehr hilfsbereit. Auch der Transport kann arrangiert werden. Gäste erhalten 20 % Rabatt in dem hervorragenden Restaurant vor Ort.

Soline 6 ÖKOHOTEL €€
(☎744 024; www.soline6.com; Soline; DZ 598 Kn) Was für ein Konzept! Diese „supergrüne“ Unterkunft ist die einzige Schlafgelegenheit im Nationalpark. Sie besteht vollständig aus Recyclingmaterialien, das Regenwasser wird wiederverwendet und der Biomüll kompostiert. Die Toiletten kommen ohne Spülung aus, auch Strom gibt es (bislang) nicht. Wer sich jetzt eine Hippie-Kommune vorstellt, liegt falsch, denn die vier Studios sind modern, sauber und jeweils mit Bad, Balkon und Küche ausgestattet.

Camping Mungos CAMPINGPLATZ €
(☎745 300; Babino Polje; pro Pers. 54 Kn; ⏲Mai–Sept.) Der Campingplatz liegt nah am Strand und ist auch von der hübschen Odysseus-Grotte nicht weit entfernt. Hier befindet sich ein Restaurant und ein Minimart; man kann Geld wechseln.

Marina CAMPINGPLATZ €
(☎745 071; Ropa; pro Pers./Stellplatz 25/47 Kn; ⏲Juni–Sept.) Ein kleiner Campingplatz in Ropa, etwa 1 km vom Park entfernt.

Essen

Pomena bietet die größte Auswahl an Restaurants, z. B. an der hübschen Strandpromenade. Fisch und Meeresfrüchte sind sehr frisch und reichlich vorhanden, allerdings nicht gerade billig. Ebenfalls beliebt sind Ziegen- und Lammfleisch, das in heißer Glut gegart wird. Ein Tipp für all jene, die mit dem Boot unterwegs sind: Man kann an allen Restaurants umsonst anlegen, wenn man dort speist.

LP TIPP Stermasi DALMATINISCH €€€
(☎098 93 90 362; www.stermasi.hr; Saplunara; Hauptgerichte 90–360 Kn) Das Stermasi gilt als eines der Toprestaurants Dalmatiens. Und hier schmeckt wirklich alles total lecker; das Essen ist jedoch vor allem aromatisch und authentisch und wird mit Liebe und Können zubereitet. Zu den Spezialitäten des Hauses zählen Gemüse, Tintenfisch oder Zicklein, das in heißer Glut gegart wird (jeweils 200/260/300 Kn); das Wildschwein mit Gnocchi (360 Kn) reicht fast für vier Personen. Aber auch der Fischeintopf à la Mljet ist ein Gedicht. Der Blick von der Terrasse über die winzigen Inselchen in der Saplunara-Bucht ist ein Traum.

Melita KROATISCH €€
(www.mljet-restoranmelita.com; Marieninsel, Veliko jezero; Hauptgerichte ab 60 Kn) Romantischer (und touristischer) geht es nicht: Das Restaurant ist an die Kirche auf der

kleinen Insel inmitten des großen Sees angeschlossen. Man kann sich an Fisch, Meeresfrüchten und Fleischgerichten laben, es gibt Mljet-Hummer, Tintenfisch, schwarzen Risotto und Käse aus der Region.

Triton GRILL €€
(☎745 131; Sršenovići 43, Babino Polje; Hauptgerichte ab 70 Kn) Im Triton kommen vor allem Fleischgerichte auf den Tisch – das in heißer Glut gegarte Kalbfleisch oder Zicklein schmeckt hier besonders lecker – also besser einen Tisch reservieren. Das Festmahl lässt sich mit etwas Hochprozentigem aus der Kollektion selbstgebrannter Schnäpse des Besitzers gut abrunden.

Praktische Informationen

Die **Touristeninformation** (☎744 186; www.mljet.hr; ⏲Juni–Sept. Mo–Sa 8–13 & 17–19, So 9–12 Uhr, Okt. –Mai Mo–Fr 8–13 Uhr) befindet sich in Polače, gleich nebenan wartet ein Geldautomat. In dieser Info kann man gute Wanderkarten kaufen, außerdem sind allerlei Broschüren erhältlich. Ein weiterer Geldautomat befindet sich im Hotel Odisej in Pomena.

Babino Polje, 18 km östlich von Polače, ist die Hauptstadt der Insel. Hier gibt es eine zweite **Touristeninformation** (☎745 125; www.mljet.hr; ⏲Mo–Fr 9–17 Uhr) und auch eine Post.

Anreise & Unterwegs vor Ort

Fähren des Unternehmens Jadrolinija halten nur in Sobra (30 Kn, 2 Std.); der Katamaran von **G&V Line** (☎313 119; www.gv-line.hr; Vukovarska 34, Dubrovnik) verkehrt in den Sommermonaten nach Sobra (40 Kn, 1 Std.) und Polače (54 Kn, 1½ Std.); er fährt am Gruž-Hafen von Dubrovnik zweimal täglich ab (9.15 Uhr & 19.10 Uhr); von Polače geht es nur um 16.55 Uhr wieder zurück, von Sobra zweimal am Tag (6.15 Uhr & 17.35 Uhr). Es ist *nicht* möglich, für diese Verbindungen Fahrkarten zu reservieren. Während der Hochsaison empfiehlt es sich, sehr frühzeitig im Hafenbüro einzutreffen, um sich einen Platz auf dem Schiff zu sichern (Fahrräder dürfen in der Regel nicht mitgeführt werden). Im Winter verkehrt nur ein Katamaran am Tag. Ausflugsschiffe von Korčula steuern in der Hochsaison ebenfalls den Hafen von Polače an.

Es verkehren unregelmäßig Busse auf der Strecke Sobra–Polače.

MLJET: HIN & ZURÜCK

In der Hochsaison verkehren Ausflugsschiffe von Korčula nach Polače. Die Katamarane von Dubrovnik steuern in der Hochsaison Sobra wie auch Polače an. Fähren des Unternehmens Jadrolinija nutzen den Hafen Sobra, der nicht weit vom Zentrum der Insel entfernt liegt. Der Zugang zum **Mljet-Nationalpark** (www.mljet.hr; Erw./erm. 100/50 Kn) befindet sich zwischen Pomena und Polače. In der Fahrkarte ist der Bus- und Bootstransfer zum Benediktinerkloster inbegriffen. Wer auf der Insel übernachten will, muss die Eintrittsgebühr in den Park nur einmal bezahlen.

Cavtat

2021 EW.

Ohne Cavtat gäbe es kein Dubrovnik. Zumindest nicht das Dubrovnik, das alle kennen und lieben. Die Einwohner der ursprünglich griechischen Siedlung flohen vor den Slawen und ließen sich in Dubrovnik nieder; die Stadt wurde 614 gegründet. Doch auch Cavtat ist interessant. Hier geht es ursprünglicher zu als in Dubrovnik – der Ort wird nicht ständig von einer Welle Touristen überrollt, obwohl er einen besonderen Charme hat. An den hübschen Hafen schließen sich Strände an und im Hintergrund ragen beeindruckende Hügel auf. Die Lage ist einfach traumhaft.

Geschichte

Cavtat war ursprünglich eine griechische Siedlung namens Epidaurus. In der Zeit um 228 v. Chr. wurde es römische Kolonie und schließlich im 7. Jh. von Slawen zerstört. Im Mittelalter gehörte der Ort fast durchgehend zur Republik Dubrovnik und profitierte vom Kultur- und Wirtschaftsleben der Hauptstadt. Als berühmtester Sohn der Stadt gilt der Maler Vlaho Bukovac (1855–1922), einer der Vorreiter der kroatischen Moderne.

Sehenswertes

Cavtat hat einige sagenhafte Sehenswürdigkeiten zu bieten. Der ehemalige Rektorenpalast – heute die **Baltazar Bogišić Collection** (Obala Ante Starčevića 18; Erw./erm. 20/10 Kn; ⏲Mo–Sa 9–13 Uhr) – beherbergt eine umfangreiche Bibliothek, die im 19. Jh. dem Rechtsanwalt und Historiker Baltazar Bogišić gehörte, außerdem Lithografien sowie eine kleinere archäologische Sammlung. Eine der Hauptattraktionen ist ein Gemälde von Vlaho Bukovac, das den Karneval von Cavtat im 19. Jh. zeigt. Gleich daneben ragt die barocke **St. Nikolauskirche** (Crkva Svetog Nikole; Eintritt 10 Kn; ⏲10–13 Uhr) mit beeindruckenden Holzaltären auf.

Das **Geburtshaus von Vlaho Bukovac** (Rodna Kuća Vlahe Bukovca; Bukovca 5; Eintritt 20 Kn; ⏲Di–Sa 10–13 & 16–20, So 16–20 Uhr), des berühmtesten Sohnes der Stadt, befindet sich am nördlichen Ende der Obala Ante Starčevića. Das Gebäude aus dem frühen 19. Jh. stellt einen würdigen Rahmen für die Erinnerungsstücke und Gemälde des berühmtesten Malers Kroatiens dar. Nebenan lohnt das **Kloster Maria Schnee** (Samostan Snježne Gospe; Bukovca) wegen einiger bemerkenswerter Gemälde aus der Zeit der Frührenaissance einen Blick.

Ein Pfad führt vom Kloster zu einem Friedhof mit dem **Mausoleum** (Eintritt 7 Kn; ⏲Juli & Aug. 10–12 & 17–19 Uhr) der Familie Račić, ein Werk von Ivan Meštrović. Das kunstvolle Monument reflektiert die Religiosität und Spiritualität des Künstlers.

Schlafen & Essen

Wer eine Privatunterkunft sucht, kann sein Glück bei Atlas oder einem anderen Reisebüro im Ortszentrum versuchen.

Am Hafen finden sich zahlreiche Cafés und Restaurants, in denen man preiswert in legerem Rahmen etwas essen kann.

LP TIPP Castelletto B&B €€

(☎478 246; www.dubrovnikexperience.com; Tiha bb; Zi. 710 Kn; P❄@📶📺) Der überaus gut geführte Familienbetrieb in einer umfunktionierten Villa bietet 13 geräumige blitzsaubere Zimmer, die geschmackvoll modern möbliert sind. Alle verfügen über Klimaanlage und Satelliten-TV, von vielen eröffnet sich ein toller Blick über die Bucht. Das Castelletto liegt beschaulich ein gutes Stück vom Hafen entfernt, der sich jedoch im Rahmen eines flotten Spaziergangs von gerade einmal zehn Minuten über einen hübschen Weg erreichen lässt. Das Personal ist sehr aufmerksam; WLAN sowie der Transfer von und zum Flughafen sind kostenlos.

Hotel Major LANDGASTHOF €€€

(☎773 600; www.hrmajor.hr; Uskoplje bb; Suite 910 Kn; P❄@📶📺) Das kleine ländliche Hotel liegt fünf Minuten mit dem Auto landeinwärts. Die fünf sehr geräumigen Zimmer kann man beinahe schon als Suiten bezeichnen (gutes Preis-Leistungs-Verhältnis). Alle haben Klimaanlage, Heizung und Meer- oder Bergblick. Die Mitarbeiter sind ausgesprochen hilfsbereit, auch das Restaurant (Hauptgerichte ab 75 Kn) ist großartig – es verfügt über eine riesige Terrasse; auf der Speisekarte stehen stark dalmatinisch beeinflusste Gerichte.

Galija MEERESFRÜCHTE €€

(www.galija.hr; Vuličelićeva 1; Hauptgerichte ab 70 Kn) Etabliertes, angesehenes Restaurant. Die tolle Terrasse mit Meerblick liegt im Schatten von Pinien, drinnen schaffen die nackten Steinwände eine stimmungsvolle Atmosphäre. Los geht es mit dalmatinischen Vorspeisen (z. B. Seeigelsuppe). Als Hauptspeise gibt es vor allem Fisch und Meeresfrüchte. Man könnte beispielsweise die hervorragende Meeresfrüchteplatte bestellen (mit Austern, Muscheln, Krabben und Scampi).

ℹ Praktische Informationen

Antares (☎479 707; www.antarestravel.hr; Vlaha Paljetka 2) Bucht Ausflüge und vermittelt Privatunterkünfte.

Atlas Travel Agency (☎479 031; www.atlas-croatia.com; Trumbićev Put 2) Bucht Exkursionen und vermittelt auch Privatquartiere.

Post (Kneza Domagoja 4; ⏲Mo–Sa 9–18.30 Uhr) In der Nähe vom Busbahnhof.

Touristeninformation (☎479 025; www.tzcavtat-konavle.hr; Tiha 3; ⏲Juli & Aug. 8–19 Uhr, Sept.–Juni Mo–Fr 8–15.30, Sa 9–12 Uhr) Hier gibt es zahlreiche Broschüren sowie eine gute farbige Karte.

ℹ An- & Weiterreise

Die Buslinie 10 fährt etwa stündlich von Dubrovniks Busbahnhof nach Cavtat (20 Kn, 45 Min.). Der letzte Bus kehrt gegen Mitternacht nach Dubrovnik zurück. Alternativ kann man ein Boot am Lokrum-Schiffsdock, nahe dem Ploče-Tor, nehmen (Hin- & Rückfahrt 100 Kn, Juni–Sept. 12-mal tgl., restliches Jahr 3–5-mal tgl.).

Gärten von Trsteno

Nur 13 km nordwestlich von Dubrovnik lohnen diese traumhaften Gärten einen Besuch. Trsteno machte im 16. Jh. Furore, als die Adligen aus Dubrovnik großen Wert auf das Aussehen ihrer Gartenanlagen legten. Einer von ihnen, Ivan Gučetić, pflanzte hier die ersten Setzlinge und wurde so zum Trendsetter.

Seine Nachfahren hegten und pflegten den Garten jahrhundertelang, bis das Land von der (ehemals jugoslawischen, heute kroatischen) Akademie der Wissenschaften übernommen wurde, die es zu einem **Arboretum** (☎751 019; Erw./erm. 35/17 Kn; ⏲Juni–Sept. 8–19 Uhr, Okt.–Mai 8–16 Uhr) umbauen ließ. Der Garten ist wunderschön mit geometrischen Formen im Stil der Renaissance angelegt. Mediterrane Pflanzen und Büsche dominieren (Lavendel, Rosmarin, Fuchsien, Bougainvilleen), in der Luft liegt der betörende Duft der Zitrusbäume in den Obsthainen. Der Garten ist jedoch nur in Teilen durchgestaltet – einige Bereiche sind herrlich wild und ursprünglich geblieben. Kinder werden das **Labyrinth** lieben, außerdem gibt es schöne Palmen (u. a. chinesische Hanfpalmen) und einen hübschen **Teich** voller weißer Seerosen und mit Dutzenden Ochsenfröschen, an dem eine Neptunstatue prangt. Unbedingt ansehen sollte man die beiden **Platanen** am Eingang zum Ort Trsteno; sie sind mehr als 400 Jahre alt und gut und gerne 50 m hoch.

Der hiesige Campingplatz, **Autocamp Trsteno** (☎751 060; www.trsteno.hr/camping.htm; 26/20 Kn pro Pers./Zelt), ist gut ausgestattet und hat eine nette Bar. Bis zur Küste mit einigen Felsbuchten spaziert man lediglich fünf Minuten.

In Trsteno halten alle Busse (30 Min., 19-mal tgl.) von Dubrovnik Richtung Split.

INSEL KORČULA

16 438 EW.

Korčula ist reich an Weingärten, Olivenhainen, Dörfern und Weilern. Da die Insel so dicht bewaldet ist, wurde sie von den ursprünglich griechischen Siedlern Korkyra Melaina (Schwarzes Korfu) genannt. Die wichtigste Siedlung ist Korčula-Stadt: Ihre hübschen Straßen sind mit Marmor gepflastert und werden von imposanten Gebäuden flankiert. Entlang der steilen Südküste trifft man immer wieder auf stille Buchten und kleine Strände, die Nordküste ist flacher und hat mehrere Naturhäfen. Bis heute werden auf der Insel alte Bräuche gepflegt. Die Menschen halten jahrhundertealte religiöse Zeremonien am Leben, und der Tourismus sorgt dafür, dass auch Volkstänze und Musik ihr Publikum finden. Weinkenner kommen ebenfalls auf ihre Kosten. Bekannt ist vor allem der Süßwein, der rund um Lumbarda aus der *grk*-Traube gekeltert wird.

Korčula ist mit einer Länge von knapp 47 km die sechstgrößte Insel der Adria und wird von der Halbinsel Pelješac durch eine schmale Meerenge getrennt.

Geschichte

Eine Höhle aus dem Neolithikum (Vela Špilja) bei Vela Luka im Westen der Insel weist auf eine prähistorische Besiedlung des Eilands hin. Die Griechen ließen sich hier im 6. Jh. v. Chr. nieder, ihre bedeutendste Siedlung befand sich etwa im 3. Jh. v. Chr. in der Gegend des heutigen Lumbarda. Im 1. Jh. eroberten die Römer die Insel, ihnen folgten im 7. Jh. die Slawen. Die Venezianer lösten sie im Jahr 1000 ab, danach kamen die Ungarn. Kurze Zeit gehörte die Insel zur Republik Dubrovnik, bis sie 1420 wieder an Venedig fiel, wo sie bis 1797 verblieb. Während der Herrschaft der Seerepublik war die Insel für das Gesteinsmaterial berühmt, das in Steinbrüchen gewonnen und exportiert wurde. Auch der Schiffsbau florierte.

Nachdem Napoleon 1797 Dalmatien erobert hatte, ereilte Korčula das gleiche Schicksal wie den Rest der Region: Die Insel fiel in die Hände Frankreichs, Österreich-Ungarns und Englands, bis sie schließlich 1921 ein Teil von Jugoslawien wurde. Heute ist Korčula eine der wohlhabendsten Inseln Kroatiens, in ihrer historischen Hauptstadt werden immer mehr Besucher empfangen.

ℹ Anreise & Unterwegs vor Ort

Bus

Es verkehren Busse nach Dubrovnik (95 Kn, 3 Std., 1–3-mal tgl.) und nach Zagreb (245 Kn, 11 Std., 1-mal tgl.). In den Sommermonaten frühzeitig reservieren.

Schiff

Auf der Insel befinden sich zwei wichtige Häfen: Korčula-Stadt und Vela Luka. Alle Jadrolinija-Fähren von Split nach Dubrovnik machen in Korčula Halt.

Wer von Split nach Korčula reist, hat mehrere Optionen. Täglich (ganzjährig) fährt das Schnellboot **Krilo** (www.krilo.hr) von Split nach Korčula (65 Kn, 2¾ Std.) und hält unterwegs in Hvar. Von Juni bis September fährt täglich ein Jadrolinija-Katamaran von Split nach Vela Luka (70 Kn, 2 Std.) mit Zwischenstopps in Hvar und Lastavo. Außerdem verkehrt nachmittags regelmäßig eine Autofähre zwischen Split und Vela Luka (60 Kn, 3 Std.), die an den meisten Tagen auch Kurs auf Hvar nimmt (dort darf man allerdings nicht mit Autos an Land gehen).

Auf der Halbinsel Pelješac bestehen regelmäßige Bootsverbindungen zwischen Orebić und Korčula. Passagierschiffe (20 Kn, 10 Min., Juni–Sept. 13-mal tgl., restliches Jahr mind. 5-mal tgl.) nehmen Kurs auf Korčula-Stadt. Auf dieser Strecke sind auch Autofähren unterwegs (22 Kn,

15 Min., ganzjährig mind. 14-mal tgl.), sie gehen allerdings im tieferen Hafen Dominče, 3 km von Korčula-Stadt entfernt, vor Anker. (Die Busverbindungen sind schlecht und Taxis mit 80 Kn für nur 3 km exorbitant teuer, deshalb sollte man versuchen, die Passagierfähre zu nehmen.)

Korčula (Stadt)

3135 EW.

Korčula ist nicht nur bildschön, sondern auch ein historischer Ort. Die Zitadelle an der Küste liegt geschützt hinter beeindruckenden Wehrmauern. Entlang der mit Marmor gepflasterten Straßen stehen zahlreiche Gebäude aus der Zeit der Renaissance und Gotik. Die Straßen wurden im Fischgrätenmuster angelegt – ein großartiges Konzept, das gleichermaßen der Sicherheit wie auch dem Komfort der Bürger diente: Die Straßenzüge nach Westen verlaufen gerade, damit der starke sommerliche Westwind *maestral* eine frische Brise durch die Stadt schicken kann. Die Straßen gen Osten haben dagegen eine leichte Biegung, in der sich der kalte Nordostwind *bura* bricht. Die Stadt besitzt einen Hafen, über dem runde Wehrtürme aufragen, viele Häuser sind mit roten Ziegeln gedeckt. Überall stehen Palmen, mehrere Strände liegen in Laufweite. Da der Ort bei Familien so beliebt ist, suchen sich viele Backpacker einen entlegenen Strand weiter außerhalb, um ein wenig Ruhe genießen zu können. Die Stadt ist ein guter Standort für Tagesausflüge nach Lumbarda, zum Eiland Badija, nach Orebić auf der Halbinsel Pelješac und zur Insel Mljet.

Geschichte

Alten Dokumenten ist zu entnehmen, dass an dieser Stelle bereits im 13. Jh. eine von Mauern bewehrte Stadt existierte. Die Stadt in ihrer heutigen Form wurde jedoch erst im 15. Jh. errichtet. Zu dieser Zeit erlebte die Steinmetzkunst auf der Insel gerade eine Blüte, und so kamen die Gebäude und Straßenzüge zu ihrem schönen, charakteristischen Aussehen. Im 16. Jh. wurden die Fassaden der Bauwerke zudem mit dekorativen Elementen wie Schmucksäulen und Wappen verziert. Sie verliehen dem ursprünglich gotischen Zentrum sein Renaissancegepräge. Im 17. und 18. Jh. begann man, südlich der Altstadt zu bauen, denn die Gefahr einer Invasion war nicht mehr so groß und es bestand keine Notwendigkeit mehr, sich hinter dicken Mauern zu verschanzen. Die schmalen Straßen und Steingebäude in der „neuen" Vorstadt lockten Kaufleute und Kunsthandwerker an – bis zum heutigen Tag spielt sich hier ein Großteil des Handels ab.

Sehenswertes

Wehranlagen der Stadt STADTMAUERN, TÜRME

Die Türme (und Überreste der Stadtmauer) von Korčula sehen besonders beeindruckend aus, wenn man sich der Stadt vom Meer her nähert. Früher, als die Wehrmauern noch vollständig waren und aus zwölf Türmen und 20 m hohen Mauern bestanden, bedeuteten sie Piraten und Plünderern recht unmissverständlich, dass dieser Ort uneinnehmbar ist.

Am Westhafen ragen der konische **Große Fürstenturm** (1483) und der **Kleine Fürstenturm** (1449) auf. Sie schützten früher den Hafen, die Handelsflotte und den Gouverneurspalast, der neben dem Rathaus stand. Folgt man dem Ufer der Altstadthalbinsel im Uhrzeigersinn, gelangt man zum **Turm des Westhafentors** mit einer lateinischen Inschrift von 1592, die darauf hinweist, dass Korčula nach dem Fall Trojas gegründet wurde. Als Nächstes entdeckt man den renovierten **Kula-Kanovelić-Turm**, der von Zinnen gekrönt ist, sowie einen kleineren Turm, der bizarrerweise zur Cocktailbar Massimo umfunktioniert wurde.

Das südliche Landtor in die Altstadt war der **Veliki-Revelin-Turm**. Er wurde im 14. Jh. gebaut und später erweitert und ist mit Wappen der venezianischen Dogen und der Fürsten von Korčula verziert. Ursprünglich befand sich hier eine hölzerne Zugbrücke; sie wurde im 18. Jh. durch eine breite Steintreppe ersetzt, die dem Eingang nun etwas Prunkvolles verleiht. Der am besten erhaltene Teil der Stadtmauer verläuft von hier nach Westen. Der obere Teil des Turms beherbergt ein kleines **Museum** (Eintritt 20 Kn; ⌚Juni–Sept. 9–21 Uhr, Mai & Okt. 10–16 Uhr, restliches Jahr geschl.), das der Moreška-Tanztradition gewidmet ist und Tanztrachten sowie alte Fotos zeigt.

St.-Markus-Kathedrale KATHEDRALE

(Katedrala Svetog Marka; Statuta 1214; ⌚Juli & Aug. 9–21 Uhr, Sept.–Juni nur zur Messe geöffnet) Den Trg Svetog Marka (Markus-Platz) dominiert die wunderschöne Kathedrale aus dem 15. Jh. Sie wurde von italienischen und hiesigen Künstlern im Stil der Gotik und Renaissance aus dem heimischen Kalkstein errichtet. Über dem Portal ist das dreieckige Giebelfeld mit einer Meerjungfrau, einem Elefanten und anderen Skulpturen geschmückt. Der **Glockenturm** ragt hoch über der Stadt auf und wird von einer Balustrade und einer schmucken Kuppel gekrönt – ein Werk von Marko Andrijić aus Korčula. Zum Zeitpunkt der Recherche für dieses Buch wurde die Fassade gerade gereinigt; sie sollte also mittlerweile wieder im alten Glanz erstrahlen.

Drinnen erwartet einen ein 30 m hohes Kirchenschiff mit einer zweifachen Kolonnade aus Kalksteinsäulen. Nicht verpassen sollte man das Ziborium, das ebenfalls von Andrijić gestaltet wurde, und das Altargemälde *Die Drei Heiligen* von Tintoretto dahinter. Auch ein weiteres Gemälde wird Tintoretto oder seiner Schule zugeschrieben, nämlich *Die Verkündung* am Barockaltar des heiligen Antonius. Bemerkenswert sind außerdem eine Bronzefigur des heiligen Blasius von Meštrović unweit des Altars im nördlichen Seitenschiff sowie ein Gemälde des venezianischen Künstlers Jacopo Bassano in der Apsis des südlichen Seitenschiffs. Ebenfalls sehenswert sind die modernen Skulpturen im **Baptisterium**, darunter eine *Pietà* von Ivan Meštrović.

Stadtmuseum MUSEUM
(Gradski Muze; Statuta 1214; Eintritt 25 Kn; ⌚Juni–Aug. 9–21 Uhr, Sept.–Mai Mo–Sa 9–13 Uhr) Das Stadtmuseum ist im Palais der Gabrielli aus dem 16. Jh. untergebracht und erläutert die Geschichte und Kultur von Korčula. Es ist recht unübersichtlich, doch auf den vier Etagen gibt es ein paar interessante Dinge zu entdecken, z. B. eine Tafel, die Siedlungen der Griechen auf der Insel im 3. Jh. v. Chr. belegt. Das Lapidarium zeigt die Entwicklung der Bildhauerei samt dem entsprechenden Werkzeug. Darüber hinaus gibt es Ausstellungen zum Thema Schiffsbau mit Modellen lokaltypischer Boote, eine archäologische Sammlung mit prähistorischen Objekten und eine Sammlung mit traditioneller Kleidung und Kunsthandwerk, Möbeln, Textilien und Porträts aus Korčula.

Bevor man den Platz verlässt, lohnt ein Blick auf den **Palast Arneri** nebenan. Er besitzt viele elegante Zierornamente und erstreckt sich entlang der gleichnamigen schmalen Straße gen Westen.

Marco-Polo-Museum MUSEUM
(De Polo; Eintritt 20 Kn; ⌚Juni–Sept. 9–19 Uhr, Mai & Okt. 10–16 Uhr) Marco Polo soll 1254 in Korčula geboren sein; viele Städte nehmen dieses Privileg für sich in Anspruch, doch lassen viele Beweise darauf schließen, dass der Entdecker wirklich hier zur Welt kam. Das winzige Museum (in dem man schier Platzangst kriegt) befindet sich in dem sperrigen Turm des Hauses, das Marco Polo einst gehört haben soll. Zu bestaunen sind Landkarten und Grafiken von den Reisen des Entdeckers sowie Porträts und Büsten großer Abenteurer. Den eigentlichen Reiz des Gebäudes macht aber wohl die tolle Aussicht aus. Wer die steile Treppe erklimmen möchte, genießt einen herrlichen Blick aus der Vogelperspektive über die Insel Korčula und die Adria. Aber Achtung: Der Aufstieg ist ziemlich schweißtreibend, außerdem weist das Geländer ein riesiges Loch auf – Leute mit weichen Knien bzw. Höhenangst oder kleine Kinder sollten also besser auf den Aufstieg verzichten.

Riznica-Museum KUNSTSAMMLUNG
(Statuta 1214; Eintritt 25 Kn; ⌚Mai–Nov. Mo–Sa 9–19.30 Uhr) Das Riznica-Museum im Bischofspalast aus dem 14. Jh. wartet mit einer Ikonensammlung im Vorraum und einem Saal voller dalmatinischer Kunst auf (Letzterer beherbergt schöne dalmatinische Gemälde aus dem 15. und 16. Jh.). Das herausragendste Werk ist das Polyptychon *Die Jungfrau von Blaž Trogiranin*. Außerdem werden liturgische Objekte, Schmuck, Möbel und alte Dokumente zur Geschichte Korčulas gezeigt.

Ikonenmuseum MUSEUM
(Trg Svih Svetih; Eintritt 15 Kn; ⌚Mo–Sa 10–12 & 17–19 Uhr) Im bescheidenen Ikonenmuseum ist neben rituellen Objekten aus dem 17. und 18. Jh. eine kleine Sammlung interessanter byzantinischer Ikonen auf Holz mit goldenem Hintergrund zu sehen. Die Besucher haben auch Zugang zur wunderschönen **Allerheiligenkirche** (Crkva Svih Svetih) nebenan. In der Barockkirche aus dem 18. Jh. beeindrucken zahlreiche sakrale Bilder, ein Holzgemälde aus dem 15. Jh. und eine Pietà aus dem späten 18. Jh.

Aktivitäten

Auf Korčula gibt es fantastische Wander- und Radwanderrouten; eine Karte bekommt man in der Touristeninformation oder bei Kantun Tours (hier können für 100 Kn pro Tag auch Räder geliehen werden). Roller (320 Kn für 24 Std.) und Boote (610 Kn pro Tag) gibt es bei **Rent a Đir** (☎711 908; www.korcula-rent.net; Biline 5). Unbedingt ansehen sollte man das hübsche Städtchen Orebić

Korčula (Stadt)

mit ihrem schönen Strand und guten Wandermöglichkeiten.

Im Sommer setzen Wassertaxis zur Insel **Badija** über. Dort steht ein Franziskanerkloster aus dem 15. Jh. Wer sich gern entblättert, wird sich über den hiesigen FKK-Strand freuen.

Geführte Touren

Reisebüros buchen Touren über die Insel und zur Insel Mljet hinüber, außerdem Exkursionen mit dem Mountainbike (195 Kn), Kajaktrips auf dem Meer und Schnorchelausflüge (220 Kn).

Feste & Events

Die **Karwoche** wird auf Korčula in großem Stil begangen. Los geht es am Palmsonntag, die ganze Woche vor Ostern finden Prozessionen statt. Sie werden von den Bruderschaften organisiert, deren Mitglieder traditionelle Tracht tragen. Die Einwohner der Stadt singen mittelalterliche Weisen und Kirchenlieder, es werden Bibelszenen aufgeführt und die Stadttore gesegnet. Die feierlichsten Prozessionen finden am Karfreitag statt, wenn die Bruderschaften durch die Straßen ziehen. Die Touristeninformation besitzt den genauen Veranstaltungskalender.

Korčula (Stadt)

Highlights

Sehenswertes

Aktivitäten, Kurse & Touren

Schlafen

Essen

Ausgehen

Schlafen

Die Hotelszene von Korčula besteht eher aus klotzigen Anlagen und Resorts, aber ein paar anständige Hotels finden sich dann zum Glück doch. Wer nicht gern in großen Hotels logiert, sollte sich für ein persönlicheres Gästehaus entscheiden. Die Atlas Travel Agency (S. 295) vermittelt auch Privatzimmer (ab 250 Kn in der Hochsaison).

Es gibt hier einen großen sowie ein paar kleinere Campingplätze. Das **Autocamp Kalac** (☎711 182; www.korculahotels.com; pro Pers./Stellplatz 54/48 Kn; ⊙Mai–Okt.) liegt der Altstadt am nächsten (30 Min. zu Fuß) – ein schöner Platz in einem dichten Pinienhain mit Tennisplätzen und einem schmalen Strand, an dem es in den Sommermonaten allerdings sehr voll wird.

Rund 10 km westlich der Stadt befinden sich in der Nähe von Račišće drei kleinere Campingplätze mit mehr Privatsphäre und weniger überlaufenen Stränden. Alle haben von Juni bis Mitte September geöffnet und kosten etwa 90 Kn pro Person, inklusive Zelt und Auto: **Kamp Oskorušica** (☎710 747), **Kamp Tri Žala** (☎721 244; trizala@vip.hr) und **Kamp Vrbovica** (☎721 311).

LP TIPP **Lešić Dimitri Palace** APARTMENTS €€€
(☎715 560; www.lesic-dimitri.com; Don Pavla Poše 1–6; Apt. 3363–9752 Kn; ❄📶) Diese außergewöhnliche Unterkunft spielt in einer eigenen Liga (auch preislich). Die insgesamt sechs „Residenzen" mit immens hohem Standard sind über mehrere Stadthäuser verteilt. Benannt wurden sie nach den Reisen Marco Polos: So gibt es eine chinesische Wohnstatt mit (dezent) asiatischer Note, die Behausung „Indien" erinnert an den Subkontinent. Hier wird Wert auf kleinste Details gelegt, dazu gehören iPods, Marmorelemente im Bad und Espressomaschinen. Auch optisch enttäuschen die Räumlichkeiten mit hübschem Balkenwerk, alten Steinwänden und -fliesen nicht. Und das Restaurant ist das beste in der ganzen Stadt.

Villa DePolo APARTMENTS, ZIMMER €
(☎711 621; tereza.depolo@du.t-com.hr; Svetog Nikole bb; B 350 Kn; ❄📶) Das tolle Quartier für den schmalen Geldbeutel bietet kleine und einfache, aber dennoch hübsche moderne Zimmer (und ein Apartment) in gedämpften Farben mit bequemen Betten; eines hat eine Terrasse mit schönem Blick. Die Lage könnte besser nicht sein: Zur Altstadt und zum Busbahnhof sind es nur wenige Schritte. In den flexiblen Wohneinheiten des DePolo können zwei, vier oder sechs Personen übernachten. Bei Kurzaufenthalten wird im Sommer ein Preisaufschlag erhoben.

Hotel Bon Repos RESORT €€
(☎726 800; www.korcula-hotels.com; DZ 596 Kn; P@≋) Der riesige Resort an der Straße nach Lumbarda beeindruckt mit seinem gepflegten Hotelgelände und dem großen Pool am kleinen Strand. Die Zimmer sind gut in Schuss und zu diesem Preis voll okay; die Einrichtungen – darunter zwei Tennisplätze – sind auch prima. Nach Korčula-Stadt verkehrt ein Wassertaxi, man kann aber auch zu Fuß gehen: In nur einer halben Stunde ist man dort.

Pansion Hajduk PENSION €
(☎711 267; olga.zec@du.t-com.hr; DZ ab 440 Kn; ❄≋) Die Pension liegt ein paar Kilometer vom Ort entfernt an der Straße nach Lumbarda. Die Gäste werden herzlich willkommen geheißen, die Zimmer haben Klimaanlage und TV, sogar ein Pool ist vorhanden.

Das dazugehörige Restaurant serviert deftige Speisen und für die Kinder gibt es auch ein paar Schaukeln.

Ojdanić APARTMENTS €
(☎091 51 52 555; www.korcula-roko.com; Apt. ab 430 Kn; ❄) Spaziert man von der Altstadt aus ungefähr drei Minuten am Hafen entlang gen Westen, gelangt man zu zwei sauberen, sehr schlichten, dafür aber dafür günstigen Apartments. „Ela" besitzt Wohnstudiogröße und im „Roko" (inkl. Terrasse mit tollem Blick aufs Festland) findet eine Familie mit zwei kleinen Kindern Platz. Ratko, der Besitzer, vefügt über ein Wassertaxi und bietet Angelausflüge an.

Essen

Die üblichen Grundnahrungsmittel und Proviant für ein Picknick sind im Supermarkt erhältlich.

LP TIPP **LD** MODERN MEDITERRAN €€
(☎715 560; www.lesic-dimitri.com; Don Pavla Poše 1-6; Hauptgerichte ab 75 Kn) Das nobelste Restaurant Korčulas hebt sich mit seiner modernen, raffinierten Speisekarte deutlich von den anderen Lokalen der Stadt ab. Am besten beginnt man das Gelage mit *crostini*, kleinen Happen mit allerlei köstlichen mediterranen Zutaten, und geht dann zum pikanten slawonischen Wursteintopf, zur Meerbasse, zum Pager Lamm oder auch zum geräucherten Thunfisch-Carpaccio über. Die Auswahl des passenden Weins (per Glas) zu jedem Gang kann man getrost dem erfahrenen Sommelier überlassen; es warten zahlreiche edle Tropfen aus Kroatien. Das Ambiente ist ebenfalls schön – die Tische stehen ein Stück oberhalb vom Wasser. Das Menü des Tages weist ein gutes Preis-Leistungsverhältnis auf.

LP TIPP **Konoba Komin** DALMATINISCH €
(☎716 508; Don Iva Matijace; Hauptgerichte ab 45 Kn) Ein sehr stimmungsvoller, einladender Ort ist diese schöne *konoba*, ein einfaches Lokal, das beinahe mittelalterlich anmutet mit einem *komin* (knisterndem Feuer), dem gegrillten Fleisch, den alten Steinwänden und rustikalen Holztischen. Die Speisekarte ist schlicht, aber das Essen köstlich: Lamm, Fisch, Muscheln (je nach Saison) und Wild werden formvollendet zubereitet. Außerdem werden lokale Weine ausgeschenkt. Da die Sitzplätze knapp bemessen sind, sollte man reservieren.

Konoba Maslina DALMATINISCH €
(Lumbarajska cesta bb; Hauptgerichte ab 50 Kn) Dieses traditionelle Lokal bietet alles, was man von einer *konoba* auf dem Lande erwartet: rustikales Flair und bodenständige, „ehrliche" Küche. Der Koch und Besitzer Ivan erklärt seinen Gästen die Gerichte und gibt Empfehlungen. Man hat die Wahl zwischen frischem Fisch, Lamm und Kalb sowie Schinken und Käse aus der Region. Das Maslina liegt etwa 3 km außerhalb der Stadt an der Straße nach Lumbarda.

Konoba Marinero MEERESFRÜCHTE €€
(Marka Andrijića; Hauptgerichte ab 50 Kn) Der nette Familienbetrieb mit Meeresdekor ist echt gemütlich. Die Söhne sind für den Fischfang zuständig und die Eltern bereiten dann die frischen Fische nach traditionellen Rezepten zu.

Cukarin DELIKATESSEN €
(Hrvatske Bratske Zajednice; Kuchen ab 10 Kn) In diesem Lokal im Stil eines Deli-Imbisses werden so tolle Spezialitäten wie *klajun* (Walnussgebäck) und *amareta* (runder, mächtiger Mandelkuchen) gebacken. Auch Wein, Marmelade und Olivenöl von der Insel sind hier erhältlich.

Gradski Podrum KROATISCH €€
(Kaporova; Hauptgerichte ab 70 Kn) Das Speiselokal in der Altstadt hat viel Flair und empfiehlt sich, wenn jemand gern einmal den für Korčula typischen Fischeintopf probieren möchte.

Ausgehen

Vinum Bonum WEINBAR
(Punta Jurana 66; ⌚11–14 & 18–24 Uhr) Das gemütliche Lokal liegt ein wenig versteckt in einer kleinen autofreien Gasse, unweit vom Hafen gelegen. Hier haben Gäste die gute Gelegenheit, um die besten Weine der Insel zu probieren.

Dos Locos BAR
(Šetalište Frana Kršinića 14) In dieser Kneipe trifft sich das Jungvolk von Korčula. Zur bunten Musikmischung gehört auch Rhythm'n'Blues; Musikvideos werden an eine Seitenwand des Gebäudes projiziert. Das Dos Locos befindet sich gleich hinter dem Busbahnhof.

Cocktail Bar Massimo COCKTAILBAR
(Šetalište Petra Kanavelića) Diese Bar ist in einem kleinen Turm zu Hause und lässt sich nur über eine Leiter erreichen. Die Drinks

MOREŠKA-SÄBELTÄNZE

Zu den farbenfrohsten Brauchtümern der Insel zählt der Moreška-Säbeltanz, ein Moriskentanz, der seit dem 15. Jh. auf Korčula aufgeführt wird. Er stammt vermutlich aus Spanien, wird in dieser Form heute jedoch nur noch auf Korčula gepflegt. Erzählt wird die Geschichte zweier Könige – der Weiße König (rot gekleidet) und der Schwarze König –, die um eine vom Schwarzen König entführte Prinzessin kämpfen. In der (gesprochenen) Einleitung, erklärt die Prinzessin ihre Liebe zum Weißen König. Da der Schwarze König sie nicht freigeben will, zücken die beiden Heere die Schwerter und „kämpfen" in Form eines kunstvoll-stilisierten Tanzes zu den Klängen eines Orchesters. Die Einwohner Korčulas führen den Tanz mit Begeisterung am Südtor auf. Er wurde früher nur am 29. Juli, dem Gründungstag der Stadt Korčula dargeboten, kann heute jedoch von Juni bis September jeden Montag und Donnerstag um 2 Uhr bestaunt werden. Die Eintrittskarten kosten 100 Kn und können vor Ort, aber auch im Reisebüro gekauft werden.

Die Kumpanija-Tänze in den Dörfern Pupnat, Smokvica, Blato und Čara sind eine vergnügliche Abendunterhaltung, für die allerdings ein fahrbarer Untersatz erforderlich ist. Bei diesen Tänzen geht es um einen „Kampf" zwischen feindlichen Heeren, der dann mit dem Hissen einer riesigen Flagge gipfelt. Die Tänze werden vom Trommeln und der *mišnice* begleitet, einem Instrument, das dem Dudelsack ähnelt.

werden mit einem Flaschenzug heraufgeschafft. Der Besuch lohnt sich vor allem wegen des herrlichen Ausblicks über die Küste und die Kathedrale, die Cocktailkarte ist nämlich nicht so berauschend. Kinder haben keinen Zutritt.

Praktische Informationen

In der Stadt gibt es mehrere Geldautomaten, beispielsweise in der **HVB Splitska Banka**. Geld wird auch in den Postämtern und in den Reisebüros gewchselt.

Atlas Travel Agency (☎711 231; atlas korcula@du.htnet.hr; Plokata 19 Travnja bb) Repräsentanz von American Express; veranstaltet Exkursionen und vermittelt Privatunterkünfte.

Hospital (☎711 137; Kalac bb) Rund 1 km hinter dem Hotel Marko Polo.

Kantun Tours (☎715 622; www.kantun-tours.com; Plokata 19 Travnja bb) Das wohl am besten organisierte und größte Reisebüro vermittelt Privatquartiere und Leihwägen, bietet eine Fülle von Ausflüge an und bucht Schiffstickets. Hier gibt es auch Internetzugang (25 Kn pro Std.) und eine Gepäckaufbewahrung.

Post (Trg Kralja Tomislava)

Touristeninformation (☎715 701; www.korcula.net; Obala Franje Tuđmana 4; ⌚Juli & Aug. Mo–Sa 8–15 & 17–20 So 9–13 Uhr, Sept.–Juni Mo–Sa 8–14 Uhr) Am Westhafen; hervorragende Informationsquelle für alle Besucher der Stadt.

An- & Weiterreise

Ein **Büro von Jadrolinija** (☎715 410) befindet sich rund 25 m vom Westhafen entfernt.

Lumbarda

Lumbarda ist ein beschauliches Dorf im Südosten der Insel Korčula. Es hat einen Hafen und ist umgeben von Buchten und Weingärten. Auf dem sandigen Boden wachsen die Reben besonders gut. Kein Wunder also, dass der Wein der *grk*-Traube Lumbardas „Vorzeigeprodukt" ist. Im 16. Jh. erbauten Adlige aus Korčula hier ihre Sommerhäuser. Bis heute gilt der Ort als Refugium für alle, die der Hektik der Stadt entfliehen wollen. Die Stadtstrände sind klein und sandig. Ein weiterer schöner Strand (Plaza Pržina) liegt auf der anderen Seite der Weingärten hinter dem Supermarkt.

Schlafen & Essen

Mehrere kleine, vor allem preiswerte Campingplätze befinden sich unweit der Bushaltestelle, nur ein Stück bergauf.

Zure LANDGASTHOF **€€**
(☎712 008; www.zure.hr; Apt. ab 610 Kn; ⌚Mai–Nov.; P❄@) Dieses tolle *agroturizam* in ruhiger Lage betreibt eine gastfreundliche deutsch-kroatische Familie. Das Zure besteht aus zwei modernen Apartments und einem kleinen Haus – alle mit Terrasse. Die Weinsorten *Grk* und *Plavac mali* werden hier angebaut, aber auch Käse und luftgetrockneter Schinken stellt der Gasthof her. Frischer Fisch und Meeresfrüchte, beispielsweise mit *buzara*, einer Soße aus Tomaten, Weißwein, Zwiebeln und Semmelbröseln,

werden im Restaurant (Hauptgerichte ab 70 Kn) serviert.

Pansion Marinka LANDGASTHOF €
(☎712 007; marinka.milina-bire@du.t-com.hr; DZ 385 Kn; ⌚Mai–Nov.) Das Marinka ist ein Bauernhof, ein Weingut und eine schöne – unlängst renovierte – Unterkunft (mit mehreren Doppelzimmern und drei Apartments) in einem. Der Gasthof liegt reizvoll auf dem Land in Laufnähe zum Strand. Die Besitzer keltern hervorragende Weine, stellen aber auch Olivenöl und Käse her und fangen und räuchern selbst Fisch.

Hotel Borik HOTEL €€
(☎712 215; www.hotelborik.hr; DZ 720 Kn; P❄@📶) Dieses Hotel bietet 23 renovierte, schicke, moderne Zimmer – alle mit klaren Linien, Klimaanlage und Satelliten-TV – plus einen Anbau mit noch mehr Annehmlichkeiten. Das Borik mit seiner schönen Terrasse liegt von der Straße ein Stück zurückversetzt auf einem kleinen Hügel in der Ortsmitte. Die Gäste können hier auch Fahrräder leihen.

Praktische Informationen

Die **Touristeninformation** (☎tel/fax 712 005; www.lumbarda.hr; ⌚Mitte Juni–Aug. 8–12 & 16–20 Uhr, restl. Jahr kürzer) ist bei der Suche nach einen passenden Quartier behilflich.

An- & Weiterreise

In Korčula-Stadt warten Wassertaxis am Osthafen auf Passagiere nach Lumbarda. Busse nach Lumbarda (15 Kn, 15 Min.) verkehren bis zum späteren Nachmittag im Stundentakt, am Sonntag allerdings nicht.

Vela Luka

Vela Luka ist ein hübscher kleiner Ort mit einem netten natürlichen Hafen, beinahe schon an der Westspitze von Korčula gelegen. In der Nähe der Ortschaft gibt es einige Badebuchten, allerding keinen Strand. Mit kleinen Booten werden die Urlauber zu den idyllischen Inseln Proizd und Osjak hinübergeschippert.

Vela Luka liegt inmitten von mit Olivenbäumen bestandenen Hügeln. Die Herstellung und Vermarktung des berühmten Olivenöls von Korčula ist für die Wirtschaft der Region von vitaler Bedeutung. Daneben spielen auch noch der Tourismus und die Fischerei eine bedeutende wirtschaftliche Rolle für die Einheimischen.

Sehenswertes & Aktivitäten

Der Hafen von Vela Luka eignet sich gut für einen schönen Spaziergang, den weitere Sehenswürdigkeiten gibt es hier nur wenige. Man könnte einen Blick auf die **Vela-Špilja-Höhle** aus der Jungsteinzeit werfen. Sie ist so groß, dass der Gedanke an ein Leben als Höhlenbewohner plötzlich gar nicht mehr so abschreckend ist. Schilder in der Stadt weisen den Weg; von der Höhle hat man einen schönen Blick auf Vela Luka und den Hafen. Der Eingang ist den Großteil des Jahres über verschlossen, aber man kann den Schlüssel in der Touristeninformation abholen. In der Höhle findet man Infotafeln in englischer und kroatischer Sprache.Das **Olivenölmuseum** (Eintritt 25 Kn; ⌚Juni–Sept.), etwa 2 km östlich von Vela Luka an der Hauptstraße, ist neu. Neben restaurierten Olivenölpressen können Werkzeuge besichtigt und natürlich auch feine Speiseöle erstanden werden.

Gradina, eine wunderschöne, friedliche Bucht 5 km nordwestlich von Vela Luka, wird bevorzugt von Yachtbesitzern angesteuert. Zwar befinden sich dort keine Strände, doch das sehr seichte Wasser lädt zum Schwimmen ein, und auch das Restaurant ist ein Magnet. Um dorthin zu gelangen, benötigt man einen Wagen.

Schlafen & Essen

Von der Hotelgruppe **Hum Hotels** (www.humhotels.hr) gibt es mehrere Häuser in dieser Gegend.

LP TIPP **Hotel Korkyra** HOTEL €€
(☎601 000; www.hotel-korkyra.com; Obala 3; DZ/Suite 754/1075 Kn; P❄📶≋) Das komplett renovierte Korkyra hat die Messlatte in Sachen Hotelstandard in Vela Luka ganz eindeutig höher gelegt. Die 58 Zimmer weisen einen wahrlich hohen Standard an Komfort auf, sie lassen ein hippes, modernes Dekor sehen und verfügen über ein schickes Bad. In diesem Stil präsentiert sich auch die Rezeption mit wirklich feudalen Sitzecken und cooler Beleuchtung. Vom Fitnessraum genießen die Gäste einen schönen Blick auf die Bucht, außerdem befindet sich hinter dem Gebäude ein Pool, und auch ein gutes Restaurant ist natürlich vorhanden. Das Preis-Leistungsverhältnis ist erstklassig.

Hotel Dalmacija HOTEL €€
(☎812 022; www.humhotels.hr; Obala bb; Zi. 526 Kn) In dem kleinen 2-Sterne-Hotel, das

direkt am Meer liegt, gibt es insgesamt 14 Zimmern, in denen coole mediterrane Farben dominieren; von den Balkonen genießt man den Meerblick.

Camp Mindel CAMPINGPLATZ €
(☎813 600; www.mindel.hr; pro Erw./Zelt 28/25 Kn; ⏲Mai–Sept.) Der kompakte, preisgünstige Campingplatz 5 km westlich der Ortschaft ist ideal, um Wanderungen auf dem Land zu unternehmen. Eine Busverbindung existiert leider nicht.

LP TIPP **Konoba Šiloko** MEERESFRÜCHTE €
(Gradina; Hauptgerichte ab 50 Kn) An der Gradina-Bucht, ungefähr 5 km nordwestlich der Stadt, liegt dieses vorzügliche Meeresfrüchterestaurant, das von einer gastfreundlichen Familie betrieben wird und sich bei Bootsbesitzern besonders großer Beliebtheit erfreut. Hier gibt es beispielsweise gegrillten Fisch, fangfrischen Hummer, schwarzen Risotto mit Tintenfisch und Muscheln, Pager Käse oder Korčula-Lamm. Beim Essen kann man den Blick aufs Meer und die Inseln vor der Küste genießen.

Nautica INTERNATIONAL €
(Obala 2; Hauptgerichte ab 35 Kn;) Ein legeres attraktives Café-Restaurant mit einer tollen Terrasse am Hafen. Auf der preisgünstigen Speisekarte stehen Burritos, Fisch und Salate – und die Pizza schmeckt nirgendwo so gut wie hier!

ℹ Praktische Informationen

Atlas Travel Agency (☎812 078; www.atlasvelaluka.com; Obala 3) An der Mole; das Reisebüro ist bei der Quartiersuche behilflich und bietet Internetzugang (25 Kn pro Std.).

Touristeninformation (☎Tel/Fax 813 619; www.tzvelaluka.hr; Ulica 41; ⏲Juni–Sept. Mo–Fr 8–14 & 17–20, Sa 9–12 Uhr, Okt.–Mai Mo–Fr 8–14 Uhr) Direkt am Meer mit hilfsbereiten Mitarbeitern.

HALBINSEL PELJEŠAC

Die schmale Halbinsel Pelješac ragt wie ein Finger ins Meer – hier ist Entspannung wie nirgendwo sonst an der kroatischen Küste angesagt. Die Landesnatur der Halbinsel besteht aus zerklüfteten Bergen, weiten Tälern und idyllischen Buchten – ein herrlicher Flecken Erde. Geradezu ideal, um einen ruhigen Urlaub zu verbringen. Es gibt hier bloß einen winzigen Resort.

ABSTECHER

IDYLLISCHE INSELN

Wer am Strand einfach nur nach Herzenslust faulenzen will, ist auf den beiden vorgelagerten Inseln **Proizd** und **Osjak** genau richtig. Das klare tiefblaue Wasser und die weißen Steine von Proizd sind einfach umwerfend; die größere Insel Osjak ist hingegen für ihren Wald bekannt. Jedenfalls sollte man sich jede Menge Sonnencreme mit hohem Lichtschutzfaktor einstrecken, denn Schatten gibt es hier kaum. Auf beiden Inseln finden sich preiswerte Lokale, um einen Happen zu essen. Mehrere kleine Boote fahren in Vela Luka im Juli und August morgens zu den Inseln hinüber und holen die Sonnenanbeter am Nachmittag dann wieder ab.

Orebić

1954 EW.

Orebić an der Südküste der Halbinsel Pelješac wirbt mit den besten Stränden Süddalmatiens. Die sandigen Buchten werden von Pinien und Tamarisken gesäumt. Bis nach Korčula-Stadt hinüber sind es nur 2,5 km, somit eignet sich der Ort hervorragend für einen Tagestrip auf die Insel oder als Basis für weitere Ausflüge. Wer vom Faulenzen am Strand genug hat, kann tolle Wanderungen unternehmen, z. B. auf den Berg Ilija (961 m). Kulturinteressierte finden sehenswerte Kirchen und Museen. Da der Berg Ilija die Stadt vor dem kalten Nordwind schützt, wachsen die mediterranen Pflanzen hier sehr üppig. Es ist meist ein paar Grad wärmer als auf Korčula; entsprechend früher hält der Frühling Einzug, und der Sommer währt ein wenig länger.

Geschichte

Orebić und die Halbinsel Pelješac gehören seit 1333 zu Dubrovnik; sie wurden dem früheren Besitzer, Serbien, abgekauft. Die Stadt hieß bis zum 16. Jh. Trstenica (so wie die östliche Bucht) und war ein bedeutendes Zentrum der Seefahrt. Den Namen Orebić erhielt sie nach einer betuchten Seefahrerfamilie, die 1658 eine Zitadelle zur Verteidigung gegen die Türken errichten ließ. Bis heute bilden die vielen Häuser und exotischen Gärten der wohlhabenden Kapitäne einen Blickfang in der Umgebung. Den

Höhepunkt der Seefahrt erlebte die Stadt im 18. und 19. Jh. als Sitz eines der größten Handelsimperien der damaligen Zeit: der Associazione Marittima di Sabioncello. Nach dem Niedergang der Schifffahrt gewann schnell der Tourismus an Bedeutung.

Sehenswertes & Aktivitäten

Die Passagierschiffe und ebenso die Fähren aus Korčula legen nur ein paar Schritte von der Touristeninformation und der Bushaltestelle entfernt an. Die Haupteinkaufsstraße, die Bana Josipa Jelačića, verläuft parallel zum Hafen.

Trstenica STRAND

Westlich des Docks erstreckt sich ein schmaler Strand, den schönsten (mit Sand und feinem Kies) findet man allerdings in Trstenica, ca. 700 m östlich des Docks. Er ist lang und halbmondförmig und wird von alten Bäumen gesäumt. Das ruhige, türkisfarbene Wasser lässt an die Karibik denken.

Schifffahrtsmuseum MUSEUM

(Obala Pomoraca; Eintritt 15 Kn; ⌚Mai–Okt. Mo–Sa 10–12 & 17–20 Uhr, im Winter weniger lang) Das Museum neben der Touristeninformation ist interessant genug, um einen Blick hineinzuwerfen. Zu sehen gibt es Gemälde über die Seefahrt, allerlei Erinnerungsstücke von Schiffen, Navigationshilfen und prähistorische Funde von der archäologischen Ausgrabungsstätte in nahen Majsan. Die Erklärungen sind auf Englisch.

Wanderungen WANDERN

Orebić eignet sich perfekt zum Wandern, am besten besorgt man sich eine der kostenlosen Wanderkarten in der Touristeninformation. Einer der Wege führt durch Pinienwälder vom Hotel Bellevue zu einem **Franziskanerkloster** (Eintritt 15 Kn; ⌚Mo–Fr 15–20 Uhr) aus dem 15. Jh., das 152 m über dem Meer thront. Von oben konnten die Patrouillen aus Dubrovnik ein Auge auf die venezianischen Schiffe haben, die bei Korčula vor Anker lagen, und die Behörden über verdächtige Bewegungen an Bord und auf See in Kenntnis setzen. Das Dorf **Karmen** in der Nähe des Klosters bildet den Ausgangspunkt für einen Spaziergang zu den malerischen Bergdörfern sowie für die anspruchsvolle Besteigung des **Bergs Ilija**, der als kahles, graues Massiv hinter Orebić aufragt. Der Lohn für Schweiß und Mühen ist ein umwerfender Blick auf die gesamte Küste. Auf einem Hügel östlich des Klosters steht neben einigen riesigen Zypressen die **Kirche der Jungfrau von Karmen** (Gospa od Karmena), sehenswert sind auch die barocke **Loggia** und die **Burgruinen**.

Schlafen & Essen

Die Touristeninformation und Orebić Tours vermitteln Privatzimmer (ab 170 Kn pro Pers.), aber auch Studios und Apartments.

Westlich der Ortschaft befinden sich mehrere moderne Resortkomplexe, die unter der Leitung von **HTP Orebić** (www.orebic-htp.hr) stehen.

LP TIPP **Hotel Adriatic** BOUTIQUEHOTEL €€€

(☎714 488; www.hoteladriaticorebic.com; Šetalište Kneza Domagoja 8; Zi. 1195–1307 Kn) Das neu eröffnete Hotel am Ende der Hauptstraße in Orebić in einem herrschaftlichen umfunktionierten Kapitänshaus wartet mit den komfortabelsten und schönsten Zimmern auf der ganzen Halbinsel auf. Der Rezeptionsbereich mit seiner eher faden Atmosphäre beeindruckt zwar nicht gerade, doch die Zimmer sind eine wahre Wonne mit ihren unverputzten Wänden, den feudalen Holzböden und den geräumigen Bädern. Alle haben einen tollen Meerblick. Das üppige Frühstück wird auf der Terrasse mit Aussicht auf die Adria serviert.

Hotel Indijan HOTEL €€€

(☎714 555; www.hotelindijan.hr; Škvar 2; EZ/DZ 787/1357 Kn; P❄@📶🏊) Das relativ neue Hotel mit schönem Design gibt sich durchweg modern. Alle Zimmer sind gut ausgestattet, manche haben einen Balkon mit Blick über die Adria bis nach Korčula hinüber. Der beheizte Pool fällt winzig aus, hat aber ein ausfahrbares Glasdach und kann somit ganzjährig benutzt werden. Der Service ist erstklassig. Das Hotel veranstaltet Ausflüge zu den Weingebieten der Halbinsel.

Glavna Plaža CAMPINGPLATZ, APARTMENTS €

(☎713 399; www.glavnaplaza.com; Trstenica; Campen pro Erw./Stellplatz 29/22 Kn, Apt. 375–885 Kn; ⌚April–Sept.) Der kleine Campingplatz, ein Familienbetrieb, liegt direkt am langen Trstenica-Sandstrand. Geboten sind zudem vier einfache Apartments (zwei Studios und eines, in dem sechs Personen übernachten können) in neutralen Farben. Zu den Geschäften und Cafés ist es nicht weit.

Dalmatino KROATISCH €

(Jelačića 47; Hauptgerichte ab 40 Kn; 👪) Nur ein kleines Stück westlich vom Hafen liegt die-

DER RICHTIGE WIND

Wer gern surft, fährt am besten nach **Viganj**, einem Dorf fast am Südwestende der Halbinsel Pelješac. Dort warten die besten Windbedingungen in ganz Kroatien und auch drei Surfschulen. Das Dorf am Meer wird eigentlich nur von Leuten besucht, die dem Windsurffieber verfallen sind. Ein empfehlenswerter Campingplatz mit Surfschule ist **Antony-Boy** (☎719 077; www.antony-boy.com; pro Pers./Zelt 39/39 Kn; @) gleich hinter dem Kieselstrand. In dem insgesamt eher bescheidenen Dorf gibt es ein paar Restaurants und auch eine lebhafte Strandbar, das **Karmela 2** (☎719 097;). Hier kommt (nur im Juli und August) deftiges Essen auf den Tisch, außerdem können die Gäste Tischfußball und Billard spielen – bei einer tollen Atmosphäre in den Sommermonaten.

ses beliebte Lokal mit netter Atmosphäre direkt am Meer. Die Tische stehen im Schatten von Pinien. Jedenfalls kann man sich hier angenehm die Zeit vertreiben, wenn man auf sein Schiff warten muss - auch die Kids kommen unterdessen auf dem Spielplatz auf ihre Kosten. Auf der Speisekarte stehen u. a. Tintenfisch (75 Kn), Fisch (290 Kn/kg), Garnelen, Steaks und Pasta.

Praktische Informationen

Orebić Tours (☎713 367; www.orebic-tours.hr; Bana Josipa Jelačića 84a) Vermittelt Privatquartiere, wechselt Geld und bucht Exkursionen, z. B. Weinverkostungen und Schiffsausflüge.

Post (Trg Mimbeli bb) Neben der Touristeninformation.

Touristeninformation (☎713 718; www.tz-orebic.com; Trg Mimbeli bb; ⌚Juli & Aug. 8–20 Uhr, Sept.–Juni 8–14 Uhr) Hier sind eine gute Wander- und Fahrradkarte der Halbinsel erhältlich sowie Unmengen Broschüren. Vermittelt auch Privatzimmer.

An- & Weiterreise

Drei oder vier Fähren am Tag (im Sommer sieben) verkehren von Ploče nach Trpanj; von dort fährt dann ein Bus nach Orebić. Busse von Korčula nach Dubrovnik, Zagreb und Sarajevo halten in Orebić (gleich vorne am Fährhafen).

Ston & Mali Ston

722 EW.

Ston und Mali Ston liegen etwa 59 km nordwestlich von Dubrovnik an einer Meerenge, die die Halbinsel Pelješac mit dem Festland verbindet. Ston gehörte einst zur Republik Dubrovnik und war damals berühmt für seine Salzgewinnung. Aufgrund der wirtschaftlichen Bedeutung für Dubrovnik wurde im Jahr 1333 eine 5,5 km lange Mauer um den Ort gebaut - eine der längsten Wehranlagen Europas. Zu den Architekten, die hinter dem Bau und dem Design der Mauer mit 40 Türmen und fünf Forts stehen, zählt u. a. Juraj Dalmatinac. Die Mauern stehen bis heute und schützen die vielen schönen mittelalterlichen Gebäude in der Innenstadt.

Mali Ston, ein kleines Dorf mit Hafen, liegt rund 1 km nordöstlich von Ston und wurde zusammen mit der Mauer als Bestandteil der Wehranlage errichtet. Sowohl Ston als auch Mali Ston sind ein Mekka für Feinschmecker: Hier kommen mit die wohl besten Meeresfrüchtegerichte von ganz Kroatien auf den Tisch. Besonders berühmt sind die Austern und Muscheln, die schon zu römischen Zeiten in dieser Gegend gezüchtet wurden.

Sehenswertes & Aktivitäten

Die Hauptsehenswürdigkeit von Ston ist die **Wehrmauer** (Eintritt 30 Kn; ⌚10 Uhr–Sonnenuntergang) aus dem 14. Jh., die hoch oben in den Hügeln verläuft und mittlerweile komplett restauriert wurde. Sie kann sogar auf längeren Strecken begangen werden - die klare Luft von Pelješac ermöglicht einen weiten Blick über die Halbinsel.

Interessant sind auch die **Salzsalinen** (www.solanaston.hr; Eintritt 15 Kn; ⌚Mai–Okt. 10–18 Uhr) in Ston; sie sind noch in Betrieb und brachten der Gemeinde schon viel Wohlstand. Das Salz wird von Ende Juli bis September gewonnen - wofür heute noch freiwillige Helfer gerne genommen werden. Wer zu so einer Art von Arbeitsurlaub Lust hat, bekommt auf der Website genauere Informationen.

Ston selbst besitzt keine Strände; sie befinden sich im etwa 4 km entfernten Prapratno, südwestlich oder Ortschaft. Dort verlocken eine herrliche Bucht, ein hübscher Kieselstrand und auch ein Campingplatz. Aber Achtung: Im seichten Wasser leben Seeigel. Da heißt es aufpassen, denn deren Stacheln sind sehr schmerzhaft.

Schlafen & Essen

Ostrea HISTORISCHES HOTEL €€€
(☎754 555; www.ostrea.hr; Mali Ston; EZ/DZ ab 710/922 Kn; P❄@) Das überaus attraktive historische Steingebäude mit grünen Fensterläden liegt nur wenige Schritte vom hübschen Hafen in Mali Ston entfernt. Das Personal ist herzlich und professionell. Geboten sind elegante Zimmer in drei Kategorien. Alle verfügen über polierte Parkettbäden und moderne Bäder. Das Restaurant wird zu den besten Lokalen im Ort gezählt – wer mit Halbpension bucht, kommt hier also voll auf seine Kosten.

Camping Prapratno CAMPINGPLATZ €
(☎754 000; www.duprimorje.hr; pro Erw./Stellplatz 45/37 Kn;) Der große Campingplatz, 4 km südwestlich von Ston, liegt direkt an der Prapratno-Bucht. Die Einrichtungen sind gut, darunter Tennis- und Basketballplätze, ein Supermarkt und ein Restaurant.

Stagnum INTERNATIONAL €
(Imena Isusova 23, Ston; Hauptgerichte ab 45 Kn; ⏲April–Okt.) In diesem Restaurant in einem Innenhof werden die Gäste wirklich umsorgt. Auf den Tisch kommen üppige Portionen frische Muscheln, Steaks, Risotto und Fisch vom Grill – lecker!

Kapetanova Kuća MEERESFRÜCHTE €€
(☎754 452; Mali Ston; Hauptgerichte ab 75 Kn) Das Kapetanova Kuća gilt als eines der renommiertesten Restaurants der Region, was Fisch- und Meeresfrüchtegerichte betrifft. Hier können die Gäste auf der schattigen Terrasse in Ston-Austern und Miesmuscheln nur so schwelgen.

Praktische Informationen

Die **Touristeninformation** (☎754 452; www.ston.hr; Peljestki put 1; ⏲Juni–Sept. 8–20 Uhr, Mai & Okt. 8–14 & 16–19 Uhr, Nov.–April Mo–Fr 8–14 Uhr) hält Broschüren und Busfahrpläne bereit und vermittelt auch Privatunterkünfte.

An- & Weiterreise

Die Bushaltestelle befindet sich in der Ortsmitte von Ston, nicht weit von der Touristeninformation und der Post entfernt. Es verkehren fünfmal täglich Busse von Ston nach Dubrovnik (60 Kn, 1½ Std.), zudem einer nach Zagreb (245 Kn, 9 Std.).

Kroatien verstehen

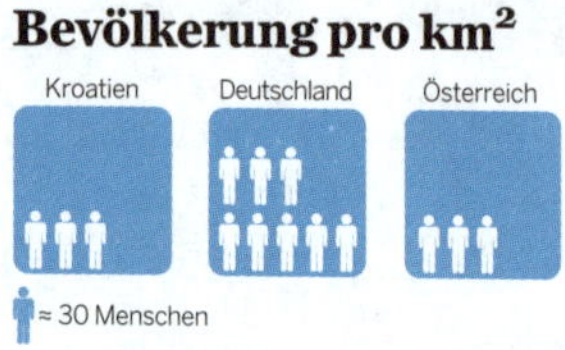

Kroatien aktuell

Neuling in der EU

Kroatien schwankt noch zwischen seiner Verankerung im Balkan und einer Zugehörigkeit zu Mitteleuropa. Mit dem Rest der Welt, darunter die direkten Nachbarn, verbindet Kroaten eine Art Hassliebe. Kein Wunder also, dass die für Juli 2013 avisierte Vollmitgliedschaft des Landes in der EU bei manchen durchaus für Unbehagen sorgt. Slowenien zum Beispiel tut sich mit Kroatien schwer; und da Europa die Staatsschulden- und Finanzkrise noch keineswegs überwunden hat, gibt es vor allem in Deutschland starke Vorbehalte gegen eine weitere Ausdehnung der EU. Im Land selbst sieht die Sache nicht viel einfacher aus. Zwar beteiligten sich im Januar 2012 mehr als 44 % der Kroaten an einem Referendum über den EU-Beitritt, der von zwei Dritteln befürwortet wurde, doch in dieser Frage bleibt die Meinung im Lande geteilt, nicht zuletzt angesichts der Schuldenproblematik. Vor allem die Jüngeren zeigen sich skeptisch und eher anti-europäisch. Die Älteren beklagen den drohenden Verlust der Unabhängigkeit in Industrie und Landwirtschaft. Wie dem auch sei: Kroatien dürfte wohl das 28. EU-Mitglied werden und damit in Mitteleuropa angelangt sein; die Skepsis im Lande ist damit aber sicher noch nicht verflogen.

Polit-Dramen & Unzufriedenheit

Eine Art Hassliebe bringen die Kroaten auch ihren eigenen Politikern entgegen; auf der politischen Bühne spielen sich immer wieder regelrechte Dramen ab. Ein Höhepunkt war 2009 erreicht, als Ivo Sanader überraschend vom Amt des Premierministers zurücktrat. 2010 wurde der Ex-Regierungschef in Österreich verhaftet, 2011 wurde er an Kroatien ausgeliefert, anschließend wurde ihm in Zagreb der Prozess gemacht. Der Sanader-Skandal bleibt dort Stadtgespräch; im September

Top-Bücher

» **Schwarzes Lamm und grauer Falke** (Rebecca West) Die Autorin berichtet von ihrer Balkanreise im Jahr 1941.

» **Another Fool in the Balkans** White folgt den Spuren Rebecca Wests und stellt das moderne Leben der Region ihrer politischen Geschichte gegenüber.

» **Café Paradies oder die Sehnsucht nach Europa** (Slavenka Drakulić) Beschreibt witzig, wie die westliche Kultur Osteuropa infiltriert.

Über Jugoslawien

» **Croatia: a Nation Forged in War** (Marcus Tanner)

» **Jugoslawien. Der Krieg, der nach Europa kam** (Misha Glenny)

» **Bruderkrieg. Der Kampf um Titos Erbe** (Laura Silber und Alan Little)

Religionszugehörigkeit
(% der Bevölkerunng)

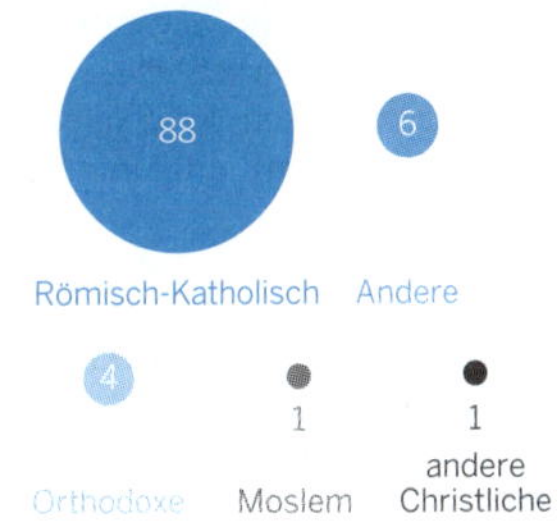

Wenn in Kroatien 100 Menschen lebten,...

2012 wurde schon die fünfte Korruptionsanklage gegen den ehemaligen Premierminister vorbereitet.

Die Politik des Landes erlebte bei den Parlamentswahlen 2011 eine echte Wende. Die Sozialdemokratische Partei (SDP) schloss sich mit drei weiteren Mitte-Links-Parteien zur sogenannten Kukuriku-Koalition zusammen, einem Oppositionsbündnis unter Führung von Zoran Milanović. Kukuriku errang die absolute Mehrheit und drängte die Kroatische Demokratische Union (HDZ) aus der Regierung, eie Partei, die seit der Unabhängigkeit immerhin 16 Jahre lang das Land geführt hatte. Im Dezember 2011 wurde Milanović ins Amt des Premierministers eingeführt. Doch die kurzzeitige Euphorie im Lande machte schon bald einer Ernüchterung Platz. Vor allem angesichts der unpopulären Sparpolitik griff die Politikverdrossenheit erneut um sich.

Bevölkerung: 4 290 612 Ew.

BIP pro Kopf: €14,198 (2011)

Inflationsrate: 2,3 % (2011)

Arbeitslosigkeit: 17,8 % (2011)

Alphabetisierungsgrad: 98,1 %

Durschnittliches Monatsgehalt: 5441 Kn

Doppelte Krise

Die Wirtschaft des Landes liegt schon seit Jahren in Trümmern, und die weltweite Rezession plus EU-Krise haben die Lage nur noch verschärft. Die Arbeitslosenzahlen sind hoch, viele Menschen müssen monatelang auf ihre Gehaltszahlungen warten, alteingesessene Firmen gehen in die Insolvenz, das Rentenniveau ist unglaublich niedrig, und beim Arbeitslosengeld sieht es nicht besser aus. Kein Wunder also, dass viele Kroaten ihr Leben als mühselig empfinden und dass eines der meistgebrauchten Worte *kriza* (Krise) lautet: Man hört es ständig, wie eine Art Mantra.

Trotz der doppelten Rezession gilt Kroatien als vielversprechender Markt der Zukunft. Schon heute kompensiert man den Rückgang ausländischer Investitionen durch ein ordentliches Wachstum der Tourismusbranche. In diesem Sektor wächst jedenfalls heute kein Land am Mittelmeer so schnell wie Kroatien.

Top-Filme

» **A Paper House** (Mark Thompson)

» **Die Geister des Balkan** (Robert D Kaplan)

» **Europe's Backyard War** (Mark Almond)

» **Okkupation in 26 Bildern** (*Okupacija u 26 slika;* 1978) Lordan Zafranović

» **Man liebt nur einmal** (*Samo jednom se ljubi;* 1981) Rajko Grlić

» **Zyklopen** (*Kiklop;* 1982) Antun Vrdoljak

» **Wie der Krieg auf meiner Insel begann** (*Kako je počeo rat na mom otoku;* 1997) Vinko Brešan

» **Eine wundervolle Nacht in Split** (*Ta divna splitska noć;* 2004) Arsen A Ostojić

» **Armin** (2006) Ognjen Sviličić

Kuna kontra Euro

Als eine Folge der Griechenland-Problematik legt die EU strengere Maßstäbe an neue Mitglieder an, die den Euro einführen wollen. Anfangs war die Rede von einem Euro-Beitritt Kroatiens im Jahr 2014, Gerüchten zufolge ist damit aber jetzt wohl nicht mehr vor 2020 zu rechnen. Kroatien soll zunächst einmal eine solide, wettbewerbsfähige Wirtschaft aufbauen und erst später der gemeinsamen Währung beitreten.

Bevölkerung im Wandel

Der jüngsten Zählung (2011) zufolge hat Kroatien ca. 4,3 Mio. Einwohner; vor dem Krieg waren es noch fast 5 Mio. Vor allem die düsteren Wirtschaftsprognosen sind verantwortlich für den stetigen Bevölkerungsrückgang, denn gut ausgebildete junge Leute kehren ihrer Heimat den Rücken und suchen ihr Glück eher im Ausland. Und natürlich gab es den Krieg der 1990er-Jahre, in dessen Verlauf über 50 % der serbischen Bevölkerung Kroatien verließen; weniger als die Hälfte dieser Menschen ist seither zurückgekehrt. Während des wirtschaftlichen Zusammenbruchs nach der Unabhängigkeit wählten dann rund 120 000 Kroaten den Weg ins Ausland. Allerdings kam ungefähr die gleiche Zahl an ethnischen Kroaten als Flüchtlinge aus Bosnien und Herzegowina ins Land, rund 30 000 Kroaten verließen die serbische Region Vojvodina und ließen sich ebenfalls in Kroatien nieder. Allerdings verliert Kroatien wegen der desolaten Wirtschaft bis heute seine Fachkräfte, denn was die hohe Arbeitslosigkeit junger Leute unter 30 mit Berufsausbildung angeht, liegt das Land nach Spanien und Griechenland an dritter Stelle.

Den höchsten Anteil an serbischer Bevölkerung findet man in Ostslawonien; dort leben auch Minderheiten ungarischer und tschechischer Herkunft. Italiener wohnen vor allem in Istrien, während Albaner, Bosnier und Roma in Zagreb, Istrien und in einigen Städten Dalmatiens anzutreffen sind. Rund 3,5 Mio. Menschen kroatischer Herkunft haben im Ausland eine neue Heimat gefunden, vor allem in den USA, Deutschland, Australien, Kanada und Argentinien. Auslandskroaten behalten zu Hause ihr Wahlrecht, und viele, die davon tatsächlich Gebrauch machen, sind überzeugte Nationalisten, deren Stimmen vornehmlich an rechtsgerichtete Parteien gehen.

Medien

» Fernsehsender: HRT (staatliches Fernsehen), Nova und RTL

» Zeitungen: Večernji List, Jutarnji List, 24sata

» Zeitschriften: Globus, 24 Express, Gloria

Etikette

» Kroaten sehen sich nicht als Ost-, sondern als Mitteleuropäer.

» Kirchen in angemessener Kleidung betreten.

» Bei Gesprächen über den jüngsten Krieg Sensibilität und Zurückhaltung zeigen.

» Gastgebern erlauben, die Rechnung zu bezahlen, wenn man in ein Restaurant oder eine Bar eingeladen wurde.

Geschichte

Kroatien hat eine lange, wechselhafte Geschichte, die die Kroaten geprägt und den Charakter des Landes beeinflusst hat. Über lange Phasen hinweg wurden die Menschen hier von fremden Völkern beherrscht, gegen die sie sich zur Wehr setzen mussten - Venezianer, Osmanen, Ungarn, Habsburger, Franzosen und Deutsche.

Die Gründung Jugoslawiens nach dem Zweiten Weltkrieg schien die südslawischen Nationen zu einen, doch dies sollte nur wenige Jahrzehnte lange halten. Nach dem Tod des jugoslawischen Staatspräsidenten Tito 1980 zerfiel Jugoslawien allmählich und stürzte in einen brutalen Krieg. Kroatien erklärte im Jahr 1991 seine Unabhängigkeit, doch erst mit dem Dayton-Abkommen 1995 begannen die Kriegswunden langsam zu heilen.

Heute ist die noch junge Demokratie mit neu gewähltem Präsidenten ein Land mitten im Wandel. Trotz einiger Hürden, darunter die landesweite Korruption und der häufig offen zur Schau getragene Nationalismus, ist Kroatien auf dem besten Weg in die EU. Am 1. Juli 2013 soll Kroatien Vollmitglied der Europäischen Union werden.

Das vorchristliche Kroatien

Frühe Bewohner

Vor rund 30 000 Jahren war Kroatien von Neandertalern besiedelt, die durch die Wälder Slawoniens zogen. Im Naturhistorischen Museum (S. 47) in Zagreb werden Funde aus dieser Epoche ausgestellt, und in Krapina vermittelt das Neandertaler-Museum (S. 81) ein realistisches Bild von ihrem Leben.

Um 300 v. Chr. nahmen die Illyrer eine Schlüsselrolle im Gebiet des heutigen Kroatien, Serbien und Albanien ein. Hier konkurrierten sie mit den Griechen, die im 4. Jh. v. Chr. Handelskolonien an der adriatischen Küste, u. a. auf Vis, errichtet hatten, und mit den Kelten, die aus dem Norden eindrangen.

Das Adriatische Meer ist nach der italienischen Stadt Adria benannt, nicht nach dem illyrischen Stamm der Ardiäer.

Zeitachse

300 v. Chr.

Illyrische Stämme breiten sich auf dem Balkan aus, gründen Stadtstaaten – darunter auch Histri (der alte Name Istriens) und Liburnia – und etablieren sich als Seemächte an der Adria

11 v. Chr.

Die römische Provinz Illyricum, in der auch das heutige Dalmatien lag, erstreckt sich nach der Unterwerfung der pannonischen Stämme bis zur Donau. Sie umfasst große Teile des heutigen Kroatiens.

257 n. Chr.

Salona, Hauptstadt der römischen Provinz, wird das erste Bistum der Provinz Dalmatia. 30 Jahre später wird der Bischof von Salona zum Papst ernannt

231 v. Chr. beging die stolze illyrische Königin Teuta einen fatalen Fehler, als sie versuchte, die griechischen Kolonien zu erobern. Die Griechen baten Rom um militärischen Beistand, und dies gab den Römern Gelegenheit, in die Region einzudringen. 168 v. Chr. besiegten sie den letzten illyrischen König Gentius, die Illyrer wurden allmählich latinisiert.

Die Römer & Diokletians Traum

In Kroatien befindet sich die größte antik-römische Ruinenstätte im südost- bzw. osteuropäischen Raum: der beeindruckende Diokletianspalast (S. 213) in Split. Diokletian, von 284–305 römischer Kaiser, ließ diesen gewaltigen Palastkomplex in Spalato (Split) zwischen 295 und 305 errichten. Doch zuvor reformierte er das Herrschaftssystem des von Krisen geschüttelten römischen Imperiums, indem er das Reich in zwei administrative Hälften teilte (das von zwei Kaisern regiert wurde); daraus gingen dann später das west- bzw. oströmische Reich hervor. Die Römer bauten Straßen Richtung Ägäisches und Schwarzes Meer sowie zur Donau hin, auf denen sie Handel trieben und die römische Kultur und Lebensweise verbreiteten. Auf diesen Straßen sollte sich später auch das Christentum ausbreiten.

Die Dalmatiner sind eine alte Hunderasse, aber ob sich der Name von Dalmatien ableitet, ist nicht gesichert. Manche Fachleute glauben, dass die Dalmatiner von Indien über das östliche Mittelmeergebiet in den westlichen mediterranen Raum eingeführt wurden.

Der letzte römische Herrscher des Gesamtreiches war Theodosius der Große, der die westgotische Bedrohung von Norden geschickt abwehrte. Nach seinem Tod 395 v. Chr. wurde das Reich offiziell in West- und Ostreich geteilt. Aus der Osthälfte ging das Byzantinische Reich hervor, das bis 1453 existierte. Das Weströmische Reich zerfiel im 5. Jh. nach Invasionen der Westgoten, Hunnen und Langobarden.

Die Römer erhoben Salona (heute Solin) zum Verwaltungszentrum der Kolonie Dalmatien. Andere wichtige römische Stadtgründungen waren Jadera (Zadar), Parentium (Poreč) und Polensium (Pula). Das Amphitheater (S. 106) in Pula ist ein Zeugnis an das glorreiche – oder blutdürstige – römische Zeitalter.

Die schönsten römischen Ruinen

» Der Diokletianspalast in Split, mittleres Dalmatien

» Salona in Solin, südliches Dalmatien

» Amphitheater in Pula, Istrien

Die Ankunft der Slawen

Nach dem Zerfall des Römischen Reiches zogen Kroaten und Slawen aus ihrem Ursprungsgebiet nördlich der Karpaten nach Süden. Zur gleichen Zeit bedrohten die Awaren (eurasische Nomaden) auf dem Balkan die Grenzen des Byzantinischen Reiches. Sie zerstörten die alten römischen Städte Salona und Epidaurus, ihre Bewohner flohen nach Spalato bzw. Ragusa (Dubrovnik).

Mitte des 7. Jhs. hatten die Slawen sich in zwei Bevölkerungsgruppen aufgeteilt: Die Kroaten ließen sich in Pannonien und Dalmatien rund um die dalmatinischen Städte Jadera, Aeona (Nin) und Tragurium (Trogir) nieder, während die Serben im zentralen Balkangebiet sie-

395

Nach dem Tod von Theodosius dem Großen wurde das römische Reich geteilt. Slowenien, Kroatien und Bosnien kamen zu Westrom, Serbien, Kosovo und Mazedonien fielen an das Byzantinische Reich.

614

Die Awaren, zentralasiatische Stämme, plündern Salona und Epidaurus. Manche vermuten, dass die Kroaten ihnen folgten, andere glauben, Kaiser Heraklius habe sie zur Abwehr der Awaren gebeten.

845–864

Trpmir begründet Kroatiens erste Herrscherdynastie. Er besiegt das mächtige Bulgarien und fügt den Byzantinern schwere Niederlagen zu. Kroatien vergrößert sich bis weit ins heutige Bosnien hinein.

869

Auf Anweisung von Byzanz entwickeln die makedonischen Mönche Method und Kyrill das kyrillische Alphabet, um die Ausbreitung des Christentums unter den slawischen Völkern zu beschleunigen.

delten. Im 8. Jh. waren die dalmatinischen und pannonischen Kroaten zu zwei mächtigen Stämmen gewachsen, die jeweils von einem Fürsten (*knez*) geführt wurden.

Christentum & die kroatischen Könige

Das Fränkische Reich unter Karl dem Großen erreichte den Höhepunkt seiner Macht um das Jahr 800; Dalmatien war zwar nicht Bestandteil des Frankenreichs, die dort lebenden Völker waren jedoch tributpflichtig. Die Christianisierung der Kroaten erfolgte bereits im 7. Jh. Nach dem Tod Karls des Großen im Jahr 814 blieb der Aufstand des kroatischen Fürstentums Posavina gegen die fränkische Oberhoheit erfolglos. Von den an der dalmatischen Küste lebenden Kroaten erhielten sie keinerlei Unterstützung; diese standen unter byzantinischer Oberhoheit. Unter dem Fürsten Branimir befreiten sich die Kroaten von Byzanz, Papst Johannes VIII. erkannte das Fürstentum der Kroaten an. Kein Wunder, dass der Katholizismus so tief in kroatischen Seele verwurzelt ist.

Trpimir, *knez* (Fürst) von 845 bis 864, gilt als Begründer der ersten kroatischen Dynastie, aber es war Tomislav, der 925 zum König gekrönt wurde; er vereinigte Teile Pannoniens und Dalmatien. Sein Königreich umfasste das heutige kroatische Staatsgebiet sowie Teile Bosniens und die montenegrinische Küste.

Doch die glorreichen Zeiten sollten nicht von Dauer sein. Im 11. Jh. bemächtigten sich erneut Byzantiner und Venezianer der dalmatinischen Küste. Von Norden drangen als neue Gegner die Ungarn nach Pannonien vor. Krešimir IV. (reg. 1058–1074) konnte das Blatt wenden und Dalmati-

DIE HERRSCHAFT DER VENEZIANER

Fast 800 Jahre lang versuchten die Dogen von Venedig, die kroatische Küste zu kontrollieren und auszubeuten. Von Rovinj im Norden bis Korčula im Süden zeigen die Städte an der Küste und auf den Inseln noch heute unverkennbar venezianische Einflüsse in Architektur, Kochkunst und Kultur. Doch für die Bewohner war dies damals keine leichte Zeit.

Die venezianische Herrschaft in Dalmatien und Istrien war eine Phase andauernder wirtschaftlicher Ausbeutung. Systematisch holzten die Venezianer die Wälder für ihren Schiffbau ab. Staatliche Monopole hielten die Preise für Olivenöl, Feigen, Wein, Fisch und Salz künstlich niedrig und verhalfen den venezianischen Käufern zu billigen Rohstoffen, während hiesige Händler und Produzenten verarmten. Der regionale Schiffsbau wurde strikt unterbunden. Die Venezianer bauten weder Straßen noch Schulen noch investierten sie in die Wirtschaft der Region.

910–928

Tomislav wird König. Er vergrößert sein Herrschaftsgebiet auf Kosten der Ungarn und siegt über den bulgarischen Zaren Simeon. Zudem eint er die pannonischen und dalmatinischen Kroaten

1000

Venedig nutzt die Instabilität in Kroatien aus und breitet sich an der dalmatinischen Küste aus. So beginnt der Kampf der Venezianer mit anderen Mächten um die Herrschaft über Dalmatien.

1058–1074

Kurz nach der Spaltung zwischen orthodoxer und katholischer Kirche erkennt der Papst Krešimir IV. als König von Dalmatien und Kroatien an. Damit gerät Kroatien in den katholischen Einflussbereich.

1091–1102

Der ungarische König Ladislaus beansprucht den slawonischen Thron. Sein Nachfolger Koloman besiegt den kroatischen König und festigt die ungarische Herrschaft über Kroatien mit den *Pacta conventa*.

en zurückgewinnen, aber Kroatiens Stärkung war nicht von Dauer. Seine Nachfolger Zvonimir und Stjepan blieben beide ohne Erben, was die Ungarn ausnutzten, um ins Land einzudringen und die Ära der kroatischen Könige Ende des 11. Jhs. zu beenden.

Habgierige Nachbarn: Ungarn gegen Venedig

Im Jahr 1102 regelte der ungarische König Koloman in den *Pacta conventa*, dass Ungarn und Kroatien selbstständig bleiben, aber in Personalunion dem ungarischen König unterstehen sollten. Zwar erhielt Kroatien einen Vizekönig oder Gouverneur (*ban*) und ein Parlament (*sabor*), tatsächlich aber verdrängten die Ungarn in zunehmendem Maße den kroatischen Adel.

Unter der Herrschaft der Ungarn, die die Bezeichnung Slawonien für Pannonien einführten, wurden die Städte im Binnenland – vor allem Zagreb, Vukovar und Varaždin – blühende Kultur- und Handelszentren. 1107 gelang es Koloman, den dalmatinischen Adel hinter sich zu scharen und auch die Herrschaft an der Küste zu übernehmen.

Nach Kolomans Tod 1116 wurden die Stadt Biograd, nur wenig südöstlich von Zadar gelegen, und die Inseln Lošinj, Pag, Rab und Krk erneut von den Venezianern angegriffen. In der Zwischenzeit war Zadar zur größten und reichsten Stadt Dalmatiens aufgestiegen und hatte Ende des 12. Jhs. zwei Angriffe der venezianischen Flotte erfolgreich abgewehrt. Ein venezianischer Doge beauftragte (und bezahlte) die Ritter des vierten Kreuzzuges dafür, Zadar anzugreifen und einzunehmen. Nach erfülltem Auftrag zogen diese weiter nach Konstantinopel.

Die Mongolen verwüsteten 1242 ganze Landstriche in Kroatien, nachdem der ungarische König Bela IV. in Trogir vor den Angriffen Zuflucht suchte. Die Venezianer machten sich das Chaos zunutze und nahmen Zadar ein. Nach dem Tod von Bela im Jahr 1270 eroberten sie auch noch Šibenik und Trogir.

König Ludwig I. von Ungarn (reg. 1342–1382) erlangte die Kontrolle über das Land zurück und brachte Venedig sogar dazu, sich aus Dalmatien zurückzuziehen. Doch nach Ludwigs Tod brachen neue Konflikte aus. Der kroatische Adel stellte sich geschlossen hinter Ladislaus von Neapel, der im Jahr 1403 in Zadar zum König gekrönt wurde. Da dieser knapp bei Kasse war, verkaufte er Zadar zum Spottpreis von 100 000 Dukaten an Venedig und erklärte seinen Verzicht auf Dalmatien. Anfang des 15. Jhs. konnte Venedig seine Herrschaft über die dalmatinische Küste südlich von Zadar also noch einmal festigen; der Küstenstreifen blieb bis zur Invasion Napoleons im Jahr 1797 in venezianischer Hand. Lediglich den gewieften Bürgern von Ragusa gelang es, ihre Unabhängigkeit auch weiterhin zu behalten.

1242

Im Mongolensturm werden die Königshäuser von Ungarn und Kroatien vernichtet. Die Adelsfamilien der Šubić und Frankopanen füllen die Lücke und werden politisch und wirtschaftlich sehr einflussreich.

14. Jh.

Die ungarische Anjou-Dynastie unter Karl und Ludwig stellt die königliche Autorität in Kroatien wieder her und versucht, die Venezianer zu vertreiben, die kurz zuvor dalmatinisches Gebiet erobert haben.

1358

Ragusa (das heutige Dubrovnik) befreit sich selbst von Venedig und entwickelt sich zu einer fortschrittlichen, liberalen Stadtrepublik, die sich geschickt gegenüber Venezianern und Osmanen behauptet.

MICHELE WESTMORLAND / GETTY IMAGES ©

» Statue des hl. Blasius (S. 269)

Der Ansturm der Osmanen

Nach den Venezianern und den Ungarn drohte für die Kroaten aus dem Südosten eine wesentlich größere Gefahr. Innerhalb von nur wenigen Jahrzehnte überrannten die aus Anatolien stammenden Osmanen im 14. Jh. den Balkan.

Die Serben mussten sich nach der Schlacht auf dem Amselfeld 1389 den Osmanen unterwerfen; das Kreuzfahrerheer unter König Sigismund gegen die Türken wurde im Jahr 1396 geschlagen, schließlich wurde Bosnien 1463 von den Osmanen erobert. Nach der Schlacht auf dem Krbavsko Polje im Jahr 1493 war auch der Widerstand des kroatischen Adels gebrochen.

Innerhalb von nur kurzer Zeit unterwarfen sich nach und nach die kroatischen Adelsfamilien den Osmanen, eine Stadt nach der anderen fiel an den Feind. In Zagreb, gleichzeitig ein bedeutender Bischofssitz, blieb die stark befestigte Kathedrale im Kaptol unbeschadet, dagegen wurde Knin im Jahr 1522 erobert. Wenige Jahre später kam es zur Schlacht von Mohács (1526), bei der die Osmanen das ungarische Heer vernichtend schlugen – für die Ungarn wird diese Niederlage auch heute noch als nationales Trauma verstanden. Das osmanische Heer zog weiter südwärts und bedrohte von da an die die adriatische Küste; es scheiterte aber wiederholt an Ragusa.

Die Osmanen verwüsteten den Balkan, Städte und Dörfer wurden zerstört, die Bevölkerung wurde versklavt oder in den osmanischen Kriegsdienst gezwungen, viele Menschen waren auf der Flucht.

Dubrovnik: A History von Robin Harris ist ein sorgfältig recherchiertes Buch über diese schöne Stadt und behandelt historische Ereignisse, die das architektonische und kulturelle Erbe der „Perle der Adria" begründeten.

DIE REPUBLIK RAGUSA

Während der Großteil der dalmatinischen Küste unter der Herrschaft der Venezianer litt, hatten die Menschen der eigenständigen Republik Ragusa, dem heutigen Dubrovnik, ein angenehmes Leben. Die herrschende Oberschicht verband Geschäftssinn mit diplomatischem Geschick und sorgte dafür, dass der winzige Stadtstaat sich gut behaupten konnte und eine wichtige Rolle über die unmittelbare Umgebung hinaus spielte.

Die Einwohner Ragusas baten den Papst 1371 um die Erlaubnis, mit den Türken Handel zu treiben, und errichteten in der Folge florierende Handelszentren im gesamten Osmanischen Reich. Dies förderte auch die Künste und die Wissenschaften. Die Menschen in Ragusa, als „mild und edel" beschrieben, waren für ihre Zeit äußerst liberal und schafften im 15. Jh. den Sklavenhandel ab. Sie erzielten auch wissenschaftliche Fortschritte und führten z. B. 1377 ein Quarantänesystem ein.

Dennoch war es für die Republik nicht leicht, zwischen türkischen und venezianischen Interessen zu lavieren. Ein Erdbeben 1667 brachte schwere Zerstörungen, 1808 schließlich eroberte Napoleon die Republik.

1409

Ladislaus von Neapel besteigt Kroatiens Thron, scheut aber Streit und verkauft Dalmatien für 100 000 Dukaten an Venedig. Bald reicht der Machtbereich Venedigs von Zadar bis Ragusa.

1493

In Krbavsko Polje kämpft eine kroatisch-ungarische Armee gegen die Türken und wird vernichtend geschlagen, sodass Kroatien den Türken ungeschützt ausgesetzt ist. Hungersnöte sind die Folge.

1526–1527

In der Schlacht von Mohács besiegen die Osmanen den ungarischen Adel und beenden Ungarns Herrschaft über Kroatien. König Ludwig stirbt ohne Erben, die Habsburger übernehmen die Macht.

1537–1540

Die Türken stürmen Klis, die letzte kroatische Bastion in Dalmatien. Ihr Vormarsch endet in Sisak, unmittelbar südlich von Zagreb. Es ist unklar, warum sie nie versucht haben, Zagreb einzunehmen.

Die Habsburger kommen ins Spiel

Nachdem die Ungarn von der Bildfläche verschwunden waren, suchten die Kroaten bei den Österreichern Schutz. Das Habsburgerreich, das von Wien regiert wurde, annektierte denn auch prompt einen schmalen Streifen im nördlichen Kroatien um Zagreb, Karlovac und Varaždin und richteten als Puffer eine Art militärischen Grenzstreifen ein, die Vojna Krajina. In diesem Gebiet mit seiner Festungskette südlich von Zagreb stand eine überwiegend aus Walachen und Serben bestehende Armee den Osmanen gegenüber.

Genau ein Jahrhundert nach der Niederlage gegen die Osmanen gelang es den Kroaten, den Spieß umzudrehen. In Sisak schlug die habsburgische Armee (mit Hilfe von kroatischen Soldaten) 1593 die Türken. 1699 mussten diese in Sremski Karlovci erstmals um Frieden bitten, die türkische Vormachtstellung in Südosteuropa war gebrochen.

Die Habsburger erhielten bald danach Slawonien zurück und vergrößerten so die Krajina, das spätere Kronland Krain. Es folgte eine Zeit der Stabilität, in der sich die Landwirtschaft weiterentwickelte, doch die kroatische Kultur und Sprache wurden vernachlässigt.

Der in Šibenik geboren Faust Vrančić (1551–1617) konstruierte den ersten funktionierenden Fallschirm.

Napoleon & die Illyrischen Provinzen

Weil Habsburg nach der Französischen Revolution Bestrebungen zur Wiederherstellung der französischen Monarchie unterstützte, marschierte Napoleon 1796 in die italienischen Besitzungen Österreichs ein. Nachdem er 1797 Venedig eroberte hatte, willigte er im Abkommen von Campo Formio ein, Dalmatien im Austausch gegen andere Zugeständnisse an Österreich abzutreten. Die geheimen Hoffnungen der Kroaten auf eine Vereinigung Dalmatiens mit Slawonien wurden aber bald zunichtegemacht, denn die Habsburger hatten nicht die Absicht, die getrennte Verwaltung beider Gebiete aufzugeben.

Österreich kontrollierte Dalmatien allerdings nur bis zu Napoleons Sieg über die österreichischen und preußischen Streitkräfte bei Austerlitz im Jahr 1805. Dann musste es die kroatische Küste an Frankreich abtreten. Ragusa (das heutige Dubrovnik) ergab sich schon bald den französischen Truppen, die sich auch Kotor in Montenegro sicherten. Napoleon benannte die eroberten Gebiete in „Illyrische Provinzen" um und machte sich rasch daran, das von den Kriegswirren gezeichnete Land wiederaufzubauen. Die kahlen und unfruchtbaren Hügel wurden aufgeforstet, neue Feldfrüchte eingeführt, Straßen und Krankenhäuser entstanden. Da fast alle Einwohner Analphabeten waren, richtete die neue Regierung Schulen und eine Hochschule in Zadar ein. Trotzdem war das französische Regime unbeliebt. Nach Napoleons Russlandfeldzug und dem Zusammenbruch seines Reiches erkannte der Wiener Kon-

Coroatia Through History von Branka Magaš gibt einen detaillierten Einblick in die kroatische Geschichte. Eine genaue Schilderung erfährt auch die Entwicklung der nationalen Identität der Kroaten.

1593

In Sisak erringen die Habsburger erstmals einen wichtigen Sieg über die Türken. Damit leiten sie den langen, aber langsamen Rückzug der Osmanen ein.

1671

Eine Abordnung unter Franjo Frankopan und Petar Zrinski wird von den Habsburgern abgewiesen. Sie wollten Kroatien von der Vorherrschaft der Ungarn befreien, werden aber gehängt, ihr Land wird konfisziert.

1699

Im Frieden von Karlovci verzichten die Türken auf alle Ansprüche in Kroatien. Venedig und Ungarn beanspruchen das befreite Land in den nächsten 20 Jahren für sich.

1780-1790

Unter den Habsburgern beginnt ein Prozess der Germanisierung. In der gesamten Verwaltung muss Deutsch gesprochen werden. Dies führt zu wachsendem Nationalgefühl bei den nichtdeutschen Untertanen.

gress von 1815 Österreichs Ansprüche auf Dalmatien an und stellte den Rest Kroatiens unter die Rechtshoheit der österreichischen Provinz Ungarn. Für Dalmatien bedeutete das eine Rückkehr zu den alten Verhältnissen, da die Österreicher der früheren venezianisch-italienischen Elite wieder zur Macht verhalfen. Die Kroaten im Norden wurden im Zuge einer Madjarisierung von den Ungarn bedrängt, die ungarische Sprache und Kultur zu übernehmen.

Südslawisches Volksbewusstsein

Die Oberschicht in Dalmatien sprach traditionellerweise italienisch, die Kroaten im Norden deutsch oder ungarisch. In napoleonischer Zeit jedoch sollte ein südslawisches Bewusstsein seinen Anfang nehmen. Der Gedanke einer gemeinsamen kulturellen und ethnischen Identität mündete in die sogenannte „Illyrische Bewegung" in den 1830er Jahren, u. a. sollte die kroatische Sprache aufgewertet werden. Napoleons Absicht war es, auch die serbische Kultur zu stärken, allerdings blieb Serbien weiterhin unter osmanischer Herrschaft.

Nach Gründung der ersten illyrischen Zeitung 1834, die im Zagreber Idiom verfasst worden war, forderte der kroatische *sabor*, slawische Sprachen an den Schulen zu unterrichten.

Nach der Revolution 1848 in Paris begannen auch die Ungarn, auf Reformen im Habsburgerreich zu drängen. Die Kroaten wiederum sahen dies als Chance, einen Teil der Kontrolle zurückzugewinnen und Dalmatien, die Krajina und Slawonien zu einigen. Die Habsburger reagierten mit Lippenbekenntnissen auf die Wünsche und ernannten Josip Jelačić zum *ban* von Kroatien. Der rief sofort Wahlen aus und erklärte den ungarischen Agitatoren den Krieg, um sich bei den Habsburgern einzuschmeicheln. Die ignorierten seine Forderung nach Autonomie jedoch stillschweigend. Jelačić wurde im Zentrum von Zagreb in kriegerischer Pose verewigt.Nach 1848 machte sich Ernüchterung breit, und als 1867 die Doppelmonarchie Österreich-Ungarn aus der Taufe gehoben wurde, wuchs die Enttäuschung weiter. Die Krone unterstellte Kroatien und Slawonien der ungarischen Administration, während Dalmatien mit Häfen wie Makarska zu Österreich gehörte. Die eingeschränkte Selbstverwaltung, die den Kroaten vorher immerhin zugestanden hatte, verschwand.

Der jugoslawische Traum

Die große Unzufriedenheit sorgte Ende des 19. Jhs. für eine Spaltung der Kroaten in zwei Lager, die ein ganzes Jahrhundert lang bestehen bleiben sollte. Die alte „Illyrische Bewegung" ging in der Nationalpartei auf, die von Bischof Josip Juraj Strossmayer geführt wurde. Er war der Überzeugung, dass Habsburg und Ungarn die Unterschiede zwischen Serben und Kroaten bewusst betonten und dass die Wünsche beider Völker nur

Die schönsten gotischen Bauwerke

» Kathedrale des hl. Domnius in Split, mittleres Dalmatien

» Domkirche der hl. Anastasia in Zadar, nördliches Dalmatien

» Kathedrale von Zagreb

» Kathedrale des hl. Jakob in Šibenik, nördliches Dalmatien

Der Balkan. Kleine Weltgeschichte vom bekannten Historiker Mark Mazower ist eine sehr lesenswerte Einführung ins Thema. Sie gibt einen guten Überblick über die Geografie, Kultur und historische Entwicklung der Balkanregion.

1797–1815

Napoleon macht der Republik Venedig ein Ende, ihre Herrschaftsgebiete fallen zunächst an Österreich. 1806 erobert Napoleon die adriatische Küste und formt die „Illyrischen Provinzen".

1830–1850

Das erwachende südslawische Bewusstsein richtet sich darauf, die Ungarisierung und Germanisierung der Habsburger rückgängig zu machen. Die „Illyrische Bewegung" ist Teil dieser Entwicklung.

1867

Das Habsburgerreich gesteht Ungarn eine eigene Regierung zu, die Doppelmonarchie Österreich-Ungarn entsteht. Dalmatien fällt an Österreich, während Slawonien von den Ungarn regiert wird.

1905

Das steigende kroatische Nationalbewusstsein manifestiert sich in der Resolution von Rijeka, die mehr Demokratie und eine Wiedervereinigung von Dalmatien und Slawonien fordert.

durch eine *jugoslavenstvo* (Vereinigung der Südslawen) in Erfüllung gehen könnten. Strossmayer unterstützte den serbischen Unabhängigkeitskampf, zog allerdings ein jugoslawisches (also südslawisches) Staatsgebilde innerhalb des Reiches einer vollständigen Unabhängigkeit vor.

Im Gegensatz dazu strebte die Partei des Rechts unter Führung des militanten Serbenfeindes Ante Starčević ein unabhängiges Kroatien an, bestehend aus Slawonien, Dalmatien, der Krajina, Slowenien, Istrien und Teilen von Bosnien und der Herzegowina. Damals unterstützte die orthodoxe Kirche die Serben bei ihrer Suche nach einer nationalen Identität, deren Basis die Religion bilden sollte. Bis ins 19. Jh. hatten sich die orthodoxen Bewohner Kroatiens als Walachen, Morlachen, Serben, Orthodoxe oder Griechen gesehen. Unter dem Einfluss der politischen Kämpfe Starčevićs entwickelte sich das Bewusstsein einer eigenständigen serbisch-orthodoxen Identität innerhalb Kroatiens.

Gemäß dem Motto „Teile und herrsche" bevorzugte der von Ungarn ernannte *ban* eindeutig die Serben und die orthodoxe Kirche. Doch seine Strategie ging nicht auf: Die Kroaten organisierten ihren Widerstand, zunächst in Dalmatien. Kroaten aus Rijeka und Serben aus Zadar verbündeten sich 1905 und forderten die Vereinigung von Dalmatien und Slawonien, wobei die Serben als Nation gleiche Rechte erhalten sollten. Die Idee der Vereinigung war in der Welt und breitete sich aus. 1906 übernahmen kroatisch-serbische Koalitionen die Gemeindeverwaltungen in Dalmatien und Slawonien und wurden nun auch in Ungarn als ernsthafte Bedrohung wahrgenommen.

KRAWATTE

Die Krawatte stammt aus Kroatien, wo sie einst Bestandteil der Militäruniform war. Sie wurde von den Franzosen im 17. Jh. übernommen. Der Begriff Krawatte ist eine mundartliche Bezeichnung für Kroate (Hrvat).

Das Königreich der Serben, Kroaten & Slowenen

Mit dem Ausbruch des Ersten Weltkriegs lag die Zukunft Kroatiens im Ungewissen. Um ihr Land nicht erneut in die Hände der Großmächte zu geben, überzeugte eine kroatische Delegation, „Jugoslawisches Komitee" genannt, die serbische Regierung von der Einführung einer parlamentarischen Monarchie, die beide Länder regieren würde. Aus diesem Komitee wurde nach dem Zusammenbruch Österreich-Ungarns die Nationalversammlung der Slowenen, Kroaten und Serben mit Sitz in Belgrad. Viele Kroaten blieben den Serben gegenüber misstrauisch, die Ziele der Italiener dagegen waren offensichtlich: Diese hatten sich im November 1918 unverzüglich Pula, Rijeka und Zadar einverleibt. Vor die Wahl gestellt, ihr Schicksal in die Hände Italiens oder Serbiens zu legen, entschieden sich die Kroaten für Letzteres.

Bald gab es erste Probleme im neuen serbischen Königreich. Von Währungsreformen profitierten die Serben auf Kosten der Kroaten. In einem Abkommen wurden Istrien, Zadar und mehrere Inseln an Italien abgetreten. Die neue Verfassung sah kein kroatisches Parlament mehr

1908

Österreich-Ungarn annektiert Bosnien und die Herzegowina und bringt die slawischen Muslime auf dem Balkan in seinen Einflussbereich. So entsteht der Kern der späteren jugoslawischen Föderation.

1918

Nach der Loslösung von Österreich-Ungarn entsteht das Königreich der Serben, Kroaten und Slowenen. Prinz Alexander Karađorđević wird König.

1920

Stjepan Radić gründet die Kroatische Bauernpartei, die zum wichtigsten Sprachrohr kroatischer Interessen gegenüber der serbischen Vorherrschaft wird.

1941

Ante Pavelić ruft den Unabhängigen Staat Kroatien (NDH) aus, einen Marionettenstaat der Nationalsozialisten. Die Ustascha verfolgt Serben, Roma und Juden. Viele Serben leisten Widerstand.

vor und konzentrierte die Macht in Belgrad; in den neuen Wahlbezirken waren die Kroaten unterrepräsentiert, an eine weitergehende Autonomie als unter den Habsburgern war nicht zu denken.

Der Widerstand gegen dieses zentralistische Regime wurde von dem Kroaten Stjepan Radić angeführt, der zwar ein vereintes Jugoslawien anstrebte, aber in Form einer föderalen Demokratie. Seine Allianz mit dem Serben Svetozar Pribićevic erwies sich als ernstzunehmende Bedrohung für Belgrad; im Jahr 1928 wurde der Abgeordnete Radić während einer Parlamentssitzung erschossen. Die Angst vor einem Bürgerkrieg ausnutzend, rief König Alexander am 6. Januar 1929 eine Königsdiktatur aus und machte mit dem Verbot der politischen Parteien und der Auflösung der parlamentarischen Regierung alle Hoffnungen auf demokratischen Wandel zunichte. Unterdessen gewann die Kommunistische Partei immer größeren Zulauf; zu ihrem Vorsitzenden wurde im Jahr 1937 Josip Broz Tito gewählt.

Der Aufstieg der Ustascha & der Zweite Weltkrieg

Einen Tag nach Einführung der Diktatur durch den Monarchen rief ein bosnischer Kroate, Ante Pavelić, in Zagreb die Kroatische Befreiungsbewegung Ustascha ins Leben, die sich an Mussolini orientierte. Ihr Ziel war die Bildung eines unabhängigen kroatischen Staates, notfalls auch mit Gewalt. Aus Angst vor einer Verhaftung floh Pavelić zunächst nach Sofia und nahm Kontakt mit antiserbischen Revolutionären in Makedonien auf. Dann fuhr er weiter nach Italien, wo er mit dem Einverständnis Mussolinis Ausbildungslager für seine Organisation errichtete. Im Jahr 1934 ermordete die Ustascha gemeinsam mit makedonischen Nationalisten König Alexander während eines Staatsbesuches in Marseille. Italien reagierte auf französischen Druck mit der Auflösung der Ausbildungslager und der Verhaftung Pavelićs und vieler seiner Anhänger.

Als Deutschland am 6. April 1941 in Jugoslawien einmarschierte, übernahm die Ustascha unter Ante Pavelić formal die Regierungsgeschäfte, unterstützt von Deutschen ebenso wie von Italienern, die sich einen Gebietszuwachs in Dalmatien erhofften. Unmittelbar nach der Regierungsübernahme durch die Ustascha verabschiedete der Unabhängige Staat Kroatien (NDH = Nezavisna Država Hrvatska) unter Führung von Pavelić zahlreiche Erlasse, die darauf abzielten, die „Feinde“ des Regimes, vor allem Juden, Roma und Serben, zu verfolgen und zu eliminieren. Die meisten Juden wurden zwischen 1941 und 1945 zusammengetrieben und in Vernichtungslager gebracht.

Auch den Serben ging es nicht viel besser. Im Programm der Ustascha war ausdrücklich festgehalten, dass „ein Drittel der serbischen Bevölkerung getötet, ein Drittel ausgewiesen und das letzte Drittel zum

1943
Titos kommunistische Partisanen bilden eine erfolgreiche antifaschistische Front und fordern Gebiete von den zurückweichenden Italienern zurück. Die Briten und die USA unterstützen die Bewegung.

1945–1948
Gründung der Volksrepublik Jugoslawien. Es kommt zum Bruch mit Stalin, Tito bewegt sich zwischen den Blöcken und gehört zu den Gründern der Blockfreien Staaten.

1960–1970
Unzufriedenheit mit Belgrad sorgt für Spannungen. Protestiert wird dagegen, dass Geld aus Kroatien in die ärmeren Provinzen fließt und Serben in der jugoslawischen Regierung überrepräsentiert sind.

1971
Im „Kroatischen Frühling“ fordern Reformer der Kommunistischen Partei sowie Studenten und Nationalisten größere wirtschaftliche und staatliche Unabhängigkeit für Kroatien.

Katholizismus bekehrt werden sollte" – ein Plan, der mit erschreckender Brutalität umgesetzt wurde. In vielen Dörfern gab es Pogrome, Vernichtungslager wurden eingerichtet. Am berüchtigtsten war Jasenovac (südlich von Zagreb), in dem Juden, Roma und antifaschistische Kroaten ermordet wurden. Die genaue Zahl serbischer Opfer ist umstritten. Man geschätzt, dass jeder sechste Serbe umkam.

Tito & die Partisanen

Nicht alle Kroaten hielten diese Politik für richtig, manche wandten sich offen dagegen. Den größten Rückhalt fand das Ustascha-Regime in der Region Lika südwestlich von Zagreb sowie im Westen der Herzegowina. Doch Pavelićs Zugeständnis, einen beträchtlichen Teil Dalmatiens an Italien abzutreten, war sehr unpopulär; in dieser Region hatte die Ustascha so gut wie keine Unterstützung.

Ivan Vučetić (1858–1925), der Erfinder Daktyloskopie (Fingerabdruckverfahren), wurde auf der Insel Hvar geboren.

Bewaffneten Widerstand gegen das Regime leisteten serbische Tschetnik-Milizen unter General Draža Mihailović. Was als antifaschistischer Aufstand begann, führte schon bald zu Massakern an Kroaten im Osten Kroatiens und in Bosnien.Am wirksamsten bekämpften die Partisanen der Volksbefreiungsarmee unter ihrem Führer Josip Broz, genannt Tito, den Faschismus. Hervorgegangen aus der verbotenen Kommunistischen Partei, zogen sie vom Regime verfolgte jugoslawische Intellektuelle, von den Tschetnik-Massakern angewiderte Kroaten und von der Ustascha verfolgte Serben an. Dazu gesellten sich Antifaschisten verschiedenster Couleur. Mit ihrem frühen Programm, in dem sie ein Nachkriegs-Jugoslawien auf der Grundlage einer lockeren Förderation anvisierten, fanden die Partisanen breite Unterstützung in der Bevölkerung.

Die Alliierten unterstützten zunächst die serbischen Tschetniks, merkten aber bald, dass die Partisanenbewegung gegen die Nazis zielgerichteter und entschlossener vorging. Dank der diplomatischen und militärischen Unterstützung Churchills und anderer Alliierter gelang es den Partisanen bis 1943, den größten Teil Kroatiens unter ihre Kontrolle zu bringen. Sie bauten Kommunalverwaltungen in den eroberten Territorien auf, was sich später bei der Regierungsübernahme als sehr nützlich erwies. Am 20. Oktober 1944 marschierten sie zusammen mit der Roten Armee in Belgrad ein. Als nach der Kapitulation der Deutschen 1945 Pavelić und die Ustascha flohen, rückten sie auch nach Zagreb vor.

Der Rest der NDH-Armee versuchte verzweifelt, nach Österreich zu entkommen, um nicht in die Hände der Partisanen zu fallen. Eine kleine britische Einheit traf auf die 50 000 Mann starke Truppe und lockte sie mit dem Versprechen, sie außerhalb Jugoslawiens zu internieren, in eine Falle. Die Soldaten wurden gezwungen, in Züge Richtung Jugoslawien zu steigen, wo die Partisanen sie bereits erwarteten. Das folgende Massaker kostete mindestens 30 000 Mann das Leben (die genaue Zahl ist

1980

Präsident Tito stirbt. Es herrscht ehrliche Trauer in der Bevölkerung, viele Länder bekunden ihr Mitgefühl. Jugoslawien leidet danach unter Inflation, Arbeitslosigkeit und Auslandsschulden.

1989

In Osteuropa bricht das kommunistische System zusammen. Franjo Tuđman gründet die Kroatische Demokratische Union (HDZ). 1990 leistet er seinen Amtseid als Präsident.

1991

Das kroatische Parlament ruft die Unabhängigkeit Kroatiens aus. Die Serben der Krajina erklären mit Unterstützung von Milošević ihre Unabhängigkeit. Es kommt zum Krieg zwischen Kroaten und Serben.

1992

Ein erster von der Uno vermittelter Waffenstillstand tritt in Kraft. Die EU erkennt die Unabhängigkeit Kroatiens an, das Land wird in die Uno aufgenommen. Im Nachbarland Bosnien bricht der Krieg aus.

unbekannt) – ein dunkles Kapitel, das einen bleibenden Makel bei der jugoslawischen Regierung hinterließ.

Die Geburt Jugoslawiens

Titos Versuch, die Kontrolle über die italienische Stadt Triest und Gebiete im Süden Österreichs zu übernehmen, scheiterte am Widerstand der Alliierten. Dalmatien und Istrien allerdings wurden nach dem Krieg Teil des Nachkriegs-Jugoslawiens. Bei der Gründung der Föderativen Volksrepublik Jugoslawien ging es Tito darum, einen Staat zu schaffen, in dem keine ethnische Gruppe politisch eine dominante Rolle spielen sollte. Kroatien wurde – neben Makedonien, Serbien, Montenegro, Bosnien und Herzegowina sowie Slowenien – eine von sechs Republiken einer eng miteinander verflochtenen Föderation. Tito konnte das zerbrechliche Gleichgewicht jedoch nur erhalten, indem er einen Einparteienstaat schuf und jegliche Opposition rigoros unterband.

Während der 1960er-Jahre wurde die Machtkonzentration in Belgrad zu einem zunehmend schwierigen Thema, weil Geld aus den reichen Republiken Slowenien und Kroatien in die ärmeren autonomen Provinzen Kosovo und Bosnien-Herzegowina umverteilt wurde. Das Problem war vor allem ein kroatisches: Das Geld, das nach Belgrad floss, hatten sie im gut gehenden Tourismusgeschäft an der Adria verdient. Außerdem waren die Serben in der kroatischen Regierung sowie in der Armee und der Polizei sichtlich überrepräsentiert.

Diese Spannungen erreichten einen Höhepunkt im „Kroatischen Frühling“ 1971: Angeführt von Reformern der Kommunistischen Partei Kroatiens forderten Intellektuelle und Studenten eine Lockerung der Bindung Kroatiens an Jugoslawien. Neben dem Ruf nach größerer wirtschaftlicher Autonomie und einer Verfassungsreform spielten auch nationalistische Bestrebungen eine Rolle. Tito schlug mit großer Härte zurück und ging scharf gegen die Liberalisierungsbestrebungen vor, die in ganz Jugoslawien immer lauter geäußert wurden. Für die Serben war die kroatische Protestbewegung gleichbedeutend mit einer Wiederbelebung der verhassten Ustascha. Im Gegenzug gaben inhaftierte Reformer den Serben gleichsam die Schuld an ihrem Schicksal. Damit war die Bühne für den Aufstieg des Nationalismus und den blutigen Bürgerkrieg der 1990er-Jahre geschaffen.

Das Ende Jugoslawiens

Als Tito 1980 starb, hinterließ er ein instabiles Land. Der Versuch einer rotierenden Präsidentschaft zwischen den sechs Republiken konnte seine feste Hand in der desolaten wirtschaftlichen Lage nicht ersetzen. Die Autorität der Zentralregierung sank in gleichem Maße, wie die wirtschaftlichen Probleme zunahmen – das allzu lange unterdrückte

Die Website über Tito (www.titoville.com) wirkt sonderbar und ehrfürchtig zugleich. Hier wird der große jugoslawische Staatsmann umfassend dargestellt, u. a. mit Bildern, seinen Reden, seinen Frauen und Witzen über ihn.

Misha Glennys *The Balkans: Nationalism, War & the Great Powers (1804–1999)* befasst sich mit der Geschichte des Balkans und legt den Schwerpunkt auf externe Einflüsse. Sein *The Fall of Yugoslavia* entschlüsselt die komplexe Gemengelage aus Politik, Geschichte und ethnisch-kulturellem Aufflackern, was zu den Kriegen in den 1990er-Jahren führte.

1995

In der Militäraktion „Oluja“ erobern kroatische Einheiten verlorenes Gebiet zurück und vertreiben die Serben aus der Krajina. Im Friedensvertrag von Dayton werden die kroatischen Grenzen festgelegt.

1999

Kroatiens erster Präsident, Franjo Tuđman, stirbt. Im folgenden Januar erringt das gegen Tuđman gerichtete Bündnis den Wahlsieg. Die Koalition der Mitte wird von Ivica Račan und Stipe Mesić angeführt.

2003

Die HDZ kehrt an die Macht zurück, nachdem sie den nationalistischen Ballast der Tuđman-Ära abgeworfen hat. Sie plant Wirtschaftsreformen und strebt die Mitgliedschaft in der EU und der Nato an.

2005

Der als Kriegsverbrecher gesuchte Ante Gotovina wird dem Internationalen Strafgerichtshof übergeben. Seine Verhaftung ist in Kroatien umstritten, wird aber in der EU positiv aufgenommen.

TITO

Josip Broz wurde im Jahr 1892 in Kumrovec als Sohn eines kroatischen Vaters und einer slowenischen Mutter geboren. Als der Erste Weltkrieg ausbrach, wurde er in die österreichisch-ungarische Armee eingezogen und von den Russen gefangen genommen. Er entkam kurz vor der Revolution 1917, wurde Kommunist und trat in die Rote Armee ein. Im Jahr 1920 kehrte er nach Kroatien zurück und wurde Gewerkschafter bei den Metallarbeitern.

Als Sekretär des Zagreber Komitees der verbotenen Kommunistischen Partei setzte er sich dafür ein, die Partei zu einigen und die Zahl der Mitglieder zu erhöhen. Nach dem Einmarsch der Deutschen 1941 nahm er den Namen Tito an und organisierte Guerillagruppen, die den Kern der Partisanenbewegung bildeten. Sie wurde von Briten und Amerikanern unterstützt. Die Sowjetunion wies, trotz der gemeinsamen kommunistischen Ideologie, wiederholt seine Bitten um Hilfe zurück.

1945 wurde er Ministerpräsident des wieder errichteten Jugoslawiens. Zwar hielt er an der kommunistischen Ideologie fest und verhielt sich loyal gegenüber Russland, doch achtete er darauf, unabhängig zu bleiben. 1948 überwarf er sich mit Stalin und schlug gegenüber dem Westen einen versöhnlichen Kurs ein.

Was Tito am meisten Kopfschmerzen bereitete, waren die Rivalitäten innerhalb Jugoslawiens. Dieses Problem versuchte er zu lösen, indem er Dissens grundsätzlich unterdrückte und dafür sorgte, dass die ethnischen Gruppen in den oberen Rängen der Regierung gleichmäßig vertreten waren. Als überzeugter Kommunist betrachtete er ethnische Auseinandersetzungen als Abweichungen, die dem Allgemeinwohl schadeten.

Tito war sich sehr wohl bewusst, dass die ethnischen Spannungen unter der Oberfläche des gemeinsamen Staates weiterhin existierten. Die Vorbereitungen für seine Nachfolge begannen bereits in den frühen 1970er-Jahren, als er versuchte, ein Machtgleichgewicht zwischen den verschiedenen Bevölkerungsgruppen herzustellen. Er führte eine kollektive Präsidentschaft ein, die jährlich wechseln sollte, musste jedoch feststellen, dass ein solches System nicht funktionsfähig war. Die späteren Ereignisse zeigten, wie sehr Jugoslawien auf seinen intelligenten, charismatischen Führer angewiesen war.

Als Tito im Mai 1980 starb, wurde sein Leichnam von Ljubljana (Slowenien) nach Belgrad (Serbien) gebracht. Tausende von Trauernden standen an den Straßen, um den Mann zu ehren, der 35 Jahre lang ein schwieriges Land geeint hatte. Es war das letzte Mal, dass die verschiedenen Nationalitäten trotz aller gegenseitigen Ressentiments ein Gefühl der Gemeinsamkeit demonstrierten.

Misstrauen zwischen den einzelnen ethnischen Gruppierungen in Jugoslawien trat schon bald offen zutage.

Im Jahr 1989 schürte die Unterdrückung der albanischen Minderheit im serbischen Kosovo erneut die Angst vor einer serbischen Hegemonie; in dieser Krise zeichnete sich bereits das nahende Ende des föderativen

2006

Ein Bericht der Europäischen Kommission fordert Kroatien zu größeren Anstrengungen in der Korruptionsbekämpfung und im Kampf gegen die Diskriminierung von Nichtkroaten auf.

2007

Die HDZ gewinnt bei den Parlamentswahlen im November die meisten Sitze, benötigt für die Regierungsmehrheit aber Koalitionspartner.

2008

Im Januar bestätigt das Parlament die neue Koalitionsregierung unter Führung von Ministerpräsident Ivo Sanader. Im April wird Kroatien beim Nato-Gipfel in Bukarest zum Nato-Beitritt eingeladen.

2009

Im Zusammenhang mit einem 18 Jahre alten Streit um die kleine Hafenbucht Piran in der Adria droht Slowenien, den EU-Beitritt Kroatiens zu blockieren. Im April tritt Kroatien der Nato bei.

Jugoslawiens ab. Als die politischen Verhältnisse sich überall in Osteuropa änderten, suchte Slowenien die Autonomie. Auch viele Kroaten fanden die Zeit reif für einen autonomen Staat Kroatien. Bei den Wahlen in Kroatien im April 1990 gewann die Kroatische Demokratische Union (HDZ, Hrvatska Demokratska Zajednica) unter Führung von Franjo Tuđman 40 % der Stimmen. Die Kommunistische Partei, die sich auf die Serben und auf Wähler in Istrien und Rijeka stützte, erhielt nur 30 %. Am 22. Dezember 1990 trat eine neue kroatische Verfassung in Kraft, die den Serben den Status eines „konstitutiven Volkes" aberkannte und sie zu einer Minderheit in Kroatien degradierte.

Diese Verfassung räumte Minderheiten keine Rechte ein und bewirkte die massenhafte Entlassung von Serben aus dem Staatsdienst. Bald schon forderten die 600 000 kroatischen Serben ihrerseits Autonomie ein. Anfang 1991 inszenierten serbische Extremisten gewalttätige Proteste, um eine militärische Intervention der jugoslawischen Volksarmee zu provozieren. Beim Referendum im Mai 1991 (das von den Serben boykottiert wurde) stimmten 93 % der Kroaten für die Unabhängigkeit. Als Kroatien dann allerdings am 25. Juni 1991 tatsächlich seine Unabhängigkeit erklärte, sagte sich die serbische Enklave Krajina im Gegenzug von Kroatien los.

Obwohl die Kroaten ein slawisches Volk und mit den anderen südslawischen Völkern verwandt sind, hat der Name Hrvat keine slawischen Wurzeln. Man vermutet, dass der Name persischen Ursprungs ist. Möglicherweise stammt er von den Alanen, einem iranischen, persischsprachigen Volk.

Der Kroatienkrieg

Auf Druck der EU erklärte sich Kroatien zu einem dreimonatigen Moratorium bei der Durchsetzung seiner Unabhängigkeit bereit. Dennoch brachen in der Krajina, Baranja und in Slawonien schwere Kämpfe aus und lösten den Bürgerkrieg aus. Die von Serben dominierte jugoslawische Volksarmee begann, sich zugunsten von serbischen Freischärlern einzumischen – unter dem Vorwand, Gewalt gegen ethnische Gruppen zu verhindern. Als die kroatische Regierung eine Schließung von militärischen Anlagen des jugoslawischen Staates in der Republik Kroatien anordnete, blockierte die jugoslawische Marine die adriatische Küste und belagerte die strategisch wichtige Stadt Vukovar an der Donau. Im Laufe des Sommers 1991 fiel ein Viertel Kroatiens an serbische Milizen und die von Serben geführte jugoslawische Volksarmee. Noch im selben Jahr griffen die jugoslawische Armee und montenegrinische Milizen Dubrovnik an. Zudem wurde der Präsidentenpalast in Zagreb von Raketen aus jugoslawischen Kampfflugzeugen getroffen – offensichtlich, um Präsident Tuđman zu töten. Nach drei Monaten endete das Moratorium und Kroatien erklärte sich zum unabhängigen Staat. Nachdem Vukovar gefallen war, ging die jugoslawische Armee mit einer der brutalsten Aktionen der Balkankriege vor. In den sechs Monaten des Kroatienkriegs starben etwa 10 000 Menschen, Hunderttausende flohen und Zehntausende von Häusern und Wohnungen wurden zerstört.

JOHN AND TINA REID / GETTY IMAGES ©

» Piran

Juli 2009

Ministerpräsident Ivo Sanader tritt unerwartet zurück. Seine Stellvertreterin, die frühere Journalistin Jadranka Kosor, wird Kroatiens erste Ministerpräsidentin.

2010

Ivo Josipović, Mitglied der Oppositionspartei SDP (Sozialdemokratische Partei Kroatiens) wird als Präsident des Landes vereidigt.

Die UN im Kroatienkrieg

Am 3. Januar 1992 trat ein von der Uno ausgehandelter Waffenstillstand in Kraft, der demilitarisierte „Schutzzonen" vorsah und im Wesentlichen eingehalten wurde. Die jugoslawische Armee zog sich aus ihren Stützpunkten in Kroatien zurück, die Spannungen nahmen ab. Gleichzeitig gab die EU dem Drängen Deutschlands nach: Kroatien wurde als souveräner Staat anerkannt. Es folgte die Anerkennung seitens der USA, und im Mai 1992 wurde Kroatien Mitglied der Uno.

Der Friedensplan für die Krajina sollte eigentlich zur Entwaffnung der serbischen paramilitärischen Einheiten, der Rückführung der Flüchtlinge und der Wiederangliederung an Kroatien führen. Stattdessen brachte er nur ein Einfrieren des Status quo und bot keine dauerhafte Lösung. Im Januar 1993 startete die kroatische Armee eine erfolgreiche Offensive im Süden der Krajina, drängte die Serben in bestimmte Gebiete zurück und eroberte erneut strategisch wichtige Punkte. Die Serben der Krajina schworen, sich niemals der Regierung in Zagreb zu unterstellen, und stimmten im Juni 1993 mit überwältigender Mehrheit dafür, sich den bosnischen Serben (und damit letztlich Großserbien) anzuschließen. Massenhafte Vertreibungen ließen von den ursprünglich etwa 44 000 in der Krajina ansässigen Kroaten lediglich 900 übrig. Im Jahr 1994 führte ein umfassender Waffenstillstand zu einer deutlichen Reduzierung der Gewalt in der Region und zur Einführung demilitarisierter Zonen zwischen beiden Konfliktparteien.

Richard Holbrooke berichtet in *Meine Mission. Vom Krieg zum Frieden in Bosnien* über die Ereignisse, die zum Daytoner Friedensvertrag geführt haben. Der amerikanische Diplomat, der die kriegführenden Parteien an den Verhandlungstisch brachte, beurteilt die beteiligten Personen und die politischen Vorgänge aus dieser besonderen Position heraus.

Der Konflikt in Bosnien und Herzegowina

Auch das benachbarte Bosnien und die Herzegowina waren in dieser Zeit der Gewalt der jugoslawischen Armee und der serbischen Paramilitärs ausgesetzt. Anfangs kämpften bosnische Kroaten und Muslime angesichts des serbischen Vormarsches Seite an Seite; im Jahr 1993 zerfiel dieses Bündnis und beide Lager begannen, sich gegenseitig zu bekämpfen. Die bosnischen Kroaten waren – mit dem schweigenden Einverständnis der Regierung in Zagreb – verantwortlich für mehrere furchtbare Ereignisse in Bosnien, u. a. die Zerstörung der alten Brücke von Mostar. Dieser Brandherd wurde gelöscht, als die USA die Entstehung einer muslimisch-kroatischen Föderation 1994 unterstützten, während die Weltöffentlichkeit voller Entsetzen auf die serbische Belagerung Sarajevos blickte.

Während die grauenvollen Ereignisse in Bosnien-Herzegowina noch im Gange waren, begann die kroatische Regierung, insgeheim ihre Streitkräfte mit ausländischen Waffen aufzurüsten. Am 1. Mai 1995 besetzten kroatische Armee und Polizei den Westen Slawoniens (das Gebiet östlich von Zagreb) und gewannen innerhalb von nur wenigen Tage die

Juni 2010

In Slowenien findet ein Referendum zum Grenzstreit mit Kroatien statt. Eine knappe Mehrheit unterstützt die Kompromisslösung und macht damit den Weg für den EU-Beitritt Kroatiens frei.

DETLEV VAN RAVENSWAAY / GETTY IMAGES ©

» Europaflagge

2011

Das UN-Tribunal für Kriegsverbrechen in Den Haag spricht die kroatischen Generäle Ante Gotovina und Mladen Markač wegen Kriegsverbrechen an Serben für schuldig.

Kontrolle über die gesamte Region. Die Krajina-Serben antworteten darauf mit heftigen Granatangriffen auf die kroatische Hauptstadt Zagreb, bei denen sieben Menschen getötet und 130 weitere verletzt wurden. Bei der kroatischen Gegenoffensive mussten schließlich etwa 15 000 Serben aus Westslawonien fliehen.

Die Regierung in Belgrad schwieg zu dieser Militäraktion und signalisierte damit, dass die Serben der Krajina ihre Unterstützung verloren hatten. Das wiederum ermutigte die Kroaten, weiter vorzudringen. Am 4. August starteten sie einen Angriff auf die aufständische Hauptstadt Knin. Die serbische Armee floh in den bosnischen Norden, zusammen mit 150 000 Zivilisten, deren Familien seit Generationen in der Krajina verwurzelt waren. Die Operation endete nach wenigen Tagen, aber es folgten Monate des Terrors. Serbische Dörfer wurden niedergebrannt, Plünderungen waren an der Tagesordnung.

Das Friedensabkommen von Dayton, das im Dezember 1995 in Paris unterzeichnet wurde, bestätigte die alten Grenzen Kroatiens und sorgte für die Wiedereingliederung Ostslawoniens. Die Übergangsphase verlief relativ ruhig, aber beide Bevölkerungsgruppen betrachten einander nach wie vor mit Argwohn und Feindseligkeit.

Nachkriegs-Kroatien

Nach Beendigung der blutigen Kampfhandlungen kehrte man in Kroatien schon bald zur Normalität und auch zu stabilen Verhältnissen zurück. Ein wichtiger Grund dafür war die Vereinbarung, dass die kroatische Regierung den serbischen Flüchtlingen die Rückkehr in ihre alte Heimat ermöglichte; die Umsetzung geschah in enger Übereinkunft mit der internationalen Gemeinschaft.

Die Popularität von Franjo Tuđman, der während des Krieges der mächtigste Mann auf der politischen Bühne gewesen war, sank rapide, als das Land nicht mehr bedroht war. Sein autoritärer Regierungsstil, die Kontrolle der Medien, die Verwendung alter Symbole der NDH und

KORRUPTION, KRIMINALITÄT UND BESTRAFUNG

Im Kampf gegen die Korruption wurden viele Politiker und Beamte vor Gericht gestellt. Der Höhepunkt dieser Kampagne stellt die strafrechtliche Verfolgung des ehemaligen kroatischen Premierministers Ivo Sanader im Jahr 2010 dar. Im Juli 2009 gab Sanader seinen Rücktritt von seinem Amt als Ministerpräsident zurück, ohne dafür Gründe zu nennen. Nachdem seine politische Immunität wegen Korruptionsvorwürfen aufgehoben wurde, floh er ins Ausland. Einige Tage später wurde er in Österreich verhaftet. Sanader ist der ranghöchste Politiker, dem im Zuge der Korruptionsbekämpfung der Prozess gemacht wurde. 2012 wurde er zu einer Freiheitsstrafe von zehn Jahren verurteilt.

November 2011

Der ehemalige Premierminister Ivo Sanader wird wegen Korruption in seiner Regierungszeit zu zehn Jahren Haft verurteilt. Sanader wird aus der HDZ ausgeschlossen.

Dezember 2011

Die EU genehmigt den Beitritt Kroatiens, der Beitrittsvertrag wird unterzeichnet; am 1. Juli 2013 soll das Land volles EU-Mitglied werden.

2012

In einem Referendum stimmen die Kroaten mit einer Zweidrittelmehrheit für eine Beitritt zur EU. Die Beteiligung am Referund beträgt lediglich 44 %.

November 2012

In Den Haag werden Ante Gotovina und Mladen Markač von allen Anklagepunkten freigesprochen. Das Urteil wird in Kroatien gefeiert, in Serbien dagegen abgelehnt.

die Hinwendung zur äußersten Rechten – all das fand nur noch wenig Unterstützung bei der Mehrheit der kroatischen Bevölkerung. Im Jahr 1999 schlossen sich die Oppositionsparteien gegen Tuđman und die HDZ zusammen. Als Tuđman Ende 1999 unerwartet verstarb, wurden die geplanten Wahlen auf Januar des Jahres 2000 verschoben. Die Wähler entschieden sich für eine Mitte-Links-Koalition, verdrängten die HDZ und wählten stattdessen den Kandidaten der Mitte – Stipe Mesić – zu ihrem neuen Präsidenten.

Nach Slowenien wird Kroatien als zweite ehemalige jugoslawische Republik im Jahr 2013 der EU beitreten.

Der Weg nach Europa

Das Wahlergebnis des Jahres 2000 zeigte eindeutig, dass Kroatien den Weg in Richtung westliche Welt weiter einschlagen wollte. In der Folgezeit wurde das Land wieder verstärkt von ausländischen Touristen besucht und auch die Wirtschaft öffnete sich weitgehend dem internationalen Wettbewerb.

Einige Regierungswechsel in der jüngsten Vergangenheit wurden vom europäischen Ausland als gutes Zeichen für eine stabile Demokratie in Kroatien gewertet. Die Auslieferung von General Ante Gotovina im Jahr 2005 an den Internationalen Strafgerichtshof in Den Haag wurde vom europäischen Ausland als eine Grundvoraussetzung für eine EU-Vollmitgliedschaft Kroatiens angesehen. Nachdem der berüchtigte Ex-General in Spanien verhaftet wurde, schien Kroatiens EU-Mitgliedschaft nichts mehr im Weg zu stehen. Im Jahr 2011 wurden sowohl Ante Gotovina als auch Ex-General Mladen Markač in Den Haag wegen Kriegsverbrechen und Verbrechen gegen die Menschlichkeit zu 24 bzw. 18 Jahren Haft verurteilt. Allerdings wurden beide Ex-Generäle bereits im November 2012 wieder freigesprochen und alle gegen sie erhobenen Anklagepunkte wurden fallengelassen.

Klar, verständlich und gut lesbar werden bedeutende Ereignisse der wechselvollen kroatischen Geschichte in Marcus Tanners *Croatia: A Nation Forged in War* erläutert: von den Römern bis zu Präsident Tuđman.

Die erste von mehreren Hürden, die einen Beitritt Kroatiens in die EU beinahe verhindert hätte, ereignete sich im Jahr 2005, als es einen Disput mit dem EU-Mitglied Slowenien gab, da Kroatien das gesamte kroatische Meeresgebiet zu einem ökologischen Schutzgebiet und zu einer kontrollierten Fischfangzone erklärte. Sloweniens protestierte vehement dagegen, und erst drei Jahre wurde der Streit unter Mithilfe der EU für beendet erklärt. Außerdem wurde das Verhältnis zwischen den beiden Nachbarstaaten durch eine völkerrechtlich ungeklärte Grenzfrage zusätzlich belastet. In dem Bericht der Europäischen Kommission von 2006 wurde Kroatien aufgefordert die Korruption im eigenen Land entschiedener zu bekämpfen. Ebenso wurde die Diskriminierung von nicht-kroatischen Mitbürgern angemahnt. Im Frühling 2008 wurde Kroatien offiziell zum NATO-Treffen in Bukarest eingeladen; genau ein Jahr später wurde das Land als Vollmitglied des nordatlantischen Militärbündnisses aufgenommen.

In den Jahren zuvor sorgten mafia-ähnliche Mordanschläge dafür, dass die im Jahr 2001 gegründete Spezialbehörde USKOK die erfolgreiche Bekämpfung von Korruption und organisierter Kriminalität aufnahm. Dies sollte sich ebenfalls positiv für die Aufnahme Kroatien in die EU auswirken. Wegen des ungeklärten Grenzkonflikts blockierte Slowenien bis 2009 Kroatiens EU-Beitritt. Erst im Herbst desselben Jahres einigten sich die beiden Staaten und Slowenien hob sein Veto auf.

Nach Abschluss der Justizreform war nach erfolgreichen Verhandlungen schließlich im Jahr 2011 der Weg frei für Kroatiens Aufnahme in die EU. Das Ergebnis lautete: Kroatien sollte am 1. Juli 2013 der Europäischen Union beitreten.

So lebt man in Kroatien

Ein Land mit zwei Gesichtern

Mit seiner Hauptstadt auf dem Festland und den meisten großen Städten an der Küste ist Kroatien in gewisser Weise gespalten: Zagreb und Nordkroatien sind geprägt von der mitteleuropäischen Mentalität, die sich z. B. in der herzhaften Küche und im Vorrang von Arbeit vor Vergnügen äußert, in der Küstenregion herrscht dagegen eine offenere, mediterrane Atmosphäre.

Istrien, wo neben Kroatisch auch Italienisch gesprochen wird, zeigt dagegen starke italienische Einflüsse, und in Dalmatien herrscht nicht nur bei Feriengästen, sondern auch im Alltag eine ungezwungene Atmosphäre. Geschäfte und Büros leeren sich hier oft schon ab 15 Uhr, weil die Beschäftigten lieber am Strand liegen oder auf einer Caféterrasse die Sonne genießen.

Wer beruflich mit Touristen zu tun hat, spricht meist Deutsch, Englisch und Italienisch, mit jungen Leuten klappt die Verständigung am besten auf Englisch. Zuweilen wirken die Kroaten desinteressiert und unhöflich, und manchem Besucher sind sie zu direkt. Doch das ist einfach ihre Art, und wenn man darüber hinwegsieht, kann man Freunde fürs Leben finden.

Nikola Tesla (1856–1943), Vater des Radios und des Zweiphasenwechselstroms, wurde im kroatischen Dorf Smiljan geboren. Die Einheit für magnetische Flussdichte (Induktion) wurde nach ihm benannt (Tesla).

Kroatien: Westen oder Osten?

Die allermeisten Kroaten identifizieren sich mit dem westlichen Europa und legen Wert darauf, dass sie „westlicher" geprägt sind als ihre Nachbarn in Bosnien-Herzegowina und Serbien.

Wer von Kroatien als Teil Osteuropas spricht, wird sich nicht gerade beliebt machen. Die Überzeugung, dass ihr Land den letzten Außenposten Westeuropas an der Grenze zum osmanischen Osten darstellt, ist in allen Bevölkerungskreisen nach wie vor sehr lebendig, auch wenn der überwältigende Zuspruch, den die in den 1990er-Jahren noch verpönte serbische Turbofolkmusik neuerdings erlebt, diese Vorstellung ein wenig infrage stellt. Es scheint, als würde mit dem Abflauen der Spannungen nach den Bruderkriegen in Teilen der kroatischen Gesellschaft das Bewusstsein für die Gemeinsamkeiten der Balkanvölker wieder zum Leben erwachen.

Eine Sportlernation

Fußball, Tennis und Skifahren sind extrem beliebt, und das sportbegeisterte Kroatien hat verhältnismäßig viele Weltklassespieler jeder Sportart hervorgebracht. Bei den Olympischen Spielen in London (2012) gewann Kroatien nicht weniger als drei Gold-, eine Silber- und zwei Bronzemedaillen.

Fußball

Der bei weitem beliebteste Publikumssport bietet immer wieder Anlass für patriotische Gefühlsstürme und gelegentlich auch für Kundgebungen der politischen Opposition. Als Franjo Tuđman 1990 an die Macht kam, befand er den Namen des Fußballclubs Dinamo Zagreb für „zu kommunistisch“ und ließ ihn in Croatia Zagreb umbenennen. Die Fans reagierten empört, und wütende junge Leute nutzten den Streit für Demonstrationen gegen Tuđmans Regiment. Die nachfolgende Regierung gab dem Verein seinen ursprünglichen Namen zurück, doch bis heute sind in Zagreb noch Graffiti der Proteste mit der Inschrift *Dinamo volim te* (Dinamo, ich liebe dich) zu lesen. Dinamos stärkster Rivale ist Hajduk Split, benannt nach den Widerstandskämpfern gegen die osmanische Herrschaft. Die Fans beider Vereine sind berüchtigte Rivalen, und wenn sie aufeinandertreffen, kommt es nicht selten zu Ausschreitungen.

Die Nationalmannschaft war in den verschiedenen Meisterschaften recht erfolgreich. Von ihrem ersten Fußballspiel im Jahr 1940 bis 2011 hat das Team 224 Länderspiele bestritten und davon 119 gewonnen.

Der mit Abstand bekannteste Name im kroatischen Fußball ist der von Davor Šuker, der bis zum Ende seiner Karriere 46 Länderspieltore erzielt hat, 45 davon für Kroatien. Damit ist er der Torschützenkönig der kroatischen Nationalmannschaft. 2004 rechnete der berühmte Fußballstar Pelé ihn zu den 125 größten noch lebenden Fußballern der Welt.

Wenn man sich wie die Einheimischen über kroatischen Fußball auf dem Laufenden halten will, sollte man die Spielergebnisse von Dinamo Zagreb unter www.gnkdinamo.hr verfolgen.

Basketball

Basketball, der beliebteste Sport nach Fußball, wird sehr ernst genommen. Das Zagreber Team Cibona und die Mannschaften aus Split und Zadar sind in Europa ein Begriff, auch wenn die größten Erfolge kroatischer Basketballer mittlerweile gut 20 Jahre zurückliegen. Damals in den 1980er-Jahren holte Cibona mit Stars wie Dražen Petrović, Dino Rađa und Toni Kukoč zahlreiche Titel. Ausführliche Informationen über die kroatische Basketballszene bietet die Website www.kosarka.hr (auf Kroatisch und Englisch).

GOLD

Die berühmte kroatische Hochsprungmeisterin Blanka Vlašić holte bei den Weltmeisterschaften in Doha (März 2010) ihre vierte Goldmedaille in Folge.

Tennis

„Ich weiß nicht, was die in Kroatien im Wasser haben, aber anscheinend ist dort jeder Spieler mehr als sieben Fuß (2,13 m) groß“, meint der amerikanische Tennisstar Andy Roddick.

So ist es natürlich nicht. Doch Kroatien hat in der Tat große Tennisspieler vorzuweisen – in jeder Hinsicht.

Der Sieg des 1,93 m großen Goran Ivanišević in Wimbledon 2001 versetzte das Land und besonders seine Heimatstadt Split in einen Freu

DIE KROATEN: GANZ NORMALE LEUTE

Die Einstellungen zum Krieg der 1990er-Jahre variieren je nach Region. Die Zerstörung von Vukovar, der Beschuss von Dubrovnik und Osijek und die ethnische Säuberung durch die Krajina-Serben haben die umliegenden Gebiete traumatisiert. Zweifel an der Annahme, dass die Kroaten völlig im Recht waren und die Serben vollständig im Unrecht, werden dort nicht gerne gehört. In anderen Teilen des Landes sind die Kroaten offener für eine unverblümte Diskussion über die Ereignisse der letzten Jahrzehnte.

In Gesprächen über sich selbst verwenden die Kroaten sehr oft das Wort „normal“. „Wir wollen ein ganz normales Land sein“, hört man sie sagen. Kroaten machen häufig einen Unterschied zwischen fanatischen, fahnenschenkenden Nationalisten und den „ganz normalen Leuten“, die einfach nur in Frieden leben wollen. Das ist einer der Gründe, warum die Kroaten sich dem internationalen Druck gebeugt und ihre Kriegsverbrecher ausgeliefert haben.

dentaumel. Der aufschlagstarke, charismatische Star, der das Publikum mit Späßen unterhielt, gehörte in den 1990er-Jahren fast durchweg zu den zehn besten Spielern der Tennis-Weltrangliste. Verletzungen zwangen ihn 2004 zum Rückzug, doch auch ohne ihn zeigt Kroatien bei Spitzenturnieren weiterhin Flagge: 2005 gewannen Ivan Ljubičić und Mario Ančić den Davis-Cup. Der in Split geborene Mario Ančić wurde von Ivanišević selbst „Baby Goran" genannt; er zog sich jedoch 2011 wegen ständiger Krankheitspausen aus der internationalen Wettkampfszene zurück. Ivo Karlović hat sich in der Welt des Tennis bereits einen Namen gemacht, während Marin Čilić, der häufig auch Turniere in Deutschland spielt, als künftiger Star gehandelt wird.

Unter den Frauen gewann die in Zagreb geborene Iva Majoli mit einem aggressiven Grundlinienspiel die French Open von 1997, konnte aber in weiteren Grand-Slam-Turnieren nicht mehr an diesen Erfolg anknüpfen. Sie zog sich 2004 aus dem Tennissport zurück.

Tennis ist in Kroatien mehr als nur ein Publikumsspektakel. An der Küste gibt es zahllose Aschenplätze. Größtes Turnier des Landes sind die Croatia Open Umag in Istrien, die im Juli stattfinden.

Skisport

Janica Kostelić ist die talentierteste Skisportlerin, die Kroatien je hervorgebracht hat, und genießt den Status einer Nationalheldin. Nach dem Gewinn des Alpinen Skiweltcups 2001 holte sie im Alter von 20 Jahren bei den Olympischen Winterspielen 2002 eine Silber- und drei Goldmedaillen – das erste olympische Gold für kroatische Wintersportler und das erste Mal im Skisport überhaupt, dass eine Frau drei Goldmedaillen von einer einzigen Olympiade nach Hause brachte. Eine Knieverletzung und die Entfernung der Schilddrüse hinderten sie nicht daran, auch bei den Winterspielen in Turin 2006 aufzutrumpfen: In der alpinen Kombination gewann sie Gold, im Super-G Silber. 2007 kündigte sie dann schließlich das Ende ihrer sportlichen Karriere an.

Vielleicht liegt es in den Genen: Bruder Ivica Kostelić holte 2002 den Weltcup-Titel im Slalom der Männer und brachte 2006 in Turin eine Silbermedaille in der Kombination der Männer nach Hause. Seit 2008 gehört er konstant zu den sechs Spitzenläufern in den Weltcup-Rennen. 2011 wurde er Weltmeister im alpinen Abfahrtsrennen – sein bisher glanzvollster Erfolg.

Lebensart

Kroaten lieben die angenehmen Seiten des Lebens und sind sehr stolz auf ihre neuesten Klamotten und Handys. Die Straßen sind sauber, die

EIN STÜCK KROATIEN FÜR ZUHAUSE

Das schönste kunsthandwerkliche Produkt Kroatiens ist die kunstvolle Spitze von der Insel Pag, die dort seit Jahrhunderten hergestellt wird. Man kann Spitze auf der Insel direkt von den Frauen kaufen, die sie anfertigen.

In vielen Souvenirgeschäften gibt es bestickte Textilien. Kroatische Stickerei zeichnet sich durch ihre fröhlich roten, geometrischen Muster auf weißem Hintergrund aus. Sie schmückt Tischdecken, Kissenbezüge und Blusen.

Beliebte, preiswerte Mitbringsel sind kleine Säckchen mit Lavendel oder anderen aromatischen Kräutern und Duftöle. Man findet sie auf den meisten Inseln Mitteldalmatiens, vor allem aber auf der Insel Hvar mit ihren Lavendelfeldern.

Die Insel Brač ist für ihren schimmernden Stein bekannt, aus dem Aschenbecher, Vasen, Kerzenhalter und andere kleine, aber schwere Gegenstände hergestellt werden. Sie werden auf der ganzen Insel verkauft.

MUSIK FÜR BRÜDER & FREUNDE ODER EINFACH NUR UNFUG?

Turbofolk, eine überdrehte Techno-Variante serbischer Folkloremusik, lässt sich keiner gängigen Musikrichtung zuordnen; er ist eine Klasse für sich. Die rasanten Klänge sind in Kroatien ebenso beliebt wie in Serbien, Montenegro, Makedonien oder Bosnien und Herzegowina und damit ein wichtiges Element der Gemeinsamkeit im früheren Jugoslawien. Die unangefochtene Königin des Turbofolk ist Svetlana „Ceca" Ražnatović, Witwe des serbischen Milizenführers „Arkan", der von der UNO als Kriegsverbrecher angeklagt wurde. Ceca hat zahlreiche Alben produziert und füllt bei ihren Auftritten die größten Stadien der Region.

Turbofolk entstand und verbreitete sich unter dem Milošević-Regime und wird weithin mit der Mafia in Verbindung gebracht; Ceca selbst wurde wegen ihrer Verbindungen zu Mitgliedern des Zemun-Klans (der 2003 für den Mord am serbischen Regierungschef Zoran Đinđić verantwortlich zeichnete) verhaftet, später allerdings von allen Vorwürfen entlastet. Einige *folkotekas* –Turbofolkclubs – haben Metalldetektoren an ihren Türen und werden, besonders in Bosnien-Herzegowina, gelegentlich Ziel von Bombenanschlägen, mit denen vermutlich örtliche Mafiaklans offene Rechnungen begleichen. Intellektuelle sehen Turbofolk als Zeichen eines um sich greifenden kulturellen Flachsinns, doch das ändert nichts an der stetig wachsenden Popularität dieser Musik.

Kleider chic und von den besten Marken – je berühmter das Label, umso besser. Auch wenn das Geld knapp ist, würden die meisten eher auf Kino und Restaurant verzichten als auf einen Einkaufstrip nach Italien oder Österreich, um sich mit Mode einzudecken.

Noch unverzichtbarer sind die stundenlangen Aufenthalte im Café oder Stammlokal, und so mancher ausländische Gast fragt sich, was das Land am Laufen hält, wenn scheinbar alle ständig Pause machen. Vielleicht verhilft ihnen ja der reichlich genossene Kaffee zu Höchstleistungen, wenn sie an ihren Arbeitsplatz zurückkehren.

Der Promikult ist in Kroatien mächtig – die Boulevardblätter sind voll mit Möchtegernstars und ihren jüngsten Affären. Selbst die Intellektuellen sind im Geheimen mit dem Privatleben der A- und B-Promis beschäftigt, auch wenn sie das öffentlich niemals zugeben würden.

Familienangelegenheiten

Die meisten Kroaten wohnen in den eigenen vier Wänden, denn nach der Abkehr vom Kommunismus verkaufte der Staat sehr viele Häuser zu günstigen Preisen an die Bewohner. Diese werden innerhalb der Familie weitervererbt.

Dass junge Menschen bis weit ins Erwachsenenalter bei ihren Eltern leben, entspricht der Tradition und gilt als völlig normal. Speziell die Söhne bleiben – zumindest in ländlichen Gegenden und Kleinstädten – auch nach der Eheschließung häufig im Elternhaus, und die Gattin zieht bei ihnen ein.

Familienbande sind den Kroaten überaus wichtig und werden sehr geschätzt; das schließt auch entferntere Verwandte ein.

Religion

Bei der letzten Volkszählung bezeichneten sich 87,8 % der Bevölkerung Kroatiens als katholisch, 4,4 % als orthodox, 1,3 % als Moslems, 0,3 % als evangelisch und 6,2 % als keiner oder einer anderen Religionsgemeinschaft zugehörig. Während die Kroaten zum allergrößten Teil römisch-katholisch sind, gehören die Serben fast durchweg der serbisch-orthodoxen Kirche an – ein Unterschied, dessen Ursprünge bis ins frühe Mittelalter zurückreichen. Tatsächlich ist die Religion der einzige trennende Faktor zwischen beiden Ethnien. Von der katholischen Kirche unterscheidet sich die orthodoxe außer durch eine etwas andere Lehre auch darin, dass sie nicht die Oberhoheit des Papstes anerkennt, keinen Zölibat für Priester fordert und Ikonen verehrt.

Die Kroaten betrachten den Katholizismus als eines der wichtigsten Merkmale ihrer nationalen Identität. Schon im 9. Jh. schlossen sich ihre Herrscher der katholischen Kirche an und erhielten das Recht, die angestammte slawische Sprache und die glagolitische Schrift in Gottesdienst und religiöser Literatur beizubehalten. Die Päpste unterstützten die kroatischen Könige, im Gegenzug stifteten diese Kirchen und Klöster. In den Jahrhunderten unter wechselnden Fremdherrschaften wurde der katholische Glaube zur tragenden Stütze eines Nationalgefühls.

Einen detaillierten Überblick über die kulturell interessanten Veranstaltungen in Kroatien bietet die informative Website www.culturenet.hr

Während des Zweiten Weltkriegs entwickelte sich die tiefe Frömmigkeit der kroatischen Nationalisten auf unheilvolle Weise zur mörderischen Intoleranz des Ustaša-Regimes. Die Mitwirkung von Pfarreien bei den „ethnischen Säuberungen" gegen Juden und Serben waren für Tito ein Grund, nach seinem Sieg die Religion – und damit, wie er hoffte, auch den Nationalismus – zu unterdrücken. Zwar war religiöse Betätigung nicht verboten, doch wer Karriere machen wollte, hielt sich von Messen lieber fern. Kein Wunder, dass der Vatikan 1991 zu den ersten Staaten gehörte, die das unabhängige Kroatien anerkannten.

Heute erfährt die katholische Kirche im kulturellen und politischen Leben Kroatiens wieder eine große Wertschätzung, die der Vatikan mit besonderer Aufmerksamkeit für Kroatien beantwortet. Die Kirche genießt zudem mehr Vertrauen als jede andere gesellschaftliche Institution außer dem Militär.

Priesterseminare und Klöster erhalten einen steten Zustrom an jungen Kroaten, die sich für ein Leben im geistlichen Stand entschieden haben. Religiöse Feste werden mit Inbrunst gefeiert und sonntags sind die Kirchen gut gefüllt.

Gleichberechtigung in Kroatien

Kroatiens Frauen sind in vielen Bereichen benachteiligt, wenngleich sich ihre Situation verbessert hat. Im sozialistischen Jugoslawien Titos wurden sie zu politischem Engagement ermutigt und stellten im kroatischen *sabor* (Parlament) bis zu 18 % der Abgeordneten. Zurzeit sind 21 % der Abgeordneten Frauen.

Um finanziell über die Runden zu kommen, müssen immer mehr Ehefrauen und Mütter Geld verdienen und sind gleichzeitig für den Haushalt verantwortlich. In Führungspositionen sind Frauen deutlich unterrepräsentiert.

Im konservativen Milieu der Dörfer geht es den Frauen schlechter als in größeren Städten, und die Folgen des Unabhängigkeitskrieges haben sie härter getroffen als die Männer. Viele der Fabriken, die insbesondere in Ostslawonien geschlossen wurden, hatten einen hohen Anteil weiblicher Beschäftigter.

Sexuelle Belästigung am Arbeitsplatz und Misshandlungen in der Familie sind bis heute an der Tagesordnung, und die Gesetze sehen für die Betroffenen meist keinen Anspruch auf Entschädigung vor.

Auch wenn sich die Einstellung gegenüber Homosexuellen allmählich ändert, ist bei den überwiegend streng katholischen Kroaten die traditionelle Sexualmoral noch fest verankert. Einheimische Homosexuelle halten sich sehr bedeckt, denn sie fürchten Schikanen.

Essen & Trinken

Wer bei kroatischer Küche an fettige Steaks mit Salzkartoffeln und Sauerkraut denkt, liegt falsch. Zwar hält sie an ihren osteuropäischen Wurzeln fest und ist wie alle Balkanküchen fleischorientiert, doch darüber hinaus bietet sie eine breite Palette an Geschmackserlebnissen, in denen sich die verschiedenen Kulturen widerspiegeln, die das Land im Lauf seiner Geschichte beeinflusst haben. Auffällig ist die scharfe Trennung zwischen der italienisch geprägten Küche entlang der Küste und den Gerichten im Landesinnern, die unverkennbar ungarische, österreichische und türkische Einflüsse aufweisen. Von gegrilltem Barsch mit viel Olivenöl in Dalmatien bis zum herzhaften Gulasch mit Paprika in Slawonien ist für jeden Geschmack etwas dabei. Jede Region preist stolz ihre eigene Spezialität an, aber wohin man auch kommt: Überall beeindruckt die gute Qualität des Essens, das stets mit frischen, saisonalen Zutaten zubereitet wird.

Istrien und der Kvarner haben schnell die Spitze der Gourmetleiter erklommen, doch andere Regionen stehen ihnen nur wenig nach. Eine neue Generation von Köchen modernisiert die traditionellen kroatischen Gerichte und verstärkt den Kult um Promiköche (ja, dieses Phänomen gibt es inzwischen sogar in Kroatien!). Die Wein- und die Olivenölproduktion haben eine Renaissance erfahren, rund um die beiden Naturerzeugnisse ist im ganzen Land ein Netz an ausgeschilderten Themenstraßen entstanden.

Eine hervorragende Übersicht über Restaurants in ganz Kroatien und Infos über Kleinerzeuger findet sich unter www.tasteofcroatia.org. Dort kann man auch die dazugehörige App herunterladen.

Esskultur

Die Kroaten sind zwar nicht besonders experimentierfreudig in Sachen Essen, dafür aber leidenschaftliche Esser. Sie können Stunden damit verbringen, über die Güte des Lamms oder den erstklassigen Fisch zu diskutieren und sich darüber auszulassen, warum das Lamm (oder der Fisch) alles andere in den Schatten stellt. Langsam entwickelt sich in Kroatien eine Feinschmeckerkultur, wozu vor allem die Slow-Food-Bewegung beigetragen hat. Sie legt großen Wert auf frische saisonale Produkte der Region und den Spaß am stundenlangen Dinieren. Mittlerweile bieten mehrere Restaurants in Kroatien spezielle Slow-Food-Gerichte an.

KOCHKURSE

Kochkurse werden in Kroatien immer beliebter, sind allerdings auch nicht eben preiswert. **Culinary Croatia** (www.culinary-croatia.com) ist eine verlässliche Informationsquelle und bietet viele unterschiedliche Kochkurse sowie kulinarische Führungen und Besuche von Weingütern besonders in Dalmatien an. Die in Zagreb ansässige Firma **Delicija 1001** (www.1001delicija.com) organisiert ebenfalls Kochkurse und Gourmetveranstaltungen. In Istrien richtet **Eat Istria** (www.eatistria.com) auf der ganzen Halbinsel Kochkurse und Führungen durch die Welt des Weines aus.

Preis und Qualität der Gerichte variieren im mittleren Segment nur wenig. Wer bereit ist, mehr Geld auszugeben, kann stundenlang Slow-Food-Delikatessen schlemmen oder innovative Kreationen junger, aufstrebender Köche genießen. Für die einheimischen Gäste im Restaurant gibt es eine klare finanzielle Obergrenze. Daher liegen die meisten Restaurants weiterhin in der Mitte des Preisspektrums – wenige sind spottbillig und nur wenige superteuer. Aber egal, wie hoch das Budget ist – es ist fast unmöglich, irgendwo in Kroatien richtig schlecht zu essen! Ein weiterer Pluspunkt: Das Essen lässt sich meistens bei warmem Wetter unter freiem Himmel genießen.

Regionale Spezialitäten

Zagreb & der Nordwesten

Zagreb und das nordwestliche Kroatien bevorzugen herzhafte Fleischgerichte, die es genauso gut in Wien geben könnte. Saftiges *pečenje* (am Spieß gebratenes und gebackenes Fleisch) wird entweder aus *janjetina* (Lamm), *svinjetina* (Schwein) oder *patka* (Ente) gezaubert. Als Beilage gibt es oft *mlinci* (gebackene Nudeln) oder *pečeni krumpir* (Bratkartoffeln). Besonders lecker ist Fleisch, das unter einer *peka* (gewölbte Haube) ganz langsam gegart wird, es muss aber in vielen Restaurants vorbestellt werden. *Purica* (Truthahn) mit *mlinci* stehen auf vielen Speisekarten in Zagreb und in der Region Zagorje, zusammen mit *zagrebački odrezak* (paniertes, mit Schinken und Käse gefülltes Kalbssteak), einer weiteren kalorienreichen Spezialität. *Sir i vrhnje* (Frischkäse mit Sahne), das auf den Märkten erhältlich ist, gilt ebenfalls als Klassiker.

Wer Süßes mag, wird sich über die verbreitete Nachspeise *palačinke* – dünne Pfannkuchen mit verschiedenen Füllungen und Belägen – freuen.

AUSTERN

Forschungen zufolge werden die hochwertigen Austern auf der Halbinsel Pelješac rund um Ston bereits seit römischer Zeit dort gezüchtet.

Slawonien

Die slawonische Küche ist schärfer als die anderer Regionen und verwendet großzügig Paprika und Knoblauch. Der ungarische Einfluss ist hier am stärksten sichtbar: Viele typische Gerichte wie *čobanac* (Fleischgulasch) sind im Prinzip Versionen des *gulaš* (Gulasch). Die nahe Drava liefert frischen Fisch (etwa Karpfen, Hecht und Barsch), der in Paprikasauce gekocht und mit Nudeln als *fiš paprikaš* serviert wird. Eine weitere Spezialität ist *šaran u rašljama* (Karpfen auf einem gespaltenen Zweig), der im eigenen Saft über dem offenen Feuer gegart wird. Berühmt sind die Würste der Region, vor allem *kulen*, eine Wurst mit Paprikageschmack, die neun Monate geräuchert und dann meist mit Frischkäse, Paprikaschoten, Tomaten und *turšija* (eingelegtem Gemüse) gereicht wird.

Kvarner & Dalmatien

Die Küche der Küste im Kvarner und in Dalmatien ist typisch mediterran: Olivenöl, Knoblauch, frischer Fisch oder Meeresfrüchte und Kräuter werden hier reichlich verwendet. Besonders zu empfehlen ist der leicht panierte und gebratene *lignje* (Tintenfisch) als Hauptgericht. Adriatischer Tintenfisch ist generell etwas teurer als der aus anderen Ländern. Das Essen beginnt oftmals mit einem Nudelgericht wie Spaghetti oder mit *rižoto* (Risotto) mit Meeresfrüchten. Eine besondere Vorspeise ist *paški sir* (Pager Käse), ein würziger Hartkäse von der Insel Pag. Dalmatinischer *brodet* (Fischsuppe mit Polenta, auch *brodetto* genannt) ist eine weitere regionale Spezialität; oft wird die Suppe jedoch nur als Portion für zwei Personen angeboten. Dalmatinische *pašticada* (Rindergulasch mit Wein und Gewürzen, serviert mit Gnocchi) erscheint auf Speisekarten an der Küste wie auch im Inland. Lamm von den

Das Geheimnis des würzigen Geschmacks von *paški sir* (Käse von der Insel Pag) liegt im Futter der dortigen Schafe: Sie fressen wilde Kräuter.

DER OLIVENÖLBOOM VON ISTRIEN

Auf Veli Brijun (Brijuni-Inseln) steht ein Ölbaum, der nachweislich 1600 Jahre alt ist. Schon die frühen griechischen und römischen Manuskripte priesen die Qualität des istrischen Olivenöls. Heute erlebt das uralte Erzeugnis eine Renaissance: Auf der Halbinsel Istrien gibt es 94 offizielle Produzenten und ein Netz ausgeschilderter Olivenölstraßen. In Istrien werden die Pflanzen mit besonderer Hingabe kultiviert, jeder Ölbaum gehegt und gepflegt. Mehrere Produzenten haben internationale Auszeichnungen und Spitzennoten für ihr fruchtiges Öl erhalten. Das ist bei dem starken Wettbewerb auf dem weltweiten Olivenölmarkt etwas Besonderes.

Duilio Belić ist ein relativer Neuling in der Szene. Er wuchs als Sohn eines Bergmanns in Raša auf und wurde zunächst erfolgreicher Geschäftsmann in Zagreb, bevor er mit der Herstellung von Olivenöl begann. Mit seiner Frau Bosiljka, einer Landwirtschaftsspezialistin, kaufte er vor rund zehn Jahren einen alten Olivenhain in der Nähe von Fažana und begann, was unter Gourmets zu einem echten Hit geworden ist. Inzwischen besitzt Belić fünf Haine in Istrien, insgesamt 5500 Ölbäume. Unter der Marke Oleum Viride werden elf Extra-virgine-Olivenöle produziert. Vier davon werden aus einheimischen Sorten gepresst – Buža, Istarska Bjelica, Rosulja und Vodnjanska Crnica. Das Vorzeigeöl ist Selekcija Belić, eine Mischung aus sechs Sorten mit Vanille-Chicoree-Geschmack.

Bei einem Kaffee in Fažana erinnert mich Duilio an eine Tatsache, die viele vergessen: Oliven sind eine Frucht, Olivenöl ein Fruchtsaft. Wie beim Wein lassen sich bestimmte Öle mit bestimmten Gerichten kombinieren, um den Geschmack zu verstärken. Selekcija Belić etwa passt wunderbar zu Lamm und Kalb unter der *peka* oder zu einem Omelett mit wildem Spargel. Das hochgeschätzte Buža-Öl wiederum passt hervorragend zu rohem Fisch und Fleisch sowie zu Pilzen und gegrilltem Gemüse. Das goldgrüne Istarska Bjelica mit seinem Duft nach gemähtem Gras und einem Hauch Radicchio ist die ideale Ergänzung zu Schokoladeneis oder dunklem Haselnuss-Schokoladenkuchen.

Da mir das alles zu abstrakt ist, wechseln wir ins Vodnjanka, ein Restaurant in Vodnjan. Hier zieht Duilio einen Kasten mit einer Auswahl seiner Öle hervor und bestellt eine Vorspeisenplatte. Nun lerne ich, wie man Olivenöl kostet. Eine kleine Menge wird in ein Weinglas geschüttet und mit der Hand erwärmt, bis das Öl Körpertemperatur erreicht. Dann verschließt man das Glas mit der Hand, damit sich das Aroma entfaltet. Anschließend probiert man eine kleine Menge, hält das Öl zunächst am vorderen Gaumen und schluckt es dann in einem Zug hinunter.

Solche Verkostungen liegen bei kroatischen Feinschmeckern inzwischen voll im Trend. Duilio organisiert sie für einen großen Freundeskreis und für Interessierte, und zwar direkt in seinen Hainen oder in einem Verkostungsraum in Zagreb. Bis dahin können seine Öle in folgenden kroatischen Spitzenrestaurants verkostet werden: im Bevanda (S. 152) in Opatija und im Milan (S. 111) in Pula, im Kukuriku (S. 147) in Rijeka, im Foša (S. 190) in Zadar und im Damir & Ornella (S. 129) in Novigrad.

Meine letzten Fragen an Duilio stelle ich, während wir Vodnjanska Crnica in einer *maneštra* (einer Gemüse-Bohnensuppe) probieren. Warum ist Istrien so ein dankbarer Boden für Oliven? „Es liegt an der Mikrolage", sagt Duilio. „Außerdem ernten wir die Oliven, anders als in Dalmatien, früh im Jahr, um die natürlichen Antioxidantien und Nährstoffe zu bewahren. Die Öle schmecken zwar eventuell etwas bitterer, sind aber gesünder."

Bevor wir uns trennen, frage ich ihn noch – fasziniert von seiner Leidenschaft für Olivenöl –, warum er dieses geschäftliche Neuland betreten hat. „Ganz einfach: Ich liebe Essen, ich liebe Wein, ich liebe alle guten Dinge des Lebens", antwortet er. „Und Olivenöl gehört einfach dazu."

Anja Mutić

Inseln Cres und Pag gilt als das beste Kroatiens: Die Tiere werden dort mit frischen Kräutern gefüttert, die das Fleisch besonders schmackhaft machen.

Istrien

Die istrische Küche ist in den letzten Jahren bei internationalen Feinschmeckern zunehmend beliebter geworden. Das liegt an ihrer langen gastronomischen Tradition, den frischen Zutaten und einzigartigen Spezialitäten. Typische Gerichte sind z. B. *maneštra,* eine dicke Gemüse-Bohnensuppe vergleichbar der Minestrone, *fuži,* von Hand gerollte Pasta, die oft mit *tartufi* (Trüffeln) oder *divljač* (Wild) serviert wird, und *fritaja* (Omelett, meist mit saisonalem Gemüse wie wildem Spargel). Als Vorspeise gibt es oft dünne Scheiben von geräuchertem *pršut* (Prosciutto) aus Istrien – auch in Dalmatien ausgezeichnet. Der Schinken ist teuer, weil für das Räuchern viele Stunden und viel Arbeit aufgewendet werden müssen. Istrisches Olivenöl ist international anerkannt und vielfach prämiert. Der Tourismusverband hat eine Olivenölroute ausgewiesen; die an der Route liegenden örtlichen Olivenölbauern können besucht und das Öl direkt vor Ort gekostet werden. Zu den besten saisonalen Zutaten gehören im Herbst weiße Trüffeln und im Frühling wilder Spargel.

Am 1. April eines jeden Jahres sprudelt aus dem Stadtbrunnen von Ludbreg im Norden des Landes Wein statt Wasser.

Vegetarier & Veganer

Eine nützliche Wendung lautet *Ja ne jedem meso* („ich esse kein Fleisch"), aber dennoch bekommt man unter Umständen eine Suppe mit kleinen Schinken- oder Speckstreifen serviert. Das ändert sich wegen der steigenden Zahl von Vegetariern im Lande zwar allmählich , aber diese Veränderungen sind meist auf größere Städte beschränkt. In Zagreb, Rijeka, Split und Dubrovnik gibt es mittlerweile vegetarische Restaurants. Selbst „normale" Restaurants haben zumindest in größeren Städten vegetarische Gerichte auf der Speisekarte. Vegetarier haben es im Norden (Zagorje) und im Osten (Slawonien) schwerer, da Fleisch dort einfach die Hauptzutat aller traditionellen Gerichte bildet. Zu den fleischlosen Spezialitäten gehört *maneštra od bobića* (Suppe mit Bohnen und frischem Mais) und *juha od krumpira na zagorski način* (Kartoffelsuppe aus Zagorje). Andere Möglichkeiten sind *štrukli* (mit Käse überbackene Klöße) und *blitva* (Mangoldklöße mit Kartoffeln, Olivenöl und Knoblauch). Entlang der Küste gibt es genügend Nudelgerichte und Risotto mit verschiedenen Gemüsebeilagen und leckerem Käse. Wer Fisch und Meeresfrüchte liebt, kann fast überall fürstlich tafeln.

Der Sauerkirschlikör Maraschino aus Zadar wurde im frühen 16. Jh. von Apothekern ersonnen, die im dortigen Dominikanerkloster tätig waren.

MARASCHINO

Getränke

Kroatien ist berühmt für seinen *rakija* (Schnaps), den es in verschiedenen Geschmackssorten gibt. Die beliebtesten sind *loza* (Weinbrand), *šljivovica* (Pflaumenschnaps) und *travarica* (Kräuterschnaps). Der istrische Grappa ist ausgezeichnet und wird mit vielfältigen Geschmacksnoten von *medica* (Honig) bis *biska* (Mistel) sowie verschiedenen Beeren angeboten. Die Insel Vis ist für ihren leckeren *rogačica* (Johannisbrotschnaps) bekannt. Üblicherweise trinkt man vor dem Essen etwas Hochprozentiges. Andere beliebte Getränke sind *vinjak* (Kognak), *maraschino* (Kirschlikör aus Zadar), *prosecco* (süßer Dessertwein) und *pelinkovac* (Kräuterlikör).

Die beiden beliebtesten Biersorten (*pivo*) sind Ožujsko aus Zagreb und Karlovačko aus Karlovac. Die kleine Brauerei Velebitsko ist bei Kennern geschätzt, ihr Bier aber nur in wenigen Bars und Geschäften erhältlich, und das meistens nur auf dem kroatischen Festland. Am besten schon mal *živjeli!* (Prost!) üben.

Starker *kava* (espressoartiger Kaffee), der in Minitassen serviert wird, ist in ganz Kroatien beliebt. Man kann ihn abgemildert mit Milch (*macchiato*) trinken oder einen Cappuccino bestellen. Mancherorts gibt es auch entkoffeinierte Varianten. Dies wird aber als Sakrileg betrachtet, denn die Kroaten lieben ihren Kaffee. Kräutertees sind überall erhältlich,

SNACKS FÜR ZWISCHENDURCH

Zum einheimischen Fastfood gehören *ćevapčići* (kleine würzige Fleischbällchen aus gehacktem Rind-, Lamm oder Schweinefleisch), *pljeskavica* (eine Art Hamburger aus dem ehemaligen Jugoslawien), *ražnjići* (kleine Stücke Schweinfleisch, auf einem Spieß gegrillt) oder *burek* (Pastete, gefüllt mit Hackfleisch, Spinat oder Käse). Man bekommt diese Snacks an Fastfood-Ständen oder in Imbissbuden.

schwarzer Tee *(čaj)* dürfte echten Teetrinkern meist nicht stark genug sein. Das Leitungswasser ist trinkbar.

Feiern auf Kroatisch

Kroaten lieben es zu essen und freuen sich über jeden Anlass für ein Festessen. Bei Feiertagen und bei Familienfesten wie Hochzeiten und Taufen spielt das Essen daher eine große Rolle.

Wie in anderen katholischen Ländern auch, essen die meisten Kroaten an *Badnjak* (Heiligabend) kein Fleisch, sondern Fisch. In Dalmatien ist das klassische Gericht an Heiligabend *bakalar* (Stockfisch). Am ersten Weihnachtstag werden dann gebratenes Spanferkel, Truthahn mit *mlinci* oder andere Fleischgerichte aufgetischt. Ebenfalls als Weihnachtsessen beliebt sind *sarma,* mit Hackfleisch gefüllte Krautwickel. Im Mittelpunkt des Festessens steht frisches Heiligabendbrot, *badnji kruh* genannt, das mit Honig, Nüssen und getrockneten Früchten gebacken wird. Eine weitere Tradition ist der Weihnachtszopf aus glasiertem Teig mit Muskatnuss, Rosinen und Mandeln. Oft wird er mit Weizen und Kerzen verziert und bis Epiphanie (Dreikönigstag am 6. Januar) auf dem Tisch stehen gelassen und erst dann angeschnitten und gegessen. *Orahnjača* (Walnusskuchen), *fritule* (Krapfen) und *makovnjača* (Mohnkuchen) sind bei Feierlichkeiten beliebte Nachspeisen.

Das typischste Ostergericht ist Schinken mit gekochten Eiern und frischem Gemüse. *Pinca,* ein süßes Hefebrot, ist eine weitere Ostertradition, vor allem in Dalmatien.

Wohin zum Essen?

Ein *restauracija* oder *restoran* (Restaurant) steht an der Spitze der gastronomischen Skala. Hier findet das Essen in einer etwas förmlicheren Atmosphäre statt, neben einer Speisekarte gibt es auch eine umfassende Weinkarte. Eine *gostionica* oder *konoba* ist meist ein einfaches Lokal im Familienbesitz, die verwendeten Zutaten kommen häufig sogar aus dem eigenen Garten. Eine *pivnica* ist eher eine Kneipe und im Ausschank sind mehrere Biersorten. Manchmal gibt es dort auch warme Gerichte oder Sandwiches. Eine *kavana* ist ein Café, in dem man sich stundenlang an seinem Kaffee festhalten und dazu Kuchen und Eis genießen kann. Eine *slastičarna* (Bäckerei) serviert Eiscreme, Kuchen, Strudel und manchmal Kaffee. Man muss die Leckereien aber meistens im Stehen essen oder für unterwegs mitnehmen. Eine *samoposluživanje* (Cafeteria mit Selbstbedienung) eignet sich für eine schnelle Mahlzeit. Hier kann der Standard zwar sehr unterschiedlich sein, dafür reicht es aber aus, auf das gewünschte Gericht zu zeigen.

Das Salz, das aus den Salzpfannen von Pag und Ston gewonnen wird, ist das reinste der gesamten Mittelmeerregion.

In Hostels oder Privatunterkünften ist ein ordentliches Frühstück oft Fehlanzeige. Problemlos bekommt man allerdings einen Kaffee in einem Café oder Teigwaren in einer Bäckerei. Alternativ kann man sich mit Brot, Käse und Milch in einem Supermarkt eindecken und dann picknicken. Hotelgäste bekommen zumeist ein Frühstücksbüfett mit Cornflakes, Brot, Joghurt, Aufschnitt, Obstsaft (aus Konzentrat) und Käse.

KROATISCHE WEINE

Wein aus Kroatien mag so manchem Weinkenner eher unbekannt scheinen, aber *vino* gehört seit mehr als 25 Jahrhunderten zur Lebensart der Region. Heute erlebt die Tradition unter einer neuen Generation von Winzern eine Renaissance, da die jungen Experten sich auf einheimische Weinsorten konzentrieren und alte Weinberge wieder zu neuem Leben erwecken. Die Qualität wird immer besser, und die Weine gewinnen sogar internationale Preise und die Gunst von Weinkennern aus aller Welt, die das einzigartige Terroir schätzen.

Kroatien ist grob in vier Weinregionen unterteilt: Slawonien und das kroatische Hochland, die kontinentale Zone mit einem kühleren Klima und Istrien, Kvarner und Dalmatien an der Adria mit einem mediterranen Klima. In jeder dieser Regionen liegen viele Unterregionen (*vinogorje*) mit mehr als 300 geografischen Bezeichnungen.

Weißweinsorten wie *graševina*, *traminac*, Pinot Blanc, Chardonnay und Sauvignon Blanc herrschen in der kontinentalen Zone vor. Die Geschmacksrichtungen reichen von „fruchtig", „mild-aromatisch" oder „erfrischend" in den kühleren Regionen des Nordens bis zu den reicheren Aromen im wärmeren Slawonien und den köstlichen Dessertweinen (*predikatno*). Kutjevo ist ein besonders „süßes" Fleckchen für den Weinanbau, und im Dorf gibt es viele Weinkellereien. Besonders gut sind die Flaschen von Enjingi, Krauthaker, Kutjevo dd und Mihalj.

In den idyllischen Hügeln von Međimurje, Plešivica und Zagorje im kroatischen Hochland gibt es spritzige Weißweine, die gut zum Essen passen (Pinot Noir tut es stellenweise auch). Außer *graševina* und dem heimischen *škrlet* boomen auch die internationalen Sorten wie Chardonnay, Pinot Blanc, Pinot Gris und Sauvignon Blanc. Unter den Weinen der Region sollte man Weine aus Bolfan, Korak and Tomac probieren. Als Souvenir eignet sich eine Flasche mit köstlichem Eiswein (*ledeno vino*) aus Bodren.

Ein Highlight der nördlichen Adria ist Istrien mit *malvazija istarska*, einer Bandbreite guter Weine mit verschiedenen Profilen, die durchaus Preise gewinnen könnten: schlank und leicht oder süß; spritzig und ohne Eiche oder akazienholzgereift mit Orangenaroma. Benvenuti, Clai, Degrassi, Kozlović, Matošević, Piquentum und Trapan sind gute Beispiele. Istrien kann sich auch mit einem feurigen Rotwein brüsten: *teran*. Hier sollte man nach Arman, Coronica, Geržinić, Roxanich und Terzolo Ausschau halten.

Unterhalb von Istrien liegt Kvarner, Heimat des *žlahtina*, eines Weißweins, der gut zu Meeresfrüchtegerichten passt und auf Krk überall zu finden ist. Katunar, Šipun und Toljanić sind die führenden Erzeuger.

Richtung Süden wartet die zerklüftete Schönheit von Dalmatien mit vielen Inselweinbergen (Hvar, Vis, Brač, Korčula), die eine faszinierende Fülle heimischer Traubensorten hervorbringen, die in diesem mediterranen Klima besonders gut gedeihen und qualitativ hochwertige, vollmundige Weine ergeben. Hier sind *plavac mali*, Abkömmling des Zinfandel (*crljenik kašteljanski*), und der dunkle *dobričić* die Könige unter den Rotweine. Empfehlenswerte Marken sind Korta Katarina, Miloš, Stina, Tomić und Zlatan Otok. Zur Information: Weine, die mit „Dingač" etikettiert sind, sind plavac mali von einem ganz bestimmten Weingut auf Pelješac, das hoch über dem Meer an einem Berghang liegt. Hier wird nur wenig Wein erzeugt, und die Qualität diktiert den Preis. Zu den maßgebenden Abfüllern gehören Bura, Kiridžija und Saints Hills. Weitere heimische Sorten sind Babić (rot) und Pošip (weiß).

Wer einen Besuch plant, sollte bedenken, dass die meisten Weingüter von Familien betrieben werden und daher nicht immer auf Besucher eingestellt sind. Hier eine Auswahl von empfehlenswerten Weingütern, die auch öffentliche Weinproben anbieten.

Slawonien (S. 87)

» **Kroatisches Hochland** **Bolfan-Vinski Vrh** (www.bolfanvinskivrh.hr; Hraščina); **Cmrečnjak** (☎040-830-103; Štrigova); **Korak** (www.vino-korak.hr; Plešivica); **Tomac** (www.tomac.hr; Jastrebarsko); **Vuglec Breg** (S. 82).

» **Istrien und Kvarner** **Cossetto** (www.cossetto.net; Kaštelir); **Degrassi** (www.degrassi.hr; Savudrija); **Geržinić** (www.gerzinic.com; Vižinada); **Kozlović** (www.kozlovic.hr;

Momjan); **Matošević** (www.matosevic.com; Krunčići); **Toljanić-Gospoja** (www.gospoja.hr; Vrbnik, Krk); **Trapan** (www.trapan.hr; Šišan).

» **Dalmatien** **BIBICh** (☎022-775 597; Skradin); **Bire** (☎020-712 007; Lumbarda, Korčula); **Boškinac** (S. 203); **Carić** (www.vinohvar.hr; Hvar); **Grgić** (☎020-748 090; Trstenik, Pelješac); **Jako Vino** (www.stina-vino.hr; Bol, Brač); **Korta Katarina** (www.kortakatarinawinery.com; Orebić, Pelješac); **Matuško** (www.matusko-vina.hr; Potomje, Pelješac); **Tomić** (www.bastijana.hr; Jelsa, Hvar).

Cliff Rames ist ein kraotisch-amerikanischer Sommelier und Begründer von (www.winesofcroatia.com).

Die gehobenen Hotels haben bessere Büfetts mit Eiern, Würstchen und selbst gebackenem Plundergebäck.

Obst und Gemüse vom Markt und eine Auswahl an Brot, Käse und Schinken vom Supermarkt - und schon ist ein gesundes Mittagspicknick zusammengestellt. Am Feinkosttresen in den Supermärkten oder Lebensmittelläden wird einem - wenn man nett darum bittet - ein Sandwich mit *sir* (Käse) oder *pršut* (Prosciutto) belegt, in der Regel bezahlt man nichts für den Service.

Esskultur

Im ganzen ehemaligen Jugoslawien war *burek* das übliche *doručak* (Frühstück). Heutzutage bevorzugen moderne Kroaten meist einen leichteren Start in den Tag: in der Regel Kaffee und Plundergebäck mit Joghurt und frischem Obst.

Restaurants öffnen um 12 Uhr zum *ručak* (Mittagessen) und servieren dann in der Regel durchgehend bis Mitternacht Essen. Das kann ungemein praktisch sein, wenn man zu einer ungewöhnlichen Stunde in einer Stadt ankommt oder einfach mehr Zeit am Strand verbringen möchte. Kroaten essen meist entweder früh eine *marenda* oder ein *gablec* (billiges sättigendes Mittagessen) oder ein spätes, ausgedehntes Mittagessen. Das Abendessen (*večera*) ist dann eine leichte Mahlzeit. Allerdings haben sich die meisten Restaurants an die Bedürfnisse der Touristen angepasst, die lieber abends ordentlich essen. Nur wenige Kroaten können es sich leisten, regelmäßig essen zu gehen. Wenn sie es tun, handelt es sich meistens um einen größeren Familienausflug am Samstagabend oder Sonntagnachmittag.

Es gibt in Kroatien 17 000 eingetragene Winzer, 2500 Weine kontrollierter Herkunft und 880 Weingüter.

Die Kroaten sind stolz auf ihre Küche und ziehen sie mit Abstand allen anderen vor (außer der italienischen). Außerhalb der größeren Städte gibt es nur wenige Restaurants, die internationale Gerichte servieren (meist sind es chinesische und mexikanische Gerichte) oder Varianten der traditionellen kroatischen Speisen anbieten.

Architektur

Dominko Blažević ist ein kroatischer Autor zum Thema Architektur.

Seit prähistorischen Zeiten ist das Gebiet des heutigen Kroatien nicht zuletzt wegen seiner geostrategischen Bedeutung durchgängig besiedelt; für Eroberer war die Region immer attraktiv. Daher ist das Land reich an vielfältigen architektonisch bedeutsamen Monumenten und Ruinen. Besonders empfehlenswert sind die Städte Dubrovnik, Korčula, Rovinj, Trogir, Zadar und Šibenik sowie die Bergstädte Istriens – sie alle sind berühmt für ihre architektonische Schönheit.

Das römische Zeitalter

Die Kathedrale des heiligen Domnius (3. und 4. Jh. n. Chr.) in Split ist das älteste – und kleinste – Kathedralengebäude der Welt, da sie im ursprünglichen Mausoleum Diokletians untergebracht ist.

Das eindrucksvollste Beispiel römischer Architektur ist der Diokletianspalast (S. 213) in Split, den der Kaiser Ende des 3. Jhs. n. Chr. erbauen ließ. Auf der Unesco-Liste kulturell wertvoller Bauwerke ist diese überdimensionale Villa als weltweit am besten erhaltener Palast eines römischen Herrschers verzeichnet; der Bau est seit dem Tod des Kaisers 316 n. Chr. bis heute durchgängig bewohnt. Der Aquädukt, der das Frischwasser in den Palast bringt, steht (und funktioniert) noch heute in den Vororten der Stadt.

In der Nähe liegt Salona, heute Solin. Die prärömische Stadt war der Geburtsort des Kaisers (daher die Lage des Palastes) und später sowohl Verwaltungs- als auch Finanzzentrum der Provinz. Zu den dortigen Ruinen gehören auch die Überreste eines Amphitheaters.

Zwei weitere präslawische Gebäudebeispiele, beide in Istrien gelegen, lohnen ebenfalls einen Besuch: das große römische Amphitheater (S. 106) in Pula, eine Arena aus dem 1. Jh. n. Chr. und eine Art kroatisches Kolosseum, und die frühchristliche Euphrasiusbasilika (S. 122) in Poreč aus dem 6. Jh. n. Chr. In deren Mauern finden sich sogar noch ältere Bestandteile und es gibt ein wertvolles Mosaik in der Apsis.

Präromanische Kirchen

Mit der Ankunft der Slawen begann die sogenannte altkroatische oder präromanische Periode. Typische Beispiele der Architektur dieser Zeit finden sich an der dalmatinischen Küste, angefangen mit der eindrucksvollen St.-Donatus-Kirche (S. 183) in Zadar, die auf römischen Überresten erbaut wurde. Sie hat – für die Spätantike überaus ungewöhnlich – einen runden Grundriss und drei halbkreisförmige Apsiden.

Zwei kleine Kirchen der Region sind ebenfalls Musterbeispiele dieser Zeit: die Heiligkreuzkirche in Nin aus dem 11. Jh. (mit einem kreuzförmigem Grundriss und einer Kuppel über der Mitte) und die wunderschöne St.-Nikolaus-Kirche (Sv. Nikola) direkt vor den Toren der Stadt. Unbedingt ansehen sollte man sich auch die Überreste der runden präromanischen Kirchen, die immer noch in Split (Heilige Dreifaltigkeit) und Trogir stehen. Kleinere Kirchen auf Šipan und Lopud, zwei Inseln in der Nähe von Dubrovnik gelegen, weisen ebenfalls kreuzförmige Grundflächen auf und zeigen den zu der Zeit wachsenden Einfluss der byzantinischen Kultur.

Kroatien wird gotisch

Die Romanik des Mittelalterns hielt sich an der Küste noch lange, nachdem im restlichen Europa bereits die Gotik Einzug gehalten hatte. Im 13. Jh. waren die frühen Beispiele der Gotik noch immer mit romanischen Elementen verbunden. Das eindrucksvollste Bauwerk dieser Zeit ist das Portal der Kathedrale des heiligen Laurentius (Lovro) (S. 235) in Trogir, das vom Künstler Radovan 1240 geschaffen wurde. Ein weiteres gotisches Meisterwerk ist das ungewöhnliche Portal der Kathedrale des heiligen Domnius von Split (S. 217), das mit 28 rechteckigen Reliefs von Andrija Buvina ausgestattet ist. In Zadar stehen die Kathedrale St. Anastasia (S. 185), die auf den Grundmauern einer alten christlichen Basilika im 12. und 13. Jh. erbaut wurde, und die St.-Chrysogonus-Kirche (S. 186) aus dem Jahre 1175.

Die Kathedrale der Aufnahme der gesegneten Jungfrau Maria in den Himmel (vormals der Stephansdom; S. 45) von Zagreb war der erste Vorstoß zum gotischen Stil in Nordkroatien. Obwohl die Kirche mehrmals umgebaut wurde, sieht man in der Sakristei heute noch immer die Überreste aus dem 13. Jh.

Die späte gotische Periode wurde vom Baumeister und Steinmetz Juraj Dalmatinac beherrscht, der im 15. Jh. in Zadar zur Welt kam. Sein herausragendes Werk war die Kathedrale St. Jakob in Šibenik (S. 206), die den Übergang von der Gotik zur Renaissance markiert. Dalmatinac konstruierte die Kirche ganz aus Stein und verschönte die Fassade mit einem Kranz von realistisch gemeißelten Porträts heimischer Zeitgenossen. Ein weiteres Kunstwerk aus dieser Zeit ist die St.-Markus-Kathedrale in Korčula aus dem 15. Jh. (S. 292).

Die Renaissance

Die Renaissance verbreitete sich rasch in Kroatien, besonders im damals unabhängigen Ragusa (Dubrovnik). In der zweiten Hälfte des 15. Jhs. erschienen erstmals Renaissanceeinflüsse an gotischen Gebäuden. Ein schönes Beispiel des gemischten Stils ist der Dubrovniker Sponza-Palast (S. 270), einst das Zollamt. Ab der Mitte des 16. Jhs. verdrängten Stilmerkmale der Renaissance den gotischen Stil in den Palästen und Sommerresidenzen des wohlhabenden Adels in und um Ragusa. Leider vernichtete ein Erdbeben 1667 viele Gebäude. Zu den bekannten Bauwerken Dubrovniks zählen daher heute vor allem das romanisch-gotische Franziskanerkloster (S. 269), die Orlando-Säule (S. 271) aus dem 15. Jh., der Onofrio-Brunnen (S. 270), die Barockkirche des heiligen Blasius (S. 270), die Jesuitenkirche des heiligen Ignatius und die Kathedrale Mariä Himmelfahrt (S. 270).

BarockNordkroatien ist berühmt für seinen Barock, den Jesuitenmönche im 17. Jh. hier einführten. Im 17. und 18. Jh. war Varaždin eine regionale Hauptstadt und profitierte dank seiner Lage von einem steten Austausch an Künstlern, Kunsthandwerkern und Architekten mit Nordeuropa. Die Kombination aus Wohlstand und Kreativität machte aus Varaždin Kroatiens führende Stadt für Barockkunst. Dieser Stil zeigt sich an den aufwendig restaurierten Häusern und Kirchen und ganz besonders an der beeindruckenden Burg.

In Zagreb findet man schöne Beispiele der Barockarchitektur in der Oberstadt, etwa die Jesuitenkirche der heiligen Katharina (S. 47) oder die restaurierte Villa, die heute das Kroatische Museum für Naive Kunst (S. 45) beherbergt. Wohlhabende Familien

390 v. Chr.–400 n. Chr.

Die ersten Griechen erreichen die östliche Adriaküste. Sie hinterlassen außergewöhnliche Städte und Bauwerke.

Frühes 4. Jh.

Der Diokletianpalast wird fertiggestellt. Er ist noch heute das Herz des modernen Splits

9. Jh.

In Zadar wird die Kirche des heiligen Donat im frühbyzantinischen Stil errichtet.

11.–15. Jh.

Auf die monumentale römische Architektur folgen Stadterweiterungen im eleganten gotischen Stil, bauliche Innovationen und zunehmend kunstvolle Verzierungen.

1431–1535

Juraj Dalmatinac baut in Šibenik die Kathedrale des heiligen Jakob im Stil der gotischen Renaissance.

17. & 18. Jh.

Goldenes Zeitalter des Barocks in Varaždin und zugleich die bedeutendste Periode des Wiederaufbaus im erdbebengeschädigten Dubrovnik.

19. Jh.

Während des Klassizismus und Historismus entstehen einige der bemerkenswertesten öffentlichen Gebäude im modernen Kroatien.

1930–1980

Im Funktionalismus entwickelt sich die Architektur synchron zum internationalen Stil. Die sozialistische Ära bringt anspruchsvolle und ästhetisch ausgereifte Gebäude hervor.

KROATISCHES FLECHTWERK (PLETER)

Das erste Beispiel für kroatisches Design ist *pleter* (Flechtwerk), das seit 800 n. Chr. den Taufstein des Herzogs Višeslav von Nin in der Heiligkreuzkirche von Nin ziert. Pleter findet sich oft an Kircheneingängen und -möbeln des frühen Mittelalters (altkroatisch). Gegen Ende des 10. Jhs. stellte man auf diese Weise Blätter und Ranken dar. Diese Darstellungsweise ist so eng mit der Kultur des Landes verwoben, dass der verstorbene Präsident Franjo Tuđman sie in seinem ersten Wahlkampf auf Postern einsetzte, um ein Zeichen für die Rückkehr zur traditionellen Kultur des Landes zu setzen.

erbauten sich ihre Barockvillen in der Umgebung Zagrebs, etwa in Brezovica, Miljana, Lobor und Bistra.

Architektur heute

Die Kathedrale St. Jakob in Šibenik (1431–1535) ist das einzige Bauwerk Europas aus der Renaissance, das aus vorgefertigten Steinelementen errichtet wurde.

Heute gibt es in Kroatien zwei Architekturfakultäten (eine in Zagreb, eine jüngere in Split) und eine lebendige Szene, die internationale Anerkennung genießt und immer wieder mit Preisen geehrt wird. Nach dem Krieg der 1990er-Jahre organisierten sowohl der Staat als auch private Investoren zahlreiche Wettbewerbe. Junge Architekten in den Zwanzigern und Dreißigern erhielten die Gelegenheit, ihr Talent zu beweisen, und brachten einen neuen Geist in die Architektur.

Einige der bedeutendsten Beispiele dieser neuen Richtung finden sich am Gymnasium in Koprivnica (Entwurf: Studio UP), am Hotel Lone (S. 115) in Rovinj (3LHD) und an der Meeresorgel (S. 183) von Nikola Bašić in Zadar.

Natur & Umwelt

Zur Landesnatur

Kroatiens Form erinnert an einen Bumerang: Das Land erstreckt sich von der Pannonischen Tiefebene Slawoniens zwischen den Flüssen Sava, Drava und Donau über das bergige Mittelkroatien bis zur istrischen Halbinsel, von dort südlich durch Dalmatien entlang der Adriaküste. Die ungewöhnliche Geografie macht eine Rundreise eher schwierig. Wer Zagreb als Ausgangspunkt wählt, kann von Dubrovnik zurück in die Hauptstadt fliegen, um schließlich von dort den Heimflug anzutreten. Alternativ dazu kann man den Landweg über Split nehmen oder fährt durch Bosnien-Herzegowina und gelangt so über die östliche Grenze wieder nach Kroatien. Der schmale Küstenstreifen am Fuße des Dinarischen Gebirges ist per Luftlinie 600 km lang, aufgrund der vielen Buchten beträgt die tatsächliche Länge jedoch 1778 km. Die meisten Strände dieser zerklüfteten Küste sind felsig und beliebtes Revier von FKKlern. Sand sollte man nicht erwarten, dafür ist das Wasser kristallklar, sogar rund um größere Städte.

Es gibt an der Adria 1244 Inseln und kleine Inselchen, von denen aber nur 50 bewohnt sind.

Kroatiens vorgelagerte Inseln sind überraschend schön. Die größten sind Cres, Krk, Mali Lošinj, Pag und Rab im Norden, Dugi Otok in der Mitte und Brač, Hvar, Korčula, Mljet und Vis im Süden.

Tier- & Pflanzenwelt

In den Wäldern des Nationalparks Risnjak tummeln sich Hirsche sowie Braunbären, Wildkatzen und *ris* (Luchse), die dem Park seinen Namen gaben. Sehr selten lässt sich auch ein Wolf oder Wildschwein blicken. Bedeutend zahlreicher sind Wölfe im Nationalpark Plitwitzer Seen vertreten. Dort sowie im Nationalpark Krka lebt außerdem ein seltener,

KARSTHÖHLEN & WASSERFÄLLE

Kroatiens auffälligste geologische Struktur bildet der verbreitete hochporöse Kalkstein, das Dolomitgestein, das man Karst nennt. Der Karst erstreckt sich von Istrien nach Montenegro und bedeckt große Teile des Inlands. Karst entsteht durch das Eindringen von Wasser in die Oberfläche des Kalksteins, der sich langsam zersetzt, sodass das Wasser in tiefere Schichten vordringen kann. Schließlich bildet das Wasser unterirdische Bäche, die dann Spalten und Höhlen auswaschen, bevor sie an die Oberfläche zurückkehren, um vielleicht noch in eine weitere Höhle und letztendlich ins Meer zu fließen. Höhlen und Quellen sind die üblichen Formationen in einer Karstlandschaft. Auf diese Weise sind beispielsweise die Schlucht von Pazin, die Plitwitzer Seen oder Wasserfälle wie die auf Krka sowie die Höhle Manita Peć in Paklenica entstanden. Wenn der Kalkstein am Ende dieser Prozesse in sich zusammenfällt, entsteht eine Art Becken (*polje*). Diese Becken werden oft landwirtschaftlich genutzt, auch wenn sie schlecht trocknen und durch Regen leicht in eine Seenlandschaft verwandelt werden.

VÖGEL BEOBACHTEN

In Beli auf Cres ist eine Kolonie von Gänsegeiern beheimatet; sie haben eine Flügelspannweite von 2,6 m. Im Nationalpark Paklenica leben Wanderfalken, Habichte, Sperber, Bussarde und Eulen. Der Nationalpark Krka dient Sumpfvögeln wie Reihern, Wildenten, Gänsen und Kranichen sowie den seltenen Königs- und Schlangenadlern als wichtiger Zwischenstop auf ihren Wanderflügen und als Winterquartier. Auch im Naturpark Kopački Rit in der Nähe von Osijek im Osten Kroatiens sind viele Vogelarten heimisch.

unter Schutz stehender Seeotter. Im Nationalpark Paklenica sind zwei Giftschlangen heimisch, die Europäische Hornotter und die Kreuzotter. Außerdem leben dort und im Nationalpark Krka nicht giftige Leopardnattern, Vierstreifennattern, Ringelnattern und Panzerschleichen.

Die facettenreichste Flora des Landes findet man im Velebit, einem Gebirgszug der Dinarischen Alpen, der als Kulisse hinter der zentraldalmatischen Küste aufragt. Botaniker haben hier etwa 2700 Spezies und 78 endemische Pflanzen gezählt, darunter das zunehmend bedrohte Edelweiß. Dieses findet man auch im Nationalpark Risnjak, ebenso wie Schwarze Kohlröschen, Lilien und Bewimperte Alpenrosen. Das trockene mediterrane Küstenklima bietet beste Bedingungen für die Macchie, einen niedrigen Buschwald, der an der gesamten Küste und besonders dicht auf der Insel Mljet wächst. Auch Oleander, Jasmin und Wacholder fühlen sich an der Küste wohl. Auf der Insel Hvar wird Lavendel angebaut und Oliven- sowie Feigenbäume gedeihen in Hülle und Fülle.

Nationalparks

Als Jugoslawien zusammenbrach, gingen acht der schönsten Nationalparks an Kroatien. Diese machen 1,097 % der Landesfläche aus und erstrecken sich über ein Gebiet von insgesamt 961 km^2, davon 742 km^2 auf dem Land, 219 km^2 im Wasser. Etwa 8 % der Fläche Kroatiens stehen unter Naturschutz.

Die Temperaturen im Adriatischen Meer variieren stark: Sie steigen von durchschnittlich 7° C im Dezember bis auf angenehme 23° C im September.

Nationalparks auf dem Festland

Der Nationalpark Risnjak südwestlich von Zagreb ist der unberührteste bewaldete Park. Ein Grund dafür ist das Klima der höher gelegenen Gebiete, das mit einer Durchschnittstemperatur von 12,6 °C im Juli recht unwirtlich ist. Die Winter sind lang und schneereich, doch wenn Ende Mai oder Anfang Juni der Frühling beginnt, blüht alles gleichzeitig. Bewusst wurden im Park keine touristische Einrichtungen angelegt, um sicherzustellen, dass nur Naturliebhaber den Park besuchen. Der Haupteingang liegt beim Motel und Informationsbüro in Crni Lug.

Dramatisch geformte Karstklippen und Schluchten machen den Nationalpark Paklenica, der sich entlang der Adriaküste in der Nähe von Zadar erstreckt, zu einem Paradies für Felskletterer. Tiefe Höhlen und Grotten voll Stalagmiten und Stalaktiten warten darauf, entdeckt zu werden, außerdem gibt es kilometerlange Wanderwege.

Etwas rauer geht es im gebirgigen Nationalpark Nördlicher Velebit zu, einer Landschaft aus Wäldern, Bergen, Schluchten und Kämmen, die die Kulisse Norddalmatiens und der Region Šibenik-Knin bildet.

Die Wasserfälle des Nationalparks Plitwitzer Seen entstanden durch Moospflanzen, die das Kalziumkarbonat des Flusswassers, das durch den Karst sprudelt, speichern. Der Park wurde von der Unesco zum Weltnaturerbe erklärt und ist gut von Zagreb oder Zadar zu erreichen. Im Frühling sind die Wasserfälle am eindrucksvollsten.

Der Nationalpark Krka umfasst eine noch weitläufigere Landschaft aus Seen und Wasserfällen. Diese werden von den Flüssen Zrmanja,

REFUGIUM FÜR JUNGE BÄREN

Im Dorf Kuterevo im nördlich gelegenen Gebirgszug Velebit liegt das Kuterevo-Refugium (www.kuterevo-medvjedi.com.hr) für junge Bären. Es wurde 2002 eingerichtet und schützt junge verwaiste Bären, die sonst leicht dem Autoverkehr, Jägern oder Wilddieben zum Opfer fallen würden. Die Trägerschaft liegt in der Hand einer Organisation, die sich Velebit Association Kuterevo (VUK) nennt und mit den Dorfbewohnern von Kuterevo zusammenarbeitet. Sie hat ein Zentrum für Baby- und Kleinbären aufgebaut.

Vom Frühling bis in den späten Herbst besteht die Möglichkeit, die Bären in ihrem Refugium zu besuchen. Jährlich kommen etwa 10 000 Besucher. Die Website ist zwar auf Kroatisch gehalten, aber E-Mails werden auf Englisch beantwortet.

Krka, Cetina und Neretva gespeist, allerdings stört das Kraftwerk Manojlovac flussaufwärts mitunter den Strom und verlangsamt ihn vor allem im Juli und August beträchtlich. Am besten betritt man den Park am Skradinski Buk, mit Kaskaden auf 800 m Länge der größte Wasserfall.

Nationalparks auf den Inseln

Die Kornaten bestehen aus 140 spärlich bewachsenen Inseln und Riffen, die sich über eine Fläche von 300 km^2 erstrecken. Die Buchten und Felsformationen machen die Inselgruppe zu einem Highlight der Adria. Ohne eigenes Boot muss man sich ab Zadar einer Reisegruppe anschließen.

Der Nordwesten der Insel Mljet wurde wegen zweier buchtenreicher, von dichter Vegetation umgebener Salzwasserseen zum Nationalpark erklärt. Die Macchie (Buschwald) ist fast nirgendwo im Mittelmeerraum so undurchdringlich und hoch wie auf Mljet, was sie zum idealen Rückzugsgebiet von Tieren macht.

Auf der Website des Umweltministeriums (www.mzopu.hr) findet man die neuesten Infos zu Entwicklungen im kroatischen Umweltschutz.

Die Brijuni-Inseln stellen den erschlossensten Nationalpark dar, da sie bereits Ende des 19. Jhs. als Touristenziel entdeckt wurden. Sie dienten Tito als paradiesisches Rückzugsgebiet und ziehen heute die Reichen und Schönen samt Personal und Yachten an. Ein Großteil der Tiere und Pflanzen wurde eingeführt, die Inseln sind jedoch wunderhübsch. Sie sind nur für eine begrenzte Besucherzahl und ausschließlich im Rahmen einer offiziellen Tour zugänglich.

Umweltprobleme

Da in Kroatien kaum Schwerindustrie vorhanden ist, blieben Wälder, Küsten, Flüsse und Luft glücklicherweise von Verschmutzung verschont. Zunehmende Investitionen in die Erschließung des Landes ziehen jedoch Umweltprobleme nach sich.

Mit dem Touristenboom ist die Nachfrage nach frischem Fisch und Meeresfrüchten sprunghaft gestiegen. Zackenbarsche, Meerbrassen und Thunfisch (für den Export) werden in immer größeren Mengen gezüchtet, was die Ökosysteme entlang der Küsten schädigt. So werden beispielsweise junge Thunfische zum Mästen gefangen, bevor sie die Geschlechtsreife erreichen und sich fortpflanzen können, was den Erhalt der in Freiheit lebenden Thunfische gefährdet.

Auch die Waldgebiete entlang der Küsten und auf den Inseln sind bedroht. Zunächst von den Venezianern für den Schiffsbau, dann von Einheimischen als Brennstoff abgeholzt, wurde den Wäldern jahrhundertelang keine große Bedeutung beigemessen. Als Folge entstand auf vielen Bergen auf den Inseln und an der Küste Ödland. Heiße Sommer und der starke *maestral* (beständiger Westwind) sorgen zudem an den Küsten für eine erhebliche Brandgefahr. In den vergangenen 20 Jahren wurden 7 % der kroatischen Wälder durch Brände vernichtet

Kunst & Kultur

Kunst und Kultur sind den Kroaten wichtig, egal, ob traditionelle Formen wie klassische Musik, Theater, Tanz und Bildende Kunst oder modernere Stile wie Pop, Rock, Elektromusik, Avantgarde- und experimentelles Theater und Tanz, Mode und gesprochenes Wort. Auch Folkmusik und traditionelles Kunsthandwerk sind sehr beliebt.

Literatur

Die kroatische Sprache entwickelte sich in den Jahrhunderten seit der großen Einwanderungswelle nach Slawonien und Dalmatien. Um die Slawen zum Christentum bekehren zu können, lernten die griechischen Missionare Kyrill und Method die Sprache, und Kyrill entwickelte eine Schrift dafür. Sie wurde später als Glagoliza bekannt. Das früheste bekannte Zeugnis, eine Inschrift an einem Benediktinerkloster auf der Insel Krk, stammt aus dem 11. Jh.

Die bekannte Schriftstellerin Dubravka Ugrešić und vier weitere Autorinnen wurden in einer kroatischen Zeitschrift als „Hexen" verunglimpft, weil sie den kroatischen Unabhängigkeitskrieg nicht mit schrankenloser Begeisterung unterstützt hatten.

Dichter & Dramatiker

In Dalmatien erlebte die kroatische Literatur ihre erste Blütezeit. Die Werke waren stark beeinflusst von der italienischen Renaissance. Die Werke des Gelehrten und Dichters Marko Marulić (1450–1524) aus Split werden im Land noch heute verehrt. Sein Stück *Judita* war das erste von einem kroatischen Schriftsteller in seiner Muttersprache verfasste Werk. Das Versepos *Osman* von Ivan Gundulić (1589–1638) feiert den polnischen Sieg über die Türken im Jahr 1621, den der Autor als Vorzeichen des Endes der osmanischen Herrschaft sah. Die Stücke von Marin Držić (1508–1567), besonders *Dundo Maroje*, sind ein Ausdruck der humanistischen Ideale der Renaissance und werden bis heute aufgeführt, vor allem in Dubrovnik.

Die wichtigste literarische Persönlichkeit nach den 1990er-Jahren war die lyrische, manchmal auch satirische Vesna Parun (1922–2010). Zwar wurde sie von der Regierung wegen ihrer „dekadenten und bourgeoisen" Lyrik oft schikaniert, doch ihre Gedichtsammlungen haben eine neue Generation erreicht, die Trost aus ihrer Vision von der Absurdität des Krieges schöpft.

Romanciers

Kroatiens zweifellos herausragender Schriftsteller ist der Romancier und Dramatiker Miroslav Krleža (1893–1981). Er war zeit seines Lebens politisch aktiv und überwarf sich 1967 im Zuge einer Schriftstellerkampagne zur Gleichberechtigung der serbischen und kroatischen Sprache mit Tito. In seinen Werken beschäftigt sich der Autor mit den Problemen des gesellschaftlichen Wandels in seiner Heimat. Zu seinen bekanntesten Romanen zählen *Die Rückkehr des Philio Latinovicz* (1932) und *Zastave* (1963–1965; „Die Fahnen"), eine mehrbändige Saga über das Leben einer kroatischen Mittelschichtfamilie um das Jahr 1900.

Ivan Gundulić (1589–1638) aus Ragusa (Dubrovnik) gilt allgemein als der bedeutendste kroatische Dichter.

Auch Ivo Andrić (1892–1975) muss bei der Aufzählung hier unbedingt erwähnt werden. Er gewann 1961 den Literatur-Nobelpreis für seine bosnische historische Trilogie *Die Brücke über die Drina*, *Wesire und Konsuln* und *Das Fräulein*. Der als katholischer Kroate in Bosnien geborene Schriftsteller schrieb auf Serbisch und lebte in Belgrad, sah sich jedoch selbst als Jugoslawen.

Mirisi, zlato i tamjan („Gold, Weihrauch und Myrrhe") von Slobodan Novak wurde erstmals 1968 in Jugoslawien veröffentlicht. Der Roman spielt auf der Insel Rab, wo eine uralte Madonna im Sterben liegt. Ihr Pfleger, der Erzähler, sinniert über Leben, Liebe, Staat, Religion und Erinnerung. Das Buch gilt unter Literaturwissenschaftlern als eines der Schlüsselwerke der Literatur des 20. Jhs.

Vedrana Rudans Roman *Uho, grlo, nož* („Ohr, Hals, Messer") aus dem Jahr 2004 ist ein hervorragendes Beispiel für die Kraftausdrücke und kontroversen antipatriarchalischen Themen, die in der kroatischen Literaturszene oft Staub aufwirbeln.

ZEITGENÖSSISCHE SCHRIFTSTELLER

Einige Schriftsteller der Gegenwart wurden stark von den Auswirkungen der kroatischen Unabhängigkeit geprägt. Die Journalistin Alenka Mirković schrieb einen eindrucksvollen Roman über die Belagerung Vukovars. Goran Tribuson nutzt die Form des Thrillers, um Veränderungen in der kroatischen Gesellschaft nach dem Krieg zu untersuchen. Pavao Pavličić widmet sich in seinem Detektivroman *Zaborav* den Problemen des kollektiven historischen Gedächtnisses. Die Arbeiten des in den USA lebenden Schriftstellers Josip Novakovich entspringen der nostalgischen Sehnsucht nach seiner kroatischen Heimat. Sein berühmtester Roman *Die schwierige Sache mit dem Glück* aus dem Jahr 2004 ist eine absurde und düstere Abrechnung mit den jüngsten Kriegen, die in der Region wüteten. Eine andere bemerkenswerte Schriftstellerin ist Slavenka Drakulić. Ihre Bücher sind oft politisch und soziologisch provokant, zudem sind sie immer witzig und intelligent. Besonders empfehlenswert ist die Lektüre des 1996 erschienenen *Café Paradies oder die Sehnsucht nach Europa*.

Die in den Niederlanden im selbst gewählten Exil lebende Schriftstellerin Dubravka Ugrešić wird in Kroatien kontrovers gesehen, im Ausland sind ihre Werke allerdings geschätzt. Ihre bekanntesten Romane sind *Die Kultur der Lüge von 1996* und *Das Ministerium der Schmerzen* aus dem Jahr 2004. 2005 veröffentlichte die Autorin das Werk Keiner zu Hause, eine Sammlung von Geschichten und Essays über ihre Reisen in Europa sowie in den USA und das Verhältnis zwischen Ost und West.

Eine gute Einführung in die zeitgenössische kroatische Literatur bietet die von Tony White, Borivoj Radaković und Matt Thorne herausgegebene Anthologie *Croatian Nights* (2005; auf Englisch). In der hervorragenden Sammlung von 19 Kurzgeschichten sind sowohl beliebte kroatische als auch britische Autoren vertreten.

Der in Serbien geborene, aber in Kroatien lebende Miljenko Jergović ist ein witziger, scharfzüngiger Schriftsteller, dessen Kurzgeschichtenbände *Sarajevo Marlboro* (1994) und *Mama Leone* (1999) auf eindrucksvolle Weise die gesellschaftliche Atmosphäre im Jugoslawien der Vorkriegsjahre einfangen.

Kino

Das jugoslawische Kino wurde von serbischen Regisseuren dominiert, doch auch Kroatien brachte zwei wichtige Filmschaffende hervor: Krešo Golik (1922–1998), der bei beliebten Komödien Regie führte, z. B. *Plavi 9* (1950; „Die blaue 9") und *Tko pjeva zlo ne misli* (1970; „Böse Menschen haben keine Lieder"), und Branko Bauer (geb. 1921), der Thriller, Kriegsdramen und Abenteuerfilme drehte. Kroatische Filmemacher glänzten eher beim experimentellen und „intellektuellen" Kino, dem allerdings meist kein großes Publikum beschieden war. Zu den bekanntesten Vertretern zählen Branko Babaja, Zvonimir Berković, Lordan Zafranović und Vatroslav Mimica.

Unter Franjo Tuđmans Herrschaft geriet das Kino des jungen Landes in eine Krise, und die 1990er-Jahre gelten als Tiefpunkt in der Geschichte des kroatischen Films seit dem Zweiten Weltkrieg.

Zu den bemerkenswerten Persönlichkeiten des jüngeren kroatischen Kinos gehören Vinko Brešan (geb. 1964) und Goran Rušinović (geb. 1968). Brešans Filme *Kako je počeo rat na mom otoku* (1996; „Wie der Krieg auf meiner Insel begann") und *Marschall Titos Geist* (1999) waren beim kroatischen Publikum außerordentlich erfolgreich. *Mondo Bobo* (1997) von Rušinović ist ein stilvoller Schwarz-Weiß-Krimi, der von den Filmen Jim Jarmuschs und Shinya Tsukamotos beeinflusst ist; er war der erste unabhängig produzierte Spielfilm, der in Kroatien entstand.

Schöne tote Mädchen (2002) von Dalibor Matanić war ein beliebter Thriller und *Karaula* (2006) von Rajko Grlić ist eine herrliche Komödie über die ehemalige jugoslawische Volksarmee.

Musik

Folkmusik

Kroatien hat viele gute klassische Musiker und Komponisten hervorgebracht, doch sein originellster Beitrag zur Welt der Musik ist die reiche Tradition der Folkmusik. In ihr spiegeln sich zahlreiche Einflüsse wider, die teilweise bis ins Mittelalter zurückreichen, als die Ungarn und die Venezianer um die Vorherrschaft über das Land kämpften. Der bekannte Komponist Joseph Haydn (1732–1809) wurde in Österreich in der Nähe einer kroatischen Enklave geboren und seine Musik war stark von kroatischen Volksliedern beeinflusst.

Das in der kroatischen Folkmusik am häufigsten vorkommende Instrument ist die *tamburica*, ein Zupfinstrument mit drei oder fünf Seiten, das gezupft oder geschlagen wird. Sie kam im 17. Jh. mit den Türken ins Land, verbreitete sich rasch in Ostslawonien und wurde später zu einem Symbol des kroatischen Nationalbewusstseins. Auch in der jugoslawischen Ära wurde die *tamburica* weiter auf Hochzeiten und bei regionalen Festivals gespielt. Die Vokalmusik wird von der Tradition der *klapa* geprägt, deren Wurzeln im kirchlichen Chorgesang liegen. Wörtlich bedeutet *klapa* „Gruppe von Leuten". Beliebt ist die Musik in Dalmatien, vor allem in Split. Bis zu zehn Sänger singen gemeinsam mehrstimmige Lieder über Liebe, Leid und Verlust. Die Chöre sind traditionell reine Männerchöre, inzwischen singen auch immer öfter Frauen mit. Es gibt aber nur sehr wenige gemischte Chöre.

Eine andere beliebte Richtung der Folkmusik, die stark vom benachbarten Ungarn beeinflusst ist, stammt aus der Region Međimurje im Nordosten Kroatiens. Das dominierende Instrument ist dabei die *citura* (Zither). Die Lieder sind langsam und melancholisch und handeln häufig von Liebeskummer. Neue Künstler wie Lidija Bajuk und Dunja Knebl hauchten diesem traditionellen Genre frisches Leben ein. Beide Sängerinnen haben viel für die Erneuerung dieser Musik getan und sich dabei eine große Fangemeinde erworben.

ROOTS-MUSIK

Über die kroatische Rootsmusik, darunter auch die aktuellen Namen der gegenwärtigen Szene, informiert www.croatianrootsmusic.com.

EMPFOHLENE FOLKLOREAUFNAHMEN

» *Croatie: Music of Long Ago* ist ein guter Einstieg, denn es umfasst die ganze Bandbreite kroatischer Musik.

» *Lijepa naša tamburaša* ist eine Sammlung slawonischer Gesänge, die normalerweise von der *tamburica* (einem drei- oder fünfseitigen Zupfinstrument) begleitet werden.

» *Omiš 1967–75* bietet einen Überblick über die klapa-Musik, die aus den Kirchenchören hervorgegangen ist.

» *Pripovid O Dalmaciji* In dieser hervorragenden Sammlung von *klapas* wird der Einfluss des Kirchengesangs besonders deutlich.

FOLKLORETÄNZE

Ein typischer Folkloretanz ist der *drmeš*, eine Art schnelle Polka, die von Paaren in kleinen Gruppen getanzt wird. Beim lebhaften slawischen Kreistanz *kolo* wechseln sich Männer und Frauen ab, begleitet wird er von Geigern im Stil der Roma. In Dalmatien tanzt man auch die *poskočica*, bei der die Paare unterschiedliche Figuren bilden. Die kroatischen traditionellen Tänze bleiben ebenso wie die Folkmusik durch regionale und nationale Festivals lebendig. Das beste ist das Internationale Folklorefestival in Zagreb, das im Juli stattfindet. Wer es verpasst, sollte sich nicht ärgern, denn Musik- und Tanzgruppen gehen im Sommer auf Tournee und treten in vielen Städten an der Küste und im Landesinneren auf. Die Touristeninformationen vor Ort können Auskunft über die Termine geben.

CSARDAS BLUES

Originell ist die Musik von Miroslav Evačić (www.miroslavevacic.com). Er verbindet Blues mit althergebrachten Elementen der ungarischen Tradition zu einer Mischform, die er „Csardas-Blues" nennt.

Pop, Rock & alles andere

In der kroatischen Pop- und Rockszene wimmelt es von einheimischen Talenten. Eine der beliebtesten Bands ist Hladno Pivo („Kaltes Bier"), die energiegeladenen Punk mit witzigen, politisch aufgeladenen Texten spielt. Die Indie-Rock-Band Pips, Chips & Videoclips hatte ihren Durchbruch mit der Single „Dinamo ja te volim" („Dinamo, ich liebe dich"), die auf Tuđmans Versuch anspielt, das Zagreber Fußballteam umzubenennen. Seitdem blieb ihre Musik aber relativ unpolitisch. Vještice („Die Hexen"), eine Zagreber Band, mixt südafrikanischen Jive mit Folk aus Međimurje und Punkrock.

Die Gruppe Gustafi singt im istrischen Dialekt und kombiniert dabei gekonnt amerikanischen Folkrock mit kroatischer Folklore. Die wunderbar verrückten Let 3 aus Rijeka sind berühmt-berüchtigt für ihre schräge Musik und ihre Liveauftritte, bei denen die Musiker öfter mal nackt auftauchen, nur mit einem Korken im Hinterteil bekleidet (doch, wirklich). TBF (The Beat Fleet) ist Splits Antwort auf den Hip-Hop. Im örtlichen Slang singt die Band über aktuelle Alltagsthemen, Familienprobleme, Liebeskummer und Glück. Ein anderer origineller Musiker ist der Hip-Hop-Sänger Edo Maajka, der in Bosnien geboren wurde, aber heute in Kroatien lebt.

Die Kombination von Jazz und Pop mit Folkmelodien ist in Kroatien seit geraumer Zeit beliebt. Zu den populärsten Künstlern dieser Szene zählen die talentierte Tamara Obrovac aus Istrien, die in einem heute nicht mehr gesprochenen altistrischen Dialekt singt, und Mojmir Novaković, der frühere Sänger der beliebten Band Legen.

Kroatiens umstrittene Popkönigin ist Severina. Bekannt ist sie nicht nur wegen ihrer Musik, sondern auch wegen ihres tollen Aussehens und ihres ereignisreichen Privatlebens, ein gefundenes Fressen für die Klatschspalten der Boulevardpresse. Ein anderer im Land verehrter Sänger ist Gibonni, der in der Tradition des legendären Schnulzensängers Oliver Dragojević steht. Severina, Gibonni und Dragojević stammen übrigens alle drei aus Split.

Afion ist eine progressive Folkgruppe aus Zagreb, die in ihren Akustik-Konzerten traditionelle Volkslieder aus Kroatien, Makedonien und Bosnien (und gelegentlich auch kosovarische und armenische Klänge) mit einem jazzigen Grundton, Einflüssen der Weltmusik und großartigem Gesang verbindet.

Wenn es etwas gibt, das die zerstrittenen ehemaligen jugoslawischen Republiken eint, dann ist es die Musik. Der Bosnier Goran Bregović arbeitete mehrmals mit dem serbischen Regisseur Emir Kusturica zusammen, das Ergebnis waren einige bemerkenswerte Filmmusiken, die in der ganzen Region geliebt werden.

Malerei & Bildhauerei

Im 15. Jh. schuf der Maler Vincent aus Kastav in Istrien schöne Kirchenfresken. In der kleinen Kirche Maria im Fels bei Beram sind seine Arbeiten zu sehen, am bemerkenswertesten ist der *Totentanz*. Ein anderer wichtiger istrischer Maler des 15. Jhs. war Ivan aus Kastav, er hinterließ Fresken in ganz Istrien, die meisten aber im slowenischen Teil. Viele in Dalmatien geborene Künstler waren vom italienischen Renaissancestil geprägt, den sie wiederum ihrerseits beeinflussten. Die Bildhauer Lucijan Vranjanin und Frano Laurana, der Miniaturenmaler Julije Klović und der Maler Andrija Medulić verließen Dalmatien, als die Region im 15. Jh. von den Osmanen bedroht wurde, und arbeiteten in Italien. Ihre Werke sind in Museen in London, Paris und Florenz ausgestellt, während in Kroatien leider nur noch ein kleiner Teil zu sehen ist.

Vlaho Bukovac (1855–1922) war der bemerkenswerteste kroatische Maler des späten 19. Jhs. Nachdem er in London und Paris tätig gewesen war, kam er 1892 nach Zagreb und schuf dort Porträts und historische Gemälde, die sich durch einen lebendigen Stil auszeichnen. Zu den wichtigen Malern des frühen 20. Jhs. gehören Miroslav Kraljević (1885–1913) und Josip Račić (1885–1908). Die größte internationale Anerkennung fand jedoch der Bildhauer Ivan Meštrović (1883–1962), der viele Meisterstücke zu kroatischen Themen schuf. Auch Antun Augustinčić (1900–1979) war ein weltweit geachteter Bildhauer, sein Reiterstandbild *Frieden* steht vor dem Eingang des UN-Gebäudes in New York. Ein kleines Museum in Klanjec nördlich von Zagreb zeigt einige seiner Werke.

Naive Kunst

Nach dem Zweiten Weltkrieg experimentierten viele Künstler mit dem abstrakten Expressionismus. Die größte Bekanntheit erlangte in dieser Periode jedoch die naive Kunst, die 1931 mit einer Ausstellung des Künstlervereins Zemlja („Erde") in Zagreb ihren Anfang nahm. Sie präsentierte der Öffentlichkeit erstmals Arbeiten von Ivan Generalić (1914–92) und anderen malenden Bauern. Generalić hatte sich der Idee einer Kunst verschrieben, die leicht verständlich war und von den einfachen Menschen geschätzt wurde. Die Maler Franjo Mraz (1910–81) und Mirko Virius (1889–1943) sowie der Bildhauer Petar Smajić (1910–1985) schlossen sich ihm an und kämpften gemeinsam für die Akzeptanz und Anerkennung naiver Kunst.

Abstrakte Kunst

Nach dem Zweiten Weltkrieg fand die abstrakte Kunst Eingang in die Kunstszene. Der gefeiertste moderne Maler Kroatiens ist Edo Murtić (1921–2005), der sich von den Landschaften Dalmatiens und Istriens inspirieren ließ. 1959 gründeten Marijan Jevšovar (1922–88), Ivan Kožarić (geb. 1921) und Julije Knifer (1921–2004) die Gruppe Gorgona, die die Grenzen der abstrakten Kunst erweiterte. Namhafte und hoch angesehene Künstler waren die Dubrovniker Maler Đuro Pulitika (1922–2006), der für seine farbenfrohen Landschaftsbilder bekannt ist, Antun Masle (1919–1967) und Ivo Dulčić (1916–1975).

Der berühmteste moderne Maler Kroatiens ist Edo Murtić

Zeitgenössische Kunst

Aus dem avantgardistischen Trend der Nachkriegszeit entwickelten sich die Installationskunst, der Minimalismus und die Konzept- und Videokunst. Zu den interessantesten kroatischen Künstlern der Gegenwart zählen Lovro Artuković (geb. 1959), dessen äußerst realistischer Stil mit seinen surrealen Sujets kontrastiert, sowie die Videokünstler Sanja Iveković (geb. 1949) und Dalibor Martinis (geb. 1947). Die Multimediaarbeiten von Andreja Kulunčić (geb. 1968), die Installationen von Sandra Sterle (geb. 1965) und die Videokunst der in Paris lebenden Renata Poljak (geb. 1974) erregen ebenfalls internationale Aufmerksamkeit. Die Performances, Installationen und Videoarbeiten des aus Dubrovnik stammenden Künstlers Slaven Tolj (geb. 1964) fanden internationale Anerkennung. Die Fotografin Lana Šlezić (geb. 1973) lebt in Toronto, doch viele ihrer hervorragenden Bilder sind in Kroatien entstanden.

Die Galerie Moderner Kunst in Zagreb bietet einen ausgezeichneten Überblick über die kroatische Kunst der letzten 200 Jahre. Außerdem zeigen in Zagreb mehrere unabhängige Galerien Ausstellungen einheimischer Künstler.

Praktische Informationen

Allgemeine Informationen

Aktivitäten

Adriatic Croatia International Club (www.aci-club.hr) Verwaltet 21 Yachthäfen an der Küste.

Association of Nautical Tourism (Udruženje Nautičkog Turizma; ☎051 209 147; www.croatiacharter.com; Bulevar Oslobođenja 23, Rijeka) Vertritt alle kroatischen Yachthäfen.

Cro Challenge (www.crochallenge.com) Verband für Extremsport.

Croatian Aeronautical Federation (www.caf.hr) Fallschirmspringerclub.

Croatian Association of Diving Tourism (www.croprodive.info)

Croatian Diving Federation (www.diving-hrs.hr)

Croatian Mountaineering Association (www.plsavez.hr) Informationen zu Fels- und Höhlenklettern sowie (Berg-)Wandern.

Huck Finn (www.huck-finn.hr) Hat sich auf Abenteuerreisen spezialisiert und veranstaltet die gesamte Bandbreite spannendster Touren in ganz Kroatien: Kajakfahren auf Meer und Fluss, Rafting, Kanufahren, Höhlenklettern, Radfahren, Angeln, Wandern und Segeln.

NGO Bicikl (www.bicikl.hr) Informationen zu Radtouren.

Outdoor (www.outdoor.hr) Abenteuerreisen.

Pedala (www.pedala.com.hr) Informationen zu Radtouren.

Pro Diving Croatia (www.diving.hr)

Riverfree (www.riverfree.hr) Rafting- und Kanuclub.

Botschaften & Konsulate in Zagreb

Deutschland (☎01-61 58 100; Ulica Grada Vukovara 64)

Niederlande (☎01-46 42 200; Medvešćak 56)

Österreich (☎01-48 810 50; Jabukovac 39)

Schweiz(☎01-48 788 00; Bogoviceva 3)

Ermäßigungen

In den meisten Museen, Galerien und Theatern sowie bei Festivals gibt es für Studenten Ermäßigungen von bis zu 50 %. Informationen zu Jugendreisen und zu den unten aufgeführten Karten gibt die Reiseabteilung des **Kroatisches Jugendherbergswerk** (☎01-48 29 291; www.hfhs.hr; Savska 5/1, Zagreb).

» Am besten hat man einen Internationalen Studentenausweis (ISIC) dabei.

» Nichtstudierende unter 26 Jahren können eine Internationale Jugendreisekarte (IYTC) bekommen.

» Kroatien ist Mitglied der **European Youth Card Association** (www.euro26.hr), auf deren Karten Preisnachlässe in Geschäften, Restaurants und Bibliotheken gewährt werden. Die Karte kann an etwa 1400 Sehenswürdigkeiten in Kroatien eingesetzt werden.

Essen

Genaue Informationen finden sich im entsprechenden Kapitel (S. 327).

Die folgenden Preise beziehen sich auf ein normales Hauptgericht.

€	weniger als 70 Kn
€€	70–120 Kn
€€€	mehr als 120 Kn

Feiertage

Kroaten nehmen ihre Feiertage sehr ernst. Kaufhäuser und Museen sind dann geschlossen, Fährdienste werden eingeschränkt. An religiösen Feiertagen sind die Kirchen gut besucht, was eine gute Gelegenheit bietet, die Kunstwerke innerhalb der sonst meist geschlossenen Gotteshäuser zu würdigen.

Feiertage in Kroatien:

» **Neujahrstag** 1. Januar

» **Epiphanie (Dreikönigstag)** 6. Januar

» **Ostermontag** März/April

» **Tag der Arbeit** 1. Mai

» **Fronleichnam** Mai/Juni

» **Tag des antifaschistischen Widerstands** 22. Juni; erinnert an den Beginn des Widerstands der Partisanen 1941

» **Tag der Staatsgründung** 25. Juni
» **Erntedankfest** 5. August
» **Mariä Himmelfahrt** 15. August
» **Tag der Unabhängigkeit** 8. Oktober
» **Allerheiligen** 1. November
» **Weihnachten** 25. & 26. Dezember

Fotos

» Fotogeschäfte und Souvenirläden verkaufen immer noch Farbfilme von Kodak oder Fuji. Allerdings sind diese in Kroatien sehr teuer, deshalb sollte man lieber welche mitbringen.

» Die gängige Größe für Abzüge ist in Kroatien 9 cm mal 13 cm.

» Digitalbilder kann man in Zagreb und anderen großen Städten ausdrucken, APS-Filme werden nur noch an wenigen Stellen entwickelt.

» Fotoentwicklung innerhalb einer Stunde ist selten.

» Diafilme bekommt man überwiegend in größeren Städten und den bekannten Touristenzentren.

» Militärische Anlagen dürfen nicht fotografiert werden. Auch mit heimlichen Nacktfotos an einem FKK-Strand macht man sich äußerst unbeliebt.

PRAKTISCH & KONKRET

» **Zeitungen und Magazine** Landesweite verbreitete Zeitungen sind *Večernji List*, *Jutarnji List*, *Slobodna Dalmacija* und die *Feral Tribune*. Die beliebteste Wochenzeitung ist *Globus*.

» **Radio** Der beliebteste Radiosender ist Narodni Radio, der ausschließlich kroatische Musik sendet. An zweiter Stelle folgen Antena Zagreb und Otvoreni Radio. Der kroatische Rundfunk sendet täglich um 20.05 Uhr auf den Frequenzen FM 88,9, 91,3 und 99,3 englischsprachige Nachrichten. Während der Sommersaison gibt es im zweiten Programm des Kroatischen Rundfunks (98,5 MHz Nordwestkroatien und Küstengebiet Dubrovnik, 105,3 MHz Istrien, 96,1 MHz Split, 98,9 MHz Küstengebiet Makarska, 93,3 MHz Gorski Kotar) außer den regelmäßigen Nachrichten und Berichten des Kroatischen Autoklubs (HAK) in kroatischer Sprache Informationen in Englisch und Deutsch. Im selben Zeitraum werden im Sommer im Zweiten Programm des Kroatischen Rundfunks stündlich Nachrichten aus den Studios des dritten Programms des Österreichischen Rundfunks in Deutsch und des Absolut Rundfunks in Englisch sowie aus dem internationalen Programm des Kroatischen Rundfunks – Glas Hrvatske – gesendet. Letztere sind ebenfalls in Englisch und Deutsch gehalten.

» **Trinkgeld** Rechnungen enthalten ein Bedienungsgeld, aber es ist dennoch üblich, die Rechnungssumme aufzurunden.

» **Strom** Stromversorgung: 220V, 50Hz. Verwendet wird der normale runde Euro-Stecker.

» **Maße und Gewichte** In Kroatien gilt das metrische System.

» **Fernsehen und Video** Das Videosystem ist PAL.

Frauen unterwegs

Für Frauen ist es in Kroatien eher ungefährlich. Zwar kommt es in großen Küstenstädten gelegentlich vor, dass alleinreisende Frauen belästigt oder verfolgt werden, doch das ist eher die Ausnahme.

Vorsicht bei Verabredungen mit unbekannten Männern. Anzeigen wegen Vergewaltigungen bei einem solchen Date werden von den Behörden nicht besonders ernst genommen.

Sonnenbaden „oben ohne" wird zwar geduldet, aber am besten sucht man dazu einen der vielen offiziellen FKK-Strände auf.

Freiwillgenarbeit

Für kurze Freiwilligenprogramme sollte man das **Gänsegeierzentrum** (☎840 525; www.supovi.hr; Beli 4; Erw./erm. 50/25 Kn; ⏲9–20 Uhr, Nov.–März geschl.) in Beli auf der Insel Cres, das **Bärenrefugium Kuterevo** (S. 340) am Velebit-Gebirgsmassiv bei Šibenik und das **Lošinj Marine Education Centre** (www.blue-world.org; Kaštel 24; Erw./erm.15/10 Kn; ⏲Juli & Aug. 9–13 & 18–22 Uhr, Juni & Sept 9–13 & 18–20 Uhr, in den restlichen Monaten des Jahres 10–16 Uhr) auf der Insel Lošinj in Betracht ziehen.

Geld

Kroatien verwendet als Zahlungsmittel die Kuna (Kn). Diese kursiert als Banknoten im Wert von 500, 200, 100, 50, 20, 10 und 5 Kuna, auf denen Bilder kroatischer Nationalhelden wie Stjepan Radić und Ban Josip Jelačić prangen. Eine Kuna entspricht 100 Lipa. Es gibt silberfarbene Münzen zu 50 und 20 Lipa sowie bronzefarbene Münzen zu 10 Lipa.

» Die Kuna unterliegt einem festen Wechselkurs, der an den Euro gekoppelt ist. Um die Devisenreserven zu steigern, erhöht die kroatische Regierung den Kurs im Sommer, wenn die Touristen ins Land strömen

» Am günstigsten ist der Tausch zwischen Mitte September und Mitte Juni. Ansonsten schwankt der Wechselkurs von Jahr zu Jahr nur wenig.

» Preise für internationale Fähren werden in Euro angegeben, obwohl man in Kuna bezahlt.

»

Geldautomaten

Geldautomaten findet man fast überall in Kroatien. Akzeptiert werden Karten von Cirrus, Plus, Diners Club und Maestro.

» Bei der Privredna Banka sind Barauszahlungen auch mit American-Express-Karten möglich.

» Viele Automaten nehmen zwar auch Kreditkarten an, aber man zahlt sofort Zinsen auf den Betrag und oft sehr hohe Gebühren.

» In den Postämtern kann man mit MasterCard oder Cirrus Bargeld abheben, häufig auch schon mit den Karten von Diners Club.

Geldwechsel

Geld wechseln kann man in Kroatien an zahlreichen Stellen und zu relativ ähnlichen Kursen. Adressen erfährt man bei den Touristeninformationen oder in Reisebüros.

» Postämter wechseln Geld und haben lange auf.

» Fast überall wird für den Umtausch eine Gebühr von 1 bis 1,5 % berechnet.

» Reiseschecks werden nur in Banken eingelöst.

» Kuna kann man nur bei Banken gegen Vorlage eines Belegs in westliche Währungen zurücktauschen.

» Ungarische Forint lassen sich in Kroatien nur schwer umtauschen.

» In Restaurants kann man in Euro bezahlen, aber meist ist der Wechselkurs ungünstig.

» Auch Unterkünfte akzeptieren häufig Euro.

Kreditkarten

Kreditkarten (Visa, Diners Club, MasterCard, American Express) werden in fast allen Hotels akzeptiert, aber so gut wie niemals in Privatunterkünften. Auch kleinere Restaurants und Läden akzeptieren normalerweise keine Karten.

Die Besitzer von American-Express-Karten können sich an Atlas-Reisebüros in Dubrovnik, Opatija, Pula, Poreč, Split, Zadar und in der Hauptstadt Zagreb wenden und dort den vollen Service in Anspruch nehmen. Auch die Privredna-Bankfilialen bieten den üblichen Service für Kunden von American Express.

Hier die Websites der wichtigsten Kreditkartenanbieter in Kroatien: American Express (www.americanexpress.hr), Diners Club (www.diners.com.hr), Eurocard/MasterCard (www.zaba.hr) und Visa (www.splitskabanka.hr).

Steuern & Erstattungen

Urlauber, die in einem Geschäft mehr als 740 Kn ausgeben, haben Anspruch auf Rückerstattung der Mehrwertsteuer, die 22 % des Kaufpreises beträgt. Dafür muss der Geschäftsinhaber ein Formular ausstellen, das man dann bei der Ausreise beim Zoll vorlegt. Von zu Hause schickt man innerhalb von sechs Monaten eine abgestempelte Kopie an das betreffende Geschäft in Kroatien, das den Betrag anschließend der Kreditkarte gutschreiben lässt.

Es gibt auch einen Service namens Global Refund System, bei dem schon am Flughafen der Betrag bar auszahlt wird. Auch einige Postämter bieten diesen Service an, etwa in Zagreb, Osijek, Dubrovnik, Split und Rijeka, Pula und anderen Städten. Weitere Infos unter www.posta.hr.

Gesundheit

» Die medizinische Versorgung in Kroatien ist gut. Apotheker können gute Tipps geben und bei kleineren Erkrankungen nicht rezeptpflichtige Medikamente verkaufen.

» Der medizinische Standard in den Zahnarztpraxen des Landes ist hoch, trotzdem sollte man vor einer längeren Reise seine Zähne vorher zu Hause checken lassen.

» Spezielle Gesundheitsprobleme:Enzephalitis, eine lebensgefährliche Hirnhautentzündung, wird durch Zeckenbisse übertragen. Wer in Risikogebiete reist oder sich wie Camper und Wanderer nur schwer vor Zeckenbissen schützen kann, sollte sich impfen lassen. Zwei Impfungen schützen für ein Jahr, drei halten bis zu drei Jahre lang.

» Hitzeerschöpfung entsteht durch zu großen Flüssigkeitsverlust und ungenügende Zufuhr von Flüssigkeit und Salzen. Zu den Symptomen zählen Kopfschmerzen, Schwindel und Müdigkeit.

» Dehydrierung: Man ist schon dehydriert, wenn man Durst verspürt – daher sollte man immer genügend Wasser trinken, allein schon aus Gründen der Vorbeugung. Um Hitzeerschöpfung zu behandeln, muss der Flüssigkeitsverlust durch Trinken von Wasser oder Fruchtsaft ausgeglichen werden, außerdem sollte der Körper mit kaltem Wasser und Frischluft gekühlt werden. Gegen den Salz verlust helfen salzhaltige Suppen oder die Zugabe von etwas Speisesalz in das Getränk.Ein Hitzschlag ist wesentlich gefährlicher und kann tödlich ausgehen. Kennzeichen sind Verwirrtheit, hyperaktives Verhalten und schließlich Bewusstlosigkeit. Man sollte den Körper des Betroffenen schnell kühlen, indem man ihn mit Wasser bespritzt und Luft zufächelt. Die intravenöse Zufuhr von

Flüssigkeit und Elektrolyten ist dringend zu empfehlen.

» An felsigen Stränden sollte man auf Seeigel achten. Olivenöl hilft, ihre Nadeln aus der Haut zu lösen. Wenn man sie nicht entfernt, besteht Infektionsgefahr. Am besten trägt man Gummischuhe, wenn man beim Baden über Felsen klettert.Schlangenbisse vermeidet man, indem man nicht barfuß geht und nicht in kleine Höhlen oder Löcher greift. Nur in der Hälfte der Fälle wird bei Schlangenbissen tatsächlich Gift injiziert. Wichtig: Bei einem Biss nicht gleich in Panik geraten. Das verletzte Körperteil stellt man wie bei einer Verstauchung mit einem Stab (ggf. einer Stange) und einer festen Bandage ruhig. Allerdings sollte man keinen Druckverband anlegen und die Bisswunde auch nicht durch Einschnitte vergrößern oder aussaugen. Am besten so schnell wie möglich einen Arzt benachrichtigen, damit nötigenfalls ein Gegengift verabreicht werden kann.

Karten & Stadtpläne

Im RV Verlag erschien die Karte *Slowenien, Nordkroatien, Istrien, Nationalpark Plitvice im Maßstab 1:300 000*. Von Freytag & Berndt sind eine Reihe von Länder-, Regional- und Stadtkarten erhältlich. Empfehlenswert ist auch die Karte Kroatische Küste/Istrien/Dalmatien (1:250 000) von GeoCenter. Außerdem sinnvoll: Hrvatska, Slovenija, Bosna i Hercegovina (1:600 000) von Naklada Naprijed aus Zagreb.

» Regionale Touristeninformationen bieten häufig gute regionale Autokarten mit dem aktuellen Straßenverlauf an.

» Außer für Zagreb, Split, Zadar, Rijeka und Dubrovnik gibt es leider nur wenige gute Stadtpläne.

» Hilfreich sind die von den örtlichen Touristenbüros herausgegebenen Karten.

Internetzugang

» Die Nutzung des Internets in entsprechenden Cafés kostet um die 30 Kn pro Stunde.

» Die Touristenbüros haben in der Regel die aktuellsten Informationen über Internetzugänge am jeweiligen Ort.

» In kleineren Städten kann es durchaus geschehen, dass man bei höflicher Anfrage auch auf den Computern der Touristeninformationenkurz seine E-Mails abrufen darf.

» Öffentliche Büchereien haben in der Regel Internetzugang, aber ihre Öffnungszeiten sind nur begrenzt.

» Bessere Hotels und Businesshotels haben fast immer WLAN-Angebote; teilweise werden dafür aber auch Gebühren erhoben. Einige private Pensionen bieten ebenfalls WLAN, aber darauf kann man sich nicht hundertprozentig verlassen.

Karten & StadtpläneIm RV Verlag erschien die Karte *Slowenien, Nordkroatien, Istrien, Nationalpark Plitvice* im Maßstab 1:300 000. Von Freytag & Berndt sind eine Reihe von Länder-, Regional- und Stadtkarten erhältlich. Empfehlenswert ist auch die Karte *Kroatische Küste/ Istrien/Dalmatien* (1:250 000) von GeoCenter. Außerdem sinnvoll: *Hrvatska, Slovenija, Bosna i Hercegovina* (1:600 000) von Naklada Naprijed aus Zagreb.

» Regionale Touristeninformationen bieten häufig gute regionale Autokarten mit dem aktuellen Straßenverlauf an.

» Außer für Zagreb, Split, Zadar, Rijeka und Dubrovnik gibt es leider nur wenige gute Stadtpläne.

» Hilfreich sind die von den örtlichen Touristenbüros herausgegebenen Karten.

Öffnungszeiten

Kroaten sind Frühaufsteher – schon morgens um 7 Uhr sind die Straßen voller Menschen, und viele Läden und Bars haben geöffnet. An der Küste geht es etwas lässiger zu – dort schließen Läden und Büros um die Mittagszeit und öffnen erst um 16 Uhr wieder.

» Offizielle Öffnungszeiten sind montags bis freitags von 8 bis 16 oder von 9 bis 17 Uhr, samstags von 9 bis 14 Uhr.

» Banken haben in der Regel länger geöffnet, an Wochentagen von 8 oder 9 bis 19 Uhr, samstags wie andere Geschäfte.

» Postämter öffnen an Wochentagen von 7.30 bis 19 Uhr, samstags von 8 bis 12 Uhr. In Küstenstädten haben sie im Sommer länger auf.

» Viele Geschäfte öffnen wochentags von 8 bis 20 Uhr und samstags bis 14 oder 15 Uhr. Einkaufszentren haben länger auf.

» Supermärkte sind montags bis freitags von 8 bis 20 Uhr geöffnet. Samstags schließen einige schon um 14 Uhr, andere erst um 20 Uhr. Im Sommer haben einige Supermärkte auch sonntags auf.

» Die Restaurants sind lang, fast durchgehend offen, meist von mittags bis 23 Uhr, außerhalb der Hauptsaison sind sie am Sonntag geschlossen. Cafés sind von 10 Uhr bis Mitternacht, Bars von 9 Uhr bis Mitternacht geöffnet.

» In Zagreb und Split sind Diskos und Nachtclubs ganzjährig zugänglich, an der Küste dagegen sind viele Etablissements nur im Sommer geöffnet. Auch Internetcafés haben normalerweise lange Öffnungszeiten – meist sieben Tage pro Woche.

» In der Hochsaison sind die Reisebüros der Küstenorte täglich von 8 oder 9 bis 21 oder 22 Uhr geöffnet, außerhalb der Saison kürzer.

Im Landesinneren haben die meisten reguläre Öffnungszeiten.

Rechtsfragen

Obwohl Ärger mit der Polizei recht unwahrscheinlich ist, sollte man sicherheitshalber stets den Reisepass oder Personalausweis bei sich tragen. Im Fall einer Verhaftung besteht Anspruch darauf, die eigene Botschaft oder ein zuständiges Konsulat zu kontaktieren. Das Konsulat kann auch kroatische Anwälte vermitteln, zahlen muss man dafür aber selbst.

Reisen mit Behinderung

Behinderten wird in Kroatien heute mehr Aufmerksamkeit geschenkt als früher.

» So sind beispielsweise Toiletten an Busbahnhöfen, in Bahnhöfen, Flughäfen und öffentlichen Einrichtungen in der Regel für Rollstuhlfahrer zugänglich.

» Das gilt auch für die großen Hotels, jedoch nicht für Privatunterkünfte.

» Die Bahn- und Busbahnhöfe in Zagreb, Zadar, Rijeka, Split und Dubrovnik sind rollstuhlgerecht eingerichtet, nicht jedoch die Jadrolinija-Fähren.

Weitere Infos bei: **Hrvatski Savez Udruga Tjelesnih Invalida** (☎01-48 12 004; www.hsuti.hr; Šoštarićeva 8, Zagreb).

Schwule & Lesben

Homosexualität ist in Kroatien seit 1977 legalisiert und geduldet, aber Homosexuelle werden deshalb noch lange nicht mit offenen Armen empfangen. Öffentliche Liebesbekundungen zwischen gleichgeschlechtlichen Partnern können besonders außerhalb von großen Städten feindselige Reaktionen hervorrufen.

» Schwulenclubs sind außerhalb von Zagreb nur selten zu finden, aber in vielen größeren Diskotheken und bei Raves trifft man zumindest ein bunt gemischtes Publikum.

» An der Küste sind Rovinj, Hvar, Split und Dubrovnik beliebte Ziele schwuler Touristen, die gern Nudistenstrände besuchen.

» In Zagreb findet am letzten Samstag im Juni der Gay-Pride-Zagreb-Tag statt.

» Die meisten kroatischen Websites, die sich der Schwulenszene widmen, sind ausschließlich auf Kroatisch gehalten. Einen guten ersten Überblick bietet ansonsten http://travel.gay.hr.

» **LORI** (www.lori.hr) ist ein Organisation für Lesben; sie ist in Rijeka ansässig.

Sicherheit

Landminen

Die ehemalige Frontlinie zwischen den kroatischen und den jugoslawischen Bundestruppen war in den frühen 1990er-Jahren stark vermint, und in Ostslowenien wurden über eine Million Landminen rund um Osijekals auch im Hinterland nördlich von Zadar verlegt. Die Regierung große finanzielle Mittel in die Räumung dieser Gebiete gesteckt, aber diese Arbeiten gehen nur langsam voran. Verminte Gebiete sind deutlich mit Totenkopf-Schildern ausgewiesen, aber man sollte ohnehin nie in jene betroffenen Gebiete gehen, ohne sich vorher bei einem Einheimischen erkundigt zu haben. Auch sollte man sich niemals verlassenen oder verfallenen Häusern nähern.

Strom

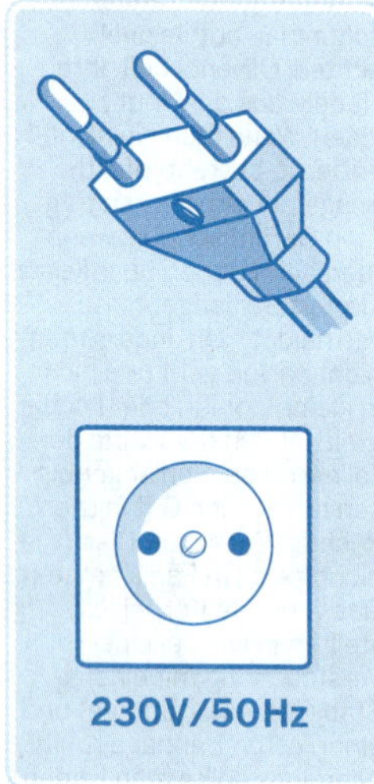

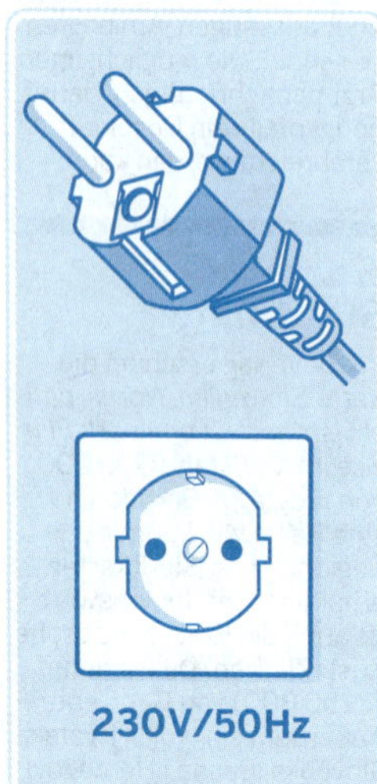

Telefon

Vorwahl

» Wer vom Ausland in Kroatien anrufen will, wählt dessen internationale Vorwahl 00385, dann die Ortsvorwahl (ohne die 0) und die Teilnehmernummer.

» Bei Telefonaten im Land beginnt man mit der Ortsvorwahl (mit der 0), bei Ortsgesprächen entfällt diese.

» Anrufe mit der Vorwahl 060 sind entweder gebührenfrei oder recht teuer, also auf das Kleingedruckte achten.

» Handynummern beginnen mit 09, sie sind wesentlich kostspieliger.

Mobiltelefone

» Wer ein modernes 3-G-Handy besitzt, dass nicht für andere Anbieter gesperrt wurde, besorgt sich am besten eine SIM-Karte für etwa 50 Kn, mit der man dann 20 Minuten telefonieren kann. Man bekommt sie u. a. von folgenden Netzwerkanbietern: **VIP** (www.vip.hr), **T-Mobile** (www.t-mobile.hr), **Tomato** (www.tomato.com.hr) und **Tele2** (www.tele2.hr).

» Im Telecom-Laden bekommt man auch ein Komplettpaket mit Handy und Telefonkarte für etwa 150 Kn.

» Handys auszuleihen ist in Kroatien nicht üblich.

Telefonkarten

» Für öffentliche Telefone benötigt man eine Telefonkarte.

» Telefonkarten gibt es mit verschiedenen *impulsi* (Einheiten); so zum Beispiel mit 25 (15 Kn), 50 (30 Kn), 100 (50 Kn) und 200 (100 Kn) Einheiten. Sie sind in jedem Postamt und in den meisten Tabakläden und Zeitungskiosken erhältlich.

» Ein Anruf innerhalb Europas von Kroatien aus kostet mit einer Telefonkarte ungefähr 2 Kn pro Minute.

» Ortsgespräche kosten von Montag bis Samstag (7–19 Uhr) 0,26 Kn pro Minute und von montags bis samstags sowie an Sonn- und Feiertagen zwischen 19 und 7 Uhr 0,14 Kn.

» An vielen öffentlichen Fernsprechern befindet sich links oben ein Knopf mit einem Flaggensymbol. Wenn man ihn drückt, erhält man Informationen auf Englisch.

» In der Post kann man ohne Telefonkarte telefonieren.

» Bei Ortsgesprächen oder Telefonaten innerhalb Kroatiens ist der Telefonzuschlag in kleineren Hotels relativ gering, aber in einem 4-Sterne-Hotel schlägt er ganz schön zu Buche.

» Privatunterkünfte schließen Telefonbenutzung nie ein, aber vielleicht darf man das Telefon des Vermieters für Ortsgespräche benutzen.

Touristeninformation

Der **Nationale Kroatische Fremdenverkehrsverband** (www.croatia.hr) ist eine gute Informationsquelle. Auch örtliche Touristenbüros wissen immer über die Entwicklungen innerhalb der Touristikbranche Bescheid:

» **Dubrovnik-Neretva County** (www.visitdubrovnik.hr)

» **Istria County** (www.istra.hr)

» **Krapina-Zagorje County** (www.tzkzz.hr)

» **Osijek-Baranja County** (www.tzosbarzup.hr)

» **Primorje-Gorski Kotar (Kvarner) County** (www.kvarner.hr)

» **Šibenik-Knin County** (www.sibenikregion.com)

» **Split-Dalmatia County** (www.dalmatia.hr)

» **Zadar County** (www.zadar.hr)

Zagreb County (www.tzzz.hr)

Städtische Touristenbüros halten kostenlose Broschüren und weitere Infos zu den Veranstaltungen im Ort bereit. Probieren kann man es auch in kommerziellen Reisebüros wie: **Atlas Reisebüro** (www.atlas-croatia.com) und **Generalturist** (www.generalturist.com).

Unterkunft

Zu den preiswerteren Unterkünften gehören etwa Campingplätze, Hostels und einige Pensionen. Sie kosten bis zu 450 Kn für ein Doppelzimmer. Unterkünfte der mittleren Preisklasse kosten 450 bis 800 Kn für ein Doppelzimmer, und Unterkünfte der oberen Preisklasse liegen zwischen 800 und 4000 Kn für ein Doppelzimmer. In Hotels ist das Frühstück oftmals im Preis inbegriffen.

Privatunterkünfte sind in Kroatien viel erschwinglicher und oftmals sogar qualitativ sehr gut. Wem es nicht so sehr auf die Annehmlichkeiten eines Hotels ankommt, für den sind sie eine wunderbare Sache.

Die Anbieter von Unterkünften halten sich ganz an die Vorgaben der kroatischen Behörden und lassen jeden Reisenden bei der Ortspolizei registrieren. Zu diesem Zweck wird für eine Nacht der Ausweis der Urlauber benötigt.

An der Küste richten sich die Übernachtungspreise nach den Jahreszeiten und variieren von Ort zu Ort:

» November bis März sind die preiswertesten Monate. Vielleicht sind dann nur ein bis zwei Hotels in einem Ferienort an der Küste geöffnet, aber die Preise sind traumhaft.

» Im Allgemeinen sind auch die Monate April, Mai und Oktober preiswert.

» Etwas mehr kostet es im Juni und September.

» Im Juli und August zahlt man Spitzenpreise. Absolute Hochsaison ist von Ende Juli bis Mitte/Ende August. In diesen Monaten sollte man reservieren.

» Manche Unterkünfte schlagen bei weniger als drei Nächten 30 % sowie eine Art Kurtaxe von ca. 7 Kn pro Nacht und Person auf.

» Generell sind Übernachtungen in Dalmatien (außer in Dubrovnik und Hvar)

UNTERKÜNFTE ONLINE BUCHEN

Weitere Hotelbeschreibungen von Lonely Planet Autoren findet man unter http://hotels.lonelyplanet.com. Dort gibt es unabhängige Bewertungen der einzelnen Häuser und Empfehlungen. Und das Beste ist: Man kann gleich online buchen.

preiswerter als im Kvarner oder in Istrien.

Unterkünfte buchen

» Sobald die Reiseroute feststeht, sollte man herumtelefonieren, um sich nach Preisen und freien Zimmern zu erkundigen.

» An den meisten Rezeptionen wird auch Deutsch und Englisch gesprochen.

» In der Hochsaison kann es schwierig werden, eine Reservierungsbestätigung ohne Anzahlung zu bekommen.

» Dazu reicht allerdings in Hotels meist die Angabe der Kreditkartennummer.

» Einige Gästehäuser verlangen Auslandsüberweisungen auf ein Bankkonto, diese sind gebührenpflichtig und alles andere als preiswert. Um solche Umstände zu vermeiden, empfiehlt sich eine Online-Buchung über eine Agentur oder ein Reisebüro.

Camping

Entlang der kroatischen Küste liegen fast 100 Campingplätze.

» Die meisten davon sind nur von Mitte April bis Mitte September geöffnet, einige von März bis Oktober.

» Im Frühling und Herbst ist es ratsam, telefonisch nachzufragen, ob der Platz geöffnet ist.

» Auf entsprechende Angaben in Broschüren oder selbst in diesem Buch sollte man sich nicht verlassen, weil es häufig zu kurzfristigen Änderungen kommt.

CAMPINGPLATZPREISE

In Istrien sind viele Campingplätze riesige „Autocamps" mit Restaurants, Läden und langen Reihen von Caravans. In Dalmatien sind die Plätze kleiner und werden oft von Familien betrieben.

» Die hier aufgeführten Preise sind pro Erwachsenen und Stellplatz angegeben.

» Auf einigen größeren Plätzen müssen Besucher mit bis zu 100 Kn pro Stellplatz rechnen.

» Die meisten Plätze verlangen zwischen 40 und 60 Kn pro Person und Nacht.

» Manchmal ist der Preis für das Zelt inbegriffen, manchmal werden dafür zwischen 10 und 15 Kn zusätzlich verlangt.

» Der Preis für das Auto ist oft inbegriffen, manchmal kommen dafür noch 10–15 Kn dazu.

» Wohnwagenplätze kosten 30 % mehr, Strom wird manchmal extra mit 15 Kn pro Nacht berechnet.

» Je nach Saison und Lage wird eine Kurtaxe von etwa 7 Kn pro Person und Nacht erhoben.

CAMPINGPLÄTZE

Die meisten Campingplätze sind noch immer Autocamps, in den letzten Jahren wurden aber zunehmend kleine, familienbetriebene Anlagen eingerichtet. Dem, der es etwas einsamer mag, kann die örtliche Touristeninformation sicher kleinere Campingplätze nennen, aber manchmal muss man auch einfach hartnäckig darauf bestehen.

» FKK-Campingplätze (als FKK ausgewiesen) gehören zu den besten, da ihre abgeschiedene Lage Ruhe und Frieden garantiert.

» Wildes Campen ist offiziell verboten.

» Infos und Links zum Campen unter www.camping.hr.

Hostels & Herbergen

Die **Kroatische YHA** (☎01 48 29 291; www.hfhs.hr; Savska 5/1, Zagreb) unterhält Jugendherbergen in Rijeka, Dubrovnik, Pula, Punat, Zadar und Zagreb. Nichtmitglieder zahlen pro Person und Nacht eine zusätzliche Gebühr von 10 Kn, die durch einen Stempel bestätigt wird. Mit sechs Stempeln wird man automatisch Mitglied. Die Kroatische YHA informiert auch über private Hostels in Krk, Dubrovnik, Zadar und Zagreb.

» Die meisten Herbergen sind mittlerweile auch im Winter geöffnet, dann aber oft nicht ganztägig mit Personal besetzt. Man sollte vorher anrufen.

» Die in diesem Buch genannten Preise gelten während der Hauptsaison im Juli und August, ansonsten liegen sie niedriger.

Hotels

» Die ehemaligen staatlichen Hotelkomplexe aus den 1970er- und 1980er-Jahren sehen alle recht ähnlich aus – schlicht und seelenlos.

» Eine familiengeführte *pansion* (Pension) ist meist hervorragend und bieten eine persönlichere Atmosphäre. Die Touristeninformation vor Ort kann weiterhelfen, denn in jeder Saison schießen wieder neue Häuser wie Pilze aus dem Boden.

» Die Doppelzimmer sind geräumig und haben fast immer ein eigenes Bad.

» Die meisten kroatischen Hotels liegen im mittleren Preissegment (etwa 800 Kn für das Doppelzimmer im Sommer an der Küste; 450 Kn im Spätfrühling und Frühherbst). Für diesen Preis bekommt man ein Zimmer mit Bad, Telefon und manchmal sogar mit Satellitenfernsehen.

» Bei Kurzaufenthalten (weniger als drei oder vier Nächte) wird in den Sommermonaten an den Küsten und auf den Inseln normalerweise ein Aufschlag verlangt.

» Apartments sind abgeschlossene Wohneinheiten mit Küche und Bad.

» Die meisten Hotels bieten Halbpension an. In abgelegenen „Touristensiedlungen" ist das oft die einzige Möglichkeit, in der Umgebung etwas zu essen zu bekommen. Meist werden preiswerte Fleischgerichte serviert, neuerdings wird immer öfter auch vegetarische Küche angeboten.

» Das Klassifizierungssystem für kroatische Hotels ist nicht konsequent und daher nicht unbedingt hilfreich.

Privatunterkünfte

Am meisten für sein Geld bekommt man in Kroatien in einem Privatzimmer oder -apartment, oft in einem Wohnhaus oder angegliedert – ähnlich den Privatpensionen in anderen Ländern. Dies ist nicht nur billiger als ein Hotelzimmer, der Service ist auch freundlicher und das Essen besser.

Solche Unterkünfte bucht man über Reisebüros oder vor Ort direkt bei den Eigentümern, die ihre Zimmer an der Bushaltestelle oder am Fährhafen anbieten. Man kann auch einfach an Haustüren klopfen, an denen *sobe* oder *zimmer* (Zimmer frei) steht.

ÜBER EIN REISEBÜRO BUCHEN

» Über Reisebüros vermittelte Unterkünfte werden professionell kontrolliert.

» Bei Problemen kann man sich an das Reisebüro wenden (oft wird Englisch gesprochen).

» Aufenthalte von weniger als vier Nächten kosten bei Reisebüros oft 30 % mehr; manche bestehen in der Hochsaison auf einem Mindestaufenthalt von sieben Tagen.

VOR ORT SUCHEN & ANKLOPFEN

» Häuser mit Schildern, auf denen *sobe* oder *zimmer* steht, bieten Unterkünfte an.

» Man sollte vormittags kommen, weil viele Eigentümer nachmittags unterwegs sind.

» Es ist bequemer (und ein Vorteil bei Preisverhandlungen), wenn man sein Gepäck in einer *garderoba* (Gepäckaufbewahrung) zurücklässt, ehe man sich auf die Suche nach einer Unterkunft macht.

FEILSCHEN

» Um den Preis kann gefeilscht werden, vor allem, wenn man eine Woche lang bleiben möchte.

» Während der Hauptsaison dürfte es entlang der Küste schwierig werden, ein freies Zimmer für nur eine Übernachtung zu ergattern.

» Einzelzimmer sind nur selten zu haben.

» Eine Dusche ist immer inklusive, im Gegensatz zum Frühstück – deshalb sollte man gleich nach dem Preis dafür fragen.

HALBPENSION BUCHEN

Soweit möglich, lohnt es sich, Halbpension bei einer Familie zu buchen. An der Küste besitzen die meisten Familien einen Garten, einen Weinberg und einen Zugang zum Meer. Wer Glück hat, beginnt den Abend dann mit einem selbst gebrannten Aperitif, bevor ein gartenfrischer Salat, selbst gezogene Kartoffeln und frischer Fisch vom Grill auf den Tisch kommen – vielleicht folgt anschließend sogar selbst gekelterter Wein.

KATEGORIEN BEI PRIVATUNTERKÜNFTEN

Privatunterkünfte werden von den kroatischen Reisebüros nach einem Sterne-System klassifiziert:

» **Drei Sterne** Am teuersten; mit eigenem Bad

» **Zwei Sterne** Gemeinschaftsbad mit einem anderen Zimmer

» **Ein Stern** Gemeinschaftsbad mit zwei anderen Zimmern oder dem Eigentümer

Studios mit Kochgelegenheit kosten etwas mehr als ein Doppelzimmer. Allerdings sollte man bedenken, dass Selbstverpflegung in Kroatien nicht unbedingt billig ist. Für kleine Reisegruppen empfiehlt es sich aber auf jeden Fall, ein Apartment zu mieten. Telefonate sind nie im Preis inbegriffen, während

WORAUF MAN BEI PRIVATPENSIONEN ACHTEN SOLLTE

» Wer sich am Bus- oder Fährenterminal dafür entscheidet, sich direkt bei einem der dort wartenden Pensionsinhaber (meist sind es Frauen) einzumieten, sollte sich die genaue Adresse geben oder den Weg zeigen lassen, damit man sich nicht verläuft.

» Man sollte zunächst abklären, ob der genannte Preis pro Person oder pro Zimmer gilt.

» Ein Aufpreis lässt sich vermeiden, wenn man sich auf die genaue Verweildauer und die genaue Uhrzeit am Abreisetag einigt.

» Wer in einem Zimmer oder Apartment landet, das kein blaues *sobe*- oder *apartmani*-Schild am Haus trägt, hat sich bei einem Eigentümer eingemietet, der illegal vermietet (d. h. er bezahlt keine Steuern). Solche Vermieter sind oft zögerlich bei der Herausgabe ihres vollen Namens oder ihrer Telefonnummer. Der Urlauber hat dann bei irgendwelchen Problemen absolut keine Regressansprüche.

Satellitenfernsehen sich allmählich durchsetzt.

TARIFE & PREISE

Die Übernachtungspreise werden normalerweise vom örtlichen Tourismusamt festgelegt und sind unabhängig von den Agenturen, wobei manche Anbieter die preiswerteste Kategorie gar nicht führen. Wieder andere vermitteln vorzugsweise nur Apartments. Bei legalen Unterkünften ist es nicht unüblich, dass eine Kurtaxe erhoben wird.

Die in diesem Buch angegebenen Preise beziehen sich auf einen viertägigen Aufenthalt während der Hauptsaison im Juli oder August. In den anderen Monaten liegen die Preise wesentlich niedriger.

Versicherung

Weltweiten Versicherungsschutz erhält man unter anderem bei www.lonelyplanet.com/bookings. Dort können alle Vorfälle auch online abgewickelt werden.

Visa

Als EU-Bürger oder Schweizer Stattsbürger benötigt man für Kroatien kein Visum, falls man sich nicht länger als 90 Tage im Land aufhält. Wer aber länger als 90 Tage bleiben und kein Visum beantragen möchte, überquert die Grenze nach Italien oder Österreich und reist dann ganz einfach wieder in Kroatien ein.

Die kroatischen Behörden verlangen zwar, dass sich alle ausländischen Besucher bei Ankunft und Ortswechsel innerhalb des Landes polizeilich registrieren lassen, doch das ist eher eine Formalität, um die sich in der Regel Angestellte von Hotels, Jugendherbergen, Campingplätzen oder die Privatvermieter kümmern.

Wohnt man privat bei Freunden oder Verwandten, sollte sich der Gastgeber um diesen bürokratischen Akt kümmern.

Zeit

In Kroatien gilt die Mitteleuropäische Zeit (MEZ) inklusive der EU-üblichen Sommerzeit.

Zoll

» Reisende können ohne Probleme persönliche Gegenstände mit ins Land bringen und darüber hinaus noch 1 l Spirituosen, 1 l Wein, 500 g Kaffee, 200 Zigaretten sowie 50 ml Parfüm einführen.

» Campingausrüstung, Boote und Elektrogeräte sollten bei der Einreise deklariert werden.

» Es gibt in Kroatien zwar keinerlei Quarantänebestimmungen für mitgeführte Haustiere, trotzdem sollte man auf jeden Fall einen aktuellen Impfausweis dabeihaben. Andernfalls muss das Tier von einem ortsansässigen Tierarzt untersucht werden.

Verkehrsmittel &-wege

AN- & WEITERREISE

Die Anreise nach Kroatien gestaltet sich besonders in den Sommermonaten meist frei von Komplikationen. Man kann mittlerweile auch mit Billigfluglinien nach Dubrovnik, Split, Zadar, Rijeka, Pula und Zagreb fliegen. Unzählige Bus- und Fährverbindungen machen die Wege zur Küste leicht. Flüge, Touren und Bahntickets können online unter www.lonelyplanet.com/bookings gebucht werden.

Einreise

Die kroatische Wirtschaft ist stark vom Tourismus abhängig – das weiß auch die kroatische Regierung und ermöglicht Urlaubern eine einfache Einreise, die ähnlich problemlos wie innerhalb der EU vonstatten geht.

Fähre/Schiff

Zwischen Italien und Kroatien verkehren Linienschiffe.

Blue Line (www.blueline-ferries.com)

Commodore Cruises (www.commodore-cruises.hr)

Emilia Romagna Lines (www.emiliaromagnalines.it)

Jadrolinija (www.jadrolinija.hr)

SNAV (www.snav.com)

Split Tours (www.splittours.hr)

Ustica Lines (www.usticalines.it)

Venezia Lines (www.venezialines.com)

Flugzeug

Direktflüge nach Kroatien gibt es aus vielen europäischen Städten.Kroatien hat mehrere große Flughäfen.

Dubrovnik (www.airport-dubrovnik.hr) Direktflüge aus Brüssel, Köln, Frankfurt, Hannover, London (Gatwick und Stanstead), Manchester, München und Stuttgart.

Pula (www.airport-pula.com) Direktflüge aus London (Gatwick) und Manchester.

Rijeka (www.rijeka-airport.hr) Direktflüge aus Köln und Stuttgart.

Split (www.split-airport.hr) Direktflüge u. a. aus Köln, Frankfurt und München.

Zadar (www.zadar-airport.hr) Direktflüge u. a. aus Bari, Brüssel, Dublin, London, München.

Zagreb (www.zagreb-airport.hr) Direktflüge aus allen europäischen Hauptstädten sowie aus Köln, Hamburg und Stuttgart.

Auf dem Landweg

Kroatien grenzt an Ungarn, Slowenien, Bosnien und Herzegowina, Serbien sowie Montenegro.

Bosnien & Herzegowina

Zwischen Bosnien und Herzegowina und Kroatien gibt es Dutzende Grenzübergänge. Größere Ziele wie Sarajevo, Mostar und Međugorje erreicht man gut von Zagreb, Split, Osijek und Dubrovnik.

BUS

Busse fahren von mehreren Städten in Bosnien und Herzegowina nach Kroatien.

ZUG

Züge von Sarajevo steuern folgende Ziele an:

» **Osijek** 21 €, 6 Std., tgl.

» **Ploče** (über Mostar und Banja Luka) 15 €, 4 Std., 2-mal tgl.

» **Zagreb** 35 €, 9½ Std., 2-mal tgl.

Deutschland

BUS

Die Busverbindungen zwischen Deutschland und Kroatien sind gut und günstiger als eine Bahnfahrt.

Die **Deutsche Touring GmbH** (www.deutsche-touring.de) bietet Busverbindungen an. Sie hat zwar kein Büro bzw. keine Filiale in Kroatien, aber in zahlreichen Reisebüros und Busbahnhöfen kann man ihre Tickets kaufen.

Verbindungen von/nach Deutschland:

» **Istrien** von/nach Frankfurt wöchentlich; von München 2-mal wöchentlich.

» **Rijeka** von/nach Berlin 2-mal wöchentlich.

» **Split** von/nach Köln, Dortmund, Frankfurt am Main, Mannheim, München,

Nürnberg und Stuttgart tgl.; von Berlin (über Rijeka) 2-mal wöchentlich.

» **Zagreb** von/nach Köln, Dortmund, Frankfurt am Main, Mannheim, München, Nürnberg und Stuttgart tgl.; von Berlin 4-mal wöchentlich.

ZUG

» Von München fahren täglich drei Züge über Salzburg und Ljubljana nach Zagreb (43–91 €, 8½–9 Std.). Richtung Süden ist eine Reservierung notwendig, nach Norden dagegen nicht.

Italien

BUS

Triest ist gut an die istrische Küste angebunden. Achtung, sonntags fahren weniger Busse!

» **Dubrovnik** 420 Kn, 15 Std., 1-mal tgl.

» **Poreč** 75 Kn, 2 Std., 3-mal tgl.

» **Pula** 125 Kn, 2½–3¾ Std., 6-mal tgl.

» **Rijeka** 75 Kn, 2 Std., 5-mal tgl.

» **Rovinj** 93 Kn, 3 Std., 2-mal tgl.

» **Split** 284KN, 10½ Std., 2-mal tgl.

» **Zadar** 221KN, 7½ Std., 1-mal tgl.

Es gibt auch einen Bus von Padua über Venedig, Triest und Rovinj, der dann in Pula endet (245 Kn, 6 Std., Montag bis Samstag).

AUTO & MOTORRAD

Viele Versicherungsgesellschaften versichern italienische Mietwagen nicht für eine Fahrt nach Kroatien. Die Grenzbeamten wissen das und verweigern die Einreise, außer wenn die Erlaubnis, nach Kroatien zu reisen, deutlich auf den Versicherungspapieren steht.

Die meisten Autovermieter in Triest und Venedig kennen sich mit diesem Sachverhalt aus und setzen den richtigen Stempel auf das Papier. Anderswo muss man gezielt nachfragen.

ZUG

Zwischen Venedig und Zagreb gibt es nachts eine Direktverbindung (2–43 €, 7½ Std.) und auch weiter, die bis Ljubljana fahren.

Montenegro

3-mal am Tag fährt ein Bus von Kotor nach Dubrovnik (110 Kn, 2½ Std.), der in Bar (Montenegro) losfährt und auch in Herceg Novi hält.

Östereich

BUS

Eurolines (www.eurolines.com) betreibt Buslinien von Wien in verschiedene Städte Kroatiens.

» **Rijeka** 48 €, 9 Std., 2-mal pro Woche

» **Split** 57 €, 11½ Std., 2-mal pro Woche

» **Zadar** 45 €, 8¼ Std., 2-mal pro Woche

» **Zagreb** 36 €, 5–7 Std., 2-mal am Tag (eine Direktver-

KLIMAWANDEL & REISEN

Der Klimawandel stellt eine ernste Bedrohung für unsere Ökosysteme dar. Zu diesem Problem tragen Flugreisen immer stärker bei. Lonely Planet sieht im Reisen grundsätzlich einen Gewinn, ist sich aber der Tatsache bewusst, dass jeder seinen Teil dazu beitragen muss, um die globale Erwärmung zu verringern.

Fliegen & Klimawandel

Beinahe jede Art der motorisierten Fortbewegung erzeugt CO_2 (die Hauptursache für die globale Erwärmung), doch Flugzeuge sind mit Abstand die schlimmsten Klimakiller – nicht nur wegen der großen Entfernungen und der entsprechend großen CO_2-Mengen, sondern auch weil sie diese Treibhausgase direkt in hohen Schichten der Atmosphäre freisetzen. Die Zahlen sind erschreckend: Zwei Personen, die von Europa in die USA und wieder zurück fliegen, erhöhen den Treibhauseffekt in demselben Maße wie ein durchschnittlicher Haushalt in einem ganzen Jahr.

Emissionsausgleich

Die englische Website www.climatecare.org und die deutsche Internetseite www.atmosfair.de haben CO_2-Rechner. Damit kann jeder ermitteln, wie viel Treibhausgase seine Reise produziert. Das Programm errechnet den zum Ausgleich erforderlichen Betrag, mit dem der Reisende nachhaltige Projekte zur Reduzierung der globalen Erwärmung unterstützen kann, beispielsweise Projekte in Indien, Honduras, Kasachstan und Uganda.

Lonely Planet unterstützt gemeinsam mit Rough Guides und anderen Partnern aus der Reisebranche das CO_2-Ausgleichs-Programm von climatecare.org; alle Reisen von Mitarbeitern und Autoren von Lonely Planet werden ausgeglichen.
Weitere Informationen gibt es auf www.lonelyplanet.com

BUSSE VON BOSNIEN & HERZEGOWINA

START	REISEZIEL	FAHRPREIS (€)	FAHRZEIT	HÄUFIGKEIT
Međugorje	Dubrovnik	20	3 Std.	1-mal tgl.
Mostar	Dubrovnik	19	3 Std.	4-mal tgl.
Sarajevo	Dubrovnik	24	5 Std.	1-mal tgl.
Sarajevo	Rijeka	45	10 Std.	2-mal pro Woche
Sarajevo	Split (über Mostar)	28	7 Std.	2-mal tgl.
Sarajevo	Zagreb	29	8 Std.	3-mal tgl.

bindung, die andere führt über Varaždin)

ZUG
Von Wien fahren tagsüber und nachts je zwei Züge über Slowenien und Ungarn nach Zagreb. Sie kosten zwischen 50 und 60 €, die Fahrt dauert zwischen 5¾ und 6½ Std. Von Zagreb gibt es Verbindungen in weitere kroatische Städte.

Serbien
Hier gibt es viele Möglichkeiten, die Grenze zu passieren, viele davon auch abseits der Hauptautobahn von Zagreb nach Belgrad.

BUS
5-mal am Tag fahren Busse von Zagreb nach Belgrad (220 Kn, 6 Std.). An der Grenze in Bajakovo fährt ein serbischer Bus weiter bis Belgrad.

ZUG
4-mal am Tag verkehrt ein Zug zwischen Zagreb und Belgrad (169 Kn, 6½ Std.).

Slowenien
Es gibt 26 Grenzübergänge zwischen Slowenien und Kroatien.

BUS
Slowenien ist gut an die istrische Küste angebunden. Die folgenden Orte werden von Bussen aus Ljubljana angefahren:

» **Rijeka** 185 Kn, 2½ Std., 2-mal tgl.
» **Rovinj** 185 Kn, 4 Std., 3-mal tgl.
» **Split** 320 Kn, 10 Std., 1-mal tgl.

Ein Bus pro Woche verbindet auch Rovinj mit Koper (93 Kn, 2¾ Std.), Zwischenstopps bestehen auch in den Städten Poreč, Portorož und Piran.

ZUG
Züge von Ljubljana nach Kroatien:
» **Rijeka** 105 Kn, 2½ Std., 2-mal tgl.
» **Zagreb** 105 Kn bis 172 Kn, 2½ Std., 7-mal tgl.

Ungarn
Die wichtigsten Auf- und Abfahrten an der Autobahn zwischen Ungarn und Kroatien sind:
» **Donji Miholjac** 7 km südlich von Harkány.
» **Gola** 23 km östlich von Koprivnica.
» **Goričan** Zwischen Nagykanizsa und Varaždin.
» **Terezino Polje** Gegenüber von Barcs.

Am bedeutendsten sind Donji Miholjac und Goričan.

ZUG
Dreimal am Tag verkehren Züge zwischen Zagreb und Budapest (35 € hin & zurück, 6–7 Std.).

UNTERWEGS VOR ORT

Auto & Motorrad
Die Autobahn zwischen Zagreb und Split ist erst einige Jahre alt und ermöglicht es, viele Ziele schneller zu erreichen. Noch ist nicht bekannt, wann die Autobahn bis Dubrovnik geht. Zagreb und Rijeka sind nun durch eine Autobahn miteinander verbunden, und die Autobahn durch Istrien hat die Fahrtzeit nach Italien erheblich verkürzt.

Obwohl die neuen Straßen in hervorragendem Zustand sind, gibt es Abschnitte mit nur wenigen Tankstellen und Raststätten.

Es ist wichtig zu wissen, dass die Autobahn nach Süden Richtung Dubrovnik ganz plötzlich einige Kilometer vor der Stadt Ploče endet, sodass die restliche kurvenreiche Strecke zur Küste etwas anstrengend ist.

Führerschein
Ein gültiger Führerschein genügt, um ein Auto fahren und mieten zu dürfen; ein internationaler Führerschein ist nicht nötig.

Der **Hrvatski Autoklub** (HAK, Croatian Auto Club; ☎46 40 800; www.hak.hr; Avenija Dubrovnik 44) bietet Hilfe und Rat. Wer eine Panne oder sonstige Probleme auf der Straße hat, meldet sich bei

ENTFERNUNGEN (KM)

	Dubrovnik	Osijek	Rijeka	Split	Zadar	Zagreb
Dubrovnik	---					
Osijek	495	---				
Rijeka	601	459	---			
Split	216	494	345	---		
Zadar	340	566	224	139	---	
Zagreb	572	280	182	365	288	---

der **Pannenhilfe des HAK** (Vučna Služba; ☎987).

Mietwagen

Voraussetzungen, um ein Auto zu mieten:

» Man muss mindestens 21 Jahre alt sein.

» Man benötigt einen gültigen Führerschein.

» Man braucht eine gängige Kreditkarte.

Lokale Mietwagenfirmen sind zwar meistens billiger, haben aber den Nachteil, dass der Wagen wieder vor Ort abgegeben werden muss. In manchen Fällen ist es am günstigsten, den Mietwagen vorab im Heimatland zu mieten oder ein Pauschalangebot mit Flug und Mietwagen zu buchen.

Unterwegs

» Die Tankstellen sind im Allgemeinen von 7 bis 19 Uhr geöffnet, im Sommer häufig sogar bis 22 Uhr. Zur Auswahl stehen Eurosuper 95, Super 98, Normalbenzin und Diesel. Aktuelle Benzinpreise nennt die Internetseite www.ina.hr; zum Zeitpunkt der Recherche kostete 1 l Benzin rund 9,65 Kn.

» Auf allen Autobahnen, beim Učka-Tunnel zwischen Rijeka und Istrien, bei der Brücke zur Insel Krk und auf der Straße von Rijeka nach Delnice wird Maut erhoben.

» Informationen zur Straßenlage und zu Mautgebühren siehe unter www.hac.hr.

» Der Rundfunksender HR2 sendet von Juli bis Mitte September stündlich Verkehrsinformationen in Englisch.

Verkehrsregeln

» In Kroatien gilt Rechtsverkehr und Anschnallpflicht, auch tagsüber muss mit Licht gefahren werden. Wenn nicht anders ausgeschildert, gelten folgende Geschwindigkeitsbegrenzungen:

» *50 km/h in geschlossenen Ortschaften.*

» *100 km/h auf Landstraßen.*

» *130 km/h auf Autobahnen.*

» Auf zweispurigen Schnellstraßen in Kroatien dürfen weder Militärkonvois noch Autoschlangen (etwa hinter einem langsamen Schwerfahrzeug) überholt werden.

» Die Promillegrenze liegt bei 0,5.

Versicherung

Eine Haftpflichtversicherung ist auch bei Mietwagen gesetzlich vorgeschrieben, jeder Fahrer sollte sich aber persönlich vergewissern, ob seine Versicherungspolice auch wirklich einen vollen Versicherungsschutz im Schadensfall beinhaltet *(collison damage waiver/* CDW) oder ob es einen Selbstbehalt gibt. Wenn allerdings der volle Schutz fehlen sollte, dann haftet der Fahrer für Schäden am Unfallfahrzeug, die Schadensummen beginnen bei etwa 2000 Kn.

Bus

» Das Busnetz ist gut ausgebaut, die Fahrpreise erschwinglich.

» Jede Busgesellschaft hat ihr eigenes Preissystem, deshalb können die Preise auf einer Strecke erheblich variieren.

» Um Gepäck im Gepäckraum unter dem Bus zu verstauen, zahlt man extra (7–10 Kn pro Stück, inklusive Versicherung).

Busgesellschaften

Die hier aufgeführten Busgesellschaften gehören zu den größten des Landes.

Autotrans (☎060 30 20 10; www.autotrans.hr) Hauptsitz in Rijeka. Verbindungen nach Istrien, Zagreb, Varaždin und Kvarner.

Brioni Pula (☎052 535 155; www.brioni.hr) In Pula ansässig. Verbindungen nach Istrien, Padua, Split, Triest und Zagreb.

Contus (☎023 317 062) In Zadar ansässig. Verbindungen nach Split und Zagreb.

Croatiabus (☎01-61 13 073; www.croatiabus.hr) Verbindet Zagreb mit Städten in Zagorje und Istrien.

Samoborček (☎01-48 19 180; www.samoborcek.hr) Verbindet Zagreb mit Städten in Dalmatien.

Tickets & Fahrpläne

» An großen Busbahnhöfen werden die Tickets am Fahrkartenschalter und nicht im Bus selbst verkauft.

» Vor allem im Sommer ist es sehr ratsam, im Voraus zu reservieren.

» Fahrpläne über den verschiedenen Schaltern am Busbahnhof zeigen an, welcher Schalter welche Tickets verkauft.

» Auf Busfahrplänen bedeutet *vozi svaki dan* „täglich" und *ne vozi nedjeljom i blagdanom* „nicht an Sonn- und Feiertagen".

» Dank der Nachtbusse spart man sich zwar eine Übernachtung, bringt sich aber um einen erholsamen Schlaf, da während der Fahrt das Licht brennt und oft ständig Musik läuft.

» Etwa alle zwei Stunden wird eine kurze oder längere Pause eingelegt. Hinterher sollte man rechtzeitig wieder beim Bus sein, sonst fährt er ohne einen weiter.

Fähre/Schiff

Inselfähren

Die Inselfähren verbinden die größeren Inseln untereinander und mit dem Festland. Vom Festland zu den Inseln verkehren mehr Fähren als zwischen den einzelnen Inseln.

» **Häufigkeit** Zwischen Oktober und April fahren die meisten Linien seltener. Im Sommer werden zusätzlich Passagierfähren eingesetzt; sie sind in der Regel schneller, komfortabler und teurer.

» **Reservierungen** Auf einigen kürzeren Strecken wie von Jablanac nach Mišnjak oder von Drvenik nach Sućuraj fahren die Fähren nonstop, dort ist keine Reservierung nötig.

» **Tickets** Diese kauft man in einem Jadrolinija-Büro oder an einem Stand in der Nähe der Fähre (öffnet normalerweise 30 Minuten vor Abfahrt). An Bord werden keine Tickets verkauft. Im Sommer sollte man ein bis zwei Stunden vor Abfahrt da sein, sogar wenn man schon ein Ticket hat.

» **Autos** Der Preis hängt von der Größe des Autos ab und ist recht hoch. So früh wie möglich reservieren. Mehrere Stunden im Voraus einchecken.

» **Fahrräder** Kosten eine kleine Gebühr.

» **Essen** Mahlzeiten werden nicht serviert; man kann an Bord Snacks und Getränke kaufen. Die meisten Einheimischen bringen sich selbst etwas mit.

Jadrolinija-Fähren

Jadrolinija betreibt ein umfassendes Netz an Autofähren und Katamaranen an der Adria-Küste. Fähren sind deutlich komfortabler als Busse, allerdings etwas teurer.

» **Häufigkeit** Ganzjährig. Im Winter fahren weniger Fähren.

» **Reservierungen** Kabinen sollten eine Woche vor Reiseantritt reserviert werden. Plätze an Deck sind immer verfügbar.

» **Tickets** Die Tickets muss man im Voraus in einem Reisebüro oder einem Jadrolinija-Büro kaufen. An Bord werden keine verkauft.

» **Autos** Im Sommer sollte man zwei Stunden im Voraus einchecken.

» **Essen** Im Bordrestaurant zahlt man für ein mittelmäßiges Menü 100 Kn; in der Cafeteria gibt es nur Schinken-Käse-Sandwiches (30 Kn). Am besten macht man es wie die Kroaten: Die bringen ihr Essen und ihre Getränke mit.

Fahrrad

Fahrräder sind speziell auf den Inseln ein gutes Fortbewegungsmittel. Auf den relativ flachen Inseln Pag, Mljet und Mali Lošinj fällt das Radfahren leicht, die anderen sind hügeliger und kurvenreicher – und damit anstrengender zu befahren; aber dafür gibt es auch spektakulärere Ausblicke.

» An der Küste und auf den Inseln findet man leicht Mietfahrräder.

» Einige Touristeninformationen – vor allem in Istrien und im Kvarner – haben Routenkarten erstellt und empfehlen lokale Fahrradverleiher.

» Auf den stark befahrenen Landstraßen an der Küste oder im Landesinneren ist Vorsicht geboten. Dort gibt es keine Radwege.

» Die Website www.pedala.hr ist eine großartige Informationsquelle für Radwege in Kroatien, wenn auch noch nicht vollständig ins Englische übersetzt.

» Für den, der etwas Kroatisch kann, ist die Website www.pedala.hr eine gute Informationsquelle für Radtouren durch das Land

Flugzeug

Croatia Airlines (☎01 66 76 555; www.croatiaairlines.hr) ist die einzig Fluggesellschaft für Inlandsflüge. Sie fliegt täglich zwischen Zagreb und Dubrovnik, Pula, Split sowie Zadar.

Achtung: Auf den kroatischen Flughäfen ist es nicht erlaubt, Batterien im Handgepäck zu haben.

Geführte Touren

Atlas Travel Agency (www.atlas-croatia.com) Bietet ein breites Spektrum an Bustouren, Pauschalangeboten mit Flug und Mietwagen und Ausflügen in ganz Kroatien.

Huck Finn (www.huck-finn.hr) Ist auf Abenteuerreisen spezialisiert und bietet adrenalinreiche Touren in ganz Kroatien an: Kajakfahren auf Flüssen und im Meer, Rafting, Kanutouren, Höhlenklettern, Radfahren, Fischen, Wandern und Segeln.

Inselhüpfen (www.island-hopping.de) Diese deutsche Agentur kombiniert Rad- und Schiffsreisen (teilweise auch Wander- und Radreisen) durch Süddalmatien, Istrien und zu den Inseln der Kvarner-Bucht. Die Gäste schlafen dabei auf den Schiffen (s. Bildergalerie auf der Homepage), jeden Tag wird woanders gewandert oder geradelt.

Katarina Line (www.katarina-line.hr) Veranstaltet unterhaltsame Wochentörns auf einem Holzschiff von Opatija nach Split, Mljet, Dubrovnik, Hvar, Brač, Korčula, Zadar und zu den Kornaten.

Southern Sea Ventures (www.southernseaventures.com) Dieser Outfitter mit Sitz in Australien bietet 9- bis 16-tägige Seekajaktouren in Kroatien an, darunter eine Gourmet-Kajaktour.

Nahverkehr

Im öffentlichen Nahverkehr sind Busse am weitesten verbreitet. Zagreb und Osijek haben darüber hinaus ein einigermaßen gut ausgebautes Straßenbahnnetz.

» In größeren Städten wie Dubrovnik, Rijeka, Split und Zadar fahren die Busse meist im 20-Minuten-Takt, sonntags in größeren Abständen.

» Ein Fahrschein kostet etwa 10–15 Kn, am *tisak* (Zeitungskiosk) sogar noch etwas weniger.

» Die kleinen mittelalterlichen Küstenstädte sind generell autofrei, von den Altstädten fahren die Busse unregelmäßig in die Außenbezirke.

» Auf den Inseln fahren die Busse meist nur unregelmäßig, da fast alle Inselbewohner ein eigenes Fahrzeug besitzen.

Zug

Züge fahren weniger häufig als Busse, sind aber bequemer. Allerdings sind Verspätungen an der Tagesordnung, manchmal sogar stundenlange. Informationen zu Fahrplänen, Verbindungen und Preisen gibt es bei der **Kroatischen Bahn** (Hrvatske Željeznice; ☎060 333 444; www.hznet.hr).

Zagreb ist die Drehscheibe des nur schwach entwickelten kroatischen Eisenbahnnetzes. Entlang der Küste fehlen Zugstrecken komplett, nur wenige Küstenstädte haben Verbindungen nach Zagreb. Touristisch interessant sind vor allem folgende Verbindungen:

» Zagreb–Osijek

» Zagreb–Rijeka–Pula (über Lupoglava, wo man für die Weiterfahrt in einen Bus umsteigen muss)

» Zagreb–Varaždin–Koprivnica

» Zagreb–Zadar–Šibenik–Split

Klassen und Preise:

» Im Inland verkehren Express- und Nahverkehrszüge.

- *In den Expresszügen gibt es Raucher- und Nichtraucherabteile sowie eine 1. und 2. Klasse.*
- *Für Expresszüge ist eine Reservierung sehr zu empfehlen.*
- *Expresszüge sind teurer als Nahverkehrszüge.*

» Alle in diesem Reiseführer angegebenen Preise beziehen sich nur auf nicht reservierte Plätze in der 2. Klasse.

» Schlafwagen gibt es in Inlandszügen nicht.

» Die Nachtzüge von Zagreb nach Split verfügen über Schlafwagen.

» Der Gepäcktransport ist kostenlos. Darüber hinaus haben zahlreiche Bahnhöfe eine Gepäckaufbewahrung (pro Gepäckstück zahlt man ca. 15 Kn).

» EU-Bürger mit einem InterRail-Pass können in Kroatien kostenlos die Bahn benutzen. Der verhältnismäßig hohe Preis für diesen Pass lohnt sich aber angesichts des ziemlich schlecht ausgebauten Eisenbahnnetzes nur in Einzelfällen.

NÜTZLICHE BEGRIFFE FÜR BAHNFAHRER

Einige Begriffe wird man auf Fahrplänen an Bahnhöfen immer wieder finden. Dazu gehören unter anderem:

» **brzi** –Schnellzug

» **dolazak** – Ankunft

» **polazak** – Abfahrt

» **ne vozi nedjeljom i blagdanom** – nicht an Sonn- und Feiertagen

» **poslovni** – Zug der Businessklasse

» **presjedanje** – Umsteigen

» **putnički** – Economyklasse/Regionalzug

» **rezerviranje mjesta obvezatno** – Sitzreservierung erforderlich

» **vozi svaki dan** – täglich

Sprache

NOCH MEHR KROATISCH

Wer sich noch weiter in die Sprache vertiefen möchte und auch einige praktische Wendungen erlernen will, besorgt sich am besten das *Croatian Phrasebook* von Lonely Planet. Man findet es im regulären Buchhandel, bei Internetbuchhändlern und unter **shop.lonelyplanet.com** oder kauft die Phrasebooks von Lonely Planet fürs iPhone im Apple App Store.

Kroatisch gehört ebenso wie Serbisch, Bosnisch und Montenegrinisch zum westlichen Zweig der südslawischen Sprachfamilie. Die Sprachen ähneln sich sehr.

Die kroatische Rechtschreibung ist phonetisch, d. h. jeder Buchstabe steht für einen bestimmten Laut. In diesem Sprachführer wird das n wie „ny“ im englischen Wort „canyon“ ausgesprochen, und das zh klingt wie das „dsch“ in „Journalist“. Ansonsten ähnelt die Aussprache der Buchstaben der Aussprache im Deutschen.

In den meisten Fällen liegt der Akzent auf der ersten Silbe (die letzte Silbe wird im Kroatischen niemals betont). Betonte Silben werden in der Aussprachehilfe kursiv dargestellt.

Einige kroatische Wörter haben maskuline (m) und feminine (f) Formen. Außerdem werden in diesem Kapitel gelegentlich höfliche (höfl.) und informelle (inf.) Anreden unterschieden.

Autofahren & Radfahren

Ich möchte ein/einen ... mieten.	*Želim iznajmiti ...*	*sche*·lim is·*nai*·mi·ti ...
Auto	*automobil*	a·u·to·*mo*·bil
Fahrrad	*bicikl*	bi·*tsi*·kl
Geländewagen	*džip*	dschip
Motorrad	*motocikl*	mo·to·*tzi*·kl
Automechaniker	*auto-mehaničar*	a·u·to·me·*ha*·ni·tschar
Benzin	*benzin*	*ben*·sin
Diesel	*dizel gorivo*	di·sel go·riwo
Fahrradpumpe	*pumpa za bicikl*	*pum*·pa sa bi·*tsi*·kl
Helm	*kaciga*	*ka*·tsi·ga
Kindersitz	*sjedalo za dijete*	ßje·da·lo sa di·*je*·te
Tankstelle	*benzinska stanica*	*ben*·sin·ßka *ßta*·ni·tza

Ist das die Straße nach ...?
Je li ovo cesta za ...?
je li *o*·wo *tze*·ßta sa ...

(Wie lange) Kann ich hier parken?

(Koliko dugo) mogu ovdje parkirati?	(ko·*li*·ko *du*·go) *mo*·gu ow·dje par·*ki*·ra·ti

Das Auto/Motorrad hat (in Knin) eine Panne gehabt.

Automobil/ Motocikl se pokvario (u Kninu).	a•u•to•*mo*•bil/ mo•to•tsi•kl ße po *kwa*·ri·o (u *kni*·nu)

Ich habe einen Platten.
Imam probušenu gumu. — i·mam pro·bu·sche·nu gu·mu

Mir ist das Benzin ausgegangen.
Nestalo mi je benzina. — ne·ßta·lo mi jeben·si·na

Ich habe die Schlüssel verloren.
Izgubio/ Izgubila sam ključeve. — is·gu·bi·o/is·gu·bi·la ßam klju·tsche·we (m/f)

ESSEN & TRINKEN

Was würden Sie empfehlen?
Što biste nam preporučili? — schto bi·ßte nam pre·po·ru·tschi·li

Was ist in diesem Gericht enthalten?
Od čega se sastoji ovo jelo? — od tsche·ga ße ßa·sto·ji o·wo je·lo

Das war lecker!
To je bilo izvrsno! — to je bi·lo is·wr·ßno

Die Rechnung bitte.
Molim vas donesite račun. — mo·lim waß do·ne·ßi·te ra·tschun

Ich möchte einen Tisch reservieren für ...
Želim rezervirati stol za ... — sche·lim re·ser·wi·ra·ti ßtol sa ...

(acht) Uhr	*(osam) sati*	(o·ßam) ßa·ti
(zwei) Personen	*(dvoje) ljudi*	(dwo·je) lju·di

Ich esse kein/e/en ...	*Ja ne jedem ...*	ja ne je·dem ...
Fisch	*ribu*	ri·bu
Geflügel	*meso od peradi*	me·ßo od pe·ra·di
rotes Fleisch	*crveno meso*	tsr·we·no me·ßo

Grundlegendes

Abendessen	*večera*	we·tsche·ra
Babynahrung	*hrana za bebe*	hra·na sa be·be
Bar	*bar*	bar

SCHLÜSSELSÄTZE

Mit den folgenden Sätzen sollte man sich gut vor Ort verständigen können, wenn man sie miteinander kombiniert:

Wann ist (der nächste Tagesausflug)?
Kada je (idući dnevni izlet)? — ka·da je (i·du·tschi dnew·ni is·let)

Wo ist (der Markt)?
Gdje je (tržnica)? — gdje je (trsch·ni·tsa)

Wo kann ich (ein Ticket kaufen)?
Gdje mogu (kupiti kartu)? — gdje mo·gu (ku·pi·ti kar·tu)

Haben Sie (andere)?
Imate li (kakve druge)? — i·ma·te li (kak·we dru·ge)

Gibt es (eine Decke)?
Imate li (deku)? — i·ma·te li (de·ku)

Ich möchte (dieses Gericht).
Želim (ono jelo). — sche·lim (o·no je·lo)

Ich würde gern (ein Auto mieten).
Želio/Željela bih (iznajmiti automobil). — sche·li·o/sche·lje·la bih (is·naj·mi·ti a·u·to·mo·bil) (m/f)

Kann ich (ein Foto von Ihnen/dir machen)?
Mogu li (vas/te slikati)?(pol/inf) — mo·gu li (vas/te ßli·ka·ti)

Können Sie bitte (helfen)?
Molim vas, možete li (mi pomoći)? — mo·lim was mo·sche·te li (mi po·mo·chi)

Muss ich (zahlen)?
Trebam li (platiti)? — tre·bam li (pla·ti·ti)

Café	*kafić/ kavana*	ka·fitsch/ ka·wa·na
Flasche	*boca*	bo·tsa
Frühstück	*doručak*	do·ru·tschak
Gabel	*viljuška*	wi·ljusch·ka
Gericht	*jelo*	je·lo
Glas	*čaša*	tscha·scha
Hauptgericht	*glavno jelo*	glav·no je·lo
Schüssel	*zdjela*	sdje·la
(zu) kalt	*(pre)hladno*	(pre·)hlad·no
Lebensmittel	*hrana*	hra·na
Löffel	*žlica*	schli·tza
Markt	*tržnica*	trsch·ni·tsa

Schilder

Izlaz	Ausgang
Muškarci	Mann
Otvoreno	Geöffnet
Ulaz	Eingang
Zabranjeno	Verboten
Zahodi	Toiletten
Zatvoreno	Geschlossen
Žene	Damen

Messer	*nož*	nosch
mit/ohne	*sa/bez*	ßa/bes
Mittagessen	*ručak*	ru·tschak
Menü	*jelovnik*	je·low·nik
Restaurant	*restoran*	re·ßto·ran
Teller	*tanjur*	ta·njur
würzig	*pikantno*	pi·kant·no
vegetarisch	*vegetarijanski*	we·ge·ta·ri·jan·ski
Vorspeise	*predjelo*	pre·dje·lo

Fleisch & Fisch

Fisch	*riba*	ri·ba
Huhn	*piletina*	pi·le·ti·na
Kalb	*teletina*	te·le·ti·na
Lamm	*janjetina*	ja·nje·ti·na
Rind	*govedina*	go·we·di·na
Schwein	*svinjetina*	ßwi·nje·ti·na

Obst & Gemüse

Apfel	*jabuka*	ja·bu·ka
Aprikose	*marelica*	ma·re·li·tsa
Birne	*kruška*	krusch·ka
(grüne) Bohnen	*mahuna*	ma·hu·na
Erbsen	*grašak*	gra·schak
Erdbeere	*jagoda*	ja·go·da
Gemüse	*povrće*	po·wr·tsche
Gurke	*krastavac*	kra·ßta·wats
Karotte	*mrkva*	mrk·wa
Kartoffel	*krumpir*	krum·pir
Kirsche	*trešnja*	tresch·nja
Kohl	*kupus*	ku·puß
Kürbis	*bundeva*	bun·de·wa
Linsen	*leća*	le·tscha
Mais	*kukuruz*	ku·ku·rus
Nuss	*orah*	o·ra·h
Obst	*voće*	wo·tsche
Orange	*naranča*	na·ran·tscha
Pilz	*gljiva*	glji·wa
Pfirsich	*breskva*	breß·kwa
Pflaume	*šljiva*	schlji·wa
Salat	*zelena salata*	se·le·na ßa·la·ta
Tomate	*rajčica*	rai·tschi·tza
Traube	*grožđe*	grosch·tsche
Wassermelone	*lubenica*	lu·be·ni·tsa
Zwiebel	*luk*	luk

Anderes

Brot	*kruh*	kruh
Butter	*maslac*	ma·ßlats
Ei	*jaje*	ja·je
Essig	*ocat*	o·tsat
Honig	*med*	med
Käse	*sir*	ßir
Marmelade	*džem*	dschem
Öl	*ulje*	u·lje
Pasta	*tjestenina*	tje·ßte·ni·na
Pfeffer	*papar*	pa·par
Reis	*riža*	ri·scha
Salz	*sol*	ßol
Zucker	*šećer*	sche·tscher

Getränke

Bier	*pivo*	pi·wo
Kaffee	*kava*	ka·wa
Milch	*mlijeko*	mli·je·ko
(Mineral-) Wasser	*(mineralna) voda*	(mi·ne·ral·na) wo·da
Saft	*sok*	ßok
Rotwein	*crno vino*	tsr·no wino
Tee	*čaj*	tschai
Weißwein	*bijelo vino*	bje·lo wi·no

KONVERSATION & NÜTZLICHES

Hallo.	*Bog.*	bog
Tschüss.	*Zbogom.*	sbo·gom
Ja./Nein.	*Da./Ne.*	da/ne
Bitte.	*Molim.*	mo·lim
Danke.	*Hvala.*	hwa·la
Gern geschehen.	*Nema na čemu.*	ne·ma na tsche·mu
Entschuldigung.	*Oprostite.*	o·pro·ßti·te
Es tut mir leid.	*Žao mi je.*	scha·o mi je

Wie geht es Ihnen/dir?

Kako ste/si? ka·ko ßte/ßi (höfl./inf.)

Gut. Und Ihnen/dir?

Dobro. do·bro
A vi/ti? a wi/ti (höfl./inf.)

Ich heiße ...

Zovem se ... so·wem ße ...

Wie heißen Sie/du?

Kako se zovete/ zoveš? ka·ko ße so·we·te/ so·wesch (höfl./inf.)

Fragewörter

Wann?	*Kada?*	ka·da
Warum?	*Zašto?*	sa·schto
Was?	*Što?*	schto
Wer?	*Tko?*	tko
Wie?	*Kako?*	ka·ko
Wo?	*Gdje?*	gdje

Sprechen Sie/Sprichst du (Englisch)?

Govorite/Govoriš li (engleski)? go·wo·ri·te/go·wo·risch li (en·gle·ßki) (höfl./inf.)

Ich verstehe (nicht).

Ja (ne) razumijem. ja (ne) ra·su·mi·jem

NOTFÄLLE

Hilfe!

Upomoć! u·po·motsch

Ich habe mich verlaufen.

Izgubio/ Izgubila sam se. is·gu·bi·o/ is gu·bi·la ßam ße (m/f)

Lassen Sie mich in Ruhe!

Ostavite me na miru! o·ßta·wi·te me na mi·ru

Es ist ein Unfall geschehen!

Desila se nezgoda! de·ßi·la ße nes·go·da

Rufen Sie einen Arzt!

Zovite liječnika! so·wi·te li·jetsch·ni·ka

Rufen Sie die Polizei!

Zovite policiju! so·wi·te po·li·tzi·ju

Ich bin krank.

Ja sam bolestan/ bolesna. ja ßam bo·le·ßtan/ bo·le·ßna (m/f)

Es tut hier weh.

Boli me ovdje. bo·li me ow·dje

Ich bin allergisch gegen ...

Ja sam alergičan/ alergična na ... ja ßam a·ler·gi·tschan/ a·ler·gitsch·na na ... (m/f)

SHOPPEN & SERVICE

Ich möchte ... kaufen

Želim kupiti ... sche·lim ku·pi·ti ...

Ich sehe mich nur um.

Ja samo razgledam. ja ßa·mo ras·gle·dam

Darf ich es mir ansehen?

Mogu li to pogledati? mo·gu li to po·gle·da·ti

Wie viel kostet es?

Koliko stoji? ko·li·ko ßto·ji

Das ist zu teuer.
To je preskupo. to je *pre*·ßku·po

Haben Sie etwas Billigeres?
Imate li nešto jeftinije? *i*·ma·te li *nesch*·to jef·*ti*·ni·je

In der Rechnung ist ein Fehler.
Ima jedna greška na računu. *i*·ma *jed*·na *gresch*·ka na ra·*tschu*·nu

Geldautomat *bankovni automat* *ban*·kow·ni a·u·*to*·mat

Internetcafé *internet kafić* *in*·ter·net *ka*·fitsch

Kreditkarte *kreditna kartica* *kre*·dit·na *kar*·ti·tsa

Post *poštanski ured* *posch*·tan·ßki *u*·red

Touristeninformation *turistička agencija* tu·*ri*·stitsch·ka a·*gen*·tsi·ja

UNTERKUNFT

Haben Sie ein freies Zimmer?
Imate li slobodnih soba? *i*·ma·te li *ßlo*·bod·nih ßo·ba

Ist das Frühstück inbegriffen?
Da li je doručak uključen? da li je *do*·ru·tschak *uk*·lju·tschen

Wie viel kostet es (pro Nacht/pro Person)?
Koliko stoji (za noć/po osobi)? ko·*li*·ko *ßto*·ji (sa notsch/po o·ßo·bi)

Haben Sie ein ...? ... zimmer? *Imate li ... sobu?* *i*·ma·te li ... *ßo*·bu

Einzel- *jednokrevetnu* *jed*·no·kre·wet·nu

Doppel- *dvokrevetnu* *dwo*·kre·wet·nu

Campingplatz *kamp* kamp

Privatzimmer *privatni smještaj* *pri*·wat·ni *ßmjesch*·taj

Hotel *hotel* *ho*·tel

Zimmer *soba* *ßo*·ba

Jugendherberge *prenoćište za mladež* *pre*·no·tschisch·te sa *mla*·desch

Badezimmer *kupaonica* ku·pa·*o*·ni·tza

Bett *krevet* *kre*·wet

Kinderbett *dječji krevet* *djetsch*·ji *kre*·wet

Klimaanlage *klimauređaj* *kli*·ma·*u*·re·jai

Fenster *prozor* *pro*·sor

WLAN *bežični internet* *be*·schitsch·ni *in*·ter·net

UHRZEIT & DATUM

Wie spät ist es?
Koliko je sati? ko·*li*·ko je *ßa*·ti

Es ist (zehn) Uhr.
(Deset) je sati. (*de*·ßet) je *ßa*·ti

Es ist halb (elf).
(Deset) i po. (*de*·ßet) i po

Morgen *jutro* *ju*·tro

Nachmittag *poslijepodne* po·ßli·je·*pod*·ne

Abend *večer* *we*·tscher

gestern *jučer* *ju*·tscher

heute *danas* *da*·naß

morgen *sutra* *ßu*·tra

Montag *ponedjeljak* po·*ne*·dje·ljak

Dienstag *utorak* *u*·to·rak

Mittwoch *srijeda* ßri·*je*·da

Donnerstag *četvrtak* tschet·*wr*·tak

Freitag *petak* *pe*·tak

Samstag *subota* *ßu*·bo·ta

Sonntag *nedjelja* *ne*·dje·lja

Januar *siječanj* ßi·*je*·tschanj

Februar *veljača* *we*·lja·tscha

März *ožujak* *o*·schu·jak

April *travanj* *tra*·wanj

Mai *svibanj* *ßwi*·banj

Juni	*lipanj*	*li*·panj
Juli	*srpanj*	*ßr*·panj
August	*kolovoz*	*ko*·lo·wos
September	*rujanj*	*ru*·janj
Oktober	*listopad*	*li*·ßto·pad
November	*studeni*	*ßtu*·de·ni
Dezember	*prosinac*	*pro*·ßi·natz

VERKEHRSMITTEL & -WEGE

Öffentliche Verkehrsmittel

Bus	*autobus*	au·*to*·buß
Flugzeug	*avion*	a·*wi*·on
Schiff	*brod*	brod
Straßenbahn	*tramvaj*	*tram*·waj
Zug	*vlak*	wlak

Ich möchte gern nach ...
Želim da idem u ... sche·lim da *i*·dem u ...

Hält er/sie/es in (Split)?
Da li staje u (Splitu)? da li *ßta*·je u (*spli*·tu)

Um wie viel Uhr fährt der/die/das ... ab?
U koliko sati kreće? u ko·*li*·ko *ßa*·ti *kre*·tsche

Wie lange dauert es nach (Zagreb) zu kommen?
U koliko sati stiže u (Zagreb)? u ko·*li*·ko *ßa*·ti *sti*·sche u (*sag*·reb)

Können Sie mir sagen, wann wir in (der Arena) ankommen?
Možete li mi reći kada stignemo kod (Arene)? *mo*·sche·te li mi *re*·tschi ka·da *ßtig*·ne·mo kod (a·re·ne)

Ich möchte in (Dubrovnik) aussteigen.
Želim izaći u (Dubrovniku). *sche*·lim i·*sa*·tschi u (*dub*·row·ni·ku)

Ein Ticket für ...	*Jednu kartu...*	*jed*·nu *kar*·tu...
1. Klasse	*prvorazrednu*	pr·wo·*ras*·red·nu
2. Klasse	*drugorazrednu*	*dru*·go·*ras*·red·nu
einfache Fahrt	*jednosmjernu*	*jed*·no·ßmjer·nu
Hin- und Rückfahrt	*povratnu*	*po*·wrat·nu
der erste	*prvi*	*pr*·wi
der letzte	*posljednji*	po *ßljed*·nji
der nächste	*sljedeći*	*ßlje*·de·tschi
Bahnhof	*željeznička postaja*	*sche*·ljes·nitsch·ka *poß*·ta·ja
Gangplatz	*sjedište do prolaza*	*ßje*·disch·te do *pro*·la·sa
gestrichen	*poništeno*	*po*·nisch·te·no
Gleis	*peron*	*pe*·ron
Fahrkartenschalter	*blagajna*	*bla*·gaj·na
Fahrplan	*red vožnje*	red *wosch*·nje
Fensterplatz	*sjedište do prozora*	*ßje*·disch·te do *pro*·so·ra

Zahlen

1	*jedan*	*je*·dan
2	*dva*	dwa
3	*tri*	tri
4	*četiri*	*tsche*·ti·ri
5	*pet*	pet
6	*šest*	scheßt
7	*sedam*	*ße*·dam
8	*osam*	o·ßam
9	*devet*	*de*·wet
10	*deset*	*de*·ßet
20	*dvadeset*	*dwa*·de·ßet
30	*trideset*	*tri*·de·ßet
40	*četrdeset*	tsche·tr·*de*·ßet
50	*pedeset*	pe·*de*·ßet
60	*šezdeset*	sches·*de*·ßet
70	*sedamdeset*	ße·dam·*de*·ßet
80	*osamdeset*	o·ßam·*de*·ßet
90	*devedeset*	de·we·*de*·ßet
100	*sto*	ßto
1000	*tisuću*	*ti*·su·tschu

verspätet	*u zakašnjenju*	u sa·kasch·nje·nju

WEGWEISER

Wo ist ...?
Gdje je ...? gdje je ...

Wie ist die Adresse?
Koja je adresa? ko·ja je a·dre·ßa

Können Sie mir das (auf der Karte) zeigen?
Možete li mi to pokazati (na karti)? mo·sche·te li mi to po·ka·sa·ti (na kar·ti)

an der Ecke	*na uglu*	na u·glu
an der Ampel	*na semaforu*	na ße·ma·fo·ru
hinter	*iza*	i·sa
vor	*ispred*	i ßpred
weit entfernt	*daleko*	da·le·ko
(von)	*(od)*	(od)
links	*lijevo*	li·je·wo
in der Nähe von	*blizu*	bli·su
neben	*pored*	po·red
gegenüber	*nasuprot*	na·ßu·prot
rechts	*desno*	deß no
geradeaus	*ravno*	raw·no
	naprijed	na·pri·jed

GLOSSAR

(m) bedeutet Maskulinum, (f) Femininum, (pl) steht für Plural

Amphore, Amphoren – ein antiker Krug mit zwei Henkeln zur Aufbewahrung und zum Transport von Flüssigkeiten

Apsis – ausgebaute Nische am Ende eines Kirchenschiffs, in der meist ein Altar steh

Autocamps – große Campingplätze mit Restaurants, Läden und vielen Stellplätzen für Wohnwagen

Awaren – zentralasiatisches Reitervolk, das sich im 6. Jh. im heutigen Ungarn ansiedelte und bis zum 9. Jh. die

Byzantiner vom westlichen Balkan verdrängte

ban – Vizekönig

bb – in einer Adresse nach dem Straßennamen die Abkürzung für *bez broja* (ohne Hausnummer)

bura – kalter Nordostwind an der Adriaküste

cesta – Landstraße

crkva – Kirche

fortica – Festung

galerija – Galerie

garderoba – Gepäckaufbewahrung, Garderobe**Glagolitic** – von den griechischen Missionaren Konstantinos (Kyrillos) und Methodis entwickelte Schrift für die Sprache der Slawen

gora – Berg

HDZ – Hrvatska Demokratska Zajednica; Kroatische Demokratische Gemeinschaft

Illyrer – Bewohner der westlichen Balkanhalbinsel in der Antike; von den Römern ab dem 2. Jh. v. Chr. nach und nach unterworfenC

karst –trockener, poröser Kalkstein- und Dolomitfelsboden mit unterirdischer Entwässerung

klapa – an outgrowth of church-choir singing

konoba – bis zu zehnstimmiger dalmatinischer Chorgesang ohne Instrumentalbegleitung

knez – Fürst

maestral – frischer, kühler Meerwind aus westlichen Richtungen

mali – klein

maquis – Gestrüpp aus dichtem immergrünen Buschwerk und kleinen Bäumen

muzej – Museum

Mittelschiff – zentraler Teil einer Kirche, flankiert von zwei Gängen

NDH – Nezavisna Država Hrvatska; Unabhängiger Staat Kroatien

obala – Ufer, Küste

otok (Einzahl), **otoci** (Mehrzahl) – Insel

pansion – Pension

plaža – Strand

polje – ein durch Bodenabsenkung entstandenes wannenartiges Becken in Karstgebieten; wird oft für den Ackerbau genutzt

put – Weg, Straße, Pfad

restoran – Restaurant

rijeka – Fluss

sabor – Parlament

šetalište – Fußweg, Promenade

sobe – Zimmer frei

sveti – die heilige ...

svetog – des heiligen ... (Genitiv)

tamburica – Mandoline mit drei oder fünf Saiten

tisak – Zeitungsstand

toplice – Thermalbad

trg – Platz, Marktplatz

Turbofolk – Technoversion serbischer Folkmusik

ulica – Straße

uvala – Bucht, Talsenke

velik – groß

vrh – Gipfel, Spitze

Hinter den Kulissen

WIR FREUEN UNS ÜBER EIN FEEDBACK

Post von Travellern zu bekommen ist für uns ungemein hilfreich – Kritik und Anregungen halten uns auf dem Laufenden und helfen, unsere Bücher zu verbessern. Unser reiseerfahrenes Team liest alle Zuschriften genau durch, um zu erfahren, was an unseren Reiseführern gut und was schlecht ist. Wir können solche Post zwar nicht individuell beantworten, aber jedes Feedback wird garantiert schnurstracks an die jeweiligen Autoren weitergeleitet, rechtzeitig vor der nächsten Nachauflage.

Wer uns schreiben will, erreicht uns über **www.lonelyplanet.de/kontakt**

Hinweis: Da wir Beiträge möglicherweise in Lonely Planet Produkten (Reiseführer, Websites, digitale Medien) veröffentlichen, ggf. auch in gekürzter Form, bitten wir um Mitteilung, falls ein Kommentar nicht veröffentlicht oder ein Name nicht genannt werden soll. Wer Näheres über unsere Datenschutzpolitik wissen will, erfährt das unter www.lonelyplanet.com/privacy

DANK VON LONELY PLANET

Wir danken allen Reisenden, die mit der letzten Ausgabe dieses Bandes unterwegs waren und uns nützliche Hinweise, gute Ratschläge und interessante Begebenheiten übermittelt haben:
Andrea Bartlett, Marlene Beard, Rolf Beckmann, Austin Bernhardt, Silvia Borelli, Nikki Buran, Pinar Caglayan Mcgivern, Albert Castell & Cristina Domínguez, Chere Chancey, Nt Cheung, Maris Cosmai, Jennifer Crawford, Josep Franch, Susan Gilchrist, Sharon Goodchild, Marc Grayson, Patrick Harris, Lara Insam, Anders Jeppsson, Dean Kenyon, George Kingston, Jasmina Krkić Poznić, Ilana Leppert, Catherine Macpherson, Martina Maggio, Ava Mandal, Sofia Mårtensson, Matt Mclennan, Aishling Middelburg, Desi Mier, Ivan Mikulic, Anke Moseler, Laurissa Mühlich, Callista Mulder, Roger Muller, Alex Nagtzaam, Luke Pearce, Rosie Pearce, Holger Peter, Michael Poesen, Marjory Powell, Douglas Press, Vanja Radovanović, Erhan Raif, Svenja Reiter, Stijepo Sanje, Jacques Schildknecht, Becky Shaw, Aida Simil, Adrijan Stermasi, Anton Stout, Finn Thilsted, Ciska Tillema, David Torrance, Jeanne Trojan, Nino Uremović, Roos Verhooren, Ian Winlaw und Carina Zingenberg.

DANK DER AUTOREN

Anja Mutić

Ein Dankeschön an meine Mutter für das köstliche Essen und das ansteckende Lachen. Obrigada, Hoji, weil Du vorher, währenddessen und nachher vor Ort warst. Ein großes *hvala* geht an meine Freunde in Kroatien, die mir mit unzähligen Tipps geholfen haben – ohne Euch wäre dieses Buch so nicht möglich gewesen. Ein spezieller Dank geht an Lidija in Zagreb und Mila in Split, aber auch an Viviana Vukelić, Petra Posilović und Dubravka Mičić bei HTZ. Vesna, Du bist eine großartige Mitautorin! Schließlich widme ich die Arbeit dem inspirierenden Andenken meines Vaters, der mich auf allen Wegen begleitet.

Vesna Maric

Ein großer Dank geht an Rafael und Frida sowie an meine Mutter. Ein ebenso großes *hvala* gebührt der Crew in Rijeka: Mirna, Tomica und Eda. Danke auch an Sanja und Jon und an den schönen Irian in Dubrovnik sowie an die hübsche Maja Gilja in Zagreb. Besonders gern danke ich der wie immer

ÜBER DIESES BUCH

Dies ist die 4. deutsche Auflage von *Kroatien*, basierend auf der mittlerweile 7. englischen Auflage. Verfasst wurde das Buch von Anja Mutić and Vesna Maric. Die 6. englische Auflage stammte von Anja Mutić und Iain Stewart, die 5. Auflage von Anja Mutić und Vesna Maric, wobei William Gourlay das Kapitel über die Geschichte beisteuerte. Dieser Band wurde vom Londoner Lonely Planet Büro betreut, und zwar von folgenden Mitarbeitern:

Redaktionelle Projektleitung Joanna Cooke, James Smart

Redaktionsleitung Susie Ashworth, Rebecca Currie

Leitung der Kartografie Jolyon Philcox

Layout-Leitung Jessica Rose

Redaktion Sasha Baskett

Lektorat Andi Jones

Kartografie Alison Lyall, Anthony Phelan

Layout Chris Girdler

Redaktionsassistenz Andrew Bain, Jessica Crouch, Gordon Farrer, Robyn Loughnane, Anne Mulvaney, Jenna Myers

Assistenz der Kartografie Rachel Imeson

Bildredaktion für den Umschlag Naomi Parker

Bildredaktion Innenteil Aude Vauconsant

Sprache Branislava Vladisavljevic

Ein besonderer Dank gilt Dan Austin, Kate Chapman, Ryan Evans, Jennifer Fernández, Larissa Frost, Tobias Gattineau, Jouve India, Asha Ioculari, Kate McDonell, Anna Metcalfe, Trent Paton, Raphael Richards, Averil Robertson, Fiona Siseman, Gerard Walker and Danny Williams.

wunderbaren Mitautorin Anja Mutić und der Projektleiterin Joanna Cooke, die mir diese erneute Rechercheriese ermöglicht hat.

QUELLENNACHWEIS

Die Daten in den Klimatabellen stammen von Peel MC, Finlayson BL & McMahon TA (2007), Aktualisierte Weltkarte der Köppen-Geiger-Klimaklassifikation, „Hydrology and Earth System Sciences", 11, 163344.

Abbildung auf dem Umschlag: Dubrovnik. Johanna Huber/4Corners.

Register

NOTIZEN

Auf einen Blick

Mit diesen Symbolen sind wichtige Kategorien leicht zu finden:

- Sehenswertes
- Strände
- Aktivitäten
- Kurse
- Touren
- Festivals & Events
- Schlafen
- Essen
- Ausgehen
- Unterhaltung
- Shoppen
- Information/Transport

Diese Symbole bieten wertvolle Zusatzinformationen:

- Telefonnummer
- Öffnungszeiten
- Parkplatz
- Nichtraucher
- Klimaanlage
- Internetzugang
- WLAN-Anschluss
- Schwimmbad
- Vegetarische Gerichte
- Englischsprachiges Menü
- Familienfreundlich
- Haustiere willkommen
- Bus
- Fähre
- Metro
- U-Bahn
- London Tube
- Straßenbahn
- Zug

Die Reihenfolge spiegelt die Bewertung durch die Autoren wider.

Empfehlungen von Lonely Planet:

- LP TIPP – Das empfiehlt unser Autor
- GRATIS – Hier bezahlt man nichts
- Nachhaltig und umweltverträglich

Unsere Autoren haben diese Einrichtungen ausgewählt, weil man dort großen Wert auf Nachhaltigkeit legt: etwa durch die Forderung einheimischer Gemeinschaften oder Hersteller, durch eine umweltverträgliche Bewirtschaftung oder durch Engagement im Naturschutz.

Kartenlegende

Sehenswertes

- Strand
- Buddhistisch
- Burg
- Christlich
- Hinduistisch
- Islamisch
- Jüdisch
- Denkmal
- Museum/Gallerie
- Ruine
- Winzer/Weingut
- Zoo
- Andere Sehenswürdigkeit

Aktivitäten, Kurse & Touren

- Tauchen/Schnorcheln
- Kanu/Kajak fahren
- Ski fahren
- Surfen
- Schwimmbad
- Wandern
- Windsurfen
- Andere Aktivität/Kurse/Touren

Schlafen

- Schlafen
- Camping

Essen

- Essen

Ausgehen

- Ausgehen
- Café

Unterhaltung

- Unterhaltung

Shoppen

- Shoppen

Praktisches

- Post
- Touristeninformation

Transport

- Flughafen
- Grenzübergang
- Bus
- Seilbahn/Standseilbahn
- Radfahren
- Fähre
- Metro
- Zug eingleisig
- Parkplatz
- S-Bahn
- Taxi
- Zug /Eisenbahn
- Tram
- Tube-Station
- U-Bahn
- anderes Verkehrsmittel

Verkehrswege

- Mautstraße
- Autobahn
- Hauptstraße
- Nebenstraße
- Verbindungsstraße
- sonstige Straße
- unbefestigte Straße
- Plaza/Fußgängerzone
- Stufen
- Tunnel
- Fußgängerübergang
- Spaziergang
- Spaziergang mit Abstecher
- Pfad

Grenzen

- Internationale
- Staat/Provinz
- umstrittene Grenze
- Regional/Vorort
- Gewässer
- Klippen
- Mauer

Städte

- Hauptstadt (National)
- Hauptstadt (Staat/Provinz)
- Stadt/Große Stadt
- Kleinstadt/Dorf

Landschaft

- Hütte
- Leuchtturm
- Aussichtsturm
- Berg/Vulkan
- Oase
- Park
- Pass
- Picknickplatz
- Wasserfall

Gewässer

- Fluss/Bach
- periodischer Fluss
- Sumpf/Mangroven
- Riff
- Kanal
- Gewässer
- Trocken-/Salz-/periodischer See
- Gletscher

Gebietsformen

- Strand/Wüste
- Friedhof (Christlich)
- Friedhof (anderer)
- Park/Wald
- Sportplatz
- Sehenswertes (Gebäude)
- Highlight (Gebäude)

DIE LONELY PLANET STORY

Ein uraltes Auto, ein paar Dollar in den Hosentaschen und Abenteuerlust, mehr brauchten Tony und Maureen Wheeler nicht, als sie 1972 zu der Reise ihres Lebens aufbrachen. Diese führte sie quer durch Europa und Asien bis nach Australien. Nach mehreren Monaten kehrten sie zurück – pleite, aber glücklich –, setzten sich an ihren Küchentisch und verfassten ihren ersten Reiseführer *Across Asia on the Cheap*. Binnen einer Woche verkauften sie 1500 Bücher und Lonely Planet war geboren. Heute unterhält der Verlag Büros in Melbourne (Australien), London und Oakland (USA) mit über 600 Mitarbeitern und Autoren. Sie alle teilen Tonys Überzeugung, dass ein guter Reiseführer drei Dinge tun sollte: informieren, bilden und unterhalten.

DIE AUTOREN

Anja Mutić

Hauptautorin; Zagreb, Zagorje, Slawonien, Istrien, Split & Mitteldalmatien

Anja hat ihre Heimat Kroatien schon vor mehr als zwei Jahrzehnten verlassen. Ihr Weg führte sie durch mehrere Länder, bis sie sich vor 13 Jahren in New York niederließ. Ihre Wurzeln kann sie aber nicht verleugnen; immer wieder kehrt sie nach Kroatien zurück, um dort zu arbeiten oder ihren Urlaub zu genießen, und jedes Mal entdeckt sie etwas Neues: einen Naturpark, eine abgelegene Stadt oder eine einsame Insel. Natürlich ist sie froh darüber, dass alle Welt die Schönheiten ihrer Heimat zu schätzen weiß, aber insgeheim sehnt sie sich doch nach den Zeiten zurück, als man nach Hvar fuhr und nur den Klang der Kricketschläger hörte und nicht lärmende Musik. Von Anja stammen auch die Kapitel „Willkommen in Kroatien", „17 Top-Erlebnisse", „Gut zu wissen", „Was gibt's Neues?", „Wie wär's mit …", „Monat für Monat", „Reiserouten", „Kroatien im Überblick", „Kroatien aktuell", „So lebt man in Kroatien" und „Essen & Trinken".

Mehr über Anja unter:
www.lonelyplanet.com/members/anjamutic

Vesna Maric

Kvarner, Norddalmatien, Dubrovnik & Süddalmatien

Vesna stammt aus Mostar in Bosnien und Herzegowina, die Adriaküste war ihr aber immer am allerliebsten. Als sie die Chance erhielt, ihre geliebten Städte Dubrovnik und Zadar wiederzusehen und die Küste von Kvarner mitsamt den Inseln zu bereisen, hat sie ihre alte Leidenschaft für Kroatien wiederentdeckt – trotz der vielen Seeigel unter ihren Füßen. Für diese Auflage ist sie durch die winzigen Gassen von Rab gewandert, sie ist durch stille Buchten auf Lošinj und Cres geschwommen und hat Sushi in Dubrovnik probiert – und das alles mit ihrer zweijährigen Tochter im Schlepptau. Von Vesna stammen außerdem die Kapitel „Reisen mit Kindern", „Geschichte", „Natur & Umwelt", „Kunst & Kultur", „Allgemeine Informationen" und „Verkehrsmittel & -wege".

Lonely Planet Publications,
Locked Bag 1, Footscray,
Melbourne, Victoria 3011,
Australia
Verlag der deutschen Ausgabe:
MAIRDUMONT, Marco-Polo-Str. 1, 73760 Ostfildern, www.mairdumont.com, lonelyplanet@mairdumont.com
Chefredakteurin deutsche Ausgabe: Birgit Borowski
Übersetzung: Dr. Birgit Beile-Meister, Matthias Eickhoff, Christiane Gsänger, Waltraud Horbas, Robert Kutschera, Dr. Annegret Pago, Dr. Thomas Pago, Jutta Ressel M.A., Manuela Schomann, Cristoforo Schweeger, Sigrid Weber-Krafft, Linde Wiesner
An früheren Auflagen haben außerdem mitgewirkt:
Julie Bacher, Britt Maaß, Claudia Riefert, Petra Sparrer, Katja Weber; Marion Gieseke, Guido Meister, Daniela Schetar, Beatrix Thunich, Dr. Heinz Vestner, Karin Weidlich; Mayela Gerhardt, Dr. Ulrike Jamin, Uli Nickel, Jürgen Scheunemann

Kroatien
4. deutsche Auflage August 2013, übersetzt von *Croatia 7th edition*, April 2013 Lonely Planet Publications Pty

Printed in China